TÜRK ORDUSU TARİHİ

(Ötüken'den Ankara'ya)

Metin ERENDOR

KAMER
YAYINLARI

TÜRK ORDUSU TARİHİ
METİN ERENDOR
İstanbul, 2018

Genel Yayın Yönetmeni
İlhan Bahar

Editör
Ahmet Demir

Mizanpaj
Burhan Maden

Kapak Tasarım
Emir Tali

İç Baskı
Çalış Ofset Mat. San. Tic. Ldt. Şti.
Maltepe Mah. Yılanlı Ayazma Sk.
No: 8/d K. Zeytinburnu-Topkapı/İstanbul
Sertifika No: 12107
Yayınevi Sertifika No: 31284

ISBN: 978-605-9113-97-7

KAMER YAYINLARI
Akşemsettin Mah.
Şair Cem Sok. No:13/B
Fatih/İstanbul
Tel: (+90) 532 385 38 65
kameryayinlari@gmail.com
twitter.com/KamerYaynlar

TÜRK ORDUSU TARİHİ
(Ötüken'den Ankara'ya)

Metin ERENDOR

KAMER
YAYINLARI

Metin ERENDOR

1 Ekim 1967 yılında Kilis'te doğdu. Cumhuriyet İlkokulu, Atatürk Ortaokulu ve Kilis Lisesi'ndeki eğitimlerinin ardından 1984 yılında Kara Harp Okuluna girdi ve 1988 yılında Piyade Teğmen olarak mezun oldu.

1989 yılında Piyade Okulundaki eğitimini tamamladı. Türk Ordusunda, 1989 yılından itibaren sırasıyla, İstanbul, Şırnak, Erzurum, Kars, Iğdır, Diyarbakır, İstanbul, Gaziantep, Şırnak, Osmaniye, Gaziantep, K.K.T.C. ve Mardin illerine bağlı garnizonlarda çeşitli birlik komutanlıkları ve Karargah subaylığı görevlerinden sonra 2009 yılında Piyade Okul Komutanlığına atandı. Yüksek Lisans eğitimini "Uluslararası İlişkiler" üzerine yapan Metin ERENDOR, atandığı "Tanksavar Silahları Öğretmenliği" görevine emekli olduğu 2015 yılına kadar devam etti. Türk Ordusu birliklerince halen kullanılmakta olan M 72 LAW, RPG-7 ve KORNET-E gibi tanksavar silahlarına ait talimname ve kullanma kılavuzu gibi yayınları bulunan Metin ERENDOR, 17 Mart 2015 tarihinde Kıdemli Albay rütbesinde iken kendi isteği ile emekliye ayrıldı.

Türk Ordusu Tarihi (2015), Suriye ve Türkmenler (2016), Irak Türkmenleri (2017), Irak Türkleri Tarihi (2018) ve İran'da Türk Kimliği (2018) adlı kitaplarının yanı sıra Kilis ve İstanbul'da yayınlanan çeşitli dergi ve gazetelerde günlük makaleleri de bulunan Metin ERENDOR evli, "İpek" adında bir kız ve "Uğur Göktürk" adında bir erkek çocuk babasıdır.

Vatan, millet ve bayrak uğrunda mücadeleye devam etmek üzere "Türk" Ordusu'nun kahraman bir subayı olmasını ümit ettiğim, biricik oğlum Uğur Göktürk'e…

İKİNCİ BASKIYA ÖNSÖZ VE TEŞEKKÜR

Yaklaşık 5000 yıllık bilinen Türk tarihini ve buna bağlı olarak Türk Ordusu tarihini yazabilmek yıllardır düşündüğüm ve hazırlık yaptığım bir konuydu. Başta Genelkurmay ATASE kaynakları, TTK, TDAV ve Kültür Bakanlığı yayınları başta olmak üzere dört yüzden fazla kaynaktan istifade ederek ortaya çıkardığım çalışmamın dünden bugüne Türk Ordularını aynı çatı altında toplayan tek ve önemli bir eser olduğuna inanıyorum.

Şüphesiz Türk tarihi içerisinden Türk Ordusunu çıkarabilmek, okuyucuyu askeri detaylarla boğmaksızın gerekli bilgileri, kişisel yorumları çok fazla da eklemeden aktarabilmek kolay olmadı. Konuyla ilgili tüm dünyanın kabul ettiği yerli ve yabancı Türk tarihi üstadları ve eserleri mevcut iken bunların üzerine yorum yapmamız doğru ve inandırıcı olmazdı. Bu nedenle, özellikle Hun'lardan başlamak üzere müslümanlık öncesi Orta Asya Türk devletleri ve Türk ordusu ile ilgili bölümleri mümkün olduğunca yerli ve yabancı çok sayıda kaynakla destekleyerek okuyucularıma aktarmak istedim. Türklerin Müslümanlığa geçişi ile birlikte ortaya çıkan başta Büyük Selçuklu, Türkiye Selçukluları, Osmanlı ve Türkiye Cumhuriyeti dönemine ait bölümlerde ise asker olmamdan kaynaklanan, özellikle Farsça veya Arapça terimler ile askeri kurumları okuyucularım için daha anlaşılır hale getirmek adına kısıtlı yorumlarımla zenginleştirmeye gayret ettim.

Eserin harp tarihine dönüşmemesine mümkün olduğunca dikkat ettim. Konunun daha iyi anlaşılabilmesi için verdiğim, Türk tarihi için dönüm noktası olan savaşlar haricinde bu konuya pek değinmedim. Okuyucularım bu sebeple İstiklal harbinin askeri alt yapısı dışında Türk Harp Tarihi ile ilgili pek fazla izahat göremeyeceklerdir.

Eserin sizlerle buluşmasında emeği ve rolü olanlara gelince;

Eserlerinden alıntılar veya yorumlar yaptığım, kaynakçada adları geçen tüm yazar, araştırmacı ve tarihçilere, kaynak temininde bana her türlü kolaylığı gösteren tüm silah arkadaşlarıma ve eserlerimin sizlere ulaşmasındaki önemli desteği için dostum ve dava arkadaşım Mersin'in Yörük Türk Milliyetçisi Çağrı ÜNEL kardeşime teşekkür ederim.

Bana İslamiyet'i en doğru ve en güzel şekliyle öğreten; milliyetçilik duygusunu ve Türk olma bilincini, gururunu aşılayan, "Türk Subayı" olmamda büyük emeği olan, yokluğunu geçen her gün biraz daha derinden hissettiğim, rahmetli, Babam "Marangoz Uğur Usta "ya, rahmet ve minnet dualarımı, hayır dualarını bir an olsun esirgemeyen, ailemizin her şeyi Anneme ise en yüce saygı ve şükranlarımı arz ederim.

Yaklaşık dört yıllık uzun süren çalışmam esnasında bana her türlü sabrı, yakın ilgiyi yardımı, moral ve desteği esirgemeyen hayat arkadaşım, sevgili eşim Aytül ERENDOR'a ayrıca teşekkür ederim. Eserin okunması ve düzeltilmesi konusunda bana yardım eden gencecik üniversite öğrencileri kızım İpek ERENDOR ve yeğenim Kübra ÖKSÜZOĞLU'na da teşekkür etmek isterim.

Bu kitabın her sayfasında yanı başımda hissettiğim, manevi şahsiyetleri önünde saygı, rahmet ve minnet duyguları ile eğildiğim Tanrı Kut Mete Han'dan Bilge Kağan'a, Alp Arslan'dan Mustafa Kemal ATATÜRK'e ve nihayet Türk ordularının tüm isimsiz kahramanlarına sonsuz saygılarımla…

Metin ERENDOR

2018 -Mersin

İçindekiler

ÜÇÜNCÜ BÖLÜM

DÖRDÜNCÜ BÖLÜM

BEŞİNCİ BÖLÜM

ALTINCI BÖLÜM

ATATÜRK'ÜN TÜRK ORDUSUNA DEĞİŞMEYEN MESAJI

Zaferleri ve mazisi insanlık tarihi ile başlayan her zaman zaferlerle beraber medeniyet nurları taşıyan kahraman Türk Ordusu...

Memleketini en buhranlı ve müşkil anlarda zulümden, felaket ve müsibetlerden ve düşman istilasından nasıl korumuş ve kurtarmış isen, Cumhuriyetin bugünkü feyizli devrinde de, askerlik tekniğinin bütün modern silah ve vasıtalariyle mücehhez olduğun halde, vazifeni aynı bağlılıkla yapacağına hiç şüphem yoktur.

Türk vatanının ve Türklük camiasının şan ve şerefini, dahili ve harici her türlü tehlikelere karşı korumaktan ibaret olan vazifeni her an ifaya hazır ve amade olduğuna benim ve Büyük Ulusumun tam bir inanç ve itikadımız vardır. Büyük Ulusumuzun orduya bahşettiği en son sistem fabrikalar ve silahlar ile bir kat daha kuvvetlenerek büyük bir feragati nefis ve istihkarı hayat ile her türlü vazifeyi ifaya müheyya olduğunuza eminim. Bu kanaatle Kara, Deniz, Hava Ordularımızın kahraman ve tecrübeli komutanları ile subay ve eratını selamlar ve takdirlerimi, bütün uluś muvacehesinde, beyan ederim.

Mustafa Kemal ATATÜRK

BİRİNCİ BÖLÜM

İLK BAŞKENT ÖTÜKEN'İN YERİ VE TÜRKLER İÇİN ÖNEMİ

Ötüken, A. V. Gabain'e göre, güneyinde Hangay Dağı, kuzeyde ise Tamır ırmağı ile çevrelenmiş doğal savunma kalesi durumunda olan bir yayladır[1]. F. Sümer ve F. Bayat'a göre ise Ötüken, Moğolistan'da Hangay sıra dağlarının doğu kesiminde Orhun ve Tamır Irmaklarının kaynaklarının bulunduğu yerde, Uygurların başşehri olan Ordu Balık'ın az güneyinde bulunmaktadır[2]. S. Gömeç'e göre de, 'il idare edilecek yer' olarak gösterilen bu yerin tek bir nokta olmaması, bunun geniş bir coğrafi mekânı ifade etmiş olması gerekir[3]. B. Ögel; Orhun ırmağının batısındaki "Ötüken Dağı"olarak ifade etmiştir[4]. D. Avcıoğlu; Orhun bölgesinde Ötüken Ormanı[5], J. M. de Groot ise Türklerin, her yıl Tamir ırmağı kıyılarında "Ötüken"de toplandıklarını yazar[6].

Erhan Aydın, Ötüken'in yerini de, bugünkü Moğolistan'ın Zavhan-Aymak sınırları içerisinde bulunan ve 4021 m. yükseklikteki Otgon

---

1 A. Von GABAİN, "Kök-Türklerin Tarihine Bir Bakış I. A. Ü. D. T. C. F. Dergisi, c. 2, sayı 5, Sy: 687, Ankara, 1944.

2 Faruk SÜMER, Eski Türklerde Şehircilik, Sy: 3; Fuzuli Bayat, Türk Mitolojik Sistemi II, Sy: 42, İstanbul, 2007.

3 Saadettin GÖMEÇ, Ergenekon, Orkun Dergisi, sayı 79, Sy: 2, İstanbul, 2004.

4 Bahaeddin ÖGEL, Türk Kültürünün Gelişme Çağları, Sy: 56, TDAV Yay, İstanbul, 2001.

5 Doğan AVCIOĞLU, Türklerin Tarihi, Sy: 1071, 3. Kitap, Tekin Yayınları, İstanbul, 1995.

6 Johann Jacob Marıa de GROOT, Hunlar ve Türkistan, Sy: 87, Pan Yay, İstanbul, 2010.

Tenger dağı civarı olarak tespit etmiştir[7]. Gök Türklerin başkenti olan Ötüken bölgesinde başlıca üç ırmak vardır. Bunlardan Orhun Irmağı, şehrin güneyine bitişik dağlardan çıkıp kuzey-doğuya doğru, Tamır Irmağı, şehrin batısından geçerek kuzeye doğru, Kurban Tamır Irmağı ise kuzey doğuya doğru akardı. Bu ırmakların her üçü de, başkentin yaklaşık 48 km kadar kuzeyinde bulunan bir yerde birleşerek büyük Selenga nehrini oluşturur[8]. Orhun ve Tamır ırmaklarının baş kısımları, Türklerin ve hattâ bütün Orta Asya halklarının en kutsal yeri sayılan Ötüken bölgesini çeviriyordu[9]. Yine Göktürklerin başkenti "Ötügen" Orhon suyunun doğu kıyısına yakındır[10].

Kitabelerde yalnız 'Iduk Ötüken' ve 'Tamıg Iduk Baş' kutsal olarak görülüyor[11]. Bunlardan ilki, kağanlık merkezi, diğeri ise Tanrıya kurbanlar sunulan ve bir ziyaretgâh durumunda olan Tamır suyunun kaynağıdır[12]. Güneyinden Hangay Dağı, kuzeyden de Tamır ırmağı ile sarılmış olan Ötüken yaylaları, tabiî ve yüksek bir kale vaziyetinde idi. Onun için bu dağ diğer bütün uruğ ve milletler için daima önemli bir devlet merkezi, yaz için gayet iyi bir yayla ve tehlikeli zamanlarda da mükemmel bir korunma yeri idi.

Ötüken dağının bu fevkalâde vaziyeti buraya eller gözünde tarih boyunca süren büyük ehemmiyet kazandırmış ve Türklerde bu dağın kutsiyet ocağı ve mukaddes ruhun ikametgâhı olduğu kanaâtini doğurmuştu[13]. Yani Ötüken, Çin'e taarruz eden bozkır Türk orduları için bir üs ve mühimmat merkezi olması sebebiyle olduğu gibi, burasının savunulması için de önemli olmuştur[14]. Ötüken, iktisadî ve stratejik konumu sebebiyle Hun devletinin başkenti olmuş, hem birinci hem de ikinci Gök Türk İmparatorluğunun başkenti ve kutsal

7 Erhan AYDIN, Ötüken Adı ve Yeri Üzerine Düşünceler, Ankara, 2007.
8 Bahaeddin ÖGEL, Türk Mitolojisi, c. I, Sy: 79, Ankara, 1988.
9 Bahaeddin ÖGEL, Türk Mitolojisi, c. I, Sy: 80-81. Ankara, 1981.
10 T. Yılmaz ÖZTUNA, Türkiye Tarihi, Sy: 107, Hayat Yayınları, İstanbul, 1963.
11 İbrahim KAFESOĞLU, Türk Milli Kültürü, Sy: 291, Ötüken Yay, İstanbul, 1997.
12 İbrahim KAFESOĞLU, Türk Millî Kültürü, Sy: 303, Ötüken Yayınları, İstanbul, 2011.
13 A. Von GABAİN, Kök-Türklerin Tarihine Bir Bakış I. A. Ü. D. T. C. F. Dergisi, c. 2, sayı 5, Sy: 687, Ankara, 1944
14 Zeki Velidi TOGAN, Umumî Türk Tarihine Giriş, Sy: 110, Enderun Yay, İstanbul, 1981.

vatan sembolü durumuna (mübarek;iduk[15])gelmiştir[16]. Bilge Kağan'ın dediği gibi, "Ötüken ormanından daha iyisi hiç yokmuş. İl tutacak yer Ötüken ormanı imiş"[17].

En azından teoride Türk gücünün merkezi Altay Dağlarında bir yerlerdeki Ötüken Yiş veya "Ötüken Ormanı" idi. Türklerin atalarının çıktığı mağara oradaydı ve her yıl o mağarada törenler düzenliyorlardı[18]. Sonuç olarak "Ötüken" Türk hakimiyet merkezi ve kudsiyeti dolayısıyla Hun, Gök-Türk ve Uygurlarca, daha sonra da Moğollarca (Karakorum) kıymet kazanmış ve imparatorluk kurmak için buraya sahip olmak telakkisi hüküm sürmüştür[19].

GÜVENLİK İHTİYACININ ORTAYA ÇIKIŞI VE ASKERLİK KURUMU

1. Kişisel ve Kurumsal Güvenlik İhtiyacının Ortaya Çıkışı:

İnsanoğlunun var oluşundan bu yana geçirdiği tüm gelişim evrelerinde öncelikli ve en önemli ihtiyacı "güvenlik"olmuştur. Bu kapsamda, insanları ve toplumları etkileyen, ya diğer bir toplumdan ya da tabiattan kaynaklanan bir tehdit daima var olmuştur ve olmaya devam etmektedir. Doğadaki her canlı, kendi öz güvenliğini; var oluşundan itibaren hiçbir eğitim ve düzenlemeye ihtiyaç göstermeden belirli ölçülerde sağlayacak şekilde yaratılmıştır[20].

Ancak insanlar güven ihtiyaçlarını karşılamak, çatışmaları önlemek ya da yönetmek ve tüm bunların yol açabileceği zararlardan korunmak için kişisel korunma refleksleri ile yetinmeyerek, klan, aile düzeninden toplumlaşma sürecine ulaştıkça, kişisel korunmanın yanı sıra toplumsal korunma için de değişik kurumlar oluşturma yoluna gitmişlerdir. Çatışmayı önleyerek dışarıdan gelecek tehdidi ortadan

15 Osman TURAN, Türk Cihan Hakimiyeti Mefkuresi Tarihi, Sy: 109, Ötüken Yay, İstanbul, 2003.

16 Adem AYDEMİR, Ötüken ve Ötüken Adı Üzerine, Türk Dünyası Araştırmaları Sayı: 187, Ankara, 2010.

17 Muharrem ERGİN, Orhun Abideleri, Sy: 5, Boğaziçi Yay, İstanbul, 2005.

18 Christopher I. KENNETH, İpek Yolu İmparatorlukları, Sy: 98, ODTÜ Yayıncılık, Ankara, 2011.

19 Osman TURAN, Türk Cihan Hakimiyeti Mefkuresi Tarihi, Sy: 107, Ötüken Yayınları, İstanbul, 2003.

20 Sait YILMAZ, Ulusal Savunma, Sy: 45, Kum saati Yayınları, İstanbul, 2009.

kaldıracak ve düzeni sağlayacak olan kurumsal yapılar, tarihi insanlık tarihi kadar eski olan "askeri kurumları" oluşturmuştur.

M. Ö. 5000'den itibaren şehir devletlerinin güvenliğinin din adamlarınca sağlanmasında ciddi sorunlar yaşanmaya başlayınca siyasal erk din adamlarından askerlere geçmiştir[21]. Durum böyle olunca asker şahıslardan oluşan orduların kentlerin yönetimini ele geçirerek tek bir yönetim altında toplaması ile devlet anlayışı meydana gelmiştir.

Toplumun ihtiyaçlarının sağlanması, korunması ve idamesi devlet sürecini oluşturmuştur. Devlet bir idare altında teşkilatlandırılmış, siyasi bir topluluktur. "Devlet, latince"durmak, ikamet etmek ve yerleşmek "anlamına gelen"state"den gelir. Arapçada ise hareket etmek, döndürmek anlamında DVL kökünden gelmektedir. [22] Devlete can ve ruh veren insan toplumu ise millettir[23]. İşte toplumun özü olan devlet kendisine ruh ve can veren bu yapının öncelikle güvenliğini korumakla yükümlüdür. Bu şekliyle güvenlik, devletin beka ve refah boyutunu kapsar.

Devlet anlayışı başlangıçta "şehir devleti" şeklinde olmuş, daha sonra krallıklar veya imparatorluklar şeklinde genişlemiş ve nihayet ulus-devlet nitelikli devletlere dönüşmüştür. Ulus-Devlet (Millet-Devlet), Ulusal Devlet (Milli Devlet)'ten farklı olarak, tarih içerisinde, Batı'da vuku' bulan Sanayi Devriminin bir sonucu olarak ortaya çıkmıştır[24]. Toplumlarda sosyal teşkilatlanmanın, devletleşme düzeyine ulaşmasından itibaren toplumun ve devletin korunması, organize edilmiş korunma güçlerine bırakılmıştır. Söz konusu korunma güçlerinin iç ve dış teşkilatlanmaları ile zamanla bu kurumlar düzenli ordulara dönüşmüş ve bulunduğu çağın teknolojisinin yarattığı silahlarla teçhiz edilmiştir[25].

---

21 Alaaddin ŞENEL, İlkel Topluluktan Uygar Topluma, Sy: 255, Bilim ve Sanat Yay, Ankara, 2001.

22 Kenan ERZURUMLU, 21. Yüzyılda Türk Cihan Hakimiyetinin Jeopolitiği, Sy: 15, Bilgeoğuz Yay, İstanbul, 2013.

23 Mert BAYAT, Milli Güç ve Devlet, Sy: 12, Belge Yay, İstanbul, 1986.

24 Durmuş HOCAOĞLU, Devletçilik Bumerangı, Sy: 280, Ufuk Kitapları, İstanbul, 2002.

25 Sait YILMAZ, Ulusal Savunma, Sy: 51, Kum saati Yayınları, İstanbul, 2009.

Ulus devlet anlayışının başlangıcı kabul edilen 1648 yılındaki Westfalia Anlaşmasından beri her devletin bir diğerinin bu haklarına saygı göstermesi beklenir ve her devlette bunları korumak için vasıtalar edinir. Bu vasıtaların başında da algılanan tehdide yeterli olacak sürekli bir ordunun bulundurulması ve bu ordunun günün teknolojisine en uygun silahlarla donatılması, ordunun ihtiyacı olan silah, araç ve teçhizatın temin edilmesi için savunma sanayine önem verilmesi devletlerin öncelikli gayretlerinden biri ola gelmiştir[26].

Güvenliğin sağlanması işlevini gören "ordu, askerlik kurumu", sosyolojik açıdan "belirli hedefleri gerçekleştirmek için organize edilmiş sistemsel bir bütün" olarak tanımlanabilir. Askerlik; bir savaşın yönetimindeki bilim, sanat ve meslektir. Askerlik; değerleri, rolleri, hedefleri ve iş yapma biçimleri ile sosyal bir kurum niteliği taşımakta ve bütün bu faaliyetlerini gerçekleştirmek için de sivil toplum ile ya da diğer uluslararası askeri kurumlarla iş birliği ve rekabet içinde bulunmaktadır[27].

2. Askerlik Kurumunun Temel Devlet Kurumu Olarak Tespiti:

Güvenlik ihtiyacının karşılanması hususu insanoğlunun eski bir uğraşı alanı olmasına rağmen, "askerlik ve subaylık mesleği" modern toplumun yeni bir tasarımıdır[28]. Profesyonellik kavramının ortaya çıkışı ortaçağın sonlarına dayanmakla birlikte, "subaylık" 19'uncu yüzyılın bir ürünüdür. Modern silahlı kuvvetlerdeki subay, profesyonel ve meslek sahibi bir insandır[29]. Profesyonellik kavramı, günümüz subayını her yönüyle önceki çağların savaşçılarından farklı kılmaktadır.

Profesyonel asker, toplumun işleyişine hizmet eden bir uzmandır. Toplumsal sorumluluk profesyonel askeri, sadece entelektüel becerilere sahip olan diğer uzmanlardan ayıran en önemli husustur. Bu hâliyle "askerlik mesleği", mensuplarına toplumun üyeleriyle

---

26 Sait YILMAZ, Ulusal Savunma, Sy: 60, Kum saati Yayınları, İstanbul, 2009.
27 Güvenlik Stratejileri Dergisi, Sy: 98, SAE Harp Akademileri Yay. Aralık, 2005.
28 Samuel P. HUNTINGTON, Asker ve Devlet, Sy: 21, Salyangoz Yay, İstanbul, 2006.
29 Samuel P. HUNTINGTON, Asker ve Devlet, Sy: 9, Salyangoz Yay, İstanbul, 2006.

ilişkilerinde kılavuzluk eden bazı değer ve idealleri ortaya koyan bir ahlaki kuruma dönüşmektedir[30].

Eğer askerlik mesleği ile ilgili olarak bir köken belirtmek gerekli ise, 6 Ağustos 1808 tarihini belirlenmek pek yanlış olmaz[31]. Bu tarihte Prusya Hükümeti tarafından profesyonellik standardını tavizsiz bir açıklıkla ortaya koyan subay atamalarıyla ilgili bir kararname yayımlamıştır. Bu kararnameye göre; ordu içindeki hiyerarşi açısından bir subayın mevkisini belirleyecek unsurların barış zamanlarında öğrenim ve bilgisi, savaş zamanlarında ise üstün cesaret ve kavrayışı olacağı belirtilmiştir. Bu reform, bugünkü anlamda askerlik mesleğinin gerçek başlangıcı kabul edilir.

Prusya'da başlayan profesyonellik; askeri eğitim kurumlarının oluşturulması, askerliğe seçim şartlarının yumuşatılması, seçim ve terfi süreçlerinin yeniden düzenlenmesi ve ileri düzeyde askeri öğrenim kurumlarının ve genelkurmay kurumunun oluşturulması şeklinde kendini göstermiştir. 18. Yüzyılda, Fransa'daki devrim ve İmparatorluk savaşları ile "halk savaşı", yani geniş katılımlı kitlesel savaş kavramlarının gelişmesi söz konusu olmuştur. Ayrıca, sömürgeleştirme süreci ile birlikte, dönemin deniz savaşları da en az "meydan savaşları" kadar önemli bir nitelik kazanmıştır. Napolyon, meydan savaşları yerine cephe savaşlarına geçmiş ve savaşan tabur, koruyan tabur ve işgal eden tabur ayrımını geliştirmiştir[32].

Askerlik mesleğini diğerlerinden ayıran özelliklerden olan mesleğe özgü uzmanlık, ancak uzun süreli bir eğitim ve tecrübe ile elde edilebilir. Profesyonel bir asker belli bir alanda bilgi ve becerilerle donanmış bir uzmandır. Uzmanlık, mesleki ehliyete yönelik objektif ve evrensel standartlardan oluşmaktadır. Mesleki eğitim; ilk olarak genel bir kültürel arka plandan, ikinci olarak da mesleğe özgü özel bilgi ve becerilerden oluşmaktadır. Bir mesleğin mensupları, meslek hakkında bilgi sahibi olarak, farklı bir grup olma bilincini paylaşırlar[33].

---

30 Güvenlik Stratejileri Dergisi, Sy: 99, SAE Harp Akademileri Yay. Aralık, 2005.

31 Samuel P. HUNTINGTON, Asker ve Devlet, Sy: 33, Salyangoz Yay, İstanbul, 2006.

32 Beril DEDEOĞLU, Uluslararası Güvenlik ve Strateji, Sy: 137, Derin Yayınları, İstanbul, 2003.

33 Samuel P. HUNTINGTON, Asker ve Devlet, Sy: 35, Salyangoz Yay, İstanbul, 2006.

Modern çağda, askerlik kurumunun sosyal statüsü ve toplumsal rolü ile ilgili olarak dört temel bakış açısı mevcuttur. Bunlardan ilki olan, askerliğin kendine özgü kuralları ve ölçütleri olduğu, askerlik mesleğinin sadece kendi denetim mekanizmalarını kullandığı ve askerliğin sosyal, kültürel ve ekonomik eğilimlerin dışında tutulması gerektiği öngörülmektedir.

İkinci sosyolojik yaklaşıma göre; askerliğin toplumda bir ihtiyacı karşılayan ve toplumdaki bazı değişimleri yansıtan bir meslek olduğu ve askerlik mesleğinin denetiminin sivil mekanizmalar tarafından belirili esaslar ve hukuki çerçeve içerisinde yapılması gerektiği değerlendirilmektedir.

Üçüncü kurumsal yaklaşıma göre; askerlik diğer mesleklerden farklı olarak kendine özgü kural ve yaşam tarzı olan bir kurum içinde ve özel kurallara göre icra edilmekte ve askerliğin temel ve farklılaşan değerlerinin kurumsal düzenlemelerle korunması gerekliliği öngörülmektedir.

Son olarak politik yaklaşıma göre de; sonuçları itibariyle askerliğin etkili bir politik kurum olduğu ve askerliğin politik etkisinin, demokrasiyi bozmadan, sekteye uğratmadan demokrasinin toplumdaki rolünün arttırılması yönünde gerçekleştiği belirtilmektedir.

Günümüzde, askerin devlete karşı sorumluluklarının üç bölümden oluştuğu ifade edilmektedir. Bunların ilki temsili işlevdir ve askeri güvenliğe ilişkin taleplerin devlet mekanizmasında temsilini ifade eder. Askerin ikinci sorumluluğu, danışmanlık işlevidir ve devletin alternatif hareket tarzlarının sonuçlarının askeri açıdan incelenip, bu konuda devlet yetkililerine rapor sunulmasını ifade eder. Askerin devlete karşı üçüncü ve son sorumluluğu ise, yürütme işlevidir ve devletin askeri güvenliği ilgilendiren kararlarının uygulanmasını ifade etmektedir[34]. Farklı bir bakış açısına göre de; Din kişiyi ulvi amaçlar için Tanrı'ya biat ettirir. Ordu ise, kişiyi toplumun çıkarlarına hizmet için biat ettirir. Dokusundaki ciddiyet, düzenlilik ve disiplinle, askeri toplum dini cemaatin özelliklerini paylaşır. Modern insan tapınağını, orduda bulabilir[35].

---

34 Samuel P. HUNTINGTON, Asker ve Devlet, Sy: 22, Çev: Kazım Uğur Kızılaslan, Salyangoz Yayınları, İstanbul, 2006.

35 Mim Kemal ÖKE, Derviş ve Komutan, Sy: 11, Alfa Yay, İstanbul, 2004.

Bir devletin silahlı kuvvetlerinin tamamını ifade eden ordu, tarih boyunca devletlerin ekonomik, sosyal ve politik durumlarında meydana gelen değişiklere paralel olarak gelişme göstermiştir. Yeni keşif ve silahlar, orduları etkilemiş, savaş taktik ve stratejilerinde olduğu kadar orduların bünyelerinde de değişiklikler olmuştur. Milattan 3600 yıl öncesinden başlamak üzere zamanımıza kadar yaklaşık 5600 yıl içerisinde yaklaşık 14. 531 harp olmuş, 292 yıl barış idrak edilmiştir. Yani, çok yaklaşık bir hesapla, 20 yılda bir harp yapmışız demektir[36].

Ordular zaman zaman para kazanmak ve yağmacılık etmek isteyen paralı profesyonel askerlerden, zaman zaman da bir gaye uğruna çarpışmak isteyen vatansever gönüllülerden kurulmuştur. Tarihte, orduların oluşturulmasında asker alma yöntemlerinden biri olan paralı askerlik yönteminde, askerlerin kontratlarının bitmeden onlara ödenecek paranın bulunamaması veya savaşın çok uzun sürmesi gibi olumsuz durumlar mevcuttu[37].

Paralı askerliğin bu olumsuz yönlerini fark eden bazı kent devletleri, vatandaşlık hakkını kazanması karşılığında mal ve mülk sahibi tüm erkek vatandaşlarını askeri bir eğitimden geçiriyor ve tehlike anında da onları göreve çağırıyordu. Milis sisteminin başlangıcı sayılan bu sistemin de, sağlıklı erkek vatandaşlarının yalnızca belli bir bölümünü askere alması yönünde bir mahsuru bulunmaktaydı. Zorunlu askerlik sistemi ise, sağlıklı her erkek vatandaşı içine almakta, ancak silah altındakilerin rejimi ele geçirme korkusu duyan ve kalabalık bir orduyu besleyecek parası olmayan devletler için uygun değildi. Zorunlu askerlik sistemi, ancak uzun vadede, oy verme hakkının yaygınlaşması ile gerçekleşmiştir[38].

3. Gönüllülük ve Profesyonellik Esaslarına Dayalı Subaylık:

Askeri işlevin verimli biçimde icrasından ziyade aristokrasinin ihtiyaçlarına yönelik olarak tasarlanan XVIII. yüzyıl subay kadroları için, varlık, doğum, kişisel ve siyasi nüfuz atama ve terfilerde belirleyici unsurlar olmuştur. Bunun neticesinde çocuklar ve yetersiz kişiler sıklıkla yüksek askeri rütbelere getirilmişlerdir. Mesleki bilgiye sahip

36 Muzaffer ERENDİL, Tarihte Strateji, Sy: 34, Gnkur ATASE Yay, Ankara, 1998.
37 Bülent DAVER, Ordu ve Politika, Gnkur ATASE Yay, Ankara, 1983.
38 John KEEGAN, Savaş Sanatı Tarihi, s. 180-182, Çev: Füsun Doruker, Sabah Kitapları, İstanbul, 1995.

kimse mevcut olmadığından, birkaç teknik okul dışında askeri bilgiyi aktaracak hiçbir kurum bulunmamaktadır. Subaylar, subay davranış ve inanış tarzlarından ziyade aristokrat davranış ve inanış tarzlarını sergilemişlerdir. Tüm bunlar o dönemde askerlik mesleğinin mevcut olmadığını göstermekteydi[39].

Bunu müteakiben, ileri düzeyde eğitim veren kurumlara yönelik ihtiyaç ortaya çıkmıştır. Bunun sonucunda, Prusya 1810 yılında Berlin'de, savaş sanatı alanında yüksek öğretim verecek bir askeri okul (üniversite) olarak tasarlanan ünlü "Kriegsakademie"yi kurmuştur. Subaylık mesleğine giriş yöntemlerinin evrimi üç aşamada gerçekleşmiştir: giriş açısından aristokrat ön şartların ortadan kaldırılması, temel düzeyde bir mesleki eğitim ve yeterlik şartı getirilmesi ve asgari bir genel eğitim şartı getirilmesi. Subaylık mesleği, 19. yüzyılın en önemli kurumsal tasarımlarından biri olmuştur.

Napolyon Savaşları ile birlikte subaylar, meslek hakkında ihtisaslaşmış bir teknik edinmeye ve bu tekniğin doğasını oluşturan standartları, değerleri ve örgütlenmeyi geliştirmeye başlamışlardır. Bir subayın mesleği içerisinde ihtiyaç duyduğu zihni yetenek ve alışkanlıklar, önemli ölçüde, mesleği dışındaki geniş eğitim ve öğrenim alanlarında elde edilebilir. Çünkü askeri bilgi ve beceriye hâkimiyet, geniş bir genel kültür alt yapısını gerektirmektedir. Bu noktada önemli olan bir husus da orduları oluşturan insan kaynakları ve özellikle orduları yönetenler yani bugünkü anlamda subayların durumu idi. 19. yüzyıldan önce de var olan ordu ve donanmaların başında da subaylar bulunmaktaydı ancak bu subaylar genellikle paralı askerlerden veya aristokratlardan oluşuyordu[40].

Avrupa'daki aristokrat unsurların güçlü muhalefetlerine rağmen, 1875 yılına kadar Avrupa ordularındaki profesyonelliğin temel kurumlarının sağlam bir şekilde oluşturulduğu görülmektedir[41]. Türk tarihinin çok eski çağlardan itibaren askerlik hizmeti ve yükümlülüğü,

---

39 Samuel P. HUNTINGTON, Asker ve Devlet, Sy: 30, Salyangoz Yay, İstanbul, 2006.

40 Samuel P. HUNTINGTON, Asker ve Devlet, Sy: 22, Salyangoz Yay, İstanbul, 2006.

41 Samuel P. HUNTINGTON, Asker ve Devlet, Sy: 35, Salyangoz Yay, İstanbul, 2006.

devlet bilgeliği ve din kutsallığı ile karışmış bir inanış ve gelenekle, bir ideal altında hafifletilmiş ve mukaddes bir vazife haline sokulmuştur.

Meslek olarak subay kadrosu kademeli bir şekilde; "paralı askerlik" ve aristokrat subaylık" sistemleri öncülüğünde oluşmuştur. Paralı asker "kâr"; aristokrat asker ise "onur ve macera" arayışındaydır. Paralı askerlikte subay, topladığı bir bölük adamın hizmetini satışa sunan bir tüccar gibi hareket ederdi. Paralı askerler, birbirleriyle rekabet hâlinde olan bireyci kişilerdi, aralarında ortak standartlar, disiplin, sorumluluk veya birlik ruhu mevcut değildi olması da mümkün değildi. Profesyonel askerlik öncesi son askerlik şekli olan aristokrat askerlik sisteminde ise. bazı teknik askeri sınıflar dışındaki ana kısmın subay kaynağını aristokratlar oluşturmaktaydı.

Subaylar, askerlik kurumu kapsamında emir komuta hiyerarşisinin üst basamaklarında bulunmaktadırlar. Bu kapsamda askerlik kurumunda orta ve üst kademe yöneticiler olarak değerlendirilebilecek grup subaylardır. Subaylık; bilgi, yetenek ve tecrübeye ilaveten; toplumsal, ulusal ve evrensel sorumluluk gerektiren ve bir insanın bütün yeteneklerini ve zamanını mesleğe adamasını ve kapsamlı bir eğitim ve tecrübe ile geliştirilebilen karmaşık ve yüksek bir zihinsel kapasiteye sahip olunmasını gerektiren bir ihtisas mesleğidir. Subaylık, sadece savaşmaktan ibaret değildir. Subay aynı zamanda barışın tesisi ve korunmasından da sorumludur, yani barış zamanında da sorumlulukları vardır[42].

Tüm meslekler ancak bir ölçüde devlet tarafından düzenlenirken, askerlik mesleği tamamen devletin sorumluluğu ve tekeli altındadır. Subayın becerisi "savaşın sevk ve idaresi", sorumluluğu ise müşterisi olan toplumunun "askeri güvenliğidir". Subayın devlete karşı olan sorumluluğu bir "uzman danışman" sorumluluğudur. Subayın devletle olan ilişkilerinde esas itibarıyla "mesleki etik kurallarının" yanında "kanunlar" rehberlik etmektedir. Bir subay ülkesine ve ulusuna hizmet ideali ile doludur, dolayısıyla ulusal yetkinin ortaya çıktığı kuruma yani sivil iradeye bağlı olmak durumundadır.

Buna göre ordu, hem dış, hem de iç düşmanlara karşı savunma mekanizmasının baş aktörüdür. Sivil-asker ilişkilerinin en önemli

---

42 Güvenlik Stratejileri Dergisi, Sy: 101, SAE Harp Akademileri Yay. Aralık, 2005.

odağı, subay kadrosunun devletle olan ilişkisidir. Subay kadrosu, hem bürokratik bir meslek grubu, hem de bürokratik bir örgüttür. Rütbe hiyerarşisi ile meslek çerçevesinde mesleki ehliyet düzeyleri, makam hiyerarşisi ile de örgüt çerçevesinde görevleri ayrıştırılmıştır. Tüm bürokrasilerde yetki makamdan kaynaklanırken, mesleki bürokrasilerde makama seçilebilirlik rütbeden kaynaklanır. Bir subay, bir makama atandığı için rütbe almaz; rütbesinden ötürü belirli görev ve işlevleri icra edebilir[43]. Tüm subaylarda ortak olan ve de onları sivillerden ayrıştıran, ayrı ve farklı bir uzmanlık alanı gerçekten de mevcuttur.

Subaylar; askerlik ve subaylık mesleğinden beklenen fakat sivil gruplarca paylaşılmayan "güvenliğin sağlanması" adında farklı bir uzmanlık alanına sahiptir. Bir askeri kuvvetin vazifesi bağlı olduğu toplumun güvenliğinin sağlanmasıdır. Subayın görevi; güvenliğin sağlanması maksadıyla askeri kuvvetin örgütlenmesini, donatılmasını, eğitilmesini, faaliyetlerinin planlanmasını ve muhtemel bir harekâtın yönlendirilmesini kapsamaktadır[44].

Bir subayın mesleğine özgü becerisi evrensel bir nitelik taşımaktadır. Bir subay askerlik tekniklerinin tarihi gelişiminden haberdar olmak şartıyla, mesleğinin zirvesinde kalmayı ümit edebilir. Ancak, bir subayın işini daha etkin bir biçimde yapabilmesi için, işinin diğer meslek alanlarıyla ilişkisini ve diğer alanların kendi amaçlarına katkıda bulunmasını başarma yollarını bilmesi gereklidir. Bir subay sadece askeri alanda eğitilirse; analitik becerisini, ön sezisini, hayal gücünü ve yargısını tam olarak geliştiremeyebilir. Bir subayın mesleği dâhilinde gereksinim duyduğu zihni yetenek ve alışkanlıkların önemli miktarını mesleği dışındaki geniş öğrenim alanlarından elde edebileceği, evrensel olarak kabul görmüş bir husustur[45].

Bir toplumun askerliğe bakış açısında önemli olan husus, subay kadrosunun toplumdaki sivil gruplara oranla gücü ve niteliğidir. Güç, başkalarının davranışlarını kontrol edebilme kapasitesidir. Bir güç ilişkisinin; güç derecesi ve miktarı ile gücün kapsama alanı olmak

43 Samuel P. HUNTINGTON, Asker ve Devlet, Sy: 19, Salyangoz Yayınları, İstanbul, 2006.

44 Samuel P. HUNTINGTON, Asker ve Devlet, Sy: 19, Salyangoz Yayınları, İstanbul, 2006.

45 Güvenlik Stratejileri Dergisi, Sy: 107, SAE Harp Akademileri Yay. Aralık, 2005.

üzere iki düzeyi mevcuttur. Subay kadrosunun toplumda sahip olduğu güç; subay kadrosunun sivillerle olan grup ilişkilerine, sahip olunan ekonomik ve insan kaynaklarına, asker ve sivil grupların karşılıklı hiyerarşik nüfuzuna ve subay kadrosunun sahip olduğu itibar ve saygınlığına bağlıdır. Subay kadrosu askeri yapının aktif yönetici unsurudur, lideridir.

TÜRK TOPLUMUNDA ORDU VE SUBAY KAVRAMLARI

Genel kabul gören şekli ile uygarlığın gelişim süreci üç döneme ayrılmaktadır, ilk çağlardan 1900'lü yıllara kadar olan dönem "sanayi öncesi tarım toplumu", 1900'den 1980'lere kadar olan dönem"sanayi toplumu", 1980'lerden günümüze kadar olan dönem ise "sanayi ötesi bilgi toplumu" olarak anılmaktadır. "Sanayi öncesi tarım toplumu" döneminde; askerlik bir sanat olarak görülmüş, paralı askerlik uygulamaları geçerli olmuş, subaylık mesleğinde genel askeri eğitimin ve sayısal-stratejik üstünlüğün baskın olduğu bir dönem yaşanmıştır[46].

Buna karşın "sanayi toplumu" döneminde; askerlik ilk defa bir bilim olarak ele alınmış, zorunlu askerlik uygulamaları geçerli olmuş, genel askeri eğitimin yerini uzmanlaşma ve dolayısıyla değişik uzmanlık alanlarındaki özelleşmiş eğitim almış, sayısal-stratejik üstünlük ise yerini sayısal-teknolojik üstünlüğe bırakmış ve tüm bu gelişmelerle birlikte bir "mekanizasyon" sürecine girilmiştir. Günümüze değin uzanan sanayi ötesi "bilgi toplumunda" ise askerlik; hem bir sanat hem de bir bilim olarak görülmüş, sistemi bir bütün olarak görmeyi sağlayacak genel askeri eğitim sistemi geçerli olmuş, bilgi-insan birlikteliğinin esas alınmasıyla"otomasyon" sürecine adım atılmıştır. İkinci Dünya Savaşı'ndan sonra askerlik; iş, bilim ve teknoloji çevreleri, ekonomi ve politika ile karışık hâle gelmeye başlamıştır.

En basit haliyle ordu, bir toplumun tüm silahlı güçlerini ifade eden bir kavramdır. Silahlı güçler (kuvvetler), özel kanunlar ile oluşturulmuş, yapısı, teşkilatı ile hiyerarşi ve fonksiyonları belirlenmiş kamusal organlardır. En geniş anlamıyla ordunun görevi ise, yurt savunmasıdır; yani devletin, ülkenin, milletin bütünlüğünün

46 Güvenlik Stratejileri Dergisi, Sy: 104, SAE Harp Akademileri Yay. Aralık, 2005.

ve birliğinin korunmasıdır[47]. Türkiye, bölgesinde ve Avrupa'da gerek nitelik ve gerekse nicelik olarak güçlü bir orduya sahiptir. Bu vesileyle Türkiye, askeri sistem ve kültüre alışkındır. Osmanlılara ve daha öncesine bakarak Türkiye'de askerliğin sözü geçen bir gelenek olduğunu söylemek mümkündür. 1990 yılında halkın sadece % 50'sinin politik sisteme inancı varken, Silahlı Kuvvetlere duyulan güven % 92 civarında belirlenmiştir. On üç yıl sonra 2003'de bu oranın hemen hiç değişmemiş ve % 88 oranında gerçekleşmiş olduğu görülmektedir. İç ve dış tehditlere karşı çıkan en önemli kurum, Türk Ordusudur. Bu da Türk Ordusunu "en güvenilir" kurum konumuna getiren unsurların başında gelmektedir[48].

Türk Ordusunun toplumu ile bütünleşmesinde, şüphesiz ki Türk askerlik kültürünün büyük katkısı olmaktadır. Türk askerlik kültürü, Türk kültürünün bir bölümü ve eseri olarak derin bir birikime dayanmaktadır. Türk askerlik kültürü değişir ve gelişirken Türk kültürünün şekillenmesine de katkıda bulunmuştur ve bulunmaktadır. Askerlik kültürü, kültürün oluşmasında katkıda bulunduğu gibi, oluşan kültür ortamından da etkilenir. Askerlik, genel kültüre kaynaklık eden alanlardan birisidir. Askerliğin; toplumsal bilgi birikimimizde ve düşünce yapımızda rolü ve katkısı olduğu değerlendirilmektedir. Türk tarihinin çok eski çağlardan itibaren askerlik hizmeti ve yükümlülüğü, dinle karışmış bir inanış ve gelenekle, bir ideal tülü altında hafifletilmiş ve mukaddes bir vazife haline sokulmuştur[49].

Toplumun Türk Ordusuna bakışını diğer toplumlardan ayıran ikinci nokta, geçmişten gelen bir geleneği temsil eden "ordu-millet" olma özelliğidir. Bu özellik askerlerin kendi kendine çıkardığı bir yakıştırma değildir. Bir toplum düzeni araştırılırken, askerlik kültürü ve onun genel kültür içerisindeki yerinin göz ardı edilmesi eksikliğe sebep olabilir. . Türk milletinin ordusu halk, halkı ordudur. Şüphe yoktur ki; Türk vatandaşının en içtenlikle yaptığı yükümlülük askerlik görevidir. Türk insanı bu görevi kutsal bilir; ruhi ve bedeni olgunlaşma ve güçlenmenin, iyi ve doğru düşünmenin, iyi yaşamayı

---

47 Bülent DAVER, "Ordu ve Politika (Siyaset), Sy: 137, Genelkurmay ATASE Yay, Ankara, 1983.

48 Güvenlik Stratejileri Dergisi, Sy: 104, SAE Harp Akademileri Yay. Aralık, 2005.

49 Bahaeddin ÖGEL, Türk Tarihinde Millet ve Ordu Bütünleşmesinin Nedenleri, Sy: 226, Gnkur ATASE Yay, Ankara, 1983.

öğrenmenin, bir aile reisi veya sorumluluk alma niteliğinin kazanıldığı, yeri ve okulu olarak "Türk Ordusunu" bilir.

Türk toplumu, kendi Silahlı Kuvvetlerini yalnız iç ve dış tehlikelere karşı koruyucu ve kollayıcı olarak değil, çağdaş uygarlık düzeyine ulaşmanın sembolü olarak da görür, güvenir ve övünür. Türk milletini diğer milletlerden farklı kılan özellikler içinde en belirgin olanı, onun Silahlı Kuvvetlerine ve askerlik mesleğine gösterdiği sevgisi, saygısı, güveni ve ordusunun kendisinin bir parçası olduğunu bilip onunla kaynaşmış olmasıdır. Atatürk de orduyu tanımlarken" Ordu milletin yaşama ve var olma iradesinin bir şeklidir" der. Türk tarihinin çok eski çağlardan itibaren askerlik hizmeti ve yükümlülüğü, dinle karışmış bir inanış ve gelenekle, bir ideal tülü altında hafifletilmiş ve mukaddes bir vazife haline sokulmuştur[50]. Türk Ordusunun tarihsel mirasında iki temel unsurun önemli olduğu söylenebilir:

Birincisi; ordunun, devlet ve halk ile özdeşleşmesidir. Türklerin 5. 000 yıl önceye dayanan tarihindeki bu özellik, Göktürk kitabelerinde belirtilen tanrı vergisi askerlik misyonu bütün zamanlarda bir ülkü olarak kabul edilmiştir. Gerçekten de ilk Türk topluluklarından itibaren "askerlik toplumun genel ve bireysel bir özelliğidir" ve ordu neredeyse toplumla bütünleşerek bir "Ordu-Millet" geleneği yaratılmıştır.

İkincisi; Türk Ordusunun "modernleşmenin öncüsü" olmasıdır. Osmanlı Devleti'nin çöküş sürecindeki reform hareketlerinden itibaren yerleşmiş bulunan, ordunun ve subayların Batı tekniklerinin ve düşünce kalıplarının benimsenmesine dayalı modernleşmenin öncüleri olduğuna dair yaygın inançtır[51].

Ordumuzun en özgün ve örnek özelliği, tepeden tırnağa bir halk ordusu oluşudur. Meslek olarak askerlik, batı ülkelerinin çoğunda soylu ve varsıl aile çocuklarının prestij mesleğidir. Oysa Türkiye'de varsıl ailelerin çocukları okumaz askeri okullarda. Orta halli ya da düpedüz yoksul çocukların"makus kaderlerini"

---

50 Bahaeddin ÖGEL, Türk Tarihinde Millet ve Ordu Bütünleşmesinin Nedenleri, Sy: 226, Gnkur ATASE Yay, Ankara, 1983.

51 Doğan AKYAZ, Askeri Müdahalelerin Orduya Etkisi, Sy: 16, İletişim Yayınları, İstanbul, 2002.

yenebilecekleri, çok iyi okullarda okuyabilecekleri, Anadolu'nun dört bir yanından , güç koşullardan gelip, hiçbir etnik ayrımcılığa uğramadan, sadece zeka ve çalışkanlıklarıyla en üst mevkilere hak kazanabilecekleri bir kurumdur Türk Silahlı Kuvvetleri. İşte bu yüzden halk ordusudur, şanslı doğmayanlara sınıf değiştirme şansı verdiği için "göz bebeğidir", hem Türkiye Cumhuriyetinin, hem de Türk toplumunun[52].

Asker caydırıcılığı ve etkinliği ile dış barışısağlar ve iç barış için başlıca garantilerden birini oluşturur. Asker, halkın bu barış ortamında, güvenli ve huzurlu olarak demokrasi ve insan haklarından yararlanarak yaşaması için kendi rahatından ve bu haklarının çoğundan feragat ve fedakarlık etmiş olan kişidir ve onun saygınlığının gerçek kaynağını bu feragat ve fedakarlık teşkil etmektedir[53].

Toplumun Türk Ordusuna bakışını diğerlerinden ayıran son bir nokta ise; bir "sosyal kurum" olarak ordunun sadece ulusal güvenliği sağlama işlevini değil, diğer birçok sosyal işlevi de görmekte olduğu gerçeğidir. Askerlik kurumu ülkenin savunmasını ve güvenliğini sağlama konusuna odaklanmıştır. Ancak askerlik kurumu birden fazla fonksiyonu gerçekleştirmeye yönelmiş görünmektedir.

"Atatürk'ün Ordu, Askerlik, Harp ve Sulh Hakkındaki Düşünceleri ve Genç Subaylara Öğütleri" adlı kitapta; "Ordu, harice karşı devletin varlığını temin ve icabında dahilde büyük asayişsizliği bertaraf eder. Ordu, Cumhuriyeti yıkmaya çalışanlara karşı devletin ve hükümetin iradesini ve kuvvetini gösterir. Ordunun devlete karşı birinci vazifesi, azami kudret ve kabiliyete sahip olmaya çalışmaktır. Devletin onuru ve şerefi bununla yükselir" ifadesi yer almaktadır[54]. Buna göre ordu, hem dış, hem de iç düşmanlara karşı savunma mekanizmasının baş aktörüdür.

Savunma ve güvenliğin yanında Türk Silahlı Kuvvetleri'nin gerçekleştirdiği birçok sosyal işlev de mevcuttur. Türk kültür ve günlük yaşamında Silahlı Kuvvetler ve Türk toplumu arasındaki oldukça büyük bir iş birliği vardır. Sivil ve asker arasındaki bu iş birliği, yö-

52 Mine G. KIRIKKANAT, Gözünü Çıkaran Devlet, Vatan Gazetesi, İstanbul, 30 Aralık 2012.
53 Mert BAYAT, Milli Güç ve Devlet, Sy: 148, Belge Yay, İstanbul, 1986.
54 O. Metin Öztürk, Ordu ve Politika, Sy: 26, Gündoğan Yayınları, Ankara, 1993.

resel otoriteden merkezi otoriteye kadar yayılan; ağaçlandırmadan yangın söndürmeye, toplumsal gelişime destek uygulamalarından deniz kirliliğini önlemeye, okuryazarlık eğitiminden meslek eğitimine kadar çok çeşitli alanları kapsamaktadır.

Mustafa Kemal orduyu yaşayan dinamik bir organizmaya benzeterek, orduyu oluşturan insan unsurunu ön planda tutarak şu tanımı yapmıştır: "Bilinmelidir ki, bir orduyu meydana getiren, genellikle, her kişi; yaşayan bir makinenin canlı organları, parçalarıdır. Bu makineyi işleten, her organizmayı, her parçasını harekete getiren amaç, buharla işleyen motorlar değildir. O işletme aracı, ordu makinesini oluşturan canlı organların beyinlerindeki kuvvet ve kanlarındaki ruhtur. Bu beyinlerde ve bu kanlarda gerekli olan kuvvet ve akış hızı bulunmazsa makine durur ve başka bir kuvvet onu işletemez"[55].

"Millet, bağımsızlığının muhafazasından ibaret olan hayati gayesinin teminini ordudan, ordunun ruhunu teşkil eden subaylardan bekler. İşte subayların, subayların yüce olan vazifesi budur. Allah göstermesin milletin bağımsızlığı ihlâl edilirse bunun vebali subaylara ait olacaktır. Subaylar, izah ettiğim yüce, mukaddes ve bütün açılardan üzerlerine düşen vazife itibariyle, bütün mevcudiyetleriyle ve bütün dikkat ve felsefeleriyle, giriştiğimiz bağımsızlık mücadelesinde birinci derecede faal ve fedakâr olmak mecburiyetindedirler. Şahsi ve hususi itibariyle de subaylar, fedakârlar sınıflarının en önünde bulunmak mecburiyetindedirler. "[56]

Askerî içeriği bakımından, "Ordu" kavramı, hiyerarşik bir örgütlenmenin bir basamağını ifade etmekle birlikte, 1961 yılına kadar, Kara, Deniz, Hava ve Jandarma birliklerinin bütününü ifade etmekte kullanılmıştır. "Ordu" kavramı yerine Türk Silahlı Kuvvetleri kavramının kullanılmasına ise 4 Ocak 1961 tarihinde kabul edilen 211 sayılı T. S. K. İç Hizmet Kanunu ile birlikte başlanılmıştır[57].

55 Mustafa Kemal ATATÜRK, Subay ve Komutan ile Söyleşi, Sy: 80, HarpAkademileri Komutanlığı Yayınları, İstanbul, 1994.

56 ATATÜRK'ün Bütün Eserleri, Sy: 113, Kaynak Yayınları, İstanbul, 2002.

57 Erdal AKKAYA, Türk Ordusundaki Stratejik ve Doktriner Değişiklikler, Sy: 7, Yüksek Lisans Tezi, Ankara Üniversitesi, Ankara, 2006.

TÜRK ADININ ANLAMI VE ESKİ TÜRK YURDU

1. Türk Adı

Dünya tarihine yön vermiş, büyük bir ulusun adından ne zaman hangi anlamlarla ve hangi farklı teleffuzlarla bahsedildi? Ne yazık ki şu anki bilgi ve belgelerin ışığı altında bu araştırmayı tarihin çok eski dönemlerine kadar götürmek pek mümkün olamamaktadır. Bunda ilk yurdumuzun bulunduğu coğrafyanın uzun yıllar Sovyet ve Çin egemenliğinde dış dünyaya ve tarihi araştırmalara kapalı bir yönetimin elinde olması kadar büyük devletler kuran atalarımızın genellikle devlet isimlerini kendi boylarının ismi ile (Hun, Karahanlı, Selçuklu ve Osmanlı) kullanmaları da etkili olmuştur.

Türk tarihinin başlangıcını 1961 yılında Romanya'nın Tur şehri (Cluj) yakınlarında bulunan Tartaria tabletlerine dayanarak M. Ö. 5500 yıllarına götürülebilsede[58]yazılı Çin kaynakları bu rakamı 2250'lere kadar götürebilmektedir[59]. "Türk" adı bugün telaffuz ettiğimiz şekilde ve anladığımız manada (ulus) ilk defa olarak M. S. V. yüzyıl sonlarında (M. S. 540)[60] yazılan Çince kaynaklarda görülmektedir[61]. Kaynaklarda, Türklerden Çince telaffuzla, "Tu-kü-e" lerden bahsediliyor[62]. (Burada çin'ce de r ve d harfinin olmadığını belirtmekte fayda var). Aynı dönemde Bizans kaynaklarında da ilk defa olmak üzere "Türk" adı geçmeye başlıyor. Bizanslılarda "Türk" adı ile İdil (Volga) nehrinin doğusunda yaşayan kavimleri kastediyorlardı[63].

Roma, Bizans ve diğer devletler için Karadenizin kuzeyinde ve Anadolu'da ve daha doğuda yaşayanlar "Türk" olarak kabul edil-

58 Mehmet BAYRAKDAR, Kürtler Türk'lerin Nesi Oluyor? Sy: 17, Kelam Yay, İstanbul, 2011.

59 Ahmet TAŞAĞIL, Kök Tengrinin Çocukları, Sy: 38, Bilge Kültür Sanat Yay, İstanbul, 2013,

60 Sencer DİVİTÇİOĞLU, Kök Türkler, Sy: 49, Ada Yay, İstanbul, 1987.

61 Cemal ANADOL, Tarihe Hükmeden Millet Türkler, Sy: 29, Bilge Karınca Yay, İstanbul, 2006.

62 Istvan VASARY, Eski İç Asyanın Tarihi, Sy: 98, Ötüken Yayınları, İstanbul, 2007.

63 Nimet Kurat AKDES, Göktürk Kağanlığı, Sy: 76, Türkler Ansiklopedisi, Yeni Türkiye Yay, Ankara, 2002.

miş hatta Anadolu için "Turcia Minör", Hazar doğusu için "Turcıa Majör"[64] (Anadolu için bazen"Turkıa")[65] kullanılmıştır.

İslamiyeti kabulden sonra Türkler de kendilerini "Türk" diye adlandırmışlar ve bu suretle "Türk" adı gittikçe geniş bir mana, yani Türk ırkından gelen bütün kavimlerin adını ifade eder olmuştur.

"Türk" adının manasına gelince, Türklerle çok eskiden beri temas halinde bulunan ve bu adı çok erkenden duyan Çinlilere göre, Türklerin, eteğinde kamp kurdukları dağ bir miğfer şeklinde olduğu ve bu kavmin dilinde de "miğfer"e "tu-kü-e" denildiğinden bu millete "Türk" denilmiştir[66]. "Türk" sözünün bu en eski ve kabul görmeyen izah şekli Çin halk etimolojisine dayandırılmıştır;

Bazı İslam ilim adamları ise "Türk" adını, arapçadaki "bırakmak, terketmek" manasına gelen "terk ile izah etmek istemişlerdir. Türkler seddin (yani Ye'cuc Me'cuc Seddi) arkasında yaşadıkları, "terkedildikleri" için "Türk" adını almışlardır.

Türklerden söz eden bir diğer eski yazılı kaynak da Asurlulardan kalmıştır. Ninova Kütüphanesinde bulunan ve M. Ö. 665 tarihini taşıyan bir tablette, kuzeyden inen Türk atlılarının Asur ülkesini ele geçirişleri anlatılmıştır[67].

Türklerin kadim bir millet oluşu, araştırıcıları haklı olarak Türk adını en eski tarih kaynaklarında aramaya yöneltmiştir. Birçok ilim adamı ve araştırmacı tarafından ileri sürülen görüşlere göre, Herodotos (M. Ö. 4. y. y)'un Doğu kavimleri arasında zikrettiği Targita'lar, "İskit" topraklarında oturdukları söylenen "Tyrkae[68]" (Turkae), kutsal kitap Tevrat ta adı geçen, Nuh peygamberin torunu (Yafes'in oğlu) Togharma, eski Hind kaynaklarında tesadüf edilen Turukha'lar, Thrak'lar, eski Ön Asya çivi yazılı metinlerde görülen Turukku'lar, Çin kaynaklarında M. Ö. 1000'lerde rol oynadıkları belirtilen Tik 'ler bizzat Türk adını taşıyan Türk kavimleri kabul edilmiştir.

---

64 Bahaeddin ÖGEL, Türk Kültürünün Gelişme Çağları, Sy: 12, TDAV Yay, İstanbul, 2001.

65 Osman TURAN, Türk Cihan Hakimiyeti Mefkuresi Tarihi, Sy: 41, Ötüken Yay, İstanbul, 2003.

66 Istvan VASARY, Eski İç Asyanın Tarihi, Sy: 98, Ötüken Yayınları, İstanbul, 2007.

67 Laszlo RASONY Tarihte Türklük, Sy: 12, Örgün Yayınları, İstanbul, 2007.

68 Bahaeddin ÖGEL Büyük Hun İmparatorluğu Tarihi-I Sy: 185Kültür Bakanlığı Yay. Ankara, 1981.

İslam kaynaklarında ayrıntılı şekilde nakledilen İran kaynaklı Avesta rivayetleri ile İsrail kaynaklı Tevrat rivayetlerinde de "Türk" adı aranmış, Nuh'un torunu (Yafes'in oğlu) Türk de[69] (Taberi, Mes'udi, Kaşgarlı Mahmud) veya İran rivayetindeki hükümdar Feridun'un oğlu Turac veya Tur (Turan, buradan geliyor) da "Türk" adını taşıyan ilk kavim gösterilmek istenmiştir[70].

Geçen asırda A. Vambery'nin ilmi izaha doğru ilk adım kabul edilen fikrine göre "Türk" kelimesi "türemek"ten çıkmıştır. Z. Gökalp, adı "türeli" (kanun ve nizam sahibi) diye açıklamıştır. W. Barthold'un düşüncesi de buna yakındır.

Kelimenin Törük, Türük, Türk şeklinde gelişmesini mümkün görmeyen ve bir kabile adı da olmadığını belirten G. Doerfer'e göre, Orhun kitabesindeki "Türk" tabiri daha ziyade "devletin esas halkını teşkil eden millet manasına gelmektedir. Fakat "türk" sözünün cins ismi olarak "güç, kudret"[71] (sıfat hali ile: Güçlü-kuvvetli, cesur)[72] manasını taşıdığı 1911'de neşredilen eski bir Türkçe vesikadan anlaşılmıştır[73].

Burada geçen "Türk" kelimesinin millet adı "Türk" sözü ile aynı olduğu A. V. Le Coq tarafından ileri sürülmüş ve Gök-Türk kitabesinin çözücüsü V. Thomsen tarafından da kabul edilen bu görüş, daha sonra Gy. Nemeth'in araştırmaları ile kesinlik kazanmıştır[74].

Çin kaynaklarına göre "Türk" deyimi ünlü Aşına ailesinin mensup olduğu kabileyi tavsif etmekte idi[75]. Cins ismi halinde çok eskiden beri Türkçe'de mevcut olması gereken "Türk" kelimesinin "Altaylı" (Seyhun ötesi, Turanlı) kavimleri ifade etmek üzere 420 tarihli bir Pers metninde, daha sonra, yine cins ismi olarak, 515 yılı hadiseleri dolayısıyla "Türk-Hun" (kuvvetli Hun) anlamında kullanıldığı bil-

---

69 Kaşgarlı Mahmud, Divan ı Lügat'üt Türk, Sy: 606, Kabalcı Yayınları, İstanbul, 2007.

70 İbrahim KAFESOĞLU Türk Milli Kültürü Sy: 43 Ötüken Yay. İstanbul 1997

71 Bahaeddin ÖGEL, Türk Kültürünün Gelişme Çağları, Sy: 11, TDAV Yay, İstanbul, 2001.

72 J. M. de GROOT, Hunlar ve Türkistan, Sy: 35, Pan Yay, İstanbul, 2010.

73 Ahmet TAŞAĞIL, Kök Tengrinin Çocukları, Sy: 44, Bilge Kültür Sanat Yay, İstanbul, 2013,

74 Nimet Kurat AKDES, Göktürk Kağanlığı, Sy: 78, Türkler Ansiklopedisi, Yeni Türkiye Yay, Ankara, 2002.

75 İbrahim KAFESOĞLU Türk Milli Kültürü Sy: 45 Ötüken Yay. İstanbul 1997

dirilmektedir[76]. Fakat "Türk" kelimesini Türk devletinin resmi adı olarak ilk kullanan teşekkül Gök-Türk imparatorluğudur [77].

Bütün bunlar "Türk" adının belirli bir topluluğa mahsus etnik bir isim olmayıp, siyasi bir ad olduğunu ortaya koymaktadır. Gök Türk hakanlığının kuruluşundan itibaren, önce bu devletin, daha sonra bu imparatorluğa bağlı, kendi husûsi isimleri ile de anılan, diğer Türklerin ortak adı olmuş ve zamanla Türk soyuna mensup bütün toplulukları ifade etmek üzere milli ad payesine yükselmiştir[78].

Kaşgarlı Mahmud'un Divan-ı Lugatit-Türkü'nde de bu hususta izahatta Tevrat rivayetlerinde de geçen , Nuh'un torunu (Yafes'in oğlu) Türk görüşü ifade edilmiştir[79].

"Türk" adı Türk kaynaklarında ilk olarak Çin'de Chou sülalesi (557-579) yıllığında, Orhun Kitabelerinde (728-735), Batı'da Bizanslı tarihçi Agathias'ın eserinde, Arapça'da Cahiliyye devri şairi Nabigat'uz-Zubyani'nin Divanında ve Slavca'da 12. asır "ilk Rus kroniki"nde geçmektedir. Orhun Yazıtları'nı çözen Wilhelm Thomsen kitabelerin en son tercümesinde, "Türk" sözünü "kudret, kuvvet" anlamında alıyor. "Yazıtlarda "Türk" deyince alelade bir kavim, bir grup değil, "kağana itaat eden" bir zümre veya uruğlar birliği kastedediliyor. Bu kapsamda, "Türk" sözünün "kudret ve kuvvet[80]" ifade ettiği gibi[81] "töre"si (yani kanun ve nizamı)[82] olan bir millet manasına geldiğini de ileri sürmek mümkündür.

2. Türklerin Anayurdu

J. V. Hammer, A. Vambery gibi tarihçiler, Çin kayıtlarına dayanarak, Altay dağlarını Türklerin anayurdu kabul ederken, W. Koppers, E. Posker, Y. Öztuna, Tanrı dağları - kuzey-batı Asya sahasını veya Baykal Gölü'nün güneybatısını göstermişler[83], W. Radloff da

76 T. Yılmaz ÖZTUNA, TürkiyeTarihi, Sy: 91, Hayat Yay, İstanbul, 1963.
77 Cemal ANADOL, Tarihe Hükmeden Millet Türkler, Sy: 29, Bilge Karınca Yay, İstanbul, 2006.
78 İbrahim KAFESOĞLU Türk Milli Kültürü Sy: 45 Ötüken Yay. İstanbul 1997
79 KAŞGARLI Mahmut, Divanu Lügat üt Türk Sy: 351, Kabalcı Yay. İstanbul 2007
80 Erol GÜNGÖR, Tarihte Türkler, Sy: 12, Ötüken Yay, İstanbul, 1988.
81 Faruk SÜMER Türk Cumhuriyetlerini Meydana Getiren Eller ve Türk Destanları Sy: 112 Ders Kitapları A. Ş. İstanbul 1997
82 Erol GÜNGÖR, Tarihte Türkler, Sy: 12, Ötüken Yay, İstanbul, 1988.
83 T, Yılmaz ÖZTUNA, TürkiyeTarihi, Sy: 89, Hayat Yay, İstanbul, 1963.

Altaylar'ın doğusunun, S. M. Arsal ise Doğuda Kadırgan dağlarından batıda Ural dağlarına kadar olan bölümün[84] yine N. Gyula, J. P. Roux, Rasonyi, Z. V. Togan gibi bir grup Türkolog ise Aral Gölü- Balkaş Gölü-Tanrı Dağları arasının Türklerin anayurdu olması gerektiğini düşünmüşlerdir.

Son araştırmalar ise bu sahanın Altay-Ural dağları arasına alınması(Nemeth[85]), hatta Hazar denizinin kuzey-doğu bozkırlarının asli Türk yurdundan sayılması ihtimalini kuvvetlendirmiştir. Çünkü M. Ö. 3. bin ortalarına (3500'ler) ait Sümer tarihi kaynaklı araştırmaların ortaya koyduğu gibi Türklerin o tarihlerde hem kuzey batıdaki eski Urallı kavimlerle, hem de güney-batıdaki Hind Avrupa dillerini konuşan Arilerle temas edebilmeleri ancak bu coğrafi kesimde mümkün olabilirdi[86].

Orta Asya'da Minusinsk bölgesinde elde edilen fosiller Afanasyevo (Sibirya'nın doğusunda, M. Ö. III. ve II. binyıllar arasındaki yerleşik hayata geçişin ilk adımlarını taşıyan ve Afanesyevo adıyla bilinen bu kültür, küçük boyutlu kurganlarda ortaya çıkarılan buluntularla tanınır) kültürü (M. Ö. 3000-1700) ile aynı bölgedeki Andronovo (II. Bin yıldaki Orta Asya kültürü), adını, Minusinsk bölgesinde bir merkez olan Andronovo'dan alır.

Yayılma alanı Altay sınırlarından Urallar'a, Aral ve Baykal gölleri arasındaki bölgeye, güneyde Tien Şan'a (Tanrı Dağları), güneybatıda da Kazakistan ve Batı Sibirya'dan Don Nehri'ne kadar uzanır. Bütün Tunç Çağı'nı kaplayan bu kültürde hayvancılık önemli bir yer tutar, göçebe savaşçıların kültürü de bu dönemde başlamıştır.) kültürü (M. Ö. 1700-1200)'nün temsilcileri olup "brakisefal savaşçı beyaz ırk" Türk soyunun proto tipi idi ve Taş Devri'nin ilk çağlarından beri Altaylar-Sayan dağlarının güney-batı bölgesinde yaşamakta idi[87].

Sonuç olarak; Sümerler, İskitler ve Etrüsklerle ilgili olmak üzere Ön Türklerin M. Ö. 9000-7000'lerde Ural Dağları ile Aral Gölü arasında doğdukları[88], Mezopotamya, Kuzey Avrupa ve Doğuya yapılan

---

84 S. M. ARSAL Orta Asya Türk Tarihinin Ana Hatları Sy: 3 Ankara 1930

85 T, Yılmaz ÖZTUNA, TürkiyeTarihi, Sy: 91, Hayat Yay, İstanbul, 1963.

86 İbrahim KAFESOĞLU, Türk Milli Kültürü, Sy: 48, Ötüken Yay, İstanbul, 1997.

87 T, Yılmaz ÖZTUNA, TürkiyeTarihi, Sy: 91, Hayat Yay, İstanbul, 1963.

88 Reha Oğuz TÜRKKAN, Atlantisliler, Sümerler, Etrüskler, Sy: 21, Nokta Kitap, İstanbul, 2009.

göçler neticesinde ilk Türklerin ise M. Ö. 2500-2000 arasında genel kabul gören şekli ile Altay Dağlarının batısında (Hun)bölgesinde ortaya çıktıkları kabul edilmektedir.

3. Türk Göçleri ve Türk Toprakları:

Yukarıda söylendiği gibi, "Taş Devri'nin ilk çağlarından beri" Altaylar-Sayan dağlarının güney-batı kısmında yaşayan brakisefal beyaz ırk, "göçebe ve savaşçı" kütleler halinde, M. Ö. 2500'den itibaren, etrafa hakim olmağa başlamış ve sonraki iki asır içinde Altaylar'ı ve Tanrı dağlarını kaplamıştı. Diğer taraftan, aynı ırk mensuplarının, yani proto-Türklerin (İlk Türklerin) bir kısmı bugünkü Kazakistan üzerinde Maveraünnehir'e kadar yayılarak oradaki dolikosefal "Akdeniz" ırkları ile temas kurarken, batıya doğru açılan gruplar da Ural (Fin-Ugor) kavimleri ile bağlantı sağlamışlardır.

Türkler M. Ö. 700'e kadar Altaylar'a yerleşirken, bir yandan da, belki M. Ö. 1200'lerden itibaren, kalabalık kütleler halinde, Çin'in kuzeybatısındaki Kansu, Ordos bozkırlarına doğru kaymağa devam etmişlerdir. Bugünkü Çin kültürünün kaynağını teşkil eden Chou devleti (M. Ö. 1050-M. Ö. 256)'nde İktisadi, dini, İdari, sanat vb. alanlarda çok sayıda Türk unsurları görülmektedir. Sonraki Çin kayıtlarında "Hiung-nu[89]" adı ile gösterilen topluluğun çekirdeği şüphesiz bu Asya Hun (Türk) boylarıdır[90].

M. Ö. 2. bin ortalarında Doğuda Baykal gölü ve Selenge kıyılarına, güneyde Tanrı dağlarına, güney batıda Kazakistan'a ve Harezm'in güneyine, batıda Sibirya üzerinden Don nehrine kadar yayılmış ve Andronovo kültürünün özelliklerinden olan Türklere özgü at ve koyun besleme bütün buralarda görülmeğe başlamıştı. Demek ki, Altay-Sayan dağları güneybatısındaki (Tuva-Minusinsk-Abakan bozkırları) anayurt sahasını adeta boşaltan proto Türkler doğuda Ordos'a doğru ve batıda Volga'ya, Karadeniz'in kuzeyi düzlüklerine doğru olmak üzere iki kısma ayrılmışlar ve güney-batıda da Asya'nın kuzey-batısına doğru yönelmişlerdi.

---

89 Rene GROUSSET, Bozkır İmparatorluğu, Sy: 38, Ötüken Yay. İstanbul, 1980.

90 Bahaeddin ÖGEL Büyük Hun İmparatorluğu Tarihi-I Sy: 18, Kültür Bakanlığı Yay. Ankara, 1981.

Diğer taraftan Hindistan'ın İndus-Pencap havalisine doğru ilk Türk hareketinin M. Ö. 3. bin başlarına rastladığı tahmin edilmiştir[91] (Mohencadaro-Harappa kent Uygarlıkları M. Ö. 2500-M. Ö. 1800)[92].

Daha eski tarihlerde (M. Ö. 4000-M. Ö. 3500) Türklerin İran üzerinden Mezopotamya'ya indikleri bilinmektedir. Bunlar ilk "medeni" kavim sayılan Sümer'lerdir ki, dilleri, Sami veya Hind-Avrupai olmayıp, Türkçe'nin dahil bulunduğu "bitişken" gruptandır. Ancak Sümerlerin aslen Orta Asyalı ve muhtemelen Türk soyundan geldikleri her ne hikmetse ilim dünyasınca bu gün için kabul edilememiştir[93]. M. Ö. 800'lerden itibaren ise Orhun bölgesinden Hindistan ve Karadeniz kuzeyine Saka Türkleri göç etmişlerdir[94].

Milad'dan Sonra'ki asırlarda meydana gelen Türk göçlerine katılan boylar ve göç zamanlan hakkında oldukça kesin tarihi bilgilere sahip bulunuyoruz: Hunlar Orhun bölgesinden güney Kazakistan bozkırlarına, Türkistan'a (1. asır sonları) ve Avrupa'ya. (345 ve müteakip yıllarda); 350'lerde Akhun'lar Afganistan ve kuzey Hindistan'a (Ak Hun-Eftalitler); Ogurlar güney-batı Sibirya'dan güney Rusya'ya (461-465 yılları) Oğuz'lar Orhun bölgesinden Seyhun nehri kenarlarına (9. asır) ve sonra, Maveraünnehir üzerinden İran'a ve Anadolu'ya (10. asır); Avar'lar Batı Türkistan'dan Orta Avrupa'ya (5. asır sonu); Bulgarlar, Karadeniz kuzeyinden Balkanlar'a ve Volga nehri kıyılarına (650'den sonraki yıllarda), Macarlarla birlikte bazı Türk boyları, Kafkaslar'ın kuzeyinden Orta Avrupa'ya (830'dan sonra); Sabarlar Aral'ın kuzeyinden Kafkaslar'a (5. asrın ikinci yarısı); Peçenek, Kuman (Kıpçak) ve Uzlar (Oğuzlardan bir kol) Hazar denizi kuzeyinden Doğu Avrupa ve Balkanlar'a (9. asır), Uygur'lar, Orhun nehri bölgesinden İç Asya'ya (840'ı takip eden yıllarda) göç etmişlerdir.

Bu konudaki en uygun izahat herhalde Atatürk'ün "Kafasını ve vicdanını, en son terakki şuleleriyle güneşlendirmeye karar vermiş olan, bugünün Türk çocukları, biliyor ve bildirecektir ki; onlar dört

---

91 W. RUBEN, Hindistan'ın En Eski Demircileri, Sy: 237, Devlet Basımevi, İstanbul. 1987.

92 Mümin KÖKSOY, Nuh Tufanı ve Sümerlerin Kökeni, Sy: 167, Berikan Yay, Ankara, 2011.

93 İbrahim KAFESOĞLU, Türk Milli Kültürü, Sy: 53, Ötüken Yay, İstanbul, 1997.

94 GÖMEÇ Saadettin, İskitler ve İskitler Hak. Sy: 2, Gnkur ATASE Yay, Ankara, 2013.

yüz çadırlı bir aşiretten değil, onbinlerce yıllık, ari, medeni, yüksek bir ırktan gelen, yüksek kabiliyetli bir millettir. " İfadesi olacaktır[95].

ESKİ TÜRK ORDULARINDA STRATEJİ VE TAKTİK

1. Strateji ve Taktik

a. Strateji

Strateji terimi, geçerlilik kazandığı XVIII. Yüzyılda, silahlı birliklerin sevk ve düzeni ile askeri harekâtları planlama ve yönetme sanatı anlamını taşıyordu[96]. Strateji kelimesi, yapısını eski Yunanca'daki Strados (Ordu) ve Ago (Kullanma) deyimlerinin bileşiminden alır[97]. Arapça ve Osmanlıca'da aynı anlamı taşıyan Sevkülceyş[98] kelimesi vardır. Sevkûlceyş iki kelime olan, 'sevk' ve 'ceyş'ten oluşur. Anlam olarak, muharip birlikleri, muharebe sahasına elverişli bir şekilde getirme anlamını(askerin sevk ve idaresi)[99] ifade eder. Strateji ile ilgili kavramları ilk defa M. Ö. 500 yıllarında yaşamış Sun Tzu'nun Savaş Sanatı isimli kitabında görmek mümkündür[100].

Mana itibariyle ele alınacak olursa strateji; gayenin gerçekleşmesi için çeşitli harp silâh, vasıta ve malzemesini koordineli bir şekilde en verimli bir şekilde kullanılması sanatı olarak ortaya çıkar. Strateji, artık yalnız askeri olan anlamını kaybetmiş, genel anlamda amaç ve hedeflere ulaşmak maksadıyla düzenlenen uzun vadeli planları ifade eden bir kavram haline gelmiştir[101]. Strateji, Türk Dil Kurumu sözlüğünde, "önceden belirlenen bir amaca ulaşmak için tutulan yol" ve "bir ulusun veya uluslar topluluğunun, barış ve savaşta

---

95 Yusuf KOÇ, Ali KOÇ, M. Kemal ATATÜRK, Sy: 1, Kamu Birlik Hareketi Yayınları, Ankara, 2005.

96 Erdal AKKAYA, Türk Ordusundaki Stratejik ve Doktriner Değişiklikler, Sy: 8, Yüksek Lisans Tezi, Ankara Üniversitesi, Ankara, 2006.

97 Oğuz TURAN, Türklerde Strateji ve Taktik Düşünceler, Sy: 13, Belge Yay, İstanbul. 1986.

98 Ferit DEVELLİOĞLU, Osmanlıca-Türkçe Ansiklopedik Lûgat, Sy: 946, Aydın Yayınları, Ankara, 1999.

99 Muzaffer ERENDİL, Tarihte Strateji, Sy: 3, Gnkur ATASE Yay, Ankara, 1998.

100 Sait YILMAZ, Ulusal Savunma, Sy: 131, Kum Saati Yay, İstanbul, 2009.

101 Mert BAYAT, "Strateji-Tarih-Coğrafya İlişkileri", Sy: 67. Gnkur ATASE Yayınları, Ankara, 1983,

benimsenen politikalara en fazla desteği vermek amacıyla politik, ekonomik, psikolojik ve askeri güçleri bir arada kullanma bilimi ve sanatı" şeklinde tarif edilmektedir[102].

Moltke, bu konuda daha açık ve mantıklı bir tanımlamaya varmıştır. Kendisinin deyimiyle strateji, "Bir komutanın emrine verilen imkânların, öngörülen hedefin elde edilmesini sağlayacak biçimde, uygulama alanında kullanılmasıdır[103].

Clausewitz, "Harp Üzerine" adlı eserinde stratejinin tanımını için "Strateji, muharebenin, harbin amacına ulaşmak için kullanılmasıdır". diye bir tarif yapmıştır[104].

Bütün bu tanımlardan sonra görülüyor ki, "Strateji,

- En büyük avantajı sağlayabilecek şekil ve istikamette orduyu muharebeye sokmak sanatıdır.

- Gayesini elde etmek isteyen muharip bir devletin maddi ve manevi kuvvetlerini kullanma ilim ve sanatıdır.

- Askeri kuvvet ve malzemenin en avantajlı bir şekilde kullanılması için geniş ölçüdeki planlama ilim ve tekniğidir[105]."

Askeri Strateji: Milli stratejinin öngördüğü milli hedef veya amaçlara ulaşmak üzere askeri gücün tamamının veya bir kısmının askeri coğrafya etütlerinin sonuçlarına göre tabiat şartlarını da yenecek şekilde bu hedef ve amaçlar doğrultusunda planlanması oluşturulması geliştirilmesi ve kullanılması sanatıdır. Burada savaşı en elverişli koşullarda sona erdirecek yollar üzerinde durulur[106].

Esasını gelecek ortamdan alan strateji, yeniliğin, değişmelerin, ilerlemelerin uzun ve orta vadeli olarak değerlendirilmesi demektir. Strateji, belirli bir amaç çerçevesinde, mücadeleye katılan birden çok birimi arasında görev dağılımının başarılı bir şekilde yapılmasını

---

102 Türkçe Sözlük, Türk Dil Kurumu Yayınları, Ankara, 2010.

103 B . H. Liddell HART, Strateji Dolaylı Tutum, Sy: 352, Çev. Cemal Enginsoy, GenelkurmayBasımevi, Ankara, 1973.

104 Carl Von CLAUSEWİTZ, Harp Üzerine, Sy. 134, Çev. H. Fahri Çeliker, Genelkurmay Basımevi, Ankara, 1991.

105 Arif ERKUŞ, "Strateji Nedir?", Ordu Dergisi, Sy: 173, K. K. K. İstanbul Askeri Basımevi, 1955

106 M. Tanju AKAD, Askeri Tarihte Stratejik Düşünce, Sy: 11, T. İş Bankası Yay, İstanbul, 2013.

öngördüğü için de "sanat" olarak adlandırılmıştır. Başka bir ifadeyle, güç unsurlarını üreten, dağıtan ve uygulayan tüm birimlerin organik ilişkilerinin koordinasyonunun sağlanması ve bundan bir "senfoni" yaratılması söz konusudur. Aralarındaki farklılıklara karşın, strateji ve taktik belirli bir ilişki içinde birbirlerine bağlanır.

Stratejik düşünme ise, yaratıcılığı ve beklenmeyeni gerçekleştirmeyi amaçlamaktadır. Bir bilim ve sanat olduğu bilinen strateji, geliştirilen konseptler ışığında, milli gücün kullanılarak hedeflerin ele geçirilmesini gerçekleştirmek istemektedir. Strateji, sadece güç kullanımı değil, gücün varlığı ile düşmana karşı caydırıcılığı kullanarak çıkarları sağlamalıdır. Tüm güç unsurlarını dikkate alan strateji, olası riskleri hesaplayarak, güç, konsept, hedef arasındaki dengeleri kuran, yaratıcılığı ve öngörüyü esas alan, bilimsel, dinamik bir sanattır[107].

b. Taktik

Taktik muharebe sahasına girip ve bu sahayı doldururken, strateji sadece savaşma sınırında kalmayıp izlediği amaç yönünden bu savaşmayı mümkün olan seviyede en küçük orana düşürmeye çalışır. Taktik, temelde belirli bir çarpışmayı kazanmak için eldeki birliklerin ve donanımın kullanımı üzerinde yoğunlaşırken, strateji savaşın bütün cepheleriyle ilgilenerek tek tek çarpışmalar sonunda savaşı kazanma hedefine yönelir.

Taktik terimi ise birliklerin düşman karşısında ve temasta düşmana en çok etki yapacak ve onun etkilerinden en az zarar görecek surette kullanılmasına yarayan kural ve metotları gösteren bilim ve sanattır. Uygulama alanında "strateji" ile "taktik" kavramları arasındaki çizgi çok defa belirsizdir. Stratejik bir hareketin nerede biteceğini, taktik bir hareketin nerede başlayacağını kestirmek oldukça güçtür. Ancak, bu iki kavram, ana düşünce bakımından birbirinden ayrı olarak düşünülmelidir. Taktik, muharebe alanı ile ilgilenir ve bu sahayı doldurur. Strateji ise sadece muharebe sahasında kalmaz, izlediği maksat yönünden, bu muharebeyi mümkün olan en küçük oranında düşünmek zorundadır[108].

---

107 Nejat ESLEN, Tarih Boyu Savaş ve Strateji, Sy: 73, Truva Yayınları, İstanbul, 2005.

108 Carl Von CLAUSEWİTZ, Harp Üzerine, Çev. H. Fahri Çeliker, Sy: 135, Genelkurmay Basımevi, Ankara, 1991.

Strateji ve taktik, politika gibi hareket tarzı ifade ederler. Politika stratejinin, strateji taktiğin bir üst hareket tarzıdır. Politika, strateji ve taktiğin her üçü de belirledikleri amaca ulaşmak için, ellerindeki gücü ne zaman ve nasıl kullanacakları ile ilgili seçenekleri belirler ve seçenekler arasından seçim yaparlar. Politika, strateji ve taktiğin ellerindeki her tür gücü geliştirme sorumlulukları da vardır.

Askeri strateji üst askeri hareket tarzıdır, en az tümen çapında ve bağımsız cephelerdeki harekatı içerir. Taktik bunun alt düzeyindeki olayları kapsar. Politikanın ise birden fazla unsuru (sosyal, ekonomik, politik, askeri) ve verisi vardır. Stratejinin birden çok değişkeni bulunur ve stratejinin şekli bazı etkenlere bağlı olarak değişir: Kuvvete göre (büyüklüğü, eğitimi, silahları, araç ve gereci, sosyal disiplini, bilgi ve deney birikimi. . .), mekana göre (coğrafya, iklim). Stratejide yapılan hataları taktik doğrularla düzeltmek mümkün değildir, aynı şekilde politikada yapılan yanlısını da strateji düzeltemez.

2. Askeri Güç ve Askeri Strateji

Askeri Güç; Ulusal gücün bir elemanı olup, ulusal politikanın uygulanmasında ve ulusal hedeflerin elde edilmesinde kullanılan fiziki güçtür[109]. Askerliğe, silahlı kuvvetlere, milli savunma ve milli güvenliğe ilişkin, beşeri, bilimsel, fiziksel, ekonomik, moral ve kültürel tüm nitelikler ve nicelikleri kapsayan güce askeri güç denir[110].

Bir devletin ve milletin "harp gücü" olarak da çağdaş anlamda tanımlanabilen askeri güç, milli gücün diğer tüm unsurları ile ilişkilidir ve onlardan faydalanır. Silahlı kuvvetler söz konusu harp gücünün muharebe unsurunu oluşturmaktadır. Ancak, bu harp olmadığı zaman silahlı kuvvetlerin önemsiz olduğu anlamına gelmez. Burada barış dönemindeki silahlı kuvvetlerinin caydırıcılığı en az savaştaki fonksiyonu kadar önemlidir. Askeri güç, siyasi gücün hak ve menfaatlerin korunmasında yetersiz kaldığı durumlarda devreye girebilir ve zorlayıcı etkisiyle amaca ulaşılmasına katkıda bulunur[111]. Dış politika ile silahlı kuvvetler ve ekonomi ilişkisini kurmak gerekiyor. Arkasında kuvvet bulunmayan bir dış politika

109 Mert BAYAT, Milli Güç ve Devlet, Sy: 122, Belge Yay, İstanbul, 1986.
110 Genelkurmay Başkanlığı Müşterek Askeri Terimler Sözlüğü Ankara 2010
111 Muzaffer ERENDİL, Askeri Tarih ve Türklerde Askeri Tarih Çalışmaları, Sy: 7, Genelkurmay ATASE Yayınları, Ankara, 1990.

etkili olamaz. Bu nedenle uluslararası ilişkilerde ordu caydırıcı güçtür. [112]

Askeri gücün diğer milli güç unsurlarının başında geldiği, devlette egemen bir güç düzeyine ulaştığı gerçektir. Türklerin, tarihte güçlü askeri yeteneklerinin başarıları ile büyük devletler kurmalarının nedeni "Devletin ve milletin harp gücü ile ordularının muharebe kudretini bir bütün olarak kabul etmeleri" olabilir. Bu, askeri güç ile ilgili olarak devlet ve milletteki tüm maddi, manevi yeteneklerin bir araya gelerek bir sinerji yaratması olarak değerlendirilebilir. Osmanlı Devleti'nin gerileme döneminden itibaren büyük toprak kayıplarına uğramasının başlıca nedeni bu sinerjinin yitirilmesinde yatmaktadır[113].

3. Türk Ordularında Strateji ve Taktik

Harp taktiğimiz de coğrafyadan, kültürden, iklimden, dini inançlardan vb bir takım etkenlerden dolayı diğer milletlerinkinden farklıdır. Ordular bu etkenlere ve teşkilat yapılarına göre savaşlarda iki farklı tip üzerinde tertiplenmektedirler[114]:

a. Phalanx sistemi (Cephe, meydan savaşına dayalı ağır teçhizatlı yanaşık nizam)

b. Bozkır Sistemi (Aldatma, pusu, sahte manevralar, doğadan azami istifade)

(1)Phalanx sistemi : Birinci tip ağır silahlı yaya ordularının sistemidir[115]. Piyade askerlerinin omuz omuza dizilerek arkaya doğru en az dört sıra saf oluşturarak meydana getirdiği düzene "Phalanks" denir[116]. Bunlar cephe savaşı yapmak mecburiyetinde idiler. Hücum sırasında zırhlı kuvvetler yan yana gelir, birbirleriyle kenetlenmiş gibi, ellerinde kalkan ve mızrak olduğu halde düşmana doğru yürürlerdi. Bu şekilde ileri doğru uzanmış mızraklar, bir elin parmaklarını andırdığından phalanks adı verilmiştir. Bozkır sisteminde ise ordunun büyük bir kısmının süvari olması sebebi ile akıcı ve oynaş bir savaş

112 Kenan ERZURUMLU, 21. Yüzyılda Türk Cihan Hakimiyetinin Jeopolitiği, Sy: 73, Bilgeoğuz Yay, İstanbul, 2013.

113 Mert BAYAT, Milli Güç ve Devlet, Sy: 307, Belge Yayınları, İstanbul, 1986.

114 Feridun M. EMECAN, Ordular, Sy: 186, Kitabevi, İstanbul, 2008.

115 Abdulkerim DONUK, Ordular, Sy: 186, Kitabevi Yayınları, İstanbul, 2008.

116 Geçmişten Günümüze Türk Ordusu, Sy: 49, Harp Akademileri Yay, İstanbul, 2012.

usulü uygulanırdı. Çünkü süvariler yayalar gibi ağır ve zırhlı silahlarla donatılmış değillerdi. Eski Yunan, Makedon ve Roma ordusunun esasını falanks sistemini iyi uygulayan piyadelerden kurulu askerler teşkil ederdi[117].

(2) Bozkır Sistemi: Hafif silahlı ve süvarilerden oluşan Türk Orduları Bozkır şartlarına uygun olarak orijinal bir savaş usulünü (hızlı, ani ve şaşırtıcı hücumlara dayanan)[118] ortaya koymuşlardır. Bu taktik hafif silahlı süvari birliklerine göre kurulmuştur. Hafif süvariler seyyar kuvvet halindedir ve bir hareket serbestliğine sahiptirler.

Türk savaş birlikleri at dolayısıyla sağlanan sürat sayesinde, ağır hareketli kütle muharebesi yapan yabancı ordular karşısında üstün bir başarı kazanıyorlardı. Her Türk süvarisinin iki savaş atı bulunmakta idi. Her atlı, atını koştururken onu dizleriyle yönetebilmekte ve dolayısıyla koşarken her dört yana istediği gibi ok atabilmektedir. Savaşa başladıktan sonra, Türk atlıları ve atları daha dayanıklı oldukları için, daha geç yorulmaktadırlar, dolayısıyla vuruşmanın sonlarına doğru üstünlükleri daha çok belirmektedir[119].

Eski Türkler, kalabalık sürülerini yazın ve kışın ayrı otlaklarda bulundurmak, otlakları ve suyu silahla korumak, sahip olunan hayvanların bakımı ve tedavisi için gerekli tedbirleri geliştirmek, gerektiğinde mevcut otlaklardan müşterek faydalanmak için diğer boylarla anlaşma yapmak ve oluşabilecek anlaşmazlıkların halli için hakem heyeti seçmek ve neticesinde bölgede meydana gelebilecek geniş bir tehdit için bir araya gelerek güçlü bir ittifak kurmak zorundadırlar. Bunun için yerleşik toplumların göstereceğinden çok daha fazla bir çaba gerektiği açıktır[120].

Türk süvari birlikleri yayları vasıtasıyla uzak mesafelerden attıkları oklarla hasım saflarında çok kayıp verdiriyorlar ve panik yaratıyorlardı. Bu taktikte ordunun kuvveti umumi olarak dörde ayrılır ve taktiğin uygulanacağı savaş için en müsait yer etrafı az yüksek dağ veya tepelerle çevrili bir vadidir. Vadinin sağ ve solundaki tepelerin

---

117 Thomas G. CAROL, Alexander the Great in His World, Sy: 63, Blackwell Publishing, Oxford, 2007.

118 Feridun M. EMECAN, Ordular, Sy: 155, Kitabevi, İstanbul, 2008.

119 Abdulkerim DONUK, Ordular, Sy: 186, Kitabevi Yayınları, İstanbul, 2008.

120 G. TURGUT, Türk Kültürü ve Uluslararası Savaş Hukuku, Yüksek Lisans Tezi, Ankara Ünv, Sosyal Bilimler Enstitüsü. Ankara, 2008.

arkasına kuvvetlerin, bir kısmı gizlenir. Burada önemli husus tepelerin arkasındaki pusu kuvvetlerinin düşmana görünmemesidir. Evvela bir öncü kuvveti düşmana hücum ederek uzak muharebe yapar. Düşman askerini müthiş bir ok yağmuruna tutar. Karşı taraf mecburi olarak bu öncü kuvvetine karşı harekete geçer[121].

Bunun üzerine öncü kuvvetleri geriye çark eder. Geriye dönerken de öyle bir tavır takınır ki, düşmana düşman karşısında dayanamayıp kaçtı hissini verdiği gibi, dönüş esnasında da ok atmaya devam eder. Geri çekilen bu kuvvetler, peşlerine takılan düşman kuvvetlerini, tepelerin arkasında gizlenen yan kuvvetlerin bulunduğu yerlere kadar çekerdi. Orada tam düşmanın karşısında yer alan ikinci kısım kuvvetler de düşmanın durmasını sağlardı. Düşman duraklayınca ya kuvvetler her iki taraftan süratle harekete geçerek düşman çember içerisine alınır ve imha edilirdi. Hemen hemen Türk tarihindeki büyük zaferler bu taktiğin tatbik edilmesiyle kazanılmıştır[122].

Türk ülkesini güvende tutmak ve ani baskınları önlemek için etrafa gözcüler bırakılıp, uygun yerlere haber almayı sağlayan, içinde nöbetçilerin bulunduğu ateş kuleleri inşa edilmiştir. Ayrıca sınırda belirli genişlikte, insandan ve askerden arındırılmış arazi bırakılmıştır. Tampon bölge oluşturma fikri, Türklerin savunma düzenlerinden birisidir[123].

Eğer uzun süre savaşmak gerekirse, savaş taktikleriyle ilgili ordu komutanının verdiği emirleri alt kademe komutanları savaşın seyrine göre kendi insiyatifleri ile uygulama hakkına sahiplerdi. Taktik gereği "sık sık dağılıp tekrar vurma" şeklindeki manevralar, yabancıların Türk askerleri hakkında "telaşlı ve dağınık" şeklinde yorumlar yapmalarına neden olmuştur. Aslında bu savaş taktiği Türk ordularının en büyük avantajıdır. Bu taktiğe "Kurt Oyunu" ya da "Turan Taktiği" denmiştir[124].

Gök-Türkler ve sonraki dönem Türk ordusunda da askerliğin baskın ve taarruz ilkesine ağırlık verildiği görülür. Orduda "Baskın

---

121 Abdulkerim DONUK, Ordular, Sy: 186, Kitabevi Yayınları, İstanbul, 2008.

122 Feridun M. EMECAN, Ordular, Sy: 187, Kitabevi, İstanbul, 2008.

123 Y. C. ŞENCAN, İslamiyet Öncesi Türk Devlet Geleneği, Yüksek Lisans Tezi, İnönü Ünv, Sosyal Bilimler Enstitüsü. Malatya, 2007.

124 A. GÜNEY, Türk Siyasal Kültüründe Devlet Anlayışı, Yüksek Lisans Tezi, Süleyman Demirel Ünv, Isparta, 2002.

ancak karşı baskın ile durdurulabilir" düşüncesi egemendi, gözcü ve öncü düzeni aile güvenliği için de uygulanıyordu. "Asker iyi gözetlemeli, casusu kaçırmamalı, askerin az veya çok olduğunu düşman bilmemelidir. " Çıkarılan çevik birliklerle düşman mümkün olduğu kadar ileriden kontrole alınıyordu[125]. Uygun zaman ve yerde yakalayıncaya kadar izleniyor, gözetletiyor, kesin sonuçlu muharebenin yapılması düşünülen yere doğru çekiliyordu. Bu arada fırsat buldukça vur-kaç taktiği uygulanıyor, düşmanın kesin sonuçlu muharebe bölgesine kayıplara uğramış, moral bakımından zayıflamış olarak gelmesine çalışılıyordu[126].

Savaş meydanlarında bütün birlikler, atların renklerine göre düzenlenmişlerdi[127]. Bunun dört kozmik cihetle ilgili olduğu ileri sürülmüştür. Eski Türklerin savaş zamanında en çok çekindikleri husus, yağmur yağması ile yayların ıslanarak işe yaramaz hale gelmesi idi[128]. Asya Hunlarından beri Bozkırlı Türklerin, gece seferlerinde "dolunay" zamanını, yani açık havayı tercih etmeleri bu yüzden olmalıdır. Eski Türklerde, düşmandan esir yakalayan ödüllendirilmiş, savaşta ölen Türklerin cesetlerinin düşman eline bırakılmamaya çalışılması ve bu cesetleri alıp getirenlere ölünün mallarının verilmesi savaşçılığı öven mahiyette davranışlardır. Cesareti ve mücadele ruhunu geliştirecek "ad verme" eylemi ile çocuk toplum nezdinde başarı sayılabilecek bir başarı sağlayıp, bunun sonucunda ad alarak kimlik kazanmıştır[129].

Türkler süvarileri ile sıkı saflar halinde kütle muharebesi yapan yabancı ordular karşısında üstünlük kazanıyorlardı[130]. Kendi taktiklerini uygulamak için ordularını daima taarruz esasına göre düzenleyen ve eğiten Türklerin savaşında en belirli özellik, düşman cephesinde şaşkınlık yaratan "baskın" şeklindeki taarruzlardı. Böylece çok kere birkaç saat içinde netice almayı tercih ederlerdi. Uzunca bir

---

125 Suat İLHAN, Türk Askeri Kültürünün Tarihi Gelişmesi, Sy: 50, Ötüken Yay, İstanbul, 1999.

126 Suat İLHAN, Türk Askeri Kültürünün Tarihi Gelişmesi, Sy: 50, Ötüken Yay, İstanbul, 1999.

127 Bahaeddin ÖGEL, Türk Kültürünün Gelişme Çağları, Sy: 63, TDAV Yay, İstanbul, 2001.

128 Saadettin GÖMEÇ, Kök-Türk Tarihi, Sy: 255, Berikan Yayınları, Ankara, 2011.

129 G. TURGUT, Türk Kültürü ve Uluslararası Savaş Hukuku, Sy: 175, Yüksek Lisans Tezi, Ankara Ünv, Sos, Bil. Ens, Ankara, 2008.

130 Abdulkadir DONUK, Ordular, Sy: 186, Kitabevi Yayınları, İstanbul, 2008.

süre savaşmak gerektiği zamanlarda Türk birlikleri, aldıkları emri, çarpışmanın ve muharebe sahasının icaplarına göre icrada kendi inisiyatiflerini kullanmakta tam hareket serbestliği içinde mütemadiyen dağılırlar, birleşirlerdi.

Batılı ve Doğulu yazarlara "nizamsız ve telaşlı" gibi görünen bu akıcılık Türk ordularının en büyük avantajı idi. İşte bu prensipler üzerine kurulu Bozkır muharebe usulünün iki önemli özelliği vardı: Sahte ric'at ve pusu. Yani kaçıyor gibi geri çekilerek düşmanı, çembere almak üzere, pusu kurulan mahalle kadar çekmek (Kurt oyunu). Bu savaş usulüne, Türk yurdunun kadim adından dolayı "Turan Taktiği" denilmiştir. Türkler Bozkır devresi boyunca kazandıkları büyük savaşların çoğunda, üstün bir fiziki gücü ve fevkalade kuvvetli bir iç organizasyon ve disiplini gerektiren bu taktiği tatbik etmişlerdir. [131]

Turan taktiğinde Türkler; kendi taktiklerini uygulamak için ordularını daima taarruz esasına göre düzenleyip eğitirlerdi. Savaşlarında en belirgin özellik, düşman cephesinde şaşkınlık yaratan baskın şeklindeki taarruzlardır. Kaçıyor gibi geri çekilerek, düşmanı çember içine alarak pusu kurulan mahalle kadar çekilirdi. Türkler kazandıkları büyük savaşların çoğunda; üstün bir fiziki gücü ve fevkalade kuvvetli bir iç organizasyon ve disiplini gerektiren bu taktiği uygulamışlardır[132].

Gerçekten de bu stratejide temel amaç, insan vücuduna girmiş mikropların ilaçlar yardımıyla kuşatılarak yok edilmesi gibi, düşmanın hiç tahmin edemeyeceği bir anda etrafını çevirmek ve onu yok etmekti. Türk ordusunun düşmanın karşısına önce sadece bir dizi asker olarak çıkması onları yanıltan en önemli meseledir. Çünkü ilk anda alelade bir sıra olarak görünen ordu aslında, merkez ve iki kanat olmak üzere üç temel bölümden oluşmuştur. Burada Eski Türklerin avcılık eğitimi esnasında uyguladıkları stratejinin düşman karşısında hayata geçirildiği görülmektedir[133].

---

131 İbrahim KAFESOĞLU, Türk Milli Kültürü. Sy: 275, Ötüken Yayınları, İstanbul, 2011.

132 İbrahim KAFESOĞLU, Türk Milli Kültürü. Sy: 275, Ötüken Yayınları, İstanbul, 2011.

133 H. ERDEMİR, Yabancı Yazarlara Göre Türklerde Savaş ve Taktik, Türkler Ansiklopedisi, c. 2, s. 1666, Yeni Türkiye Yay, Ankara, 2002.

Her bir parça birbirinden ayrı olmakla birlikte birbirleri ile sürekli bağlantı halinde olmuşlardır. Savaş sırasında her bir parçanın farklı bir görevi vardır. Merkez, ordu kuvvetlerinin kalbi durumundadır ve gerekmedikçe durumunu değiştirmemiştir. Merkezin iki yanında bulunan kanatlar daha hareketlidir. Bunlar savaş esnasında verilen komutla manevra yaparak düşmanı adeta bir çember oluşturarak kuşatmışlardır. Düşman ordusu Türklere doğru harekete geçtiğinde Türkler, düşmanın ordunun merkezine harekete geçeceklerini bildiklerinden, tam bu sırada iki kanadın harekete geçmesi emri verilir, böylece plan amacına ulaşırdı. Düşman askerleri bütün orduyu Türkler üzerine göndermiş bulundukları için savaş alanından çıkamamışlardır. Ancak Türkler geride her ihtimale karşı kuvvet bırakmışlardır.

Türklerin eskiden beri uygulaya geldikleri harp stratejileri iki esasa dayanıyordu: Keşif seferleri (yelme) ve yıpratma savaşları. Ele geçirilmesi planlanan ülkelerin önceden küçük müfrezelerle gözden geçirilmesi, bu memleket ne kadar uzak olursa olsun, ilk şart idi ve akıncılar vasıtası ile düzenlenen keşif mahiyetindeki seferler, bazen yıllarca sürerdi. Olumlu sonuç alınan keşiflerden sonra yıpratma harekatına girişilirdi. Küçük akıncı müfrezelerinden başka, daha kalabalık seri hareketli kuvvetlerce düşmanın yığınak merkezlerine, mühim yol kavşaklarına, yiyecek ve malzeme depolarına yöneltilen bu harekata, düşman güçsüz düşürülünceye kadar devam edilirdi[134].

Akıncı sistemi, Türk askeri stratejisinde çok önemli yer işgal eder. Aynı yöntemi diğer Türk orduları da uyguluyordu. Akıncılar, günümüz özel kuvvetlerinin yaptığı gibi, hedef alınan ülke veya bölge derinliklerine iki savaş arasında akınlar düzenleyerek bilgi topluyor, kayıplar verdiriyor, yöneticilerine güvenin sarsılması sağlanarak moralleri bozuluyor, muharebe alanı olarak bölge uygun bir duruma getiriliyordu[135]. Bu akınlar basit vur kaç hareketleri değildir. Kalıcı, şehirler işgal eden büyük hareketlerdir.

Akıncı kuvvetler karşı tarafı muharebeye mecbur ediyor, asıl büyük kuvvetler harekete geçince, bu defa yukarıda anlatıldığı şekilde

134 İbrahim KAFESOĞLU, Türk Milli Kültürü. Sy: 275, Ötüken Yayınları, İstanbul, 2011.

135 Suat İLHAN, Türk Askeri Kültürünün Tarihi Gelişmesi, Sy: 55, Ötüken Yay, İstanbul, 1999.

bu kuvvete vur kaç'lar uygulanıyordu. Kesin sonuçlu muharebede, genellikle yabancı orduların da Türklerin de merkez ve sağ, sol kuvvetleri bulunuyordu. Türklerde merkezdeki kuvvetler geri çekilme manevrası uygular, kanattaki çevik kuvvetler, merkezdeki kuvvetin üzerine atılan düşmanın yanlarına kuşatma, gerisine çevirme harekatı uygular, kesin sonucu alırlardı. Çekilme gibi zor bir harekatı, atlı birliklerin başlangıçta iyi gizlenmeleri, sonra kütle halinde taarruzu büyük bir cüret ve maharetle uyguladıkları için başarılı oluyorlardı[136].

Eski Türklerde bütün erkekler doğuştan asker oldukları gibi, yeri geldiğinde kadınlar da usta birer savaşçıydılar. En eski devirlerden beri kadınlarla kızların merkezi durumda bulundukları binicilik oyunları oynanırdı. Hatta kadınlar silah kullanmayı bile bilirlerdi. Mesela Hunların hakanı payitahtını müdafa için Isık-göl'ün batısında son harbe giriştiği zaman, kullanmayı bildikleri yaylarla donanımlı saray kadınları da arkasında mevzi almışlardı[137]. Türk ordusunun ve milletinin savaşa daima hazırlıklı bulunmasının nedenleri arasında, Orta Asya bozkırlarında yaşamanın güçlüğünün yanı sıra, onların sosyal hayatıyla da alakalıdır. Ekonomilerinin esası konargöçer hayvancılığa dayalı olan Türkler, zaten yılın yarısından fazlasını hayvanlarının peşinde, dağlarda ve yaylalarda geçirdiğinden, bünye olarak oldukça sağlam bir yapıya sahiptiler. Üstelik, yine yılın belirli aylarında bizzat kağanın başkanlığında, bazen de beylerin sevk ve idaresinde bir nevi askeri talim özelliği taşıyan sürek avları düzenleniyordu ki bu da Türklerin savaşa ve savaş manevralarına daima hazırlıklı olmaları demekti[138].

Ayrıca insanlar çocukluklarından itibaren koyunların üzerinde ata binmeyi, yay ve oklarla kuşlara nişan almak suretiyle atıcılığı öğreniyorlardı. İyi birer savaşçı olmaya mecburdular, çünkü harp ganimetlerinden elde edilen gelirler de önemli bir meblağ tutuyordu. Askerler herhangi bir yere girdiklerinde, önlerine çıkan çadırlara veya evlere üstünde kendi işaretleri olan oklarını saplıyordu. Daha

---

136 Suat İLHAN, Türk Askeri Kültürünün Tarihi Gelişmesi, Sy: 56, Ötüken Yay, İstanbul, 1999.

137 İsmail Hami DANİŞMEND, Türkler Niçin Müslüman Oldu?. Sy: 163, Timaş Yayınları , İstanbul, 2008.

138 Saadettin GÖMEÇ Eski Türk Ordusunun Genel Mahiyeti, Sy: 1, Gnkur ATASE Yay, Ankara, 2009.

önce çakılmış bir okun yanına başkası iliştirmiyordu. Savaş bitip, kesin zafer kazanıldıktan sonra asker, oklarının bulunduğu yerleri yağmalardı[139]. Ayrıca bu yaptıkları savaşlarda ele geçirilen esirlerden insan gücü olarak yararlanılırdı.

Hun dönemine ait Çin kaynaklarına baktığımızda, orduyu idare eden yirmi dört komutanın varlığından bahsediliyor. Bunların emri altında çeşitli rütbelere mensup askerler bulunuyordu. Gök Türkçe yazıtlarda ordu kelimesi sü terimiyle karşılanmıştır. Abidelerde en çok geçen kelimelerden birisi budur. Türk ordu teşkilatına dair ilk kayıtlar, MÖ III. asra ait olup, bu ordu onlu düzene göre yapılanmıştı. Kaynaklardan öğrendiğimiz kadarıyla bu sistem Mete Han zamanında meydana getirilmişti[140].

Ordunun başında bugünkü Genelkurmay başkanı yerinde olan Sübaşılar bulunuyordu. Sübaşı terimine ilk defa Türkçe belgelerde VIII. yüzyılda rastlamaktayız[141]. 710 yılındaki Türgiş seferi sırasında orduya Sübaşı İni İl Kağan komuta etmişti[142].

Askeri terimler bakımından dünyanın en büyük kültürüne sahip Türk milleti ve ordusunda bütün rütbeler birer birer ayrılmıştır. Her rütbenin vazifesi farklıdır. Eski Türk ordusunda en büyük askeri birlik tümen denilen on bin kişilik kuvvettir ve bunlar "tümen başı" denilen komutanların emrindeydi[143]. Ondan sonra beş bin kişilik birlikler gelir. Beş bin kişinin başkanına ise, beş bıng er başı denmektedir.

Savaşta askerler, komutanlarına yüzde yüz itaat etmek zorundaydılar. En küçük bir uygunsuzluk veya isyan hareketinin cezası ölümdü. Savaşa girecek er atının kuyruğunu bağlar veya keser mızrağına bağlardı[144] ki buna eski Türkler "tullama" diyorlardı. Kelimenin aslı bugün de Türkçemizde kullandığımız "dul" sözüyle ilgilidir. Atını da bir eş gibi gören Türk, çarpışma esnasında öldüğünde atının ve

---

139 Bahaeddin ÖGEL, Türk Kültürünün Gelişme Çağları, Sy: 586, TDAV Yayınları, İstanbul, 2001.

140 Bahaeddin ÖGEL, Türk KültürTarihine Giris, TTK Yayınları, Ankara 1984,

141 Saadettin GÖMEÇ, Kök-Türk Tarihi, Sy: 245, Berikan Yayınları, Ankara, 2011.

142 Muharrem ERGİN Orhun Abideleri, Sy: 73, Boğaziçi Yayınları, İstanbul, 2005.

143 Muharrem ERGİN Orhun Abideleri, Bilge Kağan Anıtı, Güney Taraf, Boğaziçi Yayınları, İstanbul, 2005.

144 Bahaeddin ÖGEL, Türk Kültürünün Gelişme Çağları, Sy: 690, TDAV Yayınları, İstanbul, 2001.

eşinin dul kalacağını bildiğinden, savaş öncesi böyle bir tören icra ediyordu. Yine bu süvarilerin en önemli özellikleri çok hızlı olmalarıydı ve hepsinin bir de yedek atları bulunuyordu[145].

Ordu veya orda sözü M. Ö. Hun devrinde ordugah, karargah, veya şehir(devlet başkanının bulunduğu şehir[146]) anlamında kullanılıyordu[147]. Çok sonraları şimdiki manasını almıştır. Bugünkü anlamı ile orduya eski Türklerde Sü denilmekteydi. Çerig sözü ise genellikle aslında savaş nizamında düzenlenmiş askeri güç karşılığına geliyordu. Kumandan kelimesinin eski Türkçe karşılığı ise buğ'dur. Başkumandan karşılığında ise Başbuğ kullanılırdı. Hatta buğ unvanlı kadın hükümdarlara dahi rastlanmaktadır. Bozkır hayat şartları aslında kendine en uygun orduyu çıkarmıştır. Eli silah tutan herkesin asker, her askerin de her an hazır olduğu bir ordu söz konusudur.

Türk ordularında önemli faaliyetler için özel birlikler de bulunmaktaydı. Savaş zamanında düşman ordusunun durumunu öğrenmek için bir keşif kolu gönderilirdi. Bu keşif koluna yelme denirdi. Karahanlılar'da ise tutgak adı verilirdi[148]. Yine Karahanlılar'da İslam öncesini devamı olarak görülen görülen birlikler vardı. Onlarda öncü birliklere Yezek adı verilirdi. Gece düşmanın ordugahına baskın yapan birliğe ise akıncı denmekteydi[149]. Ordugahı koruyan nöbetçiler sakçı adlandırılırdı. Sakçılar düşman casuslarının sızmasına ve sabotaj faaliyetlerine karşı "im (parola)" kullanmaktaydılar. Parolayı bilmeyen kimse öldürülmekteydi.

Düşmanlarının baskın hareketlerine karşı son derece dikkatli olan eski Türkler, düşman faaliyetlerini önceden öğrenebilmek için gözetleme kuleleri yapmışlardı. Bunlara da kargu (kargug) denirdi. Aynı kulelere küzet, içindeki nöbetçilere de küzetçi (közetdeçi/ közetküçi) adı da veriliyordu[150].

---

145 Saadettin GÖMEÇ Eski Türk Ordusunun Genel Mahiyeti, Sy: 3, Gnkur ATASE Yay, Ankara, 2009.

146 Ahmet TAŞAĞIL, İslam Öncesi Devirde Türk Ordusu, Sy: 153, Kitabevi Yay, İstanbul, 2008.

147 J. M. de GROOT Hunlar ve Türkistan Sy: 74 Pan Yay. İstanbul 2011.

148 Salim KOCA, Türk Kültürünün Temelleri, Sy: 90, Trabzon, 2000.

149 Feridun M. EMECAN, Ordular, Sy: 156, Kitabevi, İstanbul, 2008.

150 Ahmet TAŞAĞIL, İslam Öncesi Devirde Türk Ordusu, Sy: 157, Kitabevi Yay, İstanbul, 2008.

Türk ordusunun asker sayısının zamana ve duruma göre değişmesi gayet normaldir. Çünkü askerin sayısı, devletin gücüyle doğrudan bağlantılıdır. Ancak, kaynaklarda kaydedilen bazı rakamlara tesadüf edebiliyoruz. M. Ö. 199 yılı civarına ait kayıtlarda Büyük Hun İmparatorluğunun asker sayısı 300 bin ok atan savaşçı olarak gösterilmiştir[151]. Aynı durumu Gök-Türk devletinin çok güçlü olduğu yıllarda da görebiliyoruz. M. Ö. 199 tarihinde gerçekleşen ve kaynaklara geçen, meşhur kuşatma kaynaklara ilginç bir biçimde geçmiştir. Yani Çin imparatoru Kaoti'nin, Büyük Hun İmparatorluğu hükümdarı Mete Han tarafından Peiteng kalesinde kuşatıldığı esnada ordunun düzenlenmesi anekdotal tasvir edilmiştir. Buna göre doğudaki yüz bin askerin atı demir kırı, güneydeki yüz bin süvarinin atı doru, batıdaki yüz bin süvarinin atı ak (beyaz), kuzeydeki yüz bin süvarinin atı kara yağız renklerden oluşmuştu[152].

Türk savaş sistemi hareket ve sürat üzerine kuruluydu. Bunu sağlayan da hiç şüphesiz atın evcilleştirilmesi, ehlileştirilmesi ve eğitilmesi idi. Süratin savaştaki önemini keşfeden millet Avrupalı tarihçilere göre Türklerdi. Geniş bozkır coğrafyalarını kısa sürede aşmanın başka da yolu yoktu. Kısaca Türkler, atın sağladığı sürat ve hareket kabiliyeti sayesinde karşı konulmaz bir güce ulaşmışlardır[153].

Arazinin sağladığı avantajlardan azami şekilde yaralanmak, savaş taktiğinin önemli bir parçası idi. Bundan dolayı savaş meydanına düşmandan önce gelmeyi ve stratejik mevkileri tutmayı hiçbir zaman ihmal etmezlerdi. Türklerde savaş için ayın birinci ve ikinci yarısı, zamanın gece ve gündüz, havanın da yağışlı ve yağışsız olması gibi durumlar çok önemliydi. Bu konuda onlar, kendileri için en uygun zamanı seçmekteydiler. Mesela Hunlar, genellikle ayın ilk yarısında hücuma geçmekte idiler. Ayın ikinci yarısında da geri çekilmeye başlarlardı. Sürpriz baskınlarda da özellikle ayın dolun (bedir) halde bulunduğu geceyi tercih etmekteydiler. Çünkü bu

---

151 J. M. de GROOT Hunlar ve Türkistan Sy: 76 Pan Yay. İstanbul 2011

152 Bahaeddin ÖGEL, Büyük Hun İmparatorluğu, Sy: 402, 406, Kültür Bakanlığı Yay, Ankara, 1981.

153 Ahmet TAŞAĞIL, İslam Öncesi Devirde Türk Ordusu, Sy: 167, Kitabevi Yay, İstanbul, 2008.

durum düşmanı en pasif halinde basabilmek için kendilerine büyük avantaj sağlamaktaydı[154].

Tarihte Türk savaş taktiği Kurt Kapanı, Kaz Ayağı ve en çok bilinen şekliyle Turan taktiği olarak anılmıştır. Turan taktiğinin en büyük hususiyeti sahte ricattır. Düşmanla karşılaşılmadan evvel Türkler, savaş meydanının sağına ve soluna birtakım kuvvetlerini saklarlar. Daha sonra düşman ordusu Türk akıncılarıyla karşılaşıp, onların da geri çekildiğini görünce, bütün güçleriyle saldırırlar. Bu geriye çekiliş esnasında bile, arkalarına dönerek çok mükemmel ok atabilirlerdi. Neticede önceden gizlenmiş olan Türk askerleri düşmanın sağını ve solunu çevirerek, çember içerisinde rakiplerini yok ederler[155].

Ayrıca Türk-Hunlar savaşa girmeden evvel hasımlarını ok atışlarıyla yıpratıyorlar ve bunu onları yorana kadar sürdürüyorlardı. Uygurları anlatan Çin vesikalarında, savaş sırasında onların sahte bir karargah oluşturduklarına ve düşman askerleri buraya doğru hücuma kalkıştıklarında, etrafta saklanan esas ordu tarafından tuzağa düşürüldüklerine dair haberler de vardır[156].

Türk ordusunun savaş sırasında saf tutması da belirli bir düzen dahilindedir. Mesela Oğuzhan'ın ordusu bile dünyanın dört cihetine göre dört renge ayrılır: batıda kır atlar, doğuda gök, kuzey tümeninin atları, yağız, güney tümeninin atları, kula, Batı tümeninin atları, kır ve Doğu tümeninin atları da baklakırı rengindedir[157]. Hatta batıdaki Peçeneklerin yurt dağılımları bile atların rengi esasında oluyordu. Bundan başka Hazar Kağanlığından bahseden kaynaklar, ordu sefere çıktığında her asker yanında iki metre boyunda, ılgın ağacından kazıklar bulundurduğunu, konakladıkları zaman herkesin yanındaki bu kazıkları düzgünce yere sapladığını, kalkanların bu direklere dayandırıldığını ve böylece kısa bir zaman içerisinde karargahın etrafının sanki surlarla çevrilmiş gibi olduğunu söylerler. Bununla beraber ordu yeri arabalarla çevrelenmekteydi ki bu da bir nevi savunma tedbiriydi[158].

---

154 Wolfram EBERHARD, Çin'in Şimal Komşuları, TTK Yayınları, Ankara, 1996.
155 Saadettin GÖMEÇ Eski Türk Ordusunun Genel Mahiyeti, Sy: 6, Gnkur ATASE Yay, Ankara, 2009.
156 Saadettin GÖMEÇ, Kök-Türk Tarihi, Sy: 253, Berikan Yayınları, Ankara, 2011.
157 İ. Hami DANİŞMEND, Türkler Niçin Müslüman Oldu?, Sy: 37, Timaş Yayınları, İstanbul, 2008.
158 S. KUZGUN, Hazar ve Karay Türkleri, Sy: 70, Ankara 1985.

Savaşın vakti de iyi seçilmeliydi. Türk-Hunlar düşmanlarına dolunay vakitlerinde saldırıyorlar, ay küçülmeye başlayınca da geri çekiliyorlardı[159]. Yağmurlu, karlı ve tozlu günlerden kaçınırlardı. Çünkü yağmur yağdığında yayların kirişleri gevşer, tozlu ve bulutlu zamanlarda da hedefler iyi görünmezdi. Türklerin savaş sırasında en çok çekindikleri husus bu nedenle yağmur yağması olmuştur. Çünkü yağmurla en çok kullanılan savaş aleti yayların ıslanarak işe yaramaz hale gelmesi, Türklerin o savaş için sonu olacaktır. Bu sebeple Türkler, gece seferlerini ve açık havayı tercih etmişlerdir[160].

4. Savaşlarda Kullanılan Taktikler: Eski Türk savaşlarının bazı ortak özellikleri vardı. Bunları şu şekilde belirlemek mümkündür[161].

a. Yıldırma ve yıpratma
b. Sahte geri çekilme
c. Pusuya düşürme ve imha[162]

(1) Yıldırma ve yıpratma:

Türkler savaşa önce düşmanın maneviyatım bozmakla başlıyorlardı. Bu konuda en çok başvurdukları yöntem korkutma idi. Çünkü savaşın gidişi ve sonucu üzerinde korkunun çok büyük etkisi vardı. Her şeyden önce korku, düşünceyi ve hareketi bozmakta, iradeyi zayıflatmakta, azmi ve cesareti kırmakta ve savunma gücünü azaltmaktaydı. Korkunun insan üzerindeki bu gücünü ve etkisini çok iyi bilen Türkler, amaçlarına ulaşmak için korkutmayı ustalıkla kullanıyorlardı. Bunun için onlar daha sefere çıkmadan önce kendileri hakkında korkunç rivayetler (psikolojik harekat) yaymak suretiyle düşmanlarının arasına büyük korku salıyorlardı[163].

Bu faaliyet, düşmanla karşılaşıp yüz yüze gelince daha başka şekillerde devam ediyordu. Mesela onlar, küçük gruplar halinde beklenmedik zaman ve yerlerde yaptıkları sürpriz saldırılarla bir

159 Bahaeddin ÖGEL, Türk Kültürünün Gelişme Çağları, Sy: 91, TDAV Yayınları, İstanbul, 2001.

160 A. GÜNEY, Türk Siyasal Kültüründe Devlet Anlayışı, Sy: 56, Yüksek Lisans Tezi, Süleyman Demirel Ünv, Isparta, 2002.

161 Ahmet TAŞAĞIL, İslam Öncesi Devirde Türk Ordusu, Sy: 168, Kitabevi Yay, İstanbul, 2008.

162 İbrahim KAFESOĞLU, Türk Milli Kültürü, Sy: 274, Ötüken Yayınları, İstanbul, 1997.

163 Ahmet TAŞAĞIL, İslam Öncesi Devirde Türk Ordusu, Sy: 168, Kitabevi Yay, İstanbul, 2008.

taraftan düşmana maddi kayıplar verdiriyorlar, diğer taraftan yeri göğü inleten korkunç naralar atarak, tüyler ürperten çığlıklar çıkararak ve ağır tehditler savurarak, düşmanın moralini çökertmeye çalışıyorlardı. Türkler savaşın yıldırma ve yıpratma safhasında daima uzaktan savaşmayı tercih ediyorlardı. Bu hiç şüphesiz akıllıca bir davranış idi. Çünkü, Türkler uzaktan savaşta bir taraftan ağır kayıplar verdirirken diğer taraftan kendileri için kan kaybını büyük ölçüde azaltıyorlardı.

Türklerin uzaktan savaş için kullandıkları yegane silah, çok uzak mesafelere isabetli attıkları ve ustalıkla kullandıkları ok idi. Onlar, atları üzerinde rüzgar gibi süratli bir şekilde saldırılarken, bütün oklarını düşman üzerine atmaktaydılar. Öte yandan Türk birliklerinin yaptıkları keşif seferleri ve akınlar da bir bakıma düşmanın gözünü yıldırmak, yanıltmak ve yıpratmak amacını güdüyordu. Türkler, savaşacakları ülke üzerine fetih hareketine girişmeden önce bir çok defa keşif seferi ve akın yapmaktaydılar. Bu arada küçük akıncı birlikleri düşmanın yığınak merkezlerine, önemli yol kavşaklarına, yiyecek ve malzeme depolarına baskınve sabotaj düzenlemekteydiler.

(2) Sahte geri çekilme: Türk savaşçıları oklarını atıp düşman birlikleri ile karşı karşıya gelince, mızrak, gürz ve kılıç gibi yakından savaş silahlarını kullanıyorlardı. Böylece taraflar arasında kanlı bir mücadele başlıyordu. Bu arada Türk komutanları düşmanın savaş gücünü ölçüyorlardı. Eğer Türk komutanları bu ilk çarpışmada baş edemeyecekleri bir kuvvetle karşılaştıklarını anlamışlarsa, birliklerine süratle geri çekilme emrini veriyorlardı. Bundan amaç düşmanı saflarının bozulmasını ve emir- komutanın yitirilmesini sağlamaktı.

Sahte geri çekilme büyük bir sürat içinde gerçekleşiyordu. Bu arada Türk savaşçıları, tıpkı saldırıda olduğu gibi, atları üzerinde geri dönüp oklarını aynı isabetle atarak arkalarından gelen düşmana kayıplar verdiriyorlardı. Bu durum pusunun kurulduğu yere kadar devam ediyordu[164].

(3) Pusuya düşürme ve imha: Pusu, Türk savaş sisteminin son aşaması idi. Yıldırma, yıpratmave sahte geri çekilme ile istenilen netice alınamamışsa ve arazi uygun şartlar taşıyorsa, pusu uygulanırdı.

---

164 Ahmet TAŞAĞIL, İslam Öncesi Devirde Türk Ordusu, Sy: 169, Kitabevi Yay, İstanbul, 2008.

Pusu kurulacak yer mutlaka önceden belirlenmekteydi. Pusu yeri içi genellikle iki tarafı dağlık ile derin vadiler ile ormanlık, bataklık, çöl ve uçurum kenarları gibi belirli özellikleri olan arazi parçaları seçilmekteydi. Savaştan önce bazı birlikler burada pusu düzeninde beklemeteydı. Sahte geri çekilme ile pusu yerine çekilen düşman, burada kıskaç veya çember içine alınarak birkaç saat içinde tamamen imha ediliyordu.

5. Türk Ordu Sisteminin Diğer Ordular Üzerindeki Etkileri

Çin ordusunu okçu süvariler teşkili yolu ile Türk usulünde düzenlemek ve donatmak teşebbüsü önce, M. Ö. 318 tarihli andlaşma sırasında Hunlara karşı askeri gücünü takviye etmek ihtiyacını duyan ve kendisi de Hun tarzında giyinen Chao devleti hükümdarı Wu-ling (M. Ö. 325- 298) zamanında görülmüş, daha sonra, Çin imparatoru meşhur Shih-huang-ti (M. Ö. 247-210) devrinde hızlandırılmış, Han imparatoru Wu-ti(M. Ö. 141-87) tarafından başarıya ulaştırılmıştır[165]. Atlı birlikler yolu ile Türk silahları, aslında Bozkır Türk süvari elbisesi olan ceket, pantolon, Hun başlığı ve çizme de Çin'e girmiştir.

Cephe savaşına dayalı ağır teçhizatlı yanaşık nizam (Phalanx sistemi)'lı kuvvetlere hafif silahlı okçu süvariler ilave etmek şeklinde beliren bu teşebbüs, sonra üç kere daha tekrarlanmış ve başlangıçta Turanlı ücretli askerlerin orduya alınması ile gerçekleştirilmeye çalışılmıştı. Yeni sistem Roma ordularının ıslahında da örnek kabul edilmiştir[166]. Roma ordusunda sadece resmi geçitler için atlı birlikler kullanılırken, Sezar zamanında ilk Bozkırlı tipi süvari ordusu kurulmuştur[167].

Yapılan incelemelere göre sahte ric'at ve pusuya dayalı Turan taktiğinin bu imparator tarafından kullanılmak istendiği anlaşılmaktadır. İkinci büyük reform anlamında İmparator Hadrianus'tan sonra, Septimus ve Gallianus zamanlarında orduyu yenileştirme çalışmalarına önemle devam edilerek kurulan, yüksek mevcutlu ve müstakil süvari birliklerinde V. yüzyıl boyunca hafif teçhizatlı okçular çoğunluktaydı.

---

165 Wolfram EBERHARD, Çin Tarihi, Sy: 95, TTK Yay, Ankara, 1995.

166 İbrahim KAFESOĞLU, Türk Milli Kültürü, Sy: 277, Ötüken Yayınları, İstanbul, 2001.

167 Ahmet TAŞAĞIL, İslam Öncesi Devirde Türk Ordusu, Sy: 171, Kitabevi Yay, İstanbul, 2008.

İran'da Bozkırlı usulünde savaşan Parth'lar ve kuzeyde yine savaş taktiklerini Türklere uydurmuş olan Got, Vandal, Alanların saldırıları Roma'yı bu yola iyice itmiş bulunuyor ve A. Marcellinus (M. S. V. yy. sonları)'un kayıtlarından anlaşıldığına göre, bunda Hunlar büyük rol oynuyordu. Artık Roma ordusunda yay baş silah durumuna yükselmiş, orduda onlu sistem uygulanmaya başlamış, Bozkır kıyafeti olan ceket, pantolon giyimi batıda yaygınlaşmıştır. Romalıların dahi tanımadığı üzengi Avarlar sayesinde Avrupa'da yayılmıştır[168].

Bizans'ta V. yy. başlarından itibaren etkisini göstermeye başlayan Turan sistemi VI. yy. 'a kadar etkili halde kullanılmıştır. Ordu reformları dolayısıyla Bizans'a giren Türk gelenekleri arasında giyim tarzı ve saç biçimi de vardı. Justinianos devrinden itibaren başkent İstanbul'da Hun, Bulgar, Avar kıyafet ve traşı moda halinde idi[169].

Bizans askeri yapısında, Hun ordularının bire bir taklidi ile kalınmamış, bizzat imparatorlar tarafından bu konuda eserler de yazılmıştı. Ordusunda köklü ve kalıcı reformlar yaparak Sasanilere ağır darbeler indirmeyi başaran (622-624) İmparator Heraklios'un "Taktika" adlı eserinde, Gök Türk, Bulgar, Avar, Türk (Macarların) savaş nizam ve usulü silahları, teçhizatı ayrıntılı bir şekilde ve yer yer Bizans ve İran ordularınkinden farkları belirtilerek tanıtılmakta ve Bizans ordusu için reform yöntemleri gösterilmektedir.

Batıda Roma İmparatorluğunun mirasını paylaşan Germen kavimlerinden Gotlar, Vandallar ve benzerleri daha önceleri Hunlar karşısında askeri kuvvetlerini Bozkır tipine uydurmak zorunda kalmışlardı. 6 yy. da bu ordularda okçu süvari birlikleri üstün duruma yükselmiştir. 7. yy'dan itibaren hafif teçhizatlı, bağımsız okçu süvari birlikleri teşkil eden Frankların askeri zaferleri bu derin reform hareketlerini başarısı olarak açıklanabilir. Franklar, 9. yy ortalarında artık ordularını tamamen süvariliğe çevirmişlerdi. Böylece gelecek Alman orduları Turan Taktiğinin özelliklerini benimsemiş oluyor,

168 Ahmet TAŞAĞIL, İslam Öncesi Devirde Türk Ordusu, Sy: 172, Kitabevi Yay, İstanbul, 2008.

169 Ahmet TAŞAĞIL, İslam Öncesi Devirde Türk Ordusu, Sy: 172, Kitabevi Yay, İstanbul, 2008.

dolayısıyla bütün Batı Avrupa silahlı kuvvetleri 11 yüzyıla doğru Bozkır Türk sistemine girmiş bulunuyordu[170].

Jean Paul Roux, Türk orduları için bu konuda şu görüşlerini kaydetmiştir. Orduları kesinlikle savunma amacına yönelikti ama tabi ki kendilerinin de bildikleri ve çok zaman uyguladıkları baskınlara, beklenmedik saldırılara karşı da her zaman hazırlıklı olmuşlardır. Ordu, surlar arkasında korunmasa da çok sayıdaki gözetleme kulelerinden yararlanmışlardır[171].

Hunlar, Göktürkler ve Uygurlar döneminde avcılık yoluyla askeri eğitim verme yöntemi uygulanmıştır. Avlanma usulü ordu komutanları ve askerler için savaş taktiğini ve sanatını öğrenmede en etkili yol idi. Bu yöntemle Eski Türklerin kötü yaşam koşulları ve kötü hava şartlarında ayakta kalabilme gücü arttırılmakla birlikte, sürekli yer değiştirmeden dolayı karşılaşabilecekleri açlık, susuzluk, hastalıklar gibi olumsuzluklar karşısında direnme güçleri arttırılmıştır. Ayrıca savaş dışında tertip ve düzenlerinin korunması sağlanıp, her zaman dinç ve güçlü olmalarında etkili rol oynamıştır[172].

ESKİ TÜRK ORDUSUNUN TEMEL ÖZELLİKLERİ VE TÜRK ASKERİ KÜLTÜRÜ

1. Genel:

Bozkır ikliminde yaşayan bir ulus olan Türkler; sert iklim koşulları, coğrafi faktörler, Orta Asya'daki diğer boy ve uluslar arasındaki mücadeleler zorlu bir hayat yöntemini gerektirmiştir. Bu zor şartlar, Türklerin savaşçı olarak yetişmesinde neden olmuş ve tarihte de ordu-ulus olarak tanımlanmaları sonucunu doğurmuştur[173].

Türklerde halk ordu, ordu ise halk idi. Özellikle uzun süren akınlarda, çoğu zaman aileler de askerlerle beraber gitmişlerdir. Akınlardan sonra yapılan iskan ve yerleştirmelerde ise tabii olarak

170 Ahmet TAŞAĞIL, İslam Öncesi Devirde Türk Ordusu, Sy: 173, Kitabevi Yay, İstanbul, 2008.

171 J. P. ROUX, Türklerin Tarihi, Kabalcı Yayınları. İstanbul, 2007.

172 V. ÇAKAN, Orhun Uygur Devleti Ordusu'nun Silahlanması, Sy: 174, Türkiye Sosyal Araştırmalar Dergisi, 2006.

173 C. ŞENCAN, İslamiyet Öncesi Türk Devlet Geleneği, Sy: 79, Yüksek Lisans Tezi, İnönü Ünv, Sosyal Bilimler Enstitüsü. Malatya, 2007.

askeri düzenin izleri görülmüştür. Örneğin Çin tarihine göre, Batı Türklüğü'nün temelini teşkil eden "On-ok" yani On-boy Türkleri böyle askeri bir düzenin sonucunda meydana gelmişlerdir[174]. Böylece Türklerde her birey savaşçı kimliği kazanmış ve askerlik Türk milletinde meslek değil, bünyesinde bulundurması gereken bir özellik olmuştur.

Askeri teşkilat olarak personel temininde herhangi bir zorluk yaşanmamıştır. İç Asya insanı için askeri hizmet vermek doğal bir uğraştır. Yönetici sınıf ve halk olarak ayrılan toplum düzeni içinde, bütün toplum gerektiği zaman asker kişi olarak görev yapabilecek bir hayat tarzında yaşamaktaydılar. Böyle bir coğrafya ve ekonomik yaşam düzeyi içinde gelişen asker-toplum yapısı içinde, bireylerin askeri gereklere göre teşkilatlanması icap etmektedir. Savaşçılığa yapılan vurgu burada kendini kültür olarak göstermektedir[175].

Bozkır Türk devletinde hemen her Türk savaşa hazır durumunda olduğundan ve askerliğe hususi meslek gözü ile bakılmadığından, Türk ordusu ile diğer bütün yerleşik ve orman kavimlerinin orduları arasında şu üç büyük fark derhal dikkati çeker[176]:

a. Türk ordusu "ücretli" değildi. Diğer milletlerde askeri kuvvet çoğunlukla, para ile tutulan kimselerden teşkil edilirken (ki bu sistem dünyada son asırlara kadar sürüp gelmiş ve İlk ve Ortaçağlarda birçok Türk genci de Roma, Bizans ve Abbasi hilafet ordularında ücret karşılığı hizmet görmüştür), Türklerde ordu, devletin tabii savunma gücü sayılırdı (Yalnız, daha ziyade ticaret işleri ile meşgul Hazar hakanlığında yabancı ücretli asker de istihdam edilmiştir)[177].

b. Türk orduları daimi idi (zira kadın-erkek, yaşlı-genç herkes her an savaşabilecek durumda olup, bu, Bozkırlının en tabii hayat tarzı icabı idi). Türklerin sporları, eğlenceleri ve avlanmaları bile askeri egzersizler niteliğinde idi. Ordu sözü aslında Hunlardan beri, daha önce de belirtildiği gibi, devlet başkanının bulunduğu yeri (karargah, saray) veya oturduğu şehri (başkent) ifade ediyordu.

---

174 Bahaeddin ÖGEL, Türk Kültürünün Gelişme Çağları, Sy: 301, Türk Dünyası Araştırmaları Vakfı Yayınları. İstanbul. 2001.

175 G. TURGUT, Türk Kültürü ve Uluslararası Savaş Hukuku, Sy: 175, Yüksek Lisans Tezi, Ankara Ünv, Sos, Bil. Ens, Ankara, 2008.

176 L. N. GUMİLEV, Hunlar, s. 378, Çev. A. Batur, Selenge Yay, İstanbul, 2003.

177 İbrahim KAFESOĞLU, Türk Milli Kültürü, Sy: 270, Ötüken Yay, İstanbul, 1997.

Çok sonraları şimdiki manasını almıştır. Bugünkü manası ile ordu (askeri güç)'ya eski Türkçe'de "sü" denilmekte idi. Hükümdarın özel muhafız kıtaları dışındaki merkez orduları, barış devresinde, yüksek bir devlet adamının, kumandanın sorumluluğu altında (mesela, Batı Hunlarında Oniki /Onegesios-Onügez/, Gök Türklerde Tonyukuk, sonra Kül Tegin) bulunurdu[178].

c. Türk orduları temelde süvarilerden kurulu idi, yani atlı kuvvetler yanında yer alan ve daha ziyade yardımcı olarak iş gördürülen "yaya"lar sayıca da pek azdı (Diğer milletlerde ise orduları piyade birlikleri meydana getirirdi. Süvarilik oralara Türk tesiri ile sonradan girmiştir,). Bundan dolayı da Türk ordularının yetiştirilme tarzı, hazırlık eğitimleri ve muharebe taktikleri yabancılarınkinden tamamen farklı idi[179]. Eski Türk ordusunda en büyük askeri birlik 10 bin kişilik kuvvet idi. Bu birliğe Tabgaçlar, Gök-Türkler ve Uygurlarda "Tümen" adı veriliyordu. Tümenler 1000'lere, 100'lere, 10'lara ayrılmış ve başlarına ayrı ayrı kumandanlar (binbaşı, yüzbaşı, onbaşı) tayin edilmişti. Türk tesirindeki yabancı ordularda da görülen bu 10'lu teşkilat ilk olarak M. Ö. Asya Hun imparatoru Mete Han devrinde tespit edilmektedir[180].

Ayrıca sağ ve sol (veya doğu ve batı) başbuğlarının yüksek idaresi altında eğitilen ve onların emirlerinde savaşlara katılan ordunun, bu 10'lu sistem içinde, onbaşılardan tümen başılara doğru belirli bir kumanda zincirinde birbirine bağlanması, eski Türk siyasi kuruluşlarını, sosyal bakımdan ayrılıkçı kabilevi kalıptan kurtarıp "devlet" bütünü haline getiriyor ve devletin bütün gücünü, barışta ve savaşta, ortak gayeler etrafında birleştiriyordu[181]. Bu da, aslında bodunlar ve boyların sıkı işbirliğinden doğduğunu belirttiğimiz Türk devletinde sağlamlık ve devamlılığı sağlayan başlıca faktörü teşkil ediyordu.

Demek ki, 10'lu sistem sosyal ve İdari bakımlardan da fevkalade mühim iki fonksiyon icra etmekte idi: Biri, devlet güçlerinin tümünün kabile, soy vb. ayrılıklarına bakılmaksızın 10'lu sisteme göre bölünerek, merkezden tayin edilen kumandanlar aracılığı ile

178 İbrahim KAFESOĞLU, Türk Milli Kültürü, Sy: 271, Ötüken Yay, İstanbul, 1997.
179 İbrahim KAFESOĞLU, Türk Milli Kültürü, Sy: 271, Ötüken Yay, İstanbul, 1997.
180 J. M. de GROOT, Hunlar ve Türkistan, Sy: 59, Pan Yay, İstanbul, 2010.
181 J. M. de GROOT, Hunlar ve Türkistan, Sy: 82, Pan Yay, İstanbul, 2010.

en üstte tek sevk ve idareye bağlanması. Böylece herkesin birbirine yardımcı olduğu bir millet birliği meydana getiriliyordu. İkinci olarak da, bütün İdari görev sahipleri aynı zamanda "asker" olduklarından, ordunun vazife ciddiyeti her türlü sivil, İdari ünitelere yansıdığı için devlet mekanizmasının askeri disiplin içinde çalışması temin ediliyordu. Bu durum Türk devletinin askeri karakterini açıkladığı gibi, Türklere neden "Ordu-millet" denildiğini de izah eder ve aynı zamanda Türk topluluğunda ordunun niçin iki temel unsurdan biri (öteki ailedir) sayıldığını gösterir[182]. Yani Türk devletinde askeri-sivil bütün teşkilat, birbirine bağlı olarak 10'lu, 100'lü, 1000'li gruplar halinde çalışan görevlilerin meydana getirdiği yekpare bir mekanizma gibi görünmektedir.

2. Kuruluş, Konuş ve Teşkilatlanma:

Hunlardan bu yana Türklerde genellikle on binlik, binlik, yüzlük, ellilik, onluk kuruluş uygulanıyor. Bütün Türk Ordu birliklerinin bu sistem ile teşkilatlandığını söylemek tam olarak doğru olmasa da çoğunluğu ifade etmesi nedeniyle doğru kabul edilir. Fakat onluktan on binliğe kadar sıra ile bütün bölünme uygulanmasa da sistem olarak onlu kuruluşun bütün Türk orduları tarafından benimsendiği söylenebilir. Askeri birimleri çoğunlukla aileler ve boylar büyüklüklerine göre oluşturdukları için, bazı askeri birimlerin mevcutlarını aile veya boy nüfuslarının belirlediği anlaşılıyor.

Hunlarda, Mete'nin de, Atilla'nın da orduları 24 Tümendi. Mete döneminde ülke, sağ (sağ bilgeliği) sol (sol bilgeliği) olarak ikiye ve altı bölgeye ayrılıyordu[183]. Kuvvetler üç bağlantı içinde idiler: Merkez ordusu doğrudan hakana, bölgelerdeki kuvvetler bölgeyi yöneten beylere, sınır garnizonundaki kuvvetler şad'lara (değişik rütbelerdeki komutan) bağlıydılar. Boy ve bölge beyleri barışta kendi bölgelerini yönetirler, savaşta askerleri ile kağan'ın ordusuna katılırlardı[184].

Gök-Türklerde boylar ikiye ayrılır, ordunun sağ-sol kuvvetlerini oluştururlardı. Genellikle büyük komutanlara şad, yabgu ve Tarkan

---

182 İbrahim KAFESOĞLU, Türk Milli Kültürü, Sy: 273, Ötüken Yay, 1984.

183 Bahaeddin ÖGEL, Türk Kültürünün Gelişme Çağları, Sy: 89, TDAV Yay, İstanbul, 2001.

184 Suat İLHAN, Türk Askeri Kültürünün Gelişimi, Sy: 47, Ötüken Yay, İstanbul, 1999.

isimleri verilmektedir. Hakanın küçük kardeşleri şad olur, büyük kardeşi varsa yabgu yapılırdı. Gök-Türklerde de kağan ailesinden gelenler şad veya sübaşı olur ve önemli sınır garnizonlarında görev alırlardı. Garnizon komutanlıkları hakan ailesine verilen birer yurtluk gibiydi[185].

Mete Han esaretten dönünce babası Tuman (Teoman) Han tarafından Tümen Komutanlığına getirilmiştir[186]. Veliahtlar genellikle sol bilge bey oluyordu. Gök-Türklerde Bilge Kağan veliahtlığı sırasında "Sol bilge beyi" idi. Hun komutanları daha çok, uzun eğitim ve deneylerden geçmiş, hakan soyundan veya bilinen ailelerden şeçilirlerdi. Boylar askeri ihtiyaca göre konuşlandırılıp görevlendiriliyor, askeri kuruluşlar mevcut boylara göre şekil buluyordu. Sosyal, ekonomik ve siyasi yapı devamlı olarak askeri ihtiyaçlara cevap verebilecek şekilde yapılandırılıyor, geliştiriliyordu.

Oğuzlarda biraz farklı bilgiye sahibiz. Bilindiği gibi efsanevi Oğuz Han'ın, Hun İmparatoru Mete Han olduğu genel kabul görmektedir. Hunların 24 tümeni bulunması, bunların 24 oğula bölünme işleminin 24 Oğuz boy'unu oluşturduğu kabul edilmektedir[187]. Türk hakanlarına yardımcı olan kurumlar arasında, Toy ve Kengeş Meclisleri önemli yer tutarlar.

Kengeş Meclisi: (Kengeş eski Türkçe'de münakaşa etmek, danışmak anlamına gelir. [188]) Anlayışlı, bilgili, akıllı ve hakim şahıslardan teşekkül etmekte, üyeleri arasında, hükümdarın babası, hatunu, veziri, kardeş ve akrabaları, beyleri ve yakınları, aklı erenler bulunmaktadır. Genellikle soylu memurlardan oluşan danışma kuruludur[189]. Kengeş meclisi adli, idari ve askeri sorumluluklar taşıyordu. Askeri görevleri: Fütuhat esnasında lüzumlu kararları almak ve bunların uygulanmasını sağlamak için, hükümdarın başkanlığında her an

185 Suat İLHAN, Türk Askeri Kültürünün Gelişimi, Sy: 47, Ötüken Yay, İstanbul, 1999.

186 Bahaaeddin ÖGEL, Büyük Hun İmparatorluğu, Cilt 2, Sy: 211, Kültür Bak. Yay, Ankara, 1981.

187 Suat İLHAN, Türk Askeri Kültürünün Gelişimi, Sy: 49, Ötüken Yay, İstanbul, 1999.

188 Bahaaddin ÖGEL, Türk Kültürünün Gelişme Çağları, Sy: 650, TDAV Yayınları, İstanbul, 2001.

189 Bahaaeddin ÖGEL, Büyük Hun İmparatorluğu, Cilt 2, Sy: 225, Kültür Bak. Yay, Ankara, 1981.

toplanabilmektedir. Hükümdarın çağrısı olmadan da toplanıp kararlar alabiliyordu[190]. Bu meclisin ayni adla bütün Türk devlet ve topluluklarında bulunduğuna dair bilgi bulunmuyor. Buna rağmen Türk hakanları daima bir danışma (keng) meclisi veya kurultay ile çalışmışlardır[191].

3. Türk Ordu Teşkilatındaki Ana Unsurlar

a. Tümenler: Tümen sözü Orhun yazıtlarından "onbin" anlamında kullanılan bir sayıdır. Hun ordularında en büyük birim 10. 000 kişilik idi. Bu güne kadar gelen bu teşkilat bu gün dahi Kara Kuvvetlerimizin en büyük muharip unsuru olan tümenleri teşkil etmektedir[192].

b. Binlik Kıtalar: Türk ordularının esas temelini "1000 kişilik birlikler" teşkil eder. On bin ve daha yukarıdaki sayıda askere sahip olan ordulara hükümdarların kardeşleri ve oğulları tarafından komuta edilmesine özel itina gösterilirken bin kişilik askeri birlikler çoğunlukla boy beyleri veya halkın içinden çıkan mümtaz komutanlar tarafından sevk ve idare edilmişlerdir. Bu birliklere komuta eden komutanlar binbaşı olarak anılmışlar ve halk nezdinde son derece önemli bir mevki sahibi olarak değerlendirilmişlerdir. Bu gün kullandığımız "tabur" kelimesi "bin askerden meydana gelen birlik" anlamında olup çok eski bir Türk deyimidir. Aslı etrafını bir çitle çevirmek anlamında olan "tab kurmak" tan gelmektedir[193].

c. Yüzlük Kıtalar: Bu gün ordumuzda kullanılan "yüzbaşı" rütbesine, Orta Asya lehçelerinde yüzbeyi ve yüz-begi şeklinde rastlamak mümkündür[194]. Binli birliklerin 100'er kişilik ast birliklerine komuta eden subaylara verilen bir isimdir. Çin kaynaklarında Orta Asya Türk devletlerinin, Batı kaynaklarında Atilla ordusunun en önemli küçük kıtalarının 100'er kişilik birlikler olduğundan bahsedilmektedir. Aynı

---

190 Suat İLHAN, Türk Askeri Kültürünün Gelişimi, Sy: 54, Ötüken Yay, İstanbul, 1999.

191 Ali Rıza GÖNÜLLÜ, Eski Türklerde Kengeş Meclisi, Sy: 239, Türk Kültürü, Sayı 396, Ankara

192 Türklerde Ordu Düzenleri ve Ordu-Millet İlişkileri Sayı: 39, Gnkur ATASE Yayınları, Ankara, 1995.

193 Türklerde Ordu Düzenleri ve Ordu-Millet İlişkileri Gnkur ATASE Yayınları, Ankara, 1995.

194 Saadettin GÖMEÇ, Kök-Türk Tarihi, Sy: 247, Berikan Yayınları, Ankara, 2011.

sistem Cengiz Han ve Timur ordularında da devam etmiş ve günümüze kadar gelmiştir. Bu gün kullandığımız bölük ve bataryalar, işte o günlerde günümüze intikal eden ve ordumuzun ana nüvesini teşkil eden birliklerdir. Bu birliklere bildiğimiz gibi bu gün de yüzbaşılar komuta etmektedir[195].

ç. Onluk Kıtalar Yüz kişilik kıtaların on kişilik küçük birimlerine komuta eden şahsa on-begi veya on-beyi ismi verildiğine tarih kaynaklarında sık olarak rastlanmaktadır. Liyakatli askerler arasından seçilmesine özel itina gösterildiğini ve bu rütbenin verilmesinde törenler düzenlendiğine dair kayıtlar mevcuttur. Bu gün ordumuzun en küçük temel birliği mangalar ve onbaşı rütbesi 2500 yıllık askeri tarihimizden bize intikal eden en büyük mirastır[196].

d. Atlı ve Yaya Birlikler: Dünyada ilk defa atı ehlileştirerek onu günlük yaşamlarının ayrılmaz bir parçası haline getiren Türkler, askerlik alanında da attan en iyi şekilde yararlanmışlardır. Türkleri atından ayrı düşünmek imkansızdır. Atlar çevik ve süratli savaş taktiklerinin geliştirilmesine yol açmış ve son derece hızlı akıncı birlikleri kısa süre içinde büyük fetihlerin gerçekleşmesine ön ayak olmuştur. Ordunun en önemli kısmını atlı süvari birlikleri meydana getirirdi. Tımarlı sipahiler, toprağı ile bütünleşmiş Türk insanının ordu-millet olma vasfının tipik bir örneğidir. Bununla beraber bu gün ordumuzun ana muharip unsurunu teşkil eden piyadelerde çok eskiden beri atlı birliklerin, yanında başarı ile kullanılmışlardır. Gök-Türk anıtlarında yaya birlikler için "yadag" deyiminin kullanıldığını görmekteyiz. Bazı kaynaklarda "yadag sü" (yaya asker) tabirinin kullanıldığına da rastlanmaktadır. Zırh, giyen yaya askerlere yine Gök-Türk yazıtlarında "kedimlig yadag" (zırhlı yaya) denilmektedir[197].

Türklerde milli karakter haline gelen ve çok kıymetli bir miras olarak babadan oğula intikal edip günümüze kadar ulaşan büyüğe saygı ve itaat, bir ruh ve davranış biçimi olarak "üste saygı" şeklinde ordu içinde gelişmiştir. Üste ve amirlere mutlak itaat ve sonsuz güven,

---

195 Türklerde Ordu Düzenleri ve Ordu-Millet İlişkileri Gnkur ATASE Yayınları, Ankara, 1995.

196 Türklerde Ordu Düzenleri ve Ordu-Millet İlişkileri Gnkur ATASE Yayınları, Ankara, 1995.

197 Türklerde Ordu Düzenleri ve Ordu-Millet İlişkileri Gnkur ATASE Yayınları, Ankara, 1995.

dün olduğu gibi bu gün de ordumuzun temel taşıdır. Ordumuzda oluşan bu anlayış, terhisi müteakip toplumun bütün kesimlerinde uygulanan ve aranan bir temel davranış biçimi olarak Türk toplumunda yaygın şekilde görülmektedir.

Bozkır hayat şartları icabı çok iyi bir savaşçı olması gereken eski Türk askeri, çocuk yaşta askeri eğitime başlardı. Özellikle çocukların oynadıkları oyunlar, askeri eğitim için önemli bir kazanç oluyordu. Türk çocukları, koyunların sırtına binerek, önce farelere, gelinciklere ve kuşlara, daha sonra tilkilere ve tavşanlara ok atmak[198] şeklinde oynadıkları oyunlarla adeta ilk askeri eğitimlerini yapmaktaydılar[199]. Orta Asya bozkırları gibi sert bir iklimde Türklerin savaşlarda ve ulaşımda en büyük yardımcısı atlardı. Türk "çocukları 3-4 yaşlarından itibaren koyun sırtında ata binme talimi yapar, erkek ve kız çocuklar daha sonra at üzerinde alıştırmalarına devam ederek erken yaşta iyi at binicileri olurlardı. Böylece yetişkin olduklarında büyük bir ustalıkla ata binerler, atın üzerinde yer, içer, uyur ve bütün günlerini geçirirlerdi. Hunlarda olduğu gibi Göktürkler de adeta yürümekte güçlük çekerlerdi"[200].

Türklerde atın toplum hayatında oynadığı rol hakkında elbette söylenecek çok şey vardır. Öncelikle, Türkler, tabiatla mücadele ederken ona hakim olmayı sağlayacak en uygun vasıtaları da kullanmışlardı. Bunların da en başında geleni at idi. Yaşadıkları çevreye uygun hayat standardını ve tarzını at sayesinde geliştiren Türkler "atlı-göçebe medeniyet"i oluşturmuşlardır[201]. Ancak konumuz itibariyle burada özellikle Bizans yazarlarının görüşlerine yer vereceğimizden atın Türk toplumundaki yerini detaylı bir şekilde ele almayacağız. Maurice, Türklerin, kişi başına birkaç at olmak üzere savaş meydanına çok sayıda atı getirerek hem yiyecek ihtiyaçlarını karşıladıklarını[202] ve hem de düşmana kalabalık bir ordunun kendilerine doğru geldiği hissini vererek hasımları arasında korku oluşturmaya çalıştıklarını anlatmak-

198 Bahaeddin ÖGEL, Büyük Hun İmparatorluğu Tarihi, Sy: 214, Kültür Bakanlığı Yayınları, Ankara 1981

199 Ahmet TAŞAĞIL, Ordular, Sy: 163, Kitabevi Yayınları, İstanbul, 2008.

200 H. Palaz ERDEMİR Yabancı Yazarlara Göre Türklerde Savaş ve Taktik, Sy: 1663, Türkler Ansiklopedisi, Ankara, 2002.

201 Salim KOCA, Türk Kültürünün Temelleri, I, Sy: 17, İstanbul 1990,

202 Salim KOCA, Türk Kültürünün Temelleri, II, Sy: 92, Trabzon 2000,

tadır[203]. Türkler, Romalılar ve İranlılar gibi siper kazmazlardı. Atlarını çadırlarının yanına birbirine yakın bir şekilde bağlayıp sıralayarak savaş başlayıncaya kadar bu şekilde korunurlardı. Savaş meydanına getirilen atlar, özel zırhlarla örtülü olduklarından bir Türk askeri için onlar, savaş anında bir kalkan vazifesi gören bir koruyucuydu.

4. Eğitim ve Disiplin Sistemi

Her çağın tekniğine göre, en tesirli silahlar ile donatılmış Türk ordularında başlıca silah ok ve yay idi. Ok ve yay bir av aleti olarak eski çağlarda hemen bütün topluluklarda görülür. Fakat Türkler ok ve yayı etkili bir savaş silahı haline getirmişler ve kendi muharebe taktikleri için en iyi şekilde değerlendirmişlerdir[204]. Yayı, süratle koşan at üzerinde etkili bir muharebe aracı olarak kullanmak suretiyle "uzak savaş" usulünü muharebe taktikleri sisteminde bir yenilik olarak geliştirmişlerdir (Ok menzili normal olarak 1000-1281 gez/=660-846 metre 1 gez=66 cm/arasında değişir). Miğfer (tolga) giyen, kendileri ve muharebe atları için zırh (yarık) kullanan bozkır Türkleri[205] at sayesinde süratli manevra kabiliyetine sahip oldukları için uzaktan savaşı tercih ederlerdi. Çeşitli yayları vardı. Bunlardan gerilmesi en güç, fakat vuruculuğu en fazla olanı, tersine gerilmek suretiyle kullanılan çift kavisli yaylardı. Oklar da çeşitli idi. Bunlar arasında da, Hunların yaptığı ve ilk defa Mete Han zamanında kullanıldığı bildirilen havada uçarken ıslık çalan[206] (veya vızıldayan) oklar en korkunç olanı idi[207].

Türkler doludizgin giden at üzerinde her dört cihete isabetli ok atmakta mahir idiler. Düz, yivli veya çengelli temrenler (ok-uçları) kullanan ve iyi kement atmasını da bilen Türkler yakın muharebede kargı, mızrak, süngü, kalkan ve kılıç kullanırlar ve birliklerine göre değişen şekillerde flamalar taşırlardı[208]. Savaş meydanlarında süvariler,

---

203 Hatice Palaz ERDEMİR Yabancı Yazarlara Göre Türklerde Savaş ve Taktik, Sy: 1663 3. Cilt, Türkler Ansiklopedisi, Ankara, 2002

204 İbrahim KAFESOĞLU, Türk Milli Kültürü, Sy: 273, Ötüken Yay, 1984.

205 J. M. de GROOT, Hunlar ve Türkistan, Sy: 30, Pan Yay, İstanbul, 2010.

206 J. M. de GROOT, Hunlar ve Türkistan, Sy: 72, Pan Yayınları, İstanbul, 2010.

207 Wolfram EBERHARD, Çin'in Şimal Komşuları, Sy: 86, TTK Yayınları, Ankara, 1996.

208 Bahaeddin ÖGEL, Türk Kılıcının Menşei ve Tekamülü, Sy: 431, 460, DTCF Yayınları, Ankara, 1948.

atların renklerine göre, belli kanatlarda mevki almışlardır[209]. Kutsal Türk sancağı, tuğ (başında bir demet at veya yaban sığırı kuyruğunun dalgalandığı ve ipek kumaş şeritlerinin asılı bulunduğu sırık bayrak) idi. Ayrıca eski Türklerin hem tuğları hemde bayrakları vardı[210].

Seferler, devamlı yıpratma ve yıldırma harekatı arasında, fertleri bir askerlik havası içinde yetişen Bozkır Türk halkına sürekli başarılar sağlayan başlıca hususlardan biri de aynı zamanda savaş hazırlığı vasfında olan daimi spor hareketleri idi. Ata binmek, ok atmak herkesin tabii meşgalelerindendi. At yarışları, cirit, gülle atma, güreş, doğancılık (yırtıcı kuşlarla avlanma) vb. mücadele azmini keskinleştirirdi. Kadınların da iştirak ettikleri çeşitli top oyunlar Hunlardan beri Türkler arasında oynanmakta Gök Türkler çağında Çin'e de yayılmıştı. Fakat Türklerin, Bozkır'da nisan ve mayıs ayında ilk gök gürlemesi ile başlayan sazlı, türkülü, eğlenceli bahar bayramlarında da tertipledikleri at yarışları ve çeşitli müsabakalar dışında en mühim sporu avcılıktı. Bilhassa binlerce vahşi ve zararlı hayvanın telef edilmesi ile sonuçlanan sürek avları (Devlet eğitim avı) gerçek bir savaş manevrası mahiyetini taşıyordu. Çin kaynaklarına göre M. Ö. 62 yılında Hun imparatorunun idaresinde tertiplenen böyle bir sürek avına 100 bin süvari katılmıştı. Altaylar' da çok eskiden beri bilinen kayakçılık, bazı araştırıcılara göre, oralardan her tarafa yayılmıştır.

Böylece daimi savaş egzersizi karakterindeki spor hareketleri dolayısıyla zindeliği, çevikliği yanında muharebede yırtıcılığını koruyan Türk ordularının yerli ve yabancı kaynaklarda kurtlara benzetilmesi dikkate değerdir. Uzun seferler esnasında türlü güçlüklere ve değişik iklim şartlarına kolayca göğüs gerebilmesi zamanımız araştırıcılarını bile hayrette bırakan Türk ordusu sağlamlığı, kudreti ve silahlarının üstünlüğü dolayısıyla yabancılar tarafından ilk taklit edilen Bozkır kurumu olmuştur:

Türkler okçuluktaki başarıları, ata hakimiyetleri, yakın çarpışmalarda kılıç ve mızrak kullanmadaki ustalıkları ile ünlenmişlerdi. Çin kaynaklarına göre Türklerde "Çocuklar koyunlara binip, kuşlara,

---

209 İbrahim KAFESOĞLU, Türk Milli Kültürü. Sy: 274, Ötüken Yayıncılık, İstanbul, 2011.

210 Bahaeddin ÖGEL, Türk Kültürünün Gelişme Çağları, Sy: 690, TDAV Yayınları, İstanbul, 2001.

gelinciklere ve farelere ok atarlardı. . . Savaşçıların güç ve yetenekleri yay çekmelerindeki ustalıkları ile ölçülürdü. . . Erkekler savaş için eğitim yaparlardı. Çok ani taarruz ve baskında bulunurlardı. " İki tür eğitim avı vardı: Tümen eğitim avı[211], Devlet eğitim avı[212]. Devlet eğitim avına bütün ordular katılırdı[213]. Kaçmaktan veya geri çekilmekten utanmazlardı. Bu onların savaş düzenleri ile yakından ilgiliydi. Geri çekilmeyi yaparken de arkaya doğru ok atmayı ihmal etmezlerdi.

Yukarıda da belirtildiği gibi, geri çekilmek zor ve kısa sürede, şanssız bir rastlantı sonucu paniğe dönüşebilecek tehlikeli bir harekettir. Geri çekilmenin taktik gereği, iradeye bağlı olarak yapılabilmesi için çok iyi eğitimli, yüksek moralli, sağlam disipline sahip olunması, bütün savaşanların kendilerine, birliklerine ve komutanlarına güven duymaları gerekir. Bilindiği gibi Türkler bu manevrayı çok sık uyguluyorlardı. Türk ordusunda eğitim kavramı ve sistemleri vazgeçilmez bir unsur olarak kuşaktan kuşağa geçmiş ve bu gün ordumuzda kökleşmiş eğitim geleneklerinin oluşmasına neden olmuştur. Ordumuzun en büyük moral gücünü oluşturan disiplinli olma vasfı bütün dünya milletlerinin malûmudur. Türk askeri denilince akla disiplinli bir ordu gelir. Tabiidir ki disiplin ancak iyi bir eğitimle sağlanır. Türk askeri bu disiplini korkuyla değil, vicdanından gelen sese uyarak geliştirir. Onun eğitim anlayışı duyarlıdır. Ondaki vatan sevgisi, kendisine emanet edilen vatan topraklarının korunması idealine daha iyi hizmet yapabilme aşkının bir belirtisidir.

5. Beslenme ve Kıyafet

Atlı birliklerle birlikte Çinliler Türk giyeceklerini de almak, taklit etmek durumunda kalmışlardır. Türkleri taklit yolu ile alınan bu çağdaki Çin giyimleri, dar yelekler ile vücuda sıkı sıkıya yapışmış, barbar kostümlerine dönüşmüşlerdi. Ayrıca bu atlı birliklere at üzerinde ok atma eğitimleri de yaptırıyorlardı. Yapılan savaşlarda yabancı topluluklarının orduları gerilerinden binlerce baş sığır sürüleri sevk

---

211 J. M. de GROOT, Hunlar ve Türkistan, Sy: 72, Pan Yay, İstanbul, 2010.

212 Bahaeddin ÖGEL, Büyük Hun İmparatorluğu Tarihi, C. I, Sy: 212, Kültür Bakanlığı Yayınları, Ankara 1981.

213 Bahaeddin ÖGEL, Büyük Hun İmparatorluğu Tarihi, C. I, Sy: 214, Kültür Bakanlığı Yayınları, Ankara 1981

etmek mecburiyetinde kalırlarken, Türkler yiyecek ihtiyaçlarını et konservesi ile karşılıyorlardı. Konserve (kurutulmuş) et Türk ordusunun baş gıdası idi[214]. Konserve et Çin'de ve Avrupa'da bilinmezken bundan en aşağı 500 sene önce Türkler tarafından biliniyordu ve ihraç ediliyordu. Ayrıca Türklerde yalnız siviller için değil, ordularda da seyyar hamamlar (çerge) vardı ve bu usül Bizans'a da geçmiştir[215].

6. Türk Ordularında Kullanılan Savaş Araç Ve Gereçleri

Savaş araç ve gereçleri bakımından da eski Türk ordusu, diğer milletlerden farklı idi. Özellikle süvari ve süvarilik üzerine kurulu olduğunu söylediğimiz ordunun temel dayanağının at idi[216]. Eski Türk kurganlarından çeşitli silahlar açığa çıkarılmıştır. Bunların başında uzaktan savaş silahı olan ok ve yay gelmektedir[217]. Ok genellikle temren, ahşap çubuk ve yelek gibi kısımlardan meydana geliyordu.

Silah, varlığın korunması ve yaşamın geliştirilmesi için, fizik gücü ve etkinliğini artıran bir araç olarak, insanın alet yapma yeteneği ile birlikte dünyaya gelmiştir. Askeri yapı ve askeri kültür içinde de silah ve teçhizat çok önemli bir yere sahiptir. Askeri kuruluş, askeri eğitim, strateji ve taktiğin, hatta asker alma sistemi ve askerlik süresinin en önemli etkeni silahlardır denebilir. Silah ve teçhizat barut'un icadına, daha başka deyimle ateşli silahların kullanılmasına kadar çok az değişmiştir. Bu tarihten itibaren de eski silahlar bütünü ile (ok, yay, kılıç gibi) terk edilmişlerdir.

Ateşli silah gelişmesinin bir aşaması olan otomatik silahların, seri ateşli silahların bulunup muharebe alanında kullanılması da, askeri yapı ve askeri kültüre önemli değişiklikler getirdi. Eski Türklerde (İskitler dahil) yemin törenlerinde, yeminler silah üzerine (kılıç, hançer, ok) yapılıyordu. Kırgızlar kılıcı göstererek "Bu gök girsin kızıl çıksın" diyorlardı[218]. Timur seferlerden birisine çıkarken şu malzemelerin alınmasını istemiştir, her asker için 1 yay, 30 ok, 1

---

214 İbrahim KAFESOĞLU, Türk Milli Kültürü, Sy: 272, Ötüken Yayınları, İstanbul, 1997.

215 Osman TURAN, Türk Cihan Hakimiyeti Mefkuresi Tarihi, Sy: 130, Ötüken Yayınları, İstanbul, 2003.

216 Ahmet TAŞAĞIL, Ordular, Sy: 157, Kitabevi Yayınları, İstanbul, 2008.

217 Ahmet TAŞAĞIL, Ordular, Sy: 161, Kitabevi Yayınları, İstanbul, 2008.

218 *N. ERALP*, Tarih Boyunca Türk Toplumunda Kullanılan Silahlar, *s. 13. Ankara, 1984*

sadak, 1 kılıç, 1 kalkan, iki askerden birisine bir at, 10 kişiye bir çadır, on kişiye iki kürek, 1 kazma, 1 orak, 1 testere, 1 balta, 1 nacak, 100 iğne, 1 biz, yarım men iplik, bir parça deri ve kazık. Semerkant'ta Timur döneminde, silah araç-gereç imalatında 1000 kişi çalışıyordu. Cephanelikte 30 bin silah bulunuyordu. Hükümdar 10. 000 tane daha hazırlanmasını istemişti[219].

Bütün Türk boylarında aynı veya benzerinin uygulandığı hakkında bilgilere sahip değiliz, ancak uygulamaların kısmen de olsa gelenekleştiğini kabul etmek gerekir. Bir geleneğe göre, baba'nın silahı ölümünden sonra erkek çocuğuna veriliyor, çocuğu yoksa silah, sahibi ile beraber gömülüyordu. Birçok Türk mezarında silah bulunmasının sebebi bu gelenek olmalıdır[220].

Altaylarda II'inci Pazırık kurganında Hun savaşçılarının silahlarının ve atlarının kalıntıları, yakınındaki bir diğer mezar taşında, eğere asılı kılıç, kalkan ve yay resmi bulunmuştur. Çinli general Chao Tso tarafından hazırlanan ve B. Laufer tarafından da değerlendirilen raporda, Hun-Çin savaş taktiklerinin özellikleri üzerinde geniş olarak durulmuş, Çin generali, bu raporunda hafif atlı birliklerin kurulmasını istemiştir. Çünkü ağır şekilde donatılmış Çin yaya askerleri ile savaş arabaları Hun'ların karşısında güçsüz kalıyorlardı[221].

Bahaeddin Ögel, Çinlilerin Hun silahlarını ve taktiklerini benimsediklerini açıklıyor: "Orta Asya'dan gelen akınları durdurabilmek için, ordularında da köklü değişiklikler yapmak zorunda kalmışlardı. Düşmanı durdurmak için en iyi yol onun savaş taktiği ile silahını kullanmaktı"[222].

Orta Asya Türkünün kılıcı kavislidir. Kavis, kılıcın her vuruş noktasında düz bir satıhta en az temas temin edecek, düz satıh kılıca küçük bir noktada temas teşkil edecek şekilde verilmiştir. Böylece bütün vuruş gücü teğet noktasında toplanmış oluyordu. Bu kılıçlar, Osmanlı kılıçları gibi kına bağlanmış iki kayışla bel kemerine takı-

219 Suat İLHAN, Türk Askeri Kültürünün Gelişimi, Sy: 54, Ötüken Yay, İstanbul, 1999.
220 Suat İLHAN, Türk Askeri Kültürünün Gelişimi, Sy: 54, Ötüken Yay, İstanbul, 1999.
221 Bahaeddin ÖGEL, Büyük Hun İmparatorluğu, 1. Cilt, Sy: 108 , Kültür Bakanlığı Yayınları, Ankara, 1984.
222 Bahaeddin ÖGEL, Büyük Hun İmparatorluğu, 1. Cilt, Sy: 109 , Kültür Bakanlığı Yayınları, Ankara, 1984.

lıyordu[223]. Altaylar bölgesindeki Katanta, Pazırık, Şibe buluntuları Büyük Hun İmparatorluğunun kültürünü yansıtır[224].

Türk kalkanı genel olarak yuvarlaktır. Osmanlı padişahları gergedan derisinden kalkan kullanmışlardı. Geri çekilen süvariyi destekleyen okçuların kalkanı manda derisindendi. Demir, bakır, fil veya gergedan derisi, kaplumbağa ve ağaç kabuğu, hasır, söğüt dalı, kamış ve ipten yapılan kalkanlar da vardı. Mızrak için süngü, bunduk, berçkem, batrak gibi çeşitli adlar kullanılmıştır. Türk mızrakları genellikle hafif ve kısadır.

Ok ve yay zamanla Türk Kağanı, Hakan ve Sultanlarının hakimiyet işareti olmuştur. İlk bulunan Türk oku çakmak taşından yapılmıştır. MÖ 2500 yılına aittir. İlk delikli ok uçlarına, MÖ 1700-1200 yılları Kazakistan menşeli kültürde rastlanır. Bu kültürün MÖ 1200-700 yıllarında Altaylar'da izleri görülmektedir. Kazakistan menşeli kültürü meydana getiren kavimlerin Altaylılarla akrabalığı Prof. Dr. Bahaeddin Ögel tarafından belirtilmektedir. MÖ 400 ve 300 tarihlerine ait, Orta Asya'da üç köşeli ve yapraklarının arkası kuyruk şeklinde uzanan ok uçları bulunmuştur. MÖ 4'üncü ve 5 nci yy. da, Hun devletinden önceki Altay buluntuları arasında da aynı ok uçlarına rastlanmıştır[225].

Altaylardaki Kudirge buluntuları arasında MÖ l'inci yy. a ait üç yapraklı demir ok uçları gözükür. Tula, Orhun bölgelerinde bulunan Gök-Türk okları da üç perlidir. Ayrıca kayın ağacı kabuğundan yapılmış tirkeşler (ok kabı) ve ok uçları bulunmuştur. Altay temrenlerinde temrenle iğne arasında yuvarlak bir kısım bulunuyor. Altaylarda, 9'uncu 10'uncu yy. a ait delikli ok uçları da görülür. Eski Türk askerleri oklarını özel kılıflarında muhafaza etmişlerdir. Sadaklar iki çeşittir. Kapalı olanlarda, oklar kılıfın içine doğru yerleştirilmiştir. Bir de açık cepli kılıflar mevcuttur. Bu ok kılıflarında okların uç kısmı yukarıya doğru yerleştirilmiştir. Ok kılıfı okçunun kemerine takılmıştır. Sağ tarafta bazen de kemere takılarak sırtta taşınmıştır[226].

---

223 Bahaeddin ÖGEL, İslamiyet>ten Önce Türk Kültür Tarihi, Sy: 159, TTK Yayınları, Ankara, 1984.

224 Suat İLHAN, Türk Askeri Kültürünün Gelişimi, Sy: 55, Ötüken Yay, İstanbul, 1999.

225 Suat İLHAN, Türk Askeri Kültürünün Gelişimi, Sy: 56, Ötüken Yay, İstanbul, 1999.

226 Y. S. HUDYAKOV, Eski Türklerde Silah. Türkler Ansiklopedisi, C. 3, Sy: 854, Yeni Türkiye Yayınları, Ankara, 2002.

Oklar uçlarına, temrenlerine göre cinslere ayrılırlar: Taş, çakmak taşı, kemik ve demirden yapılanlar, yuvarlak, sivri, çatal, yassı ve dikdörtgen olanlar, tek, iki ve üç dilimliler (yapraklı), delikli olup ıslık sesi çıkaranlar (Bu oklar deliklerin yerine ve şekline göre değişik sesler çıkarıyorlardı)[227].

Gök-Türk çağına ait ok uçları genellikle üç yapraklıdır. Altay ok uçları genellikle kemik, biraz daha küçük ve yassıdır[228]. Islıklı ok haber ulaştırmak amacıyla bugünkü işaret fişeği yerine de kullanılıyor, birimlerin önceden kararlaştırdıkları ve yalnız kendilerinin bilip yabancıların bilmediği hareketlerin yapılmasının emrini ulaştırmış oluyordu. Delikli oklar Osmanlılar zamanında da kullanılmış ve çavuş oku denmiştir. Özel işaretli okların şifreli emir tebliği için gönderilmesine Osmanlılar zamanında da devam edilmiştir[229].

Türklerde birçok boy ok adları ile anılmıştır: Üç oklar, Boz oklar, On oklar. . . gibi. Ok göndermek bir hükümranlık işaretidir. Kağanda kalan yay hakimiyet, gönderilen ok ise tabi olmak anlamındadır[230]. Hakan kurultayı toplayacağı zaman kendisine tabi olan boylara ve beylere okunu gönderirdi.

Kullanma amacına göre değişik oklar kullanılıyordu: Kuş vurmak için, at üstünde kullanmak için, eğitim için. Bazı kuş oklarının ucu yuvarlaktır. Eğitim oklarının ucu bez ile sarılıyor eğitim mermisi gibi kullanılıyordu. Dede Korkut'a göre, bir Türk'ün Alp (kahraman, bir anlamda yetişkin) olabilmesi için uçan kuşu okla vurmuş olması gerekiyordu[231].

En eski Türk oklarının temreni kemikten yapılıyordu. Daha sonra kemiğin yerini demir almıştır. Bundan dolayı ok ucuna demirden yapılmış anlamında temürgen yani temren adı verilmiştir. Ayrıca ok ucuna başak da denilmekteydi. En çok kullanılan temren üç dilimli idi. Ayrıca düz, yivli veya çengelli temrenler de vardı. Bunlardan en tehlikelisi çengelli temrenler idi. Atılan ok insanı öldürmemiş, yani

---

227 Murat ÖZVERİ Türk Geleneksel Okçuluğu, İstanbul, 2011.

228 Bahaeddin ÖGEL, Türk Kültür Tarihine Giriş, *Sy*: 160, TTK Yayınları, Ankara, 1984.

229 Ahmet TAŞAĞIL, Ordular, Sy: 161, Kitabevi Yayınları, İstanbul, 2008.

230 Osman TURAN, Türk Cihan Hakimiyeti Mefkuresi Tarihi, Sy: 97, Ötüken Yay, İstanbul, 2003.

231 Suat İLHAN, Türk Askeri Kültürünün Gelişimi, Sy: 57, Ötüken Yay, İstanbul, 1999.

yaralı bırakmışsa, okun çıkarılması sırasında çengelli temren yaralıda büyük hasar yapmaktaydı. Türklerin kesme (enli temren), yasıç (yassı ve uzun) adım taşıyan temrenleri de vardı[232]. Eğitim amacıyla yapılan temrensiz oklara kavla denirdi[233].

Bazen temrenin üzerinde ortada birleşen delikler açılarak, hedefe giderken ses yani ıslık çıkaran oklar yapılmaktaydı. Bu, oklar Osmanlı döneminde de kullanılmış olup, bunlara Çavuş Okları adı verilmekteydi. Söz konusu oklar daha çok işaret vermek veya hedef göstermek için kullanılmaktaydı. Çavuş oklarını ilk bulan ve kendi birliklerinde kullanan Büyük Hun İmparatorluğunun hükümdarı Mete Han'dır[234].

Okun ahşap çubuğu genellikle huş ağacından yapılırdı. Ahşap çubuğun arkasına da yelek ilave edilmekteydi. Bundan maksat okun hedefe giderken dengesinin bozulmamasını, yani dosdoğru gitmesini sağlardı. Bu tür oklara yüklüg ok denmekteydi. Oklar, sadak, okluk, kuruglug, kiş gibi adlarla anılan torbalarda taşınmaktaydı. Genellikle kavak çubuğundan yapılan bu sadaklar, ya atın terkisine, ya da savaşçının omzuna veya bel kayışına (kemer) asılmaktaydı. Okla yay aslında bir bütündü[235].

Obi bölgesinde yapılan kazılarda bir ok kutusunda (sadak) 30-32 ok bulunmuştur. Yine Hun devrindeki okların uçların boylan 3, 4, 5, 6, 7, 9 cm arasında değişiyordu. Ama ortalama uzunluk 5-6 cm cm idi[236]. Oku hedefe fırlatmak için kullanılan bir araç olan yay, genellikle son derece sert ve sağlam bir ağaç türü olan kayın ağacından yapılırdı. Yayın iki kısmı vardır. Biri sert ve sağlam bir ağaçtan yapılan veya boynuzdan yapılmış kavisli kısım, diğeri öküz bacaklarının sinirinden veya hayvan bağırsağından yapılmış gerilen kısmı. İkinci kısma kiriş denmekteydi. Kiriş yani sinir kısmı, kavisli ahşabın iki ucuna bağlanmak suretiyle yay meydana getirilmekteydi. Yayın üstüne sırım (ince deri parçası) veya sinir sarılmaktaydı. Bundan maksat, yayın direncini artırmak, hem de kuruyup evsafını

232 Salim KOCA, Türk Kültürünün Temelleri, Sy: 94, Türkiye Yay. Trabzon, 2000

233 KAŞGARLI Mahmut, Divanu Lügat üt Türk Sy: 426, Kabalcı Yay. İstanbul 2007

234 Bahaeddin ÖGEL, Büyük Hun İmparatorluğu, C. I, Sy: 239, Kültür Bakanlığı Yay, Ankara, 1984.

235 Ahmet TAŞAĞIL, Ordular, Sy: 161, Kitabevi Yayınları, İstanbul, 2008.

236 Ahmet TAŞAĞIL, Ordular, Sy: 161, Kitabevi Yayınları, İstanbul, 2008.

yitirmemesini sağlamaktı. Ayrıca esnekliğini koruması için yayın üzerine zamk da sürülmekteydi[237].

Ok çubuğunu arka kısmının tam ortasında gez (kez) adı verilen bir kertik bulunmaktaydı. Gez vasıtasıyla kirişe yerleştirilen ok, yayı bir elle tutmak ve diğer kirişi germek suretiyle kullanılan çift kavisli refleks yaylar idi. Bu yaylarla atılan okların öldürme gücü çok yüksekti. Ok menzili yaklaşık 660- 684 m. idi[238].

Hunların, Doğu Avrupa'da hiç tanınmayan yayları getirmeleri "sihirli silahları" şeklinde yorumlanmıştır. Hunların yaylarını pekiştirmek için kullandıkları bazı kemik safihalar Volga, Dinyeper ve Kerç bölgelerinde bulunmuştur. Yayın ölçüleri konusunda değişik bilgiler bulunsa da en büyüklerini 160, hatta 140-150 cm boyunda olduğu tahmin edilmektedir. Avar oklarının ise 120-130 cm uzunluğunda olduğu bilinmektedir. Ancak, bazı mezarlarda daha küçük boyutlarda ok ve yaylara da rastlanmıştır[239].

Kafkaslardan Alp'lere kadar olan bölgede bulunan I. ve V. yüzyıllara ait ok ve yayların kökeni Moğolistan ve Baykal Gölü civarında ortaya çıkmaktadır. Yay da tıpkı sadak gibi omuza asılmak suretiyle taşınmaktaydı. Ok ve yay Türk savaşçısının daima elinin uzanabileceği bir yerdeydi.

Eski Türk kurganlarında kılıç, meç (kısa kılıç), mızrak (kargı, süngüg), kısa mızrak (kaçut, bıçak, hançer bügde/bükte), gürz (topuz), kamçı (berge) ve kement (ukruk) gibi çeşitli yakından savaş silahları bulunmuştur. Bunlardan kılıç, Türk savaşçısının en çok kullandığı silah idi. Türk kılıçlarının kabzaya yakın kısmı düz, uca yakın kısmı ise hafif kavisliydi. Bu rast gele verilen bir eğrilik olmayıp, savaşçının vurduğu darbede bütün gücü burada toplardı[240]. Bu durumdan dolayı Türk kılıcının darbe özelliği çok yüksekti[241].

Genellikle ahşap olan Türk kılıçlarının kabzaları (boyın), sade ve yalın değildi. Kabzaların başı, bazen Türklerin hayatında önemli

---

237 Salim KOCA, Türk Kültürünün Temelleri, Sy: 94, Türkiye Yay. Trabzon, 2000

238 İbrahim KAFESOĞLU, Türk Milli Kültürü, Sy: 272, Ötüken Yayınları, İstanbul, 1997.

239 Ahmet TAŞAĞIL, Ordular, Sy: 162, Kitabevi Yayınları, İstanbul, 2008.

240 Erkan GÖKÇE, Türkiye Selçuklularında Ordu, Sy: 319, TTK Yay, Ankara, 2010.

241 Bahaeddin ÖGEL, Türk Kılıcının Menşe ve Tekamülü, Sy: 431-460, DTCF Yay, Ankara, 1948.

bir yer tutan kurt başları şeklinde yapılarak, kılıçlara sanat eseri özelliği kazandırılıyordu. Kabzaları muhtelif kıymetli taşlarla ve altın kaplama ile süslüdür. Diğer silahlardan mızrak ölülerin mezarları üzerine dikilmiş olarak rastlanır. Kılıçlar kın adı verilen bir çeşit kılıf içinde taşınmaktaydılar. Kılıç kını bir halka ile savaşçının kemerine asılmaktaydı. Kılıç çekmekte kolaylık sağlamak için kılıç kınının yeri sol tarafta bulunmaktaydı[242].

Eski Türk hayatında bıçak, hem günlük hayatta, hem de savaşlarda en çok kullanılan eşyalardan idi. Türklerin çok çeşitli bıçakları vardı. Bunlardan en çok dikkat çekeni her iki tarafı kesen kıngırak adlı bıçaktır. Türkler bu tür bıçağa bugün kama adını vermektedirler[243]. Türk savaşçılarının çeşitli savunma silahları da vardı. Bunların başında kalkan (tura), zırh (yarık) ve tolga (tulga, yaşuk/aşuk) geliyordu. Kalkan genellikle deri, ahşap ve demir gibi silah darbelerine dayanıklı maddelerden yapılmaktaydı. Zırh ve tolga ise deri ve çeşitli madenlerden imal edilirdi. Türkler iki çeşit zırh kullanmaktaydılar. Bunlardan bir kübe yarık, diğeri say yarık adıyla anılmaktaydı. Kübe yarık bütün vücudu örten zırh idi. Say yarık ise sadece demir göğüslükten ibaretti[244].

Kısaca kitabeler ve Divanü Lûgat-it-Türk gibi kaynaklarda geçen savaş araç ve gereçlerinden bazıları şunlardır: At, ok, yay, kılıç, bükte, kıngırak (hançer, kama), keş, kurman, sadak (okluk), kın (kılıç ve bıçak kabı), kalkan, süngüg, kargı, cida, gönder (mızrak), çomak (bir çeşit topuz), batrak (ucuna bez bağlanan süngü), tug (birliklerine göre değişiyordu), ukruk (kement), kargu (ateş kulesi), köbrüge (davul), yarık, cevşen (zırh), yoşuk, tubulga (tulga/miğfer), küpe-yarık (vücudu kuşatan zırh), yelme eri (öncü, keşif kolu)[245]. Bundan başka savaşla ilgili kullanılan birtakım deyimler de vardır ki onlardan bazıları da şunlardır: Tokımak, süngüşmek (savaşmak), sülemek (ordu göndermek), atlıg (süvari), yadag (piyade), akınçı (düşmana baskın yapan), yizek (ordunun önde giden bölüğü), karakol (bekçi,

242 Bahaeddin ÖGEL, Türk Kılıcının Menşe ve Tekamülü, Sy: 431-460, DTCF Yay, Ankara, 1948.
243 Salim KOCA, Türk Kültürünün Temelleri, Sy: 94, Türkiye Yay. Trabzon, 2000
244 Wolfram EBERHARD, Çin'in Şimal Komşuları, Sy: 76, TTK Yay, Ankara, 1996.
245 Bahaeddin ÖGEL Türk Kültürünün Gelişme Çağları, Sy: 165, TDAV Yayınları, İstanbul, 2001.

devriye), yortug (hakanın yanında bulunan koruma görevlilerinden), içgirmek (itaata almak)[246].

Ancak Türkçe kitabeler ve diğer vesikalarda savaşla alakalı daha yüzlerce kelime ve deyim mevcuttur. Bununla birlikte Çin yıllıkları ve Bizans kaynaklarının bildirdiğine göre, Hunlar ve Kök Türkler boynuzdan yaptıkları yaylar, ıslık çalan oklar (arkasında kartal ya da akbaba tüyü olan düz, yivli, çengelli oklar), süngü, bıçak, kılıç, kement ve kuşatmalarda faydalanılan koç başları vs. değişik silahlara sahip oldukları gibi, davulun yanında boynuz veya diğer madenlerden imal ettikleri boru ya da zurnaları da bulunuyordu[247].

Kırgızların ağaçtan yapılmış kalkan ve zırhları kullandıklarına dair kayıtlar mevcuttur. Çünkü Asya'nın değişik bölgelerinde buna dair figür ve motiflere rastlanmaktadır. Uygurlar, yaylarının kirişlerini at kılından yapıyorlardı. Hem kaya resimlerinde hem de Orkun Vadisi'nde yer alan Bilge Kagan ve Köl Tigin anıt mezarlıklarında gerçekleştirilen kazılarda ise değişik ebatlarda ve özelliklerde ok uçları görülmüştür. Mete Han devrinden beridir bir savaş aleti olarak vazife gören ıslık çalan okları, herhalde Moğollar da kullanmıştır.

Ok sadece bir savaş aleti değil, aynı zamanda hakimiyet sembolü olduğu gibi, resmi evrakları da bal mumu ve ok ile damgalıyorlardı. Bunlar altın, gümüş, bakır, pirinç ve demir arkasındaki tüye "yülek" veya "yelek", yaya sarılan sırmaya "toz" denmekteydi. Yaylar için yapılmış herhangi bir özel kaba rastlanmamakla beraber, umumiyetle kola veya omuza asılarak taşınırdı. Yakın çarpışmalarda kılıç, mızrak, balta gibi araçlardan yararlanmışlardır[248].

Ayrıca en eski Türk kılıçlarının hafif kavisli, bazen tek tarafı keskin, bazen de her iki tarafının parçalayıcı olduğunu biliyoruz. Bu eğri kılıçların ilk defa Türkler tarafından yapılmıştır[249]. Kılıçların ve bıçakların kabzaları ağaçtan veya kaplumbağa kabuğundan iş-

---

246 Kaşgarlı Mahmud, Divanü Lûgat-it-Türk, Kabalcı Yayınları, İstanbul, 2010.

247 Saadettin GÖMEÇ Eski Türk Ordusunun Genel Mahiyeti, Sy: 6, Gnkur ATASE Yay, Ankara, 2009.

248 Saadettin GÖMEÇ Eski Türk Ordusunun Genel Mahiyeti, Sy: 5, Gnkur ATASE Yay, Ankara, 2009.

249 L. Nikolayeviç GUMILEV, Hazar Çevresinde Bin Yıl, Sy: 113, Selenge Yay, İstanbul, 2013.

leniyordu. Ok ve kılıçları koymak üzere özel olarak hazırlanmış ve süslenmiş kılıflar mevcuttu[250].

İlk Hunlar çağında deriden yapılan zırhların üzerine çeşitli motifler işleniyordu. Küpe-yaruk adı verilen halka ve plaka zırhlara ise Aral ve Orkun'daki araştırmalarda da tesadüf edilmiştir. Hunlar hakkında bilgi veren eski belgelerden anlaşıldığına göre, onlar düşmanlarını kement ile de tesirsiz hale getiriyorlardı[251].

TÜRK ASKERİ KÜLTÜRÜNÜN OLUŞUMU VE TARİHİ KAYNAKLARI

1. Türk Askeri Kültürü

Türk askeri kültürü Türk kültürü'nün önemli bir bölümü ve eseridir. Aslına bakılırsa Türk askeri kültürü değişir ve gelişirken genel Türk kültürünün şekillenmesine de katkılarda bulunmuştur. Askerlik genel kültüre kaynaklık eden alanlardan birisidir. Kültürün oluşmasında yeri olduğu kadar, oluşan kültür ortamından etkilenir. Askerliğin bilgi birikimimizde, düşünce yapımızda, tavırlarımızda ve becerilerimizde yeri ve katkısı vardır.

Askerlik alanındaki düşünce ve tavırlar kültürümüzün bir parçası olarak, bütün toplumu yüzyıllar boyu etkilemeye devam etmiş, askeri kültür zaman zaman ve yer yer egemen kültür olabilmiştir. Askeri işler ile sivil işler yakın tarihe kadar (II'inci Mahmut) mahalli yönetimlerde aynı şahısta toplanıyordu. Askerlik, genel kültür yapısına göre şekil aldığı, genel kültür yapısına da şekil verdiği için bir kültür unsurudur. Türk askeri kültürü de büyük Türk kültürünün önemli bir bölümüdür[252].

a. İnsan unsuru : Nitelikleri (Askerliğe yönelik yetenek), toplum ordu ilişkisi, örf, adet ve gelenekler, duyarlılık, moral dahil olaylar karşısındaki tepkime (reaksiyon), eğitim, disiplin.

---

250 Saadettin GÖMEÇ Eski Türk Ordusunun Genel Mahiyeti, Sy: 6, Gnkur ATASE Yay, Ankara, 2009.

251 Wolfram EBERHARD, Çin'in Şimal Komşuları, Sy: 86, TTK Yay, Ankara, 1996.

252 Suat İLHAN, Türk Askeri Kültürünün Gelişmesi, Sy: 12, Ötüken Yay, İstanbul, 1999.

b. Birikim unsuru : Bilgi birikimi, deney birikimi, askeri hukuk dahil askeri yayınlar, askeri tarih, askeri terimler.

c. Maddi unsurlar : Silahlar, araçlar, gereçler.

d. Yönetim unsuru: Kuruluş, strateji, taktik, politika, politik kademelerle kuruluş bağı

e. Tarihsel Unsurlar: Türk tarihine dayanan bilinç Türklere ait bir kültür unsurudur. Türk askeri tarihi ise Türk askeri kültürünün bir unsurudur. Türk askeri kültürünün bu unsurlarla ele alınması gerekir. Asker kültür çevreleri de, durgun bir suya atılan taşın sebep olduğu, birbiri peşinde oluşan, sonra başka odaklardan gelenlerle kesişen daireler şeklinde görülür, bir şeyler kaybederek ayıklanır, süzülür, bir şeyler kazanarak, birikerek gelişir.

2. Türk Toplumu ve Türk Ordusu

Türk ordusu diğer toplumların ordu ve kültürlerinde karşımıza çıkan ayrımının yarattığı iki ayrı dünyadan görülmez. Tarihte Türk ordusunun, yarattığı ve içinde yaşattığı bir askeri kültür yanında, tâbi olduğu ve sivil ayrı bir kültürün varlığı söz konusu değildir. Zira Türk tarihi öncesine kadar bir askeri tarih niteliği ile de ele alınabilir. Türk eldeki verilerin ışığında, tarihi boyunca asker-sivil ayrımının bilinmediği, bütün fertleriyle asker sayılabilen bir toplumdur.

Sivil-asker ayrımı dünyanın diğer toplumlarında karakteristik bir nitelik taşıyor. Bu tasnifin var olabilmesi, ilgili toplumlarda kurulmuş hayatın nitelikleri ile sıkı sıkıya ilişkilidir. Hayat düzeninden kasıt sosyoekonomik işleyişin niteliğidir. Antik devirlerde karşımıza çıkan sosyoekonomik ilişkiler çok da fazla değildir[253]. Tarih yapan en önemli toplumlar, tarım toplumları ile at ve koyun yetiştiren bozkır toplumlarıdır.

Tarım toplumlarında öne çıkan temel insan tipi, toprağa bağlı köylüdür. Bu tip, tarihçiler nezdinde stratejik anlamda iyi bir askeri yeteneğe gönderme yapmaz. Toprakla uğraşan insan, ister bağda, ister tarlada olsun, ekimden hasada kadar gece gündüz demeden yıl boyu mahsulüyle uğraşırken, askerliğin gerektirdiği fizyolojik

253 Sait BAŞER, 'Medeniyetin Ordusu Veya Ordunun Medeniyeti , Sy: 3, Güvenlik Stratejileri Dergisi, İstanbul, 2005.

özellikleri yitirmekte; idman, eğitim, manevra ve disiplinli hayata imkân bulamamaktadır. İster istemez ya içinden bir zümreyi beslemeyi göze alarak bir askeri güç kuracak veya kendi dışından bir güce tâbi olacaktır. Bu ise her iki hâlde de sınıflı yapının tabii mekanizmasını üretmektedir[254].

Hayvancılıkla geçinen toplumlar arasında deve, çöl şartlarıyla sınırlı coğrafyalarda; büyükbaş hayvancılık, toprağa bağlı hayatın bir parçası olarak; geyik ise soğuk bölgelerde yetiştirilebildikleri için askeri işlev bakımından stratejik değere ulaşamamıştır. Bu hayvanlardan alınan yağ bitki yağı yerine, iç yağı da aydınlatmak için kullanılmaktaydı[255].

Hayvan yetiştiriciliğinin tarihi bir aktör yaratabilmesine dönük en etkili hayvan türünün "at" olduğu görülüyor. Bu hayvan Asyalı bir türdür ve step hayvanıdır. Türklerin sadece ata yoğunlaşmadıkları, onun yanında koyun da yetiştirdikleri biliniyor. Tarihi M. Ö. 2500'lere giden Güney sibiryadaki Afanesyevo kültürüne ait kurganlarda at ve koyun kemikleri birlikte görülmektedir[256]. Yine, M. Ö. 49 yılında bir Hun ailesinin 10. 000 koyununa mukabil 7000 atı bulunuyordu[257]. Özellikle at, Türk toplumuna ve kültürüne temel niteliklerini veren ana eleman olarak önümüzde duruyor.

3. At ve Türk Ordusu

At, bir orta kuşak hayvanıdır. Gerçi farklı iklimlere intibak eden türleri geliştirilmiştir. Ama tabiattaki doğal yaşama çevresinin Asya bozkırları olduğu kabul edilmektedir. Sürüler hâlinde yaşamaktadır. Koşuculuğu ve ova hayvanı oluşu sebebiyle, Orta Asya'nın engin bozkırlarında hem otlak hem hareket ihtiyacını karşılayabildiği bilinmektedir. Bozkır halkı, atın varlığında kendisine bir geçim ve hayat alanı bulur. Bu sadık, munis ve insanla kolay anlaşabilen hayvanı, bozkırlılar doğal ortama uygun biçimde ehlileştirmekte, yetiştirmekte ve kullanmaktadırlar. Çin'de ise at binmek için değil savaş arabalarına

---

254 Sait BAŞER, 'Medeniyetin Ordusu Veya Ordunun Medeniyeti , Sy: 3, Güvenlik Stratejileri Dergisi, İstanbul, 2005

255 Sergey Grigoreviç AGACANOV, Selçuklular, Sy: 49, Ötüken Yay, İstanbul, 2006.

256 Ahmet TAŞAĞIL, Ordular, Sy: 157, Kitabevi Yayınları, İstanbul, 2008.

257 Osman TURAN, Türk Cihan Hakimiyeti Mefkuresi Tarihi, Sy: 132, Ötüken Yay, İstanbul, 2003.

koşulmak için kullanıyordu[258]. Bunun doğal sonucu olarak Çin'de atlı birlikler ilk defa M. Ö. 325-299 yılları arasında uygulanmıştır[259].

Çin arşivlerinde Türklerin on binlerle ifade edilen at sürülerinden söz ediliyor. Bu hayvan Türklerin başlıca ihracat kalemidir. Çin'e, Hindistan'a, İran'a, Bizans'a, Roma'ya, Ruslara yüz binlerle ifade edilen at sattıkları biliniyor. At, İhracatın yanı sıra etiyle ve sütüyle bir beslenme kaynağı olarak ta kullanılıyor[260], Üçüncü yararlanma alanı bu hayvanın binek olarak kullanılmasına dayalıdır.

Gerek ihracat, gerek binek maksatlı kullanımlar, atın evcilleştirilmesini gerektirir. Bu hususta Çin kaynakları, Hunların atları renklerine göre ayırdıklarını ve bu grupları Hücum, yerinde sayma, geri çekilme, rahvan, tırıs, gibi özel savaş boruları eşliğinde kullandıklarını ve süvarinin ata inip binmek için en az enerji sarf ederek işini görebildiğini anlatıyor.

On binlerle ifade edilen at sürülerinin güdülmesi, nakli, beslenmesi, sulanması, yaz ve kış şartlarında korunması, çiftleştirilmeleri, tayların evcilleştirilmesi, kısrakların sağılması, olağanüstü çaba gerektiren ve üç-beş çoban gruplarıyla halledilemeyecek işlerdir. Bir at sürüsünün hakkından gelmek, bir boydaki bütün fertlerin ortaklaşa çabasıyla mümkündür. Kısaca at sayesinde hareketli, zamanı kullanmasını bilen, disiplinli, teşkilatçı, liderlik kurumunu var oluş gerekçesi bilen, savaşçı toplum modeli ortaya çıkmıştır. Bu toplumda sınıf ayırımı, kölelik, kadın-erkek farkı gözetilmesi, şartlar gereği imkân dışı kalmıştır.

4. Demir ve Madencilik

Türk kültürünün teşekkül devirlerinde askeri ihtiyaçların, yöntem ve hedeflerin günlük hayatla ne kadar bütünleştikleri üzerinde dikkat etmek gerekir. Bu kültürün yapıcı unsurları sivil-asker ayırımına uygun değildir. Mesela "demir (Eski Türkçede: temir, temür, timur)". Demir de Türk kültürünün ana ve kutsal elemanlarından biridir.

---

258 Bahaeddin ÖGEL, Büyük Hun İmparatorluğu, C. I, Sy: 57, Kültür Bakanlığı, Ankara, 1984.

259 Bahaeddin ÖGEL, Büyük Hun İmparatorluğu, C. I, Sy: 235, Kültür Bakanlığı, Ankara, 1984.

260 Ahmet TAŞAĞIL, İslam Öncesi Devirde Türk Ordusu, Sy: 158, Kitabevi Yayınları, İstanbul, 2008.

Türk şamanlığının ilk devrinde Toprak, Ağaç, Ateş, Su ve Maden şeklindeki beş unsur kutsal kabul edildiğinden[261] bunlardan başlıca maden olan demirin silah yapımında kullanılmasından dolayı en mukaddes unsur sayılır. [262] Demirin sadece ham kullanımı aşılmış, eritilerek çeliğe de dönüştürülmüştür. Yüksek evsaflı kılıçlar, hançerler, kargı ve ok temrenleri, çeşitli delici ve kesici başka silahlar Orta Asya topluluklarının büyük bir hünerle imalatını yaptıkları, kullandıkları ve sattıkları birer sanayi ürünü hâline gelmiş görünüyor[263].

Çok cesur olan Türk milleti, aynı zamanda zengin maden yataklarına sahipti ve silah işçiliğinde de ustaydılar. Mesela Türk kabilelerinden Bayırkular, sadece at yetiştirciliğinde değil, demircilikte de maharetliydiler. Yine batıdaki On Ok Türkleri demir ticareti de yapmışlardır. Çin kaynakları, Kırgızlardan söz ederken, her yağmurdan sonra topraklarında demir çıkar ve bundan gayet keskin silahlar yaparlardı, diyor. Özellikle arkeolojik kazılar bize Sayan ve Altaylar'da çelik üretildiğini, Tanrı Dağları'yla, Kazakistan'ın güneyinde altın, gümüş, bakır ve demir bulunduğunu göstermektedir. Türk milleti açısından madenciliğin gelişmesi, Türk kağanlarının ordularını en iyi araç, gereçle silahlandırması, Çin kaynaklarında Börüler diye adlandırılan vurucu güce sahip zırhlı süvarilerin bulunması ayrı bir üstünlüktü. Savaş malzemeleri de dahil olmak üzere madenden imal edilen her şeyleri gayet mükemmeldi. Buna dair kalıntılar da elimizde oldukça fazladır[264].

5. Türk Askerinin Kıyafeti

"Altın elbiseli adam" adlandırmasıyla şöhret kazanan bir Tigin (prens) kıyafeti Asya arkeolojisinin başarılı buluşlarındandır. Takriben M. Ö. IV. y. y. dan kalan bu kıyafetin, çeşitli derecelerde altın alaşımlarından yapıldığı tespit edilmiştir. Bu eserde tepeden tırnağa fevkalade yapılmış bir miğfer, zırh-ceket, kılıç, kemer, pantalon ve çizmeler vardır. Bu kıyafet, ceket ve pantolon esaslı oluşuyla, bir süvari kıyafetidir. Orta Asyalı Türk topluluklarının dış görüntüsünü

---

261 Leon CAHUN Asya Tarihine Giriş Sy: 69 Toplumsal Dönüşüm Yay. İstanbul 2014

262 Leon CAHUN Asya Tarihine Giriş Sy: 70Toplumsal Dönüşüm Yay. İstanbul 2014

263 Sait BAŞER, Medeniyetin Ordusu veya Ordunun Medeniyeti, SAE Yay, İstanbul, 2005.

264 Saadettin GÖMEÇ, Kök-Türk Tarihi, Sy: 249, Berikan Yayınları, Ankara, 2011.

resmetmektedir. Başka kavimler kopça kullandıkları halde, Türkler düğme kullanırlar ve ceketlerini Çinliler ve Moğolların aksine sola açarlardı[265].

Çinlilerden Romalılara kadar Hint, Arap, İran, Yunan ve Bizans kıyafetleri, bir şala sarınma yahut entari esaslı oldukları hâlde, Türklerin bince yıl öncesinden beri kıyafetleriyle de diğer topluluklardan ayrıldıklarını ve özellikle pantolonu keşfetmiş olduklarını belirliyoruz.

Hun süvarileri at üzerindeyken de zırh ile donatılırlardı. Bu zırhlar madenden değil deriden yapılmışlardı[266].

6. İklim, Coğrafya ve Kültür

Coğrafi bakımdan Türk boylarının yaşadıkları Asya bozkırları kuzeyde Sibirya ve güneyde Çin ile Hindistan arasında yer almaktadır. Kuzey soğuk, karlı ve kasvetli Sibirya ormanlarının hâkim olduğu hareket yeteneğini son derece zayıflatan bir iklime sahip iken güney, aylarca yağan tropikal yağmurların ve uzun kuraklık mevsimlerinin yaşandığı muson iklimi bölgesidir.

Kuzey ve güneydeki bu iki ayrı dünyaya mukabil bozkır, at ve koyun coğrafyasıdır. Bozkır toplumlarının bilhassa kuzeyden gelecek ganimet avcısı sürülere karşı daima teyakkuz hâlinde bulunmaları hayati bir zaruretti. Dolayısıyla sürekli bir toplumsal uyanıklık ve "nöbet" sistemi, bu tarihi tecrübenin sonucudur. Türkler için güney ise entrika ve hile ülkesi olarak algılanmıştır. Çin'e ve Hindistan'a uzaktan hükmetmek ve onları vergiye bağlamak en sağlıklı yöntem olarak belirmektedir. Aksi hâlde teşkilatçılık ve bilek gücüyle bu coğrafyalardaki geçici hâkimiyet, akıbetinde daima asimilasyon ve hüsranı getirmiştir[267].

Çin ve Hint kültürü binlerce yıldır zaferi mağlubiyetinden çıkarmanın yöntemleştirildiği kültürlerdir. Bilge Kağan, Orhun Abideleri'ndeki veciz hitabesinde "Yurt tutacak yer Ötüken bölgesidir. Güneye gidenlerin, Çin'e gidenlerin akıbeti hüsrandır. Oralarda beylik

265 İbrahim KAFESOĞLU, Türk Milli Kültürü, Sy: 306, Ötüken Yay, İstanbul, 1997.

266 Bahaeddin ÖGEL, Büyük Hun İmparatorluğu, C. I, Sy: 237, Kültür Bakanlığı Yayınları, Ankara, 1984.

267 Sait BAŞER, Medeniyetin Ordusu veya Ordunun Medeniyeti, SAE Yay, İstanbul, 2005.

evlatlarınız, oğullarınız köle, hanım kızlarınız cariye olur. Gidenlerin kârı, kemiklerinin dağ gibi yığılmasından başka bir şey değildir. [268]" mealindeki unutulmaz sözleriyle, bu gerçeğe nesiller boyu dikkat çekebilmek için o taştan abideleri diktirmişti.

7. Kurt-Bozkurt

Step; Bozkır tabiatının, iklime intibak adına dayattığı güçlük, yaylak- kışlak modeliyle aşılmıştı. Ama bu çetin hayatın amansız bir düşmanı daha vardı. Bu düşman bozkırda yaşamanın üstadıydı: kurt sürüleri. Koyun sürülerini kırıp geçiren bu amansız hasım, tabiatın ona bağışladığı yaşama koordinasyon yeteneği, liderine itaat ve cesaret gibi bir bozkırlı için paha biçilmez melekelerine dayanarak onlara en gafil ve savunmasız anlarında saldırıyordu. Kurt "akıllı düşman"dı.

Bugün dahi Türk mitolojisinde ortak kullanımı bulunan atasözünde de söylendiği gibi, bu akıllı hayvan öğretici olmuştur. İslami dönemde "hilal taktiği" yahut "Turan taktiği" adları da verilen meşhur Türk stratejisine "kurt kapanı" denmesi, gerçekten kurt sürülerinin saldırı yönteminden ileri gelmektedir. Kurttan saldırı dersi alınmıştır. Onun ehlileşmez ve tabiatın verdiği yetenekten vazgeçmez tutumu, başarısız bir saldırıdan sonra geri çekilerek yeni ve daha "güçtü hamlelere hazırlanması, yaptığı işteki ustalık, düşmanın zayıf anını ve perini gözlemesi. . . vb. bozkırlı bilgeliği için değerli ilkeler olmuştur[269].

Kurdun Türk düşünce sisteminde totemleşmesi, ona rağmen, ona karşı bir yaşama formülü bulma çabasındandır. Böylece neslini kurda hasrederek "hayat sırrını" bozkurttan devşirmek şeklindeki yorum doğruluk kazanmaktadır. "Türk" adını Töre'ye, Töre'yi de Tanrı'nın türetici niteliğine, türemek kavramına bağlayan yaklaşımın telkin ettiği fikir, bu insan tipinin türeyiş kurallarına dikkat kesildiği, doğal çevresinin ilham ve dikte ettiği hikmeti, hayatında ilkeleştirdiği hükmünü verdiriyor. Tüm efsane ve an'anelerde mühim bir mevkii olan kurt hikayeleri Hun'lara kadar çıkmaktadır. Bu sebepledir ki kurt Türklerce. at gibi uğurlu ve hatta mübarek sayılmıştır[270]. Türk destanlarında kurt, ayrıca yol gösteren, buhranlı anlarda imdada

---

268 Muharrem ERGİN, Orhun Kitabeleri, Sy: 35, Boğaziçi Yayınları, İstanbul, 2005.

269 Fuzuli BAYAT, Türk Mitolojik Sistemi II, İstanbul, 2007.

270 Osman TURAN, Türk Cihan Hakimiyeti Mefkuresi Tarihi, Sy: 99, Ötüken Yayınları, İstanbul, 2003.

yetişen varlıktır[271]. Türkler, kurttan türediklerine inanırlardı. İlk ve kutsal atalarını unutmadıklarını göstermek için de devlet sembollerinin başlarına bu kurt heykelini koyarlardı[272].

8. Ok ve Yay

Türk mantalitesinde kainat, gök ve yer olmak üzere ikiye ayrılmaktadır. Gökyüzü tanrısaldır. Yeryüzünden daha kıdemli, muktedir, üstün ve yücedir. Merkezinde güneş vardır. Ay ve yıldızlar onu tamamlar. Dolayısıyla yeryüzünün yüzü güne bakan doğu ve güneyi de göğe nispet edilerek üstün bulunur. Türk boy teşkilatının siyasi ve hukuki münasebetleri de yay-ok münasebetine göre olduğundan sağdaki Bozoklar soldaki Üçoklara üstündür.[273]. Sağ (ong) kolu (Bozoklar) daha kıdemlidir. Merkezde hakan vardır. Destansı ifadeyle Gün, Ay ve Yıldız sağ kanat boylarını(Bozoklar), Gök, Dağ ve Deniz sol kanat boylarını(Üçoklar) oluşturur. Hakimiyeti temsil eden yay bozoklara, tabiiyeti temsil eden ok ise üçoklara ataları Oğuzhan tarafından verilmiştir. Hükümranlık, liderlik, toplumun sorumluluğu öncelikle kendi iç hiyerarşileri sırasıyla bunların uhdesindedir. İkinci kanat yeryüzüdür. Dağ, deniz ve göl sembolleriyle tanımlanmaktadır. Bu motifler Dağhan, Denizhan ve Gölhan'ı ataları bilen sol kanat boylarına (Üçoklar) gönderme yapmaktadır.

Ok ve yay Türklerin en sevdikleri silahlar arasında ön almaktadır. Türk yayının önemli bir şöhreti bulunuyor. Düşmanı uzakta iken, göğüs göğse gelmeden etkisizleştiren bir silah oluşu sevilmesinin başlıca sebebidir. Türk yayının imalatı uzun bir zaman almaktadır. Çeşitli metaller ve alaşımlar, kemikler, muhtelif cinslerde ve sayıda ahşap aksamın belli bir teknolojiyle bütünleştirilmesi suretiyle elde edilmektedir[274]. Bir yayda kullanılan parça sayısının yüzlerle ifade edildiğini görüyoruz. Yayın iki ucunu bağlayan bağa "kiriş" denmektedir. Ok takılmamış yay "kurulmamış yay", "bozuk" diye

---

271 İbrahim KAFESOĞLU, Türk Milli Kültürü, Sy: 328, Ötüken Yay, İstanbul, 1997.

272 Bahaeddin ÖGEL Türk Kültürünün Gelişme Çağları, Sy: 693, TDAV Yayınları, İstanbul, 2001.

273 Osman TURAN, Türk Cihan Hakimiyeti Mefkuresi Tarihi, Sy: 97, Ötüken Yayınları, İstanbul, 2003.

274 Sait BAŞER, Medeniyetin Ordusu veya Ordunun Medeniyeti, SAE Yay, İstanbul, 2005.

nitelendirilir. Bozuk denilmesi ok takılmamış yayın kavsinin zıt yöne dönmesinden ileri gelir. Ok takıldığında "kurulmuş" olur. Kavis kirişin gerilmesiyle kullanıcıya doğru döner. Böylece Türk yayının fırlatma gücü ve etkili menzili yüzlerce metreyi bulabilmektedir. Tabiatıyla yay hareketsizdir; ama okun hareketi gerekir. Hareketsiz olmasına rağmen, yaydan kaynaklanan ve oka beden güç, yaya soyutlama yoluyla Türkler tarafından muhtelif irade" anlamı yükletmiştir.

Ok ise gücünü yaydan alan ama ona bağlı; yayın belirlediği istikamete doğru hareket edişi sebebiyle kulluk, itaat, iradeye râm oluş anlamları kazanmıştır. Kiriş ise tanrısal irade kulluğun buluştuğu çizgidir. Bu sebeple idamı gereken hakan ailesi mensupları, "yay"a nispetleri sebebiyle, ancak kendi yaylarının kirişiyle kırılarak idam edilebilirdi. Aksine davranmak töreye aykırıydı. Çok kabaca tasvir edilen ok ve yay ilişkisi Türklerin evren, Tanrı, halk, boy ve şahsi kimlik anlayışlarına uygulanmış ve büyük bir yaygınlıkta Türk kültürünü ifade eden bir sembol kudretine gelmiştir. Ok ve yay Türk Kağanının hakimiyet işaretidir[275]. Türk Hakanlarının boy beylerine ve tabii hükümdarlara ok göndermeleri kendilerinin yayı yani hakimiyeti, onlarında oku yani tabiiyeti temsil etmelerinden dolayıdır[276].

Tanrı (Kök Tengri) yaydır, kainat ona göre oktur. Gökyüzü yay, yeryüzü ona göre oktur. Yeryüzünde, yüzü güne dönük olan doğu ve güney batı ve kuzey ok sayılır. Doğu ve güney, göğe nispet edilen boylara, Bozoklara tahsis edilmiştir. Kuzey ve batı ise yeryüzüne nispet edilen üçoklara verilmiştir. "Bozok" telaffuzu, dolayısıyla uzun zaman kelimenin ok kökünden geldiği düşünülmüştür. Oysa son zamanlarda Bozokların yayla temsil edilmelerine kabil, kurulmamış yaya da bozuk denilmesi arasındaki ilişki fark edilmiştir, Yay iradedir ama, bu gücünde kendisini görünür ve etkin kılan okla bütünleşmedikçe anlamını kazanamamaktadır.

Hakanın idaresindeki devletin sağ kanadı yayı, Üçokların idaresindeki sol kanat ise okları teşkil eder. Ancak ister Üçok, ister Bozok grubuna mensup olsun, her boyda bey yay, boy halkı ok atanın

275 Osman TURAN, Türk Cihan Hakimiyeti Mefkuresi Tarihi, Sy: 17, Ötüken Yayınları, İstanbul, 2003.

276 Osman TURAN, Türk Cihan Hakimiyeti Mefkuresi Tarihi, Sy: 97, Ötüken Yayınları, İstanbul, 2003.

yanındadır. Ailede de baba yaydır, diğer fertler ok sayılır. Babanın ölümü ile miras varisler nezdinde her bir hissesine ok gözüyle bakılarak tanzim edilir. Nişanlı genç kıza "oklu" denir. Ferdi planda ise "Gönül yay, akıl ok" şeklinde de tavsif olunmaktadır. Burada dikkat edilmesi gereken husus, yayın daima tanrısal iradeyi temsii ederken okla kulluk ve tâbi oluşun belirlenmesidir. Hatta, ok ve yay bütünleşmesi Türk mantalitesinde bir kozmik birliğe delalet ede gelmiştir.

Türk devletlerinin tam teşekküllü olgunluk devirleri için Çin kaynaklarında "Ok ve yay birleşti" geleneksel ifadesine rastlanmaktadır. Bu anlayış İslam'ın kabulünden sonra da devam etmiştir. Üçoklara bağlı Kınık boyunun kurduğu Büyük Selçuklu İmparatorluğu'nun bayrağında ok ve yaya tesadüf edilmektedir. Selçukluların ok ve yaydan anladıklarıyla Büyük Hun Devleti'nin ok ve yaydan anladıkları aynı şeydir. Özellikle Büyük Selçuklu da tuğrul Bey devri ve sonrası ile Osmanlı dönemi paraları üzerinde de ok ve yayın resmedildiği görülmektedir[277].

Türklerde belli bir veraset usulünün olmamasından kaynaklanan taht mücadeleleri ve bu mücadelede mağlup olan tarafın idamı uygulamasında, hanedan azasının kanının (kut'lu kan) dökülmemesi esastır. Bunun için tahtmücadelesini kaybeden hanedan üyeleri yay kirişi ile boğularak idam edilmişlerdir[278].

9. Ordu ve Medeniyet

Türkçede şehir anlamına gelen orijini Türkçe yahut diğer dillerden balıg, kent, şar gibi birkaç kelime var. "Ordu" kelimesi de bunlardandır. Ordu kelimesi Eski Türkçede "ordugah, Hakanın otağının bulunduğu yer, devletin en orta yeri, başşehir" demekti[279]. Bilindiği gibi medeniyet kelimesi Medine'ye gönderme yaparak oluşturulmuştur. Batı dünyası aynı kavramı "civilisation" kelimesiyle adlandırmaktadır. Civilisation kelimesi, sivilleşme-sivilleştirme süreci olarak anlaşılabilir. Sivil, asker olmayan demektir.

277 Osman TURAN, Selçuklular Tarihi ve Türk İslam Medeniyeti, Sy: 142, Ötüken Yay, İstanbul, 1993.
278 Erkan GÖKÇE, Türkiye Selçuklularında Ordu, Sy: 314, TTK Yay, Ankara, 2010.
279 Bahaeddin ÖGEL Türk Kültürünün Gelişme Çağları, Sy: 676, TDAV Yayınları, İstanbul, 2001.

Türk geleneği, toplumda sivil-asker ayırımının yer bulamadığı anlayışına mukabil, Arap'ın şehir dediğine de ordu diyordu. Çünkü ordu, hakan ve toplumun hiyerarşik bir şekilde yerleşmesiyle kuruluyordu. Orduma han şehri, baş şehir demekti. Hakan ise toplumsal düzen ve adaletin, refahın gerçekleştirilmesinden birinci derecede sorumluydu. Toplumsal hayatın olan bütün müesseselerin vücut bulduğu, meşruiyet kazandığı, ürünlerini verdikleri çevre hanın çevresiydi. O çevreye "ordu" denilmekteydi. Tahmin edilebileceği gibi han otağı ordugâhın merkeziydi. Zaten ordu kelimesinin bir anlamı da hakan otağıdır[280].

Eski Türkçede askeri birlik anlamına gelen ordu kurumu, "sü" kelimesiyle anlatılmaktaydı. Süngü, gibi kelimeler o devirlerin yadigârı olarak günümüz kullanımında aynen devam etmektedir. Bozkırdaki dağınık obaların halkı ordu şehrinde alternatif yaşama biçimlerini, duygu ve düşünce ifade kalıplarını tanıma imkânı buluyor, zihnen ve kalben zenginleşmiş olarak obasına dönüyordu[281].

TÜRK ASKERİ KÜLTÜRÜNDE AT VE AT SEVGİSİ

At, Türk tarihinde, özellikle Türk askeri tarihinde bilinebilen ilk günden 20'inci yy'ın ilk çeyreğine kadar askeri kuruluş, eğitim, konuş, strateji ve taktiğinde esas yeri işgal etmiş, değer taşımış, önemli bir yere sahip olmuştur. Türklerin vazgeçilmezi olan atlar, Türkler tarafından M. Ö. 4000-3500 yılları arasında ehlileştirilmiş[282] ve Türk askeri kültürünün yıllar boyu en önemli öğelerinden birisini kurt ile birlikte at oluşturmuştur. Bunun ayrıca bir özel sebebi de vardır: sevgi ve özlem.

Selçuklularda ve Osmanlılarda da at bu ehemmiyetini muhafaza ediyordu. Kastamonu beyliğinin yetiştirdiği atlar, dünyaca meşhur olup Arap atlarından üstün sayıldıkları için, her biri bin altın dinara satılıyordu. Türk at kültürü ile birlikte iğdiş, yağız, ulak, yanı, yamçı,

---

280 Sait BAŞER, Medeniyetin Ordusu veya Ordunun Medeniyeti, SAE Yay, İstanbul, 2005.

281 Sait BAŞER, Medeniyetin Ordusu veya Ordunun Medeniyeti, SAE Yay, İstanbul, 2005.

282 M. AKSOY, Türklerde At Kültürü ve Kımız, Sy: 38-44, Türk Dünyası Tarih Dergisi, İstanbul, 1998.

yılkı kelimeleri de arapçaya ve farsçaya geçmiştir. Yonca ziraatı da Türkistan'dan Çin'e intikal etmiştir, ki bu da eski türkçe atın ismi olan yond(yondca)dan gelmektedir[283].

Göçebe imparatorluklarında hayvancılık nasıl iktisadi faaliyetlerin esasını teşkil ediyorsa at da öylece askeri kudretin kaynağı idi. Bu sebeple Türkler çok sayıda at yetiştiriyordu. M. Ö. 49 yılında bir Hun ailesinin 10. 000 baş hayvanına mukabil 7000 atı, M. S. 83 yılında da başka bir ailenin 110. 000 koyun ve sığırlarına mukabil 20. 000 atı tespit edilmiştir[284]. M. Ö. 250 yıllarına ait bir Çin kaynağı ise; Çinli General Lİ Mu' ya atfen 100. 000 hun atlısının savaşta öldürüldüğünü anlatır[285]. Gök-Türk han ve beylerinin at sürüleri de sayısızdı ve yüz binlere varıyordu. Gök-Türkler zamanında at, askerlik ve nakliyat dışında, sadece ziraat maksadı ile de besleniyordu. Çin yazarı Tang şu'ya göre Tulu Han idaresinde bulunan İli vadisinin garbinde, Kırgız ve Basmıl uluslarına komşu bir boy vardı ki sadece ziraat için at beslerdi. Bu boy atlarının benekli rengine göre isim almıştı. Bunların Oğuzlardan Alayondlu kabilesi olduğu anlaşılıyor. Nitekim Tibetçe, VIII. asra ait yeni bulunmuş bir vesikada, Alayondlu kabilesinin kalabalık ve zengin olup en iyi Türk atlarını yetiştirdikleri bildiriliyor[286].

İşte Türklerin 5000 yıllık tarihlerinde ve cihan hakimiyeti davalarında böylece at büyük bir rol oynamış ve maddi kuvvet kaynaklarından başlıcasını teşkil etmiştir. Ata hakimiyet ve atyetiştiriciliği, bozkır göçebelerinin askeri üstünlüğü yanında kültürlerinin de yükselmesine yardım ediyordu. Bununla beraber Türkler geniş imparatorlukları, atın sürati ve dayanıklılığı sayesinde Uzak doğu ve Yakın doğu medeniyetleri ile temasa geçerek kültür mahsullerinin mübadelesine hizmet ederken kendi bilgi ve görgülerini de yükseltiyorlardı. Nitekim Yakın doğunun fikir ve dinlerini, cam sanayini, Çin'in de ipek, kağıt ve diğer mahsullerini Türkistan'a ve oradan da tüm dünyaya nakletmişlerdi.

---

283 Osman TURAN, Türk Cihan Hakimiyeti Mefkuresi Tarihi, Sy: 132, Ötüken Yay, İstanbul, 2003.

284 Osman TURAN, Türk Cihan Hakimiyeti Mefkuresi Tarihi, Sy: 132, Ötüken Yay, İstanbul, 2003.

285 Bahaeddin ÖGEL Büyük Hun İmparatorluğu Tarihi-I. Sy: 84 Kültür Bakanlığı Yay. Ankara 1981.

286 Osman TURAN, Türk Cihan Hakimiyeti Mefkuresi Tarihi, Sy: 132, Ötüken Yay, İstanbul, 2003.

Esasen Orhun kitabeleri ve kendilerine mahsus olan yazıları da ne derece ileri olduklarını göstermektedir. Bu sebeple bir kısım yerleşik kavimlerden daha yüksek bir seviyede oldukları için Atlı göçebe kültürü hususi bir mana kazanmış ve Macar alimlerince ciddi tetkiklerle ehemmiyeti meydana çıkmıştır[287]. Bununla beraber Gök-Türkler zamanından beri Türklerin önemli bir kısmı yerleşik hayata geçerek, ziraat, ticaret ve sanatla uğraşmaya başlamışlardı. Orta Asya'nın büyük nehirleri, vadileri ve ovalarında büyük şehirler kurmuşlar: ziraatta ileri bir sulama sistemi ile de diğer yerleşik kavimlere örnek olmuşlardı. Bu sebepledir ki İslam medeniyetinin kuruluşunda Türkistan ve Türk Milleti büyük bir rol oynamıştır.

Savaşa giderken ölüm yoluna çıkıldığının, azmin bir işareti olarak, atların kuyrukları düğümlenirdi. Malazgirt savaşından önce Alpaslan'ın kendi eli ile atının kuyruğuna düğüm attığı biliniyor. Peçenek kurganındaki atların kulak, kuyruk ve yeleleri kesilmiştir. Gök-Türkler at yelelerini dişli, tarak ağzı şeklinde de keserlerdi. MÖ 3 binlere ait Altay buluntuları, bu devrede at, sığır ve deve beslenmeye başlandığını gösteriyor[288].

Pazırık mezarlarında iki tip ata rastlanmıştır. Bozkır Moğol atı ve Türkmen atı. Çin kaynakları, Fergana'lı atların, asil ve kendi tabirleri ile "kan terleyen" atlar olduğunu belirtirler. Gök-Türkler atların boynuna asılan süslere "moncuk" diyorlar ve tepeliği olan başlık takıyorlardı.

Gyula Nemeth'e göre: "At başka bir kavmi sadece sırtında taşır, fakat Hun kavmi at sırtında ikamet eder. Avarlar zeminde duramazlar, zira bacakları bu derece gelişmemiştir. Hunlar, Avarlar, Gök-Türkler ve Moğollar muazzam imparatorluklarını at üzerinde yaşamak sayesinde ve at üzerinde muharebe ederek tesis etmişlerdir. "Ürkek gözler önünde bir fırtına gibi görünürler ve uçan kuş sürüleri gibi kaybolurlardı. Türkler atı dörtnala veya rahvan sürerlerdi. Çok daha sonra, rahvan giden atın binicisinin, dökmeden kahve içilebildiği biraz abartı olarak savunulurdu. Rahvan at, binicisini yormaz. [289]"

---

287 Osman TURAN, Selçuklular Tarihi, Sy: 353, Ötüken Yay, İstanbul, 1980.

288 İbrahim KAFESOĞLU, Türk Milli Kültürü, Sy: 305, Ötüken Yayınları, İstanbul, 1997.

289 Gyula NEMETH. Hunlar ve Türkler, Sy: 112, Kömen Yayınları, İstanbul, 2015.

Eski Çin resimlerinde, Uygur süvarileri maskeli atları, külahlı binicileri, kılıç, mızrak, yay ve okları ile çizilmiştir. Avarlar daire şeklinde üzengi kullanıyorlardı. Avrupa üzengiyi Avar Türklerinden almıştır. Türk üzengisinin genellikle basılan yeri geniş ve düzdür. Kaya resimlerinden Kırgızların miğfer kullandıkları anlaşılıyor. İranlıların göğüslerine taktıkları zincir zırhlara karşı Türkler madeni, deri ve ağaç kabuğundan yapılmış zırh kullanıyorlar, fakat zırhı sevmiyorlardı.

Gök-Türk döneminde bulunan gemlerin tamamı ortadan mafsallıdır. At uzun yüzyıllar Türklerin bütün kültür unsurlarını, Türk kültürünün bütün alt birimlerini etkilemiştir. Türkler geniş coğrafyalara at ile egemen olmuşlar, kıtadan kıtaya at ile geçmişler, geniş, büyük devletler kurmuşlardır. Türklerin değişik coğrafyalarda devletler kurabilmelerinde at başat etkendir. Atlı kültür Türk tarihinin ana kaynağıdır.

Divanu Lugati't-Türk, renklerine bakarak 115'ten fazla at çeşidinden bahsetmektedir[290]. Bütün at türlerinin karşılığı olarak "Yond" dendiğini, Türkiye Türkçesinde ise aynı sözcüğün Kısrak manasına kullanıldığını, binek olanlara at dendiğini, on iki hayvanlı Türk takviminde de bir Yund yılı bulunduğunu, Oğuz boylarından birisinin adının da "Ala Yundlu" olduğunu kitabında açıklıyor. Atlara yaşlarına, cinslerine göre isimler veriliyordu: Genel isim olarak yund, at, azgır, aygır, kısrak deniyor, yaşlarına göre ise kulun (bir yaşındaki tay), tay (iki yaşındaki tay), kunan (üç yaşındaki tay), tusen (henüz binilmeyen tay), sıp (iki yaşma giren tay), arba (dört yaşındaki tay), ökat (dört yaşım geçmiş at), yılkı atı (yaşlandığı için doğaya salınan at ve at sürüsü) isimleri veriliyordu.

Oğuzlar atı binmek için, deveyi nakil vasıtası olarak kullanıyorlardı. Müslümanlar çift hörgüçlü develere "Türk devesi" diyorlardı. Türklerin Çinlilerle yaptıkları ticaretin iki önemli malı ipekli top ve at'dı. Türklerin (Gök-Türk ve Uygur dönemlerinde) verdiği bir ata karşılık 4-5 top'tan 50 topa kadar ipek aldığı oluyordu. Türklerin güçlü oldukları zamanlarda ipeğin top sayısı artıyordu. Anadolu'ya Orta Asya'dan, açlığa ve uzun yürüyüşlere dayanıklı Türkmen atı, bozkır atı getirilmişti. Bu atlar daha 12'inci yy'ın ikinci yarısından

---

290 Ahmet TAŞAĞIL, İslam Öncesi Devirde Türk Ordusu, Sy: 158, Kitabevi Yayınları, İstanbul, 2008.

itibaren Suriye'ye ihraç edilmeye başlandı. Anadolu'dan Suriye ve Mısır'a giden atlara "iğdiş" deniyordu.

Türklerde atların iğdiş yapılması geleneği çok yaygındı. Türkler ve Moğollar 4-5 yaşına giren atlardan az bir kısmını damızlık için ayırdıktan sonra kalanını iğdiş ederler ve eğerli atlara binerlerdi. İhraç merkezi "Yabanlu Pazarı" ile başlangıçta Sivas yöresi, daha sonra orta batı Anadolu idi. Bir altına kadar satılan, soy kütüğü tutulan atlar vardı. Atlara çok iyi muamele eder, kesinlikle haşin davranmazlardı. Bu sebeple tepen, ısıran, huysuz ve inatçı ata Türk atları arasında rastlanmazdı. Türkler atları zayıf tutarak sadece geceleri yem verirlerdi.

Türklerin atı çok iyi eğitmeleri ve savaş alanlarında kullanmaları askeri faaliyetlere yön veriyordu. Aslında çok iri olamayan Türk atı kaba kıllıydı. Arap atları gibi gösterişli değildi. Ancak, son derece dayanıklı, çevik ve süratliydi[291]. Türkler bütün işlerini atları vasıtasıyla yapıyorlardı. Kaşgarlı Mahmud'un ifadesiyle, kuş için kanat ne ise Türk için de at o idi. Bundan dolayı her çadırın önünde daima koşumlu bir at hazır bulunmaktaydı[292].

Atı ilk evcilleştiren ve savaş alanında kullanan kavim Türklerdir. Komşularına, özellikle Çinlilere süvari tekniği Türklerden geçmiştir. M. Ö. 307 yılında yaptıkları bir reformla hareket kabiliyeti az, ağır savaş arabalarını hizmetten kaldırarak, Hunların ki, gibi hafif süvari birlikleri oluşturmuşlardır[293].

Esasında bozkır Türk ekonomisinin temelini, yüksek ovalar ve yaylalarla kaplı bozkır coğrafyasının iklim şartları icabı, çobanlık ve besleyicilik teşkil ediyordu. Koyun ile birlikte at her zaman ön plandaydı. Tarihi M. Ö. 2500'lere giden Güney Sibirya'daki Afanasyevo kültüründe at ve koyun kemikleri birlikte görülmektedir[294]. Yetişkin atlara at, yund, göçüt gibi adlar verilirdi. Bunlar arasında günümüzde dahi en yaygın kullanılanı attır. Yavrusuna kulan, iki yaşından itibaren tay, üç yaşından itibaren kısrak, erkek ise at denilmekteydi.

---

291 Istvan VASARY, Eski İç Asyanın Tarihi, Sy: 28, Ötüken Yay, İstanbul, 2007.
292 Ahmet TAŞAĞIL, İslam Öncesi Devirde Türk Ordusu, Sy: 157, Kitabevi Yayınları, İstanbul, 2008.
293 Wolfram EBERHARD, Çin Tarihi, Sy: 23, TTK Yayınları, Ankara, 1995.
294 Bahaeddin ÖGEL, İslamiyetten Önce Türk Kültür Tarihi, Sy: 21, Ankara, 1984.

Ayrıca erkek hayvana aygır (adgır) da denmekteydi. At binmek için, aygır da kısrakların çiftleşmesi için kullanılırdı. Binek olarak seçilen hayvanlar, daha dayanıklı hale gelmesi için iğdiş edilmekteydi[295].

Kaynaklarda Türklerin vadiler dolusu at sürülerinin bulunduğu bildirilmektedir. Binek ve savaş aracı olarak kullanılan atların dışında sürülerdeki hayvanların özel bakımı yoktu. At ayrıca eski Türk ekonomisinde önemli bir ihraç malı halinde görülmektedir. Orta Asya bozkırlarında en eski zamanlardan beri iki cins atın yetiştiği bilinmekteydi. Bunlardan birinci cins taki, ikinci cins de tarpan adıyla tanınmaktaydı. Selçukluların Orta Doğuya gelmelerinden sonra bu atlar Türkmen atı adıyla anılmaya başlamıştır. Türk atının en belli başlı özelliği ufak yapılı, orta boylu (140 cm), uzun ince bacaklı, mağrur başlı olmasıydı. Küçük kulaklı, geniş alınlı, parlak gözlü, uzun ve sık yeleli, göğsü sağrısı ve arka bacakları çok kuvvetliydi. Genellikle dört nala koşmakta ayakta dinlenmekte, soğuğa sıcağa, yağmura ve rüzgara son derece dayanıklıydı[296]. Tüm kış boyunca hayatta kalmayı becerir. Toynaklarıyla kar altından otları söker, gerekirse ince ağaç dallarıyla bile beslenir[297].

Binit ve savaş aracı olacak at seçimi henüz bir yaşından önce yapılırdı. Hayvanları çok iyi tanıyan Türkler taylarda bazı özellikler arıyorlardı. Mesela bu tayların dahil oldukları sürüden ayrı otlaması, sürü hareket halinde iken, sürünün başında sağında solunda yürümesi, yürüyüş sırasında daima başını yukarıda tutması lazım geliyordu. Bu özelliklere sahip atlar seçilerek sıkı bir eğitime tabi tutularak yetiştirilirdi. Üç yaşından sonra at haline gelen tayların eğitimi beş yaşına kadar devam etmekteydi. Eski Türk geleneklerinde ordu ve devlet içindeki atlarında(Hun imparatorunun atı, devlet atı, bin mil koşabilen at vb.) ünvanları vardı[298].

Atların beslenmesi için en iyi yiyecek arpa idi. Dolayısıyla Türkler bol miktarda arpa ekerlerdi. Arpanın tanesi sütlenmeye başlayınca,

---

295 Ahmet TAŞAĞIL, İslam Öncesi Devirde Türk Ordusu, Sy: 157, Kitabevi Yayınları, İstanbul, 2008.

296 Ahmet TAŞAĞIL, İslam Öncesi Devirde Türk Ordusu, Sy: 158, Kitabevi Yayınları, İstanbul, 2008.

297 Istvan VASARY, Eski İç Asyanın Tarihi, Sy: 29, Ötüken Yay, İstanbul, 2007.

298 Bahaeddin ÖGEL Büyük Hun İmparatorluğu Tarihi-I. Sy: 225 Kültür Bakanlığı Yay. Ankara 1981.

taze ekin seher vakti biçilip, gölge bir yerde muhafaza edilmekteydi. Geceleri nemlenerek yumuşayan taze ekinler, buradan parça parça alınıp atlara verilmekteydi. Bir başka önemli yiyecek maddesi de taze ot ve yonca (yorınça/yongça) idi. Ayrıca kış aylarında kepekle samanın karıştırılması suretiyle elde edilen aşbar denilen yiyecek de vardı[299].

At binicisine son derece yüksek hareket yeteneği, sürat ve manevra üstünlüğü sağlıyordu. Türklerin büyük devletler kurarak geniş sahalara ve bir kavme hükmedebilmeleri at sayesinde mümkün olabiliyordu. Türklerde devlet at üzerinde kurulmakta ve at üzerinde yönetilmekteydi. Avrupa Hunları hakkında Bizanslıların tuttuğu kayıt ilginçtir : "atlarına adeta yapışmış gibi yaşayan Hunlar, tabii ihtiyaçlarını gidermek için dahi atlarından inmezlerdi. At sırtında alış veriş yaparlar, yerler içerler, hatta atın ince boynuna sarılarak uyuyabilirler ve güzel rüyalar görürlerdi. At sırtında istişare etmek suretiyle önemli kararlar verirlerdi. " Çocuklar daha küçük yaşlarından itibaren oyun kabilinden kuzuların, koyunların sırtına bindirirlerdi[300]. Üç dört yaşındaki çocuklar için dahi eyer takımları vardı.

Binit ve koşum takımları da ilk defa Türkler tarafından kulanılmaya başlanmıştır[301]. Bu takımların başında, gem (oyan), yular (burunduk, tin) eyer (eder) ve üzengi gelmekteydi. Gem ve yular, atı sevk ve idare etmek için kullanılmaktaydı. Gem sadece atlara takılırdı. Yular ise, hem atlar için, hem de arabaya koşulan hayvanlar için kullanılırdı. Eski Türk gemi, genellikle ahşap olup, üzeri stilize edilmiş, hayvan figürleriyle süslüydü. Ahşap kısmı birçok parçadan oluşmaktaydı. Bu parçalar, tespih taneleri gibi içeriden açılmış deliklerden geçirilen bir sırımla birbirine bağlanmaktaydı. Gem esas olarak ağızlık (gem), askı ve dizgin (çetgen) olmak üzere birbirini tamamlayan üç kısma ayrılırdı. Atın burnunun ve alnının üst kısmında birleştirilmiş olan askı, ağızlık kısmının sabit durması için başa bir halka gibi geçirilmekteydi. Dizgin ise atın ağzının iki yanında bir halka ile geme bağlanmaktaydı. Binici dizgin vasıtasıyla atı idare ederdi[302].

299 Ahmet TAŞAĞIL, İslam Öncesi Devirde Türk Ordusu, Sy: 158, Kitabevi Yayınları, İstanbul, 2008.
300 L. LIGETI Bilinmeyen İç Asya Sy: 46 Pulhan Matbaası İstanbul 1946.
301 Osman TURAN, Türk Cihan Hakimiyeti Mefkuresi Tarihi, Sy: 129, Ötüken Yayınları, İstanbul, 2003.
302 Ahmet TAŞAĞIL, İslam Öncesi Devirde Türk Ordusu, Sy: 159, Kitabevi Yayınları, İstanbul, 2008.

Binit ve koşum takımın en önemli unsurlarından biri de eyer idi. Eyerin üstü içe doğru kavisli olup, ön ve arka tarafında yastık gibi Köpçük adı verilen iki çıkıntı bulunurdu. Köpçük, binicinin eyer üzerinde sabit durmasını sağlamaktaydı. Yalın olarak kullanılmayan eyerin hem altında hem üstünde örtüler bulunurdu. Altındaki örtüye terlik veya örtük üstünde bulunan örtüye belleme denmekteydi. Genellikle terlik keçe, belle halı, kilim türünden bir örtü idi.

Atın iki yanında eyere sırımla bağlı üzengiler vardı. Binici buraya ayağını koyardı. Binicilerin dengesini sağlayan üzengileri sabitleştirmek için kolan (orgun), kuskun (kudurgun) ve göğüslük (kömüldürük) kullanılmaktaydı. Kolan yünden örülmüş enli bir kuşaktı. Bu kuşak atın karnının altından, kuskun da kuyruğunun altından geçirilerek eyere bağlanmaktaydı. Göğüslük ise atın göğsünde birleşen üç kayış olup, bu kayışların iki ucu eyere, bir ucu da kolana monte edilmekteydi. Kayışların göğüste birleştiği yere, bazen bir nazarlık takılmaktaydı. Binici kuskuna yancık adı verilen yiyecek torbasını asmaktaydı. Kolan ve kuskun binicinin ani duruşlarında veya sağa sola manevralarında eyerin bulunduğu yerde dönmesini ve ileri kaymasını önlemekteydi[303].

Binit ve koşum takımları, genellikle deri ve ahşaptan yapılmaktaydı. Her binit ve koşum takımı aynı özellikte ve değerde değildi. Beylere ait özel yapılmış bazı binit ve koşum takımları vardı. Binit takımı: Eğer, gem, yular, kamçı, gerdanlık, terki heybesi, yem torbası ile gerektiğinde iki ön ayağı birbirine bağlayan örk ve kazık, kaltak, örtü, etek, kolan, göğüslük, terki bağları, sağrı örtüsü, kuskun, teğelti, terlik, özengi, gem, başlıktan oluşur. Türk nalı umumiyetle çivisiz ve 280-300 gr ağırlığında, 4, 67 mm kalınlığındadır.

Eski Türkler silaha tolum, silah kuşanmaya da tolumlanmak diyorlardı. Eski Türk askerleri seferlerde ve savaşlarda silahlarını ve yiyeceklerini yanlarında taşırlardı Halbuki başka ordular, silahlarını ve yiyeceklerini taşımak için binlerce araba kullanıyorlardı. Et ihtiyaçlarını karşılamak için de ordunun arkasından binlerce sığır sevk ediyorlardı. Bu durum ordunun hareketini son derece son derece güçleştirerek yavaşlatıyordu. Türkler ise genellikle yiyecek ihtiyaç-

303 Ahmet TAŞAĞIL, İslam Öncesi Devirde Türk Ordusu, Sy: 159, Kitabevi Yayınları, İstanbul, 2008.

larını genellikle yanlarına aldıkları et konservelerinden (kurutulmuş et) karşılamaktaydı[304]. Çinliler ve Avrupalı kavimler et konservesi yapmayı Türklerden öğrenmişlerdir.

Türkler, at üzerinde giderken oklarını önlerinde, arkalarında ve yanlarında bulunan hedeflere isabetli şekilde atmaktaydılar. Türkler atlarını yılın belirli dönemlerinde toplayıp , , bir ağaç üzerine kertikle işaret ederler, Ucu madenden olan oklarıyla damgalarlar ve bu ağaçla oku belge olarak saklarlardı. [305].

ESKİ TÜRK DEVLETLERİNDE ASKERİ ÜNVAN VE TERİMLER

Eli silah tutan herkesin asker olduğu ve toplumdan hiç ayrılmayan Eski Türk ordusunun baş kumandanı hükümdar idi (kağan, kağan, hakan)[306]. Bundan sonra gelen unvanlar rütbe sırasıyla yabgu, şad, çor, tarkan, tegin, tudun gibi gösterilebilir. Bazen çok büyük ordularda Küçük Kağan adı verilen hükümdardan sonra belirli bölgeleri onun adına yöneten yine hanedandan gelen kişiler kanat ordularını idare ediyordu[307].

Akıncı: Akıncı, akmak, baskın

Alp: kahraman, cesur, yiğit

Agıncı: Akıncı,

Alpakyay: Bir nevi yay.

At çermetmek: At kuyruğunu düğümlemek.

Atım: İyi atıcı, nişancı,

Atlıg: Süvarilere verilen ad.

Ay bitiği: Askerin adıyla, azığının yazıldığı defter.

Ayrıç: İki çatallı olan ok.

Azak (azuk): Nereden ve kimden geldiği belli olmayan ok.

---

304 İbrahim KAFESOĞLU, Türk Milli Kültürü, Sy: 272, Ötüken Yayınları, İstanbul, 1997.

305 Bahaeddin ÖGEL, Türk Kültürünün Gelişme Çağları, Sy: 165, TDAV Yayınları, İstanbul, 2001.

306 Feridun M. EMECAN, Ordular, Sy: 176, Kitabevi, İstanbul, 2008.

307 Abdulkadir DONUK, Eski Türk Devletlerinde İdari, Askeri Unvan veTerimler, İstanbul, 1988.

Baldu: Balta,

Balıg: Kale, kent,

Basıg: Gece baskını yapılacak olan ve ansızın düşmanın yakalanacağı yer.

başag: Okun veya mızrağın ucuna geçirilen demir, temren, ok temreni, ok başağı.

Başnak er: Başında tulgası, eğninde zırhı olmayan kimse.

Batrag: Ucuna ipek parçası takılan mızrak,

Beçkem (perçem): Alamet, belge, ipekten veya yaban sığırı kuyruğundan yapılan alamet olup savaş günlerinde yiğitler takınırlar.

Beling: Düşman gelmesi yüzünden halka düşen korku.

Berge (bergü): Kamçı kırbaç.

Bilük (beliğ): Okluk sadak.

Bögde (bükte): Hançer.

Bögürlemek: Düşmanın karşısına çıkmadan bir manevra ile sağından saldırmak.

Bulgak (bulgaş): Karışıklık, düşman gelmesi yüzünden halk arasına düşen karışıklık.

Bulun (bolun): Esir, tutsak.

Cıda (çıda): Mızrak, süngü, kargı .

Çabış (çavuş): Divan-ı lugat-it türk'e göre savaşta safları düzelten, savaş olmadığı zamanda askeri zulum etmeye bırakamayan kimse şeklinde açıklanmaktadır.

Çalış: Birbiriyle silâhlı çarpışma, muharebe.

Çeriğ (çeri): Savaş nizamında düzenlenmiş askeri güç.

Çığılvar okı: Bir çeşit küçük ok.

Çırguy: Ok temreninin şişkince olan yeri.

Çoğı: Savaş, münakaşa

Çokal: Zırh altına giyilir ipekli hırka.

Çuram: Ötekilerden daha uzağa giden yeğni bir ok atılışı ,

Eğir- (egril-): Çevirmek, bir yeri kuşatmak, muhasara etmek, kuşatılmak

Ganuştu: Muharebe meydanında dönüp düşmana hücum etme

Gez: gez, Çatal, kertik, okun kirişe takılan kertiği.

Gönder: Mızrak, kargı.

Ilgar (yılgar): Baskın, hücum, akın, atlı hücum, dört nala hücum.

Işuk (aşuk, yaşuk): Miğfer

İçkin er (içik içi): Düşman iken bu yana geçen, kendisine dokunulmayan, mülteci; savaşta kendi dileğiyle teslim olmak.

İm: parola, orduda başbuğun askerler arasına silâh veya kuş adlarından birini belge olarak koyduğu kelimelerdir.

İlçi: Elçi, Sulhun tesisine memur olan kimse[308],

Kaçut: Kısa mızrak.

Kalva: Üzerinde temreni bulunmayan, yuvarlak bir tahta parçası bulunan ok .

Karaçur: Kılıç.

Karakçı: Gözleyici, muhafız.

Kargu (karguy) : erken haber almayı sağlayan, nöbetçilerin bulunduğu ateş kuleleri.

Karvıya: İnce yay cinsi.

Katutluğ ok: Temreni ağıya bulaştırılmış ok.

Kedük : Tüyden yapılmış bir takke olup tulganın altına giyilir.

Keriş: Savaşta dayanma.

Kerjü: Tüfekle atılan yuvarlak taneler.

Kesme: Enli ok temreni.

Keş (kiş): Okluk, sadak.

Kılıç-kamçı: İçinde kılıç bulunan kamçı.

Kır-yağı: Gizli düşman.

Kıyım: Düşman gelmesi yüzünden halkın korku ve dehşete düşmesi

Kiş kurman (kurman): ok ve yay konan kap, sadak.

---

308 Osman TURAN, Türk Cihan Hakimiyeti Mefkuresi Tarihi, Sy: 356, Ötüken Yayınları, İstanbul, 2003.

Koğuş: Oklara perdah etmek için koğuş -kuş- ağacından yapılan aygıt.

Kol: Kılıcın üzerinde bulunan yol biçimindeki oyma.

Korug(k): Müdafaa, engel, sur; hükümdarın atları için hususi otlak yeri.

Koş-at: Hâkan yanındaki yedek at.

Kovşamak: koğuş ağacı ile yapılan oku sağlamlaştırmak için yapılan işe verilen ad .

Körüg(g): Haberci, casus.

Kur: Silâh.

Kurgan (korgan): Kale , veya mezar tümseği .

Kuruklug(k): Sadak, okluk.

Kuyag: Zırh.

Kuruklug(k): Sadak, okluk.

Kuyag: Zırh.

Küzet: Saatlik nöbet zamanı.

Örpek: Mızrağın ucundaki tuğ.

Örüg: Konak yeri, menzil.

Sak-sak (sakçı): Nöbetçinin, uyanık olmasını emreden söz; nöbetçi, muhafız.

Say (say-yarık, yarık): Zırh.

Sığır, sağır: Hanların halk ile beraber yaptığı sürgün avında, hayvanların biriktikleri yer .

Sita: Mızrak

Sokım: Üç tarafından delinerek okun üzerine konan ağaç parçası.

Sökmen: Düşman saflarını yaran manasına bir terimdir.

Sü: Bugünkü manası ile "ordu"

Sü-başı: Ordu komutanı

Süle: Ordu sevk etmek

Sület: Sefer ettirmek, ordu sevk ettirmek.

Sü elt-: Orduyu ileri sürmek.

Süngü (sünüg): Süngü, mızrak .

Süngüş (süngiş, sünüş): Savaş muharebe; savaşta saldırma ve süngü dürtme.

Tanğuk: Savaşta mızrakların ve bayrakların uçlarına takılan ipek kumaş.

Temürg(k)en: Ok temreni.

Tezgi (tezik): Düşman gelmesi yüzünden halk arasında olan panik

Tıngçı (tingçi)s Haberci, casus .

Til: Harpte karşı taraftan haber almak için tutulan adam, tutsak, casus.

Tili: Ok temreni üzerine sarılan sırım.

Tolum: Silâh.

Toz: Yaylara sarılan sırım, kiriş

Tugzağ: Dönüşte geri alınmak üzere savaş zamanında hâkan tarafından verilen at.

Tura: Kalkan, siper.

Turğak: Nöbetçi. Sarayı ve hükümdarı gündüz bekleyen muhafızlara ve¬rilen ad.

Tutgak: Geceleyin düşmanın gözcüleri yakalamak için çıkarılan atlı bölük, öncü.

Tümen: Onbin kişilik askeri birliğe verilen ad.

Ulağa: Savaş atı.

Ulun (ulunluğ er) Temrensiz ok; temrensiz okları bulunan kişi

Urungu: Savaşçı, muharip.

Ükek: Şehrin etrafında savaş için hazırlanmış olan burç

Ülker-çeriğ: Harp usulünde bir hile tarzı.

Ürkün: düşman yüzünden bodun arasına düşen ürküntü.

Ya (yaçı): Yay. Yay (tâbiilik sembolü olan ok'a karşılık) hâkimiyet sembolü idi.

Yadag: Yaya, piyade.

Yalma: Kaftan (üste giyilen askeri elbise).

Yarak (yaraklığ): Silâh.

Yarık (yaruk): Zırh.

Yarınça: Mızrak.

Yasıç: Yassı ve uzun temren;

Yasık: Yay kılıfı.

Yaşlag: Pusu.

Yatgak: Muhafız, saray muhafızı, bekçi.

Yelimen (yalıman): Dağınık şekilde yapılan çapul.

Yelme : Öncü, keşif kolu, süvari.

Yeten: Ok atılan tahta yay.

Yetüt: Savaşta ihtiyaç anında lüzumlu yere gönderilen takviye kuvvet

Yezek (yizek): Öncü, askerin önde giden bölüğü.

Yol yelimlemek: Öncü öncüsü.

Yortug: Muhafız alayı.

Yüg : Ok yeleği, ok'un arkasına yapıştırılan ve hedefe gitmesini sağlayan tüy

İKİNCİ BÖLÜM

BÜYÜK HUN İMPARATORLUĞU VE TÜRK ORDUSU (M. Ö. 934-M. S. 303)

1. Genel:

Tarihin ilk bilinen devirlerinden itibaren Türkler ordu ve eğitime özen göstermişler, bu orduların sayesinde tarihte devletler ve imparatorluklar kurmuşlardır. Türk Ordu teşkilatının Büyük Hun (Hun'un kelime anlamı, Türk, Moğol-Tunguz gibi akraba dillerde insan, ulus, güç ve cesarettir)[309] İmparatorluğu döneminde Mete Han tarafından M. Ö. 209 yılında kurulduğu genel kabul görmekle beraber Mete Han'dan önce Hun ordusunun olmadığını iddia etmek öncelikle şanlı tarihimize saygısızlık olur. Türklerin bilinen ortalama 5000 yıllık tarihinin tamamına yakını sıcak savaşlarla geçmiştir.

Bu uzun süre içerisinde, Avrupa ve Batı tarihçilerinin daha sonra adını koydukları strateji ve taktik esasların, Türkler tarafından başarı ile uygulandığı ve hemen her defasında, düşmanla arasında kuvvet (sayı) bakımından aleyhine büyük dengesizlikler olmasına rağmen, büyük zaferler ve kazançlar elde edildiği görülmektedir. Kısaca strateji sanatı örnekleri Türk savaş tarihinde de pek çok örneğe sahiptir. Türklerin yüzyıllar boyu uyguladığı pek çok strateji ve taktik Batılılar tarafından taklit edilmiş, hatta kendilerine mal edilmiştir. Hunlarda tam anlamıyla sivil bir teşkilatın varlığını düşünebilmek

309 J. M. de GROOT, Hunlar ve Türkistan, Sy: 37, Pan YAYINLARI, İstanbul, 2010.

çok zordur; çünkü, Hunlar ordu-halk, halk-ordu gibi sosyal bir yapıyla düzenlenmişlerdir[310].

Türk savaş sanatı taktik ve stratejisinin başlangıcı M. Ö. 2300 (bilindiği üzere Türklere ve Hunlara ait ilk bilgiler Çin yıllıklarında M. Ö. 23'üncü yüzyılda geçmektedir. [311]) ve M. S. 303 arası dönemi temsil eden Türk Hun dönemi ile temsil edilir. Çin tarihinde Hiung Nu olarak adlandırılan halkın Avrupa tarihindeki Hunlar oldukları açıkça bilinmektedir[312]. Çin sülalesinin yıkılması ile Orta Asya'da Türk boyları arasında birliği sağlayan Teoman, iç kargaşalıklarla uğraşan Çin'e karşı taarruz taktiği uyguluyordu. Bu taktik küçük kuvvetler ile sızarak Çinlileri yıpratmak için akınlar düzenlemeyi öngörüyordu. Mete (Oğuz) Han da babası Teoman'ın taktiğini izledi. Mete'nin uyguladığı yanıltma, oyalama ve baskın taktiği ile Çinlileri istediği bölgeye çekip imha etme stratejisi yüzyıllar boyu pek çok ordunun sayıca az kuvvetler ile büyük kuvvetleri imha etme arayışının yegane formülünü oluşturdu.

2. Hun Devlet ve Ordu Düzeni

Hun orduları 24 Tümendi. Mete döneminde ülke, sağ (sağ bilgeliği) sol (sol bilgeliği) olarak ikiye ve altı bölgeye ayrılıyordu[313]. Kuvvetler üç bağlantı içinde idiler: Merkez ordusu doğrudan hakana, bölgelerdeki kuvvetler bölgeyi yöneten beylere, sınır garnizonundaki kuvvetler şad'lara (değişik rütbelerdeki komutan) bağlıydılar. Boy ve bölge beyleri barışta kendi bölgelerini yönetirler, savaşta askerleri ile kağan'ın ordusuna katılırlardı.

Çin kaynaklarda Hun devlet düzeni, hiyerarşik yapısı ve (önem sırasına göre) kullanılan unvanlar konusunda şu bilgilere rastlıyoruz[314]: Sol ve Sağ Kol "Veliaht", Sol ve Sağ Kol "Kok-le vang", Sol ve Sağ Kol Ta-siang "Başkomutanlar", Sol ve Sağ Kol Ta-tu-bay "Yüksek kolordu komutanları", Sol ve Sağ Kol Ta-tong-ho "Büyük

310 Bahaeddin ÖGEL, Büyük Hun İparatorluğu Tarihi-1 Sy: 510 Kültür Bakanlığı Yay, İstanbul, 1981.

311 SaadettinGÖMEÇ, İskitler ve İskitler Hak. Sy: 3, Gnkur ATASE Yay, Ankara, 2013.

312 Bernard LEWIS, Ortadoğu, Sy: 53, Arkadaş Yay, Ankara, 2003.

313 Rene GROUSSET, Bozkır İmparatorluğu, Sy: 39. Ötüken Yay, İstanbul, 1981.

314 J. M. de GROOT Hunlar ve Türkistan Sy: 79 Pan Yay. İstanbul 2011

Tang-ho", Sol ve Sağ Kol Kut-to-ho (Kut-tu-hu)Sol ve Sağ/ong (kol) Hien Krallardan Tong-ho'ya kadar olan yüksek unvan sahiplerinin emrinde on binden fazla, alt rütbelerin emrinde bir kaç bin atlı vardı.

Bir bütün olarak, "on bin atlıya" komuta eden unvana sahip soylu Hun sayısı 24 idi. Devlet büyüklerinin hepsinin makamı kalıtsaldı (yani babadan oğula miras kalıyordu). Bu yirmi dôrt üst rütbeli kişi şanyunun başkanlık ettiği etkili olarak imparatorluğu yôneten etkili, üst bir siyasi konseyi oluşturmuştur. Bu bir kabile konseyi değildi, ama "krallıkların" ve askeri komutanların piramitsel bir yapısıydı. Bu "krallar", krala ait klanların en üst üyeleriydi yani gerçekte bağımsız bir yônetim biçimi uygulayan tımarlardı. Diğer üst rütbeden olanlar, generaller, komutanlar ve idareciler sarayın üyeleriydi ve hem sivil hem de askeri olarak devlette üst gôrevlerde bulunuyorlardı.

Mete'nin kurduğu son derece basit bir teşkilat anlayışı içinde büyük birlikler on binlik (tümen)[315], küçük birlikler ise binlik, yüzlük, ellilik ve onluk şeklinde teşkilatlanmıştı. Bunların komutanları ise tümenbeyi, binbaşı, yüzbaşı, ellibaşı ve onbaşı gibi isimler almıştı Komutanlar, her yılın ilk aylarında Tanrıkutu'nun sarayında, beşinci ayda buluşur, ordunun durumu ve ihtiyaçlarını görüşürlerdi. . Ordu uzaktan atılan silah olarak sapan, ok ve yay ile donatılmıştı ancak topuz, mızrak, kılıç ve kargı da muharebenin özelliğine göre kullanılmaktaydı. Hun'lar atıldığında ses çıkaran bir ok icat ederek düşman üzerinde psikolojik baskı sağlamışlardı. Ordunun silah ve teçhizatı bir merkezde yapılmakta, silah atölyeleri Tiyanşan bölgesinde bulunmaktaydı.

Bu askeri makamlar asil ailelerin imtiyazında olup çok kere babadan oğla geçerdi[316]. Bu 24 üst başkanın kendi "binbaşı", "yüzbaşı", "onbaşı" gibi alt vassalları, komutanları ve yôneticileri tayin etme hakları vardı

3. Hun Ordusunda Strateji ve Taktik:

Türk tarihinin kaydetmiş olduğu ilk meydan muharebesi Mete'nin Çinlilerle yapmış olduğu Tatung-Fu Savaşı idi. Bu savaşta Mete, 30.

315 Bahaeddin ÖGEL, Büyük Hun İparatorluğu Tarihi-1 Sy: 211, Kültür Bakanlığı Yay, İstanbul, 1981.

316 T. Yılmaz ÖZTUNA, Türkiye Tarihi, Sy: 126, Hayat Yay, İstanbul, 1963.

000 kişilik ordusu ile 320. 000 kişilik Çin ordusunu imha etmişti. Mete bundan sonra Kore ve Japon denizinden başlayıp Rusyanın Volga nehrine kadar uzanmış ve yirmi altıdan fazla krallık arazisini kaplamıştır. [317]Batıya yönelmiş ve imparatorluğun sınırları onun döneminde 1. 800. 000 km^2'ye ulaşmıştı. Böylece Kuzeybatıdan Çin'e gelen tüm kilit mevkiler kontrol altına alınmıştı.

Hunlar, stratejik bakış açısından hedefi olgunlaştırmak üzere oluşturdukları ve kullandıkları akın tipi hareketi imha amacıyla uygulamamışlardır. Bir çeşit yıpratma doktrini gibi beliren bu esas, daha sonra elde edilecek hedeflere ve gayelere ortam hazırlama görevini yerine getirmiştir. Büyük (asıl) kuvvetlerle harekete geçmeden önce küçük kuvvetlerle sürdürülen akın ve yıpratma harekâtı, asıl kuvvetlerin riskli savaş alanlarına itilmesini önlemiştir. Çünkü akıncılar, hedefi olgunlaştırmak üzere giriştikleri hareketlerin sonunda ve üslerine dönüşlerinde, düşman hakkında değerli bilgileri de beraberinde taşımışlardır.

Mete'nin Asya'daki Tonghular, Tuşiler ve Çinlilerle yaptığı savaşlarda uyguladığı taktik ve stratejik kuralların büyük bir kısmı, Batı ordularında 18. yüzyıldan itibaren uygulanmaya başlanmış, bir kısmı ise modern çağda dahi uygulanamamıştır. Batılılar, Türklerin Avrupa için bir tehdit teşkil etmeye başladığını hissettiği zaman, Türk ordularının ve Türk kültürünün etkisiyle, büyük çapta stratejik düşüncesini olgunlaştırmış ve silahlı kuvvetlerinin teşkilatı da dahil olmak üzere, Türk ordularının seferleri ve savaşlarından dersler çıkarmaya başlamıştır.

Mete'den itibaren Türkler düşmanlarını; birbirleriyle anlaşmaya fırsat vermeden iç hat stratejisi uygulayarak mağlup etmiştir. Bu strateji ve manevra şekilleri Batılı ülkelerin savaşlarında 18. yüzyıldan itibaren yer almaya başlamış ancak bu manevra şekli Büyük Frederik'e mal edilmiştir. Çin, Hint ve Hazar Denizi arasında Mete'nin elde ettiği topraklar, ulaştığı sınırlar ve uzaklıklar Büyük İskender, Roma ve Pers İmparatorluklarını geçmiştir. Eğitimli ve disiplinli süvari birlikleri akın ve saldırı düzenleme taktiğini at kullanma mahareti, ok atma, yay ve kılıç hakimiyeti ile pekiştirmişti.

---

317 İ. Hami DANİŞMEND Türkler Niçin Müslüman Oldu? Sy: 38 Timaş Yay. İstanbul 2008

Hunların harpte durum üstünlüğünü sağlamak için tatbik ettikleri plan ve başarıları, süratli ve hareketli atlı birliklerle kuvvet kullanmada elde edilen esneklik, bütün muharebelerde önemli ölçüde avantaj sağlamıştır. İntikal, yayılma, taarruz ve toparlanma gibi hareketler; düşman kuvvetleri karşısında savaş alanında durum üstünlüğü sağlarken küçük ve büyük çaplarda manevra ile çevirme ve kuşatma taktikleri maharetle uygulanmıştır. Hunlar döneminde parlak bir tarzda ortaya konan sürekli ve hareketli kuvvetler ile manevra uygulamak ve durum üstünlüğü sağlamak konsepti; Hun askerlerine çeşitli muharebe koşullarında yeni yeni bir kısım taktik ve teknikleri de uygulama fırsatı vermiştir. Hunlarda önce hedefi olgunlaştırma daha sonra harekete geçme stratejisi, Mete Han'ın harp tarihine eklediği dâhice bir buluştu. Bu buluş, Türklerin büyük kuvvetlerini kayıplara uğratmadan düşmana sürekli üstün olma ve asıl gücü muhafaza edip giderek daha kuvvetlenme avantajını daima ellerinde bulundurmalarını sağlamıştır. Dolunayda veya ay büyümeye başladığı zaman, saldırır veya savaşırlar; ay inmeye başladığı zaman, birliklerini geri çekerler. Tanrıkut, savaş esnasında düşmanını öldüren veya esir alan bir savaşçıya, bir kadeh şarap yanı sıra savaş esnasında esir aldığı insanları hediye eder. Bir savaşçı ele geçirdiği (kadın, erkek) insanların efendisi olur, bu yüzden savaş esnasında olduğunca çok canlı insan yakalamaya çalışırlar.

Özel yanıltma birlikleri düşmanı kuşatma konusunda çok mahirdir. Görüş sahalarına giren düşmanı yakalamak için karga sürüleri gibi saldırırlar, kendileri için bir tehlike veya yenilme ihtimali söz konusu olunca, fırtınada havaya uçan çatı kiremitleri gibi etrafa dağılır, gökyüzünde çözülmüş bulut misali bir anda gözden kaybolurlar.

Avrupalı ve Çin tarihçileri, Hunlar'ın en tehlikeli ve hileli taktiğini, Turan taktiğini şöyle tanımlamışlardır: "Ordu bütün kuvvetleri ile düşman hatlarına hücum eder, kısa bir süre çarpıştıktan sonra, bir işaretle geri çekilir, gözünü hırs bürümüş düşman zaferi kazandığına inanıp Hun ordusunu takibe koyulur, ancak ani bir işaretle Hun atlıları eğerlerinin üzerinde ters döner ve 3-5 ok atarak ön hücum hattının saldırısını kırarlar ve bu sırada yanlara açılmış Hun okçuları, düşmanı iyice çevirmiştir." Avrupa tarihçileri bile bu taktikleri ve iyi organize olmuş savaş düzenini barbar ve kana susamış ilkel kavimlerin yapamayacağını kabul etmiştir.

Hun ordusu yakın savaşa pek girmese de, zorunlu kaldığında genellikle mızrak ya da pala, hançer kullanırlardı. Askerler, küçük yaştan itibaren eğitilmeye başlanır, onlara at sürmesi, yay ve kılıç kullanması öğretilirdi. Okçuluk talimleri genellikle fare, kuş, gelincik, gibi küçük hayvanlara karşı yaptırılırdı[318]. Böylece, büyüdüğünde mükemmel derecede at ve yay kullanan kusursuz bir atlı okçu savaşçı yetişirdi. Kullandıkları taktikler, Avrupa orduları ve Çin piyadeleri için bilinmeyen ve sezilemeyen tuzaklarla doluydular.

Hun askerleri karşısında hep sayıca üstün kuvvetlerle savaştıkları için, öncelikle onların sayılarını etkisiz hale getirene kadar ok yağmuruna tutar, iyice yıpranan düşmana mızrak ve kılıç hücumuna çıkarlardı. Oklara karşı kalkan kullanmayı deneyen ordulara karşı ise, grup halindeki okçularla ateş ederlerdi. Önce havadan ok yağmuru başlar, hemen diğer grupta kalkanlarını havaya kaldırmış askerleri oklardı. Genellikle pusu kurarak hücum etme taktiği kullanılırdı.

Düşmanı kuşatırken, düşmanı şaşırtan birlikler kullanırlar. Bu bakımdan insanı hayrete düşüren bir taktikleri vardır. Düşman, sürekli izlenir ve gözlenir. Bu düşmanı uygun bir yerde yakalamak, içindir. Bundan sonra hücum ederler. Düşmanı ezdikten sonra da karga sürüleri gibi kaybolurlar. Tehlikede olur veya yenilirlerse büyük bir fırtınada uçan dam kiremitleri gibi arka arkya kaçarlar. Birden bire gökteki bir bulut gibi ufukta çözülürler. Savaşta ölen bir askerin ölüsünü taşıyıp getiren onun malına da konmuş olurdu[319]. Sahte geri çekilme manevrasını uygulayan Hun askerleri, takipten vazgeçen düşmana bunu hissettikleri anda ıslıklı oklarıyla saldırıyorlar ve zayiat verdiriyorlardı. Hun harp sanatının ilkelerine baktığımızda, hedeflerden hareketlilik, ani saldırı ve gerektiğinde hızla geri çekilme olduğunu görüyoruz[320]. Hunların askeri alandaki başarılarından en önemlisi de harp alanlarında ordularını hareketli kılacak bütün yöntemleri uygulamış olmalarıdır. Eğitimden kuvvetlerin sevk ve idaresine kadar tatbik edilmiş bütün sistematik kaidelerin özünde, hareket faktörü mevcuttur.

318 L. LIGETI Bilinmeyen İç Asya Sy: 47 Pulhan Matbaası İstanbul 1946

319 Bahaeddin ÖGEL Türk Kültürünün Gelişme Çağları, Sy: 91, TDAV Yayınları, İstanbul, 2001.

320 Istvan VASARY, Eski İç Asyanın Tarihi, Sy. 53, Ötüken Yayınları, 2007.

4. Hun Ordusunda kullanılan silahlar ve at:

Bir büyük kurultayda, atların beslenip yağlandıkları sonbaharda yapılır[321]. Bu kurultayda nüfus sayılır, hayvan sürülerinin envanteri çıkarılırdı. Atlar, Hun askeri kuvvetinin temel taşıydı. Daha sonraları Avarlar ve Macarlar gibi Türk kavimleri de atı, ataları Hunlar gibi iyi kullanmışlardır. Hun atları, Avrupa atlarından farklıdır. Bunlar daha küçük, tüylü ve daha dayanıklı, cesurdular. Bu atlar sayesinde Hunlar, düşmanlarından 5 kat daha uzun mesafeleri onlarla eşit sürede alabiliyorlardı. Bütün askerler, yanlarında en az iki at taşırlardı ve bu yedek atlar sayısı 5 e kadar çıkardı bunun iki nedeni vardı. Eğer savaşta atı ölürse, diğer atlardan birini kullanabiliyordu ve üstelik çok sayıda at, düşmanların Hun kuvvetlerinin miktarını tam olarak kestirmesini engelliyordu.

Hun askerleri, ikmal yolları kurmazlardı. Her asker yiyeceğini, silahını, çadırını sefere çıkmadan önce ayarlamak zorundaydı ve bunları yedek atlara yüklerdi. Hun atları da askerleri gibi çok hafif zırhlı idiler. Hunlar semeri kullanmasını biliyorlardı, fakat, üzengiyi kullanmamışlardır. Aslında kullanmalarına gerek olmadığı da bazı Çin ve Avrupa tarihçileri tarafından bahsedilmektedir. Çünkü, Hun askerleri ata sözleri ile hakim olabiliyorlar, böylece ok ve kılıç kullanırken çok rahat hareket edebiliyorlardı, emirlerle atların düşman atlarını ısırması ve yere düşen düşman askerinin ezilmesi sağlanıyordu.

Hun atlı okçuları "Birleşik Yay" diye bilinen çok güçlü ve etkili ağaçtan yapılma boynuz ve deriyle kaplanmış bir yay kullanıyorlardı. Elbetteki bu yaylar, yerin altında binlerce yıl kaldıklarından bugün sadece kemikle kaplanmış kısımları mevcuttur. Bu şekilde bir yayla bir asker iki yaya sahip olmuş oluyordu. Bu yaylar kuru tutulmak zorundaydılar. Askerler yanlarında deriden yapılma bir sadak taşırlardı. Bu çeşit bir yayı üretmek genelde yarım sene alıyordu. Öncelikle kayın yada akça ağaç diye bilinen uygun ve şekil alabilir bir ağaç olması gerekiyordu. Yay'ın gövdesine boynu ve sert odun parçaları ise yapıştırılıyordu. Deriyle kaplayarak nem karşısında önlemler alınmış oluyordu. Bu yay sayesinde, Avrupalı askerlerin

321 Nicola Di COSMO, Hun İmparatorluğu'nun Kuruluşu ve Yükselişi, Sy: 1089, Türkler Ansiklopedisi I. Cilt Yenitürkiye Yay, Ankara, 2002.

kullandıkları yaylardan daha etkili ve hızlı bir şekilde atış yapabiliyorlar daha az yoruluyorlardı.

At renklerine göre ordu birliklerinin kurulması ilk defa Hun'larda görülür[322]. Mete Han ordusunda kuzey tümeninin atları yağız, Güney tümeninin atları kula, batı tümeninin atları kır ve doğu tümeninin atları da baklakırı rengindedir. [323] Renklerin her birinin bir yönü temsil ettiğini biliyoruz. Ay ve yıldızlara (astrolojiye) önem veren Hunlar, evrenin doğal düzenine riayet ederek, Gök Tanrının desteğini arkalarına almak istiyorlardı.

5. Hun Ordusunda Askeri Bando:

Askeri müzik olgusu da Eski Türklerde köklü bir şekilde gelişmiştir. Büyük Hun Devleti zamanında bilinen ilk askeri müzik topluluğu olan "Tuğ Takımı" oluşturulmuştur. Hunlar döneminde Tuğ takımları; Yırağ (saray, zurna), borguy (boru), tümrük (davul), küvrük (kös), çeng (zil) kurulmuş ve hakanın sancağını temsil etmiştir[324]. Tuğ takımlarının başlıca eylemi olan "Tuğ vurma", bir savaş alameti olarak nitelendirilir, savaşa giderken ve savaştan gelinirken çalınırdı. Kulakları sağır edercesine çalınan davul sesleri, savaş alanlarında bir güç ve gövde gösterisi sergileyerek düşmanın ürkmesine sebep olmuştur. Tuğ takımları, Göktürk ve Uygurlarda da varlığını sürdürmüştür[325].

6. Hun Ordusunun Temel İlkeleri:

Eski Türk askeri eğitimi emre itaat, anında karar verme ve gösterilen hedefi vurma gibi bugün de geçerli temel ilkelere dayanmaktaydı. Tarihi kaynaklarda kayıtlı ilk askerlik eğitimi M. Ö. 209 yılında Mete Han tarafından verilmiştir. Diğer taraftan Mete Han ordusuna kazandırmak istediği özellikler şöyle açıklanabilir[326]:

---

322 Bahaeddin ÖGEL, Türk Kültürünün Gelişme Çağları, Sy: 99, TDAV Yayınları, İstanbul, 2001.

323 İ. Hami DANİŞMEND Türkler Niçin Müslüman Oldu? Sy: 37 Timaş Yay. İstanbul 2008

324 E. E. KAYA, Türk Ordu Geleneğinde Askeri Müzik Olgusu. Sy: 95, İdil Sanat ve Dil Dergisi, İstanbul, 2012.

325 E. E. KAYA, Türk Ordu Geleneğinde Askeri Müzik Olgusu. Sy: 96, İdil Sanat ve Dil Dergisi, İstanbul, 2012.

326 Ahmet TAŞAĞIL, İslam Öncesi Devirde Türk Ordusu, Sy: 165, Kitabevi Yay, İstanbul, 2008.

a. Verilen her emre tam itaat: Emre itaat askeri disiplinin temel şartıdır. Disiplin olmaksızın hiçbir ordu da düzen ve hareket birliği sağlanamaz. Çünkü, bütün askeri faaliyetler emir-komuta zinciri içinde gerçekleşmektedir. Emir komuta düzeni içinde emre itaati sağlamaya çalışmıştır. Fakat, o sadece emir vermekle yetinmemiş, verdiği emri bizzat kendisi uygulayarak, emrin dışında kimsenin kalamayacağını da göstermiştir.

b. Süratli ve isabetli karar verme: Askeri faaliyetlerde hangi derecede ve rütbede olursa olsun görev verilen kişiye, hem yetki verilmekte, hem de sorumluluk yüklenmektedir. Yetki ve sorumluluk verilen kişi de hiç şüphesiz tek başına bazı kararlar verip, bu kararları uygulamaktadır. Öyleyse bu kişinin kararları süratli ve isabetli bir şekilde vermesi gerekmektedir. Çünkü savaşlar sürat içinde geçmektedir. Uzun uzun düşünmeye vakit yoktur. Tereddüt eden veya hissi davranan kimse üstünlüğü karşı tarafa kaptırmakta ve savaşı kaybetmektedir. İşte Mete Han, tereddütün ve hissi davranışın hayata mal olacağını eğitim esnasında göstermek suretiyle, askerlerini süratli karar vermeye alıştırmıştır.

c. Hedefi vurmada tam isabet: Karşılaşan iki kuvvetten birinin diğerine üstünlük sağlaması, rakibin bertaraf edilmesi şartına bağlıdır. Bu da silahı karşı taraftan daha iyi bir şekilde kullanmakla mümkündür. Bilindiği gibi, Türkler savaş araç ve gereçlerini iyi bir şekilde kullanabilmek için askeri eğitime daha çocuk yaşta başlamaktaydılar. Bu eğitim sürekli egzersizlerle gençlik çağma kadar devam etmekte idi. Böylece Türk gençleri, ordu saflarında katıldıkları sürek avlarında ve ok yarışlarında, çeşitli sportif faaliyetlerle, binicilikte ve silah kullanmakta yeteneklerini geliştiriyorlar ve pekiştiriyorlardı. Bu suretle düşmanın karşısına çıkan Türk savaşçıları, her defasında hedefi vurmakta tam isabet sağlıyorlardı.

7. Hun Ordusunda Eğitim ve Disiplin:

Türk orduları saldırı durumuna göre eğitilmekte ve düzenlenmekteydi. Eğitimler, genellikle canlı ve hareketli hedefler üzerinde gerçekleştirilirdi. Bu konuda sürek avları, yarışlar (at ve ok) ve çeşitli sportif faaliyetler (cirit oynama, gülle atma, güreş, kaya ve sair) savaş eğitimi için birer vasıta olarak kullanılmaktaydı. Binlerce av hayvanının vurulması ile sonuçlanan sürek avları, adeta bir savaş tatbikatı şeklinde cereyan etmekteydi. Bu faaliyete hemen hemen bütün ordu birlikleri katılmaktaydı. Çin kaynaklarının ifadesine göre M. Ö. 62 yılında Hun hükümdarının yönetiminde düzenlenen böyle bir sürek avına 100 bin atlı birden katılmıştır[327].

Seferler, devamlı yıpratma ve yıldırma harekatı arasında fertleri bir askerlik havası içinde yetişen bozkır Türk halkına sürekli başarılar sağlayan başlıca hususlardan biri de aynı zamanda savaş vasfında olan daimi spor hareketleri idi. Ata binmek, ok atmak herkesin tabii meşgalelerindendi. At yarışları, cirit, gülle atma, güreş, doğancılık (yırtıcı kuşlarla avlanma) ve benzeri faaliyetler mücadele azmini keskinleştirirdi. Kadınların da katıldıkları çeşitli top oyunları (futbol, golf ve poloya benzer türleri) Hunlardan itibaren Türkler arasında oynanmakta olup Gök-Türkler çağında Çin'e de yayılmıştı.

Türklerin bozkırda Nisan ve Mayıs ayında ilk gök gürlemesi ile başlayan sazlı, türkülü, eğlenceli bahar bayramlarında da düzenledikleri at yarışları ve çeşitli müsabakalar dışında en mühim sporu avcılıktı. Bilhassa binlerce vahşi ve zararlı hayvanın telef edilmesi ile sonuçlanan sürek avları gerçek savaş tatbikatı niteliği taşıyordu. Hunlar, Göktürkler ve Uygurlar döneminde avcılık yoluyla askeri eğitim verme yöntemi uygulanmıştır.

Avlanma usulü ordu komutanları ve askerler için savaş taktiğini ve sanatını öğrenmede en etkili yol idi. Avlanma anlayışına göre; yabani hayvan bir çember içine alınıp kuşatılırdı. Sonra bu çember içine doğru ilerlenmeye başlanırdı. Merkez kuvvet ile iki tarafındaki ek kuvvetler, aralarında belli bir mesafe bırakıp birbirleri ile iletişim içinde olarak koordineli hareket ederlerdi. Savaşta da durum aynıdır. Bu yöntemle Eski Türklerin kötü yaşam koşulları ve kötü hava şartlarında ayakta kalabilme gücü arttırılmakla birlikte, sürekli yer değiştirmeden dolayı karşılaşabilecekleri açlık, susuzluk, hastalıklar gibi olumsuzluklar karşısında direnme güçleri arttırılmıştır.

Ayrıca savaş dışında tertip ve düzenlerinin korunması sağlanıp, her zaman dinç ve güçlü olmalarında etkili rol oynamıştır[328]. Hun

---

327 Bahaeddin ÖGEL, Büyğük Hun İmparatorluğu, C. II, Sy: 133-141, Kültür Bakanlığı Yayınları, Ankara, 1984.

328 Orhun ÇAKAN, Uygur Devleti Ordusu'nun Silahlanması ve Eğitimi, Sy: 173-175, Türkiye Sosyal Araştırmalar Dergisi, 2006.

Ordusu "Tümen eğitim avı" ve "Büyük Devlet avı" adı verilen iki farklı av eğitimi (günümüz ordularında tatbikat) yapmaktaydı. Tümen eğitim avı tümen komutanlarının sevk ve idaresinde yapılmakta ve daha çok ok atışlarıyla başlıyor ve gelişiyordu, Büyük Devlet avı ise tüm Hun ordusunun katılımı ile Kağan emir komutasında yapılmaktaydı[329].

Türk ordusu yabancı milletler tarafından ilk taklit edilen bozkır kurumu olmuştur. Çin ordusunu okçu süvariler teşkili yolu ile Türk usulünde düzenlemek ve donatmak teşebbüsü M. Ö. 318 yılında Çin'de başlamıştır. Bu tarihte yapılan anlaşmaya esnasında Hunlara karşı askeri gücünü takviye etmek ihtiyacını duyan Chao (Şan-şi) devleti hükümdarı Wu-ling (M. Ö. 325-298), kendisi de Hun tarzında giyinerek Hun tarzında bir ordu kurmuştur[330].

Han hanedanı imparatoru Wu-ti (M. Ö. 141-87)'nin kumandanı Ho Ch'ü-ping, uzun çalışma ve eğitimlerden sonra nihayet Hun tarzında 140 bin kişilik bir süvari kuvveti çıkarmıştır ki, Çin tarihte ilk defa bu ordu sayesinde büyük bir devlet olabilmiştir. Dolayısıyla Ho Ch'ü-ping, Turan taktiğini uygulayan ilk yabancı kumandan olarak bilinmektedir. Atlı birlikler yabancılar tarafından örnek alınırken aynı zamanda Bozkır Türk elbisesi olan ceket, pantolon, Hun başlığı ve çizme de Çin'e girdi. Sürek avlar da orada göründü ve bu ıslahat ve taklitler Gök-Türk çağında da devam etti.

İSKİT (SAKA) DEVLETİ VE TÜRK ORDUSU (M. Ö. 800-M. S. 200)

1. Genel:

Grek kaynaklarında "Skythai"[331], Asur kaynaklarında"Aşguzai", Pers kaynaklarında "Saka"[332] ve Çin kaynaklarında ise "Sai" adı ile

329 Bahaeddin ÖGEL Büyük Hun İmparatorluğu Sy: 217, Kültür Bakanlığı Yay. Ankara 1981

330 Bahaeddin ÖGEL Büyük Hun İmparatorluğu Sy: 59 Kültür Bakanlığı Yay. Ankara 1981

331 Adile AYDA Etrüsklerle İskitler Arasında Benzerlikler Sy: 288 7'nci Türk Tarih Kongresi Yay. Ankara 1979

332 İlhami DURMUŞ İskitler (Sakalar) Sy: 5 Genelkurmay ATASE Başkanlığı Ankara 2008.

anılan Türk topluluğu olan Sakalar Massagetlerle yaptıkları savaşın kazanılması ve orta asyadaki büyük kuraklık neticesinde M. Ö. 8'inci yüzyıldan itibaren Türkistan ve Batı Sibiryadan[333] Hazar denizinin batısına göç ederek buradaki Kimmer egemenliğine son vermişlerdir. Bugün İskit vatanı olarak ekseriyetle İdil-Ural ve Azak denizi çevresi gösterilir[334].

Atlı kavimler medeniyetinin önemli bir halkasını oluşturan İskitler tıpkı komşuları Persler, Makedonlar, Kimmerler ve Yunanlar gibi asker-sivil ayrımının bilinmediği, bütün fertleriyle asker sayılabilen bir göçebe ve çiftçi bir toplumdur. Sivil-asker tasnifinin var olabilmesi, ilgili toplumlarda kurulmuş sosyoekonomik işleyişin niteliği ile doğrudan ilgilidir. Antik milattan önceki devirlerde karadeniz'in kuzeyinde karşımıza çıkan sosyo ekonomik ilişkiler çok da fazla değildir. İskitler en çok korkunç savaşçılar olarak bilinirken onların en büyük becerisi bir ticaret sistemi geliştirmeleridir. Bu ticaret ağı Yunanistan, İran ve doğudaki toprakları birbirine bağlamış ve iskitleri son derece zengin etmişti. [335]

İskit Devletinin ilk yıllarında toplum ve ordu yapısında Türklere özgü boy-kabile sistemi (zayıf şekilde biribirine bağlı dağınık boylar)[336] korunmuşsa da kazanılan savaşların sonucunda elde edilen köleler ve topraklar, çiftçi ve göçebe İskitlerde boyların budun haline gelmesine, yeni zenginler ve aristokratların oluşmasına, birbirinden bağımsız yaşayan boyların toplum ve ordu içerisinde ayrı ayrı sınıflar oluşturmasına yol açmıştır.

2. İskit Devlet Yapısı ve Ordusu:

M. Ö. 700'lü yıllardan itibaren İskit devlet ve sosyal yapısında ortaya çıkan sınıfsal ayrılıklar ve bunun doğal sonucu olarak tüm alt yapısını ve kaynağını halktan alan İskit ordusunun da çeşitli sınıflara ayrılmasına neden olmuştur. Yunan kolonilerinden getirilmiş değişik kökenlere mensup olan ve farklı işlerde çalıştırılan köleler, atlı okçular yani azad toplum üyeleri, ancak piyade olarak savaşa katılan fakirler,

---

333 Rene GROUSSET, Bozkır İmparatorluğu, Sy: 24, Ötüken Yay, İstanbul, 1980.

334 Saadettin GÖMEÇ, İskitler ve İskitler Hak. Sy: 2, Gnkur ATASE Yay, Ankara, 2013.

335 J. M. de GROOT Hunlar ve Türkistan Sy: 51 Pan Yay. İstanbul 2011.

336 Istvan VASARY, Eski İç Asyanın Tarihi, Sy. 47, Ötüken Yayınları, 2007.

zengin aile reisleri, eyalet valileri ve bağlı krallık askerlerinden[337] oluşan bir ordu yapısı ortaya çıkmıştır. Daha sonra ortaya çıkacak Türk devletlerinde olduğu gibi toplumun hayat tarzı ve yapısı, adeta askeri yaşantıya ve savaşa her an hazır olmaya göre tasnif edilmişti.

Ordunun büyük kısmı (neredeyse hepsi) doğal olarak atlı birliklerden (süvariler) meydana gelmiştir. Piyade sınıfı bütünüyle vatandaşlık hakkı dahi bulunmayan yoksullardan oluşmaktaydı ve bunların sayıları zaman içerisinde kazanılan savaşlara bağlı olarak artış göstermiştir. Bunun dışında ordunun temeli olan süvarilerin hizmetinde ve geri hizmetlerde çalıştırılan çiftçi iskitlerde vardı ancak bunlar çok tehlikeli durumlarda piyade olarak orduya katılmaktaydı. Türk devletleri içerisinde bir ilk olan deniz filosu ise özellikle 2'nci yüzyıldan itibaren askeri bir güç olarak değil yunanlı ile Olbialılardan oluşan ve korsanlara karşı mücadele veren sınırlı bir güçtü.

3. İskit Ordusunda Kullanılan Silahlar:

Her çağın tekniğine göre, en tesirli silahlar ile donatılmış İskit ordularında başlıca silah ok ve yay idi. Ok ve yay bir av aleti olarak eski çağlarda hemen bütün topluluklarda görülür. Fakat İskitler ok ve yayı kullandıkları at ile birlikte etkili bir savaş silahı haline getirmişler ve kendi muharebe taktikleri için en iyi şekilde değerlendirmişlerdir. At sayesinde sürekli manevra kabiliyetine sahip oldukları için uzaktan savaşı tercih ediyorlardı. [338]

Kullanılan İskit kirişli yayı diğer yaylara göre küçüktür ve bilinen yay şekli olan "C" şeklinden farklıdır. Yay karmaşık kavislere sahiptir. Uçları özel kaplama maddeleri ile daha da sağlamlaştırılmıştır. İskitler bir kayış ile bele asılarak taşınan "gorytus" adını verdikleri özel bir yay kutusu ve sadak'ın ilk kullanıcısıdırlar. Bir kutuyu andıran sadaklar ağaç veya kabuk üzerine deri kaplanarak yapılmıştır. Bir sadak içindeki ok sayısı 50 ile 200 arasında değişmektedir. Kirişli yay bu kutunun içinde taşınır. Kutunun ön tarafında okları ve tüyleri nemden korumak için özel bir cep vardı.

337 B. N. GRAKOV İskitler Sy: 84 Selenge Yay. No: 27 İstanbul 2008
338 İlhami DURMUŞ İskitler Sy: 44 Genelkurmay ATASE Başkanlığı Yay. Ankara 2008

Kullanılan okların bir kısmı zehirliydi. Zehiri yapmak için belirli zamanlarda muhtemelen engerek cinsi yılanı yakalar, gövdesinin çürümesini beklerlerdi. Bazı işlemlerden sonra zehir elde edilir ve okların ucu bu zehirle kaplanırdı. Kanca uçlu bu zehirli oklardan korkulurdu. Çünkü çıkarılması son derece zordu ve zehir uzun vadeli kalıcı hasarlara neden olurdu. Bu oklara "çifte ölüm vadeden" tabiri kullanılmıştır. [339]Ok sapları ağaçtan ve çoğunlukla da huş ağacındandır. Uzunlukları 60-80 sm arasındadır. Ok sapları birbirini takip eden kırmız ve siyah kuşak ile boyanmıştır. Ok uçlarının neredeyse tamamı bronz veya bronz kaplamalı demirdendir. Menzil olarak bu oklar ortalama 650 metreye ulaşabiliyorlardı.

Atlı bir İskit askeri ok ve yay ile birlikte 180 ile 210 sm arasında uzunluğa sahip mızrak ve harbe de kullanmıştır. Asker mızrak ve harbeyi ya fırlatıyor yada yukarıdan aşağıya doğru saplıyor ve darbeyi aşağıya göre daha zayıf olan üst kısma indiriyordu. [340] Kılıç nadiren kullanılan bir silahtı ve daha ziyade saplama amacıyla kullanılırdı. Perslilerin "akinak" adını verdiği bu kılıçlar 45 ile 60 sm uzunluğundaydı.

Askerler özellikle süvariler bazen deri miğfer vazifesi gören sivri uçlu başlıklar ve yine zırh olarak kullanılan kolsuz deri yelek giyerlerdi. Bunun yanında bronz miğferlerde kullanılmıştır. Ancak bunlar dökmedir ve kılıç taşımaya uygun olması için merdanelerle inceltilmiştir. Deri ve pul zırhlara ek olarak sol tarafta yay sadağı ve ok, sağ tarafta kama taşımak amacıyla üzeri bronz veya demir levhalarla kaplı, 5-10 sm eninde deri kemerde askerin teçhizatı arasında sayılabilir. Kalkanlar ise yuvarlaktı ve deriden yapılmıştı.

4. İskit Ordusunda Strateji ve Taktik:

İskit orduları savaş esnasında orta asya'dan getirdiklerinin yanında pers ordusunun kullandığına benzer taktikler kullanıyorlardı. Merkezde hakanın kumandasındaki seçme süvariler, sağ ve sol yanlarda ise diğer birlikler yer alıyordu. Bunun yanında bozkır savaş taktiği vazgeçilmez taktik olarak sıkça kullanılıyordu. Düşman

---

339 İlhami DURMUŞ İskitler Sy: 45 Genelkurmay ATASE Başkanlığı Yay. Ankara 2008

340 B. N. GRAKOV İskitler Sy: 179, 182 Selenge Yay. No: 27 İstanbul 2008.

ülkeye saldırmışsa, İskit ordusu iki gruba ayrılır ve geriye doğru çekilir. Bu çekilme esnasında kullanabileceği bütün kaynaklar kullanılamaz hale getirilir. (ana düşünce, düşmanın yiyecek ve içecek ihtiyacını sağladığı kaynakları kurutmak İnsan ve hayvanlar için kıtlık baş gösterdiğinde düşman üzerine harekete geçmektir. [341]) Böylece düşman ülke içlerine çekilerek yorulur ve İskit ordusu tarafından oyalanarak ülke içerisinde dağılmaları temin edilirdi.

İskit askerleri savaşta çok kaba ve acımasız idi. Hun ordusu gibi disiplin ve toplum ruhuna sahip değillerdi. Genç askerler ilk öldürdükleri düşmanın kanını içme törenleri yaparlar ve kafa derisini mendil olarak kullanırlardı. Bunu bazen atın üzengisine takarlardı. En çok ve en iyi mendili olan en kahraman asker kabul edilirdi. [342]İskit atlı savaşçıları da tıpkı hun atlı okçusunda olduğu gibi akdenizlinin veya ilkel Çinlinin entarisi yerine pantolon, çizme hatta üzengi[343] kullanıyorlardı. Savaş zamanında, memleketin o zamanki taksimatı gereğince üç bölgeden gelen kuvvetler, taburlara ve bölüklere ayrılırdı. Bunların her birinin kendi kumandanları vardı. Yılda bir kere olmak üzere, taburlar subayları ile birlikte, krallarının verdikleri ziyafete katılırlardı[344].

Sakaların savaşçlığına ait şu örnek sanırım her şeyi ifade edecektir; 574 yılında yapılan savaşta Avarlara yenilen Romalı Komutan Tiberios'a Avar kağanının yönelttiği azarlayıcı nitelikteki soru, bozkır atlılarının özgüvenini vurgulama bakımından ilginçtir. "Sizde okuyup ders alabileceğiniz tarih kitapları ve savaş raporları yok mudur? Siz Saka Türk boylarıyla savaşmanın ne kadar zor ve onları yenmenin ne kadar imkansız bir iş olduğunu bilmiyormusunuz?"[345]İskit'ler de Tıpkı Hun'lar da olduğu gibi antlaşmaların kan sözleşmesi şeklinde olması, at kurban edilmesi, yas sırasında yüzün çizilmesi gibi uygulamalar görülmekteydi[346].

---

341 H. ERDEMİR, Yabancı Yazarlara Göre Türklerde Savaş ve Taktik, Türkler Ansiklopedisi, c. 2, s. 938-943, Yeni Türkiye Yay, Ankara, 2002.

342 Bahaeddin ÖGEL Büyük Hun İmparatorluğu Tarihi-I Sy: 199 Kültür Bakanlığı Yay. Ankara 1981.

343 Rene GROUSSET Bozkır İmparatorluğu Sy: 27 Ötüken Yay. İstanbul 1980.

344 Nuri YAZICI, Tarihte Türkler, Sy: 58, İlgi Kültür Sanat Yay, İstanbul, 2011

345 J. M. de GROOT Hunlar ve Türkistan Sy: 17 Pan Yay. İstanbul 2011.

346 Istvan VASARY, Eski İç Asyanın Tarihi, Sy. 47, Ötüken Yayınları, 2007.

AVRUPA HUN DEVLETİ VE TÜRK ORDUSU (M. S. 170-M. S. 482)

1. Genel:

Hunlar, 350 tarihinden sonra Alanlar'ı yenip Hazar Denizi Bölgesi'nin büyük kısmını kendilerine bağladıktan sonra, güneye doğru ilerlemiş ve bugünkü Türkiye arazisini istila etmişlerdir. Edessa (bugünkü Urfa) Piskoposu Efrahim onlar hakkında, "Bunlar Yecüc ve Mecüc'ün süvarileridir; atlarıüstünde fırtına gibi uçuyorlar, karşılarında hiç kimse duramıyor" diye yazmıştır .

Hunlar'ın harp ve silahlarının üstünlüğü, Batı Roma ve Bizanslıların bunları aynen, benimsemesine sebep olmuştur. Yine, askeri teşkilatlanma bakımından da, Hun sistemi, Batı Roma ve Bizanslılar tarafından aynen adapte edilerek kabul edilmiştir. Bu konuda, Prof. Rasonyi "Tarihte Türklük" adlı eserinde şu hususları açıklamaktadır "Daimi hazır bulunuş, hayrete şayan hareket kabiliyeti, süvari tekniğinde büyük maharet, Hunlar'a, toprağa bağlı Germenler ve hatla yüksek kültürlü Romalılara nispeten askeri üstünlük sağladı"[347].

Hunlar 380 yıllarında kuzey italyada'dırlar. Viyana civarında, meselâ Simmering ve Carnuntum Harabeleri arasında yapılan kazılarda, Hunlar'a alt olması gereken kafatasları ve silahlar ile, Doğu Asya yay tipleri bulunmuştur. Roma süvarisinin, Hun örneği üzere teşkilatlandırılması, yetiştirilmesi ve silahlandırılması dolayısıyla, bu yay tipi, Roma İmparatorluğunun en ücra köşelerine; Güney İngiltere'deki Wales'teki Gaerleon'a kadar ulaşmıştır[348]. Orada bir Roma taburunun barındığı yerde V. yüzyıldan kalan bir yay imalathanesinde Hun tarzı takımlara rastlanmıştır. Alfoldi'ye göre, özellikle "Batı Roma İmparatorluğu'nun strateji kavrayışı 400'den sonra daha çok Hun yardımcı taburları esasına göre kurulmuştur. Daha sonra, erken Bizans süvarilerini, Hun örneği üzerine yetiştirmekle ve Hun müttefikleri sayesinde Doğu Gotları'nı hezimete uğratabilmiştir .

---

347 Laszlo RASONY, Tarihte Türklük, Sy: 65, Örgün Yayınları, İstanbul, 2007.
348 Edward GIBBON, Roma İmparatorluğunun Gerileyiş ve Çöküş Tarihi, BFS Yay, 2000.

Atilla'ya ait yazdığı kıymetli eseri ile, Batı Hunları'nı dünyaya tanıtmış olan, Marcel Brion, Hunlar'ın askeri sistemi ve üstünlüğü konusunu dile getirir. Ona göre, ok atmakta, uzun kayışlarla (kement) düşmanı felce uğratmadaki maharetleri pek çok methedilirdi. At sırtında dörtnala koşarken, birden bire gözden kaybolurlardı. Bu suretle Hunların kaçtığı zannedilirdi. Fakat derhal dönerek, düşmanlarını oklar ile izaç ve berbat eder ve gene çabuk ric'at ediyormuş gibi bir hileye müracaat ederlerdi. Onlar, çocukluktan itibaren, bu harp usulüne alıştırılırdı. Hatta daha pek küçükken, ata binmek için koyunlar üzerinde tecrübe ettirirlerdi, küçücük oklarla kuşlara ve farelere nişan almaya alıştırırlardı [349].

2. Avrupa Hun Devletinde Ordu ve Askeri Yapı:

Ren nehrinden İtil (Volga) nehrine kadar Germenler, Islavlar, Cepler, Ostrogotlar, kaynak ve menşeleri bilinmeyen diğer kavimler Hun krallığına tabii idi ve Hun ordusuna çok değerli savaşçılar veriyorlardı. Bunların kralları da Atilla'nın müşavirleri idi[350]. Atilla'nın 100. 000 kişilik kuvvetinin esasını büyük bir araba konvoyu ve Hun hafif süvarisi teşkil ediyordu. Ayrıca Ostregot, Gepidler, Gotlar, Alanlar[351], Sciri, Rugi, Ripuanan, Franklar, Thuringi ve Bavyeralı'lar da orduda bulunuyordu.

En büyük kısmı süvari olan bu ordu, o zamana kadar hiçbir hükümdarın malik olmadığı en sür'atli, en muharip bir kuvvet teşkil ediyordu. Filhakika o güne kadar dünyanın hiçbir hükümdarının elinde, bu kadar kalabalık ve harbe elverişli bir kuvvet bulunmamıştı. Bu muazzam kuvvetin kumandanı Atilla, bu itibarla eski zamanların en büyük hükümdarı ve en büyük kumandanı addolunabilir. Yine Marcel Brion'un Atilla'nın eski devirlerin en büyük hükümdarı olduğu konusundaki değerlendirmesi de şöyledir: "Sıkı bir disipline tabi bölüklere ayrılmış olan bu süvariler, mütemadiyen ilerliyordu. O kadar heybetli bir manzara arz ediyordu ki, onları hiçbir kuvvetin tevkif edemeyeceği zannı hasıl oluyordu.

---

349 Ahmet TAŞAĞIL, İslam Öncesi Devirde Türk Ordusu, Sy: 163, Kitabevi Yayınları, İstanbul, 2008.

350 Manole NEAGOE, Üç Bozkırlı, Sy. 30, Bilgeoğuz Yayınları, İstanbul, 2010.

351 İbrahim KAFESOĞLU, Türk Milli Kültürü, Sy: 71, Ötüken Yayınları, İstanbul, 1997.

Hunlar'da esas kuvvet, miktarı çok fazla olan süvariye dayanıyordu. Bunlular çok hızlı hareket ve devamlı yağmur şeklinde yağdırdıktan oklarla, basımları ile yakın muharebeye girmemeye büyük özen gösterirlerdi. Bu taktik daha sonra, Alparslan, Cengiz ve Timur kuvvetlerinin taktiğinin, bir prototipinden başka bir şey değildi.

3. Hun Ordusunda kullanılan silahlar:

Hunların en büyük başarısı mükemmel ok kullanmaktı. Ayrıca at ile süvarisi arasında mükemmel bir uyum var idi ve at üzerinde yapışmış gibi otururlardı. Atları çirkin fakat dayanıklıydı. Hunlar her zaman bol sayıda yedek at bulundururlardı. Hun atları, kışın olduğu gibi yazın da muharebeye hazırdılar. Hunlar, çocukluk devrinden başlayarak at üzerinde büyürlerdi. At sırtında yer, içer ve uyurlardı. At üzerinde siyasî müzakerelerde bulundukları bildirilir. Hunlar, atların üzerinde çok sağlam oturur ve oradan nadiren düşerlerdi. Romalı tarihçi A. Marcellinus'un dediği gibi Hunlar "neredeyse atlarının üzerine yapışmışlardı"[352].

Bir Hun süvarisi hiç beklenmedik yerde aniden ortaya çıkardı. Onların bu ôzelliği şôhretlerini oluştururdu. Ölçüsüz süratleri sayesinde insanlar daha onları farketmeden ortadan yok olurlardı. 500-1000 kişilik kuvvetlerle bir çok yerden aynı zamanda hücum eder ve korkunç sayıda ok atışları ile muharebeye başlarlardı. Bu suretle gôrüş sahası kararan düşmanı bozarlardı. Böyle bir durumda hücuma geçen düşman ônünü gôrememiş ve birbirine karışarak dağılmıştır.

4. Kullanılan Strateji ve Taktikler:

Hunlar süvari bir millettir. Mükemmel ve usta binici idiler, kendilerini atlarının üzerinde yerdekinden çok daha emin ve rahat hissediyorlardı. Ayni zamanda çok usta okçu idiler. Avrupalıların emniyetle kullanmadıkları ok, bozkırlarda yaşayan insanların alışık ve kullandıkları silahı idi. Hunlar, mızrağı da ustalık ve kolaylıkla kullanıyorlardı. Ama, üstünlüklerini sağlayan savaş araçları yay ve at idi. Aralıksız denilecek derecede arka arkaya atılan okların hedeflerini kesinlikle bulması, yaya korkunç bir silah niteliği veriyordu.

352 Istvan VASARY, Eski İç Asyanın Tarihi, Sy: 90, Ötüken Yayınları, İstanbul, 2007.

Hun ordusu süvarilerden oluşurken Roma ve diğer Avrupa orduları yaya askerlerden oluşuyordu. Türk ordusu at üzerinde eğer ve üzengi kullanırken, süvarilere hareketlerinde denge ve emniyet veren üzengi bilinmiyor ve kullanılmıyordu[353].

Batı Hunlar'ı, Orta Asya Hunlar'ı gibi "Stratejik çekilme ve karşı tarruz" şeklindeki manevraları ile, Avrupa'yı titretmişlerdir. Batı Hunlarında Büyük Hunlar gibi, taktik bakımından ana esas olarak, sıkı muharebe temasına girmemeyi ön planda tutmuşlardır. Böyle bir taktik Hunlar'a her zaman dolaylı bir tutum uygulama imkânı sağlamıştır. Sıkı muharebe temasına girmek "Koçbaşı" tarzında bir taarruzu mümkün kılacak ve bu da, harbin esası olan, harp hilesi ve aldatmayı tatbike imkân vermeyecektir.

Hunlar'da ordu ve millet birlikte hareket etmişlerdir. Atlı savaşçıların yanında, seyyar arabalar ile aileleri de hareket eder, bu arabalı grup bir savaş halinde, muharebe alanının yüksek bir yerinde ve geride, çepeçevre savunma esasına göre mobil bir mukavemet noktası teşkil ederlerdi. Hareketli ordu, zor bir durumda kaldığı zaman, bu arabalarla teşkil edilmiş mobil kalenin içine girer ve kendilerini buradan savunabilirlerdi.

Bu durum, bugünkü oynak savunmaya çok benzemektedir. Oynak unsurları kanalize ederek oyalama muharebesi yaparlarken, bu arabalı ordugah, bir nevi mevzi savunması icra ediyordu. Bu sistem Gotlar tarafından da Hunlar'dan alınmıştır. Yine bu konuda, Prof. Ögel, Türk Kültür Tarihine Giriş adlı eserinde «Arabaları çevreleyerek, korunma duvarı ve istikâm yapma» başlığı altında şu görüşlere yer vermektedir[354]: "Araba duvarları ile, korugan yapma, Cengiz Han'dan önceki Moğol ve Türkler'inin başlıca özelliğidir. Bu taktik Avrupa'daki Avarlar ile diğer Türkler'de de görülür. Bunlara araba kalesi (Wagenburg) denmişti. Henüz bir devlet olarak oluşmamış ve düzenli bir orduya sahip olamayan konar göçer Moğollar ve Türkler; arabalar ile konup göçüyorlar ve kendi varlıklarını korumak için de böyle bir taktik kullanıyorlardı. Moğollar buna Küren derlerdi. Küren'in mânası, halka demektir.

---

353 Manole NEAGOE, Üç Bozkırlı, Sy. 21, Bilgeoğuz Yayınları, İstanbul, 2010.

354 Bahaeddin ÖGEL, Türk Kültür Tarihine Giriş, Sy: 76, TTK Yayınları, Ankara, 1984.

Eski çağlarda herhangi bir kabile, herhangi bir yerde halka şeklinde dizilerek kamp kurardı. Büyükleri de kampın ortasında, bir nokta gibi dururdu. Bu kampların sayılan bazan çok büyük olurdu. Düşmanın geldiğini görünce yine hemen aynı duruma geçerler ve böylece düşmanın içerilere sızmasına engel olurlardı. Gerçi bu göçebeler için kendi başlarına göçme için daha elverişli idi. En çok büyük kamplardan ayrılmak bazan korkunç ve tehlikeli sonuçlar doğururdu. Güven için birlikte olmak gerekiyordu.

Küren denilen bu sistemin herhangi bir yerde kamp kurulması esnasında da tatbik edilmektedir. Eski zamanlarda herhangi bir kabile bir yerde halka şeklinde dizilerek bir kamp kurardı. Onların büyükleri ise bu dairenin ortasında, bir nokta gibi kalırdı. Küren bu idi. Düşman askerlerinin yaklaştıkları anlaşılınca, arabalarla bu daire daha da sıkıştırılırdı "Arabaların kalesi" içinde böylece savunulurdu. Bu kamplardan ayrılıp, ayrı yaşamanın korkunç tehlikeleri ve sonuçları olabilirdi.

Avrupalılar bu gerçeği ancak yüz sene savaşları sırasında yani tam bin yıl sonra anlayacaklar ve buna kanaat getireceklerdi. At'ın Hunlara verdiği hareket imkanına Avrupa'nın yaya orduları sahip değillerdi. Bu hareket kabiliyeti sayesinde onlar düşmanlarını ya hazırlıksız veya eksik hazırlıklı yakalıyorlardı. Savaş meydanında ilk hamlede galibiyeti elde edemezlerse daha elverişli bir zaman ve anda saldırıya geçmek için geri çekilirler. At, Hunlara çabuk ve çeşitli hareketlere geçmek kolaylığını sağlıyor. Onlar bu işte eşsizdirler. Yan kanatlara hücum ediyorlar, fakat biraz sonra geri çekilmeğe başlıyorlar.

Karşısındaki düşmanı aldatarak kendisini kovalatıyor ve savaş planını bozduruyor ve tam elverişli anda ansızın geri dönerek saldırıya geçiyorlar. Savaşı taktik ve stratejik bakımlardan ustaca sevk ve idare ediyorlar. Kullandıkları savaş usulleri, durumların ve şartların gerektirdiği kadar çok ve çeşitli oluyor. Kendi arzuları ile boyun eğenlere psikolojik açıdan düşünerek hiçbir şey yapmıyorlar, karşı koyup direnenlere merhametsiz davranıyorlar. Bu bakımdan aşırı şiddetli, psikolojik bir silah olarak kullanıyorlar.

Sahte bir ricatla düşman saflarını bozan Hunlar, onları arkadaşlarının bulunduğu yere kadar çeker ve o zaman etrafını çevirerek imha ederlerdi. Yahut da, zafer coşkusuyla ilerleyen düşmanın arkasına sarkarak onların kamplarına saldırırlardı. Nihayet kendilerini takip eden bir düşmanın saflarını bozmayı başarırlarsa aniden geri döner, süratle yeniden muharebe safı oluşturur ve düşmanı muhtelif cepheden yıldırım süratiyle demir bir yumruk gibi vururlardı. Bu gibi hallerde birbirine karışan düşmanı bir metreden uzun kılıçlarıyla biçmişlerdir. Burada uygulanan taktik bütün atlı kavimlerin kullandığı bir taktikti. Bu taktiği kritik anlarda kullanarak zaferlere ulaşmışlardır[355].

Attila savaşlarında kuşatmayı bırakarak geri çekilmeye kazanılan zaman içinde ordunun kuvvetlerini toplamayı, ön planda tutmuştur. Hun Kralı, kendi süvarisine uygun olan bir yeri muharebe alanı olarak seçmiştir. Attila kuvvetlerini bu şekilde geriye çekmekle, Türkler'in klasik stratejik ve taktik düşüncesi olan, "stratejik çekilme ve karşı taarruz" u uygulamıştır.

Arabalardan oluşan büyük konvoy ile çepeçevre savunma esasına uygun olarak, bir mobil mukavemet hattı teşkil edilmiş, aileler ve diğer ağırlıklar bu savunma hattı içi ne sokulmuş ve ayrıca bu hattın çevresi, hendek kazılmak suretiyle tahkim edilmiştir. Attila Hun ordu kuvvetlerini üç ana bölüm halinde tertiplemiştir. Merkezde kendisi bulunacak ve burada Hunlar yer alacaktı. Ostrogotlar solunda ve diğer Germen müttefikleri ise, sağ cenahta yer almakta idiler.

Taktik sahada ise Hunlar, klasik Turan Taktiği'ni tatbike her zaman gayret göstermişlerdir. Chalon'da, Attila Kuvvetlerinin yanında yer alan, Germen asıllı kavimlerin ve Ostrogotlar'ın bu taktiği bilmemesi Hun Kuvvetlerini bu taktiği tatbikine imkan vermemiş ve yakın muharebe temasına girilme durumu ortaya çıkmıştır.

Hunların avrupa'ya gelmesiyle askeri planda ve usulde birbirinden tamamiyle ayrı ve farklı iki dünya karşı karşıya geliyor. o çağda gerek romalılar ve gerek avrupalı kavimler yaya askerlere dayanan kuvvetlere sahiptiler. Zaferler orduların çoğunluğunu teşkil eden bu yaya askerlerin, hareket ve savaş kabiliyetine dayanıyordu. süvarilik tamamıyla ihmal edilmişti. Çünkü süvarilerden ortaya değerli savaşçılar çıkaracak teknik bilgilere, sahip değillerdi. Avrupa ordularında süvarilere hareketlerinde denge ve emniyet veren üzengi

---

355 Şerif BAŞTAV, Avrupa Hunları, Sy: 1358 1. Cilt, Türkler Ansiklopedisi, Yeni Türkiye Yay, Ankara, 2002.

bilinmiyordu. Bu yüzden süvarilik bunlarda yüzyıllar boyunca ancak küçük bir rol oynamıştır[356].

5. Hun Ordusu ve Avrupa Üzerindeki Etkileri:

Ordusu ile Roma İmparatorluğunu dize getirmeyi , hatta zaman zaman Romadaki iktidar mücadelelerinde belirleyici konumda yer alan Atilla'ya Batı Roma İmparatoru tarafından "Magister Miltium"[357] Roma Orduları Genel Kurmay Başkanı ünvanı verilmiştir. Hunların Avrupa'ya gelmesinden evvel, Roma, hudutlarını korumak ve kendisini tehdit edenlere karşı savaşa sokmak maksadı ile «barbarlar» ve bilhassa Germenleri asker olarak angaje etmişti.

530'lu yıllara kadar Hunlar fatihler olarak veya Roma ordusunun yardımcı birlikleri olarak Batı Avrupanın her yerinde görülebiliyorlardı. Romalılar, Hunları diğer barbarlara, özellikle Cermen kavimlerine karşı kullanıyordu. Sadece devlet değil bazı zengin şahıslarda Hun muhafız kıtaları bulunduruyordu[358]. Avrupa'daki ilk büyük kavim hareketine, yani Got'ların batıya göç etmesine Hunlar sebep olmuştu;aynı şekilde Avrupa'daki ikinci kavim göçü dalgasına da Hunların (Hun ordularının) hareketi sebep olmuştur[359]. Bu itibarla Hun Ordusu gelecek yüzyıllara damga vuracak Avrupa etnik çehresini değiştirecek[360] yeni Avrupa haritasının temellerinin atılmasını sağlamıştır.

Hun ordusu yaptığı savaşlar ile Asya kıtasında yer darlığı ve kıtlık nedeni ile siyasi ve askeri sıkıntıya düşen ve batıya göç etmek isteyen Türk devletlerine, Avrupadaki kavimleri batıya ve kuzeye göçe zorlamak suretiyle emniyetli bir yol açmış bulunuyordu[361].

---

356 Manole NEAGOE, Üç Bozkırlı, Sy. 21, Bilgeoğuz Yayınları, İstanbul, 2010.
357 Manole NEAGOE, Üç Bozkırlı, Sy. 66, Bilgeoğuz Yayınları, İstanbul, 2010.
358 Istvan VASARY, Eski İç Asyanın Tarihi, Sy: 86, Ötüken Yayınları, İstanbul, 2007.
359 Istvan VASARY, Eski İç Asyanın Tarihi, Sy: 85, Ötüken Yayınları, İstanbul, 2007.
360 İbrahim KAFESOĞLU, Türk Milli Kültürü, Sy: 71, Ötüken Yayınları, İstanbul, 1997.
361 İbrahim KAFESOĞLU, Türk Milli Kültürü, Sy: 82, Ötüken Yayınları, İstanbul, 1997.

GÖK-TÜRK DEVLETİ VE TÜRK ORDUSU (M. S. 552-M. S. 750)

1. Genel:

Gök-Türk devlet teşkilatı, kendilerinden önceki Türk devleti Hunlarda olduğu gibi dört temel yön esasına bağlı kalınarak oluşturulmuştur. Güneşin doğduğu yön kutsal kabul edilmiş ve idari askeri taksimat, Doğu "ön" kabul edilerek sol, batı "arka" kabul edilerek sağ şeklinde adlandırılmıştır[362]. Hunlar'ın stratejik ve taktik düşünceleri, hemen hemen aynı esaslar dahilinde Hunlar'ın devamı olan, Gök-Türkler'de de devam etmiştir. Hunlar'ın halefi olan Gök-Türkler onların askeri müessese ve silahlarını da ithal etmişlerdir. Bizans İmparatorluğu da, Gök-Türk ve Hun askeri kültürünün tesiri altında kalan bir devlettir.

Gök-Türk devleti kurulurken ordu, on bölüme ayrılmış ve bu birliklerin her birine de "ok" adı verilmişti[363]. Türk Ordusu, mızrak, pala (kısa, eğik ve bir yüzlü kılıç) ile teçhiz edilmiş, hafif süvariden ve az da olsa piyadelerden oluşmakta olup, bu kuvvetler genel olarak zafer için, esas olarak oka güvenmektedir.

2. Gök-Türk Devletinde Ordu ve Askeri Yapı

Türk devlet anlayışında, dış ilişkilere de büyük önem verilmiştir. Dosta dost, düşmana düşman ilkesi esas tutulmakla beraber, her şeyde Türk devletinin ve milletinin menfaatları gözetilmiştir. Dış işlerinden de sorumlu bir buyruk bulunurdu. Onun emri altında elçiler ve yalabaçların çeşitli vesilelerle ülkelere yollandıklarını daha önceden de biliyoruz. Kök Türkçe yazıtlarda elçiler ve elçilerin gittikleri yerler zaman zaman da zikredilmiştir. Bunların askeri unvanları da vardı.

Bir milletin sosyal yapısı, ekonomik ve kültürel hayatı ile devlet teşkilatı çok mükemmel olabilir. Ama bunların özellikle dış tehlikelere karşı korunması ve devam ettirilmesi için güçlü bir askeri düzene de ihtiyaç vardır. Ordu millet olan Türklerin en büyük hususiyetlerinden birisi de savaşçılıklarıdır. İşte barış zamanında günlük işleriyle meş-

362 Saadettin GÖMEÇ Kök-Türk Tarihi, Sy: 207, Berikan Yayınları, Ankara, 2011.
363 Bahaeddin ÖGEL, Türk Kültürünün Gelişme Çağları, Sy: 661, TDAV Yayınları, İstanbul, 2001.

gul olan bu halk, savaş döneminde çoluğundan çocuğuna topyekûn seferberlik halinde bulunuyordu. Bunun yanı sıra Türk tarihine ait kaynaklardan öğrendiğimize göre; savaş ve ordu komutanlığı sadece erkeklerin işi değildi. Kadınlar da birliklere veyahut ordulara kumanda edebildikleri gibi, at üstünde okları, yayları ve kılıçları olduğu halde savaşlara katılıyorlardı. Özellikle harp, Türkler için bir sanat halini almıştı. Onlar için yatakta ölmek en büyük yüz karasıydı. Çin kaynaklarına göre GökTürkler; Harpte telef olmayı şan ve şeref bilirler ve hastalıktan ölmeyi de [364]yüz kızartıcı sayarlar.

Gök Türk askerleri o derece edemliydiler ki, Çin sarayına esir düşmüş veya iltica etmiş kağanların ölümlerinin arkasından, onlara kişisel olarak bağlanmış muhafızlar ölümü bile göze alırlardı. Bu savaşçılar kağana andla bağlı çoğu soylu aileden gelen, fakat bazen de azad edilmiş kullardan seçilen alp savaşçılardan oluşurdu[365].

Ayrıca, Gök-Türk ülkesinde bağımsızlığını kaybeden bazı boylarda gidip Çin'e sığınıyorlar, sonra Çin ordusunda görev alıyorlardı. 646-658 yılları arasında T'ang hanedanı ordusunda çok sayıda Türk asıllı kumandan görev yapıyordu. Bunların en iyi örneği 618 yılında kurulan T'ang hanedanına Türklerin yaptığı 2 bin süvarilik katkıdır. Bunların arasında Gök-Türk devletini idare eden Aşina ailesinden gelenlerin dahi görev yapması ilgi çekicidir. Bütün bunlar Türklerin askerlerine komşular tarafından duyulan ihtiyacı göstermektedir. 641-642 'li yıllarda T'ang hanedanının şehzadelerinden biri Türk ordusuna imrendiği için Gök-Türk tarzında bir çadır kurup içinde yaşamaya başlamış, arkasından Gök-Türk kıyafetleri giyen, silahları kullanan bir birlik oluşturmuştu.

Bozkır Türk devletlerinde hükümdarların otağlarının ve ordugahının bulunduğu yer özel birlikler tarafından korunurdu. Bu özel birlikler, Büyük Hun imparatorluğu ve Gök-Türkler zamanında hanedan ve hanedana yakın boylar içinden seçilirdi. Gök-Türk devletinde söz konusu muhafızlara Aşina ailesinden geldikleri için açıkça Börü (Çince Fu-li) dendiği kaynaklar tarafından ifade edilmektedir.

---

364 İ. Hami DANİŞMEND Türkler Niçin Müslüman Oldu? Sy: 146 Timaş Yay. İstanbul 2008

365 Sencer DİVİTÇİOĞLU, Kök Türkler, Sy: 206, Ada Yay, İstanbul, 1987

3. Gök-Türk Ordusunda kullanılan silahlar:

Çok farklı kılıçlar yapılmakla beraber, en keskinleri hafif kavisli olanlarıydı ki; bunlar aynı zamanda ağır da değildi. Fakat Türk kılıcının nasıl tutulacağını ve kullanılacağını bilmeyen yabancıların elinde çok çabuk kırılıyorlardı. Bunun da sebebi vurma tekniğinin bilinmemesinden kaynaklanmaktadır.

Eski çağlarda savaş usullerinden birisi de, iki ordu karşılıklı vuruşmaya başlamadan evvel, bir veya birkaç yiğit adamın er meydanına çıkarak dövüşmeleriydi. Türkler bunlara "alplar" diyorlardı. Onlar o kadar gözü kara kişiydiler ki, tek başlarına onlarca askerle mücadeleden bile korkmuyorlardı. Bu özelliklerinden dolayı sonraki zamanlara ait kaynaklarda onlara "deli bahadırlar" dendiğine de şahit olmaktayız.

Bununla birlikte Çin yıllıkları ve Bizans kaynaklarının bildirdiğine göre; Gök-Türkler boynuzdan yaptıkları yaylar, ıslık çalan oklar (arkasında kartal ya da akbaba tüyü olan düz, yivli, çengelli oklar), süngü, bıçak, kılıç, kement ve kuşatmalarda faydalanılan koç başları vs. değişik silahlara sahip oldukları gibi, davulun yanında boynuz veya diğer madenlerden imal ettikleri boru ya da zurnaları da bulunuyordu.

Hem kaya resimlerinde, hem de Orkun Vadisi'nde yer alan Bilge Kağan ve Köl Tigin anıt mezarlıklarında gerçekleştirilen kazılarda ise değişik ebatlarda ve özelliklerde ok uçları görülmüştür[366]. Gündelik hayatta karınlarını doyurmak amacıyla, avlarda yararlandıkları ok ve yaya öyle maharetle hükmediyorlardı ki, at üzerindeyken dahi ileriye, geriye, sağa ve sola oklarını gönderebiliyorlardı. Yaklaşık olarak her süvariye üç at düşmekteydi.

Çin kaynaklarında Kök Türklerin silahları anlatılırken; ok, yay, gürz, zırh, uzun mızrak, kılıç, kama gibi savaş aletlerinden söz açılmaktadır. Bunlar altın, gümüş, bakır, pirinç ve demir nev'inden madenlerden yapılırdı. Okların ucundaki demir parçaya "temren", arkasındaki tüye"yülek" veya "yelek", yaya sarılan sırmaya "toz" denmekteydi. Yaylar için yapılmış herhangi bir özel kaba rastlanmamaklaberaber, umumiyetle kola veya omuza asılarak taşınırdı. Yakın

366 Saadettin GÖMEÇ Kök-Türk Tarihi, Sy: 250, Berikan Yayınları, Ankara, 2011.

çarpışmalarda kılıç, mızrak, balta (bazan iki taraflı) gibi araçlardan yararlanmışlardır[367].

Ayrıca en eski Türk kılıçlarının hafif kavisli, bazan tek tarafı keskin, bazan da her iki tarafının parçalayıcı olduğunu biliyoruz. Kılıçların ve bıçakların kabzaları ağaçtan veya kaplumbağa kabuğundan işleniyordu. Ok ve kılıçları koymak üzere özel olarak hazırlanmış ve süslenmiş sadaklar mevcuttu. Sadaklar kavak ağacı kabuğundan yapılıyor, üzeri deri ile kaplanıyordu. Savaşçı yanında iki yay birden taşıyor, yay sağda, sadak ise solda bulunuyordu. Devletin son yıllarında ise okçu askerlerde kılcın yanında bele sokulmuş halde hançer taşımak adet olmuştu. Kemerlerini hançerle süslerlerdi[368].

Göktürkler, ayın 15'inde savaşa çıkmaları muhtemelen dolunayın uğurlu sayılması ile alakalıydı. Bunun dışında deve ya da ejder şeklinde yıldız kümelerinin göründüğü tarafa doğru savaşa çıkmaya çekindikleri söylenmektedir. Ayrıca Göktürkler döneminde süvarilerin deri ya da demirden yapılmış küçük levhaların kumaş üzerine dikilmesiyle oluşturulan hafif ama dayanıklı zırhlar giyerlerdi. Perçem denilen tüyler, ipek kürdeler Alplara ya da atlarına takılırdı ve aynı zamanda da atların kuyruğu düğümlenirdi. At üzerindeki okçuların en önemli işareti kafalarına taktıkları çift şahin kanadı olup her alpın öz bayrağı "batrak" bulunurdu[369].

4. Gök-Türk Ordusunda Kullanılan Strateji ve Taktikler:

Gök-Türkler'in savaş taktikleri konusunda Prof. B. ÖGEL "Gök-Türk Ordu ve Otağı'nın Çin kaynaklarına göre Durumu" başlığı altında şu hususlara yer vermektedir: "720 yılının Ağustos ayında, (Çin generali) Wang Chûn, Batıda Basmil (Türklerine); doğuda da Hsi ve Kiton kavimlerine hep birlikte Gök-Türkler'in Sancaklı Otağı'na Kilo Irmağında, her yandan baskınla hücum etmelerini teklif etti. Bilge Kağan (Yani küçük Şad) çok korktu. Bunun üzerine vezir Tonyukuk, ona şöyle dedi: Basmıllar, şimdi (batıda), Beş-Balık'ta bulunuyorlar. Doğuda barbar kavimler, (Yahi, Hsi ve Kitanlar pek çok uzaktadırlar. Onlar birleşemeyeceklerdir. Bu kesindir. Buna göre

367 Saadettin GÖMEÇ Kök-Türk Tarihi, Sy: 251, Berikan Yayınları, Ankara, 2011.
368 Sencer DİVİTÇİOĞLU, Kök Türkler, Sy: 206, Ada Yay, İstanbul, 1987
369 E. ESİN, İslâmiyetten Önceki Türk Kültür Tarihi ve İslâm' Sy: 105, İstanbul. 1978.

Çin generalinin savaş gücü ise, henüz yerinde değildir. Buraya kadar gelemeyeceklerdir. Onların hazırlanıp, gelmiş olduklarını düşünelim. Onlar görünmeden az önce otağı, kuzeye doğru üç günlük bir yere taşırız. Böylece Çin askerleri azıklarını bitirmiş ve geriye çekilmiş olacaklar. Basmıllar ise çok haristirler ve onlar ilk önce gelirler. . . Gerçekten Basmıllar, Ağustos ayında (Bilge Kağan'ın, Otağı yanında göründüler. Fakat Çin ordusu ile doğudaki (Tıkan ve Hsi) kavimleri yoklardı. Bunun üzerine Basmıllar, korkup, geri çekildiler". Tonyukuk'un Bilge Kağan'a yaptığı değerlendirme ve tavsiyeler bu Türk stratejisinin tatbikine güzel bir örnektir.

Gök-Türkler'de, aynen Hunlar'da olduğu gibi, savunma maksadı ile arabalarla göç etmişlerdir. Gök-Türkler'in, erken çağlarda araba üzerine oturtulmuş keçe evleri bulunduğunu Çin tarihlerinden kesin olarak biliyoruz. Kabileler halinde arabalar ile göçme geleneğini ise, Çin kaynaklarında görmüyoruz. Bu yaşayış tarzı "Savunma gereği" olarak yapılıyordu. . Bu daha çok, büyük ve küçük devlet otoritesinin bulunmadığı Kıpçak Bozkırlarında olduğu gibi bazı Türk kesimlerinde görülür. Karahanlı, Selçuk ve İlk Osmanlı çağlarında böyle bir yaşayış türünü görüyoruz. Göktürklerde erkekler ava giderler ve ok talimi yaparlar. İki üç yaşındaki çocuklar bile atla gezer, ata biner ve atı dört nala sürer. Onlara kendi boylarında yay verip yay germeyi öğretirler. Hepsi çok çevik ve cesurdurlar[370].

Savaşın vakti de iyi seçilmeliydi. Türkler düşmanlarına dolunay vakitlerinde saldırıyorlar, ay küçülmeye başlayınca da geri çekiliyorlardı. Yağmurlu, karlı ve tozlu günlerden kaçınırlardı. Çünkü yağmur yağdığında yayların kirişleri gevşer; tozlu ve bulutlu zamanlarda da hedefler iyi görünmezdi. Ayrıca ordu sefere çıktığında, beraberinde yiyecek ve içecek ihtiyacını karşılayan hayvanlar ile un benzeri gıdalar da bu işlerle vazifeli kişiler tarafından kağnı arabalarıyla taşınıyordu. Geçiş güzergâhlarındaki yerleşim birimlerine önceden haberler salınıp, askerin ihtiyacı olan nesnelerin temini de sağlanmaktaydı[371].

---

370 Sencer DİVİTÇİOĞLU, Kök Türkler, Sy: 201, Ada Yay, İstanbul, 1987
371 Saadettin GÖMEÇ, Kök-Türk Tarihi, Sy. 255, Berikan Yayınları, Ankara, 2011.

HAZAR DEVLETİ VE TÜRK ORDUSU (630-1016)

İyi asker olarak tanınan Hazarlar Sasani, Abbasi ve Bizans saraylarında muhafız kıtalar olarak görev yapmışlardır. Özellikle Bizans sarayında Hazar askerlerininve komutanlarının büyük nüfuzları vardı. Bizans İmparatorları dahi bir kısım törenlerde Hazar elbisesi giyerlerdi. Bu iyi ilişkiler ileride Hazar prenseslerinin Bizans sarayına kraliçe olarak gitmesi ile daha ileri düzeye taşınacaktır. (VIII-IX. yüzyıllar Hazar-Bizans dostluğunun en ileri olduğu bir dönemdir. Bizans imparatoru III. Leon 731 yılında oğlu V. Konstantinos (714-775)'u Hazar Hakanının kızı Çiçek'le evlendirmiş ve Bizans'ta vaftiz olarak İrene ismini almıştır. Konstantinosun bu prensesten doğan oğlu, Bizans tarihte "Hazar Leon" diye tanınan İmparator Leon IV'dur[372].)

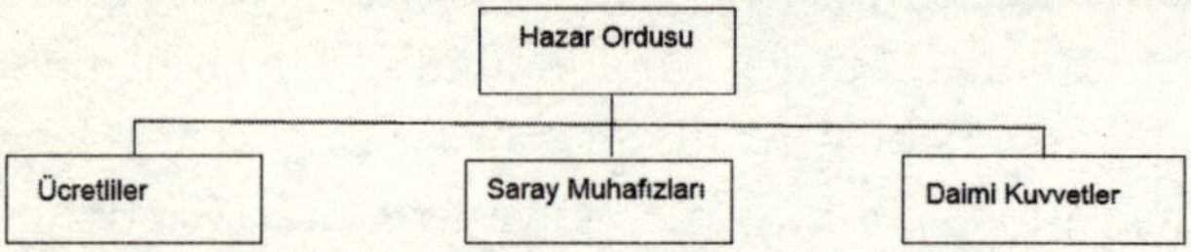

Kaynaklardan öğrendiğimize göre Hazar Hakanlığının devlet teşkilatı aslında Göktürk Devletinin teşkilatının bir devamı olmakla beraber bazı hususlarda kendine has gelişmeler gösterdiği de bilinmektedir. Hudud ul adem'e göre devletin başında bulunan "Hakan" Aşina sülalesinden gelmekte ve Türk geleneklerine uygun olarak "ilahi menşeli" sayılmakta idi. Ancak daha sonra Hazar hakanının durumunda bir değişiklik olmuş ve "Hakan" devlet hakimiyetinin bir sembol yani "temsilcisi" durumuna getirilmiştir. Böylece Hakanlık devlet işlerine karışmayan ancak devleti temsil eden sembolik yüksek bir makam olmuştur. Bu yüzden hakanın halk arasına pek çıkmadığını, sadece ayda dört defa tebası ile görüştüğünü görüyoruz. Devletin iktidarı büyük hakanın naibi olan kağan bey (kağan bey, kagan ebe, kagan beh, abşad, tarhan,) elinde idi. Bu naip büyük hakan tarafından seçilir, her an değiştirilebilir ve idam edilebilirdi.

---

372 M. Levi ARTAMONOV, Türkler, Yahudiler, Ruslar, Sy: 233, Selenge Yay, İstanbul, 2004.

Ülkeyi idare eden, orduların sevk ve idaresini yapan, komşu kralları itaat altında tutan hep o idi. O her gün hakanın huzuruna çıkar ve sağ tarafında otururdu. Diğer Türk kavimlerinde olduğu gibi Hazarlar arasında da hakanın sihirli bir kudreti vardı. Halkın başına kıtlık, kuraklık, harplerde başarısızlık ve başka uğursuzluklar geldiği zaman, hakan bundan sorumlu tutulur ve bu durum çoğu zaman onun hayatına mal olurdu. Belki de bu sebeple hakanın hakimiyet müddeti 40 yıl gibi belirli bir zamana bağlanmıştı. Şayet bu zaman sona ermeden kağanda bunama, aklı melekelerinde bir zayıflık belirir veya herhangi bir hatası görülürse, bu durum halkın galeyanına sebep olurdu. Çünkü onun bir uğursuzluğu davet etmesinden korkulurdu. Hakan 40 yaşını doldurduğunda hala ölmemişse, halk ve maiyeti onu aklı azaldı, bunadı diyerek hemen öldürürdü[373].

Kağan beyin yardımcısına kündür, onun da yardımcısına çavşıgır deniliyordu. Bu üç kişiden başkası hakanın yanına giremezdi. Hakan, bir sefere çıkmak üzere atına bindiği zaman, bütün ordu mensupları aynı işi yapardı. Hakanın düşmana karşı gönderdiği ordu yenilgiye uğrarsa, kaçarak geri dönenler cezalandırılır, kumandan ve kağan bey cezalandırılırdı. Hakan herkesin gözleri önünde kadın ve çocuklarını, malını, mülkünü, binek hayvanlarını ve silahlarını başkasına dağıtırdı. İstakhri'ye göre hakan emir ve yasak koymazdı. Ona ancak huzuruna çıkılırken saygı gösterilir ve önünde eğilinirdi. Hazarların hakanları Göktürklerin Aşina soyundandır. Yani hakan olmak için belirli bir hakan sülalesinden olmak gerekiyordu[374].

Hazar Devleti'nin ordu yapısına gelince Goeje de İstakhri'ye göre ordu 12 bin kişilikti. Askerin küçük bir kısmı hariç düzenli bir şekilde ücret almaz, maaşlarını uzun vadelerle ve muntazam olmayan aralıklarla alırlardı. Ordu olağan üstü hallerde toplanır, askerlerden biri vefat ettiğinde yerine yenisi görevlendirilirdi. Buradan biz o sıralar Hazarların ücretli orduları olmadığını ve savunmanın gönüllüler tarafından yapıldığını anlıyoruz. Ancak Hazar ordusu daha sonra-

---

373 Muallâ Uydu YÜCEL, Hazar Hakanlığı, Sy: 793, Türkiye Ansiklopedisi, Yeni Türkiye Yay, Ankara, 2002.

374 Muallâ Uydu YÜCEL, Hazar Hakanlığı, Sy: 797, 2. Cilt, Türkiye Ansiklopedisi, Yeni Türkiye Yay, Ankara, 2002.

ları harezm civarından gelen Müslüman kıtalardan[375] oluşmuştur. Hazarlarda IX. yüzyılın ortalarında ticaretin çok gelişmesi üzerine halkın büyük bir kısmı eskisi gibi askerlikle meşgul olmamış bu da ücretli askerlerin artmasını sağlamıştır.

Hazar hakanı atına bindiği zaman yanında on bin bin asker bulunurdu. Hazarlar konakladıkları bir yerde çok çabuk bir ordugah kurarak etrafını kısa zamanda tahkim ederlerdi. Ordunun öncüleri ellerindeki meşalelerle kağanın önünden giderler ve onun ordusu ile birlikte aydınlıkta ilerlemesini sağlarlardı. Ordu komutanı olan İşa (Bek[376]) savaşta orduyu bizzat kendisi idare eder, sancaklarla donatılmış ordusunun başında süslü silahlarıyla katılır, göğsüne bir zırh taşırdı. İşa'nın da 10 bin atlısı vardı. Bunlardan bir kısmı devamlı ücret alırdı. İşa halkın servetine ve mevkiine göre orduya katkıda bulunmasını sağlardı.

Sefere katılan hakanın önünde at üstünde, davula benzeyen ve güneşi andıran bir alem taşırlardı. Savaşta sağlanan ganimet ordugahta toplanır ve daha sonra askere dağıtılırdı. Ülkede toplanan vergi de İşa®ya getirilir ve o da bunu askerleri arasında paylaştırırdı. Ayrıca savaşlarda İşa®nın emrindeki 10 bin atlıdan başka kendi masraflarıyla orduya katılan varlıklı kimseler de bulunuyordu. Hazarlarda boy sorumluları devlet ordusuna gerektiğinde, durumlarına göre belirli sayıda suvari göndermekle mükelleftiler[377].

İlk dönemlerde atlı-göçebe bir kavim olan Hazarlar®da at çok önemli bir yer tutmakta idi. Bu yüzdendir ki Hazar bölgesinde yapılan kazılarda atlara ait mezarlar, bu mezarların içinde at iskeletlerinin yanında üzengiler, at koşumlarına ait halka tokalar ve plakalar, gemler bulunmuştur[378].

Hazarlarda daimi ordu bulunmaktaydı. Barış zamanında etnik karışımı dikkatle denetleyen Hassa Alayı (Daimi Kuvvetler), savaş geldiğinde bu ordunun belkemiğini oluşturuyor. Böyle zamanlarda bu ordunun sayıca kabararak yüz binlerce, belki daha büyük sayılara

---

375 İbrahim KAFESOĞLU, Türk Milli Kültürü, Sy: 171, Ötüken Yayınları, İstanbul, 1997.

376 Metin ÖZKAN, Türk Devletleri, Sy: 85, Kalipso Yay, İstanbul.

377 M. I. ARTAMONOV, Hazar Tarihi, Sy: 514, Çev. A. Batur, _stanbul 2004.

378 Bahaeddin ÖGEL, İslamiyetten Önce Türk Kültürü, Sy. 233, Kültür Bak. Yay. Ankara, 1984.

ulaşabildiğini biliyoruz[379]. Hazar devlet teşkilatında ayrıca tekin, inal, buyla, buyrug gibi unvanlara da rastlanıldığı gibi; Hazarlar'a bağlı diğer kavimler merkezden gönderilen "İl-teber" veya "tudun" denilen kişiler tarafından yönetiliyordu[380].

Mesud, "Hakanın ordusu ve hizmetkarları Ruslar ve Slavlardan oluşuyor" diye yazar. Bir süre sonra Ruslara güvenmekten vazgeçildi ve o zamana değin islamı kabul etmiş olan ve Larsi, (Arsiya[381] olarakta bilinir. 943 yılında sayılarıyedi bin civarındaydı.) adıyla anılan Orta Asyalı Türkler kiralandı. Çağdaşlara göre Larsilerin sayısı yedi bine yakındı. Bunun ötesinde, ülkede çoğunlukla Hun-Hazarlardan oluşan bir muhafız birliği de mevcuttu, ancak onlar savaş esnasında görev alıyorlardı[382].

Eski Gök-Türk teşkilatını devam ettiren Hazar Devleti kuvvetli ordusu ile hakim olduğu geniş sahada asayiş ve ulaşım güvenliği temin ederek 7-9. yüzyıllar boyunca Doğu Avrupa'da tam manasıyla bir "Hazar barışı"(Pax Khazarica) çağı gerçekleştirmiştir[383].

MOĞOL İMPARATORLUĞU VE TÜRK-MOĞOL ORDUSU (1206-1634)

1. Genel: Cengiz Han, Moğol Devleti'nin askeri teşkilâtlanması hususunda özel bir dikkat ve titizlik göstermiştir. Her Moğol'un doğuştan asker olduğu düşüncesinden hareket edilerek yasada açıkça şu madde belirtilmiştir: "Moğol çadırda doğar; ama atı üstüne öldürülür (yahut eceliyle ölür)" Bu temel maddeden kesin olarak şu neticeyi çıkarmak gerekir: Bütün Moğollar, sosyal durumlarının şartları ne olursa olsun, orduya asker olarak katılmak mecburiyetindedirler[384]. Ondört yaşına gelen her Moğol erkeğinin askerlik yapması zorunlu idi. Yalnızca doktorlar, ölü gömücüler ve din adamları bu kuralın

---

379 Arthur KOSTLER, On Üçüncü Kabile, Sy: 49, Say Yayınları, İstanbul, 2000.

380 Arthur KOSTLER, On Üçüncü Kabile, Sy: 59, Say Yayınları, İstanbul, 2000.

381 Metin ÖZKAN, Türk Devletleri, Sy: 86, Kalipso Yay, İstanbul.

382 Yakov KUZMİN, Pavel V. KULESHOV, Hazarlar, Sy: 814-823 2. Cilt, Türkler Ansiklopedisi, Yeni Türkiye Yay, Ankara, 2002.

383 İbrahim KAFESOĞLU, Türk Milli Kültürü, Sy: 165, Ötüken Yayınları, İstanbul, 1997.

384 Nazile ABBASLI, Ufukların Efendisi Cengiz Han, Sy: 102, Bilge Karınca Yay, İstanbul, 2007.

dışındaydı[385]. Bu bakımdan Avrupa feodal askeri yapıları ile devrinin Türk devletleri gibi Moğollarınki arasında esaslı farklar vardır.

Han buyurduğu zaman bütün Moğollar'ın orduya katılmalarının mecburi olduğu, Moğol askerlerinin meydana getirdiği sayıdan da anlaşılmaktadır. Cengiz Han, kuvvet ve genişlik faktörlerinin kuvveti ile, askerlerini yeniden teşkilatlandırdığı zaman, eski durum ve şartlara uymak mecburiyetini duymadı. Eskiden, Moğollar, aile ve kabilelerinin ad ve hesabına, aynı zamanda askeri şefleri olan büyüklerinin komutası altında orduya katılırlardı.

Cengiz Han, kabileler ve aileler arasındaki irtibat ve münasebetlere göre oluşmuş birlikler sistemini ortadan kaldırarak ve bunları dikkate almayarak, müstakil askeri birlikler meydana getirdi. Temel birlik bin kişiden teşkil edilmiştir. 1206 Kurultay'ında her birinin bin kişilik birliğin kumandası verilen 93 kumandan tayin edilmiştir ki, bu, o tarihte Cengiz Han'ın 100. 000 kişiye (Cengiz Han 1227 yılında öldüğünde ordusu 129. 000 askerden oluşmaktaydı[386]) yakın büyük bir orduya sahip olduğu kanaatini verebilmektedir.

Cengiz Han, bu arada, kendisinin korunması hususuna da büyük önem vermiş ve muhafız birliğinin sayısını binden on bine çıkarmıştır. Bunlardan her bin kişiye büyük bir dikkat ve itina ile üstün bir savaşçı seçilmiş ve tayin edilmiştir. Doğrudan Han'ın buyruğu altında bulunan muhafız birliği imtiyazlı ordu sayılmaktadır. Bu orduya mensup birisi doğrudan doğruya şefi tarafından değil, ancak Han tarafından cezalandırılırdı. Savaş meydanında muhafız birliği Moğol ordusunun merkez çekirdeğini teşkil ediyordu[387].

2. Ordu Teşkilatı: Devlet içerisinde, eski asillere mensup olanlara bir çeşit senyor manasına gelen noyan unvanı veriliyordu. Cengiz Hana bağlı olan yiğitler (ba'atur)[388], noyanlar (çoğulu noyand), birçok yurt(çadır) halkının efendileri idiler. İyi aileden gelen gençler veya çok kabiliyetli savaşçılar, üstünlük elde etmek istedikleri zaman noyanların yanında toplanıyorlardı. Bunlara nokud ünvanı veriliyordu.

---

385 Robert MARSHALL, Doğudan Yükselen Güç Moğollar, Sy: 18, Sabah Kitapları, İstanbul, 1996.

386 Rene GROUSSET, Bozkır İmparatorluğu, Sy: 219, Ötüken Yay, İstanbul, 1980.

387 Nazile ABBASLI, Ufukların Efendisi Cengiz Han, Sy: 103, Bilge Karınca Yay, İstanbul, 2007.

388 Rene GROUSSET, Bozkır İmparatorluğu, Sy: 218, Ötüken Yay, İstanbul, 1980.

Nokudlar noyanın yaşında yaşıyorlar, bunun tarafından besleniyorlar ve yetiştiriliyorlardı[389].

Orduda askeri hiyerarşinin çeşitli derecelerinde aynı feodal prensip hüküm sürmektedir; aynı şahsi sadakat bağı"arban"(onkişi), "caghun"(yüzkişi), "minggan"(bin kişi), "tümen"(onbin kişi) komutanlarını birleştirmekteydi[390]. Yüz, bin ve daha yüksek sayıdaki birliklerin komutanları"noyan"asilleri arasından seçilirdi. Bunların altında ise küçük asillerden ve hür insanlardan oluşan"Tarkan"lar bulunmaktaydı[391]. Bin kişilik birliğin büyüğü on bin kişiden oluşan birliklere "Tümen" yüz bin kişilik orduya ise "tuk" denirdi. On bin kişilik bir tümen, o çağ için, müstakil bir kuvvet halinde kendi hesabına savaşma kabiliyeti bulunan niteliklere sahipti. Bu taksimat, aynı zamanda, savaş meydanında birliklere büyük bir esneklik ve yüksek kumanda heyetine kolaylıkla manevra imkanı sağlamaktadır.

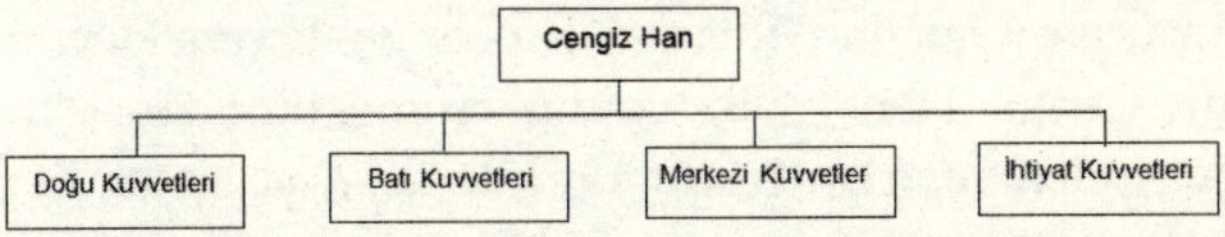

Askeri konularda bilgiyi zorunlu taktik bir avantaj olarak algılayan Cengiz Han, bu bilgiyi toplamak için seneler geçtikçe çok gelişmiş bir sistem geliştirmiştir. Ayrıca keşik adıyla bilinen koruma (muhafız) sistemini geliştirmişti. Muhafızlar ikiye ayrılmıştı[392]. Gündüzleri (turghak) yetmiş geceleri ise (kebteül) seksen asker nöbetçi olarak Cengiz Hanın çadırı etrafında koruma olarak görev yapıyordu. Muhafız birliğinin gece ve gündüz olarak ikiye ayrılması Hititlerden bu yana devam eden bir gelenektir[393]. Bunlara korçinleri ve sadak ile ok taşıyan askerleri de ilave etmek gerekir. Güç arttıkça bu sayıda arttı. Bu sistemin en önemli kısmını, "imparatorluk muhafızı" diye bilinen kabile reislerinin oğulları arasından tek tek seçilmiş kişiler ve becerikli halk arasından alınmış 10 bin kişilik bir grup oluşturmaktaydı. Bunlar ahçı, seyis olarak işe

389 Manole NEAGOE, Üç Bozkırlı, Sy: 127, Bilgeoğuz Yay, İstanbul, 2010.

390 Laszlo RASONY, Türk Devletinin Batıdaki Varisleri, Sy: 79, TKAE Yayınları, Ankara, 1983.

391 Rene GROUSSET, Bozkır İmparatorluğu, Sy: 219, Ötüken Yay, İstanbul, 1980.

392 Wilhelm BARTHOLD, Türkistan, Sy: 389, Yıldız Yay, Ankara, 1987.

393 Christopher I. BECKWITH, İpek Yolu İmparatorlukları, Sy: 16, ODTÜ Yay, Ankara, 2009.

başlıyor ancak işlerinde ilerledikçe bir kısmı muhabere ve elit grup olan öncü birliklere ayrılıyorlardı[394]. Buraya sadece asiller veya tarkhat denilen tamamen hür insanlar girebilirdi.

Muhafız gruplarının komutanları, ordu bölüklerinin komutanlarının oğulları veya küçük kardeşleri arasından seçiliyor ve böylece imparatorluğa sadakat olgusu biraz daha pekişiyordu. Ayrıca keşik sistemi kapsamında ilerlemeleri Cengiz Hana bağlılıkla sağlanan genç savaşçılar yetiştiriliyordu. Bunların görevleri arasında Hanı korumanın yanı sıra özenle seçilmiş savaşçıları yetiştirmek te vardı[395]. Bu muhafız kıtasında yer alan erler ordunun başka bir tarafındaki binbaşıdan daha üstün olup Cengiz Han belli başlı komutanlarını hep bu kıtadan seçerdi[396].

Moğol askeri kuvveti, en az, 1206 yılından sonra ilk yıllarda yalnızca süvarilerden teşekkül ediyordu[397]. Süvarilerin büyük bir kısmı ise Türklerden (Oğuzlar, Tatarlar, Kıpçak ve Peçenekler) meydana geliyordu. Cengiz Han, çabuk ve mükemmel bir haber alma sistem ve şebekesinden yararlanıyordu. Orduların savaş sırasında geçecekleri yerler ve bunlara giden yollarda bulunan engeller, yollar, halklar hakkında her türlü bilgi önceden Cengiz Hana bildiriliyordu. Benzer sistemi yıllar sonra Timur 'da kullanacaktır. Buna göre yürüyüş merhale ve mesafeleri evvelden tespit ediliyor, lojistik hususlar planlanıyordu.

Prensip olarak Moğol ordusu yüzü güneye çevrilmiş üç büyük bölüme ayrılmıştır. Cengiz Han'ın bir generali olan Barın Naya komutasındaki muhafız ordusu merkezi kuvveti oluşturur. doğuda önce Celayir Mukali komutasında bulunan sol kanat (ceğün ghar: sol el) 62. 000 kişiden meydana gelir; Batıda general Arulat Bogurci komutası altında bulunan sağ kanat (barun ghar: sağ kol) 38. 000 kişiden teşekkül ederdi. Bu, yaklaşık yüzbin kişilik kalabalık insan kütlelerinin aniden harekete geçmesi olup bunu Avrupalılar, başka mecburiyetler sebebi ile, daha sonra benimseyeceklerdi. Üç parçaya

---

394 Robert MARSHALL, Doğudan Yükselen Güç Moğollar, Sy: 16, Sabah Kitapları, İstanbul, 1996.

395 Robert MARSHALL, Doğudan Yükselen Güç Moğollar, Sy: 16, Sabah Kitapları, İstanbul, 1996.

396 Rene GROUSSET, Bozkır İmparatorluğu, Sy: 219, Ötüken Yay, İstanbul, 1980.

397 Nazile ABBASLI, Ufukların Efendisi Cengiz Han, Sy: 108, Bilge Karınca Yay, İstanbul, 2007.

ayrılan ve onar bin kişilik tümenlerden oluşan ve ideal bir askeri nizamı olan Moğol ordusu, savaş meydanında temel vasıf sayılan yüksek manevra kabiliyetine sahipti.

3. Moğol Ordularının Kullandığı Strateji ve Taktikler:

12'nci yüzyılda yeryüzündeki en büyük ve en güçlü ordu Şüphesiz Moğol Ordusudur. Gerek, Asya'da ve gerekse Avrupa'da kazandıkları başarıların bu kanaati teyid ettiği bir gerçektir. Moğol orduları süvarilerden oluşmuşlardır. Bunların hızlı ve yıldırım akınları, sistemli şekilde hazırlıklı bulunmayan ve buna vakit ve fırsat bulamayan düşmanlarını teşkilâtlı bir direnmeden mahrum olarak bastırmaktadır. Moğol ordusunun taşıdığı bu büyük avantajlar yanında sayısal bakımından da feodal Avrupa birliklerine üstündürler. Savaş meydanındaki harekâtı, kolayca manevralar ve savaş oyunları yapabilecek düşünce ve plan üzerine düzenlenmiştir. Cengiz Han savaş planlarını tasarlıyor ve üç ordu komutanına bildiriyor. Bunlar merkezi ve iki kanadı sevk ve idare ediyorlar. Birliklerin komutanları kendi ordu komutanlarından aldıkları emirleri veya doğrudan doğruya Cengiz Han'dan genle buyrukları yerine getiriyorlardı. Yüzün güneye çevrilerek askeri teşkilatın tasnifi aynı zamanda Moğol fetihlerinin de istikametini gösterir; Sol kanat ordusu Çin'in fethi, Merkezi ordu, Türkistan ve doğu İran'ın fethi ve son olarak sağ kanat ise Rus bozkırlarının fethi ile görevlendirilmişti.

Cengiz Han, 1206 yılında bu mânâda çok sert kanunlar yapmıştır[398]. Savaş sırasında hiç kimse dahil bulunduğu on kişilik gurubunu asla bırakıp gidemez. On kişilik grup, savaşta yaralanan arkadaşlarını bırakıp gidemezlerdi. Savaştan kaçan hemen öldürülürdü. Han'dan emir çıkmadan evvel hiç kimse yağma ve talana başlayamazdı. Moğol, ordusundaki disiplin anlayışı ve saygısı o kadar derin idi ki bir ordu komutanı çok uzak yerde bulunduğu halde ki bu Asya bozkırlarında bin veya iki bin km. lik mesafe oluyordu; Askerler, Cengiz Han'ın emirlerine katı bir şekilde itaat ediyor, Bir yanlışlık yaptığı takdirde

---

398 Laszlo RASONY, Türk Devletinin Batıdaki Varisleri, Sy: 78, TKAE Yayınları, Ankara, 1983.

dövülmeye razı oluyor, yahut Cengiz Han intiharını emrederse, bu emri zerre kadar irkilmeden yerine getiriyordu[399].

Bu şekildeki disiplin Moğol ordusunu muazzam ve müthiş bir savaş makinesi biçimine sokuyordu. Moğol savaşçıları, bu disiplin yanında, az görülen bir vücut dayanıklılığını ispat ediyorlardı. Sert iklim şartları altında büyüyüp yetişen, küçüklükten azla kanaate alışan, harekât esnasında çok uzun mesafeleri aşan ve mahrumiyetler katlanan bu insanların durumlarına, başka şartlar altında yetişen insanlar katiyen dayanamazlardı. Zorlu yaşam biçimi Moğolları inanılmaz derecede sertleştirdi[400]. Bu vücut dayanıklılığı kumandana birliklerini istediği yere hızla ulaştırmasını ve düşmanını ya hazırlıksız veya müşkül bir durumda yakalamasını sağlıyordu[401].

Moğol ordusu, sosyal kanaatleri göz önünde tutmaksızın şahsi değerleri mükâfatlandırmak imkânına sahiptir. Kuvvetini, çabuk kavrayışını, kabiliyetini ve bağlılığını ispat eden bir Moğol hemen ve yerinde aniden yükselebilmekte, aksini gösterenler ise düşmektedir. Yasada şöyle deniliyor: "Kabiliyetsiz şef öldürülecektir." Şahsi değer aşılanmakta, takdir edilmekte ve hemen mükâfatlandırılmaktadır. Esir iken hür olabilirsin. Bu usulü uygulayan Cengiz Han, büyük kabiliyetli generaller kümesi seçmeye muvaffak olmuştur.

Bir savaş sırasında Moğollar şeflerinden aldıkları komutalar gereğince bir bozkır taktiği olarak çeşitli manevra hareketleri yapıyorlardı. Alışılmış olan manevralardan birisi aldatıcı bir ric'at (geri çekilme) idi. ordunun çoğunluğuna yakın bir kısmı ile yapılan bir hücum sonunda düşmanın cephesi yarılamazsa, pek çok insan kaybına yol açacak kılıç ve mızrak muharebesinden kaçınan Moğollar diğer Türk orduları gibi ric'at manevrası yaparlardı. Ric'at, merkez kuvvetlerin yavaş çekilmesine mukabil, sağ ve sol kanatların hızla çekilmesi ve savaş meydanının terk edilmesi suretiyle oluşturulurdu.

Böylece, Düşman ordusu ile merkeze yüklenir ve savaştan ayrılan kanatları takip edemez olurdu. Geri çekilen yan kanatlardaki Moğol birlikleri, arazinin durumlarından yararlanarak, görünmeden

399 Manole NEAGOE, Üç Bozkırlı, Sy: 139, Bilgeoğuz Yay, İstanbul, 2010.
400 Kenneth CHASE, Ateşli Silahlar Tarihi, Sy: 13, T. İş Bankası Yay, İstanbul, 2008.
401 Nazile ABBASLI, Ufukların Efendisi Cengiz Han, Sy: 103, Bilge Karınca Yay, İstanbul, 2007.

ve hızla geri dönerler ve düşmanlarını arasından sararlardı. Bu sefer de çabuk bir zafer elde edemezlerse düşmanı engebeli ve elverişsiz bir arazide sıkıştırmak üzere, ona geri çekilme imkânı yaratırlardı ve bu hareketi yapmaya onu mecbur bırakırlardı. Moğollar bu vaziyete düşün düşmanını bir süre takip etmezlerdi. Onda kendilerinin savaşı bıraktıkları kanaatinin uyanmasına ve lüzumlu korunma tedbirlerini almayı ihmal etmesine meydan bırakırlardı. Uyanık bir ordunun alması gereken tedbirleri ihmal eden düşmana ansızın ve yıldırım hızıyla hücum ederlerdi.

Diğer bir manevra da Moğol ordusunun sistemli bir şekilde geri çekilerek bir kanadını zayıf bırakması idi. Düşman bu kanada saldırırdı. Geri çekilen Moğol kanadı, hızla yer değiştirerek, zayıf kanada kuvvet yetiştirerek aniden hücuma geçer ve düşmanı arkasından sarardı. Muharebe cephesi tersine çeviren bu hareketi, ancak çok hızlı hareket edip kısa zamanda yer değiştirebilen disiplinli ve çok kabiliyetli şeflerin sevk ve idare ettikleri birlikler yapabilirlerdi.

Cengiz Han'ın askeri kuvvetinin 1206 yılında 100. 000 kişiye yakın insandan meydana gelmiştir. Moğolistan'ın arazi genişliğini (yaklaşık olarak bir milyon km^2)[402] ve bir km^2'ye bir insan düştüğünü göz önüne alırsak, Cengiz Han Devleti'nin bir buçuk milyon nüfusu bulunduğunu anlarız (1206'da Moğolistan'da nüfus iki milyonu geçmiyordu[403].). Bir buçuk milyon insandan 100. 000 asker çıkarıldığını hesaplarsak, eli silah tutan bütün erkeklerin orduya katıldıkları neticesine ulaşırız.

Aslında Moğol taktiği, Hun'ların ve Gök Türk'lerin mükemmelleşmiş eski taktiği olup, yerleşik kültürlerin sınırlarında akın ve bozkırda büyük av seferleri alışkanlığı ile yoğrulmuş göçebelerin ezeli taktiğinden başak bir şey değildir[404]. Çoğunlukla vahşi, zalim ve işgalci olarak gösterilen Cengiz Han, aslında haber alma ağı ve muhabere becerisi yönünden XIII. yüzyıl Avrupalı emsalleriyle yarışan başarılı bir stratejistti. Moğolların savaşta yaptıkları gaddarlık yüzünden ve Cengiz Han'ın ordularını uzak yerlerde ustaca taktiklerle tutabilmesi, düşmanlarının kalplerine korku salmıştır.

---

402 Manole NEAGOE, Üç Bozkırlı, Sy: 125, Bilgeoğuz Yay, İstanbul, 2010.
403 Kenneth CHASE, Ateşli Silahlar Tarihi, Sy: 14, T. İş Bankası Yay, İstanbul, 2008.
404 Rene GROUSSET, Bozkır İmparatorluğu, Sy: 221, Ötüken Yay, İstanbul, 1980.

Cengiz Han ve ordularının şehirlere rastgele girmedikleri, kabul edilen tarihi bir gerçek olmuştur. Fakat Cengiz Han'ın, bir ülkeyi istilâ etmeden önce o ülke hakkında ne kadar çok bilgi edindiğini çok az kişi bilmektedir. Han'ın çok sıkı disiplinli ve hareket gücü yüksek ordusundan hemen sonra ikinci sırada, uzaklara yayılmış bulunan bilgi sistemi gelmekteydi. Moğollar, sefer sırasında her tarafa keşif kolu göndermeden harekete geçmezdi[405].

Cengiz Han'ı tedbirli biri olarak bilinir. Gerçekten öyleydi. Asla gelişigüzel bir istilâya girişmezdi. Yabancı bir bölgeye gitmek üzere topraklarından ayrılmadan önce nereye gittiğini ve oraya nasıl varacağını daima bilirdi. Yoldayken savaş alanı, hava ve yiyecek kaynaklarından, düşmanın gücü ve halkın moraline kadar her konuda günlük rapor alırdı. Neden bu kadar detaylı bilgi topluyordu. Han, adamları için en güvenli, en emin yolu istiyordu. Moğol orduları çoğu zaman kendilerinden sayıca üstün ordularla savaşıyorlardı. Fakat, Cengiz Han'ın savaşçıları aynı zamanda siyasi güç merkezi konumundaydılar. Kendisini han olarak seçen onlardı. Onları zenginlik ve bolluklara götürüp, gereksiz yere ölmeyeceklerine ikna ettiği müddetçe, arkasından geleceklerini biliyordu.

Cengiz Han daha birkaç kabilelik topluluğun reisiyken güvenilir bilginin değer ve gerekliliğini anlamıştı. Geliştirdiği sistem, ilkel fakat etkiliydi. Kimlik olarak "Temuçin adıyla" ile işaretlenmiş birer ok taşıyan dört süvari çalıştırıyordu. Bu oklu mesajcılar, diğer reislerce yasal öncü kabul ediliyorlardı. Çoğu okuma- yazma bilmeyenler gibi Moğollarında okuma-yazması olmadığından böyle okların çok eskiye dayanan bir kullanımı vardı. Fakat şekil yapabiliyor, hayvanlarını damgalayabiliyor ve oklarını boyayabiliyorlardı.

Fakat bu küçük sistem Cengiz Hanın tek bilgi kaynağı değildi. Aynı zamanda casus da çalıştırıyordu. Küçük bir reisken bile kendi obasına mal getiren tüccarları misafir edip, diğer ülke ve liderlerle ilgili anlattıklarını dinliyordu. Kurnaz birisi olarak, bu tüccarların mallarını pazarlık yapmadan uygun fiyatlarla alıyordu. Böylece onların güvenini kazanıyordu. Hâkimiyeti bozkırlara yayıldıkça, Moğol birliklerine bağlı askerler kervan yollarında nöbet tutmaya başladılar. Kendi kişisel mührü metalden (altın, gümüş) ya da muhtemel üzerinde

405 Kenneth CHASE, Ateşli Silahlar Tarihi, Sy: 14, T. İş Bankası Yay, İstanbul, 2008.

ismi yazılı sert bir taştan yapılmıştı. 1206'da tüm Moğol kabilelerin tek şefi olarak tasdik edildikten sonra, Cengiz Han'ın unvanı yazılı olan yeni bir mühür yapıldı. Kırmızı mürekkep kullanarak mesajlarını mühürlerken, güvenilir birkaç komutana kendi mühürlerini kullanma hakkı bahşedildi. Onlar mavi mürekkep kullanıyorlardı.

Ordu hareket hâlindeyken bu öncü ve rehberler 100 ve 200 mil uzaklığında daireler oluşturarak orduyu tamamen çember arasına alıyorlardı. Bu çift çember ani saldırıları imkânsız kılıyordu. Önde giden çiftler geriye Han'a, ilerdeki çevre, hava, su kaynaklarıyla ilgili düzenli rapor gönderiyorlardı. Düzenli aralıklarla, bu öncüler, aylarca önce Moğol Komiserliği'nce gönderilmiş olan koyun ve davar sürüleriyle karşılaşıyorlardı. Ordunun gelmesiyle, bu hazır hayvanlar kesilip pişiriliyordu. Öncüler bir nehirle karşılaştıklarında Çinli mühendisler hemen çağrılıp insan gücü ve diğer malzemelerle hemen üstüne kayıklar yaptırılıyordu.

Sarp bir boğazdan geçmek için ordunun köprüye ihtiyacı oluyordu. Pers yolunda, Cengiz Han'ın oğlu Ogeday, her biri üzerinde iki aradan geçilebilecek büyüklükte 38 köprü inşa ettirdi. Öncüler, düşman muhafızlarını gördüğünde, savaşçılardan birisine, onların dikkatini başka yöne dağıtmak için emir verilirdi. Tabii ki öncüler bir kasabaya yaklaştığında, kasabanın civarı sessizce tetkik edilip rapor ediliyordu. Kasaba duvarları ahşap ise ordu, alevli ok ve yunan ateşi hazırlıyordu. Duvarlar kiremit ise esirlere kaya parçaları toplattırılıyor, bunlar da 360 derecelik olacak şekilde mancınıklarla duvarlara fırlatılıyordu.

1220-1223 arasındaki üç yılda, Cengiz Han da İran'ın derinliklerinde harekâtı idare ederken Moğol ordusu Sarı Deniz'den Kafkaslar'a kadar olan bölgede faal durumdaydı. 150. 000 asker 300 mil genişliğindeki bir meydanda at sürüyordu. Cengiz Han'ın elindeki tek şey at idi. Bir Moğol atı günlük 60 ile 70 mil arasında yol alabilir, at zorlanırsa bu 100'e de çıkabilir, fakat aynı performansı diğer gün veremezdi. Tek yiyeceği olan bozkırlardaki ot, yulaf kadar besleyici değildir. Çin'in istilâsında Cengiz Han, ordunun gerisinde ve Moğolistan'a kadar uzanan bölgede bir dizi yiyecek, at ve malzeme depoları kurulmasını emretti. Bu seçilmiş yerlerde, bozkırlardan ekstra at ve yiyecek toplanarak bulunduruluyordu. Ayrıca ganimet ve esirler, geri yollanmak üzere burada tutuluyordu. Bu arada mesajcılar evden haber getirip, geriye malzeme için kendisinin direktif ve emirlerini götürüyorlardı. İran seferinde böyle depolar yoktu, fakat Moğol ordusu savaşta ve muharebede kullanılmak üzere yanına yaklaşık 250. 000 at almıştı. Bozkırlardaki yabani hayvan bolluğu, yiyecek sıkıntısını ortadan kaldırıyordu. Her savaşçının bir dizi atı vardı ve özel koşullar dışında at sırtında savaşıyorlardı[406].

Cengiz Han 1224'te, Çin'den Karadeniz'e kadar ve güneyde Tibet, kuzeyde Sibirya'ya uzanan bir imparatorluğun başı olarak Moğolistan'a döndü. Orduları her yerdeydi. Peki Han'ın verdiği direktifler alındığı an, nasıl hemen uygulanıyordu? Bir general çıkıp gelen bu mesajcının Han adına konuştuğunu, ya da bir kafilenin belli bir bölgeyi yönetmek için Han tarafından yetkilendirdiğini nereden biliyordu? Çünkü bu tür insanlar "paitza" takıyorlardı. Cengiz Han "paitza"yı Çin seferinde keşfetti. Yaklaşık 7 cm uzunluğunda, ucunda zincir için bir delik bulunan ve boynun çevresine dolanan bir plâkaydı. Bunu taşıyanın rütbesi yükseldikçe "paitza" için kullanılan malzeme de o derece kıymetleniyordu (bronz, gümüş ya da altın). Haberciler sadece tahta olanlarını takıyorlardı. Malzeme ne olursa olsun bu "paitza" sahibine Han'ın temsilcisi olarak olağanüstü yetki veriyordu. Rusya'da bulunan bir paitzanın üzerinde şunlar yazılıydı: "Ölümsüz gökyüzünün gücü, büyüklük ve ihtişamın sahibi emretmiştir. Emirlere uymayanlar suçludur ve öleceklerdir. " Başka bir ifadeyle bunu taşıyana, sanki Han'ın kendisiymiş gibi itaat edilecekti.

Hatta konuyu "yasa" dedikleri kanun maddeleri arasına koymuştu. Ferman, her habercinin yolunu tamamlamak için istediği atı alabileceğini söylüyordu. Bu emre uymayacak kadar aptallık yapanlar, prens ve komutanlar dahil, şiddetli bir şekilde cezalandırılıyordu. Mektup yerine ulaşmalıydı. Han'ın kurye sistemi o kadar geniş ve etkin hâldeydi ki kendisi nerede olursa olsun sayım yaptırabiliyor, hayvanlarını saydırabiliyor ve halkının hareketlerini öğrenebiliyordu. Kabile reislerinin yerlerinden, ganimet ve esirlerin yer değişikliğinden, komutan ve valilerin yaptıklarından haberdardı. Bilinen dünyanın büyük bir kısmına hükmetmekle yetinmiyordu, aynı zamanda diğer insanların da nerede olduklarını ve ne yaptıklarını öğrenmeye çalışıyordu[407].

---

406 Reuven Amitai PREİSS, Mongols and Mamluks, Sy: 173, Cambridge University Press, 1995.

407 Cengiz Han'ın Muhabere Ağı, Sy: 36, Gnkur ATASE Bşk. lığı Yay, Say: 39, Ankara, 1995.

Han'ın oğlu ve varisi, belli rotalarda yol istasyonları zinciri kurarak, bu geniş kurye ağını resmileştirdi. "Yam'lar diye bilinen bu istasyonlar, bölgeye bağlı olarak genellikle 20 ile 40 mil arası aralıklarla yapılmıştı. Her "yam"ın başında orayı işletecek yeterli sayıda adamlar bulunuyordu. Her birinde araba yedek parçaları ve ekstra yiyecek bulunduruluyordu.

Moğolistan'ın başkenti Karakurum'a gidip gelen ziyaretçiler için barınma yerleri mevcuttu, fakat en önemlisi her "yam" bir at sürüsü bulunduruyordu. Atın eyeri üstündeki ziller, bir kuryenin gelişin haber verdiğinde, bir görevli hemen önceden eyerlenmiş yeni bir atı aceleyle dışarı çıkarıyordu. Kendisini yorgun atından aşağı atan haberci, hemen yeni atına binip yoluna devam ediyordu. Atlar sık sık değiştiriliyordu fakat, sürücü bütün yolculuğu tamamlıyordu. Çoğu, beyin ve böbreklerini sürekli sallantıdan korumak için baş ve karın bölgesini sarmak şeklindeki şark geleneğine uymayı öğrenmişti[408].

Bu sistem pek yabancı değil. Moğolların "yam"ları, sıkı bir şekilde at sürmeleriyle, uzun mesafe kuryeleri günümüz kuryelerinin öncüleriydi. Bu sistemin hız ve etkinliğine bir örnek, Moğolların Avrupa seferinden çıkabilir. 1242'nin kışında, Karpat dağları üzerinden Rusya'yı aşıp Avusturya'ya giren bir Moğol ordusu, Viyana'nın 11 mil güneyindeki Neustadt köyüne ulaştı. 25 Aralıkta bir kurye buraya gelip Ogeday'ın 11 Aralık'ta öldüğünü haber verdi. Vardiya hâlinde gece gündüz at süren Moğol sürücüler, 14 günde inanılmaz bir şekilde 1400 mil yol yapmışlardı[409].

4. Askeri Teçhizat ve Kıyafetler:

Moğol Ordusu kıyafet olarak diğer bozkır askerleri gibi pantolon ve ceket/yelek kullanmaktaydılar. Ordugahta asker, kulaklıklı kürkten bir börk, keçe çoraplar ve çizmeler, dizin altına kadar inen kürk taşımaktadır. Muharebede ensesini örten meşinden bir miğfer giymekte sırtına siyah boyalı düz meşin parçalarından yapılmış sağlam ve yumuşak bir zırh almaktadır. Taarruz silahları olarak, asker başına iki yay ve iki sadak(altmış okluk), eğik kılıç, bir küçük

---

408 Jean Paul ROUX, Büyük Moğolların Tarihi, Sy: 87, Kabalcı Yayınevi, İstanbul, 2008.

409 Cengiz Han'ın Muhabere Ağı, Sy: 37, Gnkur ATASE Bşk. lığı Yay, Say: 39, Ankara, 1995.

balta ve eyerden sallanan demirden gürz, süvarileri düşürmek için kancalı bir mızrak, kalkan ve at kılından bir kement bulunmaktadır[410].

Bir asker tüm teçhizatının standarda uygun olmasından sorumluydu ve düzenli olarak subaylar tarafından denetlenirdi. Askeri kıyafetin içine Çin yapımı ipekten yapılmış iç gömleği giyerlerdi. Bu sayede bir asker ok ile yaralanacak olsa bile, üstteki zırhı delen okun sıkı dokunmuş ipeği delmesi imkansızdı. İpekli kumaş okla birlikte vücuda saplanıyordu. Vücuda giren okları çıkartma işlemi sırasında yara daha da büyüdüğü halde, okun ucunu kavrayan ipek sayesinde bu işlem kolaylaşıyordu. Yaranın çevresindeki kumaşı usulca çeken asker veya doktor, okun ucunu döndürüp yarayı büyütmeden çıkarabiliyordu[411].

İpek gömleğin üzerine entari giyiliyordu. Asker eğer ağır süvari ise, bu kıyafeti bir zincir zırh ile pul biçiminde zırhla kaplı bir göğüslük tamamlıyordu. Her askeri deriden yapılmış kalkanı, demir veya deri miğferi bulunuyordu. İki bileşik yay ve altmış okun yanı sıra hafif süvarilerin kısa bir kılıcı, iki yada üç kargısı vardı. Ağır süvariler ise cenk baltası, topuz ve 4 metrelik mızrak taşıyorlardı. Genellikle kalkan kullanmıyorlardı[412]. Savaş sırasında atların üzerinde giysi, tencere, su şisesi, okları sivriltmek için eğe, iğne, iplik, kurutulmuş et, ve diğer gerekli eşyaları taşırlardı. Sığır işkembesinden yapılan eyer heybeleri su geçirmediği ve suda batmadığı için nehir geçişlerinde kullanılıyordu.

---

410 Rene GROUSSET, Bozkır İmparatorluğu, Sy: 220, Ötüken Yay, İstanbul, 1980.

411 Robert MARSHALL, Doğudan Yükselen Güç Moğollar, Sy: 18, Sabah Kitapları, İstanbul, 1996.

412 Kenneth CHASE, Ateşli Silahlar Tarihi, Sy: 13, T. İş Bankası Yay, İstanbul, 2008.

ÜÇÜNCÜ BÖLÜM

MEMLÜK TÜRK DEVLETİ VE TÜRK ORDUSU (1250-1517)

1. Genel: İslam dünyasında memlük satın almak suretiyle bunlardan askeri sınıflar teşkil eden ilk devlet Abbasilerdir[1]. Abbasi Sultanı Al Mutasım tarafından 8'inci yüzyıl ortalarında Türklerden oluşan bir memlük grubu teşkil edilmiş, bu birliklerin mevcudu daha sonra 70. 000 civarına ulaşmıştır. Halen Irak sınırları içinde bulunan, adı arapçada "Sürre men raa" (gören sevinsin)[2] olan Samarra şehri söz konusu askerlerin yaşaması için kurulmuştur.

Memlük, efendisinin tasarrufunda bulunan esir demektir. Ancak zenci kölelerden farklıdır. Zenci köleler daha ziyade ev işleri ile meşgul iken Memlük, efendisi tarafından azad edilmiş, hükümdar ve emirlerin muhafız birliklerinde askerdir. İktisadi veya askeri sebeplerle diğer ülkelere göç eden Türklere köle demek uygun değildir. Zira bu insanlar askeri hizmetleri yerine getiren ve görevlerinin karşılığında ücret alan kimselerdi. Kendi başarıları ile hükümdarlığa kadar yükselebiliyorlardı. Ancak arap kaynaklarının arapça köle anlamındaki"abd" yerine memlük deyimini kullanmaları Türklerin haksız bir şekilde köle olarak algılanmalarına yol açmıştır[3].

---

1 M. C. Şehabeddin TEKİNDAĞ Memlük Sultanlığı. Sy. 22 İ. Ü. Edebiyat Fak. Yay. No: 887 İstanbul 1961

2 Ziya KAZICI/Mehmet ŞEKER İslam Türk Medeniyeti Tarihi Sy: 40 Çağrı Yay. İstanbul 1981

3 İbrahim KAFESOĞLU Türk Milli Kültürü Sy. 54 Ötüken Yay. İstanbul 2011

2. Askeri Teşkilat: Memlük Türk Devleti idari ve askeri teşkilatında Arap etkisinin yanısıra yerleşik Mısır, Kıpçak Türkleri ve Selçukluların etkileri ile uygulamaları görülür. Bu nedenle ordu teşkilatı, daha ziyade Selçuklu askeri teşkilatının mısır coğrafyasına, tarihine, sosyal ve iktisadi yapısına göre şekillendirilmiş halidir. Memlük askeri sistemi, hükümet tarafından satın alınarak önce muhtelif kışlalarda daha sonra okullarda (tıbak) askeri gaye ile yetiştirilmek üzere kendilerini satın alan halife veya emire bağlı olarak yaşayan askerlerden teşkil edilen birliklerden oluşur.

Esasen Selçuklu askeri teşkilatının örneği olan ve ordusunun büyük kısmı Oğuz ve Kıpçak Türklerinden oluşan Eyyubi devletinin askeri yapısı kendisinden sonra Memlük Devleti gibi bir devletin kurulmasında en büyük vesile olmuştur[4]. Bu kahraman savaşçı Kıpçak Türkleri Bizans ordusunda bile "Turkopol" adı verilen birlikleri teşkil etmişlerdir[5]. Haçlı seferlerinde de Avrupa şovalyeleri "Turcopoles"denilen atlı okçuları yanlarına alarak seferlere katılmışlardır[6].

Eyyûbi Devleti'nin yıkılmasından sonra Mısırda kurulan Memlûk Devleti'nin ilk Sultanı Aybek'tir. Aybek aslen Türk idi. Yemen'de müstakil bir devlet kurmuş olan Resuloğullarından (1229- 1454) birinin memlûkü iken el-Melik es-Salih Necmeddin Eyyûb'a intikal etmiş; onun hizmetinde yükselerek emîrlik derecesine çıkmış ve es-Salih onu çaşnigîri yapmıştı[7].

Memlük Türk Devleti Askeri teşkilatında, Memlük Sultanı başkanlığında Divan al Cayş'a bağlı Memlük ordusu (al asakiri sultaniya) Al Mamalik as Sultaniya Askerleri, İkta Askerleri, Mamalik al Umara Askerleri ve Yardımcı Kuvvet Askerlerinden oluşan dört askeri birimden oluşmaktaydı.

---

4 Ayşe D. KUŞÇU Eyyubiler Döneminde Ordu ve Askeri Teşkilat Sy: 67 Askeri Tarih Araştırmaları Dergisi S 11 Ankara 2008

5 Osman TURAN, Türk Cihan Hakimiyeti Mefkuresi Tarihi, Sy: 162, Ötüken, İstanbul, 2003.

6 John FRANCE, Western Warfare in the Age of Crusades, Sy: 211, Cornell University Press, 1999.

7 Kâzım Yaşar KOPRAMAN Mısır Memlûkleri (1250-1517) Sy: 173 5. Cilt, Türkler Ansiklopedisi, Ankara, 2002.

a. Al Mamalik as Sultaniya Askerleri: Esasen Memlük ordusunun çoğunluğunu Kafkaslardan, Kırım ve Anadolu'dan getirilen Türkler oluşturmaktaydı. Özellikle (Deşt-i Kıpçak'tan getirilen) Kıpçak Türkleri üstün savaşçılık yetenekleri sebebi ile köle pazarlarında tercih ediliyordu. Yaygın köle ticareti ile İslam ordularına (ülkelerine) gönderilen savaşçı kölelerin çoğu da Anadolu pazarlarında satılıyor ve Sivas şehri bu kölelerin dağıtım merkezi sayılıyordu. Haçlılara ve Moğollara büyük darbeler vuran Mısır Sultanı Baybars'ta Sivas'ta satılmış Kıpçakların Borlu/Borc oğlu boyuna mensup bir Türktür[8]. Hatta 1290-1382 yılları arasında Memlük Devleti Ed Devlet'üt Türkiya, Türk Devleti diye anılmıştır. [9]

Mamaliki as Sultan olarak ta bilinen bu askerler önceleri Mukaddamu'l Mamalik as Sultaniye ve al Mamalik as Sultaniya isimli emirlerin idaresinde bulunmaktaydı. Mustahdamun ve Mamlükün İki farklı sınıftan teşkil edilmişti. Mamlükün askerleri Kafkaslardan, Kırım ve Anadolu'dan getirilen veya esir pazarlarında satılan Kıpçak ve Oğuz Türklerinden oluşmaktaydı. Mustahdamun askerleri ise 12 ayrı unsurdan meydana gelmekteydi ve eski sultanın köleleri ile önce emirlere daha sonra da sultana katılan memlüklerden (kölelerden) oluşturulmuştu.

---

8 Osman TURAN Türk Cihan Hakimiyeti Mefkuresi Tarihi Sy. 392. Ötüken Yay. İstanbul 2003

9 İbrahim KAFESOĞLU Türk Milli Kültürü Sy: 186 Ötüken Yay. İstanbul 1997

Uzun bir dönem yukarıdaki yapı ile devam eden Al Mamalik as Sultaniya Askerleri Memlük Sultanının yanında gece gündüz nöbet tutmak ve sultanı korumakla görevli olması sebebiyle özel bir konum elde etmiştir. 14'üncü yüzyılın sonunda ise mali bakımdan Divan al Cayş'tan ayrılıp, Divan al Mufrad aş Şarif'a bağlanmıştır. Sultan Berkuk zamanında sayıları10, 000 ile 12, 000 arasında değişen bu memlükler, her ay 400, 000 gümüş dirhem alıyorlardı[10].

b. İkta Askerleri: Selçuklu ikta'sına benzemekle beraber Memluklarda ikta askerleri sultan şahsına bağlı olanlar, Mısır, Dımaşk ve Halep iktalarına bağlı askerler ile ümera çocukları, Türkmen, Arap ve Kürt ikta sahiplerine bağlı askerler Acnad al Arap ve Acnad al Akrad olarak adlandırılmaktaydı. Sayıları 24. 000 civarında bulunan iktalı askerler farklı gruplara ayrılırdı. 40 askerden oluşan birliğe Mukaddam al Halka, 100 askerden oluşan birliğe Nakib al Cayş ve 1000 askerden oluşan birliğe de Amirmi'a Mukaddam Alf adı verilen emirler komuta ederdi. Mısırdaki bütün askerlerin kumandanına Atabak al Asakir olup Atabak al Asakir bi'd Diyar al Mışriya ünvanını haizdir [11].

c. Mamalik al Umara Askerleri: Acnad al Umara olarakta bilinen bu kuvvetler emir ve beylerin idaresinde ve tıbak adı verilen askeri okullarda yetiştirilen ve çoğunlukla suriye naibliklerinden Mukaddam, Tablhanah ve Aşravat emirlerine bağlı köle ve askerlerdir. Savaş öncesinde Nakib al Cayş komutasında diğer kuvvetlerle birleşen Mamalik al Umara Askerleri genellikle ihtiyat birlikleri olrak tercih edilmiştir.

ç. Yardımcı Kuvvetler: Memluk ordusunun en güçlü olduğu dönemlerde sayıları 280. 000 civarında olan bu kuvvetler Acnad al Turkman, Acnad al Arab ve Acnad al Akrad şeklinde üç farklı sınıfta teşkil edilmiştir.

(1) Acnad al Turkman: Memlük sultanına bağlı ve As Sani olarak adlandırılan Beylere bağlı Kudüs, Halep ve Diyarbakır hattında bulunan Oğuz Türkleri bu isim altında askeri birlik olarak bulundu-

---

10 M. C. Şehabeddin TEKİNDAĞ Memlük Sultanlığı. Sy. 152 İ. Ü. Edebiyat Fak. Yay. No: 887 İstanbul 1961

11 M. C. Şehabeddin TEKİNDAĞ Memlük Sultanlığı. Sy. 154 İ. Ü. Edebiyat Fak. Yay. No: 887 İstanbul 1961

rulmuştur. Bu hatta yer alan çeşitli Oğuz Türkleri bağlı bulundukları beylikler vasıtasıyla Memlük ordusuna yaklaşık olarak 150. 000-180. 000 arasında asker temin etmekteydi.

(2) Acnad al Arab: Sultana bağlı Arap kabilelerinin savaş esnasında Memlük ordusu emrine verecekleri arap ve berberilerden oluşan birliklerdir. Yaklaşık olarak 90. 000 askerden oluşan bu kuvvetleri oluşturan kabilelerden, Hicaz Arapları;24. 000, Al Fadl; 24. 000, Irak Arapları; 2. 000, Havvaralar; 24. 000 asker bulundurmak mecburiyetindeydi.

(3) Acnad al Akrad: Sultana bağlı kürt kabilelerinin savaş esnasında Memlük ordusu emrine verecekleri kürtlerden oluşan birliklerdir. Yaklaşık olarak 20. 000 askerden oluşan bu kuvvetleri oluşturan kabilelerden, Bohti, Hakkariya, Al Basıriya, Al İzviya gibi şehirlerde bulunan kürt aşiret reisleri belirlenen miktarda asker bulundurmak mecburiyetindeydi.

Memluk Sultanlığı ordusu en parlak dönemini yaşadığı yıllarda 426. 000 askerden oluşan büyük bir askeri güçtü. Bu mevcudun 133. 000 kadarı Acnad al Halka ve Memlüklar, 293. 000 kadarı ise yardımcı kuvvetlerden oluşmaktaydı. Ordu atlı (süvari) ve yaya birliklerden meydana geliyordu. Memlüklar, ok ve yay taşır, yakın muharebede süngü, mızrak, balta ve sapan kullanırdı. Cavşan adı verilen zırh giyerler, deri veya metal kaplamalı kalkan kullanırlardı. 1490 yılından itibaren Memluk ordusunda zenci kölelerden teşkil edilen ve tüfek kullanan "Tüfekçi" leri görmekteyiz. Hatta bu birliğin törenlerde yürüyüşlere katılması diğer askerler arasında hoşnutsuzluk yaratmıştır[12].

Memlüklar kılıç ile mızrağı birlikte tutup, ok atışlarını ve kılıçla yapılan hamleleri bu yolla bertaraf etmeye çalışıyorlardı. Barış zamanında sık sık bu hareketlerin eğitimi ve tekrarı yapılırdı. Eğitimlerde ok ve yayın kullanılışı, Elinde mızrağı ile süvarinin ata binip inmesi, düşmanın mızrağını düşürmek üzere topuzla vurma vb gibi konulara ağırlık verilirdi. Teçhizat bakımından üç farklı sınıfta tertiplenen memlük ordusu askerleri savaşta biribiri arkasında en önde okçular, gerisinde mızrak, kılç ve kalkan kullanan piyadeler, en geride ise ağır süvari birlikleri olacak şekilde tertiplenirdi.

---

12 Kenneth CHASE, Ateşli Silahlar Tarihi, Sy: 131, T. İş Bankası Yay, İstanbul, 2008.

Memluk ordusu tamamen toprak esasına göre kurulmuş olmayıp, toprak rejimi ile birlikte sonradan azad edilen esirler kitlesi üzerine kurulu idi. Azad edilenler daha sonra kendileri de meziyetlerine göre sürü sürü esir besleyerek birer feodal sahip oldular ve dikkatle düzenlenen ve tatbik olunan dereceleri aşarak en yüksek ünvanlara ulaştılar. [13] Devletin ilk yıllarında devlet ve ordu yönetiminde Kıpçak asıllı Türkler çoğunlukta ve egemen iken 1330 yılında Altın Ordu hükümdarı Özbek Hanın Mısır'a Kıpçak esir ihracını yasaklaması neticesinde 1382 yılından itibaren bu yönetim kademeleri Türk nüfusun azalmasına bağlı olarak (Kafkasya'dan getirilen) Çerkes'lere geçmiştir[14].

Memluklar Mısır ve Suriye'de yaşadıkları halde Türkçe konuşarak ve milli geleneklerine bağlı kalarak yaşamışlardır. Sultanların çoğu Arapçayı iyi konuşamazlardı. Arap aydınlarda sultanlar katında mevki sahibi olmak için Türkçe öğreniyorlardı. Bunu elde etmek için Türkçe hakkında birçok kitap yazılmıştı. Memlüklar at eti yemekte ve kımız içmekteydiler. [15]Sultan Baybars döneminde Memlük Türk Devleti Akdeniz'de güçlü bir donanmaya sahip olmuştu. Özellikle Akdeniz ve Kızıldeniz'de geliştirilmiş tersanelerde çeşitli gemiler yapılıyordu. [16]

Memlükler, devletin ilk yıllarında sürgüne gönderilmiş Moğollar[17] ile Kuzeyde Altun Ordu devleti ile devam eden ticaret kapsamında Tacirül Memalik adı verilen memurlar tarafından genellikle Sivas yöresinde kurulan esir pazarlarından satın alınan Kıpçak Türklerinden, Moğol istilasından kaçan Tatarlardan (al Tatari), Halep ve Kerkük Türkmenlerinden, Selçuklu sınır boylarındaki (Maraş, Antep, Adana vb.) Oğuz Türklerinden, Venedik ve Cenevizli tüccar gemiciler tarafından Kafkaslardan getirilen Slav ve Çerkez kölelerden(al Çarakisa) ve az sayıda berberi araplardan teşkil edilmekteydi. Kıpçak Türkleri ile diğer memlükların garnizonları ayrı idi. Türkler Nil nehri

13 Laszlo RASONYI Türk Devletinin Batıdaki Varisleri ve İlk Müslüman Türkler. Sy: 67 Türk Kültürünü Araştırma Enstitüsü Yay 1983

14 İbrahim KAFESOĞLU Türk Milli Kültürü Sy: 350 Ötüken Yay. İstanbul 1997

15 Faruk SÜMER Türk Cumhuriyetlerini Meydana Getiren Eller ve Türk Destanları Sy: 71 Ders Kitapları A. Ş. İstanbul 1997

16 İ. H. UZUNÇARŞILI Osmanlı Devleti Teşkilatına Medhal. SY: 327 Ankara 1941

17 Kenneth CHASE, Ateşli Silahlar Tarihi, Sy127, T. İş Bankası Yay, İstanbul, 2008.

üzerindeki adada ikamet ediyorlardı (Memalik i Bahriye), diğerleri ise Kahire kalesinde bulunuyordu.

Sultan Kalavun zamanında ülkede yeni bir toprak rejimine gidilerek tarıma elverişli topraklar 24 parçaya bölünmüş, bunun 4'ü has (sultana ait) sayılmış, 10'u Cünd'ül Halka efradına ayrılmış, gerisi de kumandanlara verilmişti. Bu kumandanlar besleyip savaşa hazır tuttukları askerler nedeni ile Memalik i Umera adıyla anılıyordu.

Memlük Sultanı savaş ve barış kararları'nı Meclisü's Saltana'yı toplayarak verirdi. Erbabü's Süyuf ve'l Kelam adı verilen devlet ileri gelenleri bu toplantılara katılırlardı. Müşir sultan adına konuşurdu. Sultan çarşamba ve pazar günleri adalet dağıtır, davaları hallederdi. Şad ve Mihdar denilen sultanın yardımcıları hususi işlere bakarlardı. [18] Esasen şehzade eğitmeni anlamına gelen "Atabeg" sözü Eyyubilerde olduğu gibi Memlük Türk Devletinde de ordu anlamına gelen "Asakir" ile birleştirilerek"Atabekü'l Asakir"Ordu Komutanı anlamında kullanılmıştır[19].

TİMUR DEVLETİ VE TÜRK ORDUSU (1370 -1507)

1. Genel:

Timur Devleti de daha önceki Türk devletlerinde olduğu gibi belli bir veraset sistemi yoktu. Ülke toprakları hükümdar ailesinin ortak malı sayılırdı. Devletin başında bulunan hükümdardan başka, devlet yönetiminde hanedana bağlı diğer erkek üyeler de görev alırdı. Mirza denilen bu hanedan üyeleri, eyalet merkezine gönderilirlerdi. Timur, devlet yönetiminde hem Türk idari geleneklerini hem de Cengiz Yasası'nı beraberce kullanmıştır. Daha sonraki hükümdarlar zamanında İslamiyetin kabulüyle birlikte devlet yönetiminde, İslami kurallar da etkili olmuştur.

Timurlularda, şehir ve bölgelerin idari ve askeri işlerinden darugalar (hâkimler) sorumluydular. Darugaların başlıca görevleri arasında bulundukları yerlerdeki adli işleri yürütmek, savaşa katılmak,

18 Ziya KAZICI/Mehmet ŞEKER İslam Türk Medeniyeti Tarihi Sy: 91 Çağrı Yay. İstanbul 1981

19 Ayşe KUŞÇU Eyyubiler Döneminde Ordu ve Askeri Teşkilat, Sy: 79, Gnkur ATASE Yay, Ankara, 2008.

bazen de vergi toplamak vardı. Büyük merkezlerde kale komutanı görevinde bulunan kutvaller bulunurdu. İslamiyetin kabulünden sonra kurulan Türk devletlerinin saray teşkilatlarında görev yapan memurların çoğu, Timurluların saray teşkilatında da bulunuyordu.

Merkezde yani Semerkant'ta askeri, mali ve idari işlere bakan iki divan vardı[20]. Devlet askeri karakter taşıdığından, askeri divan olan Tavacı Divanı(Divan-ı buzurg i Emaret) daha önemli idi. Bu divanın başında bulunan emirler, ordunun düzeni ve disiplini ile ilgilenirler, asker toplarlar ve savaş sonrasında da ganimetten pay alırlardı. Diğer divan ise mali ve idari konulara bakan Maliye Divanı (Divan ı Mal) idi. Bu divana ayrıca Türklerin işlerine bakmasından dolayı, "Türk Divanı" da deniyordu. Divan katiplerinin ismi "Nuvisendegan-ı Türk" idi. Bu divan asker topluyor, ordunun nizam ve intizamı ile uğraşıyor, ganimeti paylaştırıyor, hükümdarın önünden geçit resmi yapılmasını sağlıyordu. Hükümdarın 1000 kişilik hassa birliği (kavçin bölüğü) bulunuyordu[21]. Timur ordusu da on binlik (Tümen), binlik (Minlik, Hezare) ve yüzlüklerden (Koşun) oluşuyordu.

2. Ordu Teşkilatı:

Timur Devletinde ordu teşkilatı onlu sisteme göre düzenlenmişti. Ordu onlu, yüzlü, binli ve onbinli birliklerden oluşuyordu. On bin kişiden oluşan en büyük birliğe tümen denirdi. Timurluların ordusu bir kısmı ücretli atlı (süvari) ve yaya birliklerden meydana geliyordu[22]. Timur ordusunda disiplin ve eğitime büyük önem verilirdi.

Ordunun silah ihtiyacı cebehane denilen merkezlerden karşılanırdı. Başkent Semerkant'ta devamlı zırh, kalkan, miğfer, ok ve yay yapan sanatkârlar (yaklaşık bin sanatkar) çalışırdı. Timur Ordusunun en önemli özelliklerinden birisi de, disiplinin yanı sıra Hindistandan getirilen, iyi eğitilmiş yüzlerce file sahip olmasıydı. Savaş sırasında buyruk verilmeksizin saflar kuruluyor, davul ve boru çalmaksızın buyruklar tahmin ediliyordu[23]. Savaş öncesi askerlere moral vermek için hediyeler dağıtılırdı. Bir savaşçı ücret olarak bir at fiyatını alır-

20 İsmail AKA, Timur Devleti, Sy: 110, TTK Yay. Ankara, 1991.
21 İsmail AKA, Timur Devleti, Sy: 111, TTK Yay. Ankara, 1991.
22 Christopher I. BECKWITH, İpek Yolu İmparatorlukları, SY: 169, ODTÜ Yay, Ankara, 2011.
23 Rene GROUSSET, Bozkır İmparatorluğu, Sy: 394, Ötüken Yay, İstanbul, 1981.

dı. Savaşta üstünlük gösterenbu fiyatın iki katı ve hatta dört katını alabiliyordu. Onbaşı bir askerden on kat fazla alıyordu. Bir yüzbaşı bir onbaşının iki katını, bin kişiye kumanda edende yüzbaşının üç katını alıyordu. Bir geberalin ücreti bin ile on bin at bedeli arasında değişiyordu[24].

Memleket dahilinde, halkın arasında haber toplayan görevliler bulunduğu gibi, diğer memleketlerde de casuslar kullanılıyordu. Sefere çıkmadan önce sefer yapılacak ülkeye casuslar gönderilerek, o ülke ile ilgili çeşitli bilgiler elde edilir ve ona göre hazırlıklar yapılırdı. Bu casuslar, sufi, derviş, tüccar, sanatkar, pehlivan olarak çeşitli ülkeleri dolaşır, oraların şehir, kasaba, yollar, dağlar, kavimler, ileri gelenleri, mühim hadiseleri hakkonda bilgi toplayarakTimur'a bildirirlerdi. Savaşta , öncüler, haber toplamak için"Karavul" çıkarır veya "Gacarcı" denilen kılvuz kullanırlardı. Kaçan düşmanı ise "Nikavul" takip ederdi[25]. Savaş sırasında düşmanı korkutmak için davul ve kös çalınır, bu esnada askerler "süren salardı" denilen bağrışmaya başlarlardı.

3. Stratejik ve Taktik

a. Taktik : Timur tarafından yazıldığı veya yazdırıldığı bilinen "Timur ve Tüzükatı" adlı eserinde, Timur'un stratejik ve taktik düşüncelerinden bazıları hâlâ zamanımızda da geçerliliğini korumaya devam etmektedir. "Timur ve Tüzükatı" adlı eserin "muharebe, hücum, ric'at, safı harp, orduların bozgunluğu hakkında nizamlar" başlığı altında şu hususlar yer almaktadır[26]: "Eğer düşman ordusu, on iki bin süvariden noksan ise, harbin idaresi, başkumandana verilir. Bunun emrine oymaklardan alınan on iki bin süvari verilir. Yanında binbaşılar, yüzbaşılar, onbaşılar bulunur. Düşmana bir günlük mesafe miktarı yaklaşılınca bana rapor gönderecek. Bu on iki bin süvari aşağıdaki gibi dokuz alaya ayrılacak:

Merkezde : Bir alay

Sağ kanat : Üç alay

---

24 Manole NEAGOE, Üç Bozkırlı, Sy: 223, Bilgeoğuz Yay, İstanbul, 2010.
25 İsmail AKA, Timur Devleti, Sy: 111, TTK Yay. Ankara, 1991.
26 Oğuz TURAN, Türklerde Stratejik ve Taktik Düşünceler, Sy: 121, Belge Yay, İstanbul, 1986.

Sol kanat : Üç alay

Keşifçi : Bir alay

Karakolda : Bir alay

Sağ ve Sol cenahlardan her birinin bir keşif bölüğü ile, başkaca iki bölüğü vardır. Muharebe sahası seçiminde kumandan dört şey aramaya mecburdur; Su, Ordusunu konuşlandırabileceği bir yer, Düşmana hakim olabilecek mevkii, geniş bir saha.

Harbin kazanılmasında en önemli unsurlardan biri olan istihbarat konusuna, Timur, büyük önem vermekte düşmanın taktik doktrinini her komutanın bilmesi gerektiğini ifade etmektedir. "Kumandan bu müfettiş yardımı ile, düşmanın miktarını anlamaya uğraşır, düşmanın silahtarını, zabitlerini kendininkiler ile mukayese eder. Onların harekâtına dikkat ile tedbirleri ve muntazam ilerlediklerini yoksa intizamsızlık içinde mi olduklarını tarassut eder.

Kumandan, düşmanın manevralarını, külliyetli mi yoksa kıta kıta mı, hücum ediyorlar, bunu iyi anlamalıdır. En mühim iş, düşman hücum edeceği zaman yaptığı harekâtı gözünde canlandırabilmektir. Yeni bir hücum yapmak için, biraz çekiliyor gibi mi yapıyor, veya ilk hücumunda ısrar mı ediyor. Bu cihetleri iyi gözetlemelidir. Düşman mecbur etmedikçe, onun önüne çıkmayınız. Düşman ilerlemeye başladığından itibaren, kumandan, dokuz alayının harekâtını iyi idare etmeye dikkat etmelidir.

Kumandan dokuz alaya bedeninin her uzvu (kolları, ayakları, göğsü) ile güreşen bir pehlivan gibi davranmalıdır. Dokuz darbe ile düşmanın sonunda, imhası gerçekleştirilir. Üç darbe yaptırmak için, kumandan evvela sağ cenahın keşifleri ile yardım edilmekte olan büyük keşif alayını, sonra sol cenahı sevk eder. İlerlemekte olan bu kıtalar, durursa sağ cenahın birinci bölüğünü, sonra sol cenahın ikinci bölüğünü gönderir. Eğer zafer, henüz kat'i değilse, sağ cenahın, ikinci bölüğü ile sol cenahın birinci bölüğü sevk olur, Daha sonra durumdan bana malumat verilir".

Timur'un Tüzükatı genel olarak dokuz alaylı bir kuvvetle harekâtını (ki bu kuvvet, bir bugün için tümen gücündedir) açıkladıktan sonra, Timur daha büyük kuvvetlerin harekâtı hakkında da "Muzaffer Ordularının Muharebeleri İçin Nizamlar" başlığı altında, şu tavsiyelerde bulunmaktadır: "Eğer düşman on iki bin süvariden fazla ve kırk binden noksan ise kumandanlık oğullarımdan birine verilmelidir. Oğluma iki beylerbeyi ve diğer emirler ve zabitler refakat edecektir. Ordum 40 bin süvariden aşağı olmayacaktır.

Namağlup askerlerim, nizamdan, itiyattan bahadırlıktan uzak kalmamak için beni daima yanlarında imiş gibi düşünmelidirler. Benim çadırım önde olunca, ona her biri bir oymak beyi tarafından kumanda edilen on iki bölük refakat eder. Bunlar manevralar yapacaklardır. Safı harbi kendim çizerim. Düşman hatlarını yarmayı, hücum ve ricatları kendim idare ederim. İyi bir kumandan, düşman kumandanları miktarını keşif ettikten sonra onlara karşı koymayı bilir. Kumanda ettiği erlerin (yaylı, kılıçlı) hepsini dikkatle düşünür.

Düşmanın harekâtına dikkat ederek, ağır mı hareket ediyorlar, kıta kıta mı hücum ediyorlar, birden büyük kuvvetle mi hücum ediyorlar, bilir. Hücum ve ric'at için, muharebe meydanı yollarını tarassut eyler, düşmanın ne suretle hareket ettiğini vakıf olur. İhtimaldir ki, düşman, zahiri bir zaaf ile kaçmaya başlar, fakat kumandan bu hileye aldanmamalıdır. "

Timur stratejiyi, de tarif ederek, düşmanın 40 bin kişiden fazla olması halinde, harekatı bizzat kendisinin nasıl sevk ve idare edeceğini şu şekilde açıklamaktadır: "Eğer düşman 40 bin süvariden fazla ise o vakit kumandayı kendim alırım. Alay kumandanlarına verdiğim emirlerin harfi harfine icrasını emrederim. Emrimi icra etmeyeni idam ederek yerine muavinini geçiririm". Düşman bile olsa sadık ve samimi savaşçıları takdir eden Timur'a göre; bunlar ister kendi bayrağı altında dövüşsünler, isterse karşı cephede düşman olarak olarak savaşsınlar, bunların fedakarlıklarını karşılamak için hiçbir mükafat kafi değildir. Bana karşı savaşan asker kumandanına sadık olmaktan da üstün olduğu için benim hayranlığımı kazanan bir askerdir. Kumandanını terk ederek benim tarafıma geçen asker benim gözümde insanların en alçağıdır[27].

b. Stratejik Düşünceler :

Timur'un Stratejisi konusundaki görüşü şu şekildedir: «Eğer bir ülke hudutlarından, düşmanlarla çevrilmiş ve böylece iki cephede muharebe yapmak mecburiyetinde kalırsa, en uygun stratejik pren-

27 Manole NEAGOE, Üç Bozkırlı, Sy: 216, Bilgeoğuz Yay, İstanbul, 2010.

sip, zayıf olan hasma önce taarruz edip, düşman imha edilmelidir" . Timur'un takip ettiği stratejik kaidelerden bazıları şu şekildedir: Hiçbir zaman kendi topraklarında bir seferi icra etme, savunmaya nadiren müracaat et, Taarruz ederken, atların azami süratle gidebileceği bir çabuklukla taarruz et,

Timur, bir sözünde "Uygun yerde on kişi ile bulunmak, on bin kişinin bulunmamasından daha iyidir". Düşman bütün kuvvetlerini toplamadan çok süratli hareket etmek suretiyle düşman parçalanır. Timurun, hareket kabiliyeti ve sürati;Daima koşar ve marş halinde hareket etmek, Taarruzdan önce istirahat etmek, Kuvvetli bir öncüye sahip olmak, Standart muharebe eğitimleri ve düzenleri kullanmak prensiplerine bağlıdır. Türkler'de genel bir kaide olarak yığınaktan muharebe alanına ilerlenirken, birliklerin atış ve eğitimine, büyük yararı olan av partileri düzenlenirdi. Timur da bu kaideyi, çoğunlukla tatbik etmiştir. Savaşlarda eğitilmiş fillerden istifade ediliyor, kuşatma silahı olarak Selçuklularda da görülen mancınık, arrade ve karabuğra gibi aletler sıkça kullanılıyordu. Orduda yaya ve süvarilerin dışında, kahılkacı denilen istihkam, Nakabçı denilen lağımcılar da bulunuyordu.

Savaş esnasında alay seviyesinde tertiplenen ordu; Sağ kanat(Baraungar), Sol kanat (Caungar), Merkez (Kol), Öncü(Moglay) ve artçı (Çağdavul) olarak tertiplenirdi. Savaşta yararlık gösterenlere "suyurgal "adı verilen mükafat verilirdi. Bu mükafatlar daha çok arazi (ikta) olarak verilirdi. Bu şekilde suyurgal sahibi bütün vergilerden muaf oluyor, devlet adına vergi toplama imtiyazını elde ediyordu. Bu suyurgallara bazen Tarhanlık ta ilave ediliyordu. Tarhanlar bütün vergilerden muaf tutuluyor, işlediği dokuza kadar suçtan hesap sorulmuyordu.

4. Kullanılan Silah ve Teçhizatlar:

Timur kuvvetlerindeki her süvari askerin, bir yedek atı vardı. Bütün askerler zincir tipindeki zırhla mücehhez, miğfer, kalkan ve iki yay mevcut olup yaylardan biri, uzun mesafe atışı için, diğeri ise hızlı atışlar içindi. Her askerin otuz adet oku, bir sadak, bir yüzlü palası veya iki yüzlü kılıcı ve kalkanı mevcut olup[28], yanlarında diğer ilâve teçhizat da bulunmakta idi. Yiyecekler, un, arpa, kuru-

28 İsmail AKA, Timur Devleti, Sy: 111, TTK Yay. Ankara, 1991.

tulmuş meyve gibi hafif şeylerdi. Timur genellikle Tatar süvarilerini sağ cenahta kullanmıştır. Timur ordusunda birlikler çok belirgin bir şekilde sancak vb görsellerde kullandıkları renkler ile birbirlerinden ayrılırlardı. Sivasın fethinden sonra yapılan bir resmi geçitte, Süvari taburalarının sancağı kırmızı idi, zırhları, eyer, koşum takımları, sadakları ve kemerleri, mızrakları, kalkanları ve gürzleri kırmızı idi. Bir başka tabur sarı, bir başka tabur beyaz idi[29].

Timur Ordusu'nda bir nevi roket kullanıldığı da bilinmektedir. En eski kendi kendine sevk ve idare edilen patlayıcı madde dolu olan bir silah ilk defa 1232 yılında Çinliler tarafından Moğollar'a karşı kullanılmıştır. Yine 1399 yılında Timur tarafından büyük Delhi muharebesi esnasında kullanıldığı bilinmektedir. Esasen Timurun en iyi yaptığı şey; en büyük şehirlere hakim olmak ve istihkam kurmak, yerleşik topraklarından bürokratları aracılığı ile vergileri tarh etmek ve bu topraklardan topladığı askerleri seferlerinde kullanmaktı[30].

KARAHANLILAR DEVLETİ VE TÜRK ORDUSU (840-1212)

Türklerin İslâm dünyasındaki ağırlıkları, ilk Müslüman Türk devletlerinin kurulmasıyla daha da artmıştır. Bu süreçte eski ananelerini devam ettirmek suretiyle geleneksel Türk devlet ve teşkilât yapısını koruyan Türkler, karşılarına çıkan yeniliklere ayak uydurmayı da ihmal etmemişler ve birçok hususta olduğu gibi askeri teşkilât ve ordu nizamında da Ortaçağ İslâm devletlerine has bazı uygulamaları benimsemişlerdir.

Karahanlılar gerek telakki gerekse teşkilât bakımından Türk/Türkmen geleneğini muhafaza etmekle beraber, klasik Ortaçağ İslâm devletlerine has bir payitaht düzeni, buna uygun bir teşkilât yapısı ve sivil idare kadrosu oluşturmuşlar, kuvvetli bir merkeziyet sistemi takip etmeye başlayarak askeri yapı ve ordu düzenini buna göre tanzim etmişlerdir. Esasen Karahanlılar, sonraki Müslüman Türk devletlerine nazaran Orta Asya geleneğine en yakın devlet

---

29 Rene GROUSSET, Bozkır İmparatorluğu, Sy: 422, Ötüken Yay, İstanbul, 1981.

30 Beatrice F. MANZ The Rise and Rule of Tamerlane, Sy: 170, Cambridge Unv Press, 1989

olarak nitelendirilebilir. Bununla beraber klasik İslam kurumlarının, anane ve teşkilât yapısının Türk devletlerinde uygulanmasına ilişkin ilk örneklere Karahanlılarda rastlanır. Karamanlılarda ordu, saray muhafızları, hassa ordusu, hanedan mensupları ile vâlilerin ve sair devlet adamlarının kuvvetleri ve devlete tâbi Çiğil, Karluk, Uğrak vb. Türk boy ve budunlarının kuvvetleri olmak üzere dört unsurdan teşekkül etmekteydi[31].

Saray muhafızları, Büyük Selçuklu, Gazneli ve diğer Müslüman Türk devletlerinde olduğu gibi sarayı ve hükümdarı korumakla görevli idiler. Bunlardan "yatgak" adı verilenler gece, "turgak" adı verilenler ise gündüz muhafızı idiler ve aşağıda da belirtileceği üzere sonraki Müslüman Türk devletlerinde de varlıklarını devam ettirdiler. Bunların dışında tuğcu, kişçi, kuşçu, okçu-yaycı, silâhdâr ve alemdârların saray ve hükümdarın emri altında bulunan ve özel görevleri olan kapıkulu mensupları arasında bulundukları muhakkaktır. Kapıkulu askerinin önemli bir kısmı yaya olup atlı muhafız birlikleri (hares) de mevcut idi. Hükümdar dışında öteki devlet adamlarının da şahıslarına bağlı gulâmları vardı.

Mahiyeti hakkında fazla bilgi bulunmayan Karahanlı hassa ordusunun Muhammed Arslan Han döneminde (1102-1130), 12. 000 Türk köleden müteşekkil olduğu görülmektedir. Yusuf Has Hâcib de 12. 000 kişilik ordunun yeterli ve büyük bir ordu olduğunu ifade etmektedir. Gerek saray muhafızlarının ve gerekse hassa ordusunun işleri, ilk defa Hz. Ömer döneminde kurulduğu ve Emeviler, Abbasiler, Gazneliler, Selçuklular ve sair Müslüman Türk devletlerinde de mevcut olduğu bilinen "Divân-ı 'Arz" veya "Divân-ı Ceyş" tarafından yürü tülürdü. Bu divân, ordunun malzeme ve ihtiyaçlarına bakar, maaşlarını verir, bunlarla ilgili defterleri tutar ve askerin yoklama ve teftişiyle ilgilenirdi. Asker yoklamasının yapıldığı deftere "Ay Bitiği" denir ve bu defter muayyen zamanlarda sürekli yenilenirdi[32]. Ordunun tüm silah ihtiyaçları Tirmiz bölgesindeki maden atölyelerinde üretilen silah, zırh vb. malzemlerle sağlanırdı[33].

---

31 Reşat GENÇ, Karahanlı Devlet Teşkilatı, Sy: 227, TTK Yay, Ankara, 2002.

32 Erkan GÖKSU, Türkiye Selçuklularında Ordu, Sy: 15, Türk Tarih Kurumu Yay, Ankara, 2010.

33 Yakup ANAT, Karahanlılar Tarihi, Sy: 183, Oku Yayınları, İstanbul, 2003.

Karahanlı ordusunu oluşturan diğer unsur da devletin belli bölgelerine veya vilâyetlere gönderilmiş olan hanedan mensuplarının ve devlet adamlarına bağlı kuvvetlerdi. Bunlar idarecisi bulundukları bölgenin büyüklüğüne göre farklı sayılarda asker beslemekteydiler ve bu askerlere "ashâb-ı etrâf, azizân-ı dergâh veya nevbetsâlârân" denilmekteydi. Devlet merkezi kuvvetli olduğu dönemlerde, bu birlikler savaşlara katılmışlar ve Karahanlı ordusunun mühim bir kuvveti haline gelmişlerdi.

Devlete bağlı Çiğil, Karluk, Uğrak vb. Türk boy ve budunlarına mensup kuvvetler de Karahanlı ordusunun unsurlarından biri oluşturuyordu. Bunlardan Çiğlilerin ağırlığı hayli fazla idi. Yine, Karluklar, Uğraklar, Basmıllar ve Çomullar da bu kuvvetler arası bulunur ve zaman zaman orduya iştirak ederlerdi[34].

Karahanlı ordusunun başkumandanı hükümdar olmakla beraber, orduya şehzâdeler ile sübaşı adı verilen komutanlar da kumanda ederdi. Ordu "otağ", "hayl" ve "on otağ" gibi adlarla anılan çeşitli birliklere ayrılmaktaydı. Bugünkü manga karşılığı olan "otağ", 8-10 erden (asker) meydana geliyordu. Başında bulunan komutana da "otağbaşı" deniyordu. "Hayl" ise 25-30 kişilik bir birlik olup, bugünkü bir takıma eşitti. Başındaki komutan da "hayl başı" unvanı ile anılıyordu. "On otağ" da 80-100 erden (asker) oluşuyordu. Bu da bugünkü bir bölüğün tam karşılığı idi. Ayrıca, 4 ilâ 12 bin kişi arasında değişen bağımsız büyük birlikler de vardı ve bu bağımsız büyük birliklere "sübaşı"lar komuta etmekteydi[35].

Orduyu sevk idare işine "sü başlamak" denilirdi. Sefer zamanında ordu, "sağ-sol-ön-arka" seklinde gruplara bölünerek tertipleniyordu. Öncü birliğe, "yezek", keşif birliğine ise "tutgak" deniliyordu. Ordu geçici konaklamasını "toy" denilen yerde yapmaktaydı. Ordugâh ise "han toyı" denilen yerlerde kuruluyordu. "Han toyu", "sakçı" adı verilen nöbetçiler tarafından sıkı bir şekilde korunmaktaydı. "Sakçı"lar, düşman casuslarının sızma ve sabotaj faaliyetlerine karşı "im", yani parola kullanmaktaydılar. Parolayı bilmeyen kimse ise derhal öldürülmekteydi[36].

---

34 Reşat GENÇ, Karahanlı Devlet Teşkilatı, Sy: 203, TTK Yay, Ankara, 2002.

35 Erkan GÖKSU, Türkiye Selçuklularında Ordu, Sy: 15, Türk Tarih Kurumu Yay, Ankara, 2010.

36 Salim KOCA, Türk Kültürünün Temelleri, Sy: 89, Türkiye Yay, Trabzon, 2000.

GAZNELİLER DEVLETİ VE TÜRK ORDUSU (903-1187)

1. Genel

Gazneliler Devletinde, Ordu devlet içinde en önemli müesseseyi oluşturmakta idi. Gazne Ordusu, daha önce Samanilerin de benimsediği, İslâm Orduları askeri geleneğine uygun olarak gelişme göstermiştir. Gazne Ordusunun özelliği bir çok ve farklı ırklardan (Türk, Hint, Afgan, Tacik, Kürt ve Gürcü[37]) oluşmasıdır.

Gazne Ordusu'nun çekirdeğini kölelerden oluşan kuvvetler (gılman, memlûklar) meydana getirir[38]. Bu teşkilat müslüman İran'daki hanedanlardan önceki Sasani devletinde de vardı. Bu seçkin kuvvet hükümdarın etrafında bulunur ve "Puştiğban" adı ile anılırdı. Süvariden meydana gelen bu kuvvetin mevcudu muhtemelen 10. 000 civarında idi. Bunun dışında Sasani sarayında hizmet eden kuvvetler ise, çoğunlukla babadan oğula geçen bir gelenek dahilinde hizmet verirlerdi. Bu durumu ile Sasaniler ve Gazneliler'in askeri sistemleri arasında, büyük bir paralellik bulunmakta idi.

Kölelerden meydana getirilen kuvvetlerin özelliği İslâm toprakları dışında erken yaşlarda ele geçirilen bu çocukların mahalli halkla akrabalık bağları olmadığı gibi, aile kökleri de yoktu. Bu çocuklar netice olarak, sahiplerinin düşüncesine göre şuurlandırılır, vücutları da tamamen savaş için eğitilirdi. Hükümdarlarına karşı aileleri olmadığı için, onlara duyabilecekleri sevgi ve hürmeti duymakta idiler. Bu düşünce o kadar derindi ki, bir şairin dediği gibi, "Muti bir köle yüz evlattan daha iyidir. Evlat babasının ölümünü ister, halbuki köle ise, sahibinin uzun ömürlü olmasını arzu eder. "[39]

İslâm Orduları'nda kölelerin ordularda önemli bir yer işgal etmeye başlaması Abbasiler zamanında başlamıştır. 833 yılında başa geçen Mutasım, Türk kölelere büyük önem yermiş ve yakın vilayetlerdeki idareyi bunlara teslim etmiştir. Mu'tasım'ın muhafız birliği 4. 000 Türk askerinden oluşmaktaydı[40].

---

37 Doğan AVCIOĞLU, Türklerin Tarihi, Sy: 1350, Tekin Yay, İstanbul, 1995.

38 Turan YAZGAN, Türklerde Stratejik ve Taktik Düşünceler, Sy: 92, Belge Yay, İstanbul, 1986.

39 Turan YAZGAN, Türklerde Stratejik ve Taktik Düşünceler, Sy: 93, Belge Yay, İstanbul, 1986.

40 Doğan AVCIOĞLU, Türklerin Tarih, Sy: 1178, Tekin Yay, İstanbul, 1995.

2. Ordu Teşkilatı

Gazneliler Ordusu, homojen bir ordu değildi. Ancak çok sıkı disiplin, yılların silah arkadaşlığı, geçmiş yılların birlikte kazanılan zaferleri, Hintli, Afganlı, Tacik, Türk ve İranlılar'ı bir araya getirerek kaynaştırmıştı[41]. Eğitim, kendine güveni meydana getirmiş, kendine güvende, başarının yolunu açmıştır. Bütün bunların ötesinde, Sultanın kuvvetli istihbarat teşkilâtı, komutanlık yapısı, önüne geçilemez sürati, birbirleri ile çarpışan muhalifleri mağlup etmiştir.

Gazne ordusu da ağırlıklı olarak gulam sistemine dayanıyordu. Ancak, bu kuvvetin yanında, tâbii devlet kuvvetleri, Türkmenler ve bölge kuvvetleri ve gaziler de Gazne ordusunu oluşturan unsurlar arasında idi[42].

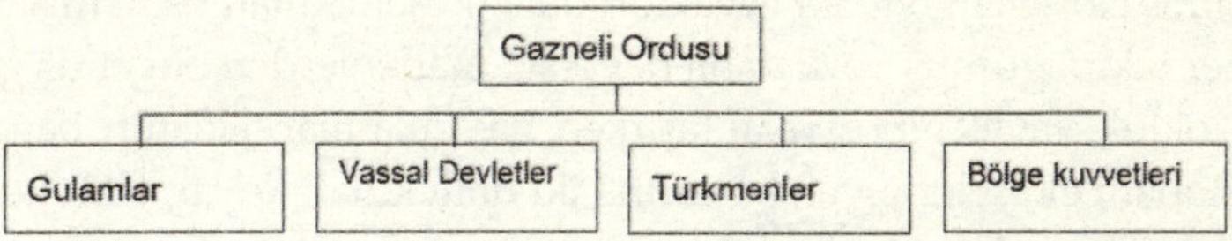

a. Gulamlar: çağdaşlarından müelliflerin ifadelerine göre, muasırları içinde gulam sistemini en başarılı bir şekilde işleten Gazneliler, bu sayede Sasani iranından sonra ortaya çıkan Müslüman iran hanedanlarının bir çoğunu ortadan kaldırmışlardır. Gulam birliklerinin değeri onların köklerinin belli olmaması, mahallî bağlılıklarının bulunmaması ve her an yeni bir sefere hazır olmalarından kaynaklanmaktadır. Köle temini çeşitli yollarla yapılırdı. Bunun en yaygın şekli satın alma, hediye yoluyla sahip olma ve savaşlarda ganimet olarak ele geçirme idi. Toptancı köle tüccarları, belli başlı köle ticaret merkezlerinden topladıkları köleleri feodallerin saraylarına satarlar ve burada istihdam edilen köleler, ordunun önemli kısmını oluştururlardı. Özellikle Karahanlılar tarafından Gazne sarayına hediye edilenlerle, Türkistan bölgesinden ganimet olarak alınan Türk gulamlar hem orduda hem de saray hizmetlerinde önemli hizmetler görürlerdi. Hintli kölelerin tedarik yolu ise Hindistan'a yapılan seferlerdi. Bu

41 Turan YAZGAN, Türklerde Stratejik ve Taktik Düşünceler, Sy: 69, Belge Yay, İstanbul, 1986.

42 Güller NUHOĞLU Gaznelilerde Devlet Teşkilâtı, Sy: 535, Türkler Ansiklopedisi, 5. Cilt, Yeni Türkiye Yayınları, Ankara, 2002.

köle grupları yanında bir başka grup da seleften kalan kölelerdi. Fakat selefin komutanları ve köleleri yeni hükümdar için daha az güvenilir durumdaydı. Bunun için tahttaki değişiklik yüksek rütbeli askerî görevlilerin de değişimini gerektirirdi[43].

Gulamların genel bütünlüğü içinde sultanın hassa ordusunu oluşturan ve gulaman-ı saray diye adlandırılan grup önem arz etmekteydi. Bosworth, bunların aynı zamanda gulaman-ı has veya gulaman-ı sultanî diye adlandırdıklarını iddia ederse[44] de bu iki tabirle vasfedilen gulamların, gulaman-ı saray içinden seçilmiş ve sultanın özel hizmeti ve muhafızlığıyla görevlendirilmiş gulamlar olduğu anlaşılmaktadır. Nitekim gulaman-ı saray ile gulaman-ı hasların kıyafetlerindeki bariz farklılıklar da bunu göstermektedir. Saray gulamları şusterî ipeğinden yapılmış elbiseler giyip iki veya dört dallı (köşeli) külah ve 10 miskallik kemer takıp, gümüş veya daha değersiz madenlerden oluşmuş gürz, kılıç, okluk, yaylık gibi eşyalar taşırken; has gulamlar seklatûn, bağdadî ve isfahanî elbiseler giyer, başlarına iki dallı külah koyar, altın kemer takar ve altın gürz taşırlardı.

Hatta bu gulamların az bir kısmı mücevherlerle süslü kemer takarlardı. Kıyafetlerdeki bu farklılık gulamların ayırıcı özellikleri idi. Gulaman-ı saray, dergahta bulunan ve visak diye adlandırılan koğuşlarda barınırken gulaman-ı haslar yine saray kompleksi içinde bulunan ve saray-ı gulaman-ı has adı verilen binada kalırlardı. Muhtemelen tamamı Türk asıllı olan ve sayıları 4000-6000 arasında değişen[45] Gulaman-ı saray, salar-ı gulaman veya salar-ı gulaman-ı saray adı verilen bir kumandanın emri altında idi. Salar- ı gulaman, Türk asıllı olup kılıç ehli arasında makamca hacib-i bozorgdan sonra gelirdi. Sultanın başkanlık ettiği bütün istişarî meclislere katılır ve askerî konularda fikir beyan edebilirdi. Sefer dışında gulamların eğitimiyle meşgul olur, onları her an sefere hazır bir halde bulundurur ve ordu kumandanlığı yapardı[46].

---

43 Güller NUHOĞLU Gaznelilerde Devlet Teşkilâtı, Sy: 536, Türkler Ansiklopedisi, 5. Cilt, Yeni Türkiye Yayınları, Ankara, 2002.

44 Clifford E. BOSWORTH, The Ghaznavids Their Empire in Afghanistan and Eastren Iran, Sy: 427, University Press, Edinburgh, 1963.

45 Sergey Grigoreviç AGACANOV, Selçuklular, Sy: 70, Ötüken Yay, İstanbul, 2006.

46 Güller NUHOĞLU Gaznelilerde Devlet Teşkilâtı, Sy: 538Türkler Ansiklopedisi, 5. Cilt, Yeni Türkiye Yayınları, Ankara, 2002.

Türkler orduda temel teşkil etmiş olup, genellikle her kademedeki kumandan bunlar arasından çıkmıştır. İstisnaî durum olmakla beraber Hintli ve Arap asıllı bir kumandanın, kendi ırkından orduların kumandanlığına tayin edildiği de olurdu. Ordudaki Türk sayısı hakkında kesin bir rakam vermek mümkün olmamakla beraber büyük bir yekûn oluşturdukları ve genellikle süvari oldukları söylenebilir. Orduda istihdam edilen Türklerin büyük bir kısmı daha önceden devlet dahilindeki topraklara gelip yerleşmiş olan Türklerdi. Onların sadakat ve cesaretleri, tercih edilmelerinde etkili olmuştur.

b. Vassal Devletler: Gazne ordusunu oluşturan diğer bir unsur da tâbi devlet kuvvetleri idi. Zira Ortaçağ devletler hukukuna göre tâbi hükümdarların metbu hükümdara karşı görev ve salahiyetlerinden biri belirli miktarda askerle seferlere katılmaktı. Gazneliler de tâbi devletlerden ordu talebinde bulunmuşlar, ancak Gazne ordusunun sayıca çokluğu sebebiyle bu yola sıkça başvurmamışlardı[47].

c. Türkmenler: Mahmud zamanında Horasan'a yerleşmelerine izin verilen hür Türkmenler bazı olumsuz davranışlarına rağmen Gazne ordusunda faydalı hizmetler görmüşler, hatta Mesud zamanında Gazne topraklarına katılan Mekran'ın fethinde önemli rol oynamışlardır. Beyhaki'nin ifadelerine göre 4000 atlı olan bu Türkmenler muhtemelen Müslüman değildi. Selçuklu Türkmenleri de değişik zamanlarda Mesud'a müracaat ederek orduda görev almayı istemiş fakat istekleri olumlu karşılanmamıştı. Bunun sebebi Selçukluların müstakil bir devlet kurma arzusunda olmaları ve bu tarzdaki siyasetlerinin sadece zaman kazanmak amacını taşıması ve bu halin Gaznelilerce bilinmiş olmasıydı[48].

ç. Bölge Kuvvetleri ve Gaziler: Sefer anında ordunun savaşan insan unsuru sadece yukarıda zikredilen gruplar değildi. Belirli seferlerde harp sahasına yakın bölgelerden toplanan piyadeler de yekûn teşkil ederlerdi. Bölgedeki yetkili kişiler vasıtasıyla toplanan bu piyadeler mensup oldukları nahiye veya bölgelerin adıyla bilinirlerdi (Gaznicî, Mervî, Gurî, Belhi vs.).

---

47 Erkan GÖKSU, Türkiye Selçuklularında Ordu, Sy: 17, Türk Tarih Kurumu Yay, Ankara, 2010.

48 Güller NUHOĞLU Gaznelilerde Devlet Teşkilâtı, Sy: 538Türkler Ansiklopedisi, 5. Cilt, Yeni Türkiye Yayınları, Ankara, 2002.

Bunlara ilaveten özellikle Müslüman olmayan topraklara karşı düzenlenen seferlere civar şehir ve bölgelerden çok sayıda gazi (gaziyan) adı verilen gönüllüler de katılıyordu. Mesud zamanında sadece, Lahorda bir ordugahta toplanmış bulunan Hindistan bölgesi gazilerinin sayısı 10. 000 piyade idi. Savaşlarda gönüllü birliklerden faydalanma sadece Gaznelilere has bir özellik değildi. Ancak bu unsuru en iyi şekilde değerlendirme dehası Mahmuda aitti. Mahmud orta şarkta cemiyet için zararlı ve işsiz kütleleri yabancı diyarlar üzerine atmak suretiyle hem imparatorluğunu sükûna kavuşturmuş hem de onlara servet yollarını açmıştır[49].

Gaziler, gulamlar gibi maaşlı olmayıp yalnız ganîmetlerden hisse alırlardı ve Hindistan gibi zengin bir bölgeye yapılan seferlerde bu ganîmet payı oldukça yüksek idi. Gaziler, Salar-ı gaziyan diye adlandırılan bölgesel kumandanların emri altında idi. Her bölgeden toplanan gazilerin kendi kumandanları vardı. (Salar-ı gaziyan-ı Gaznin, Salar-ı Gazîyan-ı Lahor vs.). ve kendi bölgelerindeki ordugahlarda bulunuyorlardı.

Gazneliler'in ilk zamanlarında kölelerden meydana gelen orduya Salar-ı Gulaman kumanda ederdi. Bu görev yeri Hacib-i-Buzurg denilen başkomutandan sonra gelen çok önemli bir görevdi. Gazne Ordusu'nda Türkler, Hintliler, Tacikler ve Horasaniler bulunmakta, çoğunluk Türkler'de olup, bütün komutanlık görevleri de Türkler tarafından üstlenmişti. Bu kaidenin bir ihlali olarak 1033 yılında vuku bulan olay, Gazne ordusunda büyük bir huzursuzluk meydana getirmişti. Hindistan'daki kuvvetlerin komutanı Ahmed İnaltekin, Mesud'a karşı isyan etmişti. Bunun üzerine Mesud, Hindu resmi tercümanını Hindistan Ordusu Komutanlığı'na tayin etmiştir. Gelen gulam kuvveti içinde Sultanın muhafız birliği olan kuvvetin özel bir yeri vardı. Bu kuvvete gulam-ı-saray, gulam-ı-has veya gulam-ı sultani denmekte idi. Bu kuvvetin miktarı kesin olarak bilinmemekle beraber, oldukça büyük bir miktara baliğ olduğu tahmin edilmektedir[50].

---

49 Güller NUHOĞLU Gaznelilerde Devlet Teşkilâtı, Sy: 537, Türkler Ansiklopedisi, 5. Cilt, Yeni Türkiye Yayınları, Ankara, 2002.

50 Turan YAZGAN, Türklerde Stratejik ve Taktik Düşünceler, Sy: 93, Belge Yay, İstanbul, 1986.

3. Teşkilat:

Ordunun harp sahasındaki başarıları onların savaş tarzına göre tanzim edilmelerine dayanır. Gaznelilerin çağdaşları İslam devletlerinde Türk ve Sasani tarzı olarak adlandırılan iki savaş sisteminin hakim olduğu görülmektedir. Birlik (bölük) esasına dayanan Türk tarzına cevk (fevc) adı verilir. Kalb (merkez), meymene (sağ kanat), meysere (sol kanat), mukaddem, teliye veya talia (öncü kuvvetler), saka veya mayedar (ardcı kuvvetler) olarak tertip edilen Sasanî sistemine belli bir ad verilmediği iddiasına rağmen, Beyhakî tarafından bu sistem tabiye olarak adlandırılır[51].

Gazneliler "Turan taktiği" olarak ifade edilen ve aslı "sahte ricata" dayanan sistemi de uygulamışlardır. Gazne ordusundaki birliklerin sayısı hakkında kaynak eserler net bilgiler vermemektedir. Ancak Beyhaki[52] Tarihi'nde zikredilen "on kölelik visak" ibaresinden hareketle birliklerin onlu sisteme göre oluşturuldukları düşünülebilir.

a. Muharip Sınıflar: Muharip sınıflar atlı ve yaya olmak üzere başlıca iki sınıftan oluşmakta idi. Süvari ve piyade olarak adlandırılan bu sınıfların sayı yönünden birbirine oranı hakkında yeterli bilgiye sahip değiliz. Fakat meydan savaşlarında süvarilerin piyadelere göre fazlalığı dikkat çekmektedir. Ordudaki süvari birlikleri yanında sultanın da şahsına ait daimi bir süvari gücü vardı. Türk ve Hintlilerden oluşan ve Beyhakî tarafından en fazla 4000 olmak üzere muhtelif sayılarda verilen ve muhtemelen bundan çok daha yüksek sayılara ulaşan bu birlik sevar-i sultanî, sevar-i dergahî veya severan-i dergahî olarak adlandırılırdı.

Süvariler de kendi aralarında tek atlı (yek severgan) ve çift atlı (du esbe) olmak üzere ikiye ayrılırdı. Tek atlı süvariler meydan savaşarında en etkili sınıf olup onların gerektiği şekilde gayret göstermemesi savaşın kaybedilmesine sebebiyet verirdi. İki atlı süvariler ise daha ziyade haberleşmede kullanılırdı. Kalelerde bulundurulan birlikler arasında piyadegan-ı kal'et adıyla bir piyade grubu bulunmakta olup terkipten de anlaşılacağı gibi bunlar muhtemelen kale müdafaasıyla

51 Güller NUHOĞLU Gaznelilerde Devlet Teşkilâtı, Sy: 538, Türkler Ansiklopedisi, 5. Cilt, Yeni Türkiye Yayınları, Ankara, 2002.

52 Ebu'l Fazl Muhammed b. Hüseyin BEYHAKİ (996-1077) İranlı tarihçi ve devlet adamı.

görevli idiler. Ordu mensuplarının kullandıkları silahlara göre sınıflara ayrılıp ayrılmadıkları hakkında kesin bilgilere sahip olmamamıza rağmen, sarayda bulunan askerler arasında siperkeşan (kalkancılar) adlı bir grubun bulunması yine errade-enduz (mancınıkcı) diye vasfedilen bir kişinin varlığına istinaden orduda ihtisas sınıflarının olabileceği muhtemeldir.

b. Muharip Olmayan Sınıflar: Sultanın sefere çıkması durumunda bütün devlet teşkilatının beraberinde bulunması sebebiyle saray ve hükümet teşkilatında zikredilen pek çok görevli tabii olarak ordunun gayri muharip kısmını oluştururdu. Bunlar yanında bir de genellikle sultanın iştirak etmediği seferlerde görevlendirilen ve ordunun idarî işlerini yürüten bir sınıf vardı.

c. Rütbe ve Dereceler:

Muhammed Nazim, Gazne ordusunun komuta zincirini, en küçük rütbe hayltaş olup muhtemelen 10 süvarinin kumandanıdır. Bunun üstündeki rütbeler 100 kişilik süvari birliğinin kumandanı, 500 süvarinin kumandanı serhenk ve ordu kumandanı olan hacib" şeklinde verir. Ancak Beyhakî Ṭarihi'ndeki bilgilerin yorumlanması ile şu neticeler çıkarılabilir. Ordudaki en alt rütbe 10 gulamlık bir visakın başı olan ve ser-i visak olarak da adlandırılan rütbesidir. Sayıları en az 500 olan hayltaşlardan önemli savaşlarda bir birlik oluşturulup, bir hacibin emrine verilir, binicilikteki maharetleri sebebiyle daha ziyade öncü birlik veya ricat eden düşman ordusunu kovalamak için görevlendirilirlerdi. Askerî görevleri yanında zikredilen maharetleri sebebiyle haberleşmede de tercih edilirlerdi[53].

Hayltaşlar orduda imtiyazlı bir sınıf olup, Ramazan ve bayramlar münasebetiyle tertiplenen ziyafetlere katılır ve serhenklerle aynı sofralara otururlardı. Bundan sonraki rütbe serhenk olmalıdır. Ordudaki serhenklerle asker sayısını oranladığımız zaman genellikle karşımıza 100 sayısı çıkmaktadır. 1031 yılında Belh'e gelen halifenin elçisi, 3 hacib, 10 serhenk ve 1000 kişilik bir birlikle karşılanmıştı. Bu ve benzeri örneklere istinaden serhenklerin 100 kişilik birliklere komuta ettiği söylenebilir. Saray gulamlarından oluşan birliklere komuta eden

53 Güller NUHOĞLU Gaznelilerde Devlet Teşkilâtı, Sy: 539, Türkler Ansiklopedisi, 5. Cilt, Yeni Türkiye Yayınları, Ankara, 2002.

ve saraydaki inzibat işlerinden sorumlu olan serhenkler, serhenk-i sultanî veya serhenk-i sarayî, kalelerdeki birliklerin serhenkleri de bulundukları yere nisbetle serhengan-ı kal'at diye adlandırılırlardı. Serhenkten sonraki rütbe muhtemelen hacîbdir. Ordudaki en üst rütbenin salar veya sipehsalar olduğu söylenebilir.

ç. Orduda ücret Sistemi: Gazneliler orduda kendilerine ait ücret sistemi kullanmışlardır. Çağdaşları olan diğer Müslüman devletlerin yaptığı gibi askere ikta vermek yerine belli aralıklarla hazineden aylık vermeyi tercih etmişlerdir. Bisteganî olarak adlandırılan bu sistem sayesinde ordu daima her iş için hazır halde bulunmuş ve olumlu neticeler alınmıştır. Ordunun toplanması ve dahilî teşkilatı gibi ödemeleri de dîvan-ı arz tarafından yapılmıştır. Sivil memurlara hatta şairlere aylıklar verilmesine rağmen orduya daha uzun aralıklarla ödemeler tercih edilmiştir. Muhtemelen yılda dört kez ödenenbu ücretin, Gaznelilerde olağanüstü durumlarda yıllık ve peşin ödendiği anlaşılmaktadır[54].

d. Ordunun Mevcudu: Devletin sınırlarının en geniş bölgelere ulaştığı ilk devir Gaznelileri için ordu sayısını kaynaklar en yüksek 100. 000 olarak verir. Mahmud 1017'de Harezm üzerine 100. 0000 kişi ve 500 filden oluşan orduyla yürümüştü. Debûsiye savaşında Harezmşah Altıntaş'ın kuvvetlerini takviye için 15. 000 kişilik bir yardımcı güç gönderilmişti. 1036'da Horasan'da karışıklıklar çıkaran Selçuklular üzerine Hacib-i bozorg Subaşı kumandasında gönderilen ordunun sayısı toplam 15. 000 kişi idi. 1038'de Selçukluların Nişabur'u işgal etmeleri sebebiyle onların üzerine yürümek için Gazne'den ayrılan Mesud'un emrinde 50. 000 kişilik ordu bulunmakta idi. Aynı yıl vuku bulan Serahs savaşındaki Gazne ordusunun sayısı 50. 000 civarında idi. Görüldüğü gibi Mesud devrinde ordu sayısı için en yüksek olarak 50. 000 verilirken Mahmud devrinde bu sayının 100. 000 olduğu zikredilir. Muhakkak ki Mesud devrindeki tüm ordunun sayısı bu olmayıp daha yüksek rakamlara ulaşmakta idi. Çünkü Hindistan'da ayrıca bir ordu bulunduğu ve eyalet sipehsalarlarının da ordulara sahip olduğu bilinmektedir.

54 Güller NUHOĞLU Gaznelilerde Devlet Teşkilâtı, Sy: 539, Türkler Ansiklopedisi, 5. Cilt, Yeni Türkiye Yayınları, Ankara, 2002

4. Techizat

a. Silahlar: Gazneli ordusunun başlıca taarruz silahları ok, yay, kılıç, mızrak, gürz vb. savunma silahları ise kalkan ve zırh idi. Ayrıca muhasaralarda mancınık, errade gibi ağır silahlar kullanılırdı. Gerek muhasara gerekse meydan savaşlarında ok ilk sırayı almıştı. Saray gulamlarının muhtemelen tamamı ok ve yaya sahip olup, merasimlerde ok ve yaylarını ellerine alır, şega veya kiş (okluk) ve nim-i leng (yaylık) lerini bellerindeki kemerlere takarlardı. Ok ve yay yanında neyze (mızrak), neyze-i kutah, neyze-i dıraz, şel (kanatlı mızrak), heşt (ortasına takılan ipekten örülmüş halkaya işaret parmağı takılarak fırlatılan mızrak), tirad veya mitrad (av için kullanılan zıpkın) diye adlandırılan mızraklar daha ziyade yakın dövüş silahı olarak kullanılmıştır. Gulamlar kısa mızrak kullanırken, piyadeler ok ve uzun mızrak kullanarak savaşmışlardır.

b. Fil, At ve Deve: Hintli emirler arasında filler bir kudret işareti olmuştur. Gazneliler sadece merasimlerde değil, harplerde de fillerin kullanılabileceğini Hindistan'da öğrenmişler ve bu unsuru Afganistan, Orta Asya ve Horasan gibi Hindistan dışındaki bölgelerde de kullanılmışlardır. Müslüman hanedanlar arasında harplerde ilk defa büyük oranda fil kullanan devlet Gaznelilerdir. Savaş esnasında, fillerin binek hayvanı olarak kullanımı yanında çok daha önemli sebeplerle kullanıldıklarını da kaynaklardan öğreniyoruz. Savaşta filler; özellikle ilk sıraya yerleştirilerek düşman tarafının moralini bozmak, kale muhasaralarında tıpkı ağır silahlar gibi surları yıkmak ve ormanlık arazilerde yol açmak, ordu kumandanı veya ordu kethüdasının (kedhüda-yı leşker) rahatlıkla savaşın seyrini takip edebilmesi ve çok büyük miktarlardaki silahhanenin nakli için kullanılmışlardır.

At ve fil yanında orduda kullanılan diğer bir unsur da deve idi. Develer genellikle savaş malzemelerinin savaş bölgesine nakledilmesinde kullanılmışlardır. Bunun yanında at sıkıntısı çekildiği durumlarda, savaş esnasında saray gulamları için binek olarak da tercih edilmişlerdir. Cemmaze (süratli giden deve) olarak adlandırılan develer süratleri sebebiyle tehlikeli durumlarda hazinenin nakli ve saray kölelerinin savaş bölgesine intikalini sağladığı gibi mücemmiz adı verilen binicileri de habercilikte tercih edilmişlerdir[55].

55 Erkan GÖKSU, Türkiye Selçuklularında Ordu, Sy: 19, Türk Tarih Kurumu Yay, Ankara, 2010. .

5. Gaznelilerde stratejik ve Taktik : Gaznelilerde çağdaşları İslâm devletlerinde Türk ve Sasani tarzı olarak adlandırılan iki savaş sisteminin hâkim olduğu görülmektedir. Birlik (bölük) esasına dayanan Türk tarzına cevk (fevc) adı verilir. Kalb (merkez), meymene (sağ kanat), meysere (sol kanat), mukaddem, talaye, talayi' veya tali'a (öncü kuvvetler), saka veya mayedar (artçı kuvvetler) olarak tertip edilen Sasani sistemi ise Beyhaki tarafından tabiye olarak adlandırılmıştır. Gazneliler sahte ric'ate dayanan "Turan taktiği"ni de uygulamışlardır[56].

Türkler Abbasi ordusunda hizmet ederlerken beşli sistem adı verilen taktiği de geliştirdiler. Normal olarak ordu, beş ana bölümde teşkilatlanmakta idi. Merkez, sağ ve sol kanatlar, ileri emniyet unsurları, mukaddeme ve geri emniyet unsurları. Her bölümü oluşturan askerler aynı ırktan, aynı boydan olmalı en azından birbirini tanıyanlar arasından seçilmelidir[57]. Gazneli Mahmud tarafından da Beşli sistem kullanılmıştır.

Gazneli Mahmud beşli sistemi, filler kullanılmak suretiyle daha tesirli bir hale getirmiştir. Gazneli Mahmud'un, Samaniler'i mağlubiyetini ve Horasan'ı nasıl zapt ettiği hakkında yazdığı mektupta, sağ kanadı kardeşinin sorumluluğuna verdiğini ve bu kanatta on bin kişilik süvari, bir kısım piyade ile birlikte 30 fili tahsis ettiğini, sol kanada ise on iki bin kişilik süvari kuvveti ile 40 fil tahsis ettiğini yazmıştır. Merkezde ise 70 fil ile yirmi bin süvari ile, kendisinin bulunduğu bunları kılıç, mızrak, kalkan ve zırhla teçhiz ettiğini bildirmiştir[58] . Gazne ordusu en güçlü olduğu zamanda 100. 000 piyade ve süvariden oluşmaktaydı.

Gazne gulamlarının eğitimi, öncelikle arazide yürütülürdü. Bu konuda elimizde bir eğitim programı bulunmamaktadır. Sultan Mahmut ordudaki emir ve komuta zincirini bizzat kendisi tespit etmiştir. Hayiltaş on süvariye komuta eden (manga komutanı) komutan anlamına gelmektedir. Yine kullanılan Nakib-i Hayiltaşhan ise 500 hayiltaştan oluşan öncü birliğini ifade etmektedir. Büyük

---

56 Turan YAZGAN, Türklerde Stratejik ve Taktik Düşünceler, Sy: 91, Belge Yay, İstanbul, 1986.

57 Turan YAZGAN, Türklerde Stratejik ve Taktik Düşünceler, Sy: 91, Belge Yay, İstanbul, 1986.

58 Turan YAZGAN, Türklerde Stratejik ve Taktik Düşünceler, Sy: 70, Belge Yay, İstanbul, 1986.

komutanların çocukları bir rehine gibi Gazne Sarayında bulunur, bu çocuklar saray-ı gulamanı has içinde eğitilir ve yetiştirilirdi.

Gulamlar muharebede kritik bir mevki olan merkezde yer alırlardı. Şayet diğer kuvvetlerde bir başarısızlık olursa bu kuvvetler o bölgeye de gönderilerek başarısızlığı telafi ederlerdi. Bu kuvvetlere emirler, irtibat subayları vasıtası ile ulaştırılırdı. Bu kuvvetlerin ihtiyaçları darbir-i saray tarafından sağlanırdı. Bu kuvvetlerin kendilerine has aslanlı bayrakları ve silahları vardı. Merasimler dolayısıyla attan indiklerinde özel kısa tırad veya mitrad denilen mızrakla beraber yay ve gürz taşırlardı. Bu kuvvetin miktarı 1037 yılında 4000, 1039 yılında ise 6000 kişiden oluşmaktaydı. Bu kuvvetler aslında o zamanın subayları, sarayda verilen eğitim ve öğretimde bugünkü Harp Okullarının görevini yapmaktaydı[59].

Gazneliler Ordusu, Hintli, Afganlı, Türk, Tacik ve İranlılar'ı bir araya getirerek kaynaştırmıştı. Ordu bir ırktan meydana geldiği takdirde kolaylıkla hükümdara karşı isyan edebilirdi. İslam devletleri, Türk ırkını stepten geldikleri için ilahi olarak kahramanlık ve sadakat gibi yüksek vasıflara sahip olması nedeni ile yüceltirler. Bu nedenle harbin sevk ve idaresi Türklere, devlet yönetimi ise İranlılara verilmelidir. Gazne ordusunun seçkin gulam kuvvetlerine ilaveten piyade olan Deylemli'lerin(Hazar denizi güneyinde dağlık bölge)[60] silahı zhupin denilen kısa, iki taraflı mızrak olup, bu duruma göre düşman kuvvetine de atılabilirdi.

Süvari kuvvetinin ikmali önemliydi, bu maksatla süvari kuvvetinin büyük bölümü iki at kullanır, birine yiyecek ve teçhizat yüklenirdi. Gazneli ordusunda esas unsur üstün manevra kabiliyeti olması ve muharebedeki hareketliliği nedeni ile süvari sınıfıydı. Piyade (Deylimli) ise meydan muharebelerinde ve kuşatmalarda ağırlıklı olarak kullanılmaktaydı. Bunun dışında Sultanın emrinde özel bir saygınlığı olan süvarilerin (sevar-i sultani) dışında ilave olarak ayrı bir piyade birliği bulunurdu. Bu birlik uzak mesafelerdeki muharebelere develerle gider, muharebe zamanı yaya savaşırdı. Piyade sınıfı için daha çok Hindu ve Dailamis kökenli askerler seçilirdi.

---

59 Güller NUHOĞLU Gaznelilerde Devlet Teşkilâtı, Sy: 541, Türkler Ansiklopedisi, 5. Cilt, Yeni Türkiye Yayınları, Ankara, 2002.

60 Doğan AVCIOĞLU, Türklerin Tarih, Sy: 1178, Tekin Yay, İstanbul, 1995.

Türk orduları içinde ilk defa Gazneliler filleri muharebede etkin bir şekilde ve büyük miktarda kullanmışlardır. Taktik olarak filler muharebede komutanlara büyük bir görüş imkanı ve koruma sağlamaktaydı. Genel olarak filler muharebe hattının ilerisinde kullanılmakta hücumlara da en önde katılmaktaydılar. Günümüz ordularındaki tanklara benzer şekilde fillerin üzerinde dört mızraklı ve oklu beş asker bulunurdu. Sultan Mahmud'un 1025 yılında Alitekin ile muharebesinde Gazne ordusu 400 fil kullanmıştır.

Bu kadar üstün yönüne rağmen filler karın altının yumuşak olması, kılıç ve mızrak darbesine karşı hassas olması nedeni ile ilk defa Selçuklu ordusu tarafından saf dışı bırakılmıştır. Gazne'de 1000 adet fili barındırabilecek bir filhane kurulmuştur. Burada ağırlıklım olarak Hintliler çalışmaktaydı. Bu ekibin başında Mukaddam-i Filbanan bulunurdu. Filler sadece muharebede değil barış zamanında da kullanılırdı. 1012 yılında yapılan merasimde kuşam takımları ile teçhiz edilmiş 700 fil kullanılmıştır.

Diğer Türk orduları gibi Gaznelilerde seferde bir çok yardımcı teçhizat ve kuşatma makinelerini beraberinde taşımaktaydı. Bu ağır teçhizat filler tarafından taşınmaktaydı. Ordu muharebedeki görevlerini yerine getirirken ağırlıklı olarak marangozlar ve taş ustalarından da (Yol köprü yapımı, engel kurma ve engelleri kaldırma) istifade etmiştir. Gazneli ordusu üç başkomutanın (sipehsalar) yönetiminde Üç kıtaya ayrılıyordu. Bu kıtalar Hindistan, Irak ve Horasan'da konumlandırılmıştı. Ordunun üst komutasını, birlikte özel nişanlar, timbal, muncuk, küçük veya büyük davul alan büyük hacip üstlenmekteydi. Başkomutan altın kemerli siyah kaftan ve iki boynuzlu başlık taşırdı. [61]

HAREZMŞAH DEVLETİ VE TÜRK ORDUSU (1157-1231)

Harezmşah Türk ordusunun teşkilat yapısının, Büyük Selçuklu Türklerinin askeri düzenine benzediği söylenebilir[62]. Bu dönemde Harezmşah Türk ordusunu Hassa Ordusu ve ikta kuvvetleri olmak

61 Sergey Grigoreviç AGACANOV, Selçuklular, Sy: 70, Ötüken Yay, İstanbul, 2006.
62 Aydın TANERİ, Harezmşahlar, Türk Diyanet Vakfı Yay, Ankara, 1993.

üzere ikiye ayırmak mümkündür. Bu daimi kuvvetlerin dışında ücretli askerler[63], tabii devlet kuvvetleri, ile gönüllüler de askeri yapı içerisinde zaman zaman yer almışlardır.

Harzemşah ordusunun temelinde, Türkmen ve Kıpçak boyları vardı. Harzemşah ordusunun çekirdeğini ikta askerleri oluşturmuştur. İkta askerlerinden başka, hükümdara bağlı ve merkezde oturan hassa ordusu bulunmaktaydı. Bu ordu da, esirlerden oluşturulmuştur.

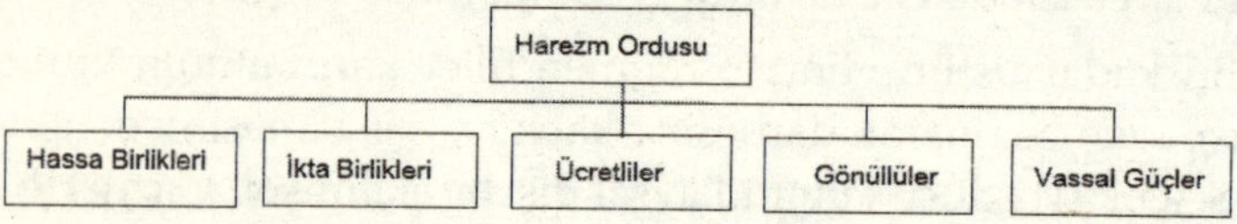

Ordu içerisinde bütün savaşçılar onar kişilik gruplar halinde sınıflandırılmıştı ve her on kişiden biri diğer dokuz kişinin başkanı (Emir-i Deh, Onbaşı) olarak tayin edilirdi. On onbaşıdan birine yüzbaşı (Emir-i Şadah) denir ve yüz kişinin hepsi bunun emrine verilirdi. Bunun üzerindeki kademede binbaşı (Emir-i Hazarah) bulunur ve on binden fazla asker de tümenbaşı'ların (Emir-i Tümen) komutasına verilirdi. Eğer bir mesele ile karşılaşır veya adam ve malzemeye ihtiyaç duyulursa durum en yüksek idareci tarafından Tümenbaşılara duyurulur, o da binbaşılara işi havale eder ve sonunda emir onbaşıya ulaşırdı.

Birisine diğer biri tarafından haksızlık yapıldığında iyi mevkii ve duruma bakılmaksızın eşitlik ve adalet ilkeleri uygulanırdı. Şayet aniden bir kuvvet gerekirse hemen şu kadar bin kişinin şu zamanda toplanması emredilir ve ne bir anlık acele ve nede gecikmeyle emir yerine getirilirdi. Disiplin ve sadakat ruhu o kadar kuvvetliydi ki hata işleyen bir binbaşı bile olsa Kağanın mevkinden uzaklığına bakılmaksızın ceza emrini taşıyan bir ulak yola çıkarılır ve emredildiği üzere kafası kesilir veya para cezası alınırdı[64].

Harezm Ordusu meydan savaşlarında ve diğer muharebelerde klasik bir şekilde yani sağ, merkez ve sol kuvvetler olmak üzere tertiplenirlerdi. Hassa ordusu askerlerinden meydana gelen Merkez

63 Metin ÖZKAN, Türk Devletleri, Sy: 177, Kalipso Yay, İstanbul, 2010.
64 M. Ahmet AZİZ, Siyasi Tarihi ve Müesseseleriyle Dalhi Türk İmparatorluğu, Sy: 62, 1001 Temel Eser. İstanbul, 1986

kuvvetlerine Sultan kumanda ederdi. İkta askerlerinden oluşan Sağ ve sol kuvvetlere ise han, melik ve emirler kumanda ederdi[65].

Harzemşahlarda devlet düzeni, devletin Büyük Selçuklu İmparatorluğu'nun Harzem valileri tarafından kurulması nedeniyle, genellikle Selçuklu devlet örgütüne benzerdir[66]. Harzemşahlar devletinde hükümdarlar Büyük Selçuklu sultanlarının unvanlarını, hatta "sencer" unvanını kullanmışlardır. Büyük devlet memurlarının adları bile genellikle Büyük Selçuklu İmparatorluğu'nun aynıdır[67], ayrıca yönetim örgütü de Büyük Selçuklularınkine benzemektedir.

BÜYÜK SELÇUKLU DEVLETİ VE TÜRK ORDUSU (940-1157)

1. Genel:

Büyük Türk imparatoru Mete'nin MÖ 209 yılında tahta geçip, cihan imparatorluğu meydana getirmesinden sonraki bin yılı aşan bir geçmişin ardından, Güneybatı Asya'nın tamamına yakınına hâkim olan Büyük Selçuklu Devleti, o devrin değil belki ortaçağın en muntazam ve en güçlü ordusuydu[68]. Mevcudu, 13. yüzyıl başından ortalarına kadar 20 bin ile 50 bin arasında; Melikşah zamanında ise 400 bin civarındaydı[69]. M. H. Yinanç, da divana kayıtlı olan asker sayısını 400 bin olarak ileri sürmektedir[70], [71].

Selçuklular'da sivil yönetimde Sasani bürokrasisinden büyük ölçüde yararlanılmış, ordularda ise Türklere görev verilmiştir. Selçuklular başlangıçta Gazneli askeri yapısını örnek almışlar, zamanla örneklendikleri yapıyı geliştirmişlerdir[72]. Ordu yönetimin en etkili

65 Turan YAZGAN, Türklerde Stratejik ve Taktik Düşünceler, Sy: 114, Belge Yay, İstanbul, 1986.

66 M. Fuat KÖPRÜLÜ, Harezmşahlar, İstanbul, 1992.

67 Metin ÖZKAN, Türk Devletleri, Sy: 177, Kalipso Yay, İstanbul, 2010.

68 İbrahim Kafesoğlu Sultan Melikşah Devrinde Büyük Selçuklu İmparatorluğu, Sy: 155, Yalçın Matbaası, İstanbul, 1953.

69 Erkan GÖKSU, Türkiye Selçuklularında Ordu, Sy: 26, 236, Türk Tarih Kurumu Yay, Ankara, 2010.

70 Toktamış ATEŞ, Osmanlı Toplumunun Siyasal Yapısı, Sy: 53, Ümit Yay, Ankara, 1981.

71 Doğan AVCIOĞLU, Türklerin Tarihi, 4. Kitap, Sy: 1630, Tekin Yay, İstanbul, 1995.

72 Suat İLHAN, Türk Askeri Kültürünün Tarihi Gelişmesi, Sy: 7, Ötüken Yay, İstanbul, 1999.

gücüdür, devletin esasını teşkil etmektedir ve başında hükümdar vardır.

2. Büyük Selçuklu Ordusunda Askeri Teşkilat :

Türk askeri gücünün uzun gelişim süreci içerisinde Selçuklu Ordusu çok önemli ve sağlam bir yere sahiptir[73]. Ordular silahları, teçhizatı, kuruluşu, eğitimi, taktik ve stratejileri ile değerlenirler. Fakat tarihte orduların özellikleri en iyi olarak, asker kaynakları ve asker alma sistemleri ile özgünleşir. Selçuklular'da sultanın, şehzadelerin, ümerânın maiyetinde muntazam askeri kuvvetler vardı. Melikşah zamanında daimi ordu Leşker-i icrahor ve ceride-yi ikta'at diye ikiye ayrılıyordu. Bunlardan ilki"maaş alan ordu", diğeri ise "iktaya kayıtlı birlikler" anlamına gelmekteydi[74]. Büyük Selçuklu İmparatorluğu ordusu, Hassa Ordusu (Gulâmlar), İktâ sahipleri olan Türk emirlerinin verdiği kuvvetler, Vassal (Tabii) devlet kuvvetleri, Türkmenler ile Gönüllüler olmak üzere beş büyük kuvvetten oluşmaktaydı. [75].

a. Daimi Kuvvetler:

(1). Gulamlar : Osmanlılardaki Kapıkulu askerlerine muadil olup, sarayı ve sultanı korumakla görevli Guleman-ı saray sınıfı; çeşitli milletlerden (Türk, Arap, Deylem, Taberistan vb.) küçük yaşlarda saray hesabına toplanarak, kılıç kullanmak, ok atmak, vb, hususlarda muharebe talimlerinde ve göreceği vazife sahasında özel olarak yetiştirilmiş askerlerden oluşmaktaydı.

4. 000 tanesi piyade idi. Bunlardan 1. 000'i "Gulamanı-has" yani doğrudan doğruya sultanın emrinde, gerisi de emirler komutasında bulunurdu[76]. Gulamanı-has'ın ise (100'ü Horasanlı, 100'ü ise Deylemli[77]) 200'ü seçilir ve "Müfredan" adı ile sultanın hizmet ve muhafaza işlerini görürlerdi. Bu 200 kişiden seçilen 20 kişi ise sultanın tahtının

---

73 Suat İLHAN, Türk Askeri Kültürünün Tarihi Gelişmesi, Sy: 8, Ötüken Yay, İstanbul, 1999.

74 Sergey Grigoreviç AGACANOV, Selçuklular, Sy: 70, Ötüken Yay, İstanbul, 2006.

75 İbrahim KAFESOĞLU, Sultan Melikşah Devrinde Büyük Selçuklu İmparatorluğu, Sy: 156, Osman Yalçın Matbaası, İstanbul 1953.

76 Erkan GÖKSU, Türkiye Selçuklularında Ordu, Sy: 20, Türk Tarih Kurumu Yay, Ankara, 2010.

77 İbrahim KAFESOĞLU, Sultan Melikşah Devrinde Büyük Selçuklu İmparatorluğu, Sy: 156, Osman Yalçın Matbaası, İstanbul 1953.

etrafında dururlardı[78]. Bunların kılıç kayışları ve kalkanları altından olurdu[79]. Diğer 180 gulamın ise gümüşten yapılırdı. Ordunun diğer unsurlarından farklı olarak, ikta sahibi değillerdi. Senenin belirli zamanlarında hazineden maaş alırlardı. Yılda dört defa yani her üç ayda bir alınan bu paraya "bistegani" denirdi[80]. Devletin ve sultanın dayandığı başlıca kuvvetler Gulamlardı[81]. Merkezde bulunan Gulamların asıl görevi sultanı ve sarayı korumak idi[82]. Merkezde bulınan gulamların dışında her komutanın ve ileri gelen devlet erkanının da değişik miktarlarda olmak üzere gulamları vardı.

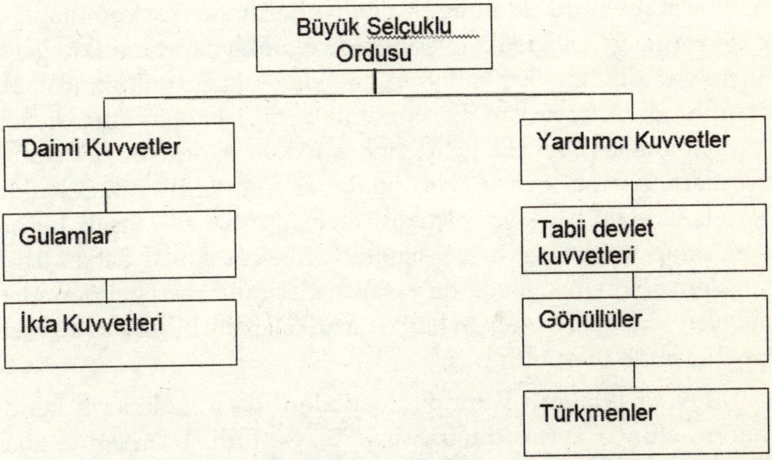

(2). İkta Kuvvetleri: Devletin asıl ordusu bu idi. Bu ordu İsfahan garnizonlarında oturur ve doğrudan doğruya sultanın emrindeki "salar" denilen kumandanlar tarafından idare edilirdi. Daimi olarak ve hiç eksilmeksizin mevcut ve sayısı 46. 000 süvariden oluşmaktay-

78 NİZAMÜ'L MÜLK, Siyasetname, Sy: 126, Ankara, 1982.
79 Salim KOCA, Selçuklularda Ordu ve Askeri Kültür. Sy: 84, Berikan Yay, Ankara, 2010.
80 Salim KOCA, Selçuklularda Ordu ve Askeri Kültür. Sy: 84, Berikan Yay, Ankara, 2010.
81 NİZAMÜ'L MÜLK, Siyasetname, Sy: 127, Ankara, 1982.
82 İbrahim KAFESOĞLU, Sultan Melikşah Devrinde Büyük Selçuklu İmparatorluğu, Sy: 156, Osman Yalçın Matbaası, İstanbul 1953.

dı[83]. Bunlar ikta sahibi idi. Yani paraları hazineden ödenmezdi. Her birine ikta edilen arazilerin varidatı toplanır ve belirli zamanlarda sahiplerine dağıtılırdı. 46. 000 süvariden başka, sayıları bunlardan çok daha fazla olan ve kendi vilayetlerinde arazilerinde oturan ve çağrıldıklarında orduya katılma mecburiyetinde olan ikta sahibi sipahiler de vardı. Bunlara memleketlerine göre, "Asker-i Horasan, Asker-i Fars" gibi isimler verilmişti[84].

İktâ sahipleri (arazi) iktâları nisbetinde emirlerinde gulâm kıtaları bulundurmaya mecburdular[85]. Seferberlik ilan edildiği zaman, kendi gulâmları ile orduya katılırlardı. İktâ sahipleri ayrıca belli sayıda İranlı sicil memuru da bulundurabiliyorlardı. Büyük komutanlara maaş yerine genellikle iktâ veriliyordu[86]. Irak vilayetinin İktâ geliri bir milyon dinardı. 5000 atlıyı teçhiz ederek hazır bulundurmakla sorumlu idi. Azerbaycan iktâsının yıllık geliri 400 bin dinardı. Selçuklular arazileri, senelik gelirlerine göre küçük, orta, büyük olarak kısımlara ayırmışlardı. Askeri iktalar sayesinde Büyük Selçuklu Devleti 400, 000, Türkiye Selçuklu Devleti ise 100, 000 kişilik bir orduya sahip bulunuyordu[87]. Selçukluda mevcut iktalar daha küçük parçalara bölünerek, iktalarda yaşayan, geçimini arazi gelirlerinden sağlayan ve fakat her zaman harbe hazır kalabalık bir süvari kuvveti (Sipahiyan)da mevcuttu[88].

Mevcut İktaların yanında, Hanedan üyesi meliklerin kendi emirleri altında ayrı orduları vardı. Hassa ordusu örneğine göre tertiplenen bu kuvvetler de iktalı efrattan oluşmaktaydı. Her şehzadenin elindeki toprağın ikta kabiliyetine göre askeri gücü vardı. Bazı kardeş kavgalarında bu kuvvetlerin birbiriyle çarpıştığı görülürdü. Şehzadeler kendi ordularıyla fetihler yapabilirlerdi. Ancak büyük sultan uygun bulursa meliklerin harekatını durdurabilir ve onların

---

83 İbrahim KAFESOĞLU, Sultan Melikşah Devrinde Büyük Selçuklu İmparatorluğu, Sy: 158, Osman Yalçın Matbaası, İstanbul 1953.

84 İsmail Hakkı UZUNÇARŞILI, Osmanlı Devlet Teşkilat, Sy: 60. Türk Tarih Kurumu Yay, İstanbul, 1961.

85 Mehmet Altay KÖYMEN, Büyük Selçuklu İmparatorluğu, TTK Yay, Ankara, 2000.

86 Sergey G. AGACANOV, Selçuklular, Sy: 172, Ötüken Yay, İstanbul, 2006.

87 Osman TURAN Selçuklular Tarihi ve Türk İslam Medeniyeti, Sy: 238, İstanbul, 1969.

88 Ziya KAZICI İslam Türk Medeniyeti Tarihi, Sy: 180, Çağrı Yay, İstanbul, 1981

ordularına yeni görevler verebilirdi. Gulam valilerinin de benzer tarzda iktalı orduları vardı. Bunlar da melikler gibi serbestçe fetihler yaparlardı. İşbirliği yapmak gerektiğinde bu valiler daima şehzadelerin emrine verilmişlerdir. Devlet ricali de aldıkları ikta nispetinde asker beslemekle mükelleftiler. En fazla ikta sahibi olan ve siyasi olaylara yön verebilecek kadar kalabalık bir asker mevcudu olan büyük vezir Nizamülmülk; bunlara en büyük örnektir[89].

(3) Türkmen Kuvvetleri: Türkmenler (Oğuz boyları) devletin kuruluş aşamasında ordunun büyük kısmını teşkil ediyorlardı. Fakat Türkmenler daimi ve düzenli ordu niteliği taşımıyorlar, üstelik merkezi devlet anlayışı ve buna paralel olarak gelişen siyasi, idari ve askeri tarzına uyum sağlayamıyorlardı[90]. Bu durum Türkmenlerle merkezi idarenin arasınıiyice açtı ve Türkmenler her fırsatta devlet otoritesine karşı çıkmaya başladılar. Bu sebeple Büyük Selçuklular gulam ve ikta askerlerinden oluşan bir ordu kurarak Türkmenlerin ordu içerisindeki etkinliğine son verdiler. Sonuçta Türkmenlerin bir kısmı devlet otoritesinden uzak bölgelere çekildi. Bir kısmı ise Selçuklu Devleti tarafından Anadolu'ya gönderildi. Anadoluya gönderilen Türkmenlerin sayısı 550-600 bin civarındadır[91]. Bu rakam daha sonraki yıllarda bir milyona yaklaşcaktır.

Kayı, Yıva, Bayındır, Çepni, Avşar, Yüreğir, vb. boylar halinde kendi liderlerinin kumandası altında hareket eden Türkmenler (Oğuz boyları) göçebe idiler. Büyük sultan tarafından beylerine ikta edilen yerlerde yaylak ve kışlaklar arasında seyreden seyyar kuvvetler teşkil ediyorlardı. Kadın erkek hep bir arada bulunurlar, çarpışmalara, savaşlara toptan iştirak ederlerdi[92].

(4) Vassal (Tabii Devlet) Kuvvetleri[93]: Bunlar, Büyük Sultanın şahsına bağlı olduklarından, çok kere meliklerle veya Türkmen

---

89 İbrahim KAFESOĞLU, Sultan Melikşah Devrinde Büyük Selçuklu İmparatorluğu, Sy: 160, Osman Yalçın Matbaası, İstanbul 1953.

90 Erkan GÖKSU, Türkiye Selçuklularında Ordu, Sy: 23, Türk Tarih Kurumu Yay, Ankara, 2010.

91 İbrahim KAFESOĞLU, Sultan Melikşah Devrinde Büyük Selçuklu İmparatorluğu, Sy: 162, Osman Yalçın Matbaası, İstanbul 1953.

Erkan GÖKSU, Türkiye Selçuklularında Ordu, Sy: 23, Türk Tarih Kurumu Yay, Ankara, 2010.

92 Piyadenin Tarihi, Piyade Okulu Yay, İstanbul 2005,

93 Sergey G. AGACANOV, Selçuklular, Sy: 172, Ötüken Yay, İstanbul, 2006.

reisleriyle savaşırlardı. Fakat sultanın isteği üzerine büyük orduya katılmaya veya onun emriyle herhangi bir melike veya valiye yardım etmeye mecburdular. Vasal devlet kuvvetlerini (hukuki yönden bağlı devletler), vasal durumundaki devletlerin savaş sırasında gönderdikleri kuvvetler teşkil ederdi. Vasal hükümdarların gönderecekleri kuvvet miktarı vasallık anlaşmasında açıklanıyordu. Bu anlaşmaya uymamak metbu hükümdara isyan olarak değerlendiriliyordu[94].

(5) Gönüllüler (Şehir ve Bölge Kuvvetleri): Savaş bölgesine yakın şehir ve bölgeden de, büyüklüklerine göre sayısı değişen asker muharebeye katılırdı. Geldikleri şehrin ve bölgenin ismini taşıyan[95], savaştan sonraki ganimetlerden pay almak veya cihad faaliyetlerine katılmak için seferlere katılan bu birliklerin savaşın kazanılmasına vaya kaybedilmesine fazla etkileri olmazdı. Şehirlerde Bekçiye ismi verilen kale muhafızlığı yaptıkları sanılan bir grup asker daha kullanılıyordu.

3 Selçuklu Ordusunda Türk Askeri Kültürü:

Sefere çıkan karşı taraf ordusunun mümkün olduğu kadar erken, çevik kuvvetlerle karşılanması, vur-kaç yöntemi ile zayiat verdirilerek yürüyüş boyunca zayıflatılması, sefere çıkan ordunun zafere olan inancının sarsılması, yürüyüş kolunun kesin sonuçlu muharebenin kabul edileceği yere doğru çekilmesi. Kendi birliklerinin gerisini dağlık veya çöl olan bir arazi kesimine vererek, yenilgi halinde küçük birimlere ayrılıp, zor arazide dağılarak toplu imhadan kurtulma. Dandanakan'da ordunun gerisi çöl'e, Malazgirt'te Süphan Dağı'na verilmiştir[96].

Merkezde ağır ve yaya birlikler, iki yanda genellikle şehzadelerin komutasında çevik (atlı) birliklerin bulundurulması. İmkan bulunursa çevik kuvvetlerin gizlenmesi. Düşmanın merkezden içeri çekilmesi, sonra çevik kuvvetlerle iki yanından kuşatılması ve gerisinden çevril-

94 Erkan GÖKSU, Türkiye Selçuklularında Ordu, Sy: 23, Türk Tarih Kurumu Yay, Ankara, 2010.

95 Suat İLHAN, Türk Askeri Kültürünün Tarihi Gelişmesi, Sy: 101, Ötüken Yay, İstanbul, 1999.

96 Suat İLHAN, Türk Askeri Kültürünün Tarihi Gelişmesi, Sy: 102, Ötüken Yay, İstanbul, 1999.

mesi. Nizâmülmülk, Sultan'ın güvenlik sorumluları için ısmarladığı 200 silah takımından 20 kalkan ve kılıç kemerinin altından, 180 kalkan ve kılıç kemerinin gümüştün yapılmasını istemiştir[97]. Şehir ve kalelere karşı ağır silah olarak mancınık, ağır ok atıcıları (çarh), neft atan makineler kullanılıyordu. Mancınıklar ağır taş, arradeler ise daha hafif taş fırlatıyordu[98].

4. Büyük Selçuklu Ordusunda Mevcutlar:

Kösedağ muharebesinde (ordusunun çoğunluğu Türk asıllı olan Moğollarla yapılmıştır.) yardımcı kuvvetler (diğer İslam, Frenk, Ermeni, Rum) hariç, Selçuklu ordusunun süvari mevcudu 70 bindi. 13. yüzyılın başından ortalarına kadar Selçuklu ordusu mevcudu 20 bin ile 50 bin arasında değişmştir.

Beyliklerin askeri mevcutları hakkında az bilgi bulunuyor: Karamanoğulları'nın 25 bin atlı, 25 bin yaya; Eşrefoğulları'nın 70 bin atlı; Hamidoğulları'nın 40 bin yaya ve atlı; Candaroğulları'nın 25 bin atlı; Karasioğulları'nın 40 bin atlı; Menteşeoğulları'nın 100 bin; Aydınoğulları'nın 70 bin mevcutlu birliklere sahip oldukları belirlenmiştir. Her grup bir Oğuz birliğini teşkil ediyordu. Vezir Nizâmülmülk'ün binlerce gulâmı olduğu söyleniyordu. Alp Arslan esir aldığı R. Diogenes'i Sivas'a kadar 2 hâcip komutasında 100 gulâm ile göndermiştir. Emrinde 500 atlı bulunan bir emir itibarlı sayılıyordu[99].

Tuğrul Bey'in ölümünden sonra bölgeye gelen Alp Arslan'ın 15 bin atlı[100], 10 bin yaya askeri vardı. Melikşah zamanında Selçuklu İmparatorluğu ordu mevcudu 400 bin civarındadır. Bu dönemde Melikşah'ın maiyetinde gulâmlardan ayrı olarak iktâlı 46 bin süvari vardı.

---

97 M. Altay KÖYMEN, Büyük Selçuklu İmparatorluğu Tarihi, Sy: 271, TTK Yay, Ankara, 1991.

98 Suat İLHAN, Türk Askeri Kültürünün Tarihi Gelişmesi, Sy: 102, Ötüken Yay, İstanbul, 1999.

99 Suat İLHAN, Türk Askeri Kültürünün Tarihi Gelişmesi, Sy: 102, Ötüken Yay, İstanbul, 1999

100 Sergey Grigoreviç AGACANOV, Selçuklular, Sy: 172, Ötüken Yay, İstanbul, 2006.

5. Büyük Selçuklu Ordusunda Rütbeler ve Unvanlar

Selçuklularda, ordunun en üst görevlisine Beylerbeyi deniyordu. Beylerbeyine mıntıka (bölge) seraskerleri, onlara da subaşılar bağlıydı. İktâ'ların önemli merkezlerdeki komutanlarına subaşı diyorlardı. Sorumluluk bölgelerinin iktâlarına komuta ediyor, barışta bölgenin güvenliğini sağlıyorlardı. Subaşı Gazneliler'de ve Orhun Kitabeleri'nde de geçmektedir. Tam belirgin olmamakla beraber kara gulâm, gulâm, has hadim, serheng (çavuş), hâcip, candar, emir gibi ün- vanlar bulunduğu değerlendiriliyor. M. A. Köymen rütbeleri şu şekilde sıralıyor: Otağ (10 kişi), visak başı, hayl başı, hâcip, emir. İ. H. Uzunçarşılı ise şunları sayıyor[101] : Emır-i sipahsalâr, emir-i emirân, emirü'l-ümera, emir salâr, mu- kaddemü'l- asker, emir, nakib, subaşı. Gulâmlıktan yetişmiş büyük komutanlar vasal hükümdarlardan önde bulunuyorlardı[102].

Selçuklular'da, İlhanlılar'da ordunun gerisinde, bırakılan eşya ve hayvanları toplayan bir müfreze vardı. Hiç kimse kendisine ait olmayan eşyayı alamazdı. Müfreze eşyanın sahibini bulamazsa kullanıma sokardı. Bu sistemi 2. Dünya Harbinde "Kurtarılmış malzeme" olarak Amerikalılar uygulamıştır[103]. Devlet tarafından, savaşta elde edilen esirlerin 1/5'i vergi olarak alınırdı. Bilindiği gibi Yeniçerilerin, ilk kuruluşları bu pençik sistemi ile gerçekleştirildi.

Ordunun özellikle merkez kuvvetin başında, bizzat sultan bulunmaktaydı . Öte yandan, Selçuklu devrinde kalelerin içine belirli sayıda birlikler yerleştirilmekteydi. Bu birlikler, kaleyi korumak, savunmak ve kale çevresindeki güvenliği sağlamakla yükümlüydü. Kale komutanları, "dizdâr, kûtuvâl ve kaledâr" gibi unvanlarla almakta idi. Kaşgarlı Mahmut'a göre, "dizdâr", Türkçe "yüksek yer, kale" anlamına gelen "tiz" ve Farsça "dâr" (tutan) kelimelerinin birleşmesiyle meydana gelmiş bir isimdir. "Kûtuvâl" (kot-vâl) ise, Hintçe kökenli bir kelime olup, aynı anlama gelmektedir. Türk kül-

---

101 İsmail Hakkı UZUNÇARŞILI, Osmanlı Devlet Teşkilat, Sy: 55. Türk Tarih Kurumu Yay, İstanbul, 1961.

102 M. Altay KÖYMEN, Büyük Selçuklu İmparatorluğu Tarihi, Sy: 232, TTK Yay, Ankara, 1991.

103 Suat İLHAN, Türk Askeri Kültürünün Tarihi Gelişmesi, Sy: 105, Ötüken Yay, İstanbul, 1999

türünün etkisiyle "kûtuvâl" unvanı, bazen "kûtuvâl bey (kale beyi)" şeklinde yarı Türkçe olarak kulanılmaktaydı.

6. Büyük Selçuklu Ordusunda Kullanılan Savaş Araç ve Gereçleri

Selçuklu devrinde kullanılan savaş araç ve gereçleri arasında, "at ve silah" en önde gelmekte idi. Türklerin savaşlardaki üstünlükleri ve başarıları, bu iki aracı çok iyi kullanmalarından ileri gelmekteydi. Normal zamanlarda bile atsız ve silahsız bir Türk düşünmek, âdeta mümkün değildi. Türk savaşçısı, özellikle atı ve silahıyla birlikte olduğu zaman kendisini rahat ve güvenlikte hissetmekteydi. Sefer ve savaşlarda ise, her savaşçının bir asıl, bir de yedek atı bulunmaktaydı. Mesela, Malazgirt Savaşı'nda her Türk savaşçısının birer yedek atı vardı. Türkler yedek ata, "koş at (koşulmuş at)" demekte idiler.

Selçuklu devrinde kullanılan savaş araç ve gereçlerini, genellikle "hafif ve ağır silahlar" olmak üzere iki kısma ayırmak mümkündür. Ayrıca, silahları kullanıldıkları yerlere göre de "saldırı, savunma ve kuşatma silahları" şeklinde üç kısım hâlinde incelemek ve değerlendirmek de mümkündür. Bunlardan saldırı ve savunma silahları "hafif silahlar", kuşatma silahları da "ağır silahlar" sınıfına girmektedir. Şimdi bu silahları birer birer ele alalım:

a. Saldırı Silahları: Selçuklu ordularında, ok ve yay (sehm ve kavs), kılıç (karaçur=uzun kılıç, seyf), meç (kısa kılıç), kargı (kargu), gönder veya süngü (mızrak, rümh, nize, harbe), kısa mızrak (t. kaçut, f. cıda,), topuz (demir gürz), çomak (ahşap gürz), sapan, bıçak, kama, hançer (bügde/bükte) gibi çeşitli saldırı silahları kullanılmaktaydı[104]. Ayrıca bunlara, kamçı (berge, bergü) ve kementi de (ukruk) eklemek mümkündür. Bu silahların hepsini, sadece Türk ordularında değil, başka milletlerin ordularında da görmek mümkündü. Başka bir ifade ile söylemek gerekirse, başka milletlerin orduları da aynı silahları kullanmakta idi. Aralarındaki fark ise, Türk silahlarının yapım özelliğinde ve kullanılmasında kendisini göstermekteydi.

Her şeyden önce, Türk silahları, daha hafif ve daha kullanışlı idiler. Bu teknik özellik, Türklere önemli bir avantaj ve üstünlük kazandırmaktaydı. Mesela Türk mızrakları, diğer milletlerin mızrak-

---

104 Salim KOCA, Türkiye Selçuklularında Ordu ve Askeri Kültür, Berikan Yayınları, 2010.

larına göre oldukça kısa ve hafif idi. Üstelik içi de boştu. Bu hususta başka bir üstünlük de Türklerin silahı kullanmaktaki olağanüstü ustalıklarında ve yeteneklerinde görülmekteydi. Bu da hiç şüphesiz, küçük yaşta başlanan ve bütün hayat boyunca devam edilen askeri eğitimlerle sağlanmaktaydı.

Türkler, kullandıkları silahları genellikle kendileri imal etmekteydiler. Fakat, Selçuklu ordularında sadece Türklerin özel Hindistan çeliğinden (pulad i hindi)[105] kendi ürettikleri silahlar değil, başka toplulukların ürettikleri silahlar da kullanılmaktaydı. Bunlar arasında en çok kullanılan "Hint ve Yemen kılıçları" ile "Şam ve Taşkent yayları" idi. Türk savaş sisteminin en etkili silahı ok idi. Türk savaşçıları, oku, daha ziyade uzaktan yaptıkları savaşlarda veya taktik gereği geri çekilme sırasında kullanmaktaydılar. Onlar oklarını, özellikle, at üzerinde dört nala giderken, önlerinde, arkalarında ve yanlarında bulunan hedeflere isabetli bir şekilde atmaktaydılar.

Bu silahlar o devirde hemen her orduda bulunan silahlardır. Orijinal olan yön; Türk silahlarının imalinde ve kullanılmasındadır. Bu silahlar ağır değildirler. Yani taşınma ve kullanma üstünlüğü sağlarlar. Örnek olarak Türk yayları daha hafif, kalkanları daha küçük, mızrakları gene hafif ve kısa idi. Türk oku yaklaşık bir mil (yaklaşık 1600 m) mesafeye kadar ulaşabiliyordu. Aynı zamanda ok bir haberleşme aracıydı. [106].

Ok, başlangıçtan ateşli silahların icadına ve kullanılışına kadar geçen devrede Türklerin çok iyi kullandıkları önemli bir silah olmuştur. Selçuklu Ok'u kalkan ve zırhları delecek güçte idi[107]. Selçuklularının ok atmada gösterdikleri ustalık yabancı kaynaklarca da belirtilmektedir. Selçuklu askeri süratli atlar kullanmalarının yanında ok - yay ve kılıç gibi hafif silâhlar taşımaları nedeniyle savaşlarda gereken çabukluğu ve kıvraklığı göstererek düşmanlarının kendilerini takip etmelerini güçleştiriyorlardı.

---

105 Sergey Grigoreviç AGACANOV, Selçuklular, Sy: 232, Ötüken Yay, İstanbul, 2006.

106 İsmail Kayabalı, Cemender Arslanoğlu, Sy: 205, Türk Ordusu Tarihi, Dede Korkut Yayınları, İstanbul, 1976.

107 Muharrem KESİK, Türkiye Selçuklularında Savaş Geleneği, Sy: 249, Kitabevi Yayınları, İstanbul, 2008.

Türk Okları; bir 1500 metre mesafeye ulaşabiliyordu. Yay, ne kadar ağır ve sert olursa, atılan ok da o kadar uzağa gider ve daha çok tesirli olur[108]. Tarih boyunca her hükümdarın bir silâh türünü en iyi biçimde kullandığı ve savaşlarda en iyi kullandığı bu silâhla çarpıştığı bilinir. Çok usta bir nişancı olan Alparslan da en çok ok ve yay kullanmıştır. Bu dönemin en meşhur yaylarının Çaç/Taşkent (Keman ı Çaçi) yayları olduğu bilinmektedir[109].

Selçuklu askerinin ok kullanmakta ne kadar hünerli olduğunu ve Selçuk oklarının kalkan ve zırhları delecek güçte olduğunu Niketas'dan aynen aldığımız şu bilgi ortaya koymaktadır : " Bizans Ordusu'nun geri dönüşü sırasında, Türkün biri yalçın bir kayaya çıkarak oraya yerleşmiş ve kayanın önünden geçen birçok Bizanslıyı okla öldürmüştü. Okların her biri öldürücüydü. Çünkü bunlar kalkan ve zırhları deliyorlardı. Müthiş bir bela idiler. Cesaretlerini göstermek isteyen birçok Bizanslı ona karşı çıkarak kan ter içinde Türkün yakınma kadar gelip ona ok ve mızraklarıyla saldırmışlardı. Türk ise, sanki kendisine fırlatılan ok ve mızraklar arasında dans eder gibiydi. Sonra kendisi hücuma geçiyor ve karşısındaki düşmanları öldürüyordu"[110].

Savaşta bir okçu 30-50 arasında ok taşırdı. Ok, aynı zamanda bir haberleşme aracı da olmuştur. Türk okları 1 mile (1600 m) ulaşabiliyordu. Yayların, çiriş kullanılması sebebiyle yağmura karşı duyarlılığı vardı. Halep kuşatmasında Alp Arslan oku bitenler için ordusuna 80. 000 ok dağıtmıştır.

Türklerde ok ve yay gibi, kılıç da çok kullanılan silâhlardandır. Savaş dışında kılıç bir hükümdarlık alâmeti olarak kullanılmaktaydı. Nizam-ül Mülk'ün resmi törenlerde, meselâ yabancı elçilerin kabulü sırasında hazinede daima hazır bulundurulduğundan söz ettiği 20 takım silâh arasında kılıç da vardı[111].

Gürz: ucunda demir veya herhangi bir madenden topuzu olan hasmına vurmak için kullanılan bir silahtır. Çomak: gürzden farkı

---

108 Suat İLHAN, Türk Askeri Kültürünün Tarihi Gelişmesi, Sy: 100, Ötüken Yay, İstanbul, 1999

109 Erkan GÖKSU, Türkiye Selçuklularında Ordu, Sy: 307, Türk Tarih Kurumu Yay, Ankara, 2010.

110 Salim KOCA, Türk Kültürünün Temelleri, II, s. 99, Ankara 2003.

111 Piyadenin Tarihi, Piyade Okulu Yay, İstanbul 2005,

madenden değildir[112]. Kökü ile çıkarılan ağacın kökleri yontulmak suretiyle topuzlu hale getirilir.

b. Savunma silahları:

Bir savaşçı için, saldırı silahları ne kadar gerekli ve önemliyse, savunma silahları da o kadar gerekli ve önemliydi. Çünkü, her savaşçı, çarpışma esnasında ok, kılıç, mızrak, topuz ve bıçak gibi silahlarla düşmana bertaraf edici darbeler vurduğu gibi, kendisi de karşı taraftan aynı türden silahlarla darbeler almaktaydı. Savaşçının, bu darbeleri savuşturabilmesi veya darbelerin etkisini azaltabilmesi için birtakım savunma silahları kullanması gerekmekteydi. Askerler sürekli zırhla dolaşmazlar, tehlikeli durumlarda, savaş esnasında ve ani bir düşman saldırısı beklendiği zamanlarda zırhlarını giymiş olurlardı[113].

Selçuklu devri Türk savaşçılarının, genellikle madenden yapılmış çeşitli savunma silahları vardı. Bunların başında "kalkan (t. tura, a. daraka), tolga (t. tulga, yaşuk/aşuk, a. miğfer, hûda) ve zırh (t. yarık, kuyag, m. cebe, f. cevşen[114], a. dir')" gelmekteydi. Türk kalkanı, diğer milletlerin kalkanlarına göre daha küçük ve hafiti; fakat son derece kullanışlı ve dayanıklıydı. Bilindiği gibi, kalkan, silah darbelerini bertaraf etmekte kullanılan bir savunma silahıdır. Dolayısıyla, bu savunma silahının, her türlü silah darbesine dayanıklı bir maddeden yapılması gerekmektedir.

Tolga ve zırh ise, vücudu, silahın yaralayıcı ve öldürücü darbelerinden koruyan birer savaş giysisi idi. Her ikisi de silah darbesine dayanıklı madenlerden imal edilmekteydi. Bunlardan tolga, başa giyilmekte idi. Tolgadan önce başa, koruması için "kedüt" adı verilen ve yünden örülmüş bir takke geçirilmekteydi. Bu takke, başı tolganın sertliğinden koruduğu gibi, silah darbelerinin etkisini de azaltmaktaydı. Türk miğferleri genellikle kubbemsi olup, tepeleri

112 Aydın TANERİ, Osmanlı Kara ve Deniz Kuvvetleri, Sy: 37-41, Kültür Bakanlığı Yay, Ankara 1981.

113 Muharrem KESİK, Türkiye Selçuklularında Savaş Geleneği, Sy: 251, Kitabevi Yayınları, İstanbul, 2008.

114 Sergey Grigoreviç AGACANOV, Selçuklular, Sy: 232, Ötüken Yay, İstanbul, 2006.

de minare ucu gibi sivri idi. Bu miğferlerin arkaları ve yanları ise, kulakları ve enseyi korumak için perdeliydi.

Oğuz beyleri, miğferlerin üzerine kahramanlık sembolü olarak tüy, sorguç veya al renkte bir ipek parçası bağlamaktaydılar. Bu sorguca veya ipek parçasına, "beçkem" denmekteydi. Zırh, Türkçe "yarık, temür kömlek, çokal ve savut" gibi isimlerle ifade edilmekteydi. Türkler iki çeşit zırh kullanmaktaydılar. Bunlardan biri "kübe yarık veya çokal, diğeri "say yarık " adıyla anılmaktaydı. "Kübe yarık", kollar ve dizlerin alt kısmı hariç, bütün vücudu örten bir zırh idi. "Say yarık" ise, sadece demir göğüslükten ibaretti. "Kübe yarık veya çokal" ya ince madeni tellerin örülmesiyle (örme zırh) ya da ince madeni teller veya bez üzerine, yine madeni pul döşemek suretiyle (pullu zırh) yapılmaktaydı. Say yarık ise, dayanıklı bir madeni göğsün ölçüsüne uygun bir şekilde kalıplarda dökmek suretiyle imal edilmekteydi. "Kübe yarık veya çokal" Türkiye Selçuklularında Farsça bir kelime olan "kejâgend" sözüyle anılmaktaydı.

Bizans ve Haçlıların zırhları ile miğferleri, silah darbelerine karşı son derece dayanıklı, fakat çok ağır idi. Bu zırhlar ve miğferler, hareketi engelledikleri gibi, yere düşen savaşçıların ayağa kalkmalarını da zorlaştırmakta ve bertaraf edilmelerini kolaylaştırmaktaydı. Buna karşılık Türk zırhları ve miğferleri, savaşçının hareketini engellemeyecek kadar hafifti. Selçuklu savaşçıları, tıpkı kendileri gibi atlarına da zırh giydirmekteydiler[115]. Zira, atın da silah darbelerinden korunması gerekmekteydi. Genellikle at üzerinde savaşan Türkler için bu savaş aracı, son derece önemliydi. Karşı güç, savaşçının kendisini olduğu kadar atını da hedef almaktaydı. Atını kaybeden Türk savaşçı, büyük ölçüde savaşma yeteneğini ve avantajını yitirmiş olmaktaydı[116].

c. Kuşatma silahları: Savaşın özelliğine göre, silahlar da değişmekteydi. Mesela, meydan savaşları ile pusu, baskın, ve gayri nizami harp gibi askeri faaliyetlerde genellikle "ok, mızrak, kılıç, topuz, bıçak, sapan, kement, hançer, kalkan, tolga, zırh" gibi saldırı ve savunma silahları kullanılmaktaydı. Kale ve surlarla çevrili şehir

---

115 Lev Nikolayeviç GUMILEV, Eski Türkler, Sy: 93-95, Selenge Yayınları, İstanbul, 2003.

116 Salim KOCA, Türkiye Selçuklularında Ordu ve Askeri Kültür, Berikan Yayınları, 2010.

kuşatma savaşlarında ise, savaşın özelliği değiştiği için bunlara yeni silahlar ilave olunmaktaydı. Bu silahların başında da günümüzün topu olan "mancınık ve arrâde[117]" gelmekteydi.

Ayrıca, kale ve şehir kuşatmalarında, "delik açıcı (nakkâb), neft atıcı (t. kara yağ, neffatan, kârura), tahta kule (köşk encir, burc, dabbâba), çark/çarh (t. yeten, a. zenberek, kavs el-ziyâr=toplu ok fırlatma âleti), koçbaşı (şâhmerdan, kebş), balyoz (balatekin), nacak, balta, merdiven, tünel kazma âletleri (kazma, kürek vs.)" gibi silahlar da kullanılmaktaydı. Kale kuşatma silahlarının en büyüğü, hiç şüphesiz mancınık idi. Mancınığın küçüğüne ise, "arrâde" denmekteydi. Kale ve şehir kuşatmalarında genellikle "mancınık", aynı yerlerin savunmasında da "arrâde" kullanılmaktaydı. Arrâde ile atılan güllelerle, özellikle dışarıdaki mancınığın tahrip edilmesi hedeflenmekteydi. Ağır ve hafif mancınık arasındaki fark, yapısından başka fırlattığı taşların hacmine de bağlıdır. Mancınıklar, kuşatılacak müstahkem mevkiye, yani kalenin veya şehrin önüne, öküzlerle çekilen arabalar üzerinde getirilmekte idi. Taşınma sırasında birbirinden ayrılmış olan mancınığın kısımları, savaş sahasında tekrar monte edilmekteydi.

Selçuklu Ordusunda çeşitli tipte mancınıktan başka ağır okları fırlatan "Çarh"lar ve neft atan makineler de vardı. Selçuklu orduları kale muhasaralarında ağır silâh olarak mancınık ve neft kullanırlardı[118]. Tuğrul Bey zamanında olduğu gibi Alparslan zamanında da mancınıklar sefer sırasında yapılmaktaydı. Mancınıkların ateş menzili hemen hemen bir okun atış menzili kadardı (300 - 1. 600 m arası). Mancınıkla gece ve gündüz atış yapılabilir. Kuşatılanlar, mancınıkların etkisini yok etmek veya hafifletmek için birçok tedbirler alıyorlardı. Kuşatanların neft şişeleri fırlatarak büyük mancınığı yakmaları yüzünden Tuğrul Bey Malazgirt'i fethedememiştir. Mancınıklarla surların yıkılması yanında şehir içlerinin bombalanması da mümkündür. Alparslan hükümdarlığı boyunca yaptığı bütün kuşatmalarda mancınık kullanmıştır[119].

117 Mehmet Altay KÖYMEN, Alp Arslan ve Zamanı, Sy: 271, Osman Yalçın Yay, Ankara, 2011.

118 İbrahim KAFESOĞLU, Sultan Melikşah Devrinde Büyük Selçuklu İmparatorluğu, Sy: 163, Osman Yalçın Matbaası, İstanbul 1953

119 İsmail Kayabalı, Cemender Arslanoğlu, Sy: 205, Türk Ordusu Tarihi, Dede Korkut Yayınları, İstanbul 1976, s. 205

Tuğrul Bey'in Malazgirt kuşatmasında kullandığı bir mancınığı 400 kişi hareket ettirebiliyor ve 55 kg. taş (60 libre) atabiliyordu[120]. Bizans ordusunda 100 arabanın taşıdığı, iplerini 1200 adamın çektiği takriben 90 kg. taş atan mancınık bulunuyordu. Türkler mancınıkları sefer esnasında imal ediyorlardı. Mancınıkla 700 ile 1600 m. ye kadar taş atılabiliyordu[121]. Silahların önce kendi cinsinden silahla mücadele etmesi gereği o dönemde de geçerliydi. Mancınıklarla karşı taraf mancınıkları etkisiz hale getirilmeye çalışılıyordu. Bu amaçla Bizanslıların neft şişesi attıkları (bugünkü molotof kokteyli) biliniyor. Malazgirt kuşatmasında, Tuğrul Bey'in büyük mancınığı, atılan neft şişesi ile yanınca kuşatma kaldırılmıştı.

7. Büyük Selçuklu Ordusunda Savaşa Hazırlık, Strateji ve Taktik:

a. Savaşa Hazırlık ve Sefer

(1). Ordunun Toplanması: Selçuklularda savaş kararı alınmadan önce sultanlar savaş meclisi toplar. Yardımcıları ve komutanları ile savaşa dair ayrıntıları ve uygulanacak taktikleri belirlerdi. Savaşa yakın zamanda sürgün avına çıkılarak ordunun durumu gözetilir askerlerdeki eksikler giderilirdi. Orduya asker toplamak için beylere ve vassal hükümdarlara ok yay yüzük vs gönderilirdi. Halkın ve askerin moralini düzeltmek için askeri geçit törenleri düzenlenirdi[122].

Savaş hangi yönde yapılacaksa o yöne otağ kurulur tüm asker de otağın etrafında toplanır. Burada askerler son denetimden geçer düzene sokulurdu. Daha sonra savaş nerede yapılacaksa stratejik açıdan önemli noktalar zapt edilir. Askerin moralini üst düzeyde tutmak için eğlenceler yapılırdı. Askerler savaş yapılmadan bir evvel ki gece naralar atar ateşler yakar karşı kuvvetlerin içinde kendilerine dair efsaneler yayarlardı. Bunda ki ama karşı tarafı psikolojik yönden çökertmektir. Böylelikle karşı tarafın askerlerinin savaşma isteği kırılmış oluyordu[123].

---

120 Suat İLHAN, Türk Askeri Kültürünün Tarihi Gelişmesi, Sy: 100, Ötüken Yay, İstanbul, 1999

121 Suat İLHAN, Türk Askeri Kültürünün Tarihi Gelişmesi, Sy: 101, Ötüken Yay, İstanbul, 1999

122 Salim KOCA Dandanakan'dan Malazgirt'e Giresun 1997 s. 145

123 Salim KOCA Dandanakan'dan Malazgirt'e, Sy: 146, Giresun 1997.

(2). Ordunun Savaş Düzeni: Selçuklu ordusu diğer Türk-İslam devletleri gibi savaş düzeni alıyordu. Esas ordunun önünde hareket eden ve ordunun geçeceği yolları denetleyen öncü kuvvetler ki bunlara "Talaya" adı verilirdi. Bunlar yer yer düşmana vurkaç taktiği uyguluyordu. Böylelikle hem düşmanı yıpratıyor hem de düşmanla ilgili istihbarat topluyordu. Bunların diğer adları ise "pişdar talia veya mukaddeme" dir. Bunların başında ise Emir-i Talaya bulunurdu. Talayeden sonra asıl ordu geliyordu. Asıl ordu ise üç kısma ayrılıyordu. Sol kol "meysere" sağ kol "meymene" ve merkez yani "kalp". Her bölümün başında sultanın görevlendirdiği bir komutan bulunurdu. Savaş halinde bu gruplar tek bir vücut gibi hareket ederler üzerlerine düşen görevleri hakkıyla yerine getirirlerdi. Ayrıca esas ordunun arkasında artçı birlikler bulunurdu "dümdar veya saka" da denilen bu birlikler ordunun ihtiyat güçleriydi. Sultanın bulunduğu ve savaş kararlarının alındığı merkeze ise "muasker" yani karargâh adı verilmiştir[124].

Hun ordusundaki 10'lu sistem, Büyük Selçuklu ordularında pek fazla görülmemektedir. Türk savaş sisteminde, Arapça "cevk, tulb" adıyla anılan küçük, bağımsız ve hareketli (mobil) atlı birlikler başlıca rol oynamakta idi. Mesela, Selçukluları her bakımdan kendilerine örnek alan Eyyûbi ordularında, "70, 100, 200 kişi arasında değişen bağımsız atlı birlikler" bulunmaktaydı. Selçuklu ordusu bir yerde konakladığı zaman, her çadıra 8 veya 10 kişi arasında asker yerleştirilmekteydi. Bu duruma göre hüküm vermek gerekirse, Selçuklu ordularında da en küçük birlik, tıpkı Hunlar ve Karahanlılarda olduğu gibi 10'ar kişilikti. 5-10 çadırlık asker bir araya getirilerek de bölükler oluşturulmaktaydı. Her manganın ve bölüğün başında da "visâk başı (otag başı) ve hayl başı" gibi unvanlar taşıyan komutanlar bulunmaktaydı. Bölüklerin bir araya getirilmesiyle de büyük birlikler teşekkül etmekteydi. Büyük birliklerin miktarı da "1000 ilâ 10. 000 asker" arasında değişmekteydi.

Ordunun sefer sırasında yürüyüşü, "5'li düzen (hamis)" içinde gerçekleşmekteydi. Buna göre, ordu, "öncü (Türkçe: yezek, çarhacı, farsça: pişdâr, dümdâr, Arapça: talia, mukaddem)", "merkez (kalp)", "sağ kol (meymene)", "sol kol (meysere)" ve "artçı (sâka, dümdâr)"

124 İ. Hakkı UZUNÇARŞILI Anadolu Beylikleri Tarihi, Sy: 107, Ankara 1988.

gibi kısımlara ayrılmaktaydı . Bazen bunlara bir de "destek veya ihtiyat kuvveti (t. yetüt)" eklenmekteydi. Seferde ordunun "5'li düzen" içinde yürütülmesinden maksat, sürpriz bir saldırı durumunda, orduyu savaş durumuna kısa sürede ve kolayca geçirmekti.

b. Selçuklu Ordusu Tarafından Kullanılan Savaş Usulleri:

(1). Meydan Savaşları: Meydan savaşları daima Türk tarihinin kaderini belirleyen savaşlar olagelmiştir. Selçuklu tarihinde de belki en önemlisi Malazgirt savaşıdır. Selçukluların meydan savaşında ki başarıları kayda değerdir. Dandanakan olsun Malazgirt olsun büyük güçlere karşı yapılmış taktik savaşlarıdır. Bu savaşlardan galibiyetle ayrılması Selçukluların bu konuda ki başarısını gösteriyor[125]. Malazgirt meydan muharebesinde yaklaşık 40. 000 veya 60. 000 Selçuklu ordusuna karşı 100. 000 veya 120. 000 civarında Bizans ordusu çıkmıştır. Fakat Sultan Alparslan'ın üstün savaş becerisi ve cengâverliği sayesinde Türkler galip gelmeyi başarmışlardır. Meydan savaşları Türklerin en çok sevdiği savaş tipidir. Çünkü hızlı ve çevik Türk savaşçıları hantal ordulara karşı çok üstün idiler. Ayrıca Türk savaşçılarının üstün ok kullanma becerisi uzaktan savaş yöntemi olarak kullanılmıştır. Bu sayede daha iki kuvvet göğüs göğüse gelmeden karşı ordunun dörtte biri öldürülmüş oluyordu.

Meydan savaşları ya komutanların belirlediği bir mevkiden ya da orduların ilk karşılaştıkları yerlerde yapılır. Eğer ordular konaklayacaksa suya yakın yerler seçilir ki askerler en önemli ihtiyacı olan suyu karşılaya bilsinler. Böyle durumlarda konaklanacak yeri seçmek çok önemlidir. Hâkim tepeler ve stratejik yerler ele geçirilmelidir. Öyle ki Malazgirt savaşından önce Alparslan ordusunu su kenarına konaklatmış ve hâkim tepelerin zaptını temin etmiştir. Böylelikle daha savaş başlamadan savaş alanının hâkimiyetini ele geçirmiştir. Malazgirt'te Bizans ordusu ise hiçbir stratejik yer olmayan ve su olmayan bir araziye yerleşmiş böylelikle daha savaştan önce yenilgiyi bir nebze olsun kendileri getirmişlerdir. Çünkü su ihtiyacını karşılayamayan asker rahatsız olur. Ayrıca savaş esnasında kötü bir durum olduğu savaşı lehine çevirmek için elinde koz bulunmaz.

---

125 Kazım HAŞİMOĞLU Türkiye Selçuklularında ordu, Sy: 66, Gazi Üniversitesi Ankara 2004.

(2). Kuşatma Savaşları: Türkler her ne kadar anadoluya gelmeden evvel kale muhasarası ile ilgili pek bir şey bilmeseler de. Anadolu'ya geldikten sonra bu işe hemen alıştılar. Selçuklular kaleleri düşürmek için techizatlar ve taktikler geliştirdiler. Herhangi bir kale fethedilmek istendiğinde ordu toplanıyor zeredhaneden alınan yıkıcı yakıcı ve delice silahlarla yola çıkıyordu. Şehrin yakınına gelindiğinde kale çepeçevre kuşatılır dışarıya bağı tamamen kesilirdi[126]. Böylece dışarıdan gelebilecek yardım önlenmiş oluyordu. Ardından kaleye elçiler gönderilir; İslam geleneği uyarınca teslim olmaları istenirdi. Eğer şehir sulh teklifini kabul etmezse savaş başlatılırdı. Belirli bölgelere mancınıklar yerleştirilir bunlar şehri mütemadiyen dövmeye başlardı. Bunu yağmur gibi yağan oklar takip ederdi. Bu arada arrade ve çarhlarla atılan küçük taşlar kaledeki askerlerin üzerine dolu gibi yağardı. Bundan istifade eden Selçuklu askerleri de birkaç kişinin çıkabileceği geniş merdivenlerle surlara tırmanırlardı. Bu arada nekkaplar kale duvarını delmeye çalışır delikler açarlardı. Nihayet birkaç noktadan birden içeriye giren askerler kale kapılarını açar ve diğer askerlerinde içeriye girmesiyle şehir düşmüş oluyordu[127].

Şehirler teslim alınmak için daha başka yollarda kullanılıyordu. Bunlar şehir haklını uzun süre kuşatarak aç ve susuz bırakmak geçim kaynaklarına zarar vermek veya kale kumandanını türlü vaatlerle kandırarak kale kapılarını açmasını sağlamak vs. Selçuklular kale kuşatmalarında genel de savaş ile değil kalenin teslim edilmesi ile oluyordu. Çünkü kale halkının isteği ile teslim alınırsa yağma yapılmıyordu böylelikle kale halkı mallarını yağmadan kurtarıyordu[128].

Ayrıca bir şehir kuşatıldığında şehir halkı kuşatmanın kaldırılması için karşı tarafa "nalbaha" adında bir vergi veriyordu. Nalbaha vergisiyle karşı tarafın sefer masrafları karşılanarak kuşatma kalkıyor şehir tahrip olmaktan kurtarılıyordu. Böylelikle vergiyi alan karşı taraf kuşatmayı kaldırıp geri dönüyordu. Selçuklular kale fethi kadar kale muhafaza etmekte de başarılı idiler. Ele geçirdikleri kalelere hemen bir muhafız birliği ve komutan tayin ederlerdi. Ayrıca ele geçirilen

---

126 Salim KOCA Türkiye Selçukluları Tarihi II. Cilt Çorum 2003 s. 46

127 Salim Koca Sultan I. İzzeddin Keykavus Ankara 1997 s. 37

128 Kazım HAŞİMOĞLU Türkiye Selçuklularında Ordu, Sy: 68, Gazi Üniversitesi Ankara 2004.

şehirler Türk göçleri ile Türkleştirilmeye çalışılırdı. Böylece halktan destek alan askerler herhangi bir kuşatmada daha başarılı oluyordu.

(3). Pusu ve Baskınlar: Gök-Türk Kitabeleri'nde yer alan ve eski Türk taktiği olan pusu ve baskın sayesinde Selçuklu ordusu kendisinden çok daha büyük orduları yenebilmiştir. Selçuklular bu sistemi daha çok Bizans'a karşı kullanmıştır. Pusu Türk savaş sisteminin son safhası idi. Pusu kurulacak yer önceden belirlenmekteydi. Pusu yeri için genellikle iki tarafı dağlık derin vadiler ile orman bataklık çöl ve uçurum kenarları gibi belirli özellikleri olan arazi parçaları seçilmekteydi. Savaştan önce bazı birlikler burada pusuya yatırılmaktaydı.

Sahte geri çekilme ile pusu yerine çekilen düşman burada kıskaç veya çember içine alınmaktaydı. Bundan sonra düşman birkaç saat içinde tamamen imha edilmekteydi[129]. Türkler düşmanlarını pusuya düşürmede çok başarılıydı. Onlar düşmanın imhası için önlerine çıkan her fırsattan faydalanıyorlardı. Malazgirt savaşından önce akıncı birlikleri Bizans ordusunu yol üzerinde birçok defa baskına uğratmıştır. Bu sayede ordunun gücü saptanmış moralman çökertilmiştir. Pusunun dışında baskınlarda çok önemliydi[130].

Özellikle Haçlı ordularına karşı Türkler devamlı baskın yapıyorlardı. Yol boyunca iyice yıpratılıp yıldırılan Haçlılar uygun bölgeye geldiklerinde ani baskınlarla imha ediliyordu. Selçuklular düşmanlarına karşı gece baskınları da yaparlardı. Nitekim Baycu Noyan kışlak aramak için Anadolu'ya girdiğinde Melikül Ümera Şemseddin Yavtaş ve Emir-i Ahur Fahreddin komutasındaki bir Selçuklu ordusu Sultan Hanı civarında Moğol ordusuna bir gece baskını yaparak bütün atlarını almıştır[131].

c. Savaş Taktikleri

(1). Yanıltma Yıldırma ve Yıpratma

Selçuklu ordusu savaşlarda eski Türk taktiklerini uyguluyordu. Onların en sık kullandıkları yöntem daha savaş başlamadan önce düşman güçlerini yıpratmaktı. Herhangi bir düşman ordusunun harekete geçtiğini öğrenen Selçuklular derhal çeşitli tedbirler alıyordu. Bu ted-

---

129 Salim KOCA Türk Kültürünün Temelleri Sy: 102, II. Cilt, Ankara, 2003.
130 Salim KOCA Türkiye Selçukluları Tarihi, Sy: 130, II. Cilt Çorum , 2003.
131 Osman TURAN; Selçuklu Tarihi ve Türk İslam Medeniyeti , Sy: 67, İstanbul 1980.

birlerin en önde geleni gerilla taktiğiyle düşman ordusuna baskınlara yapmaktı. Küçük gruplara ayrılan Türk süvarileri beklenmedik anlarda ve beklenmedik yerlerden düşman ordusuna saldırıyor böylece düşman iradesi zayıflatılıyor ve büyük bir korkuya kapılması sağlanıyordu. Bu saldırılar sayesinde düşman ordusunun savunma sistemi çöküyor maneviyatı zayıflıyordu. Psikolojik savaşı da çok iyi bilen Türkler daha sefere çıkmadan kendileri hakkında korkunç rivayetler ortaya atıyor böylece düşman askerleri Türklerle karşı karşıya gelmeden onlardan çekinmeye ve korkmaya başlıyordu. Türkler düzenli ordu savaşından gayri nizami savaşa, gayri nizami savaştan düzenli ordu savaşına geçmekte çok yetenekliydiler. Özellikle muazzam ordulara karşı kullanılan bu taktikte Türkler uzaktan savaşmayı tercih ediyorlardı bunun içinde zırhları bile delip geçen oklarını kullanıyorlardı. Onların amacı zaten rakibe karşı düşük olan asker sayılarını en düşük zayiatla mücadeleden başarıyla çıkmaktı.

Türkler savaşlarda coğrafyanın kendilerine sağladığı avantajlardan azami ölçüde faydalanıyorlardı. Selçuklu hükümdarları da tıpkı ataları gibi coğrafyayı çok iyi kullanan büyük liderlerdi. Selçuklular düşman ordusunun güzergâhını bir şekilde öğreniyor ve yol boyunca bütün kuyuları kurutuyor düşmanın iaşesini bitirip onları aç ve susuz bırakıyordu. Hatta onlar ekili dikili alanları ateşe veriyor yerleşim yerlerinin boşaltarak bölgeyi ıssızlaştırıyorlardı. Ayrıca Selçuklular düşmanı herhangi bir bölgeye çekmek istediklerinde oraya hiç dokunmuyorlardı. Düşman ordusu güven içerisinde pusunun kurulduğu yere kadar ilerliyordu. Düşman askerleri pusuya geldiğinde ise savaş başlıyordu. Yanıltma yıpratma ve yıldırma taktiğini kullanan genellikle dinamik bir unsur olan Türkmenlerdi. Bunlar irili ufaklı kuvvetlerle düşmanı yol boyunca veya ordugâhlarında hırpalıyor onlara büyük zayiatlar veriyordu. Vur kaçlar genellikle gece yapılıyordu.

(2) Sahte Geri Çekilme ve Turan Taktiği,

Yanıltma yıpratma ve yıldırma taktiği ile iyice perişan olmuş düşman ordusu elverişli bir mevkide esas Selçuklu ordusu tarafından karşılanıyordu. Çünkü vur kaç taktiği ne kadar etkili olsa da son darbeyi vurarak düşmanı imha etmek için elverişli değildi. Bu yüzden bir meydan savaşı kaçınılmaz oluyordu. Düşman ordusuyla karşılaşan Selçuklular öncelikle düşmana şiddetli bir saldırı başlatıyor böylece onların gücünü tartabiliyorlardı. Genellikle baştan aşağı zırhlarla kaplanmış olan düşmana karşı göğüs göğüse mücadelede başarısız olan Türkler aniden geri çekilmeye başlıyorlardı. Rakibin kaçtığını gören düşman savaş düzenini bozuyor ve onu takibe koyuluyordu. Safların bozulduğunu gören Selçuklular onları ileride kurdukları pusuya düşürerek imha ediyorlardı[132].

Turan taktiği veya kapan taktiği de denilen sahte geri çekilme Türk tarihinde çok fazla tesadüf edilen bir savaş taktiğidir. Nitekim Sultan Alparslan Malazgirt'te Bizans ordusunu bu taktikle bozguna uğratmıştır. Sahte geri çekilmede bu derece başarılı olunmasının bir başka sebebi de Türklerin kaçarken dahi arkalarından gelen düşmana isabetli oklar atabilmesidir. Pusuya düşürülen hemen kuşatılıyordu ve bu kuşatmadan kurtulmak mümkün değildi. Artık bundan sonra sıra imha ve ganimetlerin yağmalanmasına gelmişti. Ancak savaşın şiddeti geçtikten sonra teslim olanlar esir olarak alınmaktaydı.

TÜRKİYE SELÇUKLU DEVLETİ VE TÜRK ORDUSU (1075-1318)

1. Genel:

Yeni bir Türk devleti kurulurken, önceki Türk devletlerinin tecrübelerinden büyük ölçüde yararlanılır, genellikle varisi olunan devletin teşkilatı aynen alınır, görev ve sorumlulukları da bütünüyle üstlenirdi. Diğer Selçuklu beyleri ve komutanları gibi Kutalmışoğulları da Anadolu'yu fethederek, burada yeni bir Türk devleti kurarlarken, tâbi (vassal) oldukları Büyük Selçuklu Devleti'nin teşkilatını kendilerine örnek almışlardır[133].

Bu bakımdan, Büyük Selçuklu Devleti'ne ait birçok müesseseyi, Türkiye Selçuklu Klasik Türk İslam devletlerinde devlet teşkilatı "saray, hükûmet, adliye ve ordu" olmak üzere dört temel müesseseye dayanmaktaydı. Müesseseler, devletlerin kuruluş, yükselme ve çöküş devirlerine paralel bir gelişme takip ederler. Mesela, devletlerin kuruluş dönemlerinde sürekli inşa ve gelişme hâlinde olan müesseseler,

---

132 Muharrem KESİK, Türkiye Selçuklularında Savaş Geleneği, Sy: 251, Kitabevi Yayınları, İstanbul, 2008.

133 PİYADENİN TARİHİ, Piyade Okulu Yay, İstanbul 2005,

yükselme dönemlerinde mükemmel hâle gelirler. Çöküş dönemlerinde ise, bozulurlar ve fonksiyonlarının çoğunu kaybederler. Bu duruma göre bir hüküm vermek gerekirse, Süleyman Şah ve onu takip eden ilk Türkiye Selçuklu hükümdarları zamanında devlet müesseselerinin hemen hepsi inşa ve gelişme hâlinde idi[134].

Kuruluş döneminde Türkiye Selçuklu ordusu Türkmen kuvvetlerinden oluşmaktaydı. Türkmen kuvvetleri, savaşçı unsur bakımından tamamen atlı idi. Bunların içinde yaya unsur hemen hemen hiç yoktu. Her savaşçı, atını, silahını ve azığını (erzak) kendisi temin etmekteydi. Savaş ve akın boyunca da silahını ve yiyeceğini yanında taşımaktaydı. Ganimetten aldığı paydan başka savaşçı unsura maaş ve ücret verme gibi bir usul, bu dönemde henüz yoktu. Türkmenler 1070 'lerde Kadıköy ve Üsküdar kıyılarına ulaşmışlardı[135].

Türkiye Selçuklu hükümdarları devletlerini kurup Anadolu'da sağlamca yerleştikten sonra, özellikle hâssa ordularını, "gulâm ve ıktâ' sistemi"nden yetişmiş askerlerden oluşturmaya başlamışlardır. Türkmen kuvvetleri ise, artık ihtiyaç hâlinde kullanılan bir unsur olmuştur. Fakat onlar, hiçbir zaman askeri faaliyetlerin dışında kalmamışlardır. Selçuklu ordusunun sefer ve savaşlarına katılmadıkları zamanlarda genellikle kendi beylerinin emrinde bağımsız askeri faaliyetlerde bulunmuşlardır[136]. Bütün Türk devletlerinin ordularında olduğu gibi, Türkiye Selçuklu ordularının da başkomutanı "sultan" unvanını taşıyan Türk hükümdarı idi. Bütün yetki ve komuta onun şahsında toplanmaktaydı.

Ordunun diğer komuta elemanlarını ise, başta "melikler (hanedan üyeleri), vezir, beylerbeyi" olmak üzere "emirler, subaşılar" gibi yüksek rütbeli subaylar ile "boy ve uç beyleri" oluşturmaktaydı. Bunlar, seferlere ve savaşlara genellikle sultanın emrinde, kendilerine bağlı kuvvetlerin komutanı olarak katılmaktaydılar. Bu komutanlar, bazen de sultanın vereceği emre göre, sefere ve savaşa kendi kuvvetlerinin başında yalnız çıkmaktaydılar.

---

134 Salim KOCA, Türkiye Selçuklularında Ordu ve Askeri Kültür, Berikan Yayınları, Ankara, 2010.

135 Mehmet ERSAN, Mustafa ALİCAN, Türkiye Selçukluları, Sy: 29, Timaş Yayınları, İstanbul, 2013.

136 Salim KOCA, Türkiye Selçuklularında Ordu ve Askeri Kültür, Sy: 21, Gnkur ATASE Yay, Ankara, 2009.

Başkomutan olarak sultanların en önemli meşguliyetlerden biri, hiç şüphesiz askeri faaliyetler idi. Savaşa ve barışa karar vermek karar vermek, Selçuklu sultanlarının yetkisindeydi. Dolayısıyla onlar, başından sonuna kadar bütün askeri faaliyetleri planlama, yürütme, sonuçlandırma görev ve sorumluluğunu üzerinde taşıyan en büyük yetkiliydiler. Bütün Türk hükümdarlarında olduğu gibi, Türkiye Selçuklu sultanları da devletin merkezinde oturan ve sadece emir veren hükümdarlar değildiler. Onlar, hemen hemen bütün seferlerde ve savaşlarda daima ordusunun başında bulunurlar ve ordularını bizzat kendileri yönetirlerdi.

Çarpışmalarda ise, daima merkez (kalp) kuvvetlerinin başında ve en ön safta yer alırlardı. Verdikleri emri de önce bizzat kendileri icra ederlerdi. Çünkü onlar, giriştikleri her türlü mücadelede başarının her şeyden önce kendi cesaretlerine ve gösterecekleri kahramanlığa bağlı olduğunun bilincindeydiler. Yusuf Has Hacib'in de belirttiği gibi, Türk devletlerinin başkomutan ve komutanları cesaret ve kahramanlıkta daima ordularına örnek ve model olurlardı.

Türkiye Selçuklu Devleti, 1071 Malazgirt zaferinin ardından kitleler halinde Anadolu'ya gelen Türkmenlerin, Süleymanşah önderliğinde teşkilatlanması ve sonrasında meydana gelen siyasi ve askeri olaylar neticesinde kurulmuştur. Kuruluş döneminde bir yandan Anadolu'da mevcut diğer siyasi teşekküller, Bizans ve Büyük Selçuklu Devleti'ne, diğer yandan ise 1096 yılından itibaren başlayan Haçlı Seferlerine karşı mücadele eden Türkiye Selçukluları, bu tehlikelerin hepsini bertaraf ederek Anadolu'yu siyasi, sosyal ve kültürel bakımdan ebedi Türk yurdu haline getirmişlerdir[137].

1243 Kösedağ Savaşı'na kadar Anadolu Türklüğüne tarihinin en müreffeh dönemlerinden birini yaşatan Türkiye Selçuklu Devleti, bu tarihten sonra siyasi ve askeri bakımdan Moğol egemenliğine karşı koyamamış, ancak Anadolu'ya hakim kıldığı Türk nüfusu, Türk kültürü ve Türk ordusu veTürk devlet geleneği ile bölgedeki Türk hakimiyetinin devamını temin etmiştir.

Türkiye Selçuklu Devleti'nin yukarıda zikrettiğimiz tehlikeleri bertaraf ederek Anadolu'da siyasi, sosyal ve ekonomik bakımdan

137 Erkan GÖKSU, Türkiye Selçuklularında Ordu, Sy: 375, TTK Yayınları, Ankara, 2010.

gelişmiş bir Türk hakimiyeti tesis etmesine imkan veren en önemli faktörlerden biri hiç şüphesiz Türkiye Selçuklu Ordusu'dur. Bu bakımdan Türkiye Selçuklu ordusunun, devlet ve toplum hayatında büyük yeri olduğu şüphesizdir. Müşterek dil ve tarih sahibi bir millet olarak Türklerin çok eskiden beri devam ettirdikleri askeri gelenek üzerine inşa edilen bu yapı, klasik Orta Doğu İslam devletlerinde cari bazı uygulamalarla zenginleşmiş ve buna Anadolu'nun coğrafi ve kültürel yapısı ile Bizans ve Haçlılarla yapılan mücadeleler sonucunda edinilen bilgi ve tecrübe de eklenince devrinin en gelişmiş askeri kuvveti haline gelmiştir[138].

Türkiye Selçuklu Devleti, başlangıçta Büyük Selçuklu Devleti'nin bir kolu olması bakımından birçok alanda olduğu gibi ordu ve askeri teşkilat konularında da Büyük Selçukluların izlerine rastlamak mümkündür. Bununla beraber zamanla Büyük Selçuklular ve diğer Müslüman Türk devletlerinden farklı, biraz da bulunulan coğrafyadan kaynaklanan kendine has özellikler taşıyan bir Türkiye Selçuklu ordusu oluşturulduğu ifade edilebilir.

1075'den 1318'e kadar varlığını devam ettiren Türkiye Selçuklu ordusu, iki asırlık bu süreç içerisinde gerek yapısal gerekse işlevsel bakımdan bazı değişimler geçirmiştir. Bu bakımdan değerlendirildiğinde Anadolu'nun fethedildiği ve Selçuklu saltanatının kurulduğu XI. yüzyılın sonlarından XII. yüzyılın sonlarına kadar geçen ve genel olarak Türkiye Selçuklu Devleti'nin "kuruluş dönemi" olarak kabul edilen 1075-1176 yılları arasında Türkiye Selçuklu ordusunun askeri kuvvet olarak büyük ölçüde Türkmen unsuruna dayandığı ve orduda aşiret ananelerinin cari olup yalnız idarenin değil, günlük hayatın da esasını askerliğin teşkil ettiği söylenebilir[139].

Bununla beraber söz konusu dönemde, Türkiye Selçukluları hakkında bilgi veren yeterli sayıda yerli kaynakların bulunmaması, Türkiye Selçuklu Devleti coğrafyası dışında yazılan yabancı eserlerin ise Türkiye Selçukluları hakkında sadece kendilerini ilgilendirdiği ölçüde kısa, çoğunlukla taraflı ve birbirinden kopuk bilgiler içermesi,

---

138 Erkan GÖKSU, Türkiye Selçuklularında Ordu, Sy: 375, TTK Yayınları, Ankara, 2010.

139 Erkan GÖKSU, Türkiye Selçuklularında Ordu, Sy: 376, TTK Yayınları, Ankara, 2010.

Türkiye Selçuklu ordusunun bu dönemdeki mahiyetinin anlaşılmasına çok da imkan vermemektedir.

2. Türkiye Selçuklu Ordusunu Oluşturan Kaynaklar

Türkiye Selçuklularının XII. yüzyılın sonlarından itibaren tıpkı Büyük Selçuklular gibi klasik Ortaçağ İslam devletlerine has bir payitaht düzeni kurarak kuvvetli bir merkeziyetçi sistem takip etmeye başlamalarıyla beraber ordudaki Türkmen nüfuzu kırılmıştır. Bunun yerine çeşitli unsurlardan ibaret muhtelit bir idare ve ordu sistemine geçilmiştir. Türkmenlere güvenmediklerinden karışık ordu teşkili yoluna saparak; ordularında Ermeni, Gürcü, Kürt ve İranlı istihdam etmek yoluna girmişlerdir[140]. Ordunun temelini memlekete dağılmış olan İkta askeri(sipahi) Türkler teşkil ediyordu. Payitahtta köle mekteplerinde(Gulam-hane) yetiştirilen ve yine çoğu Türk olan bir merkez ordusu yanında sultanın emrinde Frank, Gürcü ve Ermeni ücetli askerlerden mürekkep bir kuvvet de vardı[141].

Ancak yüz yıl boyunca devam eden aralıksız savaşlar, devletin yaşadığı siyasi çalkantılar ve siyasi, idari ve askeri nizamdaki Türkmen nüfuzu gibi kuruluş dönemine has genel vaziyet içerisinde her iki müessesenin de gelişmesini ancak XII. yüzyılın sonlarında gerçekleştirebildiği anlaşılmaktadır. Bu tarihten sonra devletin hem siyasi teşkilat hem de iktisadi ve sosyal bakımdan klasik Ortaçağ İslam devleti haline gelmiş olması, yani merkeziyetçi devlet anlayışına sahip daha sistemli ve düzenli bir yapıya kavuşması da sistemin başarılı bir şekilde uygulanması için gerekli olan siyasi ve iktisadi zemini hazırlamıştır[142].

Selçuklu Türklerinin Anadolu'da kesin olarak yerleştikleri, devlet teşkilatı, idari ve sosyal düzenin büyük ölçüde tesis edildiği XII. yüzyıl sonlarından itibaren ise gerek gulam sisteminin, gerekse ikta'nın hızla yaygınlaştığı ve devletin idari ve askeri yapılanmasının temelini teşkil ettiği görülmektedir. Türkiye Selçuklu ordusu

140 Toktamış ATEŞ, Osmanlı Toplumunu Siayasal Yapısı, Sy: 74, Ümit Yay, Ankara, 1981.

141 Osman TURAN, Türk Cihan Hakimiyeti Mefkuresi Tarihi, Sy: 374, Ötüken Yayınları, İstanbul, 2003.

142 Erkan GÖKSU, Türkiye Selçuklularında Ordu, Sy: 377, TTK Yayınları, Ankara, 2010.

ve askeri teşkilatının yapısal ve işlevsel bakımdan yaşadığı diğer bir değişiklik ise 1243 Kösedağ Savaşı'yla başlayan Moğol vesayeti dönemindedir. Zira 1243'te Anadolu'nun Moğol istilasına maruz kalması neticesinde Türkiye Selçuklu Devleti Moğol vesayeti altına girmiş ve 1308'te yıkılana kadar Moğollara tabi bir devlet olarak varlığını devam ettirmiştir. Moğolların baskı ve tahakkümü altında sayısı tedricen azalan Türkiye Selçuklu ordusunun klasik yapısını büyük ölçüde koruduğuna dair bilgiler olmakla beraber sayılarının azaldığı, ikta' düzeninin sarsıldığı görülmektedir[143].

Bütün bunlar göz önüne alındığında Türkiye Selçuklu ordusunun klasik yapısının, Selçuklu Türklerinin Anadolu'da kesin olarak yerleştikleri, devlet teşkilatı, idari ve sosyal düzenin büyük ölçüde tesis edildiği XII. yüzyıl sonlarından Moğol vesayeti dönemine kadar geçen ve genel olarak "yükselme önemi" olarak adlandırılan süre içerisinde belirdiği söylenebilir. Bu dönemde Türkiye Selçuklu ordusunu daimi ve yardımcı kuvvetler olmak üzere ikiye ayırmak mümkündür. Daimi kuvvetleri gulamlar ve ikta, yardımcı kuvvetleri ise ücretli askerler (ecrihor), tabii devlet kuvvetleri, Türkmenler ve uç kuvvetleri ile gönüllüler teşkil etmektedir[144].

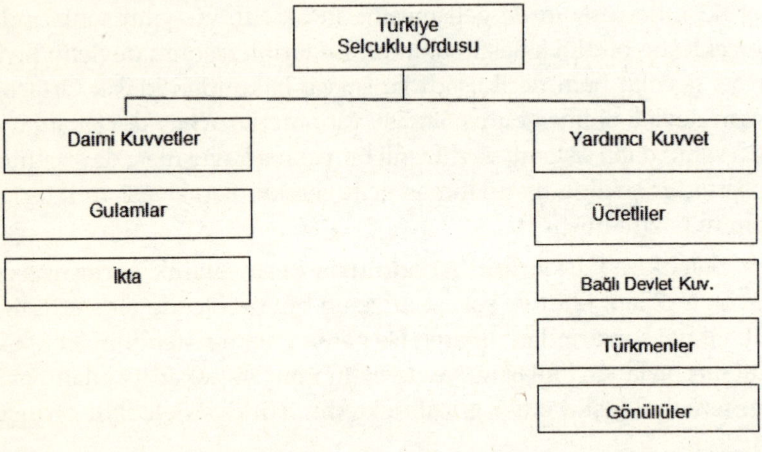

143 Erkan GÖKSU, Türkiye Selçuklularında Ordu, Sy: 377, TTK Yayınları, Ankara, 2010.

144 Erkan GÖKSU, Türkiye Selçuklularında Ordu, Sy: 378, TTK Yayınları, Ankara, 2010.

a. Gulam Kuvvetleri :

Türkiye Selçuklu Devleti'nde gulam sisteminin ilk dönemlerden uygulandığı muhakkak ise de dair bazı fazla malûmat bulunmamaktadır. Buna karşılık, devletin yükselme dönemi hakkında bilgi veren gulamlardan oluşan hassa birliklerinin ordu içerisindeki etkinliğini açık bir şekilde göstermektedir[145]. Kaynaklardan anlaşıldığı kadarıyla Türkiye Selçuklu sarayındaki gulamlar için, "gulaman-ı dergah", "gulaman-ı hass "mefaride", "halka-i hass" "mülazıman-ı dergah", "gulam-ı sultan" gibi tabirler kullanılmıştır. Bunlardan "gulaman-ı dergah", bütün saray gulamlarını, "gulaman-ı hass" ise saray gulamları içinden seçilen Sultan'ın şahsına bağlı olan gulamları ifade etmekteydi[146].

"Gulaman-ı hass", Sultan'ın her türlü özel hizmeti ve muhafızlığı görevini yürütür, sadece seferlerde değil sulh zamanlarında da hükümdarın sürekli yanında bulunurdu. Ancak bazen Sultanın iştirak etmediği askeri harekata da katılırlardı[147]. Ayrıca Sultan'ın emri üzerine, bazı devlet adamlarının tutuklanması, refakatçilik ve bir kimsenin huzura çağrılması gibi görevler ve gizlilik arz eden vazifelerde de "gulaman-ı hass" kullanılırdı[148].

"Gulaman-ı hass"ın bir bölümünü teşkil eden "mefaride", fiziki özellikleri ve yiğitlikleriyle temayüz eden gulamlar arasından seçilir ve savaş zamanlarında bile sarayda bulunarak dergahın muhafazası görevini yerine getirirlerdi. Bir kısmı da Sultanın sürekli yanında bulunarak savaş ve barışta muhafızlığını yaparlardı[149]. Çok özel kıyafet ve silahlarla teçhiz edilen "mefaride"" sarayda yapılan resmi tören ve kabullerde de hazır bulunurdu. Ayrıca yüksek dereceli devlet memurları ve beğlerin tutuklanması veya cezalandırılması

145 Kazım HAŞİMOĞLU, Türkiye Selçuklularında Ordu, Gazi Ünv Yay, Ankara 2004.

146 Erkan GÖKSU, Türkiye Selçuklularında Ordu, Sy: 378, TTK Yayınları, Ankara, 2010.

147 İbn BİBİ, Tarih-i Al-i Selçuk, "Selçukname", Sy: 419, 468, Kültür Bakanlığı Yay, Ankara, 1996.

148 İbn BİBİ, Tarih-i Al-i Selçuk, "Selçukname", Sy: 611, Kültür Bakanlığı Yay, Ankara, 1996.

149 Mehmet Altay KÖYMEN, Nizamü'l Mülk, Siyasetname, Sy: 118, TTK Yay, Ankara, 1982.

da mefaride eliyle yapılırdı[150]. Hükümdar tarafından başka vazifeler de tevdi edilebilirdi ve bunun için at ve silah gibi muhtelif teçhizata sahip olmaları gerektiği zikredilmiştir[151].

"Gulaman-ı hass"ın diğer bir sınıfını da kelime olarak "birinin veya bir şeyin yanından hiç ayrılmayan, yoldaş " anlamına gelen "mülazıman" teşkil etmekteydi. Bazı kayıtlarda sarayın, bazı kayıtlarda hükümdarın, bazı kayıtlarda ise muhtelif devlet ricalinin hizmetinde bulundukları anlaşılan "mülazıman", genel olarak hizmetkarları ifade etmek üzere kullanılmaktaydı. Ancak bunlar içerisinde bulunan "mülazıman-ı yatak-ı hümayûn"un farklı bir yeri olup, bunlar hem Sultan'ın muhafazası hem de merkez ordusu içinde önemli bir yer teşkil ediyorlardı[152]. Divanu Lügati't-Türk, Kutadgu Bilig ve Siyasetname gibi eserlerde de rastlanan yatak/yatgak kelimesi hükümdarı, sarayı veya herhangi bir kaleyi gece bekleyen, gece nöbeti tutan anlamına gelmekteydi. Türkiye Selçuklularında da "mülazıman-ı yatak" ve "yatakçı" ifadeleri nöbetçi anlamında kullanılıyordu[153].

Asli vazifeleri Sultan'ın hizmet ve muhafazası olan gulamlar, "velinimet"leri olan Sultan'a ve onun şahsında devlete tam sadakat esasına göre yetiştirildiklerinden, Sultan'ın dayandığı temel unsur oldukları şüphesizdir. Bu bakımdan gulamlardan teşekkül eden hassa birlikleri, Türkiye Selçuklu ordusu içerisinde özel bir yere sahip olmuştur. Bununla beraber bu hassa birliklerini özel kılan yegane sebep Sultan'a sadakat ve yakınlıkları değil, aynı zamanda da çok iyi yetiştirilmiş yaya ve atlı uzman savaşçı birliklerinden teşekkül eden profesyonel bir daimi ordu mahiyeti taşımalarıdır[154].

Gerek saray ve devlet teşkilatında gerekse orduda önemli bir konuma sahip olan gulamların temin ve tedariki konusunda harp esirleri arasından seçme, satın alma ve hediye gibi klasik yöntemlere

---

150 Erkan GÖKSU, Türkiye Selçuklularında Ordu, Sy: 51, TTK Yayınları, Ankara, 2010.

151 Mehmet Altay KÖYMEN, Nizamü'l Mülk, Siyasetname, Sy: 118, TTK Yay, Ankara, 1982.

152 Mehmet Altay KÖYMEN, Selçuklu Devri Türk Tarihi, Sy: 314, TTK Yay, Ankara, 2004.

153 M. Fuat, KÖPRÜLÜ , Bizans Müesseselerinin Osmanlı Müesseselerine Tesiri, Sy: 137, İstanbul, 1981.

154 Erkan GÖKSU, Türkiye Selçuklularında Ordu, Sy: 66, TTK Yayınları, Ankara, 2010.

başvurulmuştur. Ancak hemen belirtmek gerekir ki özellikle küçük yaşta dergaha alınan ve "gulamhane"de yetiştirilen bir gulamla, hediye, satın alma ve herhangi bir devlet veya kişiden intikal eden gulamlar arasında farklılık olduğu şüphesizdir. Nitekim herhangi bir şekilde saraya veya herhangi bir devlet adamına verilen yaşı büyük gulamların genellikle önemsiz işlerle görevlendirildikleri, hatta bazen serbest bırakıldıkları, buna karşılık küçük yaşta olanların "gulamhane"lere alındığına dair kayıtlar bulunmaktadır. Bazı gulam kökenli devlet adamlarının, yanında yetiştikleri kişilerin adıyla anılmalarının da bu durumdan ileri geldiği ifade edilebilir. Selçuklular birkaç hadise dışında gulamlara islam hukukuna uygun davranmışlardır[155].

Türkiye Selçuklu Devleti'ndeki "Gulaman-ı dergah"ın çok farklı etnik kökenlere mensup olmaları da dikkat çekici bir husustur. Nitekim İbn Bibi'nin kayıtlarından Türkiye Selçuklu sarayında Rum, Ermeni, Gürcü, Rus, Frank, Deylemli, Kazvinli, Kürt, Kıpçak, Türk, Tacik, Hıtay, Keşmirli, hatta Çinli gulamların mevcut olduğu anlaşılmaktadır ki bu kadar farklı unsurdan oluşan bir gulam ordusuna başka bir devlette tesadüf etmek oldukça zordur[156].

Şüphesiz bu durumun en önemli sebebi, Selçuklu devletinin kurulduğu ve hakimiyet tesis ettiği coğrafyanın oldukça farklı bir etnik yapıya sahip oluşudur. Nitekim Türkiye Selçuklularının hakimiyet tesis ettiği Anadolu, Suriye ve Kafkasya'da yaşayan toplumların çok farklı etnik kökenlere sahip olmaları, bu ülkelerin fethi sırasında ele geçirilen ve gulam olarak dergaha alınan harp esirlerine de yansımış, çok farklı etnik kökenlerden gelen bir "Gulaman-ı dergah"ın oluşmasına imkan tanımıştır. Esir pazarlarından alınan ve hediye edilmek suretiyle saraya giren gulamlar da etnik çeşitliliğin artmasında neden olmuşlardır.

Ancak Türkiye Selçukluları ve diğer Müslüman Türk devletlerinde mevcut bulunan gulam ordusunun, oradan buradan toplanmış muhtelit unsurlardan müteşekkil, ortak ruh ve hareket kabiliyetinden yoksun bir ordu olmadığı; belli bir eğitim sürecinden geçmiş, bu

155 İbn BİBİ, Tarih-i Al-i Selçuk, "Selçukname", Sy: 419, Kültür Bakanlığı Yay, Ankara, 1996.

156 Erkan GÖKSU, Türkiye Selçuklularında Ordu, Sy: 76, TTK Yayınları, Ankara, 2010.

zaman zarfında sadece harp sanatında değil içerisinde bulunduğu devlet ve toplum hayatının temel esasları konusunda da yetiştirilmiş ve gerek Sultan'a gerekse devlete bağlılıklarını türlü vesilelerle ispatlamış gulamlardan oluşan bir ordu olduğu unutulmamalıdır.

Muhtelif yollarla dergaha alınan gulamlardan, küçük yaşta olanları belli bir eğitim sürecinden geçirilir, ileri yaşta veya hazır olanlar ise muhtelif görevlere verilirdi. Ancak küçük yaşta alınarak yetiştirilen gulamlarla diğerleri arasında farklılık olurdu. Bu durumun temel sebebi, küçük yaştaki gulamlarm çekirdekten yetiştirilmesi ve verilen eğitim sonunda velinimeti olan efendisine son derece sadık bir gulam olarak hizmete hazır olmasıydı. Bu bakımdan sadece Türkiye Selçuklularında değil gulam sistemini uygulayan bütün devletlerde, saraya küçük yaşta alınan gulamların yetiştirilmesine özel bir önem verilirdi[157].

Bunun yanı sıra Sultan'ın ve sarayın muhafazasında ve merkez ordusunda görev alan gulamlar da belli bir düzen ve disiplin içinde harp eğitimlerine devam edip talim yaparlardı. Küçük yaştaki gulamlar sahipleri tarafından yetiştirilirdi. Ayrıca "gulamhane" adı verilen "gulam mektepleri" veya "askeri kışlalar" mevcut idi ve gulamlar bu "mektep'lerde "baba" adı verilen kişiler tarafından eğitilirlerdi[158].

Gulamhane eğitimini tamamladiktan sonra önce küçük görevlerde tecrübe edilen gulamlar, ardından saray hizmeti veya orduda görevlendirilir ve burada gösterdikleri liyakat ve sadakat nispetinde başta saray olmak üzere merkez ve taşra teşkilatında önemli mevkilere kadar yükselebilirlerdi. Bunlara diğer Müslüman Türk devletlerinde olduğu gibi muhtemelen üç ayda bir olmak üzere yılda dört defa "bistgani/bistegani", "mevacib", "müşahere", ulufe" veya "camegi" adı verilen belirli bir maaş ödenirdi.

"Divan-ı 'Arz"ın uhdesinde olan bu iş, belli bir düzen ve denetime tabi idi. Yüksek makamlarda bulunan gulam kökenli devlet adamlarına ise maaş yerine ikta'lar tevcih edilir, bazen de hem maaş hem de ikta' verilirdi. Moğol vesayeti döneminde saray hizmetinde

---

157 Erkan GÖKSU, Türkiye Selçuklularında Ordu, Sy: 78, TTK Yayınları, Ankara, 2010.

158 İbn BİBİ, Tarih-i Al-i Selçuk, "Selçukname", Sy: 273, Kültür Bakanlığı Yay, Ankara, 1996.

bulunan gulamlarm sayısı ve bunlara ödenen maaşlar artmış, bu da devletin zayıflayan ekonomisine ayrı bir yük getirmişti.

b. İkta Kuvvetleri

Türkiye Selçuklu ordusunun diğer daimi unsuru ise ikta' askerleridir[159]. Klasik İslam müesseselerinden biri olan ikta', Selçuklu tarihinin en fazla tartışılan meselesi olmakla beraber, ikta' sisteminin tarihi gelişiminde Selçuklular devrinin özel bir yer teşkil ettiği kabul edilir. Bu dönemde Nizamü'l-mülk marifetiyle tesis edilen ikta' nizamı, yapılan bazı değişikliklerin ardından öylesine düzenli ve yaygın bir şekilde uygulanmıştır ki bazı müellifler ikta' sistemini Nizamü'l-mülk'le özdeşleştirmişler ve söz konusu sistemin ilk defa onun tarafından Selçuklular döneminde uygulanmaya başlandığını zikretmişlerdir[160]. Türkiye Selçuklularında ıktâlı askerlerin sayısı, 12. 000 kişi idi[161].

Halbuki Nizamü'l-Mülk'ün yaptığı iş, daha önceki dönemlerde uygulanan ikta'nın aksayan yönlerini tadil etmek ve Büyük Selçuklu Devleti'nin siyasi, sosyal ve iktisadi şartlarına göre yeniden tanzim ederek önceki dönemlerde uygulanan idari ikta'ya askeri bir işlev kazandırmaktır. Bu şekliyle Selçuklu ikta' modeli hem nazariyat hem de uygulamada daha önceki İslam devletlerinde görülen klasik ikta' modelinden farklı olup toprağa bağlı ordu sisteminin kurulmasına zemin hazırlamıştır[162].

Büyük Selçuklu Devleti'nin asli unsurlarından birisi olması nedeniyle bu devletin siyasi geleneği üzerine inşa edilen Türkiye Selçuklu Devleti de ikta' sistemini uygulamıştır. Ancak devletin idari ve askeri yapılanmasının temelini teşkil eden Türkiye Selçuklu ikta'sı, birçok bakımdan Büyük Selçuklu ve diğer Yakın Doğu devletlerinden farklı olup, kendine has özellikler taşır. Nitekim siyasi ve askeri ihtiyaçların şevkiyle merkeziyetçi bir yapıya bürünen devlet, ikta'

---

159 Salim KOCA, Türkiye Selçuklularında Ordu ve Askeri Kültür, Sy: 26, Gnkur ATASE Yay, Ankara, 2009.

160 Erkan GÖKSU, Türkiye Selçuklularında Ordu, Sy: 85, TTK Yayınları, Ankara, 2010.

161 Salim KOCA, Türkiye Selçuklularında Ordu ve Askeri Kültür, Sy: 27, Gnkur ATASE Yay, Ankara, 2009.

162 Osman TURAN, İkta, Sy: 953, İslam Ansiklopedisi, İstanbul, 1992.

sistemini de bu yapıya uydurmuş ve söz konusu nizamı başarılı bir şekilde uygulamak suretiyle idari ve askeri mekanizmanın düzenli bir şekilde işlemesini sağlamıştır[163].

Türkiye Selçuklu serleşkerlerinin (sübaşı) askeri amiri bulundukları bölgenin vergilerini toplama, emrindeki askerlerin mali gelirleri veya ikta'ları üzerinde tasarruf etmelerinin önüne geçilerek sadece kendisine tahsis edilen maaşla yetinmelerini sağlayan bir düzenleme yapılmıştır. Böylece Türkiye Selçuklu ikta'sı, "feodal" parçalanmalara, mukta'ların başına buyruk hareketine imkan tanımayan, merkeziyetçi bir anlayış üzerine inşa edilmiş ve bu durum, idari olduğu kadar askeri bakımdan da devletin hızla merkeziyetçi bir yapıya bürünmesini sağlamıştır[164].

Selçuklularda iktâ'lar 50'şer kişilik müfrezelere bölünerek ellibaşı denilen komutanlar emrine veriliyorlardı. Selçuk ülkesi hudut illeri hariç, çeşitli serleşkerliklere ayrılmıştı: Kayseri, Amasya, Antalya, Malatya, Erzurum, Erzincan, Çorumlu. . . Gereğinde orduya ücretli asker de alınabiliyordu. İğdiş komutanlardan da söz edilmektedir. Ana veya babadan birisi Türk olmayana İğdiş deniyordu. İğdiş'in, Şehirlerde nizamın korunmasında kullanılan ve Hristiyan çocuklardan terekküp eden askeri bir sınıf olduğu anlaşılıyor[165].

İbn Bibi, ikta' askerlerini genellikle "sipahiyan-ı kadim/sipah-ı kadim", "leşker-i kadim" veya "asakir-i kadim" ifadeleriyle zikretmiştir. Bunların yanında, müellifin herhangi bir sefer veya hadise münasebetiyle bahsettiği "ülkenin etrafına dağılmış askerler" veya "vilayet askerleri" tabirlerinin, ferman gönderilmek suretiyle orduya katılması emredilen ve vazifelerinin tamamlanmasından sonra yurtlarına, memleketlerine dönen askeri kuvvetlerin ikta' askerlerini ifade ettiği şüphesizdir[166].

---

163 M. Ali KILIÇBAY, Feodalite ve Klasik Dönem Osmanlı Üretim Tarzı, Sy: 262, Elif Yay, Ankara, 2011.

164 Erkan GÖKSU, Türkiye Selçuklularında Ordu, Sy: 99, TTK Yayınları, Ankara, 2010.

165 Osman TURAN, Türk Cihan Hakimiyeti Mefkuresi Tarihi, Sy: 393, Ötüken Yayınları, İstanbul, 2003.

166 İbn BİBİ, Tarih-i Al-i Selçuk, "Selçukname", Sy: 98, Kültür Bakanlığı Yay, Ankara, 1996.

Ayrıca ikta' arazilerinin idari ve askeri amirleri olmaları hasebiyle ikta' askerlerinin bağlı bulunduğu serleşker veya sübaşılarla ilgili her kayıt da ikta' askerleriyle ilişkilidir. Türkiye Selçuklu ordusunun temelini teşkil eden ikta askerlerinin sayısı, ikta nizamının bozulduğu Moğol vesayeti döneminde oldukça azalmış ve 1277- 1278'den sonra da ortadan kalkmıştır[167].

c. Ücretli Askerlerden oluşan Birlikler

Türkiye Selçuklu ordusunun daimi unsuru olmayıp ihtiyaç halinde sefere dahil edilen geçici kuvvetlerinin başında "ücretli askerler" gelmektedir. Müslüman Türk devletleri içerisinde belki de en yaygın şekilde Türkiye Selçukluları tarafından uygulanan ücretli askerlik sistemi klasik islam devletlerinden tamamen farklıdır[168]. Türkiye Selçuklu ordusunda ilk defa 13. yüzyıl başlarından itibaren rastlanan ücretli askerlerin, ordu içerisindeki nüfuzları her geçen gün artmıştır[169].

Başta Franklar olmak üzere muhtelif etnik kökenlere sahip(Gürcü, Rus, Arap, Rumi, Kıpçak, Sürmari[170], Gencevi, Kaymeri[171]) olan ücretli askerler arasında Türkmenlerin de bulunması dikkat çekicidir[172]. Başta Franklar olmak üzere genellikle yabancılar arasından seçilmiş olan bu ücretli askerler, zaman zaman Selçuklular için önemli görevler de ifa etmişlerdi. Örneğin, Selçuklu tarihinin en önemli evrelerinden birinin başlangıcını teşkil eden ve Türkiye Selçuklu yönetimini aşırı derecede zorlayan Babai İsyanının bastırılabilmesi, ücretli Frank askerlerinin gayretleriyle mümkün olabilmişti[173].

---

167 Erkan GÖKSU, Türkiye Selçuklularında Ordu, Sy: 113, TTK Yayınları, Ankara, 2010.

168 Claude CAHEN, Osmanlılardan Önce Anadoluda Türkler, Sy: 229, İstanbul, 1979.

169 Erkan GÖKSU, Türkiye Selçuklularında Ordu, Sy: 383, TTK Yayınları, Ankara, 2010.

170 Günümüzde "Sürmeli" denilen ve Iğdır'a bağlı yerleşim yerinden gelen Türklere verilen ad.

171 Suriye'de bulunan Halepli Türkmenlere verilen ad.

172 İbn BİBİ, Tarih-i Al-i Selçuk, "Selçukname", Sy: 139, Kültür Bakanlığı Yay, Ankara, 1996.

173 Osman TURAN, Türk Cihan Hakimiyeti Mefkuresi Tarihi, Sy: 374, Ötüken Yayınları, İstanbul, 2003.

Kayıtlara göre, Türkiye Selçuklularında ücretli askerler, genellikle savaş yetenekleri diğer milletlere kıyasla çok daha üstün olan Türkler (Türkân-ı ecri hor) arasından seçilmekteydi. Selçuklu sultanlarının ücretli asker olarak genellikle Türkleri tercih etmelerinin sebebi, onların sadece üstün savaş yetenekleri ile ilgili değildi. Özellikle, Türklerin güvenilir olmaları, bu tercihte aynı derecede rol oynamaktaydı. Zira, zor durumlarda kaçma olayı yabancı soydan ücretli askerler arasında daha fazlaydı. Mesela, Batı kaynaklarına göre, Kösedağ Savaşı'nda ilk kaçan, ücretli Frank askerleri olmuştur[174].

Ücretli askerleri savaş meydanına kısa sürede intikal ettirebilmek için, bu askerler, genellikle savaş yerine yakın bölgelerden toplanmaktaydı. Mesela, Sultan I. İzzeddin Keykâvus, Halep Seferi'ne çıkmaya karar verince, Malatya'nın savaş yerine yakın olmasından dolayı ücretli askerlerin bu yöreden toplanmasını istemiştir. Ücretli askerler, genellikle piyade (yaya) olmaktaydılar. Çünkü, piyade askerin ücreti ve masrafı atlı askerinkinden daha az idi. Bazı seferlerde çok miktarda ücretli asker toplanmaktaydı.

Mesela Sultan I. Alâeddin Keykubâd zamanında yapılan Gürcistan Seferi'nde "5000 ücretli piyade" tutulmuştur. Türkiye Selçuklu sultanları, ücretli askeri sadece kendi tebaaları arasından toplamıyorlardı; onlar, bazen devletin sınırlarını aşıp, komşu ülkelerdeki Türk toplulukları arasından da ücretli asker toplamaktaydılar. Sultan II. Gıyâseddin Keyhüsrev, Kösedağ Savaşı'ndan önce ücretli asker toplaması için çok miktarda silah ve para ile vezir Şemseddin'i Eyyûbi Meliklerinin hâkimiyetindeki Kuzey Suriye'ye göndermiştir. Vezir, burada Harezmli, Yabgulu Türkmenleri ve Kıpçak Türklerinden çok sayıda ücretli asker toplamıştır.

ç. Tabii Devlet Kuvvetleri

Türkiye Selçuklu Devleti'nin egemenliğini kabul eden diğer hükümdar veya emirler tarafından gönderilen birlikler de ordunun yardımcı kuvvetlerini teşkil etmektedir. Ortaçağ devletler hukukuna göre savaş veya sulh yoluyla bir devletin egemenliğini kabul eden

---

174 Salim KOCA, Türkiye Selçuklularında Ordu ve Askeri Kültür, Sy: 29, Gnkur ATASE Yay, Ankara, 2009.

hükümdar veya emirlerin, klasik egemenlik (vasallık) şartlarını ve bu şartlardan doğan mükellefiyetleri kabul ettikleri malûmdur[175].

Avrupa, Uzak Doğu ve diğer bölgelerde kurulmuş muhtelif devletlerde de mevcut olduğu görülen tabii olma hukukunun, Ortaçağ İslam devletlerinde ortaya çıkan diğer şart ve sorumluluklarından (yıllık vergi, hutbe, sikke vs) birisi, tabi hükümdarın, her lüzum gösterdiği anda yardımcı kuvvetlerin başında bağlı oldukları hükümdarın hizmetine koşmasıdır. Bu cümleden olmak üzere Kilikya Ermeni Krallığı, Trabzon İmparatorluğu, Bizans ve İznik Rum İmparatorluğu[176], Rus Melikliği, Gürcü Krallığı, Doğu ve Güneydoğu Anadolu'da hüküm süren beylikler, Eyyubi Melikleri gibi Türkiye Selçuklu Devleti'nin egemenliğini kabul eden muhtelif hükümdar ve emirler de Türkiye Selçuklu ordusuna belirli miktarda askeri kuvvet göndermişlerdir.

Selçuklu sultanları, yenip teslim aldıkları yabancı hükümdarları genellikle ortadan kaldırmazlardı; onları, belirli yükümlülükleri yerine getirmek üzere tâbi (vassal) hükümdar hâline getirmekle yetinirlerdi. Tâbi hükümdarlar da tâbilik anlaşması gereğince, seferberlik ve savaş ilân edildiği zamanlarda, Selçuklu ordusuna önceden belirlenmiş miktarda bir kuvvet göndermekteydiler. Bu birlikler de seferden önce sultanın emrettiği yere gelip, yardımcı kuvvet olarak birer birer merkezi Selçuklu ordusuna katılmaktaydı[177]. Yardımcı kuvvetin silahı ve erzakı (azık) ise, tâbi hükümdar tarafından karşılanmaktaydı[178].

Selçuklu sultanları, tâbi hükümdarların sefer sırasında emirlerindeki kuvvetlerle gelip, merkezi orduya katılmalarına çok önem vermekteydiler. Aksi takdirde, yani tâbi hükümdar yükümlülüğünü yerine getirmediği durumlarda onları cezalandırmaktaydılar. Mesela, Sultan II. Süleyman Şah'ın Gürcistan Seferi sırasında kardeşi Malatya Meliki Tuğrul Şah ve Erzincan Mengücük Hükümdarı Behram Şah gibi hükümdarlar ve beyler, birer birer gelip Selçuklu ordusuna

175 Erkan GÖKSU, Türkiye Selçuklularında Ordu, Sy: 383, TTK Yayınları, Ankara, 2010.

176 Erkan GÖKSU, Türkiye Selçuklularında Ordu, Sy: 178, TTK Yayınları, Ankara, 2010.

177 Salim KOCA, Türkiye Selçuklularında Ordu ve Askeri Kültür, Sy: 29, Gnkur ATASE Yay, Ankara, 2009

178 Ayşe KUŞÇU, Türkiye Selçuklularında Ordu ve Donanma, Y. Türkiye, Ankara, 2002.

katılmışlardı. Aynı sefer sırasında, Erzurum Saltuklu Meliki Nasıreddin Muhammed görevini yerine getirmediği için Süleyman Şah tarafından toprakları elinden alınmak suretiyle cezalandırılmıştır.

Özellikle yabancı soydan olan hükümdarlar, tâbi hâle getirilince, bunların göndermekle yükümlü olduğu kuvvetin miktarı, donatımı ve erzak masrafları, taraflar arasında yapılan antlaşma ile belirlenmekteydi. Mesela, Türkiye Selçuklu Sultanı I. İzzeddin Keykâvus'un, Sinop'un fethi sırasında teslim alıp, tâbi hükümdar hâline getirdiği Trabzon Rum İmparatoru Aleksios, istendiği zaman Selçuklu ordusuna yardımcı kuvvet olarak "200 mızraklı asker" göndermeyi, yapılan antlaşmada bizzat kendisi taahhüt etmiştir [179].

Aynı sultanın tâbi hükümdar hâline getirdiği Ermeni Baronu Leon da yapılan tâbilik antlaşmasında, yıllık vergiden başka "her yıl bütün teçhizatıyla birlikte 500 süvari"yi Keykâvus'un emrettiği yere gönderme yükümlülüğünü üstlenmiştir. Leon'dan sonra gelen Baron Hetum da Sultan I. Alâeddin Keykubâd ile 1225 yılında yaptığı antlaşmada, Türkiye Selçuklu ordusunun seferlerine "1000 süvari ile 500 çarkçı" göndermeyi kabul etmiştir. Aynı Ermeni Baronu Hetum, daha önce Türkiye Selçuklu Sultanı II. Gıyâseddin Keyhüsrev ile yaptığı vassallık antlaşmasının hükmü gereğince, Kösedağ Savaşı'na "3000 kişilik Ermeni ve Frank süvarisi" göndermiştir[180]. Eğer, yardımcı kuvvet, bağımsız bir hükümdardan istenmişse, bu yardımcı kuvvetin ihtiyacı için "yol azığı (erzak) ve ulûfe" göndermek âdetti. Suriye Eyyûbi melikleri yapılan davet üzerine Kösedağ Savaşı'na 2000 kişilik bir süvari kuvvetiyle katılmışlardır[181].

d. Türkmenler ve Uç Kuvvetleri

Türkmen (Oğuz) kütleleri, Malazgirt Zaferi'nden sonra, tıpkı birbirini izleyen dalgalar hâlinde, bölük bölük Anadolu'ya yayılarak, burada kendi hayat tarzlarına uygun buldukları sahalara yerleşmişlerdir. Bunun doğal sonucu olarak da Anadolu'da kurulan Türk

179 Erkan GÖKSU, Türkiye Selçuklularında Ordu, Sy: 182, TTK Yayınları, Ankara, 2010.

180 İbn BİBİ, Tarih-i Al-i Selçuk, "Selçukname", Sy: 169, Kültür Bakanlığı Yay, Ankara, 1996.

181 İbn BİBİ, Tarih-i Al-i Selçuk, "Selçukname", Sy: 200, Kültür Bakanlığı Yay, Ankara, 1996.

devletlerinin ve özellikle bunlardan Türkiye Selçuklu Devleti'nin sınırlarında Anadolu Türklüğünün en temiz, en canlı bir unsurunu teşkil edenTürkmen[182] boylarının toplandığı ve bu kütlelerin gaza ve akın faaliyetlerinde bulundukları birçok "uç" bölgesi oluşmuştur.

Uçlarda (sınır) toplanan bu kütleler, devrin kaynaklarında genellikle "Uç Türkleri" veya "Uç Türkmeni" adıyla anılmıştır. Zaman zaman Anadolu'ya gelen Türkmen kütleleri de Selçuklu sultanları tarafından genellikle sınır boylarına yerleştirilerek, uçların sayısı ve nüfusu gittikçe artırılmıştır. Bu suretle hem Türkmenlerin ülkede karışıklık çıkarmaları önlenmiş hem de devletin sınırlarını düşmana karşı daima koruyacak ve savunacak hazır bir kuvvet kazanılmıştır. Türkiye Selçuklu Devletinin tüm sınırlarına genellikle Türkmenler yerleştirilmiş ve bu suretle bir yandan askeri ve stratejik öneme sahip bu toprakların korunması sağlanırken diğer yandan da Türkmenlerin akın ve gaza faaliyetlerinden istifade edilmiştir[183]. Uçlarda toplanmış olan Türkmen kütleleri, genellikle boy düzeni içinde "konargöçer" bir hayat yaşıyorlar ve büyük sürüler hâlinde hayvan besliyorlardı[184]. 13. yüzyılda uc havalisinde yerleşik halktan başka, 100. 000 çadır halkı göçebe yaşıyordu[185].

Türkmenler, hiçbir zaman belirli sınırlar içinde kalmıyorlardı; sürülerine yeni otlaklar bulabilmek ve daha iyi ekonomik imkânlara sahip olabilmek için, sık sık sınırları aşıyorlar ve bu arada bazen yağmalı akınlarda bulunuyorlardı. Özellikle, "Türk alp erenleri" ve "İslam sûfileri (abdal, baba)" tarafından yeniden canlandırılan gazâ ve akın ruhu ile Türkmenlerin ganimet (doyumluk) elde etme arzuları, bu faaliyeti devamlı hâle getiriyordu. Türk toplumunun en dinamik ve en hareketli unsuru olan Türkmenler, Orta Asya'dan getirdikleri bağımsız boy teşkilatlarını Anadolu'da da korumuşlardır.

Her boyun başında birer "boy beyi bulunuyordu. Boy beyleri de "uç beyleri"ne bağlıydı. Uç beyleri ise, merkezi idarenin temsilcisi

182 M. Fuat KÖPRÜLÜ Osmanlı Devletinin Kuruluşu, Sy: 47, TTK Yay, Ankara, 1988.

183 Erkan GÖKSU, Türkiye Selçuklularında Ordu, Sy: 221, TTK Yayınları, Ankara, 2010.

184 Salim KOCA , Türkiye Selçuklularında Ordu ve Askeri Kültür, Sy: 107, Berikan Yayınları, Ankara, 2010.

185 Osman TURAN, Selçuklular ZamanındaTürkiye, Sy: 626, Ötüken Yay, İstanbul, 2011.

olan "uç beylerbeyi"nin (emirü'l-ümerâ veya melikü'l-ümerâ) emri altında olmakla birlikte hareketlerinde ve faaliyetlerinde serbest idiler. Uç beyleri, genellikle Bizans İmparatorluğu, Haçlı devletleri, İznik Rumları, Trabzon Rumları ve Ermeniler gibi Selçuklularla komşu devletler ve topluluklar üzerine devamlı akınlar düzenliyorlardı. Böylece onlar hem Selçuklu sınırlarını koruyorlar hem de Selçuklu ordularına kılavuzluk ediyorlardı. Daha da önemlisi, Selçuklu ordularının yolları üzerindeki engelleri kaldırıyorlar ve fetihlere uygun zemin hazırlıyorlardı.

Mesela, Sultan I. İzzeddin Keykâvus, Sivas'ta Sinop seferi için hazırlık yaparken, kuzeydeki uç beyleribir baskın hareketi sonucunda Trabzon Rum İmparatoru Kyr Aleksios'u ele geçirip, Sinop'un fethini büyük ölçüde kolaylaştırmışlardır. Uç beyleri ve beylerbeyi, sefer ve savaş zamanlarında emirlerindeki kuvvetlerle Selçuklu merkezi ordusuna katılarak, Türkiye Selçuklu Devleti'ne karşı görev ve yükümlülüklerini yerine getirmekteydiler. Tarihi kayıtlara göre, Selçuklu sultanları, sefer ve savaş zamanında diğer beylere olduğu gibi, uç beylerine de fermanlar gönderip, onlardan da emirlerindeki kuvvetlerle gelerek, merkezi orduya katılmalarını istemekteydiler[186]. Uç beyleri de Türkmen atlılarından oluşan kuvvetleriyle gelip, Selçuklu sultanlarının emrine girmekteydiler[187].

Kendilerine özgü hayat tarzları, sosyal ve ekonomik yapıları ile Türk tarihinin her döneminde varlıklarını sürdüren Türkmenler de Türkiye Selçuklu ordusunun yardımcı kuvvetleri olarak değerlendirilebilir. Özellikle Anadolu'nun fethi ve kuruluş döneminde ordunun dayandığı en önemli askeri güç olanTürkmenler, daimi ve düzenli bir ordu niteliği taşımamaları ve merkezi otorite karşısındaki tavırları ile Selçuklu'nun, hızla gelişmekte olan savaş teknolojisine ayak uydurma düşüncesi[188] neticesinde ordu içerisindeki yerlerini zamanla kaybetmişlerdir. Ancak onların ordu içerisindeki yerleri hiçbir zaman tamamen kaybolmamış, özellikle uç bölgelerindeki faaliyetleri, hudutların muhafazası ve genişletilmesi bakımından

---

186 M. Fuat KÖPRÜLÜ Osmanlı Devletinin Kuruluşu, Sy: 75, TTK Yay, Ankara, 1988.

187 Erkan GÖKSU, Türkiye Selçuklularında Ordu, Sy: 225, TTK Yayınları, Ankara, 2010.

188 M. Said POLAT, Türkiye Selçuklularında Askeri Teşkilat, Sy: 46, Türklük Araştırmaları Dergisi, Şubat 2005.

büyük önem arz ettiği gibi, Anadolu'da Moğol hakimiyetinin daha uzun süre devam etmesini engellediği gibi, harici istila ve fetihleri de uzak tutmuştur[189].

Moğol-İlhanlı egemenliğinin orta Anadolu ve ovalarla sınırlı kalmasını sağlayan Türkmenler Hudud yani "uc"larda yaşamaya devam etmişler ve müstakil siyasi teşekküller meydana getirmişlerdir[190]. Böylece Anadolu'da hemen hepsi Türkmenler tarafından kurulan ve sayıları yirmiyi aşan küçük beylikler teşekkül etmiş[191] ve Anadolu'da yeni bir dönem"Beylikler Dönemi" başlamıştır.

e. Gönüllüler

Yardımcı kuvvetler arasında sayılan diğer bir grup da asıl meslekleri askerlik olmamakla beraber zaman zaman gönüllü bazen de zorunluluk halinde orduya katılan veya askeri vazifeler ifa eden gayr-ı muntazam birliklerden oluşan gönüllülerdir. Muhtelif Müslüman Türk devletlerinde "mutavvia" veya "mutatavvia" olarak da tesadüf edilen bu gönüllüler arasında, gayr-i müslimlere karşı yapılan savaşlara katılan "gaziler" ve sefer veya savaş mahalline yakın bölgelerden celp edilen veya herhangi bir tehlike karşısında bulundukları şehir veya bölgeyi müdafaa etmek üzere toplanan "bölge ve şehir kuvvetleri" bulunmaktadır[192].

Ayrıca ordu mensupları arasında bulunmamakla beraber savaştan sonra elde edilecek ganimetten pay almak düşüncesiyle orduyu takip eden başıbozuk zümrelerin, "evbaş" veya "ayyar"ların da mevcut olduğu bilinmektedir. Gönüllüler, Babailer isyanındaTürkiye Selçuklu kuvvetleri içerisinde yer almışlardır. Moğol vesayeti dönemimde de şehirlerin savunmasında, Sivas ve Kayseri müdafasında olduğu gibi önemli işler yapmışlardır[193].

189 Faruk SÜMER Oğuzlar, Sy: 6, TDAV Yay, İstanbul, 1999.
190 M. Fuat KÖPRÜLÜ Osmanlı Devletinin Kuruluşu, Sy: 35, TTK Yay, Ankara, 1988.
191 İ. Hakkı UZUNÇARŞILI, Anadolu Beylikleri, TTK Yayınları, Ankara, 1988
192 Erkan GÖKSU, Türkiye Selçuklularında Ordu, Sy: 228, TTK Yayınları, Ankara, 2010.
193 İbn BİBİ, Tarih-i Al-i Selçuk, "Selçukname", Sy: 528, Kültür Bakanlığı Yay, Ankara, 1996.

2. Türkiye Selçuklu Ordusununda Makam ve Ünvanlar

a. Divan-ı Arz

Türkiye Selçuklu ordusunun idari işleriyle klasik İslam müesseselerinden biri olan ve Hz. Ömer döneminde kurulduğu bilinen "Divan-ı Arz" ilgilenirdi. Emevi, Abbasi, Fatımi, Karahanlı, Gazneli, Büyük Selçuklu, Harezmşah, Eyyûbi, Memlûk ve diğer İslam devletlerinde mevcut olduğu bilinen "Divan-ı 'Arz"ın başında bulunan yetkiliye bir eli sivil , diğer eli ise askeri yönetimde olan[194] "Emir-i 'Arz", "Emir-i 'Arızı-yi Memalik-i Rum", "Emir-i Arız-ı Memleket" veya '"Arızı-Ceyş" denirdi. "Emir-i 'Arız" dışında, '"Arız" adı verilen görevliler de bulunmaktaydı ki bunlar "Emir-i Arız"a bağlı idiler.

Gerek "Emir-i Arız" gerekse Arızlar, diğer Arapça ve Farsça unvan ve lakaplar yanında "bilga/bilge", "kutluğ" ve '"Arız beg" gibi Türkçe unvan ve lakaplarla da anılırlardı. Moğol vesayeti döneminde de varlığını devam ettiren "Emir-i Arız", diğer Müslüman Türk Devletlerinde olduğu gibi Türkiye Selçuklularında da ordunun tertip ve tanzimi, yapılan işlerin kayda alınması, asker temini ve yazımı, ordunun bütün ödenekleri[195] ve ikta'yla ilgili uygulamaların kontrolünden, ordunun teçhizat ve levazımatının, sefer güzergahı ve menzillerin belirlenip ihtiyaçların giderilmesi, askerin denetim ve kontrolü, savaş sonunda ele geçirilen ganimetlerin taksim ve kaydından sorumlu idi[196].

b. Başkumandanlık ve Beylerbeyi

Türkiye Selçuklularında da diğer Türk devletlerinde olduğu gibi ordunun Başkumandanı Sultan'dı[197]. Bundan sonraki en üst askeri yetkiliye ise "Emirül-Ümera" veya "Beylerbeyi" denirdi. Kaynaklarda "Melikü'l- Ümera[198]", "Emaret-i Beglerbegi", "Sipehdar-ı Kebir",

---

194 Claude CAHEN, Osmanlılardan Önce Anadoluda Türkler, Sy: 224, İstanbul, 1979.

195 Mehmet Altay KÖYMEN, Selçuklu Devri Türk Tarihi, Sy: 328, TTK Yay, Ankara 2004,

196 Erkan GÖKSU, Türkiye Selçuklularında Ordu, Sy: 385, TTK Yayınları, Ankara, 2010.

197 Salim KOCA, Türkiye Selçuklularında Ordu ve Askeri Kültür, Sy: 27, Gnkur ATASE Yay, Ankara, 2009

198 İbn BİBİ, Tarih-i Al-i Selçuk, "Selçukname", Sy: 138, Kültür Bakanlığı Yay, Ankara, 1996.

"Sipehdar-ı Memleket", "Leşkerkeş-i Memalik" gibi unvanlarla anılan bu ünvan, Türkiye Selçuklu devlet teşkilatı içerisinde Sultan'dan sonra gelen en üst askeri makamdı. Ancak bu unvan sadece merkezde bulunan Türkiye Selçuklu ordusunun kumandanı için değil, uç vilayetlerinden bulunan "Uç beylerbeyleri" veya herhangi bir sefer veya savaş münasebetiyle ordu kumandanı olarak tayin edilen ümera için de kullanılırdı.

Divan üyesi olduğuna veya bir divana başkanlık ettiğine dair herhangi bir kayıt bulunmayan "Beylerbeyi", protokol bakımından selatin, muhadderat-ı selatin, vüzera, atabeg ve na'ib-i hazret-i saltanat'dan hemen sonra gelmekteydi. Dolaysıyla müşrif, müstevfi, emir-i 'arız ve tuğrai gibi divan üyelerinden daha yüksek bir makamda bulunurdu[199]. Diğer Müslüman Türk devletlerinde olduğu gibi Türkiye Selçuklularında da askeri bir unvan, rütbe olarak kullanılan emir unvanı, Türkçe beg kelimesinin karşılığıydı ve ordu içerisindeki en küçük birlik komutanından Sultan'a kadar bütün askeri rical için bu unvanı kullanılırdı[200].

c. Sübaşılar (Serleşkerler)

Kaynaklarda "serleşker", "sübaşı", "emir-i leşker-i vilayet", "sipehdar-ı vilayet[201]", "zaim" veya "zaimü'l-cüyûş" gibi tabirlerle zikredilen sübaşılar, Türkiye Selçuklu ülkesindeki şehir ve vilayetlerin idari ve askeri işlerinden sorumlu olup, bulundukları bölgenin en üst askeri ve idari amirleri konumundaydılar[202]. Sadece vilayet ve şehirlere değil bu vilayet ve şehirlere bağlı daha küçük yerleşim birimlerine ve kalelere de serleşkerler atanırdı. Uluğ, uğurlu, alp, sübaşı beg gibi Türkçe unvanlar da taşıyan serleşkerlerve "serleşker-i vilayet-i uç" olarak iki kısma ayrılırdı[203].

199 Erkan GÖKSU, Türkiye Selçuklularında Ordu, Sy: 254, TTK Yayınları, Ankara, 2010.

200 Salim KOCA , Türkiye Selçuklularında Ordu ve Askeri Kültür, Sy: 127, Berikan Yayınları, Ankara, 2010.

201 İbn BİBİ, Tarih-i Al-i Selçuk, "Selçukname", Sy: 741, Kültür Bakanlığı Yay, Ankara, 1996.

202 Erkan GÖKSU, Türkiye Selçuklularında Ordu, Sy: 257, TTK Yayınları, Ankara, 2010.

203 İbn BİBİ, Tarih-i Al-i Selçuk, "Selçukname", Sy: 79, Kültür Bakanlığı Yay, Ankara, 1996.

Serleşkerlerin mevki ve makamları, görev yaptıkları vilayetin büyüklüğü, asker sayısı ve muhtemelen stratejik önemine göre değişirdi. Bulundukları bölgedeki ikta askerlerini silah ve teçhizatlarıyla beraber tertip ve tanzim ederek eğitimleriyle meşgul olmak ve her daim savaşa hazır bir ordu oluşturmak serleşkerlerin en önemli vazifeleri arasındaydı. Türkiye Selçuklu ordusunun büyük kısmını teşkil eden ikta askerlerinin serleşkerlerin idaresi altında bulunması, serleşkerlik makamının önemini daha da artırmıştı.

Serleşkerler, genellikle gulam kökenli devlet ricali arasından seçilir ve bunlar bazen iki hatta daha fazla vilayette atanabilirlerdi. Kendilerine tahsis edilen maaş veya iktayla ücretlendirilen serleşkerler, merkez tarafından belirlenen görev ve yetkilerle sınırlandırılır, görevinde ihmal gösteren veya yetki ve salahiyetlerini aşanlar, en ağır şekilde cezalandırılırdı. Serleşker, genellikle gulam kökenli devlet adamları arasından seçilirdi. Merkezi otoritenin dayandığı temel unsurlardan biri olan serleşkerlik, Moğol vesayeti döneminde eski düzen ve intizamını kaybetti[204]. Türkiye Selçuklu Devleti merkezi otoritesinin tüm şehirlerdeki varlığı serleşkerler sayesinde mümkün olabilmiştir. Bu nedenle serleşker, sadece askeri teşkilatın değil, devlet teşkilatının temel unsuru olarak görülebilir.

Türkiye Selçuklu ordusunda diğer Türk devletlerinde rastlanmayan bölük serdarı, bölük başı adı verilen[205], "ellibaşı" rütbesi de mevcuttu. İkta askerlerinden oluşan 50 kişilik müfrezelere kumanda ettiği anlaşılan ellibaşıların ordu içerisinde büyük nüfuzları vardı[206]. Yine 8-10 kişiden oluşan bir "visaklık" birliğe kumanda eden ve "Visakbaşı", "Otağbaşı" adı verilen rütbe de kullanılmaktaydı[207]. Tam olarak olmasada günümüzdeki Manga Komutanı ünvanının karşılığı sayılabilir. Ancak Nizamü'l Mülk "Yedi yıl boyunca dergahta yetiştirilip, muhtelif hizmetlerde bulunduktan sonra" bu ünvanın alındığını "belirtmektedir[208].

204 Erkan GÖKSU, Türkiye Selçuklularında Ordu, Sy: 386, TTK Yayınları, Ankara, 2010.

205 YAZICIOĞLU Ali, Tevarih-i Al-i Selçuk, Sy: 128, Çamlıca Yay, İstanbul, 2004.

206 Salim KOCA , Türkiye Selçuklularında Ordu ve Askeri Kültür, Sy: 93, Berikan Yayınları, Ankara, 2010.

207 Mehmet Altay KÖYMEN, Alp Arslan ve Zamanı, Sy: 265, TTK Yay, Ankara 2011,

208 Mehmet Altay KÖYMEN, Nizamü'l Mülk, Siyasetname, Sy: 134, TTK Yay, Ankara, 1982.

ç. Kale Komutanlıkları (Kutval)

Kale kumandanlarına kutval, dizdar[209] veya kaledar[210] denirdi. Uluğ, kutluğ, bilge/bilga, kutval beg gibi Türkçe unvan ve lakaplar da taşıyan kutvaller, liyakat ve sadakatleriyle temayüz etmiş bulunan devlet ricali arasından seçilir ve Sultan veya bölgenin sübaşısı tarafından tayin edilirdi. İdarecisi bulundukları kalenin en üst yöneticisi olan kutvaller, kale ve çevresinin muhafazası, bölgedeki asayiş ve intizamın sağlanması, silah ve mühimmat depolanması, kaleye giriş çıkışların kontrolü gibi işlerden sorumluydular. Devletten maaş veya ikta alırlar, görev ve salahiyetlerini aksatan, kötüye kullananlar veya hakkında şikayet bulunanlar en ağır şekilde cezalandırılırdı[211].

3. Türkiye Selçuklu Ordusununda Kullanılan Silah ve Teçhizatlar:

Türkiye Selçuklu ordusunun silahları, diğer Ortaçağ devletlerinde olduğu gibi ok, yay, kılıç, mızrak, topuz, bıçak ve balta gibi hafif silahlar, zırh, kalkan, miğfer gibi savunma araç gereçleri ve mancınık, arrade ve çarh gibi ağır silahlardan oluşmaktaydı. Ayrıca kuşatmalarda neft kullanmak, lağım açmak gibi muhasara usul ve tekniklerine de başvurulurdu.

a. Ok ve Yay: Türk tarihinin her döneminde olduğu gibi Türkiye Selçukluları döneminde de en etkili şekilde kullanılan silahların başında ok ve yay gelmekteydi. Anadolu'yu asırlardır Sasani ve muhtelif İslam devletlerine karşı başarıyla müdafaa eden Bizans'ın, Selçuklu akınları karşısında dayanamayarak Anadolu'yu Türklere teslim etmek zorunda kalmasının en önemli sebeplerinden biri Türk okçuları olmuştur.

Anadolu'ya yapılan ilk Selçuklu harekatı olarak bilinen 1016-1021 tarihli Anadolu akını sırasında Çağrı Bey kumandasındaki Oğuz Türkleriyle (Türkmenler) ilk defa karşılaşan Ermeni tarihçileri, tıpkı 363-365 yılları arasında Kafkasya üzerinden Ermenistan'a girerek oradan Mezopotamya'ya kadar ilerleyen ve Urfa'yı kuşatan Hun

---

209 Salim KOCA , Türkiye Selçuklularında Ordu ve Askeri Kültür, Sy: 127, Berikan Yayınları, Ankara, 2010.

210 İbn BİBİ, Tarih-i Al-i Selçuk, "Selçukname", Sy: 282, Kültür Bakanlığı Yay, Ankara, 1996.

211 Erkan GÖKSU, Türkiye Selçuklularında Ordu, Sy: 387, TTK Yayınları, Ankara, 2010.

Türkleri hakkında malûmat veren Süryani St. Efraim gibi[212], "acayip kıyafetleri, uzun saçları, büyük yayları yanında, at üzerindeyken bile isabetli atış yapabilen" Türk okçularını hayretle karşılamışlardır. Yine Kılıç Arslan'ın Büyük Selçuklu Emiri Çavlı ile yaptığı ve Habur nehrinde hayatını kaybettiği savaşta[213] (1107) su içinde yüzerken bile ok attığı bilnmektedir[214].

b. Kılıç: Bazı tarihçilerin, İran'ın efsanevi hükümdarı Cemşid tarafından icat edildiğini söyledikleri kılıç, Türklerin ok ve yaydan sonra kullandıkları en önemli silahtır. Türkçenin en eski dönemlerinden itibaren aynı adla anılan bu silah[215], İslami dönemde Farsça "tiğ " ve "şemşir "; Arapça "seyfve "hüsam " gibi adlarla da zikredilmiştir[216]. Bahaddin Ögel, Hun, Avar, Gök-Türk, Volga Bulgarları, Moğollar gibi belli başlı kültür çevrelerinde ele geçen buluntular üzerinde yaptığı araştırmalar sonucunda, kendine has yapı özellikleri, üslup ve motife sahip olan bir Türk kılıç tipinin var olduğunu ortaya koymuştur. Ona göre, Orta Asya Türk devletlerinin beka ve yayılışında büyük bir rol oynayan ve sonradan Japonyaya da yayılan Türk kılıcının ana vatanı Altay'dır[217].

Türk kılıçlarının bir özelliği de ince yapılı olmalarıdır. Avrupa Hun sanatında madeni ince levhaların ağaç veya maden üzerine kaplandığı, özellikle balık sırtı motifler revaçta olduğu görülmektedir. Birbirini düzenli açılar ile kesen ışınların meydana getirdiği levhalara çok rastlanır. Altay, Doğu Ural ve Orta Asya'dan Güney Rusya ve Ukrayna steplerinden Orta Avrupa'ya kadar uzanan sahada tanınan bu kılıçlar, aynı devreye rastlayan Cermen kılıçlarından levhasının daha dar olmasıyla ayrılır[218].

---

212 Şerif BAŞTAV, Atilla ve Hunları, Sy: 408, Berikan Yayınları, Ankara, 2005.
213 Osman TURAN, Türk Cihan Hakimiyeti Mefkuresi Tarihi, Sy: 225, Ötüken Yayınları, İstanbul, 2003.
214 Işın DEMİRKENT, Türkiye Selçuklu Hükümdarı Sultan I. Kılıç Arslan, Sy: 58, TTK Yay, Ankara, 1996.
215 Reşat GENÇ, Kaşgarlı Mahmud'a Göre XI. Yüzyılda Türk Dünyası, Sy: 288, TKAE Yay, Ankara, 1994.
216 Nebi BOZKURT, Kılıç, Sy: 631, Diyanet İslam Ansiklopedisi, Ankara, 2002.
217 Erkan GÖKSU, Türkiye Selçuklularında Ordu, Sy: 319, TTK Yayınları, Ankara, 2010.
218 Şerif BAŞTAV, Atilla ve Hunları, Sy: 882, Berikan Yayınları, Ankara, 2005.

Türklerin süvarilik icabı uzun kılıç kullanmaları veya uzun kılıcın savaşlardaki üstünlüğünü göstermeleri de üzerinde durulması gereken bir konudur. Kısa kılıçların yaya muharebeleri için uygun olmakla beraber süvariler için pek kullanışlı olmayacağı malûmdur. Dolayısıyla Türk süvarileri kısa kılıçtan farklı olarak uzun kılıçlar kullanmışlardır ki bu kılıçlar muharebelerdeki başarılarını artırmıştır[219].

Kılıcın, göğüs göğüse savaşlar sırasında kullanılan silahların başında geldiği ve rüzgarlı havalarda hedefini şaşırması muhtemel ok ve mızrak gibi silahlara nazaran daha kullanışlı olduğu malûmdur. Kaynaklarda geçen ifadelerden Türkiye Selçuklularında "şemşirger " ye "seyyaf " adı verilen kılıç ustalarının olduğu bilinmektedir[220]. Döneme ait sikkelerde ve bazı minyatürlerde süvarilerin uzun ve eğri kılıçlarıyla resmedildiği görülmektedir. Bunun dışında çeşitli kabartmalarda da kılıçlı savaşçılar resmedilmiştir. Bu kabartmalarda bellerinde kıvrık kılıçlar bulunan askerler dikkat çekicidir. Bazı yazarlar da Selçukluların Haçlılara karşı kullandıkları enli kılıçların, şövalyelerin ince kılıçları karşısındaki teknik üstünlüğüne işaret etmişlerdir[221]. Bu dönemde Hint[222], Yemen, Dimaşk, Kırgız, Nahcivan kılıçlarının kullanıldığı bilinmektedir.

c. Mızrak: Kaynaklarda süngü[223], kargı, mızrak, nize, harbe, cıda, gönder[224], sıta gibi isimlerle zikredilen ve dürtmek, saplamak veya fırlatmak suretiyle kullanılan mızrak da Türkiye Selçuklu ordusunda kullanılan silahlardan biridir[225]. Mızrakların genellikle kamış veya muhtelif ağaçlardan yapıldığı anlaşılmaktadır. El-Cahiz, "Haricilerin mızrağının kargısı uzun ve içi dolu olduğu halde Türk mızrağının kargısı kısa ve içi boştur. İçi boş ve kısa kargılı mızraklar daha iyi saplanır, taşımaları da hafiftir" demektedir. Memlûk dönemi kay-

---

219 Erkan GÖKSU, Türkiye Selçuklularında Ordu, Sy: 320, TTK Yayınları, Ankara, 2010.

220 Erdoğan MERÇİL, Türkiye Selçuklularında Meslekler, Sy: 160, TTK Yay, Ankara, 2000.

221 Lev Nikolayeviç GUMILEV, Hazar Çevresinde Bin Yıl, Sy: 338, Selenge Yay, İstanbul, 2013.

222 Nebi BOZKURT, Kılıç, Sy: 406, Diyanet İslam Ansiklopedisi, Ankara, 2002.

223 Reşat GENÇ, Süngü, Sy. 136, Türk Ansiklopedisi, Ankara, 1981.

224 Faruk SÜMER Oğuzlar, Sy: 392, TDAV Yay, İstanbul, 1999.

225 İbn BİBİ, Tarih-i Al-i Selçuk, "Selçukname", Sy: 196, Kültür Bakanlığı Yay, Ankara, 1996.

naklarından olan Münyetü 'l-Guzat 'ta ise iyi süngünün, kaim, etli ve kabuğu yumuşak olup sert ve katı olanların yağmur veya güneşten olumsuz etkileneceği, süngünün yuvarlak, ortası sağlam, ucu çok ince olmayan, ne uzun ne kısa olanının tercih edilmesi gerektiği zikredilmektedir[226].

ç. Gürz: Eski çağlardan beri birçok toplum tarafından kullanılmış olan gürzün, Türkçe karşılığı topuzdur[227]. Ortaçağ Müslüman Türk devletlerinde "debbus ve "amud kelimeleri de kullanılmıştır ki bazı yazarlar topuz kelimesinin "debbus"dan bozulma olduğunu söylerler[228]. Ucunda madeni bir topuz olan ve sapı ağaç veya madenden yapılan bu vurucu silahın etkisini artırmak üzere topuz kısmında birkaç cm uzunluğunda çivi veya çıkıntılar bulunanları da vardır. Kaynaklardaki ifadelere göre gürz, piyadelerin ellerinde veya bellerine asılı olarak, süvarilerin ise eyerlerine bağlı olarak taşınmakta, yeri geldiğinde omuza alınmakta ve kullanılmaktadır[229].

d. Balta: Farsçada "teber" ve "naçeh/necek", Arapçada ise "tabar/fes" denilen balta, insanlık tarihinin en eski silahlarından biridir. Orta Asya'da da erken çağlardan itibaren kullanıldığı bilinen bu yakın döğüş silahının, sapı ile beraber boyu bir metre civarında olanlarını yayaların, daha kısalarını ise süvarilerin kullandığı anlaşılmaktadır[230].

e. Hançer: Uzunluğu 40 santimetreyi geçmeyen kesici silahlara bıçak denir. Bıçağın savaş aleti olarak özelleşmiş haline ise hançer denir[231] ve genellikle yakın muharebelerde kullanılır. Her iki yanı ve ucuyla kullanılabilen eğik uçlu hançerlerin mucidi göçebe Türk askeri olup, bu hançerler daha sonra Japonlara geçmiştir[232].

---

226 Erkan GÖKSU, Türkiye Selçuklularında Ordu, Sy: 325, TTK Yayınları, Ankara, 2010.

227 M. Zeki PAKALIN, Osmanlı Tarih Deyimleri ve Terimleri Sözlüğü I, Sy: 689, MEB Yay, İstanbul, 1993.

228 Erkan GÖKSU, Türkiye Selçuklularında Ordu, Sy: 328, TTK Yayınları, Ankara, 2010.

229 İbn BİBİ, Tarih-i Al-i Selçuk, "Selçukname", Sy: 196, Kültür Bakanlığı Yay, Ankara, 1996.

230 Erkan GÖKSU, Türkiye Selçuklularında Ordu, Sy: 331, TTK Yayınları, Ankara, 2010

231 Nebi BOZKURT, Kılıç, Sy: 405, Diyanet İslam Ansiklopedisi, Ankara, 2002.

232 Jean Paul ROUX, Orta Asya, Sy: 39, Kabalcı Yay, İstanbul, 2001.

f. Zırh: Eski Türkçede "yarık" olarak ifade edilen zırhın, daha çok uzaktan ok atmak suretiyle savaşmayı tercih eden, hareket kabiliyeti ve süratiyle şöhret bulan Türk süvarileri için çok kullanışlı bir silah olmadığı düşünülebilir. Nitekim demir, deri veya tahtadan yapılmış herhangi bir zırhın, hafif silahlarla teçhiz edilmiş atlı savaşçının hareket kabiliyeti ve hızını etkilemeyecek şekilde rahat bir süvari giyimi olduğu görülmektedir[233]. Böylece bir yandan savaşçının silah darbelerine karşı direnci arttırılırken diğer yandan da hareket kabiliye-tinin kısıtlanmaması sağlanmıştır.

Sultanlar savaş sırasında zırh giyerlerdi. Sultan I. Kılıç Arslan'ın Habur nehri kenarında Emir Çavlı karşısında mağlup olduğu savaşta zırhlarının ağırlığı nedeniyle Habur nehrinde boğulduğu bilinmektedir[234]. İbn Bibi'nin kaydından, Sultan I. Gıyâseddin'in İznik Rum İmparatoru Laskaris ile savaşa giderken zırhını giydiğini ve kemerini kuşandığını öğrenmekteyiz[235]. Zaten zırh savaşlarda kullanılan çok eski bir savunma aracıdır.

Özellikle yaya savaşlarında, orduların birbirine temas ettikleri sırada gerçekleşen yakın dövüşlerde savaşçıların vücutlarını koruyan giysilere ihtiyaçları vardır. Tarihi bilgilere göre Türkler, sadece savaşçılar için değil atlar için bile çeşitli zırhlar kullanmışlardır.

g. Kalkan: Kalkan, ok, kargı, mızrak, kılıç ve benzeri silahlara karşı vücudu ve zırhı korumak için elde tutulan bir savunma silahıdır[236]. Savaş zamanı dışında omuzda veya atların terkisinde taşındığı, savaş zamanında ise bileğe geçirilen ipi sayesinde elde tutulduğu bilinmektedir. Bu ip kalkanın vücuda mümkün olduğu kadar yakın olması için kısa düğümlenmektedir[237]. Kalkanların, uzaktan ok atmak suretiyle savaşmayı tercih eden, hareket kabiliyeti ve süratiyle şöhret bulan Türk süvarileri için çok tercih edilen bir silah olmadığı düşünülebilir.

---

233 Lev Nikolayeviç GUMILEV, Eski Türkler, Sy: 95, Selenge Yay, İstanbul, 2002.

234 Erkan GÖKSU, Türkiye Selçuklularında Ordu, Sy: 336, TTK Yayınları, Ankara, 2010.

235 İbn BİBİ, Tarih-i Al-i Selçuk, "Selçukname", Sy: 108, Kültür Bakanlığı Yay, Ankara, 1996.

236 M. Zeki PAKALIN, Osmanlı Tarih Deyimleri ve Terimleri Sözlüğü II, Sy: 151, MEB Yay, İstanbul, 1993.

237 Aydın TANERİ, Osmanlı Kara ve Deniz Kuvvetleri, Sy: 42. Kültür Bakanlığı Yay, Ankara 1981.

ğ. Mancınıklar : Kaynaklarda Karahanlı[238], Gazneli [239], Büyük Selçuklu[240], Eyyubi,[241] Memluk ve diğer Müslüman Türk devletleri tarafından kullanılan mancınıklar hakkında birçok kayıt mevcuttur. Bu kayıtlar incelendiğinde mancınıkların büyüklüklerine, mancınıkla atılan maddenin cinsine ve muhtelif teknik özelliklerine göre farklı isimler aldıkları görülmektedir. Bu cümleden olmak üzere küçük veya hafif mancınıklara (arrade) denildiği ve bunların da "tek yönlü" (arrade-i yek-ruy), "dönen" (arrade-i gerdan), "sabit/uyuyan" ve "yürüyen" arradeler gibi çeşitleri olduğu anlaşılmaktadır[242].

Türkiye Selçukluları, kuşatma savaşlarına çok sayıda mancınık getirmekteydiler. Devrin kaynağı İbn Bibi'ye göre, Sultan I. Alâeddin Keykubâd, adı sonradan Alâ'iyye (Alanya) olan Kalonoros Kalesi'nin fethi için 100 tane "ağır mancınığı" savaş meydanına birden götürmüştür. Bu mancınıklarla, kale bedenlerini ve kale savunucularını iki ay top atışına tâbi tutmuştur[243]. Sonunda kale savunucuları pes edip, teslim olmuşlardır. Yine Alâeddin Keykubâd zamanında yapılan Harput Kalesi'nin kuşatmasında da, 18 mancınık kullanılmıştır[244]. Mancınık, her savaşçı tarafından kullanılabilen bir alet değildi. Bu alet, genellikle, uzmanlaşmış kişiler tarafından kullanılmaktaydı. Eğer, uzman kişiler bulunamazsa, bu iş, kale komutanının görevlendirdiği savaşçı olmayan insanlara da yaptırılmaktaydı.

Moğol İlhanlı Komutanı Baycu Noyan'ın Kayseri Kuşatması sırasında şehri savunmak için "Dericiler Çarşısı"nda "üç mancınık" kurdurulmuştur. Fakat, bu mancınıkları kullanacak uzman kişiler bulunamamıştır. Bunun üzerine şehrin subaşısı, bu mancınıkları kullanmaları için esirleri ve kalenderi dervişlerini (cavlakiler) görevlendirmek zorunda kalmıştır[245]. Kaynaklarda, mancınık güllelerinin

---

238 Reşat GENÇ, Karahanlı Devlet Teşkilatı, Sy: 223, TTK Yay, Ankara, 2002.
239 Güller NUHOĞLU Gaznelilerde Devlet Teşkilâtı, Türkler Ansiklopedisi, Ankara, 2002
240 Mehmet Altay KÖYMEN, Alp Arslan ve Zamanı, Sy: 271, TTK Yay, Ankara, 2011.
241 Ayşe Dudu Erdem KUŞÇU, Eyyubi Devlet Teşkilatı, Gnkur ATASE Yay, Ankara, 2005.
242 Mehmet Altay KÖYMEN, Alp Arslan ve Zamanı, Sy: 272, TTK Yay, Ankara, 2011.
243 Salim KOCA, Türkiye Selçuklularında Ordu ve Askeri Kültür, Sy: 27, Gnkur ATASE Yay, Ankara, 2009
244 Erkan GÖKSU, Türkiye Selçuklularında Ordu, Sy: 360, TTK Yayınları, Ankara, 2010.
245 Salim KOCA, Türkiye Selçuklularında Ordu ve Askeri Kültür, Sy: 5, Gnkur ATASE Yay, Ankara, 2010.

büyüklüğü ve ağırlığı hakkında kesin bilgi bulunmamaktadır. Yalnız, İbn Bibi'nin bir kaydına göre, Diyarbakır şehrinin kuşatması için Konya'da demirciler tarafından "6, 9, 15 ve 30 kilogramlık demirden mancınık gülleleri" dökülmüştür. Bu gülleler, develer vasıtasıyla savaş yerine taşınmıştır. Mancınıkların atış menzili, 300 metreden başlayıp, 1600 metreye kadar ulaşabilmekteydi.

Müstahkem yerleri topa tutmaktan maksat, sadece kale bedenlerini yıkmak değildi; aynı zamanda kalenin içindekilere de büyük zararlar verdirmekti. Bunun için kalenin içine bazen, üzerine bez sarılıp neft dökülmüş ve ateşe verilmiş toplar da atılmaktaydı. Bu toplarla hem kalenin içindeki konutlar yıkılmakta hem de yangın çıkarılmaktaydı. Kalenin içine girebilmek için de genellikle nakkâp, balta, nacak, koçbaşı, merdiven ve tünel kazıcı aletler kullanılmakta idi.

Bazen bu silahlardan biri, müstahkem mevkinin düşürülmesinde başlıca rol oynamaktaydı. Mesela Çemişkezek Kalesi'nin düşürülmesi, "delik açıcılar (nakkabân)" sayesinde mümkün olabilmiştir. "50 nakkabân"ın açtığı delikten girilmek suretiyle Çemişkezek kalesi düşürülmüştür. Sultan I. İzzeddin Keykâvus tarafından Antalya'nın düşürülmesinde (1216) ise, geniş merdivenler (nerdübân-ı ferah) başlıca rol oynamıştır. [246]

Selçuklu sipahileri Antalya surlarının üzerine çıkabilmek için önce dar merdivenler kullanmışlardır. Kale savunucuları, bu merdivenleri ya kolayca devirmişler, ya da bu merdivenlerden çıkan sipahileri hemen bertaraf etmişlerdir. Bunun üzerine Sultan, on kişinin birden çıkabileceği geniş merdivenler yapılmasını emretmiştir. Artık kale savunucuları, ne bu merdivenleri devirebilmişler ve ne de çok sayıda yukarı çıkan sipahiyi bertaraf edebilmişlerdir. Geniş merdivenler vasıtasıyla burçlara (kongre) çıkan sipahiler, süratle aşağı inerek, kale kapısını açmışlardır. Böylece, Selçuklu ordusu şehre girip, Antalya'nın fethini tamamlamıştır[247].

ğ. At: Askeri gücünün büyük bir kısmı süvarilerden oluşan Türkiye Selçuklu ordusunda atın büyük bir öneme sahip olduğu şüphesizdir.

246 Erkan GÖKSU, Türkiye Selçuklularında Ordu, Sy: 360, TTK Yayınları, Ankara, 2010.
247 İbn BİBİ, Tarih-i Al-i Selçuk, "Selçukname", Sy: 99, Kültür Bakanlığı Yay, Ankara, 1996.

Nitekim kaynaklarda, "rüzgar kadar süratli" Türk atları ve bu atlar üzerinde dört bir tarafa ok atabilen Türk savaşçılarından bahseden birçok kayıt bulunmaktadır. Bu kayıtlar, Türk tarihinin her döneminde olduğu gibi Türkiye Selçukluları döneminde de ata büyük önem verildiğini, ulaşım ve nakliye aracı olması yanında, başlı başına bir savaş aracı olarak kullanıldığını ve Türk atlarının, Selçuklu ordularının başarılarında büyük rolü bulunduğunu ortaya koymaktadır[248].

Ancak mevcut kayıtların ordudaki atların sayısı, özellikleri, cinsleri, at eğitimi gibi hususlar hakkında fazla bilgi içermemesi, Selçuklu Türkiyesi'ndeki atlar ve atçılık konusunda fazla bir şey söylemeye imkan vermemektedir. Türkiye Selçukluları dönemine ait kaynaklarda Yörük atları, esb-i tazi denilen Arap atları, Nisa at, Acem atları, Şam atları, Frank atları[249], Türkmen atları, İğdiş atları ve Rahvan atlardan bahsedildiği görülmektedir[250].

Bunun yanında atların, kullanım amaçlarına göre ulaşım ve nakliye atları, yarış atları savaş atları ve çevgan atları olarak ayrıldığı ve zaman zaman dev, dağ veya fil yapılı, dik boyunlu soylu, cins ve hass atlar şeklinde nitelendirildiği de görülmektedir[251]. Selçuklu Türkiyesi'ndeki at cinsleri içinde en meşhurunun Türkmen atları olduğunu söylemek mümkündür. Özellikle de Germiyan İli ve Kastamonu'da yetiştirilenler atlardan kaynaklar övgüyle bahsetmişlerdir, Türkiye Selçuklu ordusunda at dışında deve, katır, eşek ve öküz gibi hayvanlar da ulaşım ve nakliye aracı kullanılmıştır[252]. Başta Konya olmak üzere muhtelif Anadolu şehirlerinde kurulan at pazarları, at alım satımının yapıldığı yerlerdi[253]. Uluslararası bir ticaret merkezi olan Yabanlu pazrında Türkmen atları satılırdı[254].

---

248 Erkan GÖKSU, Türkiye Selçuklularında Ordu, Sy: 370, TTK Yayınları, Ankara, 2010.
249 İbn BİBİ, Tarih-i Al-i Selçuk, "Selçukname", Sy: 119, Kültür Bakanlığı Yay, Ankara, 1996.
250 Faruk SÜMER, Türklerde Atçılık ve Binicilik, Sy: 20, TDAV Yayınları, İstanbul, 1983.
251 İbn BİBİ, Tarih-i Al-i Selçuk, "Selçukname", Sy: 130, Kültür Bakanlığı Yay, Ankara, 1996.
252 Erkan GÖKSU, Türkiye Selçuklularında Ordu, Sy: 371, TTK Yayınları, Ankara, 2010.
253 İbn BİBİ, Tarih-i Al-i Selçuk, "Selçukname", Sy: 691, Kültür Bakanlığı Yay, Ankara, 1996.
254 Faruk SÜMER, Türklerde Atçılık ve Binicilik, Sy: 20, TDAV Yayınları, İstanbul, 1983.

4. Türkiye Selçuklu Ordusunda Askeri Sınıflar

a. Muharip Sınıflar: Türkiye Selçuklu ordusunu oluşturan savaşçı unsurlar, ordu içerisindeki vazifelerine, kullandıkları silahlara ve/veya uzmanlık alanlarına göre çeşitli sınıflara ayrılmıştır. Ancak döneme ait kaynaklar, birçok konuda olduğu gibi bu konuda da sistemli ve ayrıntılı bilgi içermemekte, bu sınıfların tamamının tespitine imkan vermemektedir. Bununla beraber mevcut kayıtlardan hareketle Türkiye Selçuklu ordusunun atlı ve yayalardan oluştuğu, atlıların yayalara göre çoğunluğu teşkil ettiği ve bu atlı ve yaya birliklerin kullandıkları silahlara ve savaş sırasındaki vazifelerine göre farklı sınıflara ayrıldıkları ifade edilebilir.

Kaynaklardan anlaşıldığı kadarıyla Türkiye Selçuklu ordusundaki savaşçı unsurların kullandıkları silahlara ve savaş sırasında gördükleri vazifelere göre oluşturulan muharip sınıflar arasında okçular (tirendazan, kemandaran)[255], kılıççılar (tiğdaran, şemşirdaran)[256], mızrakçılar (harbedaran), gürzcüler (gürzdaran, debbûsdaran), kemendendazan ile mancınık, arrade ve çarh gibi muhasara aletlerinin yapım, onarım ve kullanılmasından sorumlu mancınıkçılar, mancınıki, arradeciler (üstad-ı çarhçılar ve yine muhasara savaşlarında görev yapan neftçiler (neffat), lağımcılar (nakkaban " sengrevan) gibi sınıflar bulunmaktadır[257]. Bunların dışında keşif birlikleri (yezek), öncü (talaye, talayi', tali'amukaddime leşker-i pişrev) ve artçı kuvvetlerin de ordu içerisindeki vazifelerine göre ayn sınıflar teşkil ettiği anlaşılmaktadır[258].

b. Muharip Olmayan (Yardımcı) Sınıflar: Türkiye Selçuklu ordusunda yukarıda adı geçen muharip sınıflar dışında muharip olmayan (yardımcı) sınıflar da mevcuttu. Aralarında Sultan ve ve büyük emirlerin maiyetini teşkil eden hizmet ehlinin de bulunduğu yardımcı sınıflar, ordunun ikmal, iaşe, haberleşme, istihbarat, sağlık ve diğer idari, mali ve hukuk gibi teknik işlerinin düzenli bir şekilde işleyişini temin ederlerdi.

---

255 İbn BİBİ, Tarih-i Al-i Selçuk, "Selçukname", Sy: 188, Kültür Bakanlığı Yay, Ankara, 1996.

256 İbn BİBİ, Tarih-i Al-i Selçuk, "Selçukname", Sy: 399, Kültür Bakanlığı Yay, Ankara, 1996.

257 Mehmet Altay KÖYMEN, Alp Arslan ve Zamanı, Sy: 264, TTK Yay, Ankara, 2011.

258 İbn BİBİ, Tarih-i Al-i Selçuk, "Selçukname", Sy: 399, Kültür Bakanlığı Yay, Ankara, 1996.

Sefer güzergahında icap eden yerlere köprü (kanatır) yapımı, hasar gören kale duvarlarının tamiri ve diğer inşaat işleri, inşaat mühendisleri (bennayan-ı mühendis, bennayan) adı da verilen yapı ustaları, mimarlar , usta sanatkarlar (sanian-ı hazık) ve işçiler (amele) eliyle yapılırdı. Haberleşme işleri ulak ve kasıdlar (kussad) istihbarat hizmetleri ise casuslar (cevasis) aracılığıyla yürütülürdü[259].

Ordu efradının sağlık hizmetleri ve yaralıların tedavisi için seyyar hastaneler kurulur, buralarda tabip ve cerrahlar görev yapardı. Yiyecek ve temizlik ihtiyacı için seyyar mutfaklar ve hamamlar (hamam-ı seferi), muhtelif malzeme ve teçhizatın satıldığı ordu pazarları kurulurdu ki bunların tanziminden sorumlu kişiler de ordunun yardımcı sınıfları arasındaydı[260].

Bunların dışında silah imal ve tamiriyle uğraşan ustalar, mühimmat, hazine ve diğer ağırlıkları taşıyan nakliye birlikleri, ordunun idari ve mali kademelerinde görev yapan ordu katibleri, muhasib ve naibler, hukuki işlere bakan ordu kadıları (kadıyı leşker, kadıyü'l-asakir), ordunun binek ve yük hayvanlarının bakım ve tedavileriyle ilgilenen baytarlar, ilim ve din adamları, müneccimler), nay/ney , nefir kös nekkare ve tabl gibi müzik aletlerinden oluşan askeri bando (nevbetiyan ve şiir okuyarak veya kıssa anlatarak ordunun maneviyatını yükselten kavval ve kassaslar da seferlere katılırlardı. Ayrıca Sultan'ın ve büyük emirlerin maiyetini teşkil her türlü hizmet ehli de ordu personeli arasında bulunurdu[261].

5. Türkiye Selçuklularında Silah ve Askeri Teçhizat Sanayii:

Büyük Selçuklu[262], Gazneli[263], Harezmşah[264], Eyyubi ve Memluk devletlerinde olduğu gibi Türkiye Selçuklularında da silahhane veya

---

259 İbn BİBİ, Tarih-i Al-i Selçuk, "Selçukname", Sy: 424, Kültür Bakanlığı Yay, Ankara, 1996.

260 Erkan GÖKSU, Türkiye Selçuklularında Ordu, Sy: 282, TTK Yayınları, Ankara, 2010.

261 Erkan GÖKSU, Türkiye Selçuklularında Ordu, Sy: 282, TTK Yayınları, Ankara, 2010.

262 Mehmet Altay KÖYMEN, Nizamü'l Mülk, Siyasetname, Sy: 270, TTK Yay, Ankara, 1982.

263 Güller NUHOĞLU, Gaznelilerde Devlet Teşkilâtı, Sy: 347, Türkler Ansiklopedisi, Ankara, 2002.

264 Aydın TANERİ Harezmşahlar, Sy: 116, Türk Diyanet Vakfı Yay, Ankara, 1993.

cephaneye zeredhane/zerradhane denilirdi. Başta payitaht Konya olmak üzere Selçuklu Türkiyesi'nin muhtelif bölgelerinde ve özellikle kalelerde zeredhaneler bulunmaktaydı[265]. Sultan'ın silahlarının bulunduğu zeredhaneye "zeredhane-i hass" veya "zeredhane-i saltanat" denirdi. Zeredhanelerde ok, yay, kılıç, mızrak ve diğer hafif silahlar yanında mancınık, arrade ve diğer savaş ve muhasara aletleri muhafaza edilirdi[266].

Türkiye Selçuklu kaynaklarında zeredhanelerin hangi görevlilerin sorumluluğu altında bulunduğu hakkında açık bir kayıt yoktur. Ancak "zeredhane-i hass" veya "zeredhane-i saltanatın, diğer Müslüman Türk devletlerinde olduğu gibi[267] Türkiye Selçuklularında da Sultan'ın silahlarının muhafazası ve taşınmasından sorumlu olan "emir-i silah" ve "silahdar'lar idaresi altında bulunduğu söylenebilir[268].

Zeredhanenin tanzimine büyük önem verilirdi. Serleşkerler ve kutvaller, görev yaptıkları bölgede mevcut bulunan zeredhaneyi gözetmek ve her daim hazır bulundurmakla vazifeli idiler. Sefer veya savaş halinde, orduya katılacak bütün emirlere, fermanlar gönderilir ve bu fermanlarda askerleri ve zeredhanede bulunan silah ve teçhizatla birlikte sefer veya içtima bölgesine hareket etmeleri buyurulurdu. Savaşa katılan askerlere, kendi silah ve teçhizatı dışında zeredhaneden de savaş araç gereçleri dağıtılırdı. İhtiyaç halinde sefer bölgesine zeredhaneden silah nakledilirdi. Merkez ordusunun silah ve teçhizatı, "zeredhane-i hass"dan karşılanırdı[269].

6. Türkiye Selçuklu Ordusu Deniz Birlikleri ve Teşkilatı

Türkiye Selçuklu askeri kuvvetleri başlangıçta tamamen kara ordusundan oluşmakta idi. Özellikle Sultan I. Gıyâseddin Keyhüsrev döneminde Antalya'nın fethinden[270] (5 Mart 1207) sonra deniz

265 İbn BİBİ, Tarih-i Al-i Selçuk, "Selçukname", Sy: 502, Kültür Bakanlığı Yay, Ankara, 1996.
266 İbn BİBİ, Tarih-i Al-i Selçuk, "Selçukname", Sy: 420, Kültür Bakanlığı Yay, Ankara, 1996.
267 Mehmet Altay KÖYMEN, Alp Arslan ve Zamanı, Sy: 94, TTK Yay, Ankara, 2011.
268 Erkan GÖKSU, Türkiye Selçuklularında Ordu, Sy: 367, TTK Yayınları, Ankara, 2010.
269 İbn BİBİ, Tarih-i Al-i Selçuk, "Selçukname", Sy: 451, Kültür Bakanlığı Yay, Ankara, 1996.
270 Osman TURAN, Selçuklular Zamanında Türkiye, Sy: 306, Ötüken Yay, İstanbul, 2011.

kuvvetlerinin de oluşturulmaya başlandığını düşünebiliriz[271]. Çünkü 1207 tarihinden itibaren ilk kez deniz kenarında önemli bir ticaret limanına sahip olunmuştu. Daha sonra 1214 yılında Sinop'un karadan ve denizden aynı anda kuşatılmış olması bu durumu teyit eder mahiyettedir.

Böylece bu dönemden itibaren Türkiye Selçuklu askeri gücü, Kara Ordusu ve Deniz Kuvvetleri olmak üzere ikiye ayrılır. Ancak bu noktada şunu da ifade etmeliyiz; Türkiye Selçukluları'nda ilk denizcilik faaliyetleri, daha Sultan I. Süleymanşah devri sonlarında başlatılmıştı[272]. Süleymanşâh'ın, Antakya üzerine giderken yerine vekil olarak bırakmış olduğu Ebû'l-Kâsım, Güney Marmara kıyılarında bulunan Kios (Gemlik) limanını ele geçirerek burada kurduğu tersanede gemi yapımına başlamış[273], ancak onun bu Bizans aleyhine giriştiği faaliyetler İmparator Aleksios tarafından dikkatli bir şekilde takip edildiğinden imparator onun maksadını anlayarak denizden ve karadan gönderdiği kuvvetlerle bu tersaneyi ve kızaklarda yapımı süren tüm gemileri yaktırmıştı[274].

Selçuklular ilk önce İznik kalesini işgal ederek denize indiler. Gemlik işgal edilince Marmara güney kıyılarını işgal için gemi yapımına başlandı. Bizanslılar tarafından kızakları yakılınca gemi yapım işi Ege kıyılarına kaydırıldı. Selçuklular'da, denizcilik konusundaki ilk bilgilerimiz Çaka Bey'e dayanıyor. Çaka Bey Oğuzlar'ın Çavuldur boyundandır[275]. 11. yüzyılın ikinci yarısında İzmir bölgesinin hakimiyken, bir süre Bizanslılar'a esir düştü (1078). 1081'de bölgeye dönerek beyliğini kurdu ve kurduğu donanma ile yakın adaları ele geçirdi. Bizans donanmasını 19 Mayıs 1090'da yenilgiye uğrattı. Midilli (1089), Sakız (1092), Sisam ve Rodos'u işgal etti[276].

Haçlı Seferleri denizciliğimizde duraklamaya sebep olmuştur[277]. Çaka Bey'den sonra Aydın, Saruhan ve Karasi Beylikleri Ege deni-

---

271 Muharrem KESİK, Ordular, Sy: 243, Kitabevi Yayınları, İstanbul, 2008.
272 M. Said POLAT, Türkiye Selçuklularında Askeri Teşkilat, Türklük Araş Dergisi, 2005
273 İbrahim KAFESOĞLU, Türk Milli Kültürü, Sy: 356, Ötüken Yay, İstanbul, 2011.
274 Osman TURAN, Selçuklular Zamanında Türkiye, Sy: 129, Ötüken Yay, İstanbul, 2011.
275 Osman TURAN, Selçuklular Zamanında Türkiye, Sy: 118, Ötüken Yay, İstanbul, 2011.
276 Arslan TEKİN, Selçuklu Tarihi, Sy: 316, İstanbul, 2012.
277 Osman TURAN, Türk Cihan Hakimiyeti Mefkuresi Tarihi, Sy: 330, Ötüken Yay, İstanbul, 2010.

zinde akıncılığa başladılar. 1227 yılında Kastamonu Uç beyi Hüsameddin Çoban komutasındaki donanma Sinoptan hareket ederek Kırım yarımdadsındaki Suğdak Kalesini[278] ele geçirmiş, rus meliki ve Kıpçak hanı ile ilişkiler kurarak, onların Türkiye Selçuklularına tabii olmalarını sağlamıştır[279]. Aydınoğulları'ndan Umur Bey (1330-1348) zamanında Patras körfezine kadar ulaştılar. Umur Bey Adalar'a, Mora'ya, Rumeli'ye, Karadeniz'e geçerek Eflak tarafına akınlar düzenlemiştir, Karasi oğlu Yahşi Bey, ağabeyi Demirhan 1331'de Rumeli sahillerinde faaliyet göstermiştir. Ege'den ayrı olarak Akdeniz bölgesinde Hamidoğulları'nın; Karadeniz bölgesinde Pervaneoğulları'nın ve Candar Beyliği'nin gemilere sahip olduğu biliniyor. 1364 yılında Menteşeoğulları'nın 200 kadırgası bulunmaktaydı. Aydınoğulları ise İzmir ve Selçuk'ta tersane kurmuşlardı. Beyliklerde donanmanın esası, kürekli iki direkli ve yelkenli olan kadırgalardı. Bunlar özellikle Akdeniz'de kullanılmıştır. Boyu ortalama 46. 65 m. , genişliği 5. 83 m. idi, her iki yanında 25'er kürek vardı. Akdeniz (Alanya) ve Karadeniz (Sinop) gemi yapımında söz sahibi olmuştur. Arap kaynakları Türk donanma ve tersanelerinin buralarda bulunduğunu kaydeder[280]. Donanma kuvvetleri arasında Azab (hafif piyade) denilen yayalar da bulunuyordu.

8. Türkiye Selçuklularında Savaş ve Taktik Düzenler:

Selçuklu ordusunun öncü kuvvetlerine Pişdar, Mukaddeme, Talaye veya Talia, sağ kola Meymene, sol kola Meysere, merkez kuvvetlerine Kalb, ardalara Dümdar ya da Saka, karargaha da Muasker denilirdi[281]. İbn Bibi Moğol tehdidine karşı Abbasi Halifesinin yardımına gönderilen Türkiye Selçuklu ordusundan bahsederken bu ordunun o zamana kadar hiç kimsenin görmediği düzen ve tertip içerisinde yol aldığını kaydetmiştir.

---

278 Suğdak, o yıllarda çoğunluğu tüccar olan yaklaşık 300. 000 kişilik nüfusu ile, deniz ve kara kervanları için önemli bir ticaret merkezi idi.

279 M. ERSAN, M. ALİCAN, Türkiye Selçukluları, Sy: 134, Timaş Yayınları, İstanbul, 2013.

280 Osman TURAN, Selçuklular Zamanında Türkiye, Sy: 360, Ötüken Yay, İstanbul, 2011.

281 İ. Hakkı UZUNÇARŞILI, Osmanlı Devlet Teşkilatına Medhal, Sy: 100, TTK Yayınları, Ankara, 1988

Bilindiği gibi, savaş, iki askeri kuvvetin maddeten ve manen çarpışması demektir. Savaşın amacı ise, düşmanın iradesine her türlü araç ile (maddi ve manevi) hâkim olmaktır. Başka bir ifade ile söylemek gerekirse, savaşın amacı, yenmek ve hükmetmektir[282]. Savaşlar çeşit çeşittir: "Meydan savaşı, kuşatma savaşı" vs. gibi. Bunlara "gece baskını, pusu kurma, akın, hurûç hareketi" gibi önemli askeri faaliyetleri de eklemek gerekir.

a. Meydan Savaşı

Eski devletlerde ve milletlerde, iki askeri kuvvet arasındaki çarpışma, genellikle geniş bir sahada cereyan etmekteydi. Bundan dolayı bu çarpışmaya meydan savaşı denmekteydi. Meydan savaşı, iki devletin ve milletin küçük bir askeri birliği arasında olabileceği gibi, topyekûn, yani bütün askeri güçleri arasında da olabilmekteydi. Bu savaşların en önemli özelliği, kesin sonuçlu savaşlar olmasıydı. Başka bir ifade ile söylemek gerekirse, bu savaşlarda bir taraf kesin olarak üstün gelmekte, diğer taraf da her şeyini kaybetmek suretiyle yenilmekteydi. Daha doğrusu, yenilen taraf ya kaçmakta ya imha olmakta ya da esir düşmekteydi. Eğer, bu tür savaşlarda devletler ve milletler, bütün askeri güçlerini ortaya koymuşlarsa, savaşın sonucunda tarihin akışı lehte ve aleyhte olarak değişmekteydi.

Türk meydan savaşlarının bazı ortak özellikleri vardı. Bunlar; yıpratma ve yıldırma, sürpriz hücumlar ve baskınlar, bölükler hâlinde uzaktan savaş, taktik gereği geri çekilme, yani pusuya çekme ve pusuya düşürme, kuşatma ve imha gibi önemli askeri faaliyetler idi. Bu faaliyetler, hemen hemen bütün Türk meydan savaşlarında başarıyla uygulanmış ve kesin zaferler kazanılmıştır.

Haçlı orduları Anadolu'dan geçerken, Selçuklu sultanlarının uyguladıkları yıpratma ve yıldırma taktikleri ise, daha da etkili olmuştur: Bilindiği gibi, Haçlı ordularıyla ilk karşılaşan, Türkiye Selçuklu Devleti'nin ikinci hükümdarı Sultan I. Kılıç Arslan'dır. Kılıç Arslan, iki defa (Mayıs 1097'de İznik ve Temmuz 1097'de ise Eskişehir önlerinde) Haçlı orduları ile meydan savaşına girişip başarı

---

282 Salim KOCA, Türkiye Selçuklularında Ordu ve Askeri Kültür, Sy: 6, Gnkur ATASE Yay, Ankara, 2009.

sağlayamayınca, bu güce karşı akıncılarla çete muharebesi yapmak maksadıyla ricat kararını vermiştir[283].

Bunun için ordusunu küçük birliklere ayırmıştır. Bu birlikler, Haçlı ordusunun geçeceği yollar üzerindeki kuyulara, pınarlara, eşmelere ve çaylara hayvan leşleri atıp, suları içilemez hâle getirmişlerdir. Onlar, bununla da kalmamışlar; her türlü yiyecek maddesini imha ederek, yerleşim yerlerini boşaltarak, halkı ve mallarını ormanlarda saklayarak, Haçlı ordularını açlığa ve susuzluğa mahkûm etmişlerdir[284]. Zaman zaman yaptıkları sürpriz hücumlarla da Haçlı ordularına büyük kayıplar verdirmişlerdir. Böylece, Haçlı ordularını büyük sıkıntılara sokarak, maddeten ve manen yıpratmışlardır.

Gerçekten de Haçlı orduları geçtikleri yerlerde ne yiyecek bir nesne ve ne de içecek temiz bir su bulabilmişlerdir. Anadolu'nun kavurucu temmuz sıcağı altında, ağır zırhlar içinde, açlıktan ve susuzluktan perişan olmuşlardır. Üstelik, çıkan salgın hastalık yüzünden de atlarının çoğunu kaybetmişlerdir. Haçlı liderleri Kudüs'e ulaştıklarında, ordularının yarıdan fazlası ya Türk kılıçlarına yem olmuş ya da açlık, susuzluk ve hastalık yüzünden ölmüş bulunuyordu[285]. Kaynaklar, 300. 000 kişilik Haçlı ordusunun kudüs'e birkaç bin kişi ile ulaşabildiklerini belirtir[286]. Türkler, sadece meydan savaşlarında değil, girdikleri her türlü çarpışmada uzaktan savaşmaktaydılar: Uzaktan savaş, hiç şüphesiz, akıllıca bir davranıştı. Çünkü, onlar, uzaktan savaşla bir taraftan düşmana ağır kayıplar verdirirken, diğer taraftan da kendileri için kan kaybını büyük ölçüde azaltmış olmaktaydılar.

Yine Malazgirt'ten sonra Bizans'a karşı ikinci büyük zafer 1176 yılında Denizli civarında "Miryokefalon Metdan Savaşı"nda kazanılmıştır. Burada da Uç ta bulunan kalabalık Türkmen kuvvetleri Bizans ordusunu sürekli olarak vur-kaç taktiği ile yıpratmışlardır[287].

---

283 Osman TURAN, Selçuklular Zamanında Türkiye, Sy: 131, Ötüken Yay, İstanbul, 2011.

284 M. ERSAN, M. ALİCAN, Türkiye Selçukluları, Sy: 229, Timaş Yayınları, İstanbul, 2013.

285 Salim KOCA, Türkiye Selçuklularında Ordu ve Askeri Kültür, Sy: 7, Gnkur ATASE Yay, Ankara, 2009.

286 Osman TURAN, Selçuklular Zamanında Türkiye, Sy: 134, Ötüken Yay, İstanbul, 2011.

287 Arslan TEKİN, Selçuklu Tarihi, Sy: 330, Kariyer Yayınları, İstanbul, 2012.

b. Kuşatma (Egirme) Savaşı

Orta Çağ devletlerinde, egemenliği temsil eden belirli merkezler vardı. Bu merkezlerin başında hiç şüphesiz müstahkem yerler, yani kaleler (kermen) ve surlarla çevrili şehirler gelmekteydi. Orta Çağ devletlerinde, güç ve zenginlik, genellikle bu merkezlerde toplanmaktaydı. Dolayısıyla, orduların başlıca hedefi de bu merkezler olmaktaydı. Anadolu'daki Bizans kaleleri, genellikle bir ordugâh mahiyetindeydi. Daha doğrusu, bu yerler, ordu birlikleri için tam bir kışla hizmeti görmekteydi. İçi, silah, yiyecek, içecek ve muhafızlarla dolu idi. Çevresinde bulunan geniş hendekler ve istihkâmlar da düşmanın kaleye yaklaşmasını engellemekteydi.

En büyük meydan savaşları bile bir günde sonuçlanırken, müstahkem yerlerin düşürülmesi bazen aylarca, yıllarca sürmekteydi. Kuşattıkları şehirlerin ve kalelerin halkına teslim olma çağrısında bulunmak, Türk hükümdarlarının hiçbir zaman ihmal etmedikleri bir Türk-İslam âdeti idi. Eğer kuşatılanlar, teklifi kabul ederler ve teslim olurlarsa, hayatları bağışlanır, şehirlerinde kalmalarına izin verilir; kültürlerine ve inançlarına dokunulmazdı. Teslim olma şartları arasında, din değiştirme, yani İslam dini--ni kabul etme gibi bir hüküm hiçbir zaman yer almazdı. Burada hemen belirtmeliyiz ki bu anlayış ve uygulama sadece Türklere özgü idi. Başka milletlerde bu davranışın örnekleri hemen hemen hiç görülmemekteydi. Selçuklu devrinde yapılan kuşatma savaşlarında şehirlerin ve kalelerin düşürülmesi için birkaç yöntem uygulanmaktaydı.

Bunların başında müstahkem yerin dışarıyla irtibatının tamamen kesilmesi ve savunucuların devamlı baskı altında tutulması gelmekteydi. Hatta dışarıyla irtibatın uzun süre kesik tutulması ve yapılan baskının şiddetli olması, kale savunucularının teslimini büyük ölçüde kolaylaştırmaktaydı. Müstahkem yerler, çeşitli baskılar sonucunda teslim alındığı gibi, şiddetli bir gece baskını sonucunda da düşürülebilmekteydi. Mesela, Türkiye Selçuklu Devleti'nin ilk hükümdarı Süleyman Şah, Antakya şehrini ve kalesini, böyle bir gece baskını sonucunda ele geçirmiştir[288]. Türkler, tıpkı açık alanlarda yaptıkları savaşlarda olduğu gibi, "rakiplerini kandırma ve yanıltma yöntemi"

---

288 Salim KOCA, Türkiye Selçuklularında Ordu ve Askeri Kültür, Sy: 8, Gnkur ATASE Yay, Ankara, 2009.

ile müstahkem yerlerin dışına çıkarıp, pusuya düşürmek suretiyle kısa sürede sonuca gitmekteydiler.

Türkiye Selçuklu hükümdarı Sultan I. Alâeddin Keykubâd tarafından Kırım Seferi'ne memur edilen Sağ Kol Uç Beylerbeyi Hüsâmeddin Çoban, Suğdak şehrinin ve kalesinin düşürülmesinde bu yöntemi başarıyla uygulamıştır. Müstahkem yerlerin düşürülmesinde, en etkili yöntem, hiç kuşkusuz silah gücüydü. Türkler, silah gücünü kullandıkları kuşatma savaşlarında genellikle şöyle bir yöntem izlemekteydiler: Çepeçevre kuşatılan müstahkem yer, önce yağmur gibi yağdırılan oklar ve mancınıklardan atılan güllelerle baskı altına alınmaktaydı. Öyle ki bu faaliyet sırasında müstahkem yerin savunucuları, burçlara bile yaklaşamamaktaydılar. [289]

Bu arada, nakkâpçılar surları delme, lağımcılar da yer altından tünel açma faaliyetiyle meşgul olmaktaydılar. Sipahilerin bir kısmı da baltalar, nacaklar ve koçbaşlarıyla sur kapısını kırmaya diğer kısmı da merdivenler ve ucunda demirden çengeller bulunan urganlarla kale burçlarına çıkmaya çalışmaktaydılar. Hangi faaliyet sonuç vermişse, oradan surların içine girilmekteydi. Surların içine girilmesi, genellikle müstahkem yer savunucularının birden savaşma azimlerini ve cesaretlerini kırmakta ve onların teslim olmalarını kolaylaştırmaktaydı. Bundan sonra sokak sokak, oda oda, yüz yüze, kucak kucağa yapılan çarpışmalarla son direniş noktaları da bertaraf edilip, müstahkem yere (surlarla çevrili şehir veya kale) tamamen hâkim olunmaktaydı.

Düşürülen kalenin veya müstahkem yerin burcuna bayrağın ve sancağın çekilmesiyle, o kale veya müstahkem yerin fetih ve teslim faaliyeti tamamlanmış olmaktaydı. Başka bir ifade ile söylemek gerekirse, kale ve veya sur burcuna törenle dikilen bayrak veya sancak, hâkimiyetin el değiştirdiğini belirtmekte idi. Teslim olan kale veya müstahkem yer savunucularına "hatt-ı aman", "ahid-nâme" veya "sevgend-nâme" verilerek, onların hayatına ve malına dokunulmamakta, istedikleri yere gitmelerine izin verilmekteydi[290].

289 Salim KOCA, Türkiye Selçuklularında Ordu ve Askeri Kültür, Sy: 8, Gnkur ATASE Yay, Ankara, 2009.

290 İbn BİBİ, Tarih-i Al-i Selçuk, "Selçukname", Sy: 266, Kültür Bakanlığı Yay, Ankara, 1996.

Aynı şekilde, kale ve müstahkem yer sahibinin hayatına dokunulmadığı gibi, kendisine de başka bir yerden ıktâ tahsis edilmekte idi. Müstahkem yerin alınmasıyla işler bitmemekte idi. Hâkimiyetin kalıcı ve devamlı olabilmesi için müstahkem yer ve çevresinde bazı faaliyetlerin gösterilmesi ve birtakım tedbirlerin alınması gerekmekteydi. Bu faaliyetleri ve tedbirleri şu şekilde belirlemek mümkündür: Eğer, alınan müstahkem yer sadece bir kale ise, buraya bir kale komutanı (kûtuvâl, dizdâr, kaledâr) tayin edilmekteydi. Kaleye, atlı ve yaya olmak üzere gulâm ve sipahilerden seçkin ve güvenilir muhafızlar yerleştirilmekteydi. Ayrıca, bu muhafızların yiyeceği, zahiresi, silahı ve mühimmâtı da kaledeki depolara konmaktaydı.

Görevlendirilen mühendisler ve ustalar da kuşatma sırasında zarar görmüş burçların ve duvarların tamirini yapmaktaydılar. Düşürülen müstahkem mevki bir şehir ise, önce beldeye bir "askeri vali (subaşı)" tayin edilmekle işe başlanmaktaydı. Şehirdeki bazı yapılara minber ve mihrap konulmak suretiyle bunlar camiye çevrilmekteydi. Daha da önemlisi, şehre "kadı, imam, hatip ve müezzin" gibi dini ve adalet hizmeti veren görevliler atanmaktaydı. Ayrıca surlar ve burçlar tamir ettirilip, kalenin ambarları silah ve erzak ile doldurulmaktaydı.

c. Gayri Nizami Harp: [291]

Bu savaş, düzenli birliklerden meydana gelen ordularla değil, profesyonel askerlerden oluşan küçük ve hafif silahlı birliklerle yapılır. Gayri Nizami Harp'ten güdülen maksat, rakip ve düşman kuvvetleri yıpratmak, yıldırmak ve faaliyetlerini büyük ölçüde engellemek veya baltalamak suretiyle geciktirmektir.

Türkiye Selçuklu Devleti'nin uçlarında Selçuklu ve Türkmen beylerinin verdikleri sonu gelmez mücadeleler, hep Gayri Nizami Harp niteliğinde idi. Selçuklu ve Türkmen beyleri, özellikle Malazgirt ve Miryokefalon Savaşları'na kadar Bizans ordusunun karşısına çıkıp, düzenli ordu savaşı yapmamışlardır. Bu ordunun üzerine daima küçük, hafif silahlı ve hareketli birliklerle gitmişlerdir. Bizans ordusu ile karşılaştıkları zaman da bu ordunun önünden devamlı

---

291 Salim KOCA, Türkiye Selçuklularında Ordu ve Askeri Kültür, Sy: 9, Gnkur ATASE Yay, Ankara, 2009.

geri çekilmişlerdir. Daha doğrusu onlar, kuvvetlerin eşit olmadığı bir savaşta birliklerini boşu boşuna kırdırmamışlardır. Sık sık yaptıkları sürpriz baskınlarla karşılarındaki ordunun zayıf noktalarını vurmuşlar, kurdukları pusularla da yine bu orduya önemli kayıplar verdirmişlerdir. Böylece, rakip ve düşman gücü yıpratıp yıldırarak, büyük savaşa uygun bir zemin hazırlamışlardır.

OSMANLI İMPARATORLUĞU VE TÜRK ORDUSU (1299-1923)

1. Kuruluştan Gerilemeye Kadar Olan Dönem (1299-1699):

a. Askeri Yapının Genel Özellikleri:

Devlet içerisinde ilk idari ve askeri örgütlenmenin 1301 yılında yapıldığı tespit edilmektedir[292]. Bursa Yenişehir'i devlet için merkez olarak seçen Osman Gazi; Karacahisar'a Orhan Gazi'yi, Eskişehir'e Gündüz Alp'i, İnönü'ye Aykut Alp'i, Yarhisar'a Hasan Alp'i, İnegöl'e Turgut Alp'i, Bilecik'e de oğlu Alaaddin'i tayin etti. Böylece altı Osmanlı sancağı kurulmuş oldu. Henüz gönüllü akıncılardan ibaret olan ordu ise üç uçta örgütlenmişti. Akıncı beylerinden Samsa Çavuş kuzeyde Karadeniz bölgesinde, Akçakoca İzmit bölgesinde Konur Alp ise İznik-Bursa bölgesinde kurulan uçların komutanları idi[293].

Osmanlı beyliğinin kuruluş yıllarında ilk fetihleri yapanlar aşiret kuvvetleri olup, hepsi de atlı idiler. [294] Devletin ilk kuruluş yıllarında bu kuvvetler, Barışta ise sınır ve yurt içi emniyeti için gerekli az miktardaki kuvvetler hariç, ordu mensupları serbestçe kendi işleriyle meşgul olurlardı Osmanlı Ordusunun teşkilatlı bir şekilde ortaya çıkışı ise Sultan I. Murat zamanında (1362-1369) olmuştur. Osmanlı Ordusu önceleri yalnızca atlı akıncılardan oluşmakta iken, daha sonraları yaya birliklerinin de katılmasıyla[295] uzun yıllar devletin

---

292 Piyadenin Tarihi, Sy: 2-1, Piyade Okulu Yay, İstanbul 2005,

293 İsmet Parmaksızoğlu Türklerde Devlet Anlayışı, Sy: 19, Başbakanlık Basımevi, Ankara, 1982,

294 İsmail Hakkı Uzunçarşılı, Osmanlı Tarihi I. Cilt 4. Baskı, Sy: 128, Türk Tarih Kurumu Yayınları, Ankara 1982.

295 Erdal AKKAYA, Türk Ordusundaki Stratejik ve Doktriner Değişiklikler, Sy: 22, Yüksek Lisans Tezi, Ankara Üniversitesi, Ankara, 2006.

hizmetinde kalacak, "Kapıkulu Ocakları" denilen daimi ve düzenli bir askeri teşkilat meydana getirilmeye başlanmıştır[296].

Daha önce kurulan Türk devletlerinin idari ve askeri yapısı nasıl kendilerinden önceki Türk devletlerinden etkilenmişse Osmanlı askeri teşkilatı da Türkiye Selçukluları, İlhanlılar ve Memlüklerden etkilenmiştir[297].

c. Ordu Teşkilatı ve Askeri Yapılanma:

Selçuklu Devleti'ne bağlı bir uç beyliği olarak tarih sahnesinde yerini alan Osmanlı Beyliği'nin kuruluş dönemindeki askerî gücü iki kısımdan oluşmuştur. Birinci kısmı, hizmetleri karşılığı elde ettikleri ganimetlerle, fethedilen yerlerden tımar verilerek sipahiliğe geçirilen Türkmen atlı askerleri, ikinci kısmı ise Osman Bey'in ücretlerini gündelik hesabıyla (ulufe) ödediği şahsi askerleri meydana getirmiştir[298]. Osman Bey, fetihleri sürdürebilmek için ihtiyaç hâlinde Söğüt, Karacahisar, Eskişehir ve Bilecik dolaylarındaki köylerde oturan ve timarla uğraşan Türk köylülerinden yararlanmıştır[299]. Böylece genç, yetenekli, gönüllü ve sadık olan Türk köylüleri savaş süresince gündelik ücret almak şartıyla Osman Bey'in hizmetine girmiştir. Bu grup gazalar sonucu tımar alıp toprağa yerleşen Türkmen aşiret kuvvetlerinin yeterli olmadığı zamanlarda atları ile gelip Osman Bey'le beraber savaşa katılmıştır[300].

Osman Bey'den sonra beyliğin başına geçen oğlu Orhan Bey'in ilk dönemlerinde de aşiret kuvvetlerinden yararlanılmıştır. Ancak Bursa'nın ele geçirilmesinin uzun sürmesi, atlı kuvvetlerin muhasara ve kale zaptında yetersiz olmaları nedeniyle orduda yeni bir düzenlemeye gidilmiş ve Türk gençlerinden meydana gelen yaya ve atlı (müsellem) kuvvetler oluşturulmuştur. Bu kişiler muharebeye

296 Türk Silahlı Kuvvetleri Tarihi III. Cilt I. Kısım, Sy: 245, Genelkurmay Basımevi, Ankara, 1964.

297 İsmail Hakkı UZUNÇARŞILI, Osmanlı Tarihi I. Cilt 4. Baskı, Sy: 507, Türk Tarih Kurumu Yayınları, Ankara 1982

298 Mustafa AKDAĞ; Türkiye'nin İktisadi ve İçtimai Tarihi, c. l, Sy: 275, Cem Yayınevi, istanbul, 1974.

299 Hülya TOKER, Osmanlıdan Günümüze Türk Ordusu, Sy: 88, Harp Akademileri, SAE, İstanbul, 2005.

300 Halime DOĞRU; Osmanlı İmparatorluğunda Yaya-Müsellem-Taycı Teşkilatı, Sy: 3, 4, İstanbul, 1990.

gitmedikleri zaman kendilerine gösterilmiş olan çiftlikleri ekip biçmiş, karşılığında devlet hazinesine verecekleri vergiyi almışlardır[301].

Osmanlı Türk Ordusu, Kapıkulu Ocakları ve Eyalet Kuvvetleri ve Vassal Devlet Kuvvetleri isimleriyle aylıklı ve topraklı olmak üzere iki büyük, sınıfa ayrılmıştır. 13'üncü yüzyıldan itibaren Donanma ve Kara Ordusu şeklinde iki unsurdan oluşmaktaydı. Kara ordusunun ana hatlarıyla kuruluşu şöyledir :

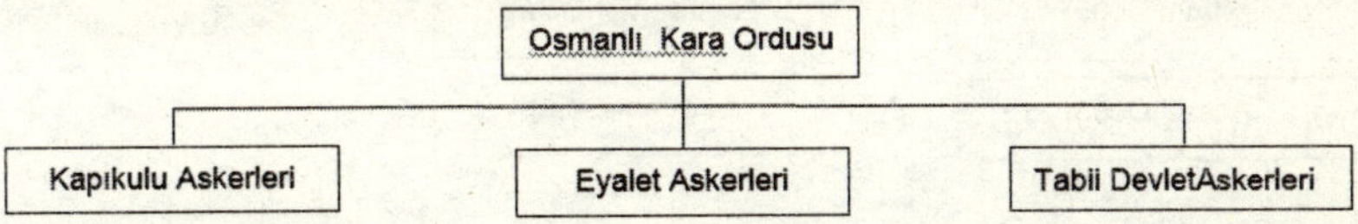

(1). Kapıkulu Askerleri:

Kul (gulam) sistemi Osmanlı devlet idaresinin temel kurumlarından biridir. Sarayda ve devlet hizmetlerinde (özellikle orduda) kullanılmak üzere gençler yetiştirilmesi Osmanlılara Orta doğu İslam ülkelerinden gelen bir gelenektir[302]. Buradaki "Kapı" devlet ve devleti sembolleştiren padişahtır, onun kapısıdır[303]. Devlet merkezinde Osmanlı hükümdarının emri altında ve onların şahsına bağlı olan "kapıkulu" ocakları; maaşlı, muvazzaf ve daimi orduyu meydana getirmekteydi[304]. Osmanlı Devletinin başarılarında önemli rolü olan ve 250 yıl kadar düzenli bir teşkilatla yönetilen yeniçeri ocağının kuruluşu I. Murad dönemindedir[305]. Gerek yeniçeri ocağı, gerekse bu ocağa asker yetiştiren acemi ocağı teşkilatları Kazasker Çandarlı Kara Halil'in (ve Konyalı Molla Rüstem[306]) tavsiyeleriyle teşkil edilmiştir[307]. I. Murat zamanında daimî ve maaşlı olmak, üzere yaya ve

301 İsmail Hakkı Uzunçarşılı, Osmanlı Tarihi I. Cilt 4. Baskı, Sy: 508, Türk Tarih Kurumu Yayınları, Ankara 1982

302 Halil İNALCIK, devlet i Aliyye, Sy: 205, T. İş Bankası Yay, İstanbul, 2009.

303 Yılmaz ÖZTUNA, Osmanlı Devleti Tarihi-2 Sy: 108, Ötüken Yay, İstanbul, 2004.

304 Joseph Von HAMMER, Osmanlı Tarihi, I. Cilt, Sy: 137, MEB Yay, İstanbul, 1981.

305 Türk Silahlı Kuvvetleri Tarihi III. Cilt I. Kısım, Sy: 207, Genelkurmay Basımevi, Ankara, 1964.

306 İ. Hakkı UZUNÇARŞILI, Osmanlı Tarihi, I. Cilt, Sy: 509. TTK Yay, Ankara, 1982.

307 Türk Silahlı Kuvvetleri Tarihi III. Cilt I. Kısım, Sy: 208, Genelkurmay Basımevi, Ankara, 1964.

atlı ordusundan meydana gelen yeniçeri ve sipahi denilen Kapıkulu ocakları kurulmuştur; Kapıkulu Ocaklarının yapısı şu şekildedir. [308]

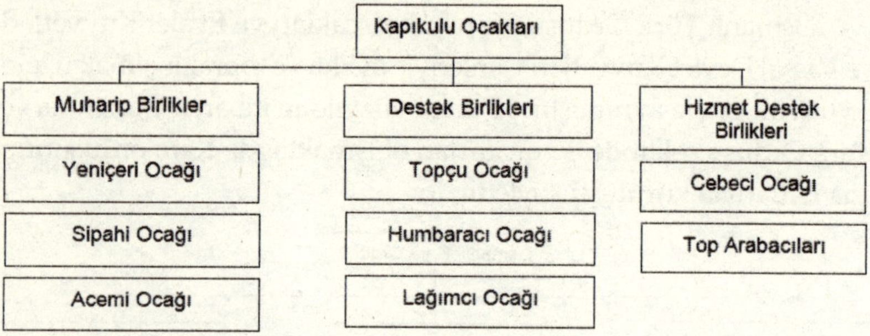

(a) Yeniçeri Ocağı:

Yeniçeri Ocağı 1363 yılında teşkil edilmiştir[309]. Rumeli ve daha az sayıda Anadolu'da iyi Hristiyan ailelerin seçme çocukları küçük yaşta alınıyor, birkaç yıl Türk dilini, örfünü öğrenmek üzere muteber Türk çiftçi ailelerinin yanına veriliyor, sonra "acemi oğlan" adıyla kışlalara sevk ediliyor, orada askeri eğitim görüp "yeniçeri neferi" oluyorlardı. Yeniçeri Ocağı bir piyade sınıfı idi. Sadece bazı taburları atlı idi. 15'inci yüzyılın son yıllarından itibaren tüfek verildi. Yeniçeriler daha çok bir ağır piyade tümeni şeklinde tarif etmek mümkündür[310]. Zira silahları, diğer yaya sınıflara nazaran daha ağırdı. Bu tarz kapıkulu askeri, Selçuklularda da vardı. Ancak çok bilinenin aksine Osmanlı fetihlerinde, Sipahi ve Akıncı unsurların rolü Yeniçerilerden daha büyüktür[311]. Bunun yanında, yeniçeriler hiçbir zaman Osmanlı Ordusunun büyük bölümünü oluşturmamışlardır. Örneğin Kanuni zamanında 250. 000 olarak bilinen savaşçı kuvvetlerin sadece 12. 000'i yeniçerilerden ibaretti. Asıl büyük bölümü "Tımarlı Sipahi" denilen atlı birlikler oluşturmuştur[312]. Yeniçeri Ocağı kaldırılıncaya kadar 463 yıl devam etmiştir[313].

---

308 Geçmişten Günümüze Türk Ordusu, Sy: 47, Harp Akademileri Yay, İstanbul, 2012.

309 İ. Hakkı UZUNÇARŞILI, Osmanlı Tarihi, I. Cilt, Sy: 510. TTK Yay, Ankara, 1982.

310 Yılmaz ÖZTUNA, Osmanlı Devleti Tarihi-2 Sy: 92, Ötüken Yay, İstanbul, 2004.

311 Geçmişten Günümüze Türk Ordusu, Sy: 48, Harp Akademileri Yay, İstanbul, 2012.

312 Said Arif TERZİOĞLU, Türk Ordusu, Sy: 32, İstanbul, 1965.

313 Erhan AFYONCU, Ahmet ÖNAL, Osmanlı İmparatorluğunda İsyan ve Darbeler, Sy: 5, Yeditepe Yay, İstanbul, 2010

(b) Acemi Ocağı:

Bu Ocak I. Murat zamanında Çandarlı Kara Halil ve Molla Rüstem'in ön ayak olmasıyla kuruldu. İlk ocak Gelibolu'da açıldı[314]. Acemi ocağına savaş esirlerinin beşte biri ile Osmanlı Devletinde yaşayan Hristiyanların çocukları alınırdı. Acemi ocağına kaynak iki şekilde sağlanıyordu: birincisi; pençik (pençiyek[315]) oğlanları, diğeri devşirmelerdi. [316] Bu çocukların orta boylu, sağlıklı, zeki olmalarına dikkat edilirdi. Önce Anadolu'da Türk ailelerinin yanında Türkçeyi, Türk adet ve geleneklerini öğrenirler, sonra Acemi Ocağına alınırlardı. Bu uygulama yeniçeri ocağının başlangıcıdır[317]. Acemi Ocağında yetişen çocuklar, Yeniçerilere, saray ve diğer ocaklara asker kaynağı teşkil ederlerdi[318]. Bu Ocak 1826'ya kadar varlığını korumuştur[319].

(a) Sipahi Ocağı

Bu Ocağın teşkil edilen ilk bölükleri sipahi ve silahdar bölükleridir. Daha sonra sağ ve sol ulufecilerle sağ ve sol gariplerin de ilavesiyle süvari bölüklerinin sayısı altıya çıkmış, bu yüzden bu Ocağa "Altı Bölük" de denmiştir. Süvari bölüklerinin askeri, yaya kapıkulu ocaklarından veya saray ve saraya bağlı kurumlardan alınırdı. Kapıkulu süvarilerinin en itibarlısı "Sipahi Bölüğü" idi. Sipahiler barış zamanında miri malı tahsilinde bulunurlar, savaş alanında ise padişah çadırını korurlardı.

Padişahın maiyetinden olan silahdarlar, sefer sırasında askerin geçeceği yolları temizler; köprüleri tamir ederlerdi. Ayrıca padişah otağının kurulacağı yerleri hazırlarlardı. Silahdarlar 200 küçük bölüğe ayrılmışlardı. Barış zamanında padişaha refakat ederler. Halka para serpme işini ifa ederlerdi. Sefer sırasında yol açma hizmetlerinden başka padişah tuğlarını taşıma, padişahın yedek atları çekme gibi

---

314 Aydın TANERİ, Osmanlı Deniz ve Kara Kuvvetleri, Sy: 98, Kültür Bakanlığı Yay, Ankara, 1981.

315 Robert MANTRAN, Osmanlı İmparaorluğu Tarihi, I, Sy: 54, T. İş Bankası Yayınları, İstanbul, 2011.

316 İsmail KAYABALI, Cemender ARSLANOĞLU, Türk Ordusu Tarihi, Sy: 227, Dede Korkut Yayınları, İstanbul 1976.

317 İ. Hakkı UZUNÇARŞILI, Osmanlı Tarihi, I. Cilt, Sy: 508, TTK Yay, Ankara, 1982.

318 Abdülkadir ÖZCAN, Osmanlı Devleti'nin Askerî Yapısı, 10. Cilt Sy: 198-210, Türkler Ansiklopedisi, Ankara, 2002.

319 Yılmaz ÖZTUNA, Osmanlı Devleti Tarihi-2 Sy: 92, Ötüken Yay, İstanbul, 2004.

hizmetleri vardı. Devşirme oğlanlarının eğitim görmüşlerinden teşkil edilen gureba bölüklerinin başlıca görevi sancak-ı şerifi ve padişah sancaklarını muhafaza etmekti[320].

(ç) Topçu Ocağı

Bu ocak Yeniçeri Ocağından sonra teşkil edilmiştir. Bu Ocağın askerleri Acemi Ocağından sağlanırdı. Topçu kışlaları ile top imalathanesi İstanbul'un halen Tophane denilen semtindeydi. İlk tophane Fatih zamanında yapılmış ve daha sonra zaman zaman yenilenmiş ve genişlemiştir. III. Mustafa zamanında Topçu Ocağı ıslaha çalışılmış ve sürat topçuları birliğini kurulmuştur. Top imalathaneleri İstanbul, Belgrad, Semendire, Budin, Işkodra, Praveşte ve Kerkük'ün Gülenber kalesinde bulunuyordu[321].

(b) Humbaracı Ocağı

Bir nevi el bombası olan humbara silahını kullanan humbaracılar öteden beri Cebeci ve Topçu Ocaklarına bağlı olarak Osmanlılar tarafından istihdam edilmiştir. İstanbul'un fethinden sonra müstakil ocak haline getirilmiştir. Merkezdekiler maaşlı taşradakiler ise tımarlı (toprak sahibi) idi. Hepsinin amiri merkezde bulunan "humbaracıbaşı" idi. 1729 yılında Osmanlı Devleti'ne iltica eden ve Müslüman olduktan sonra Ahmed adını alan Comte de Bonneval, Humbaracı Ocağını ıslaha çalışmış ve neferlerinin tamamı ulufeli olan yeni bir humbaracı sınıfı kurmuştur[322].

(c) Lağımcı Ocağı

Özellikle kale muhasaralarında toprak altında lağım denilen tüneller açarak, buralara yerleştirdikleri patlayıcı maddelerle kale fetihlerini kolaylaştıran bir sınıftır. Maaşlı ve tımarlı lağımcılar vardı. Maaşlılar cebecibaşına bağlıydı. Tımarlı lağımcıların amiri ise lağımcıbaşı idi. Lağımcılık aslında hesap bilmeyi gerektiren teknik bir meslekti.

---

320 Yılmaz ÖZTUNA, Osmanlı Devleti Tarihi-2 Sy: 97, Ötüken Yay, İstanbul, 2004.

321 Geçmişten Günümüze Türk Ordusu, Sy: 49, Harp Akademileri Yay, İstanbul, 2012.

322 Yılmaz ÖZTUNA, Osmanlı Devleti Tarihi-2 Sy: 92, Ötüken Yay, İstanbul, 2004.

(f) Cebeci Ocağı

Cebe zırh demektir ancak Osmanlılar bunun manasını genişletmişlerdir[323]. Cebecilerin başlıca görevi yeniçerilere herv türlü silah sağlamak ve bunları muhafaza etmektir[324]. Sefer sırasında silahları nakletmek, yeniçerilere dağıtmak ve bozulanları onarmak da cebecilerin göreviydi. Cebeci Ocağının en büyük zabiti Cebecibaşı idi[325]. Cebeciler de maaşlarını, yeniçeriler gibi üç ayda bir alırlardı. Merkezdeki cebeciler üçer yıllığına taşradaki kalelerde hizmet ederlerdi. Cebeci Ocağı da bütün Kapıkulu Ocakları gibi 1826 yılında kaldırılmıştır.

(g) Top Arabacıları Ocağı

Büyük topların nakli için 15'inci yüzyılın sonlarında kurulmuştur. Bu Ocağın askerleri de Acemi Ocağından sağlanırdı. Arabacıların asıl kışlaları İstanbul'da olup taşradaki stratejik mevkilerde de hizmet görürlerdi. Topçu neferlerinin olduğu her yerde arabacılar da bulunurdu. III. Selim zamanında Tophane'de yeni bir arabacı kışlası yaptırılmıştır[326].

Diğer Kapıkulu Teşkilleri

(a) Mehter

Bazı kaynaklara göre bu teşkilat 1289 yılından beri Osmanlılarda bulunmaktaydı. Ancak bu teşkilatın belirli esaslara bağlanması Fatih devrinde gerçekleşmiştir. Musiki aletleri ile hükümdarın saray ve otağı önünde müzik icra eden bu teşkil, savaş meydanlarına, çaldığı müzikle düşmanın yüreğine korku salmak için götürülürdü[327].

(b) Çadır Mehterleri

Bu teşkilat, Fatih zamanında yapılmıştır. Bu unsur çadır yapmak ve kurmakla görevli bir sınıf olup, bando anlamındaki mehter ile hiçbir ilgisi yoktur. Savaşta Çadır Mehterleri ikiye ayrılarak, bir

323 İ. Hakkı UZUNÇARŞILI, Osmanlı Tarihi, Sy: 513. TTK Yay, Ankara, 1982.

324 Abdülkadir ÖZCAN, Osmanlı Devleti'nin Askerî Yapısı, 10. Cilt Sy: 198-210, Türkler Ansiklopedisi, Ankara, 2002.

325 İ. Hakkı UZUNÇARŞILI, Osmanlı Tarihi, Sy: 513. TTK Yay

326 Yılmaz ÖZTUNA, Osmanlı Devleti Tarihi-2 Sy: 100, Ötüken Yay, İstanbul, 2004.

327 M. Uğur AKTEN, As. Bandonun Kuruluşu ve Mehter, Sy: 19, Gnkur ATASE Yay, Ankara, 2009.

kısmı asıl karargâhtan bir gün ileri gidip konulacak menzile, otağı hümayun ile çadırları kurup hazırlardı.

(c) Tulumbacı Ocağı

İstanbul'da yangın söndürme görevi, Yavuz Sultan Selim tarafından Yeniçeri Ocağına verilmişti. Bu Ocak, Acemi Ocağı kışlasının içindeydi.

b. Eyalet Askerleri

Osmanlı Devleti'nin hem nicelik hem de nitelik olarak en kuvvetli temel taşını[328], esas savaş gücünü eyalet kuvvetleri oluşturur. İlk dönemde eyalet kuvvetleri, Tımarlı Sipahi, Yaya, Müsellem, Yürük, Cerehor, Canbaz, Akıncı, Deli, Azab ve Gönüllü denilen birliklerden oluşurdu. Eyalet askerleri ilgili genel kabul gören bir sınıfsal ayırım bulunmamakla birlikte, aşağıdaki tasnifin yapılması Eyalet Askerlerinin daha kolay anlaşılmasına yardımcı olacaktır[329].

Eyalet Askerleri Teşkilatı

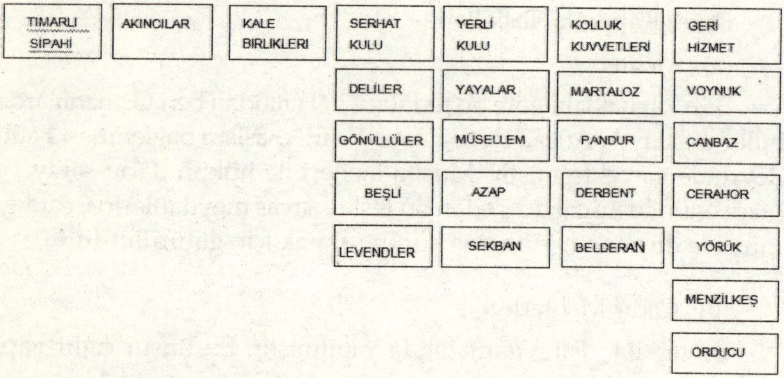

(1) Tımarlı Sipahiler

Eyalet kuvvetlerinin en kalabalık sınıfını tımarlı sipahi denilen topraklı süvariler teşkil ederdi[330]. I. Murad zamanında teşkilatlandırılan

---

328 Türk Silahlı Kuvvetleri Tarihi III. Cilt I. Kısım, Sy: 235, Genelkurmay Basımevi, Ankara, 1964.

329 Geçmişten Günümüze Türk Ordusu, Sy: 52, Harp Akademileri Yay, İstanbul, 2012.

330 Bülent ARI, Acemi Ocağından Yeniçeri Ordusuna ve Tımarlı Sipahiler, Sy: 160, Gnkur As. Tarih Sempozyumu Bil, Ankara 2009.

tımar sisteminin iki yönü vardı. Sistem bir yönüyle toprağın işlenmesini sağlarken diğer yönüyle de devletin atlı ihtiyacının teminine hizmet ederdi. Tımar teşkilatı bir taraftan Osmanlı Devleti'ne her an savaşa hazır, donanımı yerinde büyük bir atlı ordusu sağladığı gibi, diğer yandan da devletin geniş sınırları içinde köylere kadar ağ gibi yayılmış bir güvenlik kuvvetini oluşturmuştur[331]. Merkezden toplanması son derece güç ayni vergilerin alınması ve birtakım yükümlülükler ve hizmetler karşılığı olarak kullanılması tımar sisteminin getirdiği önemli uygulamalardan biri olmuştur[332].

Yıllık geliri bin ile 20 bin akça olan topraklara timar denir[333], devletin ve milletin bekası namına, yapılan bir görevin karşılığı olarak, Osmanlı ordusununbelkemiğini, Osmanlı harp gücünün dinamiğini teşkil eden Sipahilere verilir, bu sipahilere de Timarlı Sipahi denirdi[334].

Tımar sahipleri tasarruf ettikleri yerin yıllık gelirine göre; yeme, içme, silah ve at gibi her türlü ihtiyaçları kendilerine ait olmak üzere atlı askerler yetiştirmek zorundaydılar. Devlete asker yetiştirmekle mükellef olan dirlik sahipleri, bu hizmetlerine karşılık vergiden muaf tutulurlardı. Sipahi hazar zamanında mutlaka kendi bölgesinde ve sancağında oturmak zorundaydı. Sipahilerin onda biri sefer esnasında bulundukları bölgenin muhafızlığını yapmak, asayişini sağlamak ve sefere giden arkadaşlarının işlerini yürütmek için bulundukları bölgede kalırlardı[335].

(2) Akıncılar

Akıncıların varlığı Osman Bey zamanına kadar uzanır. Osman Bey ve oğlu Orhan Gazi Selçuklulara , dolayısıyla İlhanlılara tabii birer uç beyi idi[336]. Bir ocak şeklinde teşkilatlanmalarında Gazi Evrenos Bey'in büyük emeği geçmiştir. Devlet akıncılar için kışla tahsis

331 Türk Silahlı Kuvvetleri Tarihi III. Cilt I. Kısım, Sy: 234, Genelkurmay Basımevi, Ankara, 1964.

332 Ömer Lütfi BARKAN; "Timar", İslam Ansiklopedisi, c. 12/1, Sy: 286, Millî Eğitim Basımevi, İstanbul, 1974.

333 İ. Hakkı UZUNÇARŞILI, Osmanlı Tarihi, Sy: 516. TTK Yay, Ankara, 1982.

334 Necdet SEVİNÇ, Osmanlının Yükselişi ve Çöküşü, Sy: 63, Bilgeoğuz Yay, İstanbul, 2010.

335 Aydın TANERİ, Osmanlı Kara ve Deniz Kuvvetleri, Sy: 117, Kültür Bakanlığı Yayınları, Ankara, 1981.

336 Z. Velidi TOGAN, Umumi Türk Tarihine Giriş, Sy: 316-319, Enderun Yay, İstanbul, 1981.

etmez, onlara maaş vermez, teçhizat ve silah sağlamazdı. Akıncılar her türlü ihtiyaçlarını kendileri temin ederler, genellikle düşmandan aldıkları ganimetle geçinirler, buna mukabil vergi vermezlerdi. Akıncı beyini devlet tayin ederdi. Barışta "Taviça "denilen önderlere tabii idiler[337]. Savaşlarda başarılı akıncılara dirlik tahsis edilince tımarlı akıncılar ortaya çıkmıştır[338]. Akıncılar barış zamanında kendi işleriyle ve savaş talimleriyle meşgul olurlardı. 16'ncı yüzyılın sonlarında akıncıların yerini Serhad Kulları ve Kırım Kuvvetleri almış ve 1826 yılında kaldırılmıştır.

(2) Kale Kuvvetleri

Kale kuvvetleri ayrı bir teşkil idi, ancak burada görev yapan askerler ayrı bir sınıfa mensup değildi. Askerlerin bir kısmı Kapıkulu Ocaklarından, çoğunluğu ise serhat kulu veya yerli kulu denilen yerli halktan teşkil edilmişti.

(4) Serhat Kulları

Bu teşkilatlanma altında Deliler ve Gönüllüler ve Beşliler bulunmaktadır;

(a) Deliler (Delil ler)

15'inci yüzyılın sonlarından itibaren istihdam edilmeye başlanan (Delil;Kılavuz, yol gösterici demektir.) cesaretlerinden dolayı Deliller yerine Deliler adı ile anılmışlardır[339]. Deli asker olmak isteyen bir gencin önce kendini ispatlaması gerekirdi. Başlangıçta sadece Rumeli'deki hudut beyliklerinde kullanılan Deliler, 17'nci yüzyıldan itibaren merkezde veziriazamın, Anadolu'daki vezir ve "Beylerbeyi"lerin maiyetlerinde de teşkil edilmiş ve tamamen ücretli maiyet askeri statüsüne geçmişlerdir. III. Selim zamanında ıslahına çalışılan Deliler, 1828 - 1829 Osmanlı - Rus Savaşı'nda büyük kah-

---

337 Joseph Von HAMMER, Osmanlı Tarihi, I. Cilt, Sy: 177, MEB Yay, İstanbul, 1981.

338 Geçmişten Günümüze Türk Ordusu, Sy: 282, Harp Akademileri Yay, İstanbul, 2012.

339 Türk Silahlı Kuvvetleri Tarihi III. Cilt I. Kısım, Sy: 234, Genelkurmay Basımevi, Ankara, 1964.

ramanlık göstermişler, fakat 1829 yılında II. Mahmud tarafından teşkilatları lağvedilmiştir[340].

(b) Gönüllüler

Gönüllüler, kalelerde ve sınır bölgesindeki kasaba ve şehirlerde muhafızlık yapmak üzere o bölgedeki yerli halktan(tercihan Türklerden), tercihen Müslümanlığı kabul etmiş olanlardan ve gönüllü olarak isteyenlerden "Serhat Kulu" adıyla meydana getirilen teşkilatın hafif süvari kuvvetleriydiler.

(d) Leventler

Leventler kara ve deniz levendi olmak üzere iki sınıftı. Kara leventleri, önce büyük rütbeli kişilere hizmet eden personelin çalıştığı ve kapı halkı adıyla anılan teşkilata gönüllü olarak girer, her türlü gereksinimi hizmet ettiği komutanca sağlanırdı. Kara leventleri, XVII. yüzyıl başlarında, beylerbeyi maiyetinde toplanan bir süvari sınıfı olarak hizmete başladıktan sonra önem kazanmışlardı. Hiçbir yere kapılanmayan ve Anadolu'da eşkiyalık yapan leventlere "kapısız levent" denilirdi. Disiplinsiz bir toplum olan Levent Ocağı Şubat 1776'da I. Abdülhamit'in yayınladığı bir fermanla ortadan kaldırılmıştır.

(5) Yerli Kulları

Yerli kulları, Yayalar ve Müsellemler, Azablar ve Sekbanlardan oluşmaktadır;

(a) Yayalar

Yaya, Farsça piyade kelimesinin Türkçesidir. Ata binmeyen, yürüyen askerlerdir. Yaya ve müsellemler, daha çok Türkmen aşiretlerinden toplanan gönüllü askerlerdir. Önce yaya, sonra müsellem denmiştir. 16'ncı yüzyılın sonlarında sayıları 26. 500 iken lağv edilmiştir[341]. Sonraları Türkmenlerden gene gönüllü askerler kullanılmaya devam edildi ve bunlara Yörükler dendi. Yaya sınıfı Osmanlı Ordusunun ilk muvazzaf piyadesidir. Osmanlı devletinin kuruluşunun ilk yıllarında askeri gücünü teşkil eden atlı unsurlar, savaş zamanında

340 Yılmaz ÖZTUNA, Osmanlı Devleti Tarihi-2 Sy: 105, Ötüken Yay, İstanbul, 2004.
341 Yılmaz ÖZTUNA, Osmanlı Devleti Tarihi-2 Sy: 106, Ötüken Yay, İstanbul, 2004.

bir araya gelir, savaştan sonra dağılırlardı. Ancak sonraları gerek Bizans ve gerekse Anadolu'daki beyliklere karşı devletin emniyetinin sağlanabilmesi maksadıyla; Orhan Bey döneminde süvari olan aşiret kuvvetlerinin yanına, vezir Alaaddin Paşa ile Bursa Kadısı Cendereli Kara Halil'in tavsiyeleriyle, Türk gençlerinden mürekkep bin kişilik "yaya" ismiyle piyade kuvveti vücuda getirildi[342].

Yayalar Osmanlının en eski muvazzaf askeri teşkilatıdır[343]. Kaynağı Türk köylüleridir. Bunlara askeri bir statü verilmişti. Bunlar, verimine göre 60-180 dönüm bir çiftlik arazisine sahip olur ve bütün vergilerden muaf tutulurlardı. Bir çiftlik bir yaya ve 2-8 yamak tarafından tasarruf olunur. Bunlar genellikle birbirleriyle akrabadırlar.

Yayalara muharebe zamanlarında ikişer akçe gündelik verilir, muharebeye gitmedikleri vakit ise kendilerine gösterilmiş olan çiftlikleri ekip biçerek buna mukabil devlet hazinesine verecekleri vergilerden muaf olurlardı. Yayalar, kendileri gibi Orhan Bey zamanında kurulan fakat atlı olan müsellemlerle birlikte XV. yüzyıl ortalarına kadar bilfiil silahlı hizmette bulunmuşlar ve daha sonra kapıkulu yaya ve süvarileri çoğalınca, ordunun geri hizmetlerinde kullanılmışlardır.

İlk defa 1000 kişilik bir kuvvet halinde kurulan yaya teşkilatı, ilerleyen yıllarda sayısı artmıştır. Otlukbeli Savaşında mevcutlarının 20. 000 olduğu görülmektedir. Yaya beylerine "yayabaşı", denilmekteydi. İlk kurulan 1000 kişilik yaya birliği, 10'ar kişilik manga ile 100'er kişilik bölüklere ayrılmıştı. 10 kişiye "onbaşı", yüz kişiye "yüzbaşı" rütbeleriyle komutanlar atanmıştı. 1000 kişilik birliğin hepsine birden de "binbaşı" rütbesinde bir komutan verilmişti.

(b) Müsellemler

Müsellemler de aynı yayalar gibi çiftlik sahibi köylülerdir. Bunlar muharebeye at ve teçhizat sağlayarak süvari olarak katılırlardı. Yaya ve müsellemler, sadece Rumeli'ye has olmayıp, Osmanlı'ların beşiği olan Anadolu'da da pek çoktur. 14'yüzyıla gelindiğinde süvariler

---

342 İ. Hakkı UZUNÇARŞILI, Kapıkulu Ocakları, I, Sy: 1TTK Yay, Ankara, 1982.

343 Türk Silahlı Kuvvetleri Tarihi III. Cilt I. Kısım, Sy: 199, Genelkurmay Basımevi, Ankara, 1964.

kadar kalabalık bir muharip kitleyi teşkil ediyorlardı[344]. Yaya ve müsellemlerin başına, "yayabaşı" veya "çeribaşı" denirdi. Bunlar tımar sahibi idiler. Yamakların hepsine birden de "günder (gönder)" adı verilirdi[345].

(c) Azablar

Azap bekar demektir ve bunlar Anadoludan toplanmış muharebeye yarar, dinç, kuvvetli, bekar Türk gençleridir[346]. Azaplar: Osmanlı ordusunuın Hafif piyadesidir. Yeniçeriler, nasıl Azabların yerine geçtiyse; Azablar da Yayalar ve Müsellemlerin yerine geçtiler. Eyalet askeri statüsündeki Azablar ise öncü piyade birliklerindendir. Kuruluşları Yeniçeri Ocağının teşkilinden öncedir. Başlangıçta hafif okçu olarak orduya katılan Azablar, daha sonraki dönemlerde öncü piyade kuvveti olarak savaşmışlardır. Fetihler döneminde Osmanlı piyadesinin önemli bir bölümü azaplardan oluşmaktaydı[347]. Ankara Muharebesinde (1402) sayıları 20. 000, İstanbul'un Fethi'nde (1453) 20. 000, Otlukbeli'nde (1473) 30. 000, Rodos'ta (1522) 20. 000 idi. Kanuni Sultan Süleyman bu sınıfı piyade olmaktan çıkartıp, kale muhafızı haline getirdi. Bu suretle azaplar, kale muhafızı olarak hizmetlerine devam ettiler. Kale azaplığını Fatih ihdas etmişse de, bu sınıfı olduğu gibi bu hizmete tahsis eden Kanuni'dir. Zira onun zamanında kaleler çoğalmış ve kalelerin asker ihtiyacı çok artmıştı.

Azap teşkilatı ilk olarak Anadolu'da kurulmuş, fetihler sonrasında Rumeli'de de uygulanmıştır. Bu hafif piyade sınıfına ilk olarak Orhan Bey devrinde rastlanmaktadır. Sözlük anlamındaki gibi azaplar bekardır. İçlerinde evli bulunmazdı. Azapların birbirlerine olan bağlılıklarının güçlü olması için, memleketin idari bölümlerine göre gruplara (ortalara) ayrılmışlardı. Azap Ağası ve Azap Katibi, azapların büyük komutanlarıydı. Ayrıca yeniçeri ortalarındakine benzer biçimde her ortada "reis, odabaşı ve bayraktar" adında üç komutan bulunurdu. Azap ağası bütün azapların başlıca komutanıdır. Reis yeniçeri ortala-

344 Türk Silahlı Kuvvetleri Tarihi III. Cilt I. Kısım, Sy: 199, Genelkurmay Basımevi, Ankara, 1964.

345 Halil İNALCIK, devlet i Aliyye, Sy: 205, T. İş Bankası Yay, İstanbul, 2009.

346 İ. Hakkı UZUNÇARŞILI, Osmanlı Tarihi. TTK Yay, Ankara, 1982.

347 Türk Silahlı Kuvvetleri Tarihi III. Cilt I. Kısım, Sy: 229, Genelkurmay Basımevi, Ankara, 1964.

rındaki komutan durumunda olan "çorbacı" muadilidir. Ancak farkı; yeniçeri ortasında bir tane çorbacı bulunurken azap ortalarında on tane reis vardır. "Çorbacı", yüzbaşı muadili bir komutan iken, "reis" bir nevi onbaşı gibidir. Azaplar savaş zamanlarında, Azap Ağasının komutası altında Beylerbeyinin maiyetinde savaşa giderlerdi. Başlıca silahları; ok, yay ve pala idi. Azaplar savaşta merkez ordusunun en önünde bulunurlardı ve ilk hücum birliğiydiler.

16'ncı yüzyıl ortalarından itibaren kale muhafızı olarak kullanılan Azablar maaşa bağlanmıştır. Bunların amiri ise azablarağası idi. Kale muhafazasından başka köprücülük ve lağımcılık gibi hizmetleri de ifa ederlerdi. Sultan Mahmut 1826'da tüm kapıkulu ocaklarını lağvettiğinden Azab teşkilatı da kaldırılmıştır.

(ç) Sekbanlar

Olağanüstü ihtiyaç çıktığında kendi istekleriyle hizmet etmek üzere gelen köylülerden ibaret olduklarından Sekbanlar "Yerli Kulu Piyadesi" arasında en aşağı sınıf olarak bilinir ve bu sınıf arasına Hıristiyanlar da kabul edilirdi[348].

(5) Kolluk Birlikleri

(a) Martalozlar

Martaloz (Grekçe;silahlı anlamındadır.) Teşkilatı, bir çeşit bölge güvenlik teşkilatıdır. Bu Teşkilatın mensuplarına martaloz denir, Martalozlarun çoğu Hristiyandır. Martalozlar, Kanuni devrinden itibaren (Trakya, Makedonya ve Tesalya)Rumeli taraflarında muhafiz asker veya bir çeşit jandarma olarak vazife görmüşlerdir[349]. Haydutları ele geçirmek ve vergi toplamak gibi görevlerde de kullanılırlardı. Bunlardan başka geçit yerlerini korumak, maden ocaklarında muhafızlık yapmak gibi hizmetlerle görevlendirilmişler, mühimmat ve zahire nakliyatı ve koruma işlemlerinde de çalıştırılmışlardır. Çok ileri giden taşkınlıklarından dolayı Martaloz teşkilatı III. Ahmed'in 1721 tarihli fermanıyla lağv edilmiştir. Sonradan görülen lüzum üzerine yine

---

348 Türk Silahlı Kuvvetleri Tarihi III. Cilt I. Kısım, Sy: 230, Genelkurmay Basımevi, Ankara, 1964.

349 Aydın TANERİ, Osmanlı Kara ve Deniz Kuvvetleri, Sy: 130, Kültür Bakanlığı Yayınları, Ankara, 1981.

kurulan bu teşkilat daha sınırlı bir şekilde de olsa 19'uncu yüzyıla kadar devam etmiştir.

(b) Pandurlar

Pandur, Slav lisanında jandarma demekti. Pandurlar, derbentçiler ve martalozlar gibi bazı derbentlerin (geçitlerin) korunmasında görevli yerli halktan seçilmiş jandarmalardı. Kapıkulu ve eyalet askerlerinden bir kısmı da pandurların vazifesine benzeyen kolluk vazifesi yapardı. Bunlar şehir ve kasaba dışındaki inzibat ve asayişi sağlardı. III. Ahmed'in 1721 tarihli fermanıyla lağv edilmiştir.

(c) Derbentçiler

Askerlik bakımından önemli olan yollarla, ticaret yollarının sürekli ve iyi bir şekilde korunması ve bakımlarının sağlanması için bazı bölgelerin halkı derbentçilikle görevlendirilmişti. Derbentçilik, tam anlamıyla bir mükellefiyetti. Bununla görevli halk tekalifi örfiyeden affedilirdi.

(ç) Belderanlar

Rumeli ve Anadolu'nun birçok yerlerinde ve dağlık bölgelerdeki boğaz ve geçitlerin korunması, buralardan geçenlerin can ve mal güvenliğini sağlamak için kurulan bir teşkilattı.

(6) Geri Hizmet Birlikleri

(a) Voynuklar

Seferde Ordunun ve vezirler ile devlet adamlarının atlarına bakmak ve diğer zamanlarda has ahır ve çayır hizmetinde kullanılmak üzere gayrimüslimlerden ve özellikle Bulgarlardan tertip olunan bir sınıftı[350]. Voynuk teşkilatı, Rumeli Beylerbeyi Timurtaş Paşa zamanında ilk defa Bosna'da kurulmuştu. Voynuklara, hizmet karşılığı verilen araziye, "baştini çiftlik" denilirdi. Voynuk beyleri bulundukları bölgenin çeribaşarının, yani topraklı süvarilerinin subaylarının emrindeydiler. Voynuklar, vazifede olmadıkları zaman ziraatle meşgul olurlar, örfi ve şer-i vergilerden muaf bulunurlardı.

350 Aydın TANERİ, Osmanlı Kara ve Deniz Kuvvetleri, Sy: 123, Kültür Bakanlığı Yayınları, Ankara, 1981.

Bunlara hiçbir angarya iş verilmezdi. Müslüman Voynuklara "canbaz" da denilirdi[351].

(b) Canbazlar

Canbazlar muharebede öncülük ederler, tehlikeli işlerde görevlendirilirlerdi. On canbaz bir ocak teşkil etmekte, seferde bunlardan bir kişi muharebeye katılmaktaydı. Geriye kalan dokuz canbaz giden arkadaşlarına 50'şer akçe harçlık verirdi. Bu sınıf 16'ncı yüzyıl sonlarında lağv edilerek çiftlikleri tımara ve kendileri deniz seferlerine giden reaya arasına yazılmıştı. Canbazlar müsellemler gibi süvariydi. Canbazlardan sefere gidenler her vergiden affedilirdi. Bunların sefer Voynuklarıyla aynı görevi yaptıkları anlaşılmaktadır. Ancak voynuklar hristiyan, canbazlar ise Müslümandı[352].

(c) Cerahorlar

Harp zamanlarında fazla askere lüzum görüldüğünde çok defa Türk kabilelerinden ve kısmen de devlet sınırları içerisinde yaşayan çeşitli milliyetlere ve dinlere mensup ahaliden ücretle asker tutulurdu . Bu kuvvet oldukça önemli bir değer taşırdı. Osmanlılar da ilk yıllarda askere fazlaca ihtiyaç duyulduğu zaman ücretle gönüllü asker alırlardı. Bu askerlere "cerahor" adı verilirdi[353]. Cerehor veya serahorlar, Ordunun işçi taburları olup bunlar Hristiyan tebaadan alınır, verilen emre ve herhangi bir hizmet için ihtiyaca göre tertip edilerek Ordu emrine gönderilirdi. Bunların gördükleri işler bir yükümlülük olduğundan ücretleri kendi köylerinden ödenirdi. Yalnız ekmekleri hükümet tarafından verilirdi[354].

(ç) Orducu

Kapıkulu ile beraber İstanbul'dan çıkan Merkez Ordusuna yolda katılan eyalet askerlerinin yoldan ve savaş alanında gereken ihtiyaçlarını sağlamak üzere "ehli hiref" denilen muhtelif hizmet esnaf ve sanat erbabından kadı nezaretinde ve loncalar tarafından belirlenen, düzenli bir grup halinde sefere katılanlara

---

351 Yılmaz ÖZTUNA, Osmanlı Devleti Tarihi-2 Sy: 106, Ötüken Yay, İstanbul, 2004.
352 Türk Kara Kuvvetlei Tarihi, Sy: 34, K. K. K Basımevi, Ankara, 1996
353 İ. Hakkı UZUNÇARŞILI, Osmanlı Tarihi. Sy: 562, TTK Yay, Ankara, 1982.
354 Türk Kara Kuvvetlei Tarihi, Sy: 35, K. K. K Basımevi, Ankara, 1996

"orducu" denilirdi. Esnaf loncalarından merkezi devletin istediği orduculuk mükellefiyeti temelde avarız vergisine dayanmaktaydı[355]. Osmanlılar'dan önce Gazneliler, Büyük Selçuklular, Irak ve Türkiye Selçukluları ile Eyyübiler ve İlhanlılar'da ordücular gibi görev yapan ordu pazarcısı bulunmaktaydı. Teşkilat, kısa sürede gelişme göstermiş ve I. Kosova seferine (1389) kalabalık bir şekilde "ordu-bâzâr halkı" namıyla katılmıştır.

(d) Yürükler (Yörükler) ve Evlad-ı Fatihan

Yürükler, ilk Osmanlı ordusunda savaşçı olarak önemli bir grup teşkil ederlerken, Kapıkulu Ocaklarının kurulması ile geri hizmette kullanılmaya başlanmışlardır. 16'ncı yüzyıl ortalarında ise artık muntazam bir sınıf haline gelmişlerdir. Evlad-ı Fatihan, Yürük teşkilatının tensik edilerek devamından ibaret olan bir sınıftır. Evlad-ı Fatihan grubundan her 30 kişi bir ocak halinde teşkilatlandırılmıştı. Bu ocakların beşte bir hesabıyla 6 er eşkinci olarak, her sene nöbetle çıkarılır ve geri hizmetlerde özellikle, seferi hümayunda top ve top çeken hayvanların bakım hizmetlerinde kullanılırlardı. Kendi bölgesindeki çeribaşlarının emrinde olan bu teşkilat 18'inci yüzyılda da devam etmiştir[356].

(e) Menzilkeşler

Menziller, devlet emirlerini yerlerine ulaştırılmasına, yolcuların istirahatine ve ihtiyacın sağlanmasına yarayan her çeşit ikmal maddesinin bulunduğu bir çeşit ikmal merkezidir. Menzilkeşler, menzillere gelerek kalanlardan başka bu yerlerden geçen, askeri birliklerin, tatarların ve yolcuların dinlenmelerini, doyurulmasını; hayvanların beslenmesini, menzilhane ve çevresinin güven ve inzibatını sağlardı. Menzilkeşlik bir mükellefiyet idi ve bu mükellefiyet menzile yakın en yakın köy veya köylerin görevlendirilmesi ile yerine getirilirdi. Buna karşılık bu köyler avariz (örfi vergilerden biridir)den af edilirdi[357].

---

355 Bülent ÇELİK, Osmanlı Sefer Organizasyonlarında Ordücular, Sy: 54, GnkurATASE Yay, Ankara, 2013.

356 Türk Kara Kuvvetlei Tarihi, Sy: 36, K. K. K Basımevi, Ankara, 1996

357 Türk Kara Kuvvetlei Tarihi, Sy: 39, K. K. K Basımevi, Ankara, 1996

(3). Tabii Devlet Askerleri :

Osmanlı nüfuzuna giren bağlı devlet ve hükümetler Seferlere belirli sayıda asker göndermekle yükümlüydüler. Kuruluş ve Yükselme döneminde Anadolu beylikleri askerleri ile Osmanlı seferlerine katılmışlardır. Yükselme döneminde İç işlerinde bağımsız dış işlerinde Osmanlıya bağlı Kırım (Kırım Tatarları 1475 yılında gözcülük ve akın yapmak üzere hafif süvari olarak Osmanlı Ordusuna katıldılar[358]), Eflak, Boğdan ve Erdel beylikleri Seferlere ordularıyla katılırlardı. Kırım kuvvetleri Osmanlı ordusu içerisinde özel bir yere sahipti.

c. Tımar Sistemi ve Tımarlı Sipahiler:

Devlete ait arazinin yıllık vergi veya öşürünü (1/10'u) bir hizmet karşılığı bir kişiye bırakmaya Selçuklularda "ikta" denilirdi[359]. Memurluk veya hizmete karşılık olduğu için gerektiğinde bu arazinin öşür veya vergisi hazinece de idare edilir veya başka birine verilebilirdi[360]. İkta'nın bir şekli de bir vilayet veya eyaletin, bütün geliriyle beraber bir komutana veya valiye bırakılmasıydı. Bu taktirde o vali veya komutan, bu iktaya karşılık hazineye belli miktar vergi vermek ve sefere belli sayıda askerle katılmak zorundaydılar[361].

İkta usulü çok eskiden beri bütün Türk devletlerinde vardı. Bir memleketi elde eden hükümdar, oranın arazisini hizmetlerine karşılık olarak komutanlarına verir; onlar da bu araziyi maiyetindeki subaylarına ve askerlerine dağıtırdı. Komutan, sadakat gösterdiği süre bu araziye sahip olur, aksi halde elindeki arazi, hükümdara yani hazineye intikal ederdi[362]. Son Selçuklu Sultanı tarafından Söğüt ve dolayları da, o bölgenin bir uc beyi olan Ertuğrul Gazi'ye ikta edilmişti[363]. İkta sistemi Osmanlılarda da "tımar" adıyla aynen uygulanmaya devam edilmiştir.

---

358 Kenneth CHASE, Ateşli Silahlar Tarihi, Sy: 110, T. İş Bankası Yay, İstanbul, 2008.

359 Türk Silahlı Kuvvetleri Tarihi, III. Cilt, I. Ks, Sy: 195, Gnkur Harp Tarihi Yay, Ankara, 1964.

360 Türk Silahlı Kuvvetleri Tarihi, III. Cilt, I. Ks, Sy: 195, Gnkur Harp Tarihi Yay, Ankara, 1964.

361 İ. Hakkı UZUNÇARŞILI, Osmanlı Tarihi. Sy: 19, TTK Yay, Ankara, 1982.

362 İ. Hakkı UZUNÇARŞILI, Osmanlı Tarihi, . TTK Yay, Ankara, 1982.

363 Necdet SEVİNÇ, Osmanlının Yükselişi ve Çöküşü, Sy: 62, Bilgeoğuz Yay, İstanbul, 2010.

Murat I. devrinde Rumeli fetihleri büsbütün önem kazandıktan sonra, Anadolu'dan bir çok halk, hatta Türk aşiretleri, Rumeli'ye nakledilmeye başlandı ve tımar teşkilatı bu yeni duruma uygun olarak büsbütün yayılıp genişledi. Yıldırım Beyazid; Anadolu beyliklerinin egemenliklerine birer birer son verirken, o beyliklerdeki tımarları olduğu gibi kabul ederek bırakmış ve böylece o bölgedeki tımar sahiplerinin kütle halinde kendisine katılmalarını sağlamıştı.

"Topraklı asker" veya genel tabiriyle "tımarlı sipahi"ler; Osmanlı Devletinin en kuvvetli temel taşlarından biriydi ve imparatorluğun büyümesinde önemli rol oynadılar. Tımarlı sipahi, muharebe zamanlarında, dirliğinin az veya çokluğuna göre "cebeli" denilen teçhizatı mükemmel bir veya birkaç süvari ile beraber sefere giderdi. Tımar sahibinin kaç bin akçede bir cebeli götüreceği mıntıkasına göre kanunla belirlenmişti. Cebelinin bütün masrafı efendisi olan tımarlı sipahiye aitti. Mazeretsiz sefere gitmeyen sipahinin dirliği elinden alınır, hizmeti görülenlerin dirliğine de zam yapılırdı. Sipahinin kendi mıntıkası yani sancağı dahilinde oturması kanundu. Ölen sipahinin tımarının bir kısmı eğer varsa erkek evladına verilir, eğer oğlu yoksa "alay beyi" denilen bölgenin en büyük tımar sahibi tarafından, yine askeri sınıftan uygun birine verilirdi[364].

Osmanlı Devleti esas olarak iki temel sisteme dayanıyordu. Bunlar kul ve timar sistemleriydi. Bu iki sistem devletin askeri, mali ve zirai politikalarım iç içe, birbirleriyle bütünleşmiş olarak uygulama imkânı veriyor ve yönetim, maliye ve ordu kurumları, bu sistemler işletilerek ortaya çıkıyordu. Kul sisteminin yönetici olarak ağır bastığı Osmanlı temel yönetiminde, timar sistemi ile kul sisteminin birbirini desteklemesi ve denetlenmesi biçiminde olağanüstü bir yönetim şekli ortaya çıkıyordu. Merkezi otoriteyi bir ağ gibi bütün memlekette gerçekleştiren Osmanlılar, böylece eski Türklerde her an gerçekleşebilen parçalanma ve dağılmanın önüne geçerken, öte yandan da sıkı bir merkezi kontrol ile toplumda feodalleşmenin önüne geçmiş ve aralarında büyük uçurumlar bulunan sınıf farkının doğmasına fırsat vermemiştir.

Osmanlı devlet düzeni temelde askeriler ve reaya olmak üzere ikiye ayrılır. Askeriler, kapıkulları (bunlar da, ordu elemanları ve

---

364 İ. Hakkı UZUNÇARŞILI, Osmanlı Tarihi, . Sy: 517, TTK Yay, Ankara, 1982

devlet memurları olmak üzere ikiye ayrılır) ve ilmiyye mensubu olan devlet memurları ile timarlı sipahilerdir. Bunların dışında kalan halk yığını ise, reayadır. Reaya[365], şehirli ve köylü diye ikiye ayrılır.

Raiyyet; köylü (çiftçi) diye adlandırılan ve toplumun büyük bir kesimini oluşturan grup, devletin toprağını ve doğal kaynaklarını işleten bir güç olarak kendini göstermektedir. Çiftçi, bir ailesi toprağın verimine göre 80 ile 150 dönüm toprak işleyebilirdi[366]. Şehirli reaya ise, şehir hayatının yarattığı ticaret ve sanayi iş alanlarının imkânlarından yararlanarak geçimlerini sağlıyorlardı. Şehirde ve köyde, ülkenin her yerinde sosyal düzeni sürdürme işi devletin yetkisindedir.

Osmanlılarda eyalet idaresi timar sistemine dayanmaktadır. Timar sistemini uygulamak için devlet, toprağın kontrolünü doğrudan doğruya elinde tutmalıdır. Bu nedenle Osmanlılar, başlangıçtan itibaren, elde ettikleri yerlerdeki tarıma elverişli toprakların kuru mülkiyet hakkını ellerinde tutmuşlardır. Bu sistem, İslam ve Orta Asya Türk tarihinde eskiden beri uygulanmaktaydı. Osmanlılar, tarım topraklarında devlet mülkiyeti yolunu izlerken, her şeyden önce askeri ihtiyaçlarını göz önüne alıyorlardı.

Timar sistemi uygulanarak, imparatorluk toprakları birer beylerbeyi yönetimine verilen eyaletlere ayrılmıştı. Önceleri tek merkezden yönetilen devlet, fetihler nedeniyle sınırları genişledikçe, Osmanlılar önce Rumeli'de bir beylerbeyilik kurmuşlar, sonra da I. Bayezid, Rumeli'de sefere çıkarken 1393 yılında Anadolu'da bir beylerbeyliği kurmuştur. Böylece XV. yüzyılın ilk yarısında, Anadolu ve Rumeli olmak üzere iki beylerbeyliği ortaya çıkmıştır. Beylerbeyiler o zaman, yalnız kendi bölgelerinin genel yöneticisi ve tımarlı sipahilerin komutanı değil, aynı zamanda merkez hükümetin bir üyesiydiler. Bunlar ve vezirlerden başkası "paşa" unvanını taşıyamazdı. XVI. yüzyıldan itibaren, sınırlar genişledikçe, beylerbeyiliklerinin sayısı da arttı. XVII. yüzyıl başlarında imparatorlukta 32 eyalet vardı. Yüzyılın ortalarına doğru ise, 25'i timarlı, 9'u saliyaneli 34 eyalet oldu[367].

---

365 Tahrir defterinde çiftçi diye kaydedilmiş Müslüman veya Hristiyan köylü demektir. Raiye kelimesinin çoğuludur.

366 Necdet SEVİNÇ, Osmanlının Yükselişi ve Çöküşü, Sy: 63, Bilgeoğuz Yay, İstanbul, 2010.

367 Mustafa AKDAĞ; Türkiye'nin İktisadi ve İçtimai Tarihi, c. l, Sy: 100, Cem Yayınevi, istanbul, 1974.

Her eyalet sancaklara, sancaklarda bir takım bölüklere ayrılmışlardı;her bölüğün subaşı dnilen çeri başılarıile bayrakdar ve çavuşları vardı[368]. Sancaklardan biri "Paşa Sancağı" adı ile beylerbeyliğin merkezini oluştururdu. Her eyaletin sancakbeyi, kendi beylerbeyliğine bağlıydı. Sancaklar da Binbaşılıklara ayrılmıştı. Subaşılıkların en önemli şehri sancakbeyinin idaresindeydi. Her subaşı, kendi bölgesindeki an önemli kazayı merkez seçerdi. Subaşılığa dahil köylerde sipahiler atanır ve , doğrudan doğruya subaşına bağlı olurdu.

Osmanlıda sipahilik soyluluk koşuludur. Osmanlılar Balkanlarda hristiyan süvari askerini soylu sayıp timar vermişlerdir[369]. Sefer zamanında sipahiler, her sübaşılıkta bulunan çeribaşı veya serasker denilen yüksek bir timar sipahisi tarafından toplanır ve subaşı komutasına gönderilen yerde sancakbeyinin kuvvetlerine katılırdı. Sancakbeyleri de, kendi sancakları askeri ile, beylerbeylerine ayrılan yerde birleşirler ve beylerbeyi komutası altında padişahın ordusuna katılırlardı. Bu askeri hiyerarşinin en büyük özelliği, sipahiden beylerbeyine kadar sistemin her üyesi, doğrudan doğruya merkezi hükümete bağlıdır. Bir sipahinin ilk defa timar alabilmesi padişah beratı ile mümkündür[370].

Eyaletlerden en küçük çiftliğe kadar uzanan bir düzen içinde uygulanan timar sistemi, hem her an savaşa hazır, her türlü donanımı tam olan büyük miktarda atlı ordu sağlıyor hem de geniş imparatorluk içinde en uzak ve küçük birimlere kadar uzanan bir güvenlik kuvveti sağlıyordu. Ayrıca o günkü ulaşım ve tekniğin yetersizliği nedeniyle merkezde toplanması güç olan ayni vergilerin yerinde alınması ve birtakım yükümlülükler ve görevler karşılığı olarak kullanılması, timar sistemi ile gerçekleşen önemli bir uygulamaydı[371].

Timar sisteminin temelini çiftlikler oluşturur. Osmanlı İmparatorluğunda, miri topraklar yönetime uygun bir biçimde, memleket arazisinin büyük bir kısmı, her yerin özelliklerine göre hesap edilerek reaya çiftlikleri hâlinde birtakım parçalara bölünür ve bu çiftlikler, onları işleyebilecek durumda olan çiftçilere, daimi ve irsi bir çeşit

---

368 İ. Hakkı UZUNÇARŞILI, Osmanlı Tarihi, Sy: 517. TTK Yay, Ankara, 1982.

369 Halil İNALCIK, devlet i Aliyye, Sy: 29, T. İş Bankası Yay, İstanbul, 2009.

370 Türk Silahlı Kuvvetleri Tarihi, III. Cilt, I. Ks, Gnkur Harp Tarihi Yay, Ankara, 1964.

371 Halil İNALCIK, Devlet i Aliyye, T. İş Bankası Yay, İstanbul, 2009.

kiracılık sözleşmesi ile bütün olarak terk edilirdi[372]. Böyle bir çiftliğin yarısı veya tamamı kendisine verilen köylü bu toprakları işlemekle yükümlü olurdu ve kişi üzerinde tahrir defterlerinde gösterilirdi.

Bu çiftlikler, timar sisteminin ve Osmanlı askeri, mali ve sosyal düzeninin temelini oluştururdu. Çünkü timar geniş anlamda, muayyen bir yere ait vergi gelirlerinden bir kısmının, padişah tarafından havale suretiyle bir şahsa tahsis ve tevcihidir. Bunun için devlet her şeyden önce elinde bulunan toprakların gelirlerini ayrıntılı olarak tespit eder ve bunu timar olarak tahsis ederdi. Bu iş memleket tahriri ile gerçekleşirdi. Bir çeşit sayım olan tahrir, bir padişah cülusunda, memleket gelirinde meydana gelen artış veya eksilmelerde ya da 20-30 sene gibi uzun sürelerde yapılırdı.

Timar tevcihi genellikle maaş karşılığı yapılırdı. En yüksek görevliler padişah da dahil- has olarak verilen ve vezirler beylerbeyleri ve sancak beyleri vs. aldığı verimli topraklar ile ağırlıklı olarak timarlı sipahilerin aldığı timar ve zeametler, göreve göre taksim ediliyordu. XV. yüzyılın ikinci yarısından itibaren, dirlik alan yüksek görevliler Enderundan yetişmiş devlet adamlarıydı ve ilmiyye sınıfı dışında kalan idari mekanizmada önemli rol oynuyorlardı. Bunlar dirlik olarak has alır ve bu haslar görevleri süresince ellerinde kalırdı. Halbuki, timar erine tevcih edilen toprak irsi olup babadan oğula geçerdi. Buna karşılık, timarlı sipahi bulunduğu yerden ayrılamazdı. Başka yere gittiği zaman elinden tımarı veya zeameti alınırdı.

Timar esas olarak bir vergi sistemdir[373]. Yalnız arazi değil, kişisel vergiler, göçebelerin vergileri, cerimeler ve diğer cezai vergiler ve hatta muamele vergilerinden oluşmuştur. Timarm arazi ile aynı tutulması, en geniş oranda arazi vergilerinin timara konu olmasından kaynaklanır. Timar, bir yere ait belli bir vergi geliri demektir. Bu da sınırı belli bir alanın timar olarak tevcihini gerekli kılar. Bu tevcih, vergi gelirinin tahsilini garanti altına almak üzere, o yer ve halkı üzerinde birtakım yetkiler de bağışlar. Ancak bu gelir, gerek tevcih beratında gerekse tahrir defterlerinde, miktarı ve toplanma şekli tamamen tayin ve tarif edilmiş, toplama ve harcama hakkı belli bir

---

372 İ. Hakkı UZUNÇARŞILI, Osmanlı Tarihi, C-I, Sy: 505, TTK Yay, Ankara, 1982

373 Robert MANTRAN, Osmanlı İmparatorluğu Tarihi, Sy: 157, T. İş Bankası Yayınları, İstanbul, 2011.

kişiye verilmiştir. Bu havale keyfiyeti timarın en önemli özelliğiydi. Osmanlı Devleti gelirlerinin bir kısmını merkezi hazinede toplayıp oradan harcama yapardı. Bir kısmını ise toplanıp gerekli harcamaların yapılması için timarlı sipahiye bırakırdı. Bu sistem para ekonomisinin yeterince gelişmemesinden de zorunlu idi. Bu havale ve tevcih doğrudan doğruya padişah tarafından yapılıyordu ve devlet hizmeti gören askeri sınıf mensupları timar alıyordu.

Sipahi toprak tasarrufunda üçüncü şahıstır. Devlet, toprağın asıl sahibi ve denetleyicisidir. Reaya, toprağı kullanma ve yararlanma hakkına sahiptir. Belgelerde sahibi arz olarak geçen sipahi ise, devleti reaya karşısında temsil eden kimsedir. Sipahinin toprak ve reaya ile ilişkilerine gelince; sipahi her şeyden önce, toprak tasarrufuna ait kanun ve nizamların uygulanmasına nezaret eder. Ancak, her çeşit hukuki muamele aynı zamanda mahalli kadının karar ve onayı ile geçerlilik kazanır. Reaya belli birtakım vergileri sipahiye ödemek zorundadır. Bu nedenle sipahi, toprak ve reaya üzerinde kanunun tayin ettiği bazı müdahalelerde bulunma hakkına sahiptir.

Sipahinin reaya toprağı üzerinde doğrudan doğruya bir tasarruf veya işletme hakkı yoktur. Sipahinin kendi tasarrufuna bırakılmış bir hassa çiftliği, bağı veya bahçesi vardır. Onlar üzerindeki hakkı, o yerde timar sahibi olarak kaldığı sürece geçerlidir. Sipahinin timar üzerindeki hakkı oğluna da geçer[374]. Fakat her şeye hâkim olan devlet ve hükümdardır. Osmanlı Hükümeti, toprağı fiilen işleyen köylüden ayrıca bir ürün vergisi (öşür) ve örfi vergiler alıp bunları timara tahsis etmektedir. Timar sisteminin devlet için zorunlu olması, sipahiye ait vergilerin düzenli ve eksiksiz ödenmesinin sağlanması ve arazi bütünlüğünün korunması için gereklidir. Reaya elindeki arazinin parçalanmayacağı esasına dayanan kanunlar da bunu göstermektedir.

Timar erlerine ayrılan vergilerin başında toprak ürünlerinden alınan öşür vergisi gelmektedir. Aşar, her çeşit üründen alınan ayni vergidir. Osmanlı Imparatorluğu'nda hububat aşarı salariye denilen bir vergi ile beraber alınır ve ürünün sekizde birine yükselir. Salariye, saman karşılığı alınmaktadır. Müslüman olmayan reaya da salariye verir. Aşar, tarım ekonomisine dayanan Osmanlı imparatorluğu'nun

374 Robert MANTRAN, Osmanlı İmparatorluğu Tarihi, Sy: 157, T. İş Bankası Yayınları, İstanbul, 2011.

en büyük vergi kaynağı olup timara bağlıdır. Reaya, timar sahibi veya vekili gelmeden ürününü bir hafta tarladan kaldırmazdı.

Timarli sipahinin bilinen en önemli görevi, devletin eyalet askerini oluşturmasıdır. Bu teşkilatta sancak daima en önemli askeri birliği oluşturmaktadır. Bir sancaktaki boş timarlar, ancak o sancaktaki sipahiye verilir ve sancağın bütünlüğü korunurdu. Timarlı sipahilerin donanımı ve beraber getirdikleri yardımcılar gelirlerine göre değişirdi. 2. 000 akçeden fazla geliri olanlar bir köle, 3. 000 akçeden yukarı geliri olanlar, sipahi gibi tam bir asker (cebelu) getirmek ve kendileri de örme zırh giymek zorunda idiler[375]. 4. 000 akçeden yukarı geliri olanlar bir cebelü bir köle ve bir ufak çadır getirirlerdi. Sipahiler genellikle her 3. 000 akçelik gelir için bir cebelu, subaşılar her 4. 000 akçe için, sancakbeyleri de her 5. 000 akçe için bir cebelu getirirlerdi. Böylece paşaların, beylerin ve büyük timar sahiplerinin kendi şahıslarına bağlı büyük bir maiyetleri olurdu. Beylerin cebelu ve gulamı genellikle satın alınmış kölelerdi ve sipahiye veya sancak beyine bağlı idiler[376].

Timarlı sipahi, kendisine yüklenen askeri sorumluluğu yerine getirebilmek için, maaşı olan timardan gelirini tam olarak alması gerekirdi. Bu durum da ona reaya üzerinde birtakım hak ve yetkiler verir ve böylece hem askeri hem de sivil yönetimi, birbiri ile bağlı olarak yürütebilirdi. 16. yüzyılda , ortalama bir sipahinin yıllık geliri, 3, 000 akçe dolayında idi. [377]

Sipahiler, köylerde oturur, köylüleri kontrol eder, asayişi korur, eşkiyalığa meydan vermez, suçluları yakalar ve kadı naibinin verdiği kararı yerine getirirdi. Böylece polis hizmetini köye kadar ulaştırmış olurdu. Subaşı ve sancakbeyi, aynı görevleri daha geniş olarak yerine getirirlerdi. Sancaktaki idam gibi ağır cezaların uygulanma yetkisi ise sadece sancak beyine aitti.

Kanunnamelerde timarlı sipahinin yetkileri her bölge, her liva için ayrı ayrı belirlenmiştir. Sipahi yetkilerini tam olarak kullanmalı, böylece görevini tam yapmalıydı. Reaya sipahinin yetkilerini bilip,

---

375 Halil İNALCIK, devlet i Aliyye, Sy: 30, T. İş Bankası Yay, İstanbul, 2009.

376 Osmanlı Klasik Döneminde Tımarlı Sipahinin Yönetimdeki Yeri, Sy: 102, Gnkur ATASE Yayınları Sayı: 27, , Ankara, 1989.

377 Robert MANTRAN, Osmanlı İmparatorluğu Tarihi, Sy: 244, T. İş Bankası Yayınları, İstanbul, 2011

ona saygı gösterirdi. Fakat sipahi yetkisinin dışına çıkıp da reayaya 'kötü davranırsa, reaya hakkını arayabilirdi.

Önce, genel yönetim sisteminde merkezi hazine adına vergileri toplayan kapıkulları eminler veya mültezimler yolsuzluklara başlamıştır. Bu sistemde vergi toplayanlara kanun, hizmetleri karşılığı reayadan maişet, aidat ve başka adlar altında, doğrudan doğruya kendileri için belli bir ücret alma yetkisini tanımıştır. Kanunda bu ücret belli olduğu hâlde, hizmet sahipleri bunu arttırma eğilimi göstermişlerdir. Fakat, kanunun tanıdığı aidatla rüşvet arasındaki çizgiyi çizmek genellikle zor olmuş ve Osmanlı kanunlarınca büyük suç sayılan rüşvetler çoğalmıştır. Bu yolsuzluklar genellikle, fethedilen topraklarda Osmanlı kanunu uygulanmaya başladıktan sonra, sipahinin eskiden o topraklarda uygulanan vergi sistemine göre de vergi almak istemesi şeklinde kendini gösterirdi. Bu yolsuzluklar daha XVI. yüzyılın başlarında kendini göstermiş ve padişahların "adaletnameler" adı altında hazırladığı emirlerle düzeltilmeye çalışılmıştır. Fakat, giderek artan usulsüz davranışlar sonuçta tımar sisteminin uygulamadan kaldırılmasını zorunlu kılmıştır. Tımar Sistemi'nin bozulması da Osmanlı İmparatorluğunun askeri yönden gerilemesinin çok önemli bir sebebidir[378].

ç. Osmanlı Merkez Ordusu ve Yeniçeri Ocağı

Orhan Bey devrinde şehzade Süleyman Paşa, 1354'te Gelibolu bölgesine yerleşip 1362'de Edirneyi fethettikten sonra , Rumeli'ye devamlı kuvvet geçirmek ve bu kuvveti ayakta tutabilmek için, "daimi" bir teşkilata ihtiyaç olduğunu görerek, Rumeli'de aldığı esirlerden faydalanacak yeni bir yöntem ortaya koymuştu. Buna göre; elindeki 1000 kadar esiri çok kısa bir eğitimden sonra kendi askeri teşkilleri arasına katarak 2 akçe gündelikle sefere götürmüştür. Bu usul, Süleyman Paşanın ölümünden sonra dahi bir müddet daha bu bölgede devam etmiştir[379].

Murat I. zamanında fetihler sonucunda devletin sınırları Ankara'dan Çanakkale'ye kadar genişlemiş, Avrupa kıtasında da

378 Erdal AKKAYA, Türk Ordusundaki Stratejik ve Doktriner Değişiklikler, Sy: 21, Yüksek Lisans Tezi, Ankara Üniversitesi, Ankara, 2006.

379 İ. Hakkı UZUNÇARŞILI, Kapıkulu Ocakları, I. Cilt, Sy: 145, TTK Yay, Ankara, 1982.

elde edilen başarılar daha fazla askere lüzum göstermişti. Tımarlı sipahiler gibi yalnız savaş zamanı toplanan yaya ve müsellem kuvvetleri de ihtiyaca yetmediğinden, devletin elinin altında daimi surette hazır bir askeri güce ihtiyaç duyuldu. Bu sebeple, yeni bir teşkilatla, esirlerden faydalanarak maaşlı ve daimi bir askeri kuvvet vücuda getirilmesi düşünülmüş ve böylece "kapıkulu ocakları" teşkilatına esas olan "pençik" sistemi meydana çıkmıştır.

(1) Pencik Kanunu: Devşirmeliğin temeli 1362'de Pencik Kanunu'nun çıkarılmasıyla atılmıştır[380]. Kanuna göre savaş esirlerinin beşte biri devlet hazinesine aittir. Bu vergi, esir başına 125 akçe kıymet üzerinden nakden ödenebildiği gibi, savaşçıların esir ettiği beş kişiden birinin devlete teslim edilmesi şeklinde, yani aynen de ödenebilmektedir. Aynen yapılan ödemelerde, devletin elinde toplanan esirlere pencü yek[381], yani beşte bir anlamına pencik oğlanları denilmiştir. Pencik Kanunu, üç büyük hedef gütmektedir[382]:

(a) Türkleştirmek-İslâmlaştırmak.

(b) Egemenliğimiz altındaki Hıristiyan toplumlarını fizik olarak güçlü, yetişmiş veya yetişebilir müstakbel liderlerden yoksun bırakarak hakimiyetimizin devamını sağlamak ve bu yetişmiş veya yetişebilir beyinleri Türk Devleti'nin menfaatleri için kullanmak.

(c) Nüfus konusunda mümkün olduğu kadar devlet lehine denge kurmak.

Devletin, Osman Gazi zamanından beri sürekli olarak Batı'ya doğru genişlediği ve yeni fetihlerle Türk olmayan nüfusun devamlı olarak arttığı tartışılmaz bir gerçek olduğunu göre, devletin bekasını sağlamak için Pencik Oğlanları Kanunu' un yapıldığını söyleyebiliriz. Anlaşılan, devletin kuruluşu sırasında Türklerden oluşan piyade ve süvari askeri, fütuhat genişleyince kâfi gelmemeye başlamıştır[383]. Bu kanunla hiç olmazsa savaş esirlerinin Türkleştirilmesi sağlanmak istenmiş, kalabalık Avrupa ordularına karşı dövüşen Türk askerinin

---

380 Türk Silahlı Kuvvetleri Tarihi, III. Cilt, I. Ks, Sy: 201, Gnkur Harp Tarihi Yay, Ankara, 1964.

381 Halil İNALCIK, Devlet iAliyye Sy: 57, T. İş Bankası Yay, İstanbul, 2009.

382 Necdet SEVİNÇ, Osmanlının Yükselişi ve Çöküşü, Sy: 205, Bilgeoğuz Yay, İstanbul, 2010.

383 İ. Hakkı UZUNÇARŞILI, Devşirme Mad, C: 3Sy: 563, İslam Ansiklopedisi, İstanbul, 1977

de takviye edilmesi düşünülmüştür[384]. Ancak devşirme kanunu ile ortaya çıkan yeniçerilik sisteminin, esasen saltanatı korumak ve bu muhafız kuvvetinin Müslüman Türkleri kontrol etmek için teşkilatlandırıldığını da ifade etmek mümkündür[385].

Kanun, beş esir getiren gaziyi, esirlerden birini devlete vermekle yükümlü kılmakta, ancak esir sayısı beşten az olursa, devlete esir başına 25 akçe vergi emretmektedir. Bu duruma göre kanunun, gazileri daha fazla esir getirmeye teşvik etmek, dolayısı ile daha fazla Hıristiyan'ı İslâmlaştırmak için yapıldığı düşünülebilir.

d. Devşirme kanunu

Pencik oğlanları Kanunu'ndan sonra, devşirmeliğin bir diğer hukuki dayanağı da Devşirme kanunu'dur. Türk Ordusu, Ankara Meydan Savaşı'nda bir diğer Türk Ordusu tarafından kısmen imha edilince, silâhlı kuvvetlere yeni insan kaynağı bulmak mecburiyeti hissedilmiş, bu sebeple Pencik Kanunu'nun yerine Devşirme Kanunu yürürlüğe konmuştur. Çünkü Ankara bozgunu ve bozgundan sonra başlayan şehzadeler kavgası Batı'ya yapılan akınların durmasına, dolayısıyla Pencik Oğlanları Ocağı'nın kapanmasına yol açmıştır. Bu yeni kanuni ile baştanbaşa gayrimüslim olan Rumeli halkı tedrici surette Müslümanlaştırılacak ve aynı surette Müslüman olan bu bir kısım askerle Türk Ordusu kuvvetlenecekti[386].

Devşirme Kanunu, Pencik Kanununda olduğu gibi esirlerin değil, egemenlik altında bulunan hristiyanların Türkleştirilmesi amacını gütmekte[387] ve şu hükümleri getirmektedir:

1) Devşirilecek oğlanlar 8-20 yaş arasında olacaktır.
2) Devşirilecekler sağlıklı, fizik yapıları askerliğe müsait olacaktır.
3) Devşirme işleminin belirli bir zamanı ve günü yoktur.
4) Bir ailenin tek erkek evlâdı var ise devşirilemez.

---

384 Necdet SEVİNÇ, Osmanlının Yükselişi ve Çöküşü, Sy: 205, Bilgeoğuz Yay, İstanbul, 2010.

385 M. Philips PRICE, Türkiye Tarihi, Sy: 79, T. İş Bankası Yay, İstanbul, 1977.

386 İ. Hakkı UZUNÇARŞILI, Osmanlı Devlet Teşkilatında Kapıkulu Ocakları C: 1, Sy: 13, Ankara, 1984.

387 Türk Silahlı Kuvvetleri Tarihi, III. Cilt, I. Ks, Sy: 205, Gnkur Harp Tarihi Yay, Ankara, 1964.

5) Devşirilecek oğlanların mutlaka bekâr olmalıdır.

Ayrıca anası babası ölmüş bir çocuk terbiyesi noksan ve aç gözlü olacağından devşirilmesine izin verilmezdi. Evlilerin, İstanbul'u görüp memleketlerine dönenlerin "Yırtılmış" olacakları için devşirilmeleri yasaktı[388]. Bu hükümler uyarınca devşirilen hristiyan çocukları son bir elemeye tâbi tutulur, en seçkinleri Enderun oğlanı olarak saray hizmetlerinde yetiştirilmek üzere Enderun Okulu'na alınır, gerisi Acemi Oğlanlar Ocağı'na gönderilirdi. Bu ocakta eğitimlerini tamamlayan devşirmeler, Yeniçeri Ocağı'na alınarak asker olurlardı. Enderunlular ise sarayın ve devletin çeşitli hizmetlerine tayin edilerek sancak beyliğine, beylerbeyliğine, ordu ve donanma komutanlığına, vezir-i azamlığa kadar yükselebilirlerdi[389]. Yine de Yeniçeriler, padişahların etrafında bir muhafız alayı ve ihtiyat kuvveti olmaktan başka bir şey olmamıştır[390].

Devşirme Kanununa göre Müslüman çocuklar yeniçeri olamazdı. Bosna ele geçirildikten sonra yerli halk toplu olarak Müslümanlığı kabul etmiş, Fatih Sultan Mehmet'ten evlatlarının devşirme alınması için dilekte bulunmuşlardı. Bunun üzerine Fatih, Bosnalı Müslümanlardan da devşirme alınmasına izin vermişti.

Fatih Sultan Mehmet, 1458'da Enez'i ele geçirdikten sonra, Hıristiyanlardan 150 çocuk seçerek beraberinde Edirne'ye getirmişti. Yine Fatih, Trabzon'u zapt ettikten sonra (1481), kentin delikanlılarından 800 kişiyi ayırarak Kapıkulu Ocakları için gemilerle İstanbul'a göndermişti. Gedik Ahmet Paşada Keye'yi zapt ettikten sonra (1475), buradaki Cenevizlilerden topladığı 1. 500 delikanlıyı İstanbul'a getirerek Yeniçeri Ocağına vermişti.

XV. yüzyıl sonu ve XVI. yüzyıl başından itibaren devşirme sistemi Anadolu'daki Hıristiyan tebaaya da uygulanmaya başlanmıştı[391]. İlk olarak Rumeli'de uygulanan kanunla Arnavutluk, Yunanistan, Bul-

---

388 İ. Hakkı UZUNÇARŞILI, Osmanlı Devlet Teşkilatında Kapıkulu Ocakları C: 1, Sy: 18, Ankara, 1984.

389 Necdet SEVİNÇ, Osmanlının Yükselişi ve Çöküşü, Sy: 208, Bilgeoğuz Yay, İstanbul, 2010.

390 İ. Hami DANİŞMEND, İzahlı Osmanlı Tarihi Kronolojisi, C: 4, Sy: 110, İstanbul, 1972.

391 Askeri Tarih Bülteni, Sy: 18, Genelkurmay ATASE Yayınları, Sayı: 26, Ankara, 1989.

garistan, Adalar, daha sonra da Sırbistan, Bosna ve Macaristan'dan devşirme alınmıştır[392].

Devşirme işini XVI. yüzyılın ilk yarısına kadar beylerbeyi, Sancakbeyi ve kadılar yürütürken; bu işe rüşvet ve kayırma gibi yolsuzluklar karıştığından, sistemin uygulanması bu tarihten sonra bir yasayla Yeniçeri Ocağı'na bırakılmıştı. Yasaya göre, ocaktan, sekbanbaşı, solakbaşı, zağarcıbaşı seksoncubaşı, zemberekçibaşı, hasekiler, deveciler veya yayabaşılardan biri maiyetiyle birlikte devşirmeye memur edilirlerdi. Devşirmeye memur edilen komutanın eline devşirme fermanıyla yeniçeri ağasının kapalı ve mühürlü bir yönergesi verilirdi. Toplanan devşirmelerin künyeleri bir deftere yazılır, sürücüler gözetiminde merkeze gönderilirdi.

Yeniçeri ocağına alınan eratın isimleri, künyeleri ve eşkaliyle, alacakları gündelik miktarı "kütük" denilen bir ana deftere (ulufe defteri) kaydolunur, bu şekilde ocağa gelişigüzel adam alınmazdı. Nitekim devşirme kanunu çıkıncaya kadar yeniçeri ocağına pençik oğlanlarının dışında hiçbir yerden erat alınmazdı. Yeniçeri ocağına alınacak acemiler, ocaktaki boş kadrolara göre az veya çok sayıda olurdu. Acemi ocağında kanuni süresini dolduran kıdemli acemileri, Yeniçeri Ağası tarafından divana arz edilir, müteakiben "kapuya çıkarlardı". yani yeniçeri ocağına geçerlerdi. Bu yeni erler, yeniçeri ağasının gözetim ve sorumluluğu altında ortalara ayrıldıktan sonra, ota erleri, bir sıra yapılıp, kendi koğuşlarına doğru koşturulur ve koğuşa ilk giren acemi diğer yeni arkadaşlarından kıdemli sayılırdı[393].

İlk defa olarak yeniçeri ocağına alınan 1000 kadar er, 100'er kişilik 10 birliğe bölünmüş ve bu birliklerden her birine "orta" adı verilmişti ki, bu terim, sonradan süvari hariç diğer kapıkulu ocaklarında da kullanılmıştır[394]. O zaman kullanılmış olan "orta" teriminin bugünkü teşkilatlarda bir benzeri yoktur. Bazı tarihçiler bu teşkilata zaman zaman bölük, tabur hatta alay benzetmesi yapmışlardır. İlk zamanlar ortalama 100'er kişilik olan bu ortalar, sonraları yavaş yavaş

---

392 Bülent ARI, Acemi Ocağından Yeniçeri Ordusuna ve Tımarlı Sipahiler, Sy: 158, Genelkurmay ATASE Yay, Ankara, 2009.

393 Türk Silahlı Kuvvetleri Tarihi, III. Cilt, I. Ks, Sy: 210, Gnkur Harp Tarihi Yay, Ankara, 1964

394 İ. Hakkı UZUNÇARŞILI, Osmanlı Devlet Teşkilatında Kapıkulu Ocakları C: 1, Sy: 128, Ankara, 1984.

yeknesaklığını kaybetmiştir. Mesela bazılarının mevcudu 100'den aşağı iken, bazılarının mevcudu birkaç yüz hatta sonraki devirlerde 2000-3000 olmuştur[395].

Birçok tarihi eserde "orta" ve "oda" terimleri birlikte kullanılmaktadır. "Orta" terimi, birliği tarif ederken, "oda" terimi birliğin barındığı yer (kışla, koğuş, karargah) anlamındadır. Zira yeniçerilerde her bir ortanın "oda" denilen bir kışlası vardır. Orhan Bey döneminde teşkil edilen ilk muvazzaf piyade unsuru olan "yaya" askerleri gibi, yeniçeriler de ilk defa 1000 kişi olarak kurulmuştu. Ocağın ilk ortaları olan yeniçeri yaya bölüklerine daha sonra "cemaat ortaları" adı verilmiştir. Adı geçen bu ortalar da kendilerine verilen isme uygun görevlerde bulunurlardı. Bunlar; "solaklar", "turnacılar", "zağarcılar", "seksoncular (samsuncular)", "zenberekçiler", "hasekiler"dir[396].

"Solaklar"; dört ortadan oluşmaktaydı. Bunlar, hükümdar muhafızı ortalar idi. Cesur, kuvvetli, boylu poslu, tecrübeli, sözü dinlenir ve anlayışlı olan yeniçeriler arasından seçilirlerdi. Bu ortaların komutanlarına "solakbaşı" denirdi. Solaklar harp meydanında padişahı her tarafından çevirirler, kimseyi yanına yaklaştırmazlardı[397].

"Turnacılar"; Turnacı ortası, Yıldırım Beyazid zamanında Vidin Kalesi zapt edilince oraya muhafız olarak atanmıştı. Turnacılar aynı zamanda, av kovalayan av köpeklerine, balıkçıl ve diğer kuşları tutan tazılara bakarlar; birkaç turna beslerler ve padişahla birlikte ava giderlerdi. Turnacı ortasının komutanına "turnacıbaşı" denilirdi ve yeniçeri teşkilatı içerisinde büyük komutanlardan sayılırdı[398].

Zağarcılar; padişah için "zağar" denen av köpeği beslerler ve padişahla birlikte ava giderlerdi. Zağarcı ortasının komutanına "zağarcıbaşı" denilirdi.

Seksoncular (Samsuncular); sekson veya samsun denilen ve ayı avında kullanılan, aynı zamanda da savaşlarda kullanılan köpekler

---

395 Türk Silahlı Kuvvetleri Tarihi, III. Cilt, I. Ks, Sy: 210, Gnkur Harp Tarihi Yay, Ankara, 1964

396 Türk Silahlı Kuvvetleri Tarihi, III. Cilt, I. Ks, Sy: 211-216, Gnkur Harp Tarihi Yay, Ankara, 1964.

397 Türk Silahlı Kuvvetleri Tarihi, III. Cilt, I. Ks, Sy: 211, Gnkur Harp Tarihi Yay, Ankara, 1964.

398 Türk Silahlı Kuvvetleri Tarihi, III. Cilt, I. Ks, Sy: 214, Gnkur Harp Tarihi Yay, Ankara, 1964.

beslerlerdi. Padişah sefere gittiğinde seksoncular da köpekleriyle birlikte savaşa giderlerdi. Seksoncu ortasının komutanına "seksoncubaşı" denilirdi.

Zenberekçiler; Osmanlı ordusunda "zenberek" veya "zenburek" denilen, kale muhasaralarında sıkça kullanılan ve büyük bir yaya benzeyen silahı kullanan yeniçerilerin ortasıydı. Zenberek ortasının komutanına "zenberekçi başı" denilirdi.

Ordunun muvazzaf bölümünü teşkil eden kapıkulu askerlerinin yaya bölümü olarak bilinen yeniçerilerin büyük kısmı, İstanbul ve çevresinde, diğerleriyse Anadolu ve Rumeli'deki kale ve büyük şehirlerde bulunmaktaydı. Yeniçeri ocağında 17'nci Yüzyıl başlarında 196 orta mevcuttu. Yeniçeri ortalarından 41 adedi; Irak (28), Anadolu (10), Kafkasya (1) ve Suriye'de (2) bulunuyordu. Avrupa'nın değişik bölgelerinde 43 orta konuşlanmışken İstanbul'da 81 orta bulunmaktaydı.

Yeniçeri orta teşkilatına Fatih Sultan Mehmet ve II. Beyazid dönemlerinde müdahale edilmiştir. Fatih, tahta geçtiği ilk dönemlerde kapıkulu ordusunu yeniden düzenlemek adına, I. Murad döneminden beri mevcut olan ve kendi döneminde 34 ortadan oluşan sekban bölüklerini 1451'de ocağa dahil etmiştir. [399] II. Beyazid de tamamı devşirmelerden oluşan "Ağa Bölükleri" adıyla yeni bir askeri teşkilat meydana getirerek, bunları yeniçeri ocağı bünyesine almıştır. Böylelikle yeniçeri ocağı; önceden var olan cemaat ortaları ile sekbanlar[400] ve ağa bölüklerinden meydana gelen üç bölümlü bir kuruluş haline geldi. [401]

Yeniçeri Ocağının büyük rütbeli subayları sırasıyla şöyledir: Yeniçeri Ağası, Sekbanbaşı, Kul Kethüdası, Zağarcıbaşı, Seksoncubaşı, Turnacıbaşı. Mevkileri itibarıyla sıralanan yukarıdaki komutanlar haricinde, cemaat ortaları, sekban ortaları ve ağa bölüklerinin de rütbe sıralaması şöyledir. Çorbacı, Oda kethüdası, Odabaşı, Vekilharç. Bayraktar, Başeski, Usta veya Aşçıbaşı.

---

399 Aydın TANERİ, Osmanlı Kara ve Deniz Kuvvetleri, Kültür Bakanlığı Yayınları, Ankara 1981, s. 144

400 Hülya TOKER Osmanlıdan Günümüze Türk Ordusu, Güvenlik Stratejileri Dergisi, SAE Harp Akademileri, İstanbul, 2005

401 C. ARSLANOĞLU, İ KAYABALI , Türk Ordusu Tarihi, Sy: 231, Dede Korkut Yay, İstanbul 1976.

Yeniçeri teşkilatının en verimli ve en disiplinli olduğu ilk devirlerde bütün ocak mensuplarınca titizlikle uygulanan kuralların esaslarından bir kısmı şöyledir: Komutan ve subaylara mutlak itaat edilmesi, Hepsinin tek vücut gibi bir bütün olması, kışla ve karargahları ile bir yerde bulunmaları, Askerliğe, mertliğe yakışmayan gösterişten uzak kalarak sadelik içinde yaşamaları, İslami kuralları yerine getirmeleri, yeniçerilerin kendi subaylarından başkası tarafından cezalandırılamaması ve mükafatlandırılamaması, sakal bırakmamaları, evlenmemeleri yasaktı.

Daha sonraları evlenmelerine ve kışlaları dışında kalmalarına izin verilmiş ve bu uygulamalar teşkilatın hızla bozulmasına ve eski gücünü kaybetmesine neden olmuştur. XVII. Yüzyılın ortalarından itibaren artık kışlada yatan çok az kişi kalmıştır. Başka bir işle, meslekle uğraşmamaları. Yeniçeriler bu kanunlara uydukları sürece düzenlerini ve itibarlarını muhafaza etmişler, aksi uygulamalar başladıktan sonra kudret ve kuvvetlerini kaybetmişlerdir. Osmanlı ordusunun çoğunluğunu sanıldığının yeniçeriler değil Türklerden oluşan birlikler oluşturmaktaydı. Kanuni devrinde yeniçeri sayısı 15. 000 civarında iken Türk ırkına mensup akıncılar müstesna, yalnız timarlı sipahinin sayısı 200. 000'dir[402]. Öyleki büyük Türk zaferlerinde savaşın talihini tayin eden süratli çevirme hareketleri hep timarlı sipahiler tarafından gerçekleştirilmiştir[403].

Yeniçeri ocağında; İmam-ı Azam bayrağı, ağa sancağı, ocağın alay (merasim) bayrağı, kethüda bayrağı, orta ve bölüklerin bayrakları vardı. Ocağın alay bayrağı, yarısı sarı ve diğer yarısı kırmızı renkteydi. Sefere gidilirken düzenlenen merasimdeki geçit resmi esnasında, Yeniçeri ağasının yedek atları arkasından ocağa ait olan ve adına "İmamı Azam Bayrağı" denilen beyaz sancak giderdi. İmamı azam Bayrağı, beyaz ipekten olup, ordugahta ağanın çadırı önünde dikili dururdu. Bölük ve orta bayrakları da, o orta ve bölük komutanlarının

---

402 Necdet SEVİNÇ, Osmanlının Yükselişi ve Çöküşü, Sy: 212, Bilgeoğuz Yay, İstanbul, 2010.

403 Halil İNALCIK, Osmalı Tarihi Timar Rejimi ve Sipahi Ordusu, Sy: 139, T. K. D. Sy: 118, Ankara, 1972.

çadırları önüne dikilirdi. Savaş öncesi "Gülbank" denilen H. Bektaş Veli'yi yardıma çağıran dualar okunurdu. [404]

Yeniçerilerin ilk devirlerde kullandıkları silahlar başlıca; ok, yay, eğri ve geniş yüzlü kılıç, kalkan, hançer, yatağan, kargı ve balta (nacak) olup, içlerinde zırh giyenler azdır. Atlı yeniçerilerin (atlı zağarcılar ve sekbanlar) ve ocağın büyük subaylarıyla, yayabaşı, bölükbaşı ve odabaşıların atlarının eğerlerinin bir tarafında kalkanla bozdoğan denilen başı topuzlu çomak asılırdı. Bu dönemlerde ok talimi için bir talimhane (tüfek kullanımı yaygınlaştıktan sonra tüfek talimhanesi olarak kullanılmıştır) vardı. Burada ok talimleri, sonrasında tüfek eğitimleri yapılırdı. Yeniçeriler bu yüzyıllarda (XIV. Yüzyılın son yarısı ile XV. yüzyılın ilk yarısı), ok, yay, kılıç, kalkan, kargı, bıçak gibi harp aletlerini kullanırlardı. Ayrıca savaşlarda siper kazmak için kendilerine kazma ve kürek de verilirdi.

16'ncı yüzyılın ortalarına doğru Osmanlı ordusunda başta yay ve ok almak üzere durum, ateşsiz silahlar lehine idi. Bu yüzyılın başında Osmanlı ordusunda yeniçeriler tüfek kullanmaya başlamıştı. Yüzyılın ortalarına doğru orduda tüfek miktarı artmış ve hatta cemaat ortalarından biri "Tüfekçi Ortası" adını almıştı. Kıbrıs seferinin cereyan ettiği 1570-1571 tarihlerinde de durum aynıydı. Orduda tüfekle beraber ok, yay, kılıç, gürz ve mızrak gibi geleneksel silahlar kullanılmaya devam ediyordu. Piyade tüfeği; "Arkebüs (arquebuse) ve fitilli Muske (mousqet a meche) denilen ağır piyade tüfekleri idi. Bunlar başlangıçta yalnız yeniçeriler tarafından kullanılmaktaydı. Sonraları sipahiler de kullanmaya başlamışlardı. Bu tüfekler değişik çap ve büyüklüklerde olup, oldukça kaba ve ağır idiler. Taşımak için bir yeniçeri veya sipahi yeterli değildi. Daha fazla insana ihtiyaç gösteren bu tüfekler, ancak hayvanlar üzerinde taşınabilmekteydi.

16'ncı Yüzyılın ortalarından itibaren bu tüfekler nispeten hafifletilerek, kısa mesafeler için bir kişi tarafından taşınabilir hale getirilmişti. Bu tüfeklerin kurşunları 6, 9, 15 ve 25 dirhem (bir dirhem: 3, 20 gr.) ağırlığında idi. Bu değişik çap nedeniyle imalathaneler yeteri kadar mermi yetiştiremiyorlardı. Bu maksatla ordunun arkasında arabalarla külçe kurşun taşınır, verilen ölçülere

---

404 Robert MANTRAN, Osmanlı İmparatorluğu Tarihi, Sy: 239, T. İş Bankası Yayınları, İstanbul, 2011

göre muharebe alanında kurşun dökülürdü. Dökülen bu kurşunlar dört köşe kesilip kullanılırdı. Yeniçerilerin çoğunun özel tüfek ve kurşunları vardı. Bu tüfeklerin bazıları süslü, gümüş kakmalı ve üzerinde ayetler yazılıydı.

Yeniçerilerin hepsinin birden savaşa gitmesi, III. Murat devrine kadar padişahın da sefere çıkmasıyla oluyordu. Fakat 1593 tarihinden sonra bütün yeniçeri ve diğer kapıkulu eratının Vezir-i Azam ve Serdar-ı Ekrem ile savaşa katılmaları gereği kanunla tespit edildi. Padişah sefere giderken sınır kaleleriyle sınır kazaları dışında kalan öteki kale ve şehirlerdeki yeniçerilerin de sefere katılmaları gerekiyordu.

Padişahla birlikte savaşa giden yeniçerilerin önden gitmeleri gerekiyordu. Konak yerlerinde yeniçeri çadırları, "Otağ-ı Hümayun" adı verilen padişah çadırının iki tarafına kurulurdu. Yeniçeriler savaş için İstanbul'dan yola çıkınca, Davutpaşa'da padişahın korunması için bir miktar kuvvet bıraktıktan sonra kestirmeden Filibe'ye gider ve orada Edirne yoluyla gelen padişahı karşılarlardı. Kapıkulu ocaklarının İstanbul'dan çıkış ve girişlerinde merasimle karşılanmaları kanundu. Kapıkulu erlerinin sefere gideceği kesinleşince, yeniçeri ağasının ve yeniçeri ocağının tuğları ağa kapısına dikilirdi. Sefer Rumeli yakasındaysa ilk durak Davutpaşa, Anadolu yakasındaysa Üsküdar'daki Doğancılar Meydanı olurdu.

Savaş alanında, merkezde sultanın önünde dokuz sıra halinde savaşırlar; her bir sıra atışını yaptıktan sonra, bir dönüş hareketi ile yerini bir sonraki sıraya bırakırlardı. Yürüyüşlerde gece gündüz sultanı çevirir ve korurlardı. Her türlü durumda; "solak" diye adlandırılan 60, 61, 62 ve 63'üncü ortalar, özel olarak sultanın korunması ile görevliydiler.

Kalelere saldırmak ve başka tehlikeli görevler için, yeniçeriler arasından gönüllü "serdengeçtiler" ayrılırdı. Bunlar hem fazla yevmiye alır, hem de görevden sağ olarak döndükleri takdirde hızla terfi ettirilirdi. Serdengeçtilerden hayatta kalanlar, bir imtiyaz olmak üzere "serdengeçti kavuğu" adında, üzeri tüylerle süslü ve giyene büyük bir heybet veren özel bir kavuk giyerlerdi.

Değişik dönemlere ait yeniçeri ocağının mevcutları şöyledir: 1451'de 3. 000, 1477'de 10. 000, 1481'de 8. 000, 1520'de 12. 900, 1526'da 12. 000, 1560'da 13. 357, 1567'de 12. 798, 1574'de 13. 599, 1582'de 12.

900 idi[405]. Daha sonra hızla artarak 1595'de 26. 000, 1597'de 30. 000, 1609'da 37. 627, 1653'te 70. 394 ev 1715'te ise 100. 000'den fazladır[406]. 16'ncı Yüzyılın sonlarından itibaren bozulmaya başlayan yeniçeri ocağı teşkilatında mevcutlar iyice artmışken, Dördüncü Murat'ın tedbirleriyle 1640'da 17. 000'e indirilmiştir. 1685 yılında ise, otuzaltı büyük kentte toplam 13, 793 yeniçeri bulunmaktaydı. [407] Yeniçerilerin sayılarının azaltılması uygulaması daha önceki yıllarda da başvurulan bir yöntemdi. [408] Daha sonra ocak mevcudu, 1804'de 64. 456, 1826'da 100. 000 olmuştur. Sayılarının bir ara 120. 000'e kadar çıktığı görülmüştür[409].

e. Yeniçeri Ocağının Bozulma Sebepleri:

Yeniçeri Ocağı, imparatorluğun gücünü kaybetmesine paralel olarak eski gücünden hızla uzaklaşmıştır. Bunun başlıca nedenleri şöyle sıralanabilir[410]:

(1) Kanuni Sultan Süleyman'dan sonra gelen padişahların sefere gitmemeleri ve ocak üzerindeki otoritelerini yitirmeleri[411],

(2) Disiplinsizlik olaylarında suçluların hak ettikleri cezayla cezalandırılması yerine taviz verilmesi, bu durumun yeniçerileri şımartması ve azgınlaştırması[412],

(3) Vezirlerin, devlet adamlarının yeniçerileri kendi politik çıkarları için kullanmaları ve isyana teşvik etmeleri,

---

405 Yılmaz Öztuna, Osmanlı Devleti Tarihi II. Cilt, Sy: 95, Faysal Finans Kurumu Yayını, İstanbul 1986,

406 İ. Hakkı UZUNÇARŞILI, Osmanlı Devlet Teşkilatında Kapıkulu Ocakları C: 1, Sy: 614, Ankara, 1984.

407 Robert MANTRAN, Osmanlı İmparatorluğu Tarihi, Sy: 434, T. İş Bankası Yayınları, İstanbul, 2011.

408 Sipahi ÇATALTEPE, 19. Yüzyıl Başlarında Avrupa Dengesi ve Nizam-ı Cedid Ordusu, Sy: 9, Göçebe Yayınları, İstanbul, 1997,

409 Yılmaz ÖZTUNA, Osmanlı Devleti Tarihi II. Cilt, Sy: 95, Faysal Finans Kurumu Yayını, İstanbul 1986.

410 Piyadenin Tarihi, Sy: 2-15, Piyade Okulu Yay, , İstanbul 2005,

411 Abdülkadir ÖZCAN, Osmanlı Devleti'nin Askerî Yapısı, 10. Cilt Sy: 198-210, Türkler Ansiklopedisi, Ankara, 2002.

412 Alphonse De LAMARTINE, Osmanlı Tarihi, II, Sy. 1012, , Sabah Yayınları, İstanbul, 1991.

(4) Esas bozulmanın başladığı 16'ncı y. y. 'da, padişah fermanı ile kanuna aykırı olduğu halde; acemi eğitimi görmemiş vasıfsız kişilerin yeniçeri yapılması[413],

(5) Ulufelerin yetmemesi ve zamanında ödenmemesi nedeniyle yeniçerilerin dışarıda hamallık, kayıkçılık, gibi işlerle meşgul olmaları ve askerlikten uzaklaşmaları,

(6) Hiç eğitim görmeden ocağa girmek yolu açıldığından, yeniçeri olmak için ya hiçbir nitelik aranmıyor, yahut rüşvet karşılığında her isteyen yeniçeri olabiliyordu.

(7) Birbirini çekemeyen vezir ve paşaların, mevkilerini sağlamlaştırmak için yeniçeri ve sipahileri birbirlerine düşürmeleri,

(8) Rüşvet, iltimas, adam kayırma ve yolsuzluğun artması.

(9) Yeniçerilerin evlenmesine izin verilmesi,

(10) Önceden uzun süre savaş alanlarında kalarak yaşlananlar veya sakatlananlar emekli edilirken son yıllarda genç delikanlılar, hiç savaşa girmeyenler yüksek yevmiye ile emekli edildiler veya korucu yazılarak sefere gitmekten kurtuldular.

(11) Yeniçeri ordusu artık kâğıt üzerinde kalmıştı. Devletten çok sayıda asker için maaş almak buna karşılık az sayıda askerle savaşa katılmak olağan hale gelmişti. 1805'de orduyu takviye için toplanan yeniçeriler için on üç bin kişilik tayınat alındığı halde Küçükçekmece köprüsünden geçerken gizlice yapılan sayımda gerçek mevcudun bin altıyüz kişi olduğu anlaşılmıştı.

(12) Yukarıda açıklanan sebeplee ek olarak Yeniçerilik sisteminin Türkler arasında yarattığı büyük hoşnutsuzluk ta sayılabilir. Nitekim;1594 yılında Venedik elçisi şu ifadeleri de içeren raporunu yazacaktır, "Türk kökenli olanlar, yönetimin dönmelere dayandığını görmekten alabildiğine hoşnutsuzluk içindeler. "[414]

---

413 Abdülkadir ÖZCAN, Osmanlı Devleti'nin Askerî Yapısı, 10. Cilt Sy: 198-210, Türkler Ansiklopedisi, Ankara, 2002.

414 Robert MANTRAN, Osmanlı İmparatorluğu Tarihi, Sy: 213, T. İş Bankası Yayınları, İstanbul, 2011.

2. Yeniçeri Ocağının Sonu, Nizam-I Cedid ve Sekban-ı Cedid Orduları (1699-1826):

Osmanlı İmparatorluğunu duraklama devrinden gerileme devrine sokan, çok büyük toprak kayıpları ile birlikte Avrupa arenasında prestij kaybına neden olan ve 16 yıl süren II. Viyana başarısızlığı, Karlofça Barış Antlaşması ile neticelendi[415]. Uzun zamandır eski gücünden uzaklaşan, zaman zaman yapılmaya çalışılan ıslahat hareketlerine karşı direnen yeniçeri ocağındaki düzensizliğe, Karlofça'dan sonra Amcazade Hüseyin Paşa el atmış; disiplinleri iyice bozulmuş olan yeniçerilerin sayısını 70. 000'den 34. 000'e indirmiştir[416].

Osmanlı devletinin zayıfladığını gören Sadrazam Nevşehirli Damat İbrahim Paşa, askeri ıslahat konusunda bir takrir hazırlatarak, padişaha sundu. Devrin önemli şahsiyetlerinden olan ve matbaanın Osmanlı Devleti'ne girmesine vesile olan İbrahim Müteferrika bir risale hazırlayarak Damat İbrahim Paşa'ya takdim etti. Fakat Patrona Halil İsyanı sırasında Damat İbrahim Paşa'nın öldürülmesi üzerine, 1732'de kendi matbaasında basarak bu sefer padişah I. Mahmut'a takdim ettiği bu risalesinde Mütefferika; Avrupa'daki yeni askerlik kuruluşlarını, silahlarını, taktik ve stratejilerini anlatırken, bu yeni askerlik düzeni için "Nizam-ı Cedid" deyimini kullandı. [417]

Osmanlı Devleti yöneticilerini yeni arayışlara iten sebeplerden birisi de; özellikle, Avrupa'daki Fransız Devrimi'nden sonra gelişen askerlik siteminin ortaya çıkması ve yapılan uygulamalardan çok başarılı sonuçlar alınmasıdır. Bu yeni sistemde; paralı askerlik yerine ulusal ordularda zorunlu askerlik sistemi uygulanıyor ve askerlik vatandaşlık yükümlülüğünün bir parçası olarak uygulanıyor; yalnızca vatanları için çarpışan ordular da daha başarılı oluyorlardı. III. Selim tarafından kurulan Nizam-ı Cedit (Yeni Ordu) Ocağı, bu ordular örnek alınarak oluşturulmuştu[418].

---

415 Yılmaz ÖZTUNA, Osmanlı Devleti Tarihi II. Cilt, Sy: 99, Faysal Finans Kurumu Yayını, İstanbul 1986.

416 Sipahi ÇATALTEPE, 19. Yüzyıl Başlarında Avrupa Dengesi ve Nizam-ı Cedid Ordusu, Sy: 9, Göçebe Yayınları, İstanbul, 1997,

417 Piyadenin Tarihi, Sy: 2-16, Piyade Okulu Yay, , İstanbul 2005,

418 Hakkı Yılmaz ÇİYAN, "Osmanlı İmparatorluğunda XIX. Yüzyılda Askere Alma Sistemi, Gnkur ATASE Yay, Ankara, 2009.

a. Nizam-ı Cedid Ocağı:

Askeri teşkilattaki bozulmaya müdahale etmek adına o döneme kadar en radikal ıslahat III. Selim zamanında yapmıştır. Devletin itibar kazanması, eski gücüne kavuşabilmesi ve askeri teşkilatını yeniden ayağa kaldırmak üzere devlet adamaları tarafından layiha adı altında birçok çalışmalar yapılmıştır. Bu layihalardaki ıslahat görüşlerini dört grupta toplamak mümkündür[419].

(1) Bir kısım devlet adamları yeniçeriler ve diğer askeri ocakları, Kanuni Sultan Süleyman devrindeki kanunlara göre düzenlemek istiyorlardı. Bunlara göre, yeniçerilere Kanuni devrinde olduğu gibi itibar olunur, eski kanunlara riayetleri sağlanırsa, ocaklar nizama girer ve eski güçlerini kazanırlardı.

(2) Onlara göre bozulmanın başlıca nedeni, padişah otoritesinin zayıflaması, kul sistemi ve tımar sisteminin bozulmasıdır.

(3) Bu görüşü paylaşanlar, yeniçeri ve diğer ocaklı askerine Avrupa eğitim ve silahlarının kabul ettirilmesi düşüncesindeydiler[420].

(4) Yeni bir ocağın kurulmasına karar verilmesinin en mühim sebebi, yeniçerilerin ıslah edilmesinin çok zor olmasıydı. Bunların çoğu zanaat ve ticaretle uğraşmakta, diğer bir kısmı ise işsiz, güçsüz serseri takımıydılar. Talim ve terbiye amacıyla disipline sokmaya teşebbüs etmek, ayaklanmalarına sebep olabilirdi. Bu durum üzerine Meşveret Meclisi, eğitimli askeri birlik oluşturulması ve bunun için en uygun yerin, şehrin dışındaki Levent Çiftliği olması kararını aldı. Bununla birlikte yeniçerilere dokunulmaması, maaşlarının da muntazam ödenmesi kararlaştırıldı. Çıkarılan bir kanunname ile 18 Eylül 1794'te ilk olarak Levent Çiftliğinde bir orta olarak teşkilatlandırıldı. Kurulduğunda 20 subay ve 448 erden ibaret. Daha sonra kanun gereği, teşkil edilen ortanın mevcudu, ağa, katip ve diğer subaylarla 1602 sayısına yükselmişti[421]. Kanunda yeni askeri teşkilatta nihai

---

419 Sipahi ÇATALTEPE, 19. Yüzyıl Başlarında Avrupa Dengesi ve Nizam-ı Cedid Ordusu, Sy: 11, Göçebe Yayınları, İstanbul, 1997,

420 Halil İNALCIK; "Osmanlı Devrinde Türk Ordusu" Sy: 53, Türk Kültürü, Sayı 22, İstanbul, 1964.

421 Ercüment KURAN, Türkiye'nin Batılılaşması ve Milli Meseleler, Sy: 53, Türkiye Diyanet Vakfı Yayınları, Ankara, 1994.

hedef 12. 000 olarak belirlenmişti. Askerlerin yavaş yavaş sayılarının artırılması yoluna gidilecekti.

Osmanlı Devleti, 1799'da Mısır seferi ve Akka olayında gösterdiği başarı üzerine, Levent Çiftliğinde ikinci bir ortanın kurulmasına karar verdi. 23 Kasım 1799 tarihinde ikinci orta Levent Çiftliğinde kuruldu[422]. Teşkil edilen iki piyade ortasının gelişmesinden sonra, süvari birliğinin de kurulmasına karar verilip, 18 Kasım 1800 tarihinde çıkarılan bir kanunla Levent Çiftliğinde bir "süvari birliği" kurulmuştur[423].

Levent Çiftliğinde iki orta kurulup gelişmeye başladıktan sonra, üçüncü bir ortanın kurulmasına karar verildi. Bunun üzerine bir orta da 1801 yılı içerisinde Üsküdar'da kuruldu. Anadolu'da kurulacak ortalar için merkez ortası görevi yapacak bu orta diğerleri gibi 12 bölüklü teşkil edildi. Daha sonra Üsküdar'da ikinci orta teşkil edildi. Levent Çiftliğinde teşkil edilen I. Orta'ya Ağa Ortası, II. Orta'ya Kethüda Ortası adı verilirken; Üsküdar'da kurulan I. Orta'ya Usta Ortası, II. Orta'ya da Binbaşı Ortası adı verildi. İstanbul'da Levent Çiftliği ve Üsküdar ortaları kurulup geliştikten sonra, teşkilatın Anadolu'da gelişmesine karar verildi ve Üsküdar Ortası, Anadolu teşkilatının merkez görevini üstlendi. Esasen Anadolu'dan İstanbul'daki ortalara yazılan erlerin sayılarının artması, gidip gelmelerinin zorlaşması gibi sebepler, Anadolu'da da kışlalar yapılıp ortaların açılması kararının verilmesine yol açtı[424].

Anadolu'da kurulan ortalar: Ankara Ortası, Bolu Ortası, Kayseri Ortası, Kastamonu Ortası, Kütahya Ortası, Kırşehir Ortası, Amasya Ortası, Sivas Ortası, Aydın Ortası, Çankırı Ortası, Çorum Ortası, Aksaray Ortası, Menteşe Ortası, Seydişehir Ortası, Niğde Ortası, Hamid Ortası, Manisa Ortası, İçel Ortası, Karaman Süvari Ortası[425].

1798-1802 yılları arasında Napolyon ordularının gerçekleştirdiği Mısır seferinde Osmanlı Ordusunda yer alan 3700 kişilik iyi eğitim

---

422 Suat İLHAN, Türk Askeri Kültürünün Tarihi Gelişmesi, Sy: 66, Ötüken Yay, İstanbul, 1999.

423 İ. Hakkı UZUNÇARŞILI, Osmanlı Tarihi, I, Sy: 628, Türk Tarih Kurumu Yayınları, Ankara 1982.

424 Sipahi ÇATALTEPE, 19. Yüzyıl Başlarında Avrupa Dengesi ve Nizam-ı Cedid Ordusu, Sy: 172, Göçebe Yayınları, İstanbul, 1997,

425 Piyadenin Tarihi, Sy: 2-17, Piyade Okulu Yay, , İstanbul 2005,

görmüş Nizam-ı Cedid askerleri, Akka Kalesi savunmasında ve müteakip harekatta büyük başarılara imza atarak, herkesin beğenisini kazanmışlardı[426].

Aslında Osmanlı Fransız harbi askeri açıdan Osmanlı devletinin ne kadar kötü durumda olduğunu gösterirken, artık tek başına kendi topraklarını savunmada yetersiz olduğunu gözler önüne sermişti. Nitekim Fransızlara karşı tek başına mücadele edemediği için İngiliz ve Rus kuvvetlerinin desteğiyle muharebeye katılmıştı. Bu kötü tablo içerisinde savaşın askeri sonuçları adına sevindirici olan tek husus; yeni yöntemler göre iyi eğitilmiş durumda olan Nizam-ı Cedid askerinin kazandığı başarılar olmuştu. Bu durum, iyi eğitildiği taktirde, Türk askerinin en güçlü ordulara karşı başarı sağlayabileceği gerçeğini ortaya koymuştu.

III. Selim ıslahatlarla uğraşırken, Balkanlar'da da asayiş sağlanamıyordu. Eşkıyalık yapan gruplar faaliyetlerini Edirne'ye kadar genişletmişlerdi. Bu bölgede şehir, kasaba ve köyler tehlike altındaydı. Disiplinsiz yeniçerilerin bu haydutlara karşı başarı sağlayamaması üzerine Vali Kadı Abdurrahman Paşa, İstanbul'daki Nizam-ı Cedid askerinin bir kısmını yanına alarak 19 Haziran 1804'te Malkara yakınlarında asilere karşı büyük bir zafer kazandı. Bunun üzerine padişah bir ferman yayınlayarak Rumeli'nin başlıca şehirlerinde 20-25 yaşlarındaki yeniçerilerle, genç ve dinç Müslümanlardan Nizam-ı Cedid birlikleri kurulmasını emretti. Bu zamana kadar yeni teşkilata kuşku ve endişe ile bakan, Anadolu'da gelişmesini dikkatlice izleyen ve Rumeli'de kurulmasına karşı çıkan yeniçeri ocağı, bu karara büyük direniş gösterdi[427]. Başta veliaht Mustafa olmak üzere yeniçerileri destekleyen vezirlerin de kışkırtmaları ile Çorlu'da Abdurrahman Paşa komutasındaki Nizam-ı Cedid askerleri ile isyancı yeniçeriler arasında şiddetli bir çatışma oldu. Bu durumun bir iç savaşa neden olması ve tüm ülkeye yayılmasından endişe eden padişah, Abdurrahman Paşa'yı Konya'ya gönderdi[428]. Yeniçeriler karşısında bir defa

426 Türk Silahlı Kuvvetleri Tarihi, III. Cilt, I. Ks, Sy: 26, Gnkur Harp Tarihi Yay, Ankara, 1964.

427 1782-1826 Yılları Arasında Osmanlı Ordusu'nda Reform Çalışmaları ve Sonuçları, Askeri Tarih Bülteni, Sy: 26, Gnkur Yay, Ankara, 1989.

428 Osman TURAN, Türk Cihan Hakimiyeti Mefkuresi Tarihi, Sy: 470, Ötüken Yay, İstanbul, 2003.

daha geri adım atılmıştı ve bu Nizam-ı Cedid'in, dolayısıyla padişah III. Selim devrinin de sonu oldu.

III. Selim'in ordu üzerindeki ıslahat çalışmalarındaki başarısızlığının en önemli sebepleri ise, bu ıslahata candan inanan devlet adamlarının olmayışı, halkın çoğunun konulan vergiler nedeniyle, bu ocağa karşı cephe alışları; yeniçerilerin bu hareketi kendilerine karşı görerek, harekete cephe almaları ve Rumeli'deki ayanların topluca isyan etmeleridir. Ayrıca III. Selim'in yakın adamlarının suiistimalleri, muhaliflerin devamlı propagandası, bu yeni askeri teşkilatın gelişmesini yavaşlattığı gibi, devlet adamlarının bir kısmının isyancı ayanlarla işbirliğinde bulunmaları; bunun üzerine de III. Selim'in de orduyu geri çekmesi, muhaliflerin kuvvetlenmelerine sebep teşkil etmiştir[429].

III. Selim devrine kadar yapılan askeri ıslahatlarda, ülke dışından alınma bir askeri müessese, eski kuvvetlerde ıslahat yapılarak, bu kuvvete ilave olarak oluşturulurdu. Halbuki III. Selim devrinde, bunun tam tersi bir tutumla; eski ordunun yanında ve ona hiç dokunmadan yepyeni bir ordu kurulmaya çalışıldı. Lakin bu eski ve yeni kuvvetlerin bir arada yaşamaları, bir dönem huzursuzluklara yol açtı. Durumun devamını istemeyen eski kuvvetler, bir ayaklanma ile yeni kuvveti ortadan kaldırarak, bunca emek ve masrafın heba olmasına sebep oldular.

b. Sekban-ı Cedid Ocağı:

Nizam-ı Cedid'in lağvedilmesinde yeniçerilerin tarafını tutan ve III. Selim'in tahttan indirilmesi ile padişah olan IV. Mustafa tahtta ancak 14 ay kalabildi. İsyancıların III. Selim'i sarayda öldürmesi ile Onun yerine Sadrazam Alemdar Mustafa Paşa tarafından isyancılardan kurtarılarak[430], tahta geçen II. Mahmut yenilikçi bir padişah olarak, yarım kalan ıslahatlara devam etme karalılığındaydı. Sadrazam Alemdar Mustafa Paşa'nın da yardımlarıyla yeni bir askeri teşkilat kurdular[431]. Sekban-ı Cedid adı verilen bu teşkilat askerleri Levent

429 Sipahi ÇATALTEPE, 19. Yüzyıl Başlarında Avrupa Dengesi ve Nizam-ı Cedid Ordusu, Sy: 252, Göçebe Yayınları, İstanbul, 1997,

430 Osman TURAN, Türk Cihan Hakimiyeti Mefkuresi Tarihi, Sy: 470, Ötüken Yay, İstanbul, 2003.

431 Alphonse De LAMARTINE, Osmanlı Tarihi, II, Sy. 964, Sabah Yayınları, İstanbul, 1991.

ve Selimiye Kışlalarında eğitimlerine başladılar[432]. Yeniçeriler bu teşkilata da büyük bir kin ve öfke ile direndiler ve sonuçta Alemdar Mustafa Paşa'nın canına mal olan bir ayaklanma ile bu ocak da tarih sahnesinden silindi. Bu ayaklanma ile padişah Sekban-ı Cedid teşkilatını lağvetmek zorunda kalmıştı. Avrupa ülkelerindekine benzeyen, çağdaş, eğitimli ve disiplinli bir ordu kurmak girişimi bir kez daha başarısızlığa uğramıştı[433].

c. Eşkinci Teşkilatının Kurulması ve Yeniçerilerin Ortadan Kaldırılması:

Önce Nizam-ı Cedid, daha sonra Sekban-ı Cedid teşkilatlarının yeniçerilerin gazabına uğraması, isyanların ardı arkasının kesilmemesi ve her iki teşkilatın da aynı akıbete uğrayarak ortadan kaldırılması, padişah II. Mahmut'u askeri reform yapmaktan bir süre de olsa alıkoymuştu. Bu arada Ruslara yenilen Osmanlı Devleti 1812'de Bükreş Antlaşmasını imzalamış ve bu arada Mora'da başlayan isyan tüm yarımadaya yayılmıştı.

Ülkenin birçok bölgesinde meydana gelen isyanların bastırılamaması, özellikle Mora isyanı yeniçerilerin güçsüzlüğünü çok açık bir şekilde göstermişti. Devletin yaşaması için bu disiplinsiz askeri teşkilat mutlaka ortadan kaldırılmalıydı. Devletin artık yeni başarısızlığa tahammülü yoktu. Bunun için padişah ve etrafındakiler çok dikkatli adımlar atıyorlardı. İlk olarak reform taraftarı Rusçuklu Hüseyin Ağa yeniçeri ağalığına atandı. Üç ay içinde yeniçeri ocağında ayaklanmalarda ön ayak olmuş tüm elebaşları öldürüldü. Son zamanlardaki asayişsizlik nedeniyle halk da artık yeniçerilere karşı cephe almaya başlamıştı. Padişah, yeniçerileri destekleyen ulemayı da, yeni bir ordunun gerekliliğine ikna etti. Ocağın ileri gelen komutanları ile yapılan bir toplantıda ıslah için yapılacak girişimler kabul gördü. Bu kabula göre 51 yeniçeri ortasının her birinden 150 kişi alınarak oluşturulacak 7. 650 kişi ile eğitimlere başlanacaktı.

II. Mahmud bu hadiseler sırasında hayatını Alemdar Mustafa Paşa sayesinde kurtarabilmiştir. Yeniçeriler vazgeçmek niyetinde

---

432 İ. Hakkı UZUNÇARŞILI, Osmanlı Tarihi, C. VII, Sy: 187. Sy: 628, Türk Tarih Kurumu Yayınları, Ankara 1982.

433 Piyadenin Tarihi, Sy: 2-19, Piyade Okulu Yay, , İstanbul 2005,

değillerdi. Alemdar Mustafa Paşa'nm oluşturduğu Sekban-ı Cedid ordusu yeniçerilerin düşmanlığını çekmekte idi. Tarihe "Kadir Gecesi Vakası"[434] adıyla geçen olay öncesinde kahvehanelerde başlayan "bayramdan sonra Yeniçeri Ocağı lağv edilecek" şeklindeki söylenti Yeniçerileri harekete geçirmiştir. Şehirde bilerek yangınlar çıkarılmış Alemdar Mustafa Paşa tarafından oluşturulan Sekban askerlerini katletmeye başlamışlardır. İsyan ateşi her tarafı sarmış olayların önü alınamamıştır. Hatta Süleymaniye'de bulunan Ağa Kapısı Haliç'te bulunan gemiler tarafından topa tutulmuştur. IV. Mustafa idam edilmiş, Alemdar ölmüş[435] ve Yeniçeriler bir kez daha istekleri kabul edilerek sakinleştirilmişlerdir[436].

Yeniçerileri mutlaka tedib etmeyi planladığı anlaşılan II. Mahmud'un zihninde bu hadiselerin derin iz bıraktığı, Ocağın lağv edileceği 1826 tarihine kadar kendisine sadık ve yenilik taraftarı bir kadroyu oluşturmaya çalışmasından anlaşılmaktadır Ayrıca ortaya çıkan savaşlar, isyanlar nedeniyle uygun bir zaman kollamakta bu konuya çözüm bulmaya çalışmaktaydı. En uygun zamanın geldiğini düşünen Padişah bu fikrini Galip Paşa'ya (1824'de) açmış o da kendisinin yerine Sadarete Benderli Selim Sırrı Paşa'yı getirmesinin uygun olacağını söylemiştir[437]. Sadarete Benderliyi, Yeniçeri Ağalığına Mehmed Celaleddin Ağa'yı, Şeyhülislamlık makamına Kadızade Tahir Efendi'yi tayin eden II. Mahmud, ulemalara çeşitli payeler vererek devlet tarafında yer almalarını temine çalışmıştır.

Nihayet 23 Mayıs 1826'da Şeyhülislamlık makamında bütün devlet ileri gelenlerinin katılmasıyla Meclis-i Şura toplanmış ve devletin mevcut ocakların dışında talimli askere ihtiyacı olduğuna karar verilmiştir. Bu karar ile 196 ortanın İstanbul'da bulunan 51 ortasının her birinden yüz ellişer "Eşkinci" adıyla "Muallem Tüfenkçi"

434 Şamil MUTLU, Yeniçeri Ocağının Kaldırılışı ve II. Mahmud'un Edirne Seyahati, Sy: 23, M. Daniş Bey ve Eserleri, İstanbul 1994.

435 Robert MANTRAN, Osmanlı İmparatorluğu Tarihi, II, Sy: 28, T. İş Bankası Yayınları, İstanbul, 2011.

436 Nicolae JORGA, Osmanlı İmparatorluğu Tarihi, Sy: 153-166, Çev. Nilüfer Epçeli, İstanbul 2005,

437 İ. Hakkı UZUNÇARŞILI, Kapıkulu Ocakları, c. 2, Sy: 529-530, 2. Baskı, Ankara, 1984.

kaydedileceği bir "hüccet-i şeriyye" ile şûrada bulunanlar tarafından kararlaştırılmıştır[438].

Şûrâdan sonra Et meydanında dua ve sena ile talime başlanmıştır. Yeniçeriler görünürde boyun eğmelerine rağmen için için kaynamakta idiler. Eski ve Yeni Odalarda üst üste toplantılar yapmaktaydılar. Zaten II. Mahmud bütün tedbirleri almış, adeta olgunlaşmış bir çıbanı patlatmak üzere beklemekte idi. Yeniçeriler 14 Haziran 1826 Çarşamba gecesi yeni tahrir edilen tüfenkçilerin de katılmasıyla 200-300 kişilik bir gurup ile Süleymaniye'de Ağa Kapısını basmışlar ağayı bulamayınca Bâb-ı Âli'ye yönelmişler Sadrazamı bulamadıklarından konağını yağmalamışlardır. Asmaaltı'nda asilere birçok işsiz güçsüz de katılmış kalabalık iyice artmıştır[439].

Buradan hareket eden Yeniçeriler doğruca Mısır Kapı Kethüdası ve Baruthane Nazırı Necip Efendi'nin Konağını yağmalamışlardır. Yeniçeriler buradan kışlalarına dönmüşler ve Tophane ve Karadeniz boğazındaki yamaklara haber göndererek isyana katılmalarını sağlamaya çalışmışlar ise de kazan isteyen Yeniçerilere Topçubaşı "Sizlere kazan değil pilav tenceresi bile vermeyiz" diyerek def etmiştir. Olayı Beylerbeyi'nde haber alan Sadrazam Benderli, Şeyhülislamı'da beraberine alarak Yalı Köşkü'ne geçmiş ve Beşiktaş'da bulunan II. Mahmud'un Topkapı'ya teşrifle Sancak-ı Şerifin çıkarılmasını istizan etmiştir[440].

Hükümet bu sefer gafil avlanmamış devlet ricalinin yanında talebeler, suhtegan, topçu, arabacı, humbaracı, lağımcı, kalyoncu, tersaneli ve Pabuşcu Ahmed Hassa Hasekileriyle Topkapı Sarayı'nda toplanmıştır. Sancak yerinden alınarak Sultan Ahmed Camii minberine konulmuş ve şehre münadiler çıkartılarak "Müslüman olup ehl-i ırz olan, silahlanup Sultan Ahmed'te vaki At Meydanı'na Liva-i Saadet-i Hazret-i Peygamberi tahtına buyurun" şeklinde halk isyana karşı koymaya çağrılmıştır. Meydanda toplanan asker ve halk tekbirler ile Divanyolu ve Saraçhane'den Aksaray'da Yeni Odaların

---

438 Şamil MUTLU, Yeniçeri Ocağının Kaldırılışı ve II. Mahmud'un Edirne Seyahati, Sy: 18, M. Daniş Bey ve Eserleri, İstanbul 1994.

439 1782-1826 Yılları Arasında Osmanlı Ordusu'nda Reform Çalışmaları ve Sonuçları, Askeri Tarih Bülteni, Sy: 26, Gnkur Yay, Ankara, 1989. .

440 1782-1826 Yılları Arasında Osmanlı Ordusu'nda Reform Çalışmaları ve Sonuçları, Askeri Tarih Bülteni, Sy: 26, Gnkur Yay, Ankara, 1989.

bulunduğu yerde savunmaya geçmiş olan Yeniçerilerin üzerine yürümüştür. Nasihatler edilmiş ise de söz dinlemediklerinden kışlaları tahrip edilmiştir. Bu sırada kaçmaya çalışan birçok yeniçeri de öldürülmüştür[441]. Halk öyle büyük bir öfke duymaktaydı ki öldürülen yeniçeriler ayaklarından sürüklenerek Ahırkapı'dan denize atılmakta idi. Öldürülen bazı yeniçeri usta ve baş karakullukçuların sünnetsiz ve bazılarının orta nişanlarından başka göğüslerine haç nakşedilmiş olduğunu Mehmed Daniş Bey Neticetü'l-Vekayi adlı risalesinde söylemektedir[442].

Hadiseden sonra olağanüstü hal devam etmiş Bâb-ı Hümayun ile Orta Kapı arasında kurulan çadırlarda yaklaşık 80 gün kadar devlet işleri yürütülmüştür. İstanbul halkı 5 gün kadar geceleri kandiller yakarak nöbet tutmuşlardır. İsyan sırasında yaklaşık 6 bin yeniçeri telef olmuş ve 30 bine yakın işsiz-güçsüz serseri yoklama defterlerine kayıtla vilayetlerine gönderilmiştir. Ocağın akıbeti konusunda tartışmalar olmuş ve sonunda 17 Haziran 1826 tarihinde alınan kararla yeniçeri ocağı külliyen lağv olunmuştur. Bektaşi tekkeleri halkı batıl yollara sevk ettikleri gerekçesi ile yıkılarak mensupları nefy edilmişlerdir.

Bu tekkelerin kapatılması ile ilgili Babüssaade camiinde toplanan meşverete Bektaşiler dışına diğer tarikat mensuplarının katılması oldukça enteresandır. Alınan karar gereği sadece İstanbul'da yıkılan 9 Bektaşi tekkesi: Karaağaç Tekkesi, Eyüb'de Karyağdı Tekkesi, Sütlüce'de Bademli Zaviyesi, Yedikule-Kazlıçeşme Mumcular Kethudası'nın Mehmed Baba Tekkesi, Nerduban Karyesi Tekkesi, Çamlıca Tahir Baba Tekkesi, Öküz Limanı Tekkesi, Üsküdar'da Mürüvvet Baba Tekkesi ve Rumelihisar'nda Şehidlik'de Mahmud Baba Tekkesidir[443].

Yine alınan karar gereği büyük camilerin etrafına kurulan salaş barakalar artık yeniçeri koruması olmadığından yıkılmıştır. Ağa Kapısı Bab-ı Fetva, bugün İstanbul Üniversitesi tarafından kullanılan yer de Seraskerlik binası olmuştur. Ocağa ait Yeni Odalar yıktırılarak adına Ahmediye Meydanı, Eski Odaların olduğu yere de Fevziye meydanı

441 Alphonse De LAMARTINE, Osmanlı Tarihi, II, Sy. 964, Sabah Yayınları, İstanbul, 1991.

442 Şamil MUTLU, Yeniçeri Ocağının Kaldırılışı ve II. Mahmud'un Edirne Seyahati, Sy: 55, M. Daniş Bey ve Eserleri, İstanbul 1994

443 1782-1826 Yılları Arasında Osmanlı Ordusu'nda Reform Çalışmaları ve Sonuçları, Askeri Tarih Bülteni, Sy: 26, Gnkur Yay, Ankara, 1989.

denmiştir. Bu iki yer günümüzde hala bu isimlerle anılmaktadır. Ocağın lağvından sonra Avrupai tarzda yeni kurulan "Asakir-i Mansure-i Muhammediyye" ordusuna 10. 000'den fazla kişi kaydolmuştur[444].

17 Haziran 1826'da Yeniçeri Ocağı lağvedilerek "Asakir-i Mansure-i Muhammediye" teşkilatı kuruldu. Bu olay "Vaka-yı Hayriye" adıyla tarihteki yerini almıştır[445].

3. Yeniçeri Ocağından Sonra Türk Ordusu (1826-1876):

a. Asakir-i Mansure-i Muhammediye Ordusu: Tanzimat dönemi ile birlikte ulaşılmak istenen iki hedef olduğu söylenebilir: Bunlardan birincisi, devletin daha fazla toprak kaybını önlemek maksadıyla yeni bir ordunun teşkil edilmesi, diğeri ise merkez yönetimi yerel yönetime karşı otoriter kılmaktı. Her iki amacı da gerçekleştirmek için güçlü bir ordunun oluşturulması bir zorunluluktu II. Mahmut döneminde 15 Haziran 1826'da başlayan Yeniçeri Ayaklanmasının bastırılmasını müteakip, "Asakir-i Mansure-i Muhammediye" adlı, batıdaki ordulara benzer bir ordunun kurulması, bu eğiliminin bir sonucudur[446]. Sultan II. Mahmut, saltanatının 17. yılında Yeniçeri Ocağını kaldırarak Türkiye'nin yenileşme ve ilerleme yolunu açmıştır. Artık yenileşmenin önündeki en büyük engel kaldırılmış ve modern bir ordunun kurulması için hiçbir engel kalmamıştır. Nizam-ı Cedid ve Sekban Ocaklarına mensup subay ve askerlerden "Asakir-i Mansure-i Muhammediye" adlı yeni bir ordu kurulmuştur (7 Temmuz 1826). Bu ordunun başkumandanlığını ifa etmek için "Seraskerlik" makamı ihdas edilmiş, reisliğine önce bir süreliğine Ağa Hüseyin Paşa, arkasından 1828'de 8 yıl bu görevi yerine getirecek olan Hüsrev Paşa getirilmiştir. II. Mahmut kendisinden öncekilerin Fransa'yı tercih etmesine karşın Prusya'dan piyade, süvari ve topçu subayları getirtmiş[447], böylece Türk ordusunda Alman tesiri görülme-

---

444 1782-1826 Yılları Arasında Osmanlı Ordusu'nda Reform Çalışmaları ve Sonuçları, Askeri Tarih Bülteni, Sy: 26, Gnkur Yay, Ankara, 1989.

445 Robert MANTRAN, Osmanlı İmparatorluğu Tarihi, II, Sy: 35, T. İş Bankası Yayınları, İstanbul, 2011.

446 Muzaffer ERENDİL, Askeri Tarih ve Türklerde Askeri Tarih Çalışmaları, Sy: 13, Gnkur Yayınları, Ankara, 1990.

447 Ahmet Cevdet Paşa; Tarih-i Cevdet, C6, Sy: 2939-2958, Üçdal Neşriyat, İstanbul, 1994.

ye başlamıştır[448]. Asakir-i Mansure-i Muhammediyye, yükümlülüğe dayandığından paralı askerlik sistemi de kaldırılmış, milli orduya yönelik çok önemli bir adım atılmış oldu.

Bu yeni ordunun adına "Aşakir-i Mansure-i Muhammediye" dendi. Asakir-i Mansure'nin kanunu ve teşkilatı şöyle idi :

15-40 yaş arasında bulunup kim olduğu belirsiz, soysuz kimselerden olmamak şartıyla gücü kuvveti yerinde olanlardan subaylar hariç ilk anda 12. 000 kişi olması düşünülmüş ve bunlar 1. 500 kişilik sekiz tertibe ayrılmıştı. Her iki tertibin komutası, binbaşı rütbesinde bir subaya verilmişti. Bir tertibin mevcudu sağ kolağası (ön yüzbaşı) sol kolağası (kıdemli yüzbaşı), topçubaşı, arabacıbaşı, cephanecibaşı, mehtarbaşı, imamlar ve hekim ile birlikte 1. 527 kişiden oluşmakta idi. Sekiz tertipten ikisi sırasıyla serasker kapısında bulunarak İstanbul'un asayişini sağlamakla görevli olacak, altısı Davutpaşa ve Rami ile Üsküdar'daki kışlalarda kalacak talim ve eğitimleri ile uğraşacaklardı.

Görülüyor ki Yeniçeri Ocağı kaldırılmış; fakat yerine konan Avrupa orduları teşkilatına tamamıyla benzetilememişti. Birliklerin isimleri bile yeniçeri idi. Daha sonra bir adım daha Avrupalılaştırıldı. Tabur teşkilatı kuruldu. Her tertip 8'er bölüklü 3 taburdan teşekkül etti. Her tertip sağ ve sol olmak üzere iki kola (tabur) ayrılmış; her kolun başızıa ağa-yı yemin (sağ kolağası) ve ağa-yı yesar (sol kolağası) rütbesinde birer subay (kıdemli yüzbaşı) getirilmişti. Her kol 100'er olmak üzere "Saf" (bölük) adıyla altı kısma bölünmüştü. Her safın başına bir yüzbaşı atanmıştı. Her kolda kol mülazimi (teğmen, yüzbaşı mülazımları, çavuş, topçu ustası, topçu kalfası (halife) topçu, arabacı, cephaneci ve muzıka, saka bir de yazıcı er mevcutlu her on erin biri onbaşı rütbesinde idi.

Sekiz tertibin (alay) binbaşıları kapıcıbaşı derecesinde bir binbaşı rütbesindeki bir subayın emrinde olacaklar, o da seraskerin emrinde bulunacaktı. Er ve subayın maaşlarından başka tayınları da vardı. Maaşlar ayda bir verilecekti. Orduda hiyerarşiyle düzen ve rütbe yükselmeleri yeni esaslara bağlanmıştı. Ehliyet kıdeme üstün sayılmıştı. Orduda hiyerarşiye dikkat ve riayet edilecek, herkes bir iş veya emir hususunda ancak bir üstü veya bir altı ile temas edecekti.

448 Uğur ÜNAL, Sultan Abdülaziz Devri Osmanlı Kara Ordusu, Sy: 16, Gnkur ATASE Yayınları, Ankara 2008.

Ordunun seraskerden başka bir de nazırı vardı. Disiplin eğitimden sorumlu serasker idi. idari işlerin yürütülmesinden nazır efendi sorumlu kılınmıştı. Erler subaylarına hizmet eri görevi yapmayacaklardı. Orduya girenlerin meşru mazeretleri olsa bile 12 yıl hizmet yapmadıkça ayrılamazdı. Kadrolarda her ne suretle olursa olsun hasıl olan boşluklar hemen asker almak suretiyle doldurulacaktı. Ordu, gönüllülerden ve vilayetler tarafından gönderilen askerlerden oluşmaktaydı. Gerçek bir askere alma sistemi mevcut değildi[449].

Bütün buna rağmen teşkilat aceleye gelmişti. Kısa bir süre sonra Avrupa ordularına uymayan taraflar bulunduğu anlaşılarak 1828 yılı sonlarında bazı değişiklikler yapıldı. Tertip yerine "alay", kol yerine "tabur" saf yerine de "bölük" tabirleri getirilmişti. Yeni değişikliğe göre he alay 500 mevcutlu üç taburdan oluşacaktı. Her tabur sekiz birlikten teşekkül ediyordu. Başbinbaşılık kaldırılarak her alayın komutası miralay (albay) rütbesinde bir üst subaya; her tabur da bir binbaşının komutasına verilmişti. Bundan başka her alaya bir kaymakam (yarbay), bir alay emini, her tabura da sağ ve sol ağalar adından iki kolağası, bir sancaktar ve bir tabur kâtibi verilmişti[450].

Bir süre sonra alaylar, "hassa" ve "mansure" olmak üzere ikiye ayrıldı ve başlarına "ferik" getirildi[451]. 1832'de önce hassa ferikliği sonra da mansure ferikliği "müşirliğe" yükseltilerek; askeri rütbeler, Osmanlı Devleti'nin son zamanlarına kadar devam edecek biçimini aldı. Asakir-i Mansure-i Muhammediye, yükümlülüğe dayandığından paralı askerlik sistemi de kaldırılmış, milli orduya yönelik çok önemli bir adım atılmış oldu. Artık, merkez ve eyalet ordularından oluşan iki ordu anlayışı ortadan kalktı, bunlar tek ve düzenli bir ordu hâlinde birleşti. Bir süre sonra kapıkulu süvarileri de kaldırılarak İstanbul ve diğer merkezlerde süvari birlikleri de konulmaya başlanmıştı. Sonradan birlikler çoğalınca iki alay bir "liva" (tugay) yapılarak bir "mirliva" (tuğgeneral) komutasına verilmişti. Sultan Mahmut Asakiri Mansure'ye ilaveten saraydaki enderun ağalarının

449 Erik Jan ZÜRCHER, Savaş, Devrim ve Uluslaşma, Sy: 159, İstanbul Bilgi Üniversitesi Yay, İstanbul, 2005,

450 Yeniçeri Ocağı'nın Lağvından Sonra Osmanlı Ordüsundaki Gelişmeler, Askeri Tarih Bülteni, Sayı 29, Gnkur Yay, Ankara, 1990.

451 Hülya TOKER Osmanlıdan Günümüze Türk Ordusu, Güvenlik Stratejileri Dergisi, SAE Harp Akademileri, İstanbul, 2005

gençleri ile bostancılardan olmak üzere bir kuruluş daha vücuda getirmişti. Buna da Hassa Ordusu adı verilmişti[452].

İstanbul'daki alaylar hassa, Üsküdar'daki alaylar mansure adıyla iki kısma ayrıldı. Her birinin başına ferik (tümgeneral) rütbesinde birer komutan atanmıştı. Hassa birlikleri yalnız İstanbul'da bulunmakta idi. Mansure birlikleri ise İstanbul'da ve önemli merkezlerde bulunuyordu. Sultan Mahmut, İstanbul'daki mansure askerlerinden iyi neticeler almaya başlayınca, vilayetlerde birer mansure kıtası teşkil etmiş, valilerin emrindeki bu kıtaların komuta kademesini bulundukları yörelerin eşrafından tayin etmekte, yeniçerilerin kaldırılmasından husule gelen hoşnutsuzluk bir nebze giderildi. Bu kıtalar bir süre sonra (redif) sınıfına dahil edildi[453].

Ordunun eğitimine ve yenileşmesine özel bir önem veren II. Mahmut'un 1826'dan sonra yaptığı girişimler, hâlâ Osmanlı Devleti'nin askeri gücünü daha eğitimli hâle sokmak için yeterli değildi. Bu nedenle bizzat padişahın isteğiyle; ordunun barışta ve seferde doktor ve sağlık personeli ihtiyacını karşılamak için 1827 yılında "Tıbbiye Mektebi", muvazzaf subay yetiştirmek için 1834 yılında "Mekteb-i Harbiye" kuruldu. Batı tarzında subay yetiştirecek olan Harbiye'nin kuruluşu çağdaşlaşma tarihinin en önemli olaylarından biri olarak tarihteki yerini aldı. Askeri alandaki bu değişimler, her gün biraz daha artmakta, gelişmekte ve ülke sathına yayılmaktaydı. Esasen geniş bir coğrafyada bulunan ülke topraklarını korumak ve savunmak için eğitim görmüş çok sayıda askere ihtiyaç vardı.

Ancak memleketin savunmasına yetecek sayıda askeri silah altında bulundurmak, memleketin kaynakları göz önüne alındığında pek mümkün değildi. Askerlik çağında bulunanların askerlikle ilgisini kesmeden bu sakıncaların ortadan kaldırılması isteniyordu. Bu sırada Osmanlı Ordusunda Prusya subaylar da eğitici ve danışman sıfatıyla hizmet etmekteydi. Moltke başta olmak üzere diğer Prusyalı subayların tavsiyeleri de değerlendirilmek suretiyle, mevcut sisteme ilave yeni bir teşkilat kurulması kararlaştırıldı. Böylece 1834

452 Yeniçeri Ocağı'nın Lağvından Sonra Osmanlı Ordüsundaki Gelişmeler, Askeri Tarih Bülteni, Sayı 29, Gnkur Yay, Ankara, 1990.

453 Yeniçeri Ocağı'nın Lağvından Sonra Osmanlı Ordüsundaki Gelişmeler, Askeri Tarih Bülteni, Sayı 29, Gnkur Yay, Ankara, 1990.

yılında "Redif" teşkilatı kuruldu. Redif teşkilatından amaç; büyük bir halk kitlesini uzun süre silah altında tutmadan, askerlik çağında bulunanlardan, mümkün olduğu kadar fazla sayıda eğitim görmüş bir kuvvete sahip olmaktı. 19'uncu. Yüzyıl boyunca redif ordusunun görevi, kırsal kesimde düzeni sağlamak ve kanunları uygulatmak olmuştur. Redif birlikleri, düzenli bir ordu altında birleştirilmelerine karar verildiği 1912 yılına kadar devam etmiştir[454].

Sultan II. Mahmut'un ölümünden sonra tahta geçen Sultan Abdülmecit, batı kültürü ile yetişmiş ıslahat taraftarı bir padişahtı. Onun döneminin en önemli icraatı hiç şüphe yok ki, 3 Kasım 1839'da ilan edilen ve Tanzimat Fermanı olarak bilinen "Gülhane Hatt-ı Hümayunu"dur. Bunun getirdiği yeniliklerde ordunun düzenlenmesi de yer alıyordu[455]. Gülhane Hatt-ı Hümayunu, ilk defa olarak tebaa için hak ve ödevler kabul etti. Bu ödevler arasında askerlik hizmeti önemli bir yer alıyordu. Askerlik hizmetinin düzenlenmesinin gereği şöyle açıklanmıştır:

Bu kanunun ana hükümlerinin özeti şöyle idi: nizami askerliğin süresi beş yıl olarak tayin edilmiştir. Beş sene hizmetten sonra terhis edilen nizami askerler, yedi yıl da redif sınıfında hizmet görecekler ve her yıl bir ay süre ve nöbetle bağlı oldukları kazalar merkezine çağrılarak eğitime tabi tutulacaklardı[456]. Her yıl martın birinci günü, nizami askerler her ordunun beşte biri oranında yenilenecektir. Bundan sonra subaylar sivil görevler alamayacaklardır. Osmanlı ülkesinin genişliği ve coğrafi durumu dikkate alınarak beş yıllık askerlik sistemine dayanan bu teşkilatla beş ordu kuruldu.

Hassa askerlerinden oluşan birinci ordu merkezi İstanbul, Dersaadet Ordusu denilen ikinci ordu merkezi Üsküdar, Rumeli Ordusu merkezi Manastır, Anadolu Ordusu merkezi Harput, Arabistan Ordusu merkezi Şam oldu. 1843 nizamnamesi ile beş ordu teşkiline geçen Osmanlı kara kuvvetlerine, 1848'de yapılan düzenlemeyle

454 Erik Jan ZÜRCHER, Savaş, Devrim ve Uluslaşma, Sy: 159, İstanbul Bilgi Üniversitesi Yay, İstanbul, 2005,

455 Yeniçeri Ocağı'nın Lağvından Sonra Osmanlı Ordüsundaki Gelişmeler, Askeri Tarih Bülteni, Sayı 29, Gnkur Yay, Ankara, 1990.

456 Eric J, ZÜRCHER , Savaş, Devrim ve Uluslaşma, Sy: 158, İstanbul Bilgi Ünv. Yay, İstanbul, 2005.

merkezi Bağdat olan yeni bir ordu dahil edildi[457]. Ordu merkezleri ve askeri kuvvetlerin genel durumu şöyle oldu: [458]

Birinci Ordu İstanbul'da,

İkinci Ordu Tuna Havzasında konuşlu merkezi Şumnu'da,

Üçüncü Ordu Rumeli ve Bosna Hersek eyaletlerinde merkezi Manastır'da,

Dördüncü Ordu Erzincan'da,

Beşinci Ordu Şam'da[459],

Altıncı Ordu Bağdat'ta idi.

Bu ordularda toplam 36 piyade alayı, 36 talia taburu (keşif ve ileri karakol görevi yapan öncü birlikleri), 26 süvari alayı, 7 sahra topçu alayı, 4 kale topçu alayı, 2 istihkam alayı ve 1 sanayi alayı mevcuttu. Her ordu sahip olduğu piyade alayı kadar redif alayı da teşkil ediyordu. Bu dönemde ayrıca askeri okullar da çoğaltılmış ve lise seviyesinde olmak üzere biri İstanbul, biri Bursa, biri Edirne ve birisi de Manastır'da olmak üzere dört askeri okul açılmıştı.

1870 yılına gelindiğinde, 1'inci Orduda 7; 2, 3 ve 4'üncü Ordularda 6; 6, ve 7'nci Ordularda 5 olmak üzere toplam 41 piyade alayı (ve 41 Tali'a Taburu) yer almaktadır. Bu da takriben 135. 000 Nizamiye piyade askeri demektir. Redif askerlerinin büyük bir kısmının da piyade olduğu düşünülürse Osmanlı Devleti'nde kara kuvvetlerinin en büyük sınıfının piyadeler olduğu ortadadır[460].

b. Nizamiye, Redif ve Müstahfız Kuvvetleri:

(1) Nizamiye Kuvvetleri (muvazzaf Kuvvetler): Eylül 1843 Askeri Nizamnamesi'yle biri 5 senelik Nizamiye, diğeri 7 senelik Redif olmak üzere Tanzimat döneminde iki askeri sınıf oluşturulmuştur. Prusya ordularının Sadowa zaferinden sonra, Avrupalılar ordularını yeniden tanzim edip asker sayılarını artırmaya başladılar. Bu yüzden

457 Robert MANTRAN, Osmanlı İmparatorluğu Tarihi, II, Sy: 83, T. İş Bankası Yayınları, İstanbul, 2011.

458 İhsan ILGAR, Tarih Boyunca Türk Ordusu, Sy: 14, Maarif Basımevi, İstanbul, 1957.

459 Yeniçeri Ocağı'nın Lağvından Sonra Osmanlı Ordüsundaki Gelişmeler, Askeri Tarih Bülteni, Sayı 29, Gnkur Yay, Ankara, 1990.

460 Piyadenin Tarihi, Sy: 2-22, Piyade Okulu Yay, , İstanbul 2005,

Sultan Abdülaziz, Avrupa'da meydana gelen yeni askeri düzenleme ve asker sayılarını artırma faaliyetlerini takip ettirmiş ve 21 Haziran 1869'da Osmanlı askeri kuvvetlerinde önemli bir değişikliğe gitmiştir. Çağın ihtiyaçlarına cevap verebilmek için bu tarihte yayımlanan nizamname ile 1843 düzenlemesi biraz daha genişletilerek, 12 yıl olan askerlik süresi 20 yıla çıkarılmış ve Kara kuvvetleri: Nizamiye (altı yıl), Redif (altı yıl) ve Müstahfız (sekiz yıl) olmak üzere üç kısma ayrılmıştır[461]. Altı yıl olan "nizamiye (muvazzaflık)" süresinin dört yılı silah altında, iki yılı da ihtiyat sınıfında geçirilecekti. İhtiyat sınıfına geçenlerin, silah altında bulundurulmalarında devletçe zorunluluk bulunmadığı durumlarda, memleketlerine salıverilecekler fakat bunlar, ihtiyatlık süresince bağlı oldukları redif taburları bölgelerinden dışarı çıkamayacaklardı. İhtiyatlık süresini de tamamlayanlar birinci sınıf redife geçeceklerdi[462].

Böylece nizamiye askerlerinin sınıfı 150. 000 asker, ihtiyat sınıfı 60. 000 ila 65. 000 asker olmak üzere toplam 210. 000 kişi olarak hedeflenmiştir. Sultan Abdülmecid dönemiyle kıyaslandığı zaman buradaki fark, Nizamiye ve Redif sürelerinden birer yıl indirilmesi, bu iki yıl için Nizamiye ve redif süresi arasında olmak üzere bir İhtiyat sınıfı oluşturulmasıdır. Yine askerlik mükellefiyet süresi uzatılmıştır. Kuşkusuz bundaki en önemli gaye asker sayısının artırılmasıdır[463].

Barış zamanlarında Nizamiye askerlerinin nöbetle memleketlerine gitmelerine izin verilirdi. Fakat Abdülaziz döneminde hassas bölgeler olan Belgrat, Girit, Trablusgarp ile Karadağ'ın bazı yerlerindeki askerlerin iki senede bir memleketlerine gitmelerine izin verilmiştir. Ayrıca nöbetleşe olarak memleketlerine gönderilecekler için şu şartlar belirlenmiştir: 3 veya 4 senelik Nizamiye hizmetlisi olup eğitimleri hakkıyla öğrenmiş ve yerine getirmiş olmaları, hiçbir zaman firar etmemiş olmaları, çağrıldıklarında en kısa zamanda dönmeleri ve izinde oldukları sürede memleketteki sancaklarının dışına çıkma-

---

461 Rezzan, ÜNALP, Tarihten Günümüze Türk OrdusuSy: 23, Genkur Yay, Ankara 2009.

462 1782-1826 Yılları Arasında Osmanlı Ordusu'nda Reform Çalışmaları ve Sonuçları, Askeri Tarih Bülteni, Sy: 26, Gnkur Yay, Ankara, 1989.

463 Rezzan, ÜNALP, Tarihten Günümüze Türk OrdusuSy: 23, Genkur Yay, Ankara 2009.

maları. Çağrıldıklarında gelmeyenlerin askerlik hizmetleri yanmış ve yeniden askerlik kaydına alınmışlardır.

Tanzimat döneminin başından itibaren Nizamiye askerlerinin evlilik meselesi de kanunla belirlenmiştir. Buna göre; askerlik mesleğinde bulunup da evlenmek isteyenler, öncelikle bağlı oldukları ordu tarafından bir ruhsatname alacaklar; bu olmadan kendilerine evlilik izni verilmeyecektir. " Tanzimat döneminde askeri kanunlar başçavuştan askeri neferlere kadar evlenmek isteyenlerin hâne geçindirecek durumda olanlarına müsaade etmiş, olmayanları ise subay olana kadar beklettirmiştir. Sultan Abdülaziz saltanatının sonuna kadar Nizamiye askerleri ile ilgili yeni düzenlemelere gidilmiştir. Mayıs 1865'te Nizamiye askerlerinin bilgilerini artırmak amacıyla alaylar içerisinde özel okullar oluşturulmuştur. Özellikle yazı yazmayı öğretmek için açılan bu okullarda birçok kişi 5 - 6 ay zarfında okuma - yazmayı öğrenmiştir[464].

(2). Redif Kuvvetleri(İhtiyat erlerin gençlerinden oluşan kuvvet): Osmanlı ordusunda görev alan Alman subaylarından meşhur Moltke'nin önerileriyle Prusya'daki Landor teşkilatı örnek alınarak, ordunun yedek gücünü teşkil etmek üzere redif alayları kurulmasını tavsiye etmişti. Böylece "Redif Asakir-i Mansure-i Muhammediye" adıyla 1834 yılında, bir teşkilat meydana getirilmesi kararlaştırıldı[465]. Bunun üzerine 1836 yılında Ankara, Bursa, Konya, Erzurum, Aydın ve Edirne valilerine "redif Mansure Müşirliği" verilmiş ve bu illerde aynı yılda redif alayları kurularak belirli zamanlarda eğitimlere başlanmıştı.

1834 yılı Ağustos ayında bir Redif Nizamnamesi hazırlanarak (Redif-i Mansure) uygun görülen yerlere gönderilmişti. Bu tüzükte, memleketin savunulması için yeterli sayıda ve savaş usullerini öğrenmiş asker yetiştirmenin gereği belirtilmiş ve bu amaçla Rumeli ve Anadolu'nun uygun görülen yerlerinde redif taburları teşkiline başlanması emredilmiştir[466].

464 Piyadenin Tarihi, Sy: 2-4, Piyade Okulu Yay, , İstanbul 2005,

465 Robert MANTRAN, Osmanlı İmparatorluğu Tarihi, II, Sy: 48, T. İş Bankası Yayınları, İstanbul, 2011.

466 Redif Teşkilatı, Gnkur Atase Askeri Tarih Bülteni, Gnkur Yay, Sayı 26, Ankara, 1989

1835 Şubatı'nda ise Karahisar-ı Sahip (Afyon), Ankara, Kangırı (Çankırı), İzmir, Menteşe, Serez, Teke (Antalya), Çirmen, Silistre, Kütahya, Kastamonu sancaklarında, her biri 1. 426 mevcutlu on bir redif taburu kurulmuştu. 1836 Şubat ayı sonunda; ayrıca teşkilatı tamamlanan Hamiteli, Tırhala, Konya, Akşehir, Aksaray, Beyşehir, Samako (Demirköy), Viranşehir, Karasi, Kayseri, Niğbolu, Gümülcine, Aydın, Saruhan (Manisa), Üsküp taburlarıyla redif taburları ile toplam redif taburu sayısı 25'e yükselmişti[467].

1838 yılında Ankara, Hüdavendigar, Konya, Erzurum, Aydın, Edirne İllerinde Redif-i Mansure kurulmuş ve redif taburları, üçer üçer birleştirilerek redif alayları teşkiline başlanmıştı. 1838 yılında teşkil edilmiş bulunan redif alayları sayısı Anadolu'da 33'e, Rumeli'de beşe çıkmıştı. Böylece, 1839 yılında yaklaşık 120. 000'i muvazzaf olmak üzere, rediflerle birlikte, Osmanlı Devleti, bir harp halinde yaklaşık 250. 000 kişilik bir ordu çıkarabilecek hale gelmişti[468].

1843'te çıkarılan bir yasayla, Osmanlı Ordusu, dört bölüme ayrılmıştı. Bunlar; muvazzaf kuvvetler, yedek kuvvetler, yardımcı kuvvetler ve başıbozuk (milis) kuvvetlerdi.

Muvazzaf kuvvetler; merkezleri, İstanbul, Şumnu, Manastır, Erzincan, Şam ve Bağdat'ta olmak üzere altı orduya ayrılmıştı. Bu altı ordu ve Tophane-i Amire Müşirliğine bağlı topçularla birlikte Osmanlı Devleti Kara Ordusu'nun muvazzaf birlikleri toplamı; 36 piyade alayı, 36 talia taburu, 26 süvari alayı, 7 sahra topçu alayı, 4 kale topçu alayı, 2 istihkâm alayı, 1 sanayi alayından ibaretti. Bu birliklerin kadro mevcutları toplamı da 150. 000'i bulmaktaydı[469]. Yeni kanuna göre silah altında bulunan eratın beşte biri, her yıl terhis edilerek redife geçecek ve bir o kadar er yani 30. 000 kişi yeniden silah altına alınacaktı. Bu suretle zamanla bir savaş halinde Osmanlı Devleti 400. 000 kişilik eğitimli bir ordu çıkarabilecekti[470].

467 Redif Teşkilatı, Gnkur Atase Askeri Tarih Bülteni, Gnkur Yay, Sayı 26, Ankara, 1989.

468 Redif Teşkilatı, Gnkur Atase Askeri Tarih Bülteni, Gnkur Yay, Sayı 26, Ankara, 1989.

469 İhsan ILGAR, Tarih Boyunca Türk Ordusu, Sy: 14, Maarif Basımevi, İstanbul, 1957.

470 Enver Ziya KARAL, Osmanlı Tarihi, VI, Sy: 162, TTIC Basımevi, Ankara, 1976.

İhtiyat Kuvvetleri;Ordunun ihtiyat kuvvetlerini, redif birlikleri teşkil etmekteydi. 1843'te yeni birlikler teşkil edildiği zaman, orduların kadro ihtiyacı olan askerin sağlanması yolları aranmıştı. Muvazzaflık süresini bitirerek redife geçen erler yılda bir kez, bağlı oldukları tabur merkezlerinde bir ay eğitim yapacaklar ve bu süre içinde muvazzaf erat gibi maaş ve tayinat alacaklardı. 1848 Salnamesi'ne göre o sıradaki redif birlikleri şunlardı : Hassa Ordusu Redif Alayları, Dersaadet (İstanbul) Ordusu Redif Alayları, Rumeli Ordusu Redif Alayları, Anadolu Ordusu Redif Alayları, Bu arada 1869 Kanunu çıkarıldı. Bu kanuna göre ordu kuvvetleri; nizamiye, redif ve mustahfız olmak üzere üç kısma ayrılmıştı. Redif kuvvetleri de, birinci ve ikinci tertip redif kuvvetleri olarak ikiye bölünmüştü[471].

Bu kanunla, merkezi Sana'da olacak şekilde 7 nci Ordu'nun kurulması kararlaştırılmıştı. 1843 teşkilatına göre beş yılı muvazzaflık ve yedi yılı rediflik olmak üzere 12 yıldan ibaret olan askerlik süresi, arttırılarak 20 yıla çıkarılmıştı. 20 yaşından 40 yaşına kadar olan Müslüman erkekler, askerlik mükellefiyeti altına alınmıştı. Bu sürenin altısı nizamiyede (muvazzaflıkta), altısı redifte ve sekiz yılı da mustahfız adı ile yeni kurulan askeri sınıfta geçecekti.

1881 yılındaki düzenlemeye göre Osmanlı Devleti Kara Kuvvetleri; seferde yedisi nizamiye, on ikisi redif ve altısı mustahfız olmak üzere ikişer tümenli 25 kolordudan oluşuyordu. Orduların kuruluşlarında bulunan 25 kolordunun, 1 nci ve 7 nci kolorduların nizamiye, 8 nci ve 19 ncu kolordularını redif ve 20 nci ve 25 nci kolordularını da mustahfız kolorduları teşkil etmekte idi. Redif tümen ve tugayları, kendi yerlerinin ismi ile anılmakta idiler. Her redif tümenine bir ferik (tümgeneral), her redif tugayına bir liva (tuğgeneral) komuta etmekte idi. Redif alaylarının tek numaralı olanlarına albay, çift numaralı olanlarına yarbay komutan atanmaktaydı. [472]

Redif taburlarının mevcudu 800, ilave taburlarının 600, bir redif süvari bölüğünün 100, bir Hamidiye süvari bölüğünün 120 olarak kabul edilmişti. Nizamiye taburlarının sefer mevcudu 800'e çıkarılacaktı.

---

471 Redif Teşkilatı, Gnkur Atase Askeri Tarih Bülteni, Gnkur Yay, Sayı 26, Ankara, 1989.

472 Redif Teşkilatı, Gnkur Atase Askeri Tarih Bülteni, Gnkur Yay, Sayı 26, Ankara, 1989.

Bu hesaba göre Osmanlı Devleti'nin sefer kuvveti toplamı 1. 064. 000 kişiyi bulabilecekti. Sanayi taburları, jandarma ve diğer müteferrik birlikler de eklenirce sefer mevcudu 1. 200. 000'e yaklaşmaktaydı.

Yeni ordu teşkilatına göre Osmanlı Ülkesi önce 54 redif tümeni ile bir alaydan (Çanakkale) ibaret olmak üzere altı müfettişlik halinde teşkilatlanmıştı. Bu suretle toplam 54 tümen (504 tabur)'dan oluşan redif ordusunun teşkilatı şu sekildeydi;[473]

1inci Redif Müfettişliği 14 tümen (134 tabur)

2 nci Redif Müfettişliği 12 tümen (127 tabur)

3'üncü Redif Müfettişliği 8 tümen (67 tabur)

4'üncü Redif Müfettişliği 4 tümen (31 tabur)

5'inci Redif Müfettişliği 8 tümen (73 tabur)

6'ncı Redif Müfettişliği 8 tümen (72 tabur)

(3). Müstahfız Kuvvetleri (ihtiyat erlerin yaşlıları): Yeniçeriliğin kaldırılmasından önce kale, hisar ve memleket muhafazasında bulunan; kaldırıldıktan sonra da rediflikten sonraki askerlik hizmetiyle mükellef olan kuvvetlerdir. 1869 Askeri Nizamnamesi gereğince Sultan Abdülaziz devrinde 6 senelik redif hizmetini bitirenler, 8 senelik müstahfız sınıfına geçerlerdi[474]. Müstahfız askerler, askeri kayıt ve işlerden muaf tutulup, nizamiye, ihtiyat ve redif askerlerinin herhangi bir şekilde sevk edilmesi durumunda vatan ve memleketin korunması vazifesi ile ilgili olarak oluşturuldu. Maaş ve tayinlerini göreve çağrıldıkları zaman alırlardı. Osmanlı Rus Savaşı (1877-1878) öncesinde lağvedilerek, redif teşkilatına dahil edildiler. [475] 1870 yılına gelindiğinde Osmanlı ordusu, etkin hizmete alınmış 210. 000 yeni kura eriyle, 190. 000 redifiyle ve 300. 000 müstahfızıyla görece büyük bir askeri güçtür. [476]

---

473 Redif Teşkilatı, Gnkur Atase Askeri Tarih Bülteni, Gnkur Yay, Sayı 26, Ankara, 1989.

474 Uğur ÜNAL, Sultan Abdülaziz Devri Osmanlı Kara Ordusu, Sy: 46, Gnkur ATASE Yayınları, Ankara 2008.

475 Rezzan, ÜNALP, Tarihten Günümüze Türk OrdusuSy: 46, Genkur Yay, Ankara 2009.

476 Robert MANTRAN, Osmanlı İmparatorluğu Tarihi, II, Sy: 84, T. İş Bankası Yayınları, İstanbul, 2011.

4. 1876-1912 Yıllarında Yenileşme Hareketleri ve Türk Ordusu

a. 1878-1912 Yıllarında Yapılan Düzenlemeler: 1877-1878 Osmanlı Rus Harbi, tabur ve alaylardan oluşan bir ordunun harpte muvaffak olamayacağını fiilen de gösterdiğinden 1878'de yeni bir düzenleme yapıldı. Esas olarak çok köklü değişiklikler yapılmamakla beraber; Erzurum'daki 4'üncü Ordu merkezi Erzincan'a alınmış, sekizer bölüklü piyade taburları dörder bölüklü hale dönüştürülmüş, alayların hepsi dörder taburlu hale getirilmiş, iki alay bir tugay ve iki tugay bir tümen kuruluşu içine alınmıştı. Her ordu bölgesinde; iki nizamiye, dört redif, iki müstahfız piyade tümeni, bir süvari tümeni, bir topçu tümeni, bir istihkam ve bir ulaştırma taburu ile bir telgraf bölüğünden başka gerektiğinden bir müstahfız kolordusu kurulması öngörülmüştür[477].

Yalnız Makedonya'daki 3. Ordu'da iki, Doğu Anadolu'daki 4. Ordu'da bir nizamiye tümeni fazla idi. Hicaz ve Trablus'ta da birer bağımsız tümen kurulmuştu. 6. ve 7. Ordularda redif ve müstahfız tümenleri yoktu. Doğu Anadolu'daki göçebe aşiretlerden nüfusuna göre birer veya ikişer süvari alaylık "Hamidiye" süvari alayları teşkil edildi. Böylece yedi ordu ve iki bağımsız tümenden meydana gelen Osmanlı kara ordusu, seferde on dokuz nizamiye (muvazzaf), yirmi redif, on müstahfız olmak üzere kırk dokuz piyade, yedi süvari ve yedi topçu tümeni çıkarabilecek seviyeye yükselmişti. Yeni teşkilatlanma ile girdiği 1897 yılında yapılan Yunan Harbinde, bir ay gibi bir sürede galip gelen Osmanlı Ordusu 1877-1878 Harbinde zedelenmiş olan prestijini de kurtarmıştır[478].

İkinci Meşrutiyetin ilanı ile beraber yapılan idari düzenlemeler sırasında, orduda yapılacak düzenlemeler de yer alıyordu. Harbiye Nazırı Mahmut Şevket Paşa tarafından 1909 yılında İstanbul'da "Piyade Atış Okulu", İstanbul ve Konya'da astsubay hazırlama okulları açıldı. Kara kuvvetlerindeki muhtelif sınıf ve silahların eğitiminde birlik ve beraberliği sağlamak maksadıyla "Numune Alayları" kuruldu[479]. 1910

477 Yeniçeri Ocağı'nın Lağvından Sonra Osmanlı Ordüsundaki Gelişmeler, Askeri Tarih Bülteni, Sayı 29, Gnkur Yay, Ankara, 1990.

478 Piyadenin Tarihi, Sy: 2-29, Piyade Okulu Yay, , İstanbul 2005,

479 Enver Ziya KARAL, Osmanlı Tarihi, VI, Sy: 356, TTIC Basımevi, Ankara, 1976.

yılı sonlarında "Teşkilat-ı Askeriye Nizamnamesi" çıkarılarak, daha önce seferde kurulan kolordu teşkilatı barış zamanında da kuruldu.

Hazar birlikleri, sefer birlikleri ile aynı teşkil edildi. Artık bu birlikler, sefer mevcutlarını artırmak üzere, kendi bölgelerinden seferber olma suretiyle mevcutlarını tamamlamaları esası getirildi. Böylece Kırım Savaşı'nda, 77-78 Osmanlı Rus Savaşı'nda, Yunan Harbi'nde ve Balkan Savaşı'nda yararlanılan "redif" teşkilatı da ortadan kaldırılmış oluyordu[480]. Bu nizamname ile yedi ordudan oluşan kara kuvvetleri birlikleri, dört ordu müfettişliği ile bağımsız 7'nci Kolordu ve yine bağımsız 21 ve 22'nci Tümenlerden oluşturuldu.

Yeni teşkilatlanma çalışmaları sürerken orduyu gençleştirmek amacıyla, 7 Ağustos 1909'da "Tasfiye-i Rütep" (Rütbe tasfiyesi) kanunu çıkarıldı. Buna göre 7. 500 civarında subay bir anda emekliye sevk edildi. Esasında zamansız ve plansız olarak yapılan bu girişim sonucunda, kadroları mektepli subaylarla doldurma imkanı bulunamadan, Osmanlı Ordusu arka arkaya Trablusgarp ve Balkan Harpleriyle karşı karşıya kalmıştı[481].

Yeniçeri Ocağı'nın kaldırılması ile birlikte, 7 Temmuz 1826'da kurulan "Asakir-i Mansure-i Muhammediye Ordusu" için eğitim ve öğretim düzeyi yüksek subaylara ihtiyaç duyulmuştur. İlk zamanlarda bu ihtiyaç, Mühendishane-i Berri-i Hümayun'dan mezun olan subaylardan ve yetenekli erlerin özel bir eğitimden geçirilmesi yoluyla karşılanılmaya çalışılıyordu. Ancak, subayların daha iyi yetişmesi için, batıdaki benzer okullar gibi bir okulun açılması gerekliliğini gören II. Mahmut Mekteb-i Fünun-u Harbiye adıyla bir okul açılmasına karar vermiştir. 1834-1851 yılları arasında, öğrenimini medrese görünümünden kurtaramayan okul, dini bilgiler veren dersleri ön planda tutmuş, Arapça ve Farsça bilgisi en fazla üzerinde durulan dersler olmuştur[482].

Böylelikle, eğitim sistemi ile okulun hedefi arasında tam bir paralellik kurulamamıştır. Mekteb-i Harbiye'nin açılışından itibaren,

480 Redif Teşkilatı, Gnkur Atase Askeri Tarih Bülteni, Gnkur Yay, Sayı 26, Ankara, 1989.

481 Yeniçeri Ocağı'nın Lağvından Sonra Osmanlı Ordüsundaki Gelişmeler, Askeri Tarih Bülteni, Sayı 29, Gnkur Yay, Ankara, 1990.

482 Yusuf ÇAM, Atatürk'ün Okuduğu Dönemde Askeri Okullar, Sy: 126, Gnkur Yay, Ankara, 1991.

okulun Batı'daki benzer okullar ışığında ıslahı için çaba harcanmıştır. Bu çalışmalar kapsamında, Avrupa'ya öğrenci gönderilmiş, Arapça ve Farsça gibi Fransızca da bir yabancı dil olarak okutulmuştur. Mekteb-i Harbiye ilk mezunlarını 1848 yılında vermiştir[483]. 1873 tarihinde, Mekteb-i Harbiye'nin eğitim ve öğretim süresi dört yıldan 3 yıla indirilmiştir. Bunun nedeni olarak, öğrenci kaynakları bakımında, Harbiye'yi besleyen İdadi ve Rüştiye'lerin gelişmesi ve Harbiye'nin temel bilgilerle ilgili yükünün azalması gösterilebilir. 1874 yılında okulda, 10'u hikmeti askeriye, 15'i kimyayi askeri, 7'si ise hendesei askeri olmak üzere toplam 32 ders okutulmaktaydı.

1875 yılında Askeri mektepler Nazırlığına atanan Süleyman Paşa döneminde, okullarda disiplin ve askeri terbiye oluşturulmuş, programlar geliştirilerek gösteri ve tatbikat için kıtalar teşkil edilmiş, Genel Türk Tarihi okutulmaya başlanmıştır[484]. 1876 yılında toplam mevcudu 309 kişi olan Harp Okulu beş sınıf halinde eğitim ve öğretim vermekteydi. Bu sınıflardan ikisi erkân-ı harp için ayrılmıştı. Bu dönem içerisinde, ders programlarında bir değişiklik yapılarak askerlik derslerinin yanı sıra genel kültür derslerine de yer verilmeye başlanmıştır. Mekteb-i Harbiye'nin kurulduğu yıllarda, dünya askeri düşünce olarak Fransız Ordusu ve Napolyon'un askeri dehasını tartışıyordu.

Goltz Paşa'nın eğitim kurumların başına gelmesiyle, Fransız etkisindeki eğitim ve öğretim, Alman etkisine girmiş, nazari ve matematiğe önem veren eğitim sistemi, tatbiki eğitime kaydırılmıştır. 1883 yılına kadar Fransız askeri doktrini etkisinde kalan Harbiye'de bu yıldan itibaren Alman etkisi kendini göstermeye başlamıştır[485]. 1889 sonrasında, o zamana dek Harp Akademisinin 15'i geçmeyen öğrenci sayısı 40'a kadar yükselmiştir.

Ülkede tek bir harp okulunun olması, İstanbul'daki okulda yığılmalara sebebiyet vermişti. Bunun üzerine, Edirne, Manastır, Erzincan, Şam ve Bağdat'ta birer harp okulu açılmıştır. Ancak Şam, Bağdat ve Erzincan Harp Okulları II. Meşrutiyet öncesinde, Edirne

---

483 Alaettin AVCI, Osmanlı Döneminde Askeri Okullarda Eğitim, Sy: 25, Ankara, 2000.
484 Osman Nuri ERGİN, Türkiye Maarif Tarihi, C. 1, Sy: 129, İstanbul, 1977.
485 Osman Nuri ERGİN, Türkiye Maarif Tarihi, C. 1, Sy: 890, İstanbul, 1977.

ve Manastır Harp Okulları ise II. Meşrutiyet'in ilânı sonrasında lağvedilmişlerdir[486]. 1892-1902 yılları arasında Harbiye'de okutulan dersler incelendiğinde; birinci sınıfta temel fen bilimleri ile askerliğin başlangıç konularına ağırlık verildiği anlaşılmaktadır. Askeri derslerden en fazla topografya ve harita çizimine önem verildiği göze çarpmaktadır.

II. Abdülhamit döneminde uygulanan istibdat yönetimine karşı tepki gösteren yüksekokulların başında Harbiye gelmektedir. Ancak, öğrenciler arsındaki asıl düşünce, mevcut düzeni değiştirmekten öte Padişahı değiştirmek düşüncesi idi. Bu durumdan rahatsızlık duyan II. Abdülhamit, diğer yüksek okullar ile birlikte Harbiye üzerindeki baskılarını yoğunlaştırmış ve 1905 yılında İstanbul dışında Harp Okulları açılarak Harbiye öğrencisini başkentten uzaklaştırılmaya çalışılmıştır. İstibdat yönetimine karşı biriken tepkiler sonucunda 1904'te kurulan "Cemiyet-i İnkılâbiye" adlı gizli öğrenci örgütüne bazı Harbiye öğrencileri de katılmıştır. II. Meşrutiyet'in ilânı, özellikle de 31 Mart olayından sonra harp okullarında esaslı değişiklikler yapılması zorunluluğu ortaya çıkmıştır. Okulların başına geniş yetkiler ile donatılmış komutanlar atanarak bozulan disiplinin yeniden tesisi için büyük gayretler gösterilmiştir[487].

1913 yılı sonunda, ülkeye tekrar gelen Alman Islah Heyeti harp okullarında bir takım değişiklikler yaparak, o döneme kadar Terbiye ve Tedrisat Umum Müfettişliği emrinde bulunan harp okulları, yeni kurulan Askeri Mektepler Umum Müdürlüğüne bağlanmıştır. Önce Piyade Harp Okulu olmak üzere, diğer tüm askeri okulların müdürlüklerine Almanlar getirilerek, bu eğitim kurumları Alman Islah Heyeti'nin emrine girmişlerdir. Birinci Dünya Savaşı nedeniyle 4 Ağustos 1914 tarihinde eğitim ve öğretimine ara veren Harbiye Mektebi, 1 Ocak 1920 tarihinde tekrar açılmış, ancak İstanbul'un işgal edilmesiyle 16 Mart 1920 tarihinde tekrar kapatılmıştır[488]. Özellikle İstanbul'un işgali ile büyük sıkıntılar içerisine giren Harp Okulu

---

486 Alaettin AVCI, Osmanlı Döneminde Askeri Okullarda Eğitim, Sy: 27, Ankara, 2000.

487 Selahattin KARATAMU, Türk Silahlı Kuvvetleri Tarihi (1908-1920), Sy: 1383, Ankara, 1971.

488 Alaettin AVCI, Osmanlı Döneminde Askeri Okullarda Eğitim, Sy: 35, , Ankara, 2000.

ve İdadi öğrencileri milli mücadeleye katılmak üzere Anadolu'ya geçmişlerdir[489].

5. Osmanlı Ordularında Kullanılan Silahlar:

a. Ateşsiz Silahlar:

Osmanlı İmparatorluğu'nun kuruluşundan önce bulunan barutun ateşli silahlarda yaygın şekilde kullanılması, yıllar boyu elde edilen deneyler sonunda mümkün olmuştur. Bu nedenle, Osmanlıların ilk dönemlerinde kullanılan silahların tümü, çeşitli maksatlarla yapılmış ateşsiz silahlardı. Aşiret kuvvetleriyle yaya ve müsellemlerin silahlı kuvvetleri teşkil ettiği bu dönemde, erler silahlarını ya kendileri yapar veya dışarıda bu işle uğraşan esnaf ve sanatkarlara yaptırırlardı[490]. Her savaşçı, kullandığı silahların biçimine ve yapımına büyük önem gösterir, emsallerinden üstün nitelikte ve değerde olması için hiçbir fedakarlıktan kaçınmazdı. Kapıkulu Ocakları örgütünün kurulmasından sonra ortaya çıkan çeşitli askeri sınıflar içinde yer alan "Cebeci" ve "Humbaracı Ocakları" silahlı kuvvetler için gerekli olan silahların yapım, ikmal ve bakımıyla görevlendirilmiştir. Cebeciler; süvari ve topçular hariç yalnız yeniçerilere ait ok, yay, kılıç, kazma, kürek, zırh, tulga, harbe ve bunun gibi harp malzemesini tedarikle muhafaza eder ve savaşta cepheye götürerek orada yeniçerilere dağıtır ve savaş sonrası tekrar geri alarak bakıma ihtiyacı olanları onarıp muhafaza ederlerdi[491].

Bu silahlar gerek merkezde ve gerekse eyaletlerdeki imalathanelerde yapılarak savaşlarda kullanılmak üzere depolara konur ve sürekli bir bakıma tabi tutulurlardı. Ateşsiz silahlar kullanım amaçlarına göre çeşitli bölümlere ayrılmaktaydı. Bunlar, vurucu silahlar, kesici silahlar, kesici ve dürtücü silahlar, dürtücü ve paralayıcı silahlar, dürtmeye kesmeye ve vurmaya yarayan silahlar, atma suretiyle kullanılan silahlar ile baş ve vücudu koruyan miğfer, zırh ve kalkanlardı[492].

---

489 Selahattin KARATAMU, Türk Silahlı Kuvvetleri Tarihi (1908-1920), Sy: 426, Ankara, 1971.

490 Piyadenin Tarihi, Sy: 2-31, Piyade Okulu Yay, , İstanbul 2005,

491 Türk Silahlı Kuvvetleri Tarihi, Gnkur Harp Tarihi Yay, III. Cilt, II. Ks, Sy: 236, Ankara, 1977.

492 Askeri Tarih Bülteni, Genelkurmay ATASE Yayınları, Sayı: 21, Ankara, 1989.

(1) Gürz; tek parça veya yalnız başı demirden veya bakırdan ve sapı ağaç veya demir ve bakırdır. Gürzün diğer bir adı "bozdoğan"dır.

(2) Topuz; gürzün bir çeşidi olan topuz, içi boş yuvarlak bir güllenin üzerine uçları sivri bir takım çiviler geçirilmek suretiyle hazırlanmış ve buna bir de sap eklenerek kullanılan silahtır.

(3) Şeşper; gürzün bir başka cinsi olup, farkı dilimler halinde olması ve altı yüzü bulunmasıdır. Bu nedenle "altı yüzlü" demek olan şeşper ismi verilmiştir.

(4) Kamçı; yarım metre uzunluğunda demirden bir zincirin ucuna birkaç toparlak güllecik takılmış tahta saplı bir silahtır. Beceri ve kuvvetle vurulduğunda etkisine çok az zırh dayanabilir.

(5) Döğen; şekli harman dövmekte kullanılan döğene benzer. Demir veya ağaçtan bir sapla, onun ucuna bağlı uzun bir zincir ve zincirin ucundaki toparlaktan ibarettir.

(6) Balta; sapı demirden olsa da ağır olmaması için içi boştur.

(7) Teber; baltanın Farsçası olmasına rağmen değişik şekilde imal edilen ve ağız kısmı çok keskin olan silahlardı ve omuzda taşınırdı.

(8) Meç (Düz Kılıç); 90-150cm uzunlukta, her iki ağzı keskin bir silah olup, zırh levhaları arasından dürtmeye yarar.

(9) Kılıç; muhtelif boy, en ve şekillerde olurdu. Türk kılıcı çok eğridir, çok kere tırpan biçiminde, dar, ince ve yassıdır. Her parçası orijinal olan bu eğri kılıç, hafif eğri kabzalıdır. Tek ağızlı, az eğri olup, kalın sırtlı ve tabanın ortasında bir kan oluğu bulunmaktadır.

(10) Şimşir; kılıcın bir nevi olup ucuna doğru gittikçe enlileşir.

(11) Gaddare; az eğri, fakat enli bir kılıçtır. Ağır ve iki tarafı keskindir.

(12) Pala; bir metre uzunlukta, tek ağızlı, ucuna doğru bazen iki ağızlı (iki tarafı keskin) olur ve biraz eğridir.

(13) Yatağan; XVI. Yüzyılın ikinci yarısında ortaya çıkan Türk yatağanları, tabanları kısa, az eğri, iç kenarı keskin ve ucu sivridir. Bu silahın kesici ve delici fonksiyonları çok fazladır. Kabzaları genellikle fildişinden yapılmıştır.

(14) Hançer; bele takılan veya kuşak arasına sokularak taşınan küçük boyutlu kesici ve dürtücü bir silahtır. Çok süslü ve kıymetli

taşlarla bezenmiş türleri, bugün bile müzelerin en değerli objelerini oluşturmaktadır.

(15) Mızrak; sapı kısa mızraklara "harbe" denir be piyadeler tarafından kullanılır.

(16) Kargı, tırpan, çatal (bir adı da "neyze"dir),

(17) Zıpkın; kale muharebelerinde giysilerin bir tarafına takılarak düşmanı düşürme ve çekmede, hücum merdivenlerini çengelleyerek merdivenlerle çıkan düşmanı itmede, süvarilere karşı dürtücü bir silah olarak at ayaklarını kesmede, düşmanı atından aşağı indirerek zırhını koparmada kullanılırdı.

(18) Halbart (Helmbarte); bu silah genel olarak mızrak vazifesi görmek üzere ucu dar yüzlü bir kama veya dört köşe bir süngü ile bunun sağında ve solunda balta veya teber gibi keskin iki yüzü vardır.

(19) Sapan; düz bir meşin kesenin ucuna bağlanan iplerden yapılan sapanların keselerine konan taş veya kurşunlar hızla çevrilerek iplerden biri salıverilir. Kesenin içindeki kurşun veya taşlar sapanın devrinden aldığı hızla hedefine doğru giderdi. Bu silah XV. yüzyıla kadar Osmanlı piyadeleri tarafından kullanılmıştır.

(20) Ok ve Yay: Yay; ahşap, boynuz veya esnek bir maddeden yapılmış olup, iki ucuna yeteri kadar uzunlukta bir kiriş bağlanmıştır. Ok; ağaçtan, genellikle hezarenden (bambu saplarından yapılmış) veya başka diğer maddelerden yapılmış bir sapla, ucu sivri demir bir temrenden ibarettir. Osmanlıların ilk kuruluş yıllarından başlayarak XVI. yüzyıl sonlarına kadar ok ve yay silahlı kuvvetlerde yaygın olarak kullanılmıştır[493].

(21) Mancınık; ağır cisim ve mermileri uzak mesafelere atmaya yarayan ve eskiden beri birçok millet tarafından özellikle kale kuşatmalarında kullanılan bir harp aracıdır. Küçük olanlarına "arrade" denirdi.

(22) Kalkan; düşmanın kılıç, gürz, harbe vb. silahından korumak için kola takılan bir siper olup; ya meşinden veya dayanıklı bir madenden yapılırdı. Yuvarlak Osmanlı kalkanı incir ağacından yapılmış olup, kabarık tarafını ipek ve madeni tel ile sarılı bir örgü kaplardı.

493 Piyadenin Tarihi, Sy: 2-34, Piyade Okulu Yay, , İstanbul 2005,

(23) Miğfer (Çelik Başlık); Osmanlı miğferleri ikiye ayrılır birisi bakırdan diğeri çelikten yapılmıştır. Tepeleri sivri olup bir temren ile süslenmiştir.

(24) Zırh; vücuda giyilip düşmanın kılıç, ok ve mızrağından korunmak için kullanılan madenden bir gereç olup, göğüste bulunan kısmına "göğüslük", kola takılan kısmına "kolçak", dize takılana "dizçek" ve arkaya gelen de arkalık denirdi. Ellerin muhafazası için yine demir veya başka madenden yapılan "eldiven", başın muhafazası için de miğfer kullanılırdı.

b. Ateşli Silahlar[494]:

(1) Tüfekler: Tüfeğin Osmanlılarda kullanılmaya başladığı tarihe ait kesin bir belge bulunmamaktadır. Bununla birlikte, 1421'deki Düzmece Mustafa Olayında, 1430 Selanik'in fethinde[495], 1442 Sivrihisar kuşatmasında tüfek kullanıldığı bilinmektedir. 1444 Varna muharebesinde de topla birlikte tüfek de kullanılmış[496], ayrıca Fatih devrinde kale savaşlarında ve muharebe meydanlarında da tüfek kullanılmıştır.

Tüfek Osmanlı ordusunda ilk olarak piyade birliklerinde kullanılmış, daha sonra atlı birlikler arasında da yaygınlaşmıştır. Atlı birlikler kısa namlulu, Yeniçeriler ise uzun namlulu "karabinaları" kullanmışlardır. Tüfeğin orduda tamamen yerleşmesinden sonra yeniçeri ortalarından birisi "tüfekçi ortası" adını almış ve bu ortanın komutanına da ser tüfenkçi" (baş tüfekçi) adı verilmiştir.

Osmanlıların 1453 yılında İstanbul'un fethinde geleneksel silahların yanında, ateşli silahlar olarak yeniçerilerin kullandıkları tüfekler de mevcuttur[497]. Bu savaşta yeniçeriler; "Arkebüs (arquebuse) ve fitilli Muske (mousqet a meche) denilen ağır piyade tüfekleri kullanmışlardır. Bu tüfekler değişik çap ve büyüklüklerde olup, oldukça kaba ve ağır idiler. Taşımak için bir yeniçeri yeterli değildi.

---

494 Türk Silahlı Kuvvetleri Tarihi, Gnkur Harp Tarihi Yay, III. Cilt, II. Ks, Sy: 262, Ankara, 1977.

495 Aydın TANERİ, Osmanlı Kara ve Deniz Kuvvetleri, Sy: 176, Kültür Bakanlığı Yay, 1981.

496 Suat İLHAN, Türk Askerî Kültürünün Tarihî Gelişmesi, Sy: 177, Ötüken Yay, İstanbul, 1999.

497 Aydın TANERİ, Osmanlı Kara ve Deniz Kuvvetleri, Sy: 177, Kültür Bakanlığı Yay, 1981.

Daha fazla insana ihtiyaç gösteren bu tüfekler, ancak hayvanlar üzerinde taşınabilmekteydi. XVI. Yüzyılın ortalarından itibaren bu tüfekler nispeten hafifletilerek, kısa mesafeler için bir kişi tarafından taşınabilir hale getirilmişti. Bu tüfeklerin kurşunları 6, 9, 15 ve 25 dirhem (bir dirhem: 3, 20 gr.) ağırlığında idi. Bu değişik çap nedeniyle imalathaneler yeteri kadar mermi yetiştiremiyorlardı[498].

Bu maksatla ordunun arkasında arabalarla külçe kurşun taşınır, verilen ölçülere göre muharebe alanında kurşun dökülürdü. Dökülen bu kurşunlar dört köşe kesilip kullanılırdı. Yeniçerilerin çoğunun özel tüfek ve kurşunları vardı. Bu tüfeklerin bazıları süslü, gümüş kakmalı ve üzerinde ayetler yazılıydı.

Yeniçeri Ocağının lağvedilmesinden sonra 1828-1829 Osmanlı Rus Savaşı patlak verdiğinde, yeni kurulan birliklerde bir kısım piyadenin elinde eski tip tüfeklerden bulunmakla birlikte, çoğunda Şnayder sisteminde veya Martini Hanri tipinde çakmalı tüfekler vardı. Bu tüfeklerle süngü kullanılıyordu. Bu tüfeklerin mermileri ancak 300 m. ye kadar gitmekteydi.

(a) Metris (Toprak Siper) Tüfekleri: Çakmaklıları da bulunan bu tüfekler çok ağır oldukları için metris adı verilen toprak siperlerde kullanılmıştır. Boyları 160 cm ile 120 cm arasında değişmektedir.

(b) Fitilli Tüfekler: metris tüfeklerinin daha hafif ve elde taşınabilir nitelikte olanlarıdır. İlk zamanlarda bu tüfekler de bir çatal ayak üzerinde ateşlenmişlerdir.

(c) Çok Namlulu (Organon) Silahlar: Birden fazla tüfek namlusunun bir araya getirilmesi ve bütün namluları bir ateşleme noktasına bağlanmaları ile meydana getirilmiştir.

(d) Musketler: XVI. Yüzyıldan itibaren kullanılmaya başlayan fitilli tüfeklere göre boy ve ağırlık yönünden daha kullanışlı olan tüfeklerdir.

(e) Çakmaklı Tüfekler: Piyade askerinin kullandığı başka cins bir tüfektir. Çok ağır olanları, boyları 2 m. ye yakın olanları da vardır.

(f) Çakmaklı El Havanları: Küçük boyda üzerindeki sabit halka vasıtası ile elde taşınabilir ve istenilen yere götürülebilir silahlardır.

498 Piyadenin Tarihi, Sy: 2-36, Piyade Okulu Yay, , İstanbul 2005,

Bunlar bir demir çubuk ile yere çakılabilir ve yine bir çubuk yardımı ile namlu, aşağı yukarı hareket ettirilebilirdi.

(g) Çakmaklı Karabina: Normal bir çakmaklı tüfekten daha kısa boyludur. Namlu ağzı konik bir görünümle açılan, çapları değişik silahlardır.

(h) Kapsüllü Tüfekler: XIX. Yüzyılın başlarında icat edilen bu tüfekler, yüzyılın ortalarına doğru Osmanlı ordusunda kullanılmaya başlanmıştır.

(b) İğneli Tüfekler[499]:

1860'lara gelindiğinde Prusya, eskilerine göre siper alınması ve ateş edilmesi daha kolay ve pratik olan bu iğneli tüfekler ile savaşlarda Avrupalı devletlere üstünlük sağlamaya başlamıştır. 1866'dan itibaren Osmanlı Devleti de eski nesil tüfeklerin alımı ve üretimini durdurmuş; hatta birliklerdeki eski ipekli, çakmaklı ve ağızdan dolma tüfekler, Tüfekhane'de iğneliye çevrilmeye başlanmıştır.

Eski tüfekler Zeytinburnu Tüfekhane fabrikasında kuyrukları takılmak suretiyle iğneliye dönüştürülmüştür. Bu dönemde iğneli tüfekler arasında Osmanlı Devleti'nin en çok tercih ettikleri Şnayder (Snider), Henry Martini ve Winchester cinsleri olmuştur. 1876 yılı içerisinde Hassa Ordusuna bağlı 28 taburun hepsi toplam 22. 000 adet Henry Martini tüfeğiyle donatılmıştır. Abdülaziz devrinin sonuna gelindiğinde 170. 000'i bulan Osmanlı muvazzaf askerlerinin tamamı iğneli tüfeklerle teçhiz edilmiştir.

(2) Tabancalar: [500] Osmanlılarda tabancanın kullanılış tarihi de kesin olarak bilinmemekle beraber, Avrupa'da kullanılmaya başlandıktan kısa bir süre sonra XVI. Yüzyıl sonlarından itibaren kullanıldığı sanılmaktadır.

Osmanlılarda ağızdan doldurulan çakmaklı ve kapsüllü tabancalara "piştov" adı verilmiştir. XIX. Yüzyılın ortalarına kadar kullanılan piştovlar, bu yüzyılın başında ordu kadrolarından çıkarılmıştır. Toplu tabancaların ortaya çıkışı ve yaygınlaşması sonucu Osmanlı ordusunda bu defa 8, 7. 65, 9. 65, 11. 18, 8. 13 mm çapında toplu tabancalar

---

499 Piyadenin Tarihi, Sy: 2-37, Piyade Okulu Yay, , İstanbul 2005,

500 Kuruluşunun 700. Yılında Osmanlı Devleti, Osmanlı Ordusunda Kullanılan Ateşli Silahlar, Sy: 35, TTK Basımevi, Ankara, 1999.

ile Karadağ (Montenegro) adı verilen toplu tabancalar kullanılmaya başlanmıştır. 1840'ta Osmanlı ordusunda kullanılan Smith Wesson tipi kırmalı toplu tabancalar bütün subaylar tarafından kullanılmıştır.

XIX. yüzyılın başlarına gelindiğinde tüfeklerde olduğu gibi tabancalarda da Alman silah teknolojisi ağır basmıştır. "Mauser, Bergman, Borchardt-Luger, Mannlicher" tabancaları Osmanlı ordusunda kullanılan tabancalar arasında yer almışlardır.

(3) Makineli Tüfekler, Mitralyözler: [501] Avrupa'da XIX. yüzyılın ikinci yarısında geliştirilen makineli tüfekler, yüzyılın son çeyreğinden itibaren Osmanlı ordusunda kullanılmaya başlanmıştır. 1890'larda Osmanlı ordusunda kullanılan makineli tüfekler; "Gatling, Nordenfelt, Hotckiss ve Revolver topu ve Lowel" makineli tüfeğidir. Tam otomatik makineli tüfeğin ortaya çıkışı ile birlikte Osmanlı ordusunda çok kullanılan 1895 modeli Maxim Nordenfelt, 1908 modeli Alman Maxim, Browning, 1897 ve 1903 modeli Hotckiss gibi makineli tüfekler kullanılmıştır.

(4) Diğer Ateşli Silahlar: Osmanlılarda bu ateşli silahların dışında humbaralar, havanlar ve çakmaklı el havanları ile el bombaları da kullanılmıştır. Bunlar savaşlarda temel silah olan top ve tüfek ile gerek bunların ateşlerini ve gerekse bu silahları kullanan topçu ve piyadeyi destekleyici nitelikte silahlardır[502].

(a) Humbara; demirden içi boş bir küredir. İrili ufaklı kullanım şekline göre yapılan bu kürenin içleri barut ve saçmaya benzer kurşun ve demir parçaları doldurup ağız kısmına bir ateşleme fitili konmak suretiyle yapılır. Bu tür humbaralara el humbarası denir. Ayrıca havanlarda kullanılan humbaralara vardır, bunlara da havan humbarası denir. Humbaralar paça tesirli oldukları için genellikle sur ve metrisler arkasında görünmeyen toplu ve canlı hedefler için kullanılmışlardır.

---

501 Kuruluşunun 700. Yılında Osmanlı Devleti, Osmanlı Ordusunda Kullanılan Ateşli Silahlar, Sy: 37, TTK Basımevi, Ankara, 1999.

502 Türk Silahlı Kuvvetleri Tarihi, Gnkur Harp Tarihi Yay, III. Cilt, II. Ks, Ankara, 1977.

(b) Toplar;[503] Türk Ordusu II. Murat devrinde silâh bakımından Avrupa'nın en ileri ordusu durumuna gelmişti. Murat Han, 1422'deki İstanbul kuşatması sırasında oldukça mühim sayıda topçu birliklerine sahipti[504]. Henri Pirenne, topun ancak İstanbul'un fethinden sonra bütün Avrupa' da silâh olarak kabul edildiğini yazmaktadır.

Türk dökümhaneleri, daha İstanbul'un fethi sırasında 425 cm. uzunluğunda ağız kutru 100 cm. olan büyük toplar imal ediyorlardı. Fatih'in elinde, babasının zamanından kalma birçok topçu ustası vardı. Bunlardan biri Mühendis Muslihiddin Ağa, diğeri Sarıca Sekban Usta ve yine onların birçok usta ve işçileri idi. Bunların hepsi Germe Hisarı'nda top dökmüş ustalardı. Bu topçuların arasında Urban adlı bir Macar usta yoktu. Urban'ı Türk topçuluğunun babası ilân etmek, bir uydurma rivayete iltifat etmek demektir[505].

(c) Yivli top, yüzyıllarca sonra 1868'de Almanya'da imâl edilecek ve ancak bu tarihten sonra Avrupa'da kullanılmaya başlanacaktır. Bu konuda şunu da kaydetmek gerekir ki, Yavuz Sultan Selim devrine kadar ancak kurulduğu istikamete ateş edebilen top, Yavuz'la birlikte hareket kabiliyetine kavuşmuş, menziline giren 360 derecelik bir daireyi dövebilmiştir. Yine tarihte ilk defa olarak peşi peşine 5-10 gülle atan fevkalâde üstün toplar da Türk harp sanayi tesislerinde imâl edilip, Ridaniye'de kullanılmıştır. Yavuz devrinde uzunluğu 820 cm. olan dev toplar dökülmüş, XVI. asrın ikinci yarısında ise ayrı bir tipe isim veren ünlü Balyemez topları imâl edilmeye başlanmıştır. Balyemez Mehmet Ağa'nın döktüğü bu topların her biri 19 ton çekiyor ve 281 kilo ağırlığındaki gülleleri fırlatabiliyordu[506]. İmparatorluğun çeşitli bölgelerinde tophâne, humbarahâne, âşekhâne, baruthâne, tüfekhâne, denilen silâh fabrikaları kurulmuştu. İstanbul Kâğıthâne'de, Gelibolu, İzmir, Selanik, Temeşvar'da büyük baruthâneler üretim yapıyorlardı. İstanbul'dan başka Edirne. Avlonya, Semendire, Novaberde, İşkodra,

---

503 Kuruluşunun 700. Yılında Osmanlı Devleti, Osmanlı Ordusunda Kullanılan Ateşli Silahlar, Sy: 39, TTK Basımevi, Ankara, 1999.

504 Halil İNALCIK, Osmanlı Devrinde Türk Ordusu, Sy: 13, T. K. D. , sayı: 118 Ank. 1972.

505 Yılmaz ÖZTUNA, Türkiye Tarihi, c: 4, Sy: 110, Hayat Yay, İstanbul, 1969.

506 Nejdet SEVİNÇ, Osmanlının Yükselişi ve Çöküşü, Sy: 155, Bilgeoğuz Yay, İstanbul, 2010.

Belgrad, Budin, Basra. Erzurum, Birecik ve Van'da top dökümhâneleri vardı[507].

(ç). Havanlar; topun Osmanlı ordusuna girişiyle birlikte kullanılmaya başlanmıştır. Bazı kaynaklar Fatih'in İstanbul'un fethinde toplarla birlikte havan da döktürüp kullandığını yazarlar. Havan mermileri ilk önceleri taştan, sonraları humbarahanelerde humbara mermileri şeklinde demirden yapılmıştır (bunlara havan humbarası adı verilmiştir)[508]. Havanlar; kısa namlulu, muyluları namlu ağzına istenilen yükseklik açısını verebilmek için kuyruk kısmına yakın, ahşap bir kundak üstüne yerleştirilmiş silahlardır.

(d) El Bombaları: Osmanlı ordusunda birçok muharebe kullanılan humbaralar cephe muharebelerinin önemini yitirmesinden sonra kullanılmaz olmuş, XIX. yüzyılın ikinci yarsından itibaren yerini el bombalarına bırakmıştır. Piyadenin yakın muharebe silahı olan el bombaları 1904-1905 Rus-Japon Harbi'nden sonra büyük önem kazanmıştır. Bu dönemde ahşap bir sap üzerine yerleştirilmiş içi yakıcı ve yanıcı madde dolu silindirik formlu fitilli el bombaları kullanılmıştır. Osmanlı ordusunda da kullanılan bu bombaların yerini Birinci Dünya Harbi'ne doğru bir ateşleme pimi vasıtasıyla fitilli ateşlenen küre şeklinde yanar tapalı bombalar almıştır. Birinci Dünya Savaşı ve onu izleyen yıllarda da Almanya tarafından geliştirilen saplı fünyeli el bombaları kullanılmıştır.

6. Osmanlı Türk Ordusunda Lojistik ve Personel Sistemi

a. Lojistik Konular: Osmanlı İmparatorluğunda Ordu barış döneminde iken, Kapıkulu teşkilatındaki çeşitli askeri sınıflarla Yeniçerilerin ikmal maddelerine olan gereksinimlerinin, tedarik, depolama ve dağıtım sorumluluğu orta ve bölüklere verilmişti.

Eyalet ve tımarlardaki erlerin her türlü gereksinimleri de bağlı oldukları tımar sahiplerince sağlanırdı. Sefere çıkıldığında, lojistik teşkilatı; sefer yürüyüşü, yığınak bölgesi ve muharebe sahasında olmak üzere üç bölümde kurulur, özellikle I. ve III. ve bazen de V.

507 Ümit KOÇ, Klasik Dönem Anadolu Sanayii Üzerine Bir Değerlendirme, 1500-1605 'Türkler,' c. 10, Sy: 771, Ankara, 2002.

508 Suat İLHAN, Türk Askerî Kültürünün Tarihî Gelişmesi, Sy: 178, Ötüken Yay, İstanbul, 1999.

sınıf ikmal maddeleri bu bölümlerde kurulmuş olan menzillerden sağlanırdı[509].

Savaşa karar verildiğinde, idari faaliyetlerin aksatılmadan yürütülmesi için, hazinede savaş giderleri için ayrılan paradan, ordunun ikmal maddeleri gereksinimleri sağlanır ve savaş alanına yakın olan menzillerde depolanırdı.

Aylarca, bazen yıllarca süren seferlerde bu sorun, ihtiyaçların sefer güzergahlarında önceden alınacak tedbirler kapsamında yapılan bölgesel stoklama sistemi ile çözümlenmekteydi. Bitkisel ürünlerden karşılanacak un, bulgur, pirinç gibi gıdalarla, büyük ve küçükbaş hayvanlardan karşılanacak et, süt, yumurta gibi ihtiyaçların miktarı önceden belirleniyor, ordunun geçiş zamanına göre hazır bulunduruluyordu.

Bu tarz lojistik çözümün beraberinde getirdiği en önemli sorun bölgesel tarım kıtlıkları veya ani iklim değişiklikleriydi. Bu sorun, yarı mamullerin stoklandığı bölgelere yakın yerleşim birimlerinde ikamet eden, hizmetin cinsine göre seçilen yerel ahaliden faydalanılmak suretiyle çözülmekteydi.

(1). Yurt içinde Lojistik Faaliyetler (İaşe Merkezleri): Osmanlı İmparatorluğu Silahlı Kuvvetleri'nin lojistik teşkil ve tesislerinin en önemli ünitelerinden biri de menziller idi. Menzil Emirlerince yönetilen bu ikmal merkezlerinin bütünleme gereksinmeleri; bu menzillerin bağlı olduğu kadı, Ayan, Mütesellim ve Voyvodalara verilen emirlerle, ayrıca Menzil Emirlerine gönderilen ödenekle dışarıdan satın alınmak suretiyle tamamlanırdı.

Çeşitli dönemlerdeki menzillerin asıl görevi, seferde bölgelerinde bulunan ordu birlikleri ile limanlardaki donanmanın ikmal maddeleri ile hayvan yemini tedarik, depolama ve dağıtmaktı. Bu amaçla, Anadolu'dan Edirne'ye kadar menzillerde 68, Edirne'den İshakçı'ya kadar olan menzillerde de 72 fırın vardı.

XVIII. yüzyılda. Osmanlı İmparatorluğu egemenliğindeki Anadolu, Rumeli ve Mısır'a kadar Ortadoğu'daki ana ikmal yolları üzerinde kurulmuş olan Ulak Merkezi (Muhabere Merkezi) ve Menziller (İaşe

509 Gani ÖZDEN, Osmanlı İmparatorluğu Silahlı Kuvvetlerinde Lojistiğin Gelişimi ve Personel Rejimi , Gnkur ATASEYay, S: 15, 1983.

Merkezleri) önemli ikmal kaynaklarını oluşturuyordu. Menziller arasındaki yürüyüş mesafeleri 3-9 saat arasında değişirdi.

Menzil depolarında, savaşa katılan ordu mevcuduna göre er başına 920 gram ekmekle, hayvanlar için 3. 850 gram arpa ve bir o kadar samanın bulundurulması Padişah fermanları ile emredilir, stok seviyeleri de buna göre hazırlanırdı, Ordunun et gereksinmesi geriden gelen koyun ve büyükbaş sürülerindeki hayvanların kesilmesi ile sağlanır veya menzillere gönderilen emirler çerçevesinde önceden hazır bulundurulurdu.

(2). Muharebe Sahasında[510]

Savaşın yapıldığı bölgelerde düşman kontrolünde olan menzil depolarının ikmali yapılmazdı. Muharebe sahasındaki lojistik destek, güç koşullar altında mahallinden tedarik usulünün uygulanması ve düşmandan ele geçirilen her çeşit ikmal maddelerinin kullanılması ile sağlanırdı.

Ordunun yurtiçi ve menzil depolarından desteklenmelerinin olanaksız görüldüğü durumlarda birliklerin Tekâlif-i Harbiye (Harp Yükümlülüğü) sistemi ile ikmal ve iaşe edilmeleri uygulanıyordu. Seferlerin lojistik desteğinin etkin olabilmesi için, seferin hedefine ve yönüne göre başlama ve bitiş zamanları, ürünlerin hasat zamanına göre belirleniyordu. Batı yönüne açılan seferler baharın ilk aylarında başlayıp kış başlamadan biterdi. Doğu yönündeki seferlerde yaz mevsimi, aşırı sıcaklar nedeniyle uygun değildi.

b. Personel ve Özlük Hakları Sistemi: [511]

Osmanlı İmparatorluğu Silahlı Kuvvetlerin barış düzenindeki personel sayısı, bir savaşı karşılayacak düzeyde değildi. Birliklerin bir kısmı sınırlarda ve kalelerde muhafız olarak görev yapmakta, diğerleri de önemli kentlerde bulunmakta idi. Savaşa karar verildiğinde, başta padişah ve sadrazam olmak üzere hükümeti oluşturan vezirler toplanarak, yeniden ve ne miktar personelin orduya katılacağını kararlaştırırlardı

---

510 Gani ÖZDEN, Osmanlı İmparatorluğu Silahlı Kuvvetlerinde Lojistiğin Gelişimi ve Personel Rejimi , Gnkur ATASEYay, S: 15, 1983.

511 Gani ÖZDEN, Osmanlı İmparatorluğu Silahlı Kuvvetlerinde Lojistiğin Gelişimi ve Personel Rejimi , Gnkur ATASEYay, S: 15, 1983.

Acemi Ocağı'ndan başlayarak Yeniçeri Ocağına alınıncaya kadar her erin adı, hangi birlikte hizmete başladığı, terfii, atamaları, firarları, hangi savaşlara katıldığı, şehadeti veya ölümü bu defterlere işlenirdi. Bir çeşit künye defteri olan Mevacip defterlerinin asıl olanı ocak kâtibi tarafından işlenir, Mükerrer sayısı mukabeleciye (Maliye Memuruna,), Hazine adını alan üçüncü nüshası da Padişaha sunulurdu.

Divan-ı Hümayun'ca savaşa karar verildikten sonra orduya yeniden katılması kararlaştırılan personelin sayısı ve nitelikleri belirlenince, silah altına alman erlerin personel çizelgeleri tutulur. Savaşın bitimine kadar her erin başından geçenler bu çizelgelere işlenirdi.

Eyalet Askerleri'nin beylerbeyi, sancak beyleri ve valilerce tutulan künye defterlerinin bir benzeri hükümete sunulmak üzere başkente gönderilirdi. Asakir-i Mansure-i Muhammediye teşkilatı kurulurken 7 Temmuz 1826 da yayınlanan bir yasa ile birliklerde bulunacak subay ve erat kadroları belirtilmiş, aylıkları ve yiyecek giderleri de hesaplanmıştır.

Tanzimat'la birlikte askerlik süresinin belirlenmesinden sonra, muvazzaf ordu birlikleri ile donanmadaki gemilerde tutulmasına başlanan künye defterleri, personel kuvve ve kayıtlarının esasını oluşturmuştur. Yine bu dönemde Redif teşkilatındaki alaylar, savaşa katılan ordu birliklerinin mevcutlarını kısa sürede yüksek düzeye çıkarmaya olanak sağlamış, beş yıllık muvazzaflık hizmetini tamamlayarak redife ayrılan erlerin kuvve ve kayıtları da redif birliklerince tutulmaya başlanmıştır.

7. Osmanlı Türk Ordusunda Haberleşme

Osmanlı Devleti'nde, yükselme döneminin büyük bir bölümünü oluşturan (1451-1568) yılları arasında; bugünkü anlamda, Posta Telefon ve Telgraf Hizmeti; II. Mehmet (Fatih) tarafından kurulmuş ve bu arada halkın da yararlanmasına izin verilmiştir[512].

Devlet habercilerinin hızla yol alabilmeleri için menzil noktalarında sürekli olarak "menzil atı" denilen hemen koşmaya hazır atlar vardı. Menzil atı süvarilerine de "Karakulak" denirdi. Haberci, iki menzil noktası arasını aşınca vardığı menzil noktasında, geldiği yorgun atı

---

512 Turgut YURDABAK , Osmanli Devrinde Haberleşme (Posta) Hizmetleri, (1298 -1923), Gnkur ATASE Yay, Sayı: 22, Ankara, 1987.

bırakır ve at, burada dinlendirilirdi. Tatarlar vardığı noktada başka bir ata binerler ve yoluna devam ederlerdi. Dinlenmeye terk edilen atlar, menzilden geriye dönen bir haberci çıkarsa, onunla asıl kendi menzil noktasına geri gönderilirdi. Haberleşme hizmeti görevleri aşağıdaki sınıflarca yerine getirilmiştir[513];

a. Kul Çavuşları (Başçavuş) : Ocak Başçavuşu'nun emrindeki 130 kişiye "Kul Çavuşu" denirdi. Bunlar, savaşlarda hükümdarın emirlerini ilgililere ulaştırırlardı

b. Mataracılar : Seferde padişahın ve devlet büyüklerinin yakınlarında bulunurlardı. Seferlerde ve törenlerde onların, su gereksinimlerini sağlamakla beraber; gerektiğinde, emirleri ulaştırmada da kullanılırlardı.

c. Peykler : Bu isim Farsça bir sözcük olup, haber taşımak üzere büyüklerin yanlarında yürüyen hizmetli personel demektir. Peykler Osmanlılar döneminde, yaya bir postacı sınıfıdır. Durup dinlenmeden padişahların ve devlet büyüklerinin emirlerim yerlerine ulaştırırlardı. Örneğin; İstanbul-Edirne arasını iki günde alırlardı. Peykler bir üst rütbeye yükselirlerse, Kapıkulu Süvarisi olurlardı. Her yıl, en kıdemlilerine "Müjdecibaşı"lık görevi verilirdi. Peykler, Sultanahmet Camii yöresindeki kışlalarında otururlardı.

ç. Müjdeciler : Saray peyklerinden bir kesimi. her yıl ayrılarak, Hicaz'a giden hacı kafileleriyle, Sürre Alayının oraya varışını ve dönüşünü padişaha kıvançla duyururlardı. Bunlara "Müjdeciler" denirdi. Müjdeciler gidişlerinde Şam'da kalırlardı. Yalnız "Müjdecibaşı" adlı üst rütbelisi, Hicaz'a dek giderdi. Bu nedenle hacı da olurdu. Müjdecibaşı, Mekke Şerifi'nin mektubunu da alarak, geri dönerdi. Şam'a uğrayıp kadının ilamını ve Şam'da bıraktığı müjdecileri de alarak; hacı kafilesinden önce istanbul'a dönerdi. [514]

d. Ulaklar : Bu sınıf; devlet tarafından bir yere gönderilen hızlı habercilerdir. Ulakların geçeceği köy ve kasaba halkı, onların her türlü gereksinimlerini karşılamak zorundaydılar. Bu nedenle de, bazı vergilerden affedilmişlerdi. Daha sonraları, bu kişisel yardım eylemi

---

513 Mithat SERTOĞLU; Resimli Tarih Ansiklopedisi, Sy: 208, İstanbul Basımevi, İstanbul, 1958.

514 Mithat SERTOĞLU; Resimli Tarih Ansiklopedisi, Sy: 294, İstanbul Basımevi, İstanbul, 1958.

"Ulakiye" adıyla vergiye dönüştürülmüştür. Ulaklar, menzillerde at değiştirmek suretiyle; Macaristan'a otuz, Bosna ve Mora'ya yirmi günde giderlerdi. Padişah adına gönderilen ulakların ellerine, her defasında, ferman verilirdi[515].

8. Osmanlı Türk Ordusunda Asker Alma Sistemleri

Osmanlı İmparatorluğu Silahlı Kuvvetleri'nde personel ikmali, dönemin koşullarına uygun ve yeterli yöntemlerle yapılıyordu. Bu faaliyetler için uygulanan asker alma sistemlerini iki başlık altında incelemek mümkündür[516].

a. Yeniçeriler Döneminde Uygulanan Asker Alma Sistemleri:

Tımar Sistemi:

Yaya, Müsellem ve Yörük Sistemi

Evlad-ı Fatihan Sistemi

Esirlerden Yararlanma Sistemi[517]

Hıristiyanlardan Asker alma Sistemi

Belirli Askeri Hizmet Karşılığında Vergiden Muafiyet Sistemi

Hıristiyan Tımarlı Sipahiler (Kâfir Sipahiler) Sistemi

Devşirme

Enderun'a Türklerden Süvari Alınması Sistemi

Gûlam Sistemi

Kuloğulları ve Veledeş Sistemi

Yerlikulu Yeniçerileri Sistemi

Garp Ocakları

Mısır Kanunu[518]

---

515 Turgut YURDABAK , Osmanli Devrinde Haberleşme (Posta) Hizmetleri, (1298 -1923), Gnkur ATASE Yay, Sayı: 22, Ankara, 1987.

516 Gani ÖZDEN, Osmanlı İmparatorluğu Silahlı Kuvvetlerinde Askeralma Sistemleri, Gnkur ATASE Yay, Sayı: 20, Ankara, 1986.

517 İ. Hakkı UZUNÇARŞILI, Kapıkulu Ocakları, C. I, Sy: 12, 13, Ankara, TTK Basımevi, 1984.

518 Ömer Lütfi BARKAN Timar, İslam Ansiklopedisi, Sy: 355, Millî Eğitim Yay, İstanbul, 1974.

Deliler (Deliller) Sistemi[519]

Leventler

b. Yeniçeriliğin Kaldırılmasından Sonra Uygulanan Asker Alma Sistemleri

(1.) Devşirme Sistemi[520]

(2.) Kura Sistemi: 6 Eylül 1843'te çıkarılan bir kanun ve Ocak 1847 ayı ortalarında yayınlanan Kura Nizamnamesi ile her yıl mart ayının birinci günü ordunun beşte birini yenileyecek olan 20 yaşını bitirmiş olan erler, beş yıllık askerlik hizmeti için kurayla askere alınmaya başlanmışlardır[521]. Kadılar, hâkimler, İstanbul halkı, daimi ilimle meşgul olan hocalar, padişahın özel hizmetlileri ve muzıka-i hümayun mensupları askerlikten muaf tutulur, memur ve kâtipler ise ya bizzat ya da bedelen askerlik yaparlardı. Öğrencilerden, isimlerine kura isabet edenler ise yaşlarına göre ordularca tayin edilen bilirkişiler nezaretinde derslerden imtihan olurlar, başarılı olurlarsa kuraları ertesi seneye ertelenirdi. Askerlik yapmalarına engel olan kör, çolak, topal, dilsiz ve kamburlar, muayeneleri sonucu muaf tutulurlardı[522].

(3.) Mükellefiyet Sistemi: Asker alma işleri bakımından Osmanlı Ülkesi altı ordu dairesine (bölgesine) bölünmüştü. Her ordu bölgesi dört tümen bölgesine, her tümen bölgesi iki tugay bölgesine, her tugay bölgesi iki alay, her alay bölgesi dört tabur, her tabur bölgesi de dört bölük bölgesine ayrılmıştı. Her tugay bölgesinde bir askerlik dairesi, her tabur bölgesinde de bir askerlik şubesi teşkil edilmişti. Hz. Peygamberin ve İmam-ı Azamın türbedanları, Haremeyn! Şerefeyn ile Beytül Mukaddes'in hizmetinde bulunanlar, 25 kişilik Saya Ocağı erleri, adliye teşkilatındaki molla ve hakimler, medrese hocaları, beratlı imam ve hatipler, şeyhler, sınavla İstanbul'da hocalık yapanlar, bizzat padişah hizmetinde bulunan belirli sayıdaki görevliler, muayene so-

519 İ. Hakkı UZUNÇARŞILI Osmanlı Tarihi, Türk Tarih Kurumu Yayınları, Sy: 565, Ankara 1982.

520 Türk Silahlı Kuvvetleri Tarihi, Gnkur Harp Tarihi Yay, III. Cilt. I. Ks, Sy: 202, Ankara, 1964.

521 N. ASLAN, F. İLHAN, Osmanlı Devletinden Türkiye Cumhuriyetine Askeri Hiz. Ve As. Alımları, Sy: 182, Gnkur ATASE Yay, Ankara, 2008.

522 Enver Ziya KARAL, Osmanlı Tarihi, C. VII, Sy. 187, Ankara, TTK Basımevi, 1995.

nucu malûl oldukları saptananlar, Mızıka-i Hümayun ve Hademe-i Hassa mensupları, ferman-ı âli ile askerlikten muaf tutulmuşlardı.

(4.). Bedel-i Nakdi Sistemi: Askerlik çağına giren ve kendisine kura isabet edenlerin muvazzaf askerlik hizmetinden ayrı tutulmak veya bu hizmeti kısaltmak için devlete verdikleri paraya "bedel-i nakdi" denirdi. Daha önceleri yerine başka birini parayla tutarak askere göndermeye "bedel-i şahsi" denirdi. 1386 Kanunnamesi'nin 118 nci maddesiyle bu sistem kaldırılmış, yerine bedel-i nakdi yöntemi konmuştur. Daha evvel, "Kuvve-i Mevcude-i Askeriye Kanunnamesi" bedel miktarını 15. 000 kuruş olarak saptamış ise de, bu miktar fazla görülerek 1888 kanunnamesi iie 56 altın olarak kabul edilmiş ve İkinci Meşrutiyet'e kadar bu şekilde uygulanmıştır. Silah altına çağırılan redif ve mustahfızlar da bedel-i nakdi verebilirlerdi.

(5.) Bedel-i Şahsi Sistemi: Para karşılığı başka birini kendi yerine askere göndermeye "Bedel-i Şahsi" denirdi. 1883 Kanunnamesi ile Bedel'i Şahsi kaldırılmış, yalnız redif askerlerinin bazı koşulları yerine getirmek suretiyle Bedel-i Şahsi vermeleri kabul edilmiştir. Bedel-i Şahsi olarak askere alınacak kişiler, nizamiye, redif ve mustahfız hizmetlerini tamamladıklarına dair gerekli belgeleri almış olanlardan, vücut yapısı ve durumu her bakımdan askerlik hizmetine yeterli güçte bulunanlardan ve askerlikten ayrı tutulan yerlerin ahalisinden olmayanlardan seçilirdi[523].

(6.) Bedel-i Hayvanı Sistemi: Redif erlerinden olup, bağlı olduğu tabur silah altına çağrıldığında, askere gitmemek için bedel vermek isteyenler, kanunda yazılı koşulları yerine getirmek şartıyla rediflik süreleri içinde genç ve dinç 4-5 yasında iki baş hayvan beslemeyi üstlenirlerdi. Bu hayvanların devlet tarafından alınıp kullanılması için redif taburunun silah altına alınması şart değildi. Bu hayvanlar gerekli görüldüğünde istenip kullanılabilirdi. Sahibi yanında ölen hayvanların yerine, iki ay içinde yenisinin alınması zorunluydu. Koşullan yerine getirmeyen hayvan sahipleri askere alınır, ve altı ay süreyle redif depolarında muhafızlık hizmetine tâbi tutulurdu.

(7.) Bedel-i Askeri Sistemi: Osmanlı Devleti'nde Müslüman olmayan halk askere alınmaz, buna karşılık devlete "Cizye" adı

523 Sıddık Sami ONAR, İslâm Ansiklopedisi, Sy: 440, Bedel-i Nakdi Makalesi, c. II, Ankara, 2002.

verilen bir vergi ödenirdi. Avrupa devletlerinin gözüne batan Cizye, Tanzimat'ın ilanından sonra kaldırılmış, bu verginin patrikhaneler yoluyla cemaatlerce tahsil edilmesi uygun görülmüştü. 1861'de yayınlanan bir fermanla hukuk eşitliği göz önünde tutularak, gayri Müslimlerin de askere alınmaları kabul edilmiş; ancak ortaya çıkan güçlükler nedeniyle "iane-i Askeriye" adıyla bir bedel alınmasına karar verilmişti. İane-i Askeriye'ye daha sonra "Bedel-i Askeri" denilmiştir. Bedel-i Askeri, 25 Temmuz 1909 tarihli yasa ile yürürlükten kaldırılmıştır.

(8.) Müslüman Olmayan Halkın Askerlik Durumu: Tanzimata kadar, Müslüman olmayan tebaa askerlik yapmakla yükümlü değildi. Bunun yerine ödenen cizye, Osmanlı tebaasının ikiye bölünmesine ve birbiriyle kaynaşmamasına neden olmuştu. Tanzimatçılar bu duruma son vermek istemiş, ilk olarak 1847 yılında Rumlar deniz kuvvetlerinde hizmete çağrılmışlardı. Bu uygulama din ve mezhep farklarından doğan güçlükler nedeniyle, Müslüman ve Hıristiyan tebaa tarafından eleştirilmiş ve yasanın uygulanması bir süre sonra ertelenmiştir. 1856 Islahat Fermanı'nda Müslüman olmayan halkın askerlik yapması yeniden kabul edilmiş, buna göre Müslümanlardan her yıl 30. 000, Hıristiyan halktan da 25. 000 kişinin silah altına alınması kararlaştırılmıştı. Sultan Abdülaziz döneminde bazı Hıristiyan çocuklar Harp Okulu'na alınmak istenmişse de, bunun iyi sonuçlar vermediği görülmüştür.

(9.) Gönüllü Askerlik: Genel anlamda, bilfiil askerlik hizmetiyle mükellef olmadıkları halde, asker olmak isteyenler "gönüllü" denilmektedir. Gönüllü olarak askerlik mesleğine katılmak isteyenler için bazı şartlar belirlenmişti ki bunlar: 18-40 yaşları arasında ve askerliği yapabilecek sağlık ve sıhhatte olmaları, tersane'ye bağlı ahaliden olmamaları, sabıkasız olmaları, nizamiye süresi 6 seneyi tamamlamaya razı olmaları gerekiyordu. Gönüllülerden 18-25 yaşları arasında olanlar memleketlerinin bağlı olduğu ordulardan başkalarına ve tersaneye kabul edilmezlerdi. 25 yaşını geçenler ise Redif yahut Müstahfız durumunda olurlarsa istedikleri ordu, sınıf ve tabura alınırlardı. Eğer gönüllüler henüz asker alınmayan mahallerden ise istedikleri ordu, sınıf ve tabura gidebilirlerdi. Gönüllüler kazalardan alınacak kuradan düşülürdü.

(10.) Paralı Askerlik: 1869 Nizamnamesi'ne göre isimlerine kura isabet edenler ya fiilen yahut bedelli olarak hizmet ederlerdi[524]. Yalnız bedel vereceklerin bu iş için mülk ve mallarını satmalarına izin verilmezdi. Bedel ödedikten sonra kendilerine Redif Tezkeresi verilirdi. Verilecek bedeller Dâr-ı Şûrâ-yı Askeri yahut ordu merkez ve mevki meclisleri tarafından 6 taksit hâlinde alınırdı. Nizamiye askerliği müddetinde bedel vermek isteyenler, ne zaman bedel öderlerse ödesinler tam bedel öderler, o zamana kadar yaptıkları hizmet, redif sürelerinden düşülürdü. Askerlik bedeli olarak 150 Osmanlı lirası verilirken bu fiyat, Ekim 1872'de 100 liraya indirilmiştir. Gayrimüslimlerden askerlik karşılığı olarak alınan verginin miktarı 1871'de 50 lira idi. Yasaya göre askerlik çağına gelen 15-75 arasında olan her 180 kişiden biri (yani 3 milyon gayrimüslimden 16. 666'sı) bu vergiyi veriyordu. Dolayısıyla askeri açıdan yararlanılamayan gayrimüslimlerin devlete bu konuda ekonomik bir katkıları da olmuyordu.

1844 yılından itibaren zorunlu askerlik sistemini belli bir başarıyla uygulayan Osmanlı Devleti, bunun sonucunda oluşturdukları orduyu, iyi yönetememişlerdir. Zorunlu askerlik sisteminde uygulanan bedel-i nakdi ve bedel-i askeri vasıtalarıyla uygulanan muafiyetler sonucunda, Osmanlı Ordusu, Anadolu'dan gelen Müslüman köylülerden oluşan bir ordu olarak kalmış ve bir anlamda da I. Dünya savaşı sonrasındaki Anadolu'daki ulusal devletin ordusunun temelini oluşturmuştur[525].

---

524 N. ASLAN, F. İLHAN, Osmanlı Devletinden Türkiye Cumhuriyetine As. Hiz. ve As. Alımları, Sy: 185, Gnkur ATASE Yay, Ankara, 2008.

525 Enver Ziya KARAL, , Büyük Osmanlı Tarihi İkinci Meşrutiyet ve Birinci Dünya Savaşı, Sy: 361, TTK Yayınları, Ankara. 1995.

DÖRDÜNCÜ BÖLÜM

MEŞRUTİYET'TEN CUMHURİYET'E KADAR OLAN DÖNEMDE TÜRK ORDUSU

1. Cumhuriyet Öncesinde Osmanlı Ordusunun Genel Yapısı ve Durumu

2'nci Meşrutiyet ilân edildiği dönemde, kara ordusu 13. 777 subay, 280. 926 er ve 35. 677 hayvandan kurulu, 7 adet ordu ile bağımsız 2 tümenden ibaretti. Silahlı Kuvvetlerin tamamı ise 23. 870 subay, 366. 881 astsubay ve er, 66. 467 hayvan idi[1]. 1908 yılında ordudaki sınıflar ise, muharip ve gayri muharip sınıflar olmak üzere iki gruba ayrılıyordu.

Buna göre muharebeyi yapan sınıflar, piyade (müsademe), Süvari (manevra) ve Topçu (ateş) sınıfları idi. İstihkâm, Telgraf (Muhabere), Sıhhiye, Baytar (Veteriner), Nakliye (ulaştırma) ve Jandarma sınıfları ise gayri muharip veya muavin (yardımcı) sınıf olarak adlandırılmıştı. Bu sınıflara "asakir-i fenniye veya sunuf-u fenniye" kıtaları da denmekteydi[2].

9 Temmuz 1910 tarihinde yayımlanan, "Devlet-i Aliye-i Osmaniye Ordusunun Teşkilat-ı Esasiye Nizamnamesi"nin kabulünden sonra teşkilatın yenilenmesine ve ıslahatların pratik uygulamasına geçilmiştir. Mutlakıyet devrinde depolara yığılan ve paslanmaya bırakılan silahlar ve teçhizatlar ordulara dağıtılmaya başlanmış, teşkilat da şu şekilde oluşturulmuştur:

---

1 Selahattin KARATAMU, Türk Silahlı Kuvvetleri Tarihi (1908-1920), C. III, 6. Kısım, Gnkur ATASE Yay, Ankara, 1971.

2 Erdal AKKAYA, Türk Ordusundaki Stratejik ve Doktriner Değişiklikler, Sy: 51, Yüksek Lisans Tezi, Ankara Üniversitesi, Ankara, 2006.

-Ordu Komutanlıkları kaldırılmış, yerlerine ordu müfettişlikleri getirilmiş,

-Sefer ordusu eskiden olduğu gibi, nizamiye, redif ve müstahfız kıtalardan oluşturulmasına devam edilmiş,

-Genel olarak üç tümenden mürekkep kolordular teşkil edilmiştir. Bu suretle, kolordu teşkilatı orduya ilk olarak 8 Ocak 1911 tarihinde girmiş,

-Müslüman ve Müslüman olmayan bütün Osmanlılar, askeri mükellefiyete tabi tutulmuşlardır.

Kara kuvvetleri, Barış ve Sefer Orduları olmak üzere iki bölüme ayrılmıştı. Barış Ordusu'nu Nizamiye Birlikleri, Sefer Ordusu ise Barış Ordusu'nun Redif, Müstahfız, Aşiret, Süvari Birlikleriyle takviye edilmiş şekliydi. Nizamiye Birlikleri: Birinci Ordu (İstanbul), İkinci Ordu (Selanik), Üçüncü Ordu (Erzincan), Dördüncü Ordu (Bağdat), 14 üncü Bağımsız Kolordu (Yemen), 41 inci Bağımsız Tümen (Asir), 42 nci Bağımsız Tümen (Trablusgarp), 43 üncü Bağımsız Tümen"Nizamiye kolordusunun personel mevcudu 41. 000 ve hayvan mevcudu 6. 700) Piyade tümeni, üç piyade alayı ile bir nişancı taburundan, bir sahra topçu alayı ve bir mızıka bölüğünden oluşturulmuştu. 1912 yılı için orduya ayrılan 19, 7 milyon Alman markı toplam bütçenin % 33'ünü oluşturuyordu.

2. Birinci Dünya Savaşında Ordu Teşkilatı

I. Dünya Savaşı'nın sonuna kadar Alman askeri düzeninin etkisinde kalan Osmanlı İmparatorluğu'ndaki görünüm farklılık arz ediyordu. Teknik alt yapı yetersizliği, askeri ve ekonomik üretimin azlığı, sosyal bünyedeki değişiklikler ve ülke içindeki ideolojik birlikten uzaklık, modern tarzdaki şekli örgütlenme içindeki sistemi bozup hiyerarşik yapıyı baştan işlemez hale getiriyordu. Doğu kültürü temelli değer yargıları ve müdahalelerle, modern bürokrasinin temelleri esas olarak şekillenmiş askeri yapı bir organizasyon yerine yığın haline gelmişti. Osmanlı Ordusu'nun yüksek karargâhlarındaki tüm nüfuzlu makamları işgal eden Alman danışmanlar dört yıl süren I. Dünya Savaşı süresince Osmanlı Ordusu'nun gerçek durumu hakkında gerçek bir bilgiden yoksundur[3]. Alman heyeti ve zihniyeti Osmanlı Ordusu'nu iyi tanımaması bazen sorunlar yaratıyor, ülke şartlarını tam anlamada tercüme talimnamelerle işler iyi gitmiyordu[4].

I. Dünya Savaşı'nın kötüye gitmesiyle birlikte, Osmanlı Ordusundaki Alman ve Türk subayları arasındaki ilişkiler de oldukça kötüye gitmiş ve kendilerine güveni artan Türk subaylarının çoğu, Türk birliklerinin Alman subaylar tarafından komuta edilmesine tepki göstermeye ve bunu onur kırıcı olarak algılamaya başlamışlardır. 20 Eylül 1917'de Enver Paşa'ya gönderdiği mektupta Mustafa Kemal bu konulara değiniyor ve Türk Ordusu'nun Almanların ihtirasına hizmet etmek için tehlikeye atılmamasını, Türk askerinin hayatının mümkün olduğu kadar korunması gerektiğini, savaşın uzamasından istifade edilerek ülkeyi sömürge haline getirilmesine müsaade edilmemesi gerektiğini belirtiyordu.

Mütarekenin imzalandığı 30 Ekim 1918 tarihinde Harbiye Nazırlığını üzerine alan İzzet paşa, askeri heyetin kontratının feshedildiğini açıklamış ve 42 kişiyle göreve başlamış olan Alman Askeri Heyeti'nin son Alman askerleri de 9 Ocak 1919'da Liman Von Sanders'in komutasındaki beş gemiye binerek ülkeden ayrılmıştır. Böylece Alman Askeri Heyeti'nin 84 yıllık varlığı da sona ermiş olmaktadır. .

a. Kara Kuvvetleri

I. Dünya Savaşı'nın başlamasından 6 ay kadar önce, Kara Kuvvetleri, dört Ordu Müfettişliği halinde ve biri bağımsız 13 Kolordu ve bu kolorduların bünyesinde 38 Tümeninden (İkisi bağımsız) oluşuyordu[5]. Ordunun 25 Eylül 1914 tarihinde seferberlik durumu şöyleydi: Yemen, Asir ve Hicaz tümenleri hariç olmak üzere 780. 282 personel, 195. 093 hayvan, 464. 708 tüfek, 222 ağır makineli tüfek ve 1. 661 top. Birinci Dünya Savaşı'na girmeden önce 38 tümenden ibaret olan ordu, 1916 yılında 56 tümene yükselmiş, ağır savaş kayıpları

---

3 IŞIK, Hüseyin, Yabancı Gözüyle Türkler ve Türk Ordusu, Sy: 152, Genelkurmay ATASE Yayınları, Ankara, 1995.

4 Erdal AKKAYA, Türk Ordusundaki Stratejik ve Doktriner Değişiklikler, Sy: 56, Yüksek Lisans Tezi, Ankara Üniversitesi, Ankara, 2006.

5 İsmet GÖRGÜLÜ, On Yıllık Harbin Kadrosu (1912-1922), Sy: 48-50, Türk Tarih Kurumu Basımevi Ankara, 1993.

sonucunda 1917 yılında 48 tümene inmiştir[6]. Savaş sonrasında ise tümen sayısı 20'dir. Savaş sonunda, ordunun elinde kalan silahları ise şöyleydi[7]:

Silah Cinsi	Mütareke Başında	Ordunun Elinden Alınan	Ordunun Elinde Kalan
Top	1.936	1.704	233
Ağır Mk. Tüfek	4.490	4.159	331
Tüfek	904.393	398.394	515.744
Top Mermisi	2.066.300	1.998.000	556.744
Piyade Mermisi	299.000.000	285.000.000	14.000.000

Türk ordusuna bırakılan silâh ve cephanenin büyük bir kısmı İstanbul'da depolanmıştı[8]. Anadolu'daki dağınık birliklerdeki silâhlarla ancak 3-4 tümen donatılabilirdi. Savaş nedeniyle, Silâhlı Kuvvetlerin ihtiyaçları sürekli artmış, olağanüstü ödenekler tahsis edilmiş, bunun neticesinde para basımına gidilerek paranın değeri düşürülmüştü· İstiklâl Savaşı başladığı zaman, devletin mali durumu sıfır denilebilecek durumda idi.

b. Deniz Kuvvetleri ve Donanma

1861-1876 Abdülaziz devrinde büyük masraflar ile yeniden elden geçen Osmanlı Donanması, 21'i zırhlı 36 savaş gemisiyle dönemin en güçlü donanmalarından biri haline getirilmiştir[9]. 1867 yılında Osmanlı Deniz Kuvvetleri teşkilatında önemli bir değişiklik yapılmış ve Kaptan Paşalık makamı kaldırılarak, yerine Bahriye Nezareti kurulmuştur. Bahriye Nezareti dönemi 1922 yılına kadar devam etmiştir. Bahriye Nezareti döneminde Osmanlı donanmasının yönetimi Donanma Komutanına verilmiştir[10].

---

6 Türk Silahlı Kuvvetleri Tarihi, Gnkur Harp Tarihi Yay, III. Cilt, II. Ks, Ankara, 1977.

7 Alptekin MÜDERRİSOĞLU; Kurtuluş Savaşı Mali Kaynakları, Sy: 39, Yapı ve Kredi Bankası Yay, Ankara, 1981.

8 Kadir KASALAK Mondros Mütarekesi Öncesi Osmanlı Devleti'nin Durumu, Sy: 68, Gnkur ATASE Yay, Ankara, 1998.

9 William HALE, Türkiye'de Ordu ve Siyaset, Sy: 31, Hil Yayınları, İstanbul, 1996.

10 Hülya TOKER, Osmanlıdan Günümüze Türk Ordusu, Harp Akademileri, SAE, İstanbul, 2005.

1876 yılında tahta çıkan Abdülhamit, Abdülaziz devrinden kalan oldukça iyi bir donanma bulmuştu. Büyük fedakârlıklar ile yapılan donanma, 5. 351 subay, 7. 419 denizciden oluşuyordu[11]. Donanmanın güçlendirilmesi amacıyla yapılan bu gayretler, Osmanlı İmparatorluğunun aynı zamanda batıya teknik yönlerden ilk açılımlarını kapsıyordu. Önceki iki padişahın tahttan indirilmesi II. Abdülhamit'i etkilemiş ve saltanatta bulunduğu süre içerisinde, kendisini tahttan indirebileceğini düşündüğü donanmayı Haliç'e çektirmiştir. 15 yıl gibi kısa bir süre zarfında ortaya çıkarılan donanma Haliç'te çürümüştü[12]. Bu süre zarfında, 1897 yılında Osmanlı Yunan Savaşı esnasında Haliç'ten çıkan donanma güçlükle Çanakkale'ye gidebilmiştir.

Donanmanın kuvvetlendirilmesinin gereği olarak, Almanya, İngiltere, ABD, Fransa ve İtalya tezgâhlarına üç kruvazör, iki torpido ve 18 torpido bot siparişi verilmiş, iki muharebe gemisi de onarılmak üzere İtalya ve Almanya'ya gönderilmiştir. Mayıs 1908 tarihinde Sisam'da çıkan ayaklanmayı bastırmak üzere giden deniz kuvvetinin içinde, bir kruvazör, bir torpido kruvazörü, üç gambot ve dört taşıt gemisi bulunuyordu. II. Meşrutiyet devrinde donanma 15 muharebe gemisi, 11 kruvazör, 7 gambot, 40 torpidobot ve 52 taşıt gemisinden oluşuyordu[13].

Ancak 1'inci Dünya Savaşının başlaması nedeniyle, Almanya'ya ısmarlanan ve Donanma Cemiyeti tarafından finanse edilen dört muhrip dışında hiçbir gemi donanmaya katılamamıştır[14]. 25 Ağustos 1908 tarihinde toplanan Şurayı Bahri (Deniz Şurası) yapılacak ıslah için İngiltere'den bir heyet getirtilmesine karar vermiş ve 1909 yılı başında İngiliz Tuğamiral Gamble (Comble) Koramiral rütbesiyle ve beş üyeden oluşan bir uzmanlar heyeti ile göreve başlamıştır. 28 Şubat 1910 tarihli özel bir kanunla, 10 yılda beş milyon liranın harcanmasına izin verilmiş ve donanma Almanya'dan alınan gemiler ile

---

11 Selahattin KARATAMU, Türk Silahlı Kuvvetleri Tarihi (1908-1920), C. III, 6. Kısım, Sy: 118, Gnkur ATASE Yay, Ankara, 1971.

12 Alptekin MÜDERRİSOĞLU; Kurtuluş Savaşı Mali Kaynakları, Sy: 43, Yapı ve Kredi Bankası Yay, 1981.

13 Semih EKE, Birinci Dünya Savaşı Öncesinde Osmanlı Devleti'nin Askeri Durumu, Genelkurmay ATASE Yayınları, Ankara, 1997.

14 Mert BAYAT, Milli Güç ve Devlet, Sy: 306-311, Belge Yay, İstanbul, 1986.

takviye edilmiştir[15]. 1914 yılında donanmada bulunan İngiliz müşavir heyeti ayrılmış ve yerine Alman heyeti gelmiştir[16]. 1914 Haziranı'nda Avrupa'daki siyasi havanın gerginleştiği bir dönemde, Barbaros ve Turgut Reis muharebe gemileri ile Hamidiye ve Mecidiye Kruvazörleri Haliç'te onarımda, diğer muhrip ve torpidobotlar ise İzmit ve Erdek'te eğitimde idiler[17].

c. Hava Kuvvetleri

Batılı orduların, uçaklardan askeri alanda faydalanma yolundaki çalışmaları, Erkân-ı Harbiye-i Umumiye Reisliği'ni harekete geçirmiş ve bu kapsamda 1911 yılında iki subay (Süvari Yüzbaşı Fesa, İstihkâm Teğmen Kenan) Fransa'ya Bileryo Tayyare Okuluna gönderilmişlerdir[18]. Bu arada, 1 Haziran 1911 tarihinde Genelkurmay'ın Fen Kıtaları ve Müstahkem Mevkiler Genel Müfettişliğinin 2 inci Şubesine bağlı Tayyare Komisyonu" kurularak bugünkü Hava Kuvvetlerinin temeli atılmıştır[19].

Bu komisyon ordu içerisinde havacılık ile ilgili ilk resmi teşekkülü oluşturmuştur. İstanbul'da bir tayyare okulu kurulmasına karar verilmiş ve bunun için Avrupa'dan Döperdüssen uçağı ile bir okul uçağı satın alınmıştır. 1912 yılında Yeşilköy'de açılan askeri havacılık okulu ile birlikte 10 uçaklı bir güç kurulmuştu. 6 Mayıs 1912 tarihinde, Türk Tayyare Komisyonu, Tayyareciliğin esaslarını, tayyare birliklerinin ne şekilde kurulacağını incelemek üzere, Avusturya-Macaristan, Almanya, Fransa ve İngiltere'ye gezi düzenlemiş ve 5 Temmuz 1912 yılında ülkeye dönmüştür. Bu gezi esnasında 14 adet uçak satın alınmasına karar verilmiştir. 1912 yılında ordunun elinde toplam 17 uçak bulunuyordu.

1915 yılında, havacılığın geliştirilmesi için Alman Üsteğmen Serno, 12 Uçak, pilot ve makinistleriyle İstanbul'a gelmiştir. Hava

---

15 Erdal AKKAYA, Türk Ordusundaki Stratejik ve Doktriner Değişiklikler, Sy: 56, Yüksek Lisans Tezi, Ankara Üniversitesi, Ankara, 2006.

16 Osman Nuri ERGİN, Türk Maarif Tarihi, C. III-IV, s. 1400, 1401, İstanbul, 1977.

17 Semih EKE, Birinci Dünya Savaşı Öncesinde Osmanlı Devleti'nin Askeri Durumu, Sy: 193, Gnkur ATASE Yayınları, Ankara, 1997.

18 Hülya TOKER, Osmanlıdan Günümüze Türk Ordusu, Sy: 98, Harp Akademileri, SAE, İstanbul, 2005.

19 Cumhuriyetin 61 nci Yılında Hava Kuvvetlerimiz, Sy: 23, Gnkur ATASE Yay, Ankara, 1984.

Okulu Müdürlüğüne atanan bu şahıs, Almanya'dan uçak malzemeleri getirtmiş, ancak Almanya'nın da pilot ihtiyacından dolayı pilot gelmemiştir. O dönemde, okulda yılda ancak 15 pilot yetiştirilebiliyordu. Hava kuvvetleri, 1916 yılına geldiğinde, 90 uçak, 81 pilot ve 58 gözetleyici (rasıt) ile iyi bir duruma gelmişti[20]. 1916 yılındaki kuruluş daha sonra takviyelerle devam etmiştir. 1916 yılında ise görünüm şu şekildedir; [21] 2'nci Uçak Bölüğü, 6'ncı Ordu emrinde Irak'ta, 12'nci Uçak Bölüğü, 6'ncı Ordu 13'üncü Kolordu emrinde, 3'üncü Uçak Bölüğü, Kuvâ-yi Mürettebe emrinde Maan'da ve 4'üncü Uçak Bölüğü, 4'üncü Ordu emrinde Adana'da,

Balkan Savaşı'nda, tasarlanan keşif, bombardıman görevlerini tam anlamıyla yerine getiremeyen hava kuvvetlerinde Birinci Dünya Savaşı'nın ilk yılında 50'ye ulaşan uçak sayısı sonraki yıllarda artış göstermiş, dört yıl boyunca 300'ü aşan uçak hava gücümüzde görev almıştır[22]. 1915 yılı başından harbin sonuna kadar hava kuvvetlerinde 600 Alman personeli görev almıştır. Almanlar savaşın devam ettiği süre içinde 460 uçak vermişlerdir[23].

ç. Zaptiye ve Jandarma Teşkilatı

1878 sonrasında, askeri teşkilât ve ıslahat hareketleri bünyesinde dikkate alınan Jandarma Teşkilatı için Fransız modeli benimsenmişti. Ancak, ıslahatçılar ile bu teşkilatı çıkarlarına aykırı bulanlar arasındaki uzun süren tartışmalar nedeni ile Jandarma Teşkilat Nizamnamesi ancak 1903 yılı Ocak ayında yürürlüğe girmiştir. Buna göre, her ilde piyade ve süvarilerden kurulu jandarma alayları oluşturulmaya başlanmıştır. II. Meşrutiyet ilân edildiğinde, 30 Jandarma alayı, 5 bağımsız jandarma taburu mevcuttu. Bu dönemde, zaptiye ve jandarma teşkilatı, toplam 2. 371 subay, 39. 268 astsubay ve erden oluşmaktaydı. Hayvan mevcudu ise 75. 395 idi[24].

---

20 Selahattin KARATAMU, Türk Silahlı Kuvvetleri Tarihi (1908-1920), C. III, 6. Kısım, Sy: 500, Gnkur ATASE Yay, Ankara, 1971.

21 Kadir KASALAK, Mondros Mütarekesi Öncesi Osmanlı Devleti'nin Durumu (1918 Yılı), Gn Kur ATASE Yay, Sayı 44, Ankara, 1998.

22 Hüseyin IŞIK, Yabancı Gözüyle Türkler ve Türk Ordusu, Sy: 110, Gnkur. Yay, Ankara, 1995.

23 Hüseyin IŞIK, Yabancı Gözüyle Türkler ve Türk Ordusu, Sy: 110, Gnkur. Yay, Ankara, 1995.

24 Selahattin KARATAMU, Türk Silahlı Kuvvetleri Tarihi (1908-1920), C. III, 6. Kısım, Sy: 134, Gnkur ATASE Yay, Ankara, 1971.

1908 yılında II. Meşrutiyet'in ilân edilmesinden sonra Rumeli'de büyük başarılar gösteren Jandarma, 1909 yılında yeniden düzenlenerek Harbiye Nezareti'ne bağlanmış ve "Umum Jandarma Kumandanlığı" adını almıştır. Jandarma askerlerinin yetiştirilmesi için bir okulun açılması II. Meşrutiyet sonrasında gerçekleşmiştir. 6 Haziran 1909 tarihinde açılan Jandarma Mektebi zabitan ve karakol kumandanları, zabit namzetleri, efradı cedide olmak üzere üç bölüme ayrılmıştı. İlk olarak Selanik'te üç, Üsküp'te ve Manastır'da birer olmak üzere toplam beş adet olarak açılan jandarma okulları zaman içerisinde yirmiye kadar çıkmıştır. Bu okullardan Selanik, İstanbul ve İzmir'deki okullarda subay, diğerlerinde ise jandarma eri yetiştirilmekteydi[25].

OSMANLI DEVLETİNDE HARP SANAYİİ

1. Genel

Barutun ağır ve hafif ateşli silahlarda kullanılmasından önceki dönemlerde, Osmanlı İmparatorluğu ordusunun ülke sathına yayılmış olan harp sanayi tesisleri, dış yardıma muhtaç olmadan ordunun her türlü silah, teçhizat ve donatımım yapacak nitelikteydi. Osmanlı İmparatorluğu, gelişmesine paralel olarak ekonomik gücünü üretimle birleştirerek, ülkesine kattığı topraklar üzerindeki harp sanayi tesislerini de korumasını bilmiş, yüzyıllar boyunca ordusunun silah, teçhizat ve donatımını kendi öz ve milli kaynaklarından kamu ve özel sektör olarak iki grup tarafından temin ediliyordu. Bunlardan özel sektör, çoğunlukla halk tarafından kullanılan ürünleri imal eder, ordunun gereksinme duyması halinde bu ürünler, üreticiden ya muharibin kendisi veya devlet tarafından satın alınırdı. Kamu sektörü ise, yalnız silahlı kuvvetlerde kullanılan, özel tesislerde mali güç ve bilgiye dayanan harp silah ve araçlarını üretirdi.

Asıl görevi muhariplik olan Ordunun bir üretici olması düşünülmediğinden, Kapıkulu Ocaklarının kurulduğu tarihte kabul edilen temel yasanın 13 ncü maddesi personelin bir sanat dalı ile ilgilenmemesini âmirdi. Ancak, ordunun çeşitli sınıflar halinde teşkilatlanması, ihtiyaçların artması ve hizmetlerin çoğalması sonunda, teknoloji ve

25 Osman Nuri ERGİN, Türk Maarif Tarihi, C. III-IV, s. 1389-1391, İstanbul, 1977.

sanata olan ilişkiler de son derece artmış, orduda bu işlerle uğraşan hizmet birliklerinin kurulması zorunlu olmuştu[26].

Kuruluş döneminin sonlarına doğru, büyük bir sınıf hâlinde teşkil edilen ve kısa sürede gelişen Cebeci Ocağı, çeşitli atölyeleri, usanan personeli, özel araç ve gereçleriyle tanı bir teknik sınıf görünümündeydi. Yine bu dönemde kurulan Ağa Kapısı imalathanelerinde ocağın harp silah araç ve gereçleri yapılıyordu. Ordunun önemli bir bölümünü oluşturan Eyalet Askeri kuvvetlerinin tüm gereksinimleri de, bu kuvvetleri savaş alanına götürmekle yükümlü olan kişilerce ülke sathına dağılmış olan milli sanayi kuruluşlarından sağlanıyordu.

Bugün gelişen teknoloji ile birlikte, ekonomik nedenler yüzünden, kendi kendine yeterli bağımsız bir harp sanayimin kurulamaması güçlüğüne karşın, Osmanlı İmparatorluğu, yükseliş dönemi sonunda ağır sanayi tesislerini kurmuş ve yeterli bir harp sanayine sahip olmuştur. Bu sanayi için ihtiyaç duyulan hammaddelerin tümü, ülke yeraltı kaynaklarından. temin edilmiş, bu maddelerin dışa satılması yasaklanmıştır. Ülke sınırlarının genişlemesi ve ticaret hacminin artması sonucu, sanayi kentleri çoğalmış ve uzmanlaşmaya yer verilmiştir. Örneğin; Gaziantep'te ayakkabıcılığa, Maraş'ta nal, mıh, çivi, zincir, gam ve silah yapımına, Konya ve Afyon yörelerinde keçeciliğe, Ankara'da demir ve deri imalatına, Sivas'ta şal, Uşak'ta halı üretimine önem verilmiştir.

17'nci yüzyılın ikinci yarısına kadar Osmanlı Devleti teknik yönden batının ilerisindeydi. Harp silah araç ve gereçlerindeki hızlı gelişmeye Osmanlı Devleti de ayak uydurmuş, özellikle ateşli silahların kullanılmaya başlanmasından sonra artan gereksinmeler, devletin kurduğu sanayi ve ağır sanayi kuruluşlarınca karşılanmıştır.

1633 sayımına göre, özel sektördeki sanayi dallarında çalışanların sayısı 46. 426 kişiyi buluyordu. Buna karşılık ordunun gereksinmelerini karşılayan İki tersane, bir tophane, beş baruthane, bir humbarahane, bir top arabası kâr hanesi, bir fişekhane, bir mumhane, bir kurşun hane, dökümhane, şişhane, boyahane, doğrama hane ve çok sayıda peksimet fırını vb. gibi tesislerde on binlerce işçi çalışıyordu[27].

---

26 Osmanlı İmparatorluğu Silahlı Kuvvetlerinin Harp Sanayii Tesisleri, Gnkur ATASE Askeri Tarih Bülteni, Sayı: 22, Şubat 1987.

27 Osmanlı İmparatorluğu Silahlı Kuvvetlerinin Harp Sanayii Tesisleri, Gnkur ATASE Askeri Tarih Bülteni, Sayı: 22, Şubat 1987.

Hammadde ihracatının zaman zaman yasaklanmasına karşın, ihracata mani olunamaması, milli sanayi ve dolayısıyla harp sanayini de olumsuz yönde etkilemiştir. Harp sanayinin gerilemesindeki bir başka neden de, askeri alanda üst üste uğranılan yenilgilerle, iç politikadaki bozukluklar ve isyanlar sonucu can kaygısına kapılan personelin üretemediği hammadde sıkıntısının bas göstermesinden kaynaklanmıştır. 1838'de İngiltere ile imzalanan ticaret anlaşması ülke sanayinin belini doğrultamaz hale getirmiş, devletin başına da "Düyun-u Umumiye idaresi" gibi bir belayı musallat etmiştir. Harp sanayi mamullerinin hammaddesini oluşturan maden kaynakları, yakıt yetersizliği ve maden mevzuatındaki yetersizlik nedeniyle, istenilen düzeyde işletilemiyordu.

Ağır ve hafif ateşli silahların ordularda yaygın olarak kullanılmasından sonra, ilk yıllarda özel sektörün el emeği ile ürettiği silahların yapımı, yerini makine ve fabrikalara bırakmış, bundan sonraki dönemde harp sanayi tesisleri devlet tarafından kurulmuş ve işletilmiştir. Yenileştirme hareketlerinin öncüsü sayılan III. Selim döneminde askeri alanda da başlayan reformlara paralel olarak, harp sanayi tesislerinin ıslahına gidilmiş, baruthaneler, tophaneler ve tersanelerin modern düzeye getirilmesine çalışılmıştır.

2. Ağır Silah Sanayi:

Bu sanayi dalının en önemli tesislerim tophaneler oluşturuyordu. Osmanlı İmparatorluğu Silahlı Kuvvetleri'nde tophaneler kurulmadan evvel, top döküm sanayi çok ileri bir düzeydeydi. Bundan sonra ikinci top dökümhanesi Gelibolu'da kurulmuş, Fatih Sultan Mehmet'ten sonra, Kanuni Sultan Süleyman Doğu ve Güneydoğu Anadolu'da yapılacak harekât için Erzurum, Basra, Bağdat, Şehr-i Zor ve Diyarbakır'da tophaneler yaptırmıştır. Osmanlı Devleti, zamanın ulaştırma araçlarını göz önünde tutarak, ağır silah sanayini ve tophaneleri maden cevherlerinin bulunduğu bölgelerin yakınında kurmuş; bu tesislerde çeşitli çap ve büyüklükte toplar dökülmüştür. Top sanayindeki gelişme barut sanayi ile birlikte hızlı bir gelişme göstermiş, zamanla kundaklı ve koşulu sahra topları ile yüklü dağ toplarının yapımına başlanmıştır.

3. Hafif Silah Sanayi:

Hafif silah deyimi, zamanla değişen bir anlam kazanmış ve bu sanayi Osmanlı Devleti'nde çeşitli evreler geçirmiştir. XVI. yüzyıla gelinceye kadar, vurucu, kesici, dürtücü ve atma suretiyle kullanılan hafif ateşsiz silahlar devletin ülke içinde kurduğu sanayi tesislerinde üretilmiş ve ordunun tüm gereksinmeleri yurt içinden karşılanmıştır.

Ateşli silahların orduda kullanılmasından sonra, XVI. yüzyıl ortalarında Yeniçeri Ocağı'nda numarası belli olmayan bir cemaat ortası, tüfek yapım işi ile görevlendirilmiş; ortanın komutanına da "Tüfekçi başı" denilmiştir. O dönemde yeniçeriler devletçe imal edilen miri tüfeklere pek fazla itibar etmezlerdi. Onların, çoğunlukla kendilerinin özel olarak halk tarafından yapılan tüfeklere rağbet ettikleri görülüyordu. Tüfeklerin halk tarafından yapılmasının yasaklanmasına karşın bu sanayi yurt içinde gelişmişti.

Avrupa devletlerinde hafif silah sanayi gelişirken, Osmanlı Devleti gelenekçi tutumu ile ağır silah sanayindeki gelişmeyi bu sanayi dalında yapamamıştı. Ancak, 1709'da Vauban'ın yaptığı süngüler tüfeklere takılabilmişti. Kapıkulu Ocaklarının ortadan kaldırılması ile yeniden örgütlenen kara ordusunun elinde, dışarıdan alınan eski tip tüfekler bulunuyordu. Hafif silah sanayi ile ilgili elimizdeki en eski bilgi İstanbul'da Cibali semtinde kurulmuş olan tüfekhanedir. Bu tüfekhanede eski tip tüfeklerden çoğu şinayder sistemine çevrilmiş, birçok da martini tüfeği yapılmıştır. Tüfekler, uzun yıllar ağızdan dolma olarak kullanılmış, kuyruktan dolan hafif silahların yapılmasından sonra, bu tip tüfeklerin de Osmanlı hafif silah sanayinde üretimine başlanmıştır. Daha sonraki yıllarda hafif silahlar münferit ve mükerrer ateşli silahlar olmak üzere iki bölüme ayrılmış, hafif silah sanayinde de büyük bir gelişme görülmüştür. [28]

4. Mühimmat Sanayii

Osmanlı İmparatorluğu Silahlı Kuvvetleri'nde ateşli silah olarak ilkönce top kullanıldığından, bu silahların mermileri mühimmat sanayinin öncülüğünü yapmıştır. Osmanlı ordusunda topçu sınıfına ait mühimmat, önceleri Topçu Ocağı'nda, daha sonra Tophane ile

---

28 Osmanlı İmparatorluğu Silahlı Kuvvetlerinin Harp Sanayii Tesisleri, Gnkur ATASE Askeri Tarih Bülteni, Sayı: 22, Şubat 1987.

Anadolu ve Rumeli'deki bazı maden ocaklarında topçular tarafından yapılıyordu.

Topçu mühimmatı olarak bilinen gülleler, tophaneler dışında Bilecik, Van, Kiğı, Kemengrad, Baç ve Novaberde dökümhanelerinde de imal ediliyordu. Yivli topların yapımından sonra, top mühimmatında da büyük bir gelişme görülmüş, top mermi sanayi ilkönce dane, daha sonra şarapnel ve peşrev tipinde cephane yapımına başlanmış, mermi tapası imalatı da üstün bir düzeye ulaşmıştır. Hafif silahlara (tüfek, filinta, tabanca vb.) ait fişekler, Zeytinburnu Fişekhanesi'nde imal edilmiş, haberleşmede kullanılan işaret ve aydınlatma fişekleri de Karaağaç Fişekhanesi ile Tophane-i Âmire de yapılmıştır.

5. Barut Sanayii

Osmanlı İmparatorluğu Silahlı Kuvvetleri için barut, çok önemli bir madde idi. Ateşli silahların kullanılması ve lağımların atılması, ancak barutla mümkündü. Silahlı Kuvvetlerin barut ihtiyacı, başlangıçta Cebeci Ocağı kuruluşundaki Barutçu Bölüğünce sağlanıyordu.

Ateşli silahların gelişmesi, sınırların üç kıtayı aşan büyüklüğe erişmesi sonunda, Silahlı Kuvvetlerin gereksinme duyduğu barut, Cebeci Ocağı'nca karşılanamadığından, büyük şehirlerle eyalet ve sancaklarda, kale ve harekât alanlarına yakın tahkim edilmiş bölgelerde baruthanelerle, barut mahzenlerinin yapılması zorunlu olmuştur.

1700'de İstanbul'da kurulan Baruthane-i Âmire'den sonra, Gelibolu, Selanik, Belgrat, Budin, Vidin, İzmir, Konya, Birecik, Maraş, Halep, Hama, Van, Erciş, Ahlat, Bağdat, Şat, Bor, Oltu ve Kahire'de baruthaneler inşa edilmiş, Rodos ve Eğriboz adalarında donanmanın yararlanacağı barut mahzenleri yapılmıştır. İstanbul'da bugünkü Ataköy semtinde kurulan Baruthane-i Âmire (İstanbul Baruthaneşi)'den başka çeşitli tarihlerde şu baruthaneler de kurulmuştur. II. Bayezit döneminde kurulduğu ileri sürülen At meydanı Baruthanesi 1480 yılında. yıldırım isabeti ile yanmış, bunun yerine Kâğıthane Baruthanesi kurulmuştur. Bu baruthane 1648 yılına kadar çalışmalarına devam etmiştir.

İzmir, Gelibolu ve Selanik Baruthanelerinin ihtiyacı karşılamamaları üzerine 1687-1688 yıllarında Şehremini Baruthanesi kurulmuştur. Osmanlı - Rus Harpleri'nde baruta olan fazla gereksinme nedeniyle,

III. Selim döneminde en yeni ve modern bir şekilde kurulan Azatlı Baruthanesi 1800 yılında işletmeye açılmıştır. Bu baruthane 1878'de Rus ordusunun Ayastefanos'a (Yeşilköy'e) kadar gelmesi üzerine büyük tahribata uğramıştır. İstanbul'daki bütün baruthaneler, Tanzimat'tan sonra da çalışmalarını sürdürmüşlerdir.

6. Madencilik ve Maden Sanayii: [29]

Harp sanayi tesislerine hammadde temin eden bu sanayii dalı, ülkenin çeşitli yörelerinde maden cevheri bulunan yerlerde kurulmuştur. Bunlardan gümüş madeni; Keban, Ergani, Gümüşhane, Selanik (Sid- rekapı), İnegöl, Kotaya, Amasya, Seraberme, Rudnik, Nova- berda ve Kartova'da çıkarılıyordu.

Bakır madeni ve bu madenin çinko ve kalayla karışımından elde edilen tunç; Konya, Mardin, Hasankeyf, Diyarbakır, Cizre, Siirt, Iiarput, Erzincan, Erzurum, İstanbul (Sarıyer), Kağızman, Küre, Gümüşhane, Keban, Ergani. Espiye[30], Kartova, Berkofça Mezdenkin, Banat, Szolok, Vacs, Debroza, Tokat ve Sivas'ta üretilmiş ve işlenmiştir.

Demir madeni ise Edime, Bilecik, Van, Kiğı, Çankırı, Rudnik, Kemengrat, Novaberda Parvişte, Samakov, Btrepoli ve Tatarpazarcık'ta çıkartılıp işlenmiştir. Harp sanayinin önemli ana hammaddesini oluşturan kurşun; Koçana, Rudnik, Ergani, Keban, Gümüşhane, Trabzon ve Erzurum'dan çıkartılıp işleniyordu.

7. Gemi Sanayii

Osmanlılar 1322'de şimdiki Karamürsel yöresini ele geçirdikten sonra, Osman Bey'in silah arkadaşlarından Karamürsel Bey, Komşu Karesi Beyliği'nden getirttiği ustalarla burada küçük çapta, ilk Osmanlı tersanesini kurmuştu. 1337'de İzmit alındıktan sonra, Karamürsel'deki gemi inşa tezgâhları İzmit'e taşınmış ve burada yeni bir tersane kurulmuştur. 1390'da Gelibolu'ya gelen Yıldırım Bayezit, Saruca Beyi, burada ilk gerçek Osmanlı tersanesini kurmakla görevlendirmiş, bu çalışma on iki yıl sürmüştür. Fatih Sultan Mehmet'in

---

29 Osmanlı İmparatorluğu Silahlı Kuvvetlerinin Harp Sanayii Tesisleri, Gnkur ATASE Askeri Tarih Bülteni, Sayı: 22, Şubat 1987.

30 Nejdet SEVİNÇ, Osmanlının Yükselişi ve Çöküşü, Sy: 158, Bilgeoğuz Yay, İstanbul, 2010.

İstanbul'u zaptından sonra Camialtı yöresinde inşasına başlanan İstanbul Tersanesi, kısa sürede geliştirilmiş, birçok kadırga gözleri ile mahzenler ve atölyeler kurulmuştur.

II. Bayezit döneminde tersane sayısında büyük bir gelişme olmamasına karşın, İzmit ve Sinop gemi tezgâhlarında üretilen kuru tekneler, İstanbul Tersanesi'nde donatılmıştır, Yavuz Sultan Selim, 1517'de Mısır'ı ele geçirdikten sonra, Kölemenlerin daha evvel kurduğu Süveyş Tersanesi'ni Osmanlıların gemi sanayi tesislerine katmıştır. 1500'lerde sadece İstanbul'da 160. 000 işçinin çalıştığı tersaneleriyle Osmanlı donanması dünyadaki en büyük tersanelere sahipti[31].

Bütün Akdeniz'i tek bir padişaha bile yetersiz gören Yavuz Sultan Selim, zindan önünde dar bir alana sıkışan Kasımpaşa Tersanesi'ni, Azap kapı'dan, Hasbahçe'nin Hasköy Kapısı yöresine kadar genişletmiş ve 150 parça gemiyi çatacak ve donatacak hale getirmiştir. Yavuz'dan sonra Kanuni Sultan Süleyman, İstanbul Tersanesi'ni dünyanın en büyük ve güçlü gemi yapım tesisi haline getirmiş, gözlerin sayısını da 200'e çıkarmıştır[32].

Bu tersaneler dışında, gemi inşa sanayine yardımcı olan ve ülkenin çeşitli kentlerinde kurulan yan sanayi tesisleri de mevcuttu. Bu sanayi tesislerinde gemilere lüzumlu olan parçalar ve malzemeler imal ediliyordu. Örneğin, gemi demirleri Samakov'da, halatlar Gümülcine ve Tire'de, yelken bezleri Aydın, Menteşe, Ağrıboz, Adana ve Mısır'da yapılıyordu.

Yükseliş döneminde; Rodos, Anapoli, Karlıeli, İskenderiye gibi kıyı kentlerindeki sancakbeyleri. kadırga tipi gemileri kendi olanakları ile yapıyorlardı. 1571-1572 yıllarında yeniden inşasına başlanan donanmaya ait gemilerin bir kısmı İstanbul Tersanesi'nde, diğerleri de Varna, Burgaz, İğneada, Vize, Ahyolu, Midye. Kefken, Silistre, Semendire, Samsun. Sinop, İzmit. Yalova. Gemlik, Biga, Rodos ve Antalya'daki gemi inşa tezgâhlarında yapılmıştır.

Osmanlı denizciliğinin yükselme dönemi 1533 yılında Kanuni Sultan Süleyman tarafından Barbaros Hayrettin Paşa'nın Kaptan Paşalık makamına getirilmesiyle başlamıştır. Bu dönemde Garp

---

31 Kenneth CHASE, Ateşli Silahlar Tarihi, Sy: 111, T. İş Bankası Yay, İstanbul, 2008.

32 Nejdet SEVİNÇ, Osmanlının Yükselişi ve Çöküşü, Sy: 157, Bilgeoğuz Yay, İstanbul, 2010.

Ocakları adı altında yeni bir deniz gücü kurulmuştur. Akdeniz Filosu imparatorluk donanmasıydı. Bu donanma, Türkiye'nin bütün Karadeniz, Ege Denizi ve Cebelitarık Boğazı'na kadar Akdeniz'deki çıkarlarını koruyordu. Süveyş Filosu, Hindistan-Portekiz yolunu kontrol ediyordu. Fırat Filosu, hem İran'a yapılan seferlerde Türk kara kuvvetlerini destekliyor, hem de çok önemli bir bölge olan Basra Körfezi'nin güvenliğini sağlıyordu. Tuna Filosu ise aynı görevi Avrupa eyaletlerinde gerçekleştiriyordu. Nehir filoları daha küçük ve ince gemilerden oluşuyordu[33].

Başta İstanbul'daki Haliç Tershânesi ile Gelibolu Tershânesi, Çayağzı Tershânesi, GemlikTershânesi, SinopTershânesi, KefkenTershânesi, VarnaTershânesi, Burgaz Tershânesi, Ahyolu Tershânesi, Edindik Tershânesi, Karabiğa Tershânesi, Edremit Tershânesi, Selçuk Tershânesi, Milas Tershânesi, Bodrum Tershânesi, Antalya Tershânesi, Alaı'yeTershânesi, Rodos Tershânesi, YalovaTershânesi, İğneada Tershânesi, Rusçuk Tershânesi Samsun, Trabzon, Sakarya, Silivri Van ve Birecik Tershânesi olmak üzere büyüklü küçüklü 110 Tershâne kurulmuştu.

Bu tersaneler kısa bir süre sonra ihtiyaca yetmediğinden, tersanenin Hasköy tarafına (şimdiki Taşkızak yöresine) iki kızak ve karşı kıyıdaki Ayvansaray'a da iki kızak daha eklenmiştir. III. Selim döneminde tersanelerde de gerekli yeni düzenlemelere gidilmiş, havuzlar inşa edilerek 1838'den itibaren yeni tip gemi inşasına başlanmıştır.

Sultan II. Mahmut devrinde tamamen ihmal edilen donanma, Yunan isyanları sırasında, Rumların silâhlandırılmış ticaret gemilerine karşı koyacak savaş gemisi bile çıkaramamıştı. 1853'te Rus filosu Osmanlı harp gemilerinin önemli bir kısmını tahrip edince, deniz kuvvetleri acınacak hâle geldi. Abdülaziz Han, kuvvetli bir donanma inşa etmeyi öylesine milli bir dava olarak benimsedi ki, görevi devraldığında birkaç ahşap tekneden ibaret olan Osmanlı donanması kısa zamanda ürkütücü bir kuvvet hâline geldi. Abdülaziz bütçeden kendisine ayrılan tahsisatın yarısını da donanmanın ıslah ve inşasına sarf ederek ingiltere, Fransa ve Triyeste tersanelerine zırhlı savaş gemileri sipariş etti. İstanbul, Sinop, Gemlik, İzmit, İskenderiye,

---

33 Osmanlı İmparatorluğu Silahlı Kuvvetlerinin Harp Sanayii Tesisleri, Gnkur ATASE Askeri Tarih Bülteni, Sayı: 22, Şubat 1987.

Girit tersanelerinde hızlı ve yoğun bir zırhlı ve ahşap savaş gemisi yapımını başlattı. Adı sonradan Hamidiye olarak değiştirilen 800 beygir gücünde makineler ve 12 topla teçhiz edilen 4 bin 167 tonluk Nusratiya zırhlısı diğer birçok zırhlı gibi İstanbul Tersanesine sipariş edilmiştir.

Tersanede çalışan mühendisler başlangıçta İngiltere ve Belçika'dan getirilmiş, fakat daha sonra zırhlılar Türk işçi ve mühendisleri tarafından imal edilmeye başlanmıştır. Gemilerin top, tüfek dahil bütün araç gereçleri de Türkiye'de üretilmiştir. Abdülaziz Han'ın kararlığı sayesinde 25 zırhlı ve 100 küsur ahşap harp gemisinden oluşan Osmanlı Donanması İngiltere'den sonra dünyanın ikinci deniz kuvveti haline gelmiş Abdülaziz devrinin sonuna doğru zırhlı sayısı 30'a ulaşmıştır.

1859'da İngiltere de inşa edilen, her biri 200 tonluk , 6 beygir gücünde, 4'er topları bulunan Şevketnüma, Süne, Varna, Akka dubaları, 1865'de Galata Tersanesi'nde inşa edilen her bir 220 tonluk 45 beygir gücünde 4'er toplu Seyyah ve Musul dubaları, 1869'da istanbul Tersanesinde inşa edilen, her biri 195'er tonluk 50'şer beygir gücünde, 2'şer adet güverte topları bulunan Yalıköşkü ve Aynalıkavak dubaları, 1874'de İstanbul Tersanesi'nde inşa edilen 203 tonluk. 50 beygir gücünde topsuz İstanbul dubası ve sayısı 100'e yaklaşan vapurlar bu sayıya dahil değildir. Bu kuvveti, devrin büyük devletlerinden Rusya'nın deniz gücüyle mukayese edersek şöyle bir tabloyla karşılaşırız:

Osmanlı donanmasındaki 4 adet ahşap kalyona mukabil. Rusya'nın 5 ahşap gemisi vardır. Rus donanmasında buharla çalışan küçük tonajdaki 22 korvete mukabil, Osmanlı donanmasında hepsi top ile mücehhez 7 korvet, 6 navi ve 9 adet de navi uşkuna bulunuyordu. Rus donanmasından 50 ile 160 ton arasındaki değişen 100 gambot ve 14 adet nakliye vapuru mevcuttu. Buna karşı Osmanlı donanmasında hepsi yeni 43 vapur bulunuyordu. Bunlardan ayrı alarak İdare-i Aziziye'nin elinde derhal donanma emrine verilebilecek kabiliyette 32 vapur daha vardı. Nitekim 1877-1878 Savaşı'nda Rusların Karadeniz'de el koyduğu Mersin vapuru meselesi görüşülürken mebuslar Osmanlı donanmasının Rus donanmasından birkaç misli daha kuvvetli olduğundan bahsetmişlerdir. Kara Kuvvetlerinde ise modern silahlarla donatılmış, ateş gücü yüksek 500 bin askeri vardı .

8. Deri ve Saraçlık Sanayii: [34]

Ordunun ihtiyacı olan ayakkabı ilk dönemlerde bu işle uğraşan esnafa yaptırılır ve satın alınırdı. Ordu mevcudu çoğaldıkça deriden yapılan donatım için (çanta, palaska, matara vb.) dikimhaneler kurulmuş, erlere verilen çizme, ayakkabı vs bu kuruluşlarda yapılmaya başlanmıştır. Deri sanayiile uğraşan dikimhanelerin işlediği sahtiyan Diyarbakır, Mudurnu, Simav, Tavşanlı, Safranbolu, Isparta ve Burdur'da; kösele de Gerede, İzmir, Kırım ve İstanbul'da, imal ediliyordu. O dönemde, Konya, Diyarbakır, Bitlis gibi kentlerde de bağlık (deri sanayii) çok ileri durumdaydı.

Osmanlı ülkesinde, saray saraçlığı, ordu saraçlığı ve kentlerde halka hizmet veren serbest saraçlık olmak üzere üç tür saraçlık mevcuttu. Saray saraçları has ahırlarda yetiştirilen hayvanların saraciye malzemelerini imal eder, Kapıkulu Teşkilatı içinde Ağa Kapısı imalathanelerinde çalışan saraçlarla seferde ehlihiref adı ile orduya katılan saraçlar da ordunun saraciye malzeme ihtiyacını kargılardı.

Fatih Sultan Mehmet İstanbul'u zapt ettikten sonra, bütün saraçları bugünkü Saraçhanebaşı denilen semtte yaptırdığı dükkânlara yerleştirmiş, hizmetin bir elden idare edilmesini sağlamıştır. 1693'te tamamen yanan Saraçhanebaşı'ndaki tesislerde çalışan esnaf Sultanahmet ve Bayazıt semtlerine dağılmıştır. Evliya Çelebi'nin açıklamasına göre, o donem de yalnız İstanbul'da 1084 saraç dükkanında 5. 000 kişi saraçlıkla uğraşıyordu. 1847'de Tophane-i Amire'de yeni bir saraçhane yaptırılmış ve ordu gereksinmeleri daha sonra buradan karşılanmıştır.

9. Dokuma Sanayii

Silahlı Kuvvetler personelinin giyimini sağlayan ve harp sanayinin önemli bir bölümünü teşkil eden dokuma sanayi, kuruluş döneminde evlerde kurulan tezgâhlarda yürütülüyordu. I. Murat döneminde, Kapıkulu Ocaklarının kurulmasından sonra erlere giysileri için çuha verilmesine başlanmıştı. I. Murat döneminde, hammaddesi devletçe sağlanan çuhalar Selanik'te özel sektöre ait tezgâhlarda dokunuyordu. XVIII. yüzyıl sonuna kadar, işkodra, Bağdat, Halep, Ankara, Bursa,

---

34 Osmanlı İmparatorluğu Silahlı Kuvvetlerinin Harp Sanayii Tesisleri, Gnkur ATASE Askeri Tarih Bülteni, Sayı: 22, Şubat 1987.

Diyarbakır, Amasya ve Edirne'de kurulan dokuma ve iplik sanayi, yavaş yavaş önemini yitirmiş, Avrupa'nın ürettiği kumaşlardaki kalite üstünlüğü, ithali kolaylaştırmıştır.

III. Selim, yabancı malların yerli sanayiye verdiği zararları görmüş, 1826 yılında Beykoz Dokuma Fabrikası'nın kurulması girişimlerinde bulunmuştur. Artan ihtiyaç karşısında Kâğıthane'de yeni bir çuha fabrikası kurulmuş, mevcut fabrikanın kapasitesi genişletilmiş, bu çalışmalara paralel olarak Balıkesir, Filibe, Kazan ve Tatar pazarcık'ta dokuma fabrikaları kurulmuştur. Bu fabrikalardan başka, Amasya, Konya, Diyarbakır, Halep, Bursa, Aydın, Karaman, Sivas, Şam, Silistre, Vidin, Niş, Bosna ve Selanik'teki dokuma fabrikaları Avrupa kumaşları ile boy ölçüşecek duruma getirilmiştir.

Dokuma sanayinin yurt içinde Aba, Âbani, Bürümcek, Çatma, Çözme, Çuha, Selanik Çuhası, Dinışki, Gaz Boyaması, Gazi, Garon, Hakir, Hârâ, Beftrenk, Acem Dibası, Helâli, Kirpas, ve Serasker tipinde ürettiği kumaşların bir bölümü Silahlı Kuvvetler, geriye kalan büyük kısmı da halk tarafından tüketiliyordu. [35]

MİLLİ ORDU TEŞKİL EDİLİNCEYE KADAR GEÇEN SÜREDE TÜRK ORDUSU:

1. Kara Kuvvetleri

1918 yılına girerken Kafkas, Irak, Suriye, Filistin ve Batı cephelerinde savaşmakta olan ordunun durumu şu şekildeydi ;[36]

Başkomutanlık karargâhı başkent İstanbul'da,

-1 'inci Ordu karargâhı İstanbul'da, 1 'inci Kolordusu da İstanbul'da,

-Kafkas Ordular Grubu Brest-Litovsk Antlaşması'nın imzalanmasından sonra (3 Mart 1918) lâğvedilmiştir.

-2'inci Ordu karargâhı, Adana'da (kolordular Filistin ve Suriye'de),

- 3'üncü Ordu Karargâhı Sivas Suşehri'nde,

-4üncü ve 2'nci Kafkas Kolorduları ile 2'nci Ordudan devraldığı 4'üncü Kolordu Lice'de,

35 Osmanlı İmparatorluğu Silahlı Kuvvetlerinin Harp Sanayii Tesisleri, Gnkur ATASE Askeri Tarih Bülteni, Sayı: 22, Şubat 1987.

36 Kadir KASALAK, Mondros Mütarekesi Öncesi Osmanlı Devleti'nin Durumu (1918 Yılı), Gn Kur ATASE Yay, Sayı 44, Ankara, 1998.

-Yıldırım Ordular Grubu Nusaybin'de,

-4'üncü Ordu karargâhı ve 16'ncı Kolordu Riyad'ta 8 ve 12'nci Kolordularıyla Filistin'de,

-5'inci Ordu karargâhı, Bandırma'da (14, 17, 19, 20'nci Kolordular),

-6'ncı Ordu karargâhı, Musul'da (13 ve 18'nci Kolordular),

-7'nci Ordu karargâhı Nablus'ta (3 ve 7'nci Kolordular),

-8'nci Ordu karargâhı Tülikerim'de, (22'nci Kolordu),

-7'nci Bağımsız Kolordu ve Bağımsız Tümenler Asir ve Yemen'dedir.

1918 yılı başlarında Kara Kuvvetlerinin durumu bu şekilde tertiplenmiş olmakla birlikte yılın sonuna doğru, yani mütareke yapıldığında farklı bir durum ortaya çıkmaktadır. Mayıs ayına doğru cephelerde çeşitli değişiklikler yapılmıştır. 28 Mayıs 1918'de 18'inci Kolordu lâğvedilmiş ve Halep'te 24'üncü Kolordu kurulmuştur. 6'ncı Ordu karargâhı Şark Orduları Grubunu kurmak üzere Musul'a geçmişti. 4'üncü Kolordu da 3'üncü Ordudan ayrılıp 8'inci Ordu emrine verilmişti. Ekim ortalarına doğru 3'üncü Ordu Sivas'tan İstanbul'a alınırken yerine bu bölgede 9'uncu Ordu kuruldu. 4'üncü Ordu lâğvedilerek 2'nci Ordu birlikleriyle birlikte 7'nci Ordu güçlendirilmiştir. Türk ordusuna bırakılan silâh ve cephanenin büyük kısmı İstanbul'da depolanmıştır.

2. Deniz Kuvvetleri:

Birinci Dünya Savaşı'na girmeden önce İngiltere'ye sipariş edilen Reşadiye ve Birinci Osman gemileri İngiltere'nin ambargosu üzerine teslim alınamamıştı[37]. Osmanlı Devleti'nin savaşa katılmasında rolü olan Goeben (Yavuz) ve Breslau (Midilli) kruvazörleri Reşadiye ve Birinci Osman gemilerine tonaj olarak eşitlerdi ve daha sür'atli idiler. Osmanlı donanması şu şekilde idi:

-1 'inci Tümen : Yavuz, Turgut Reis, Mesudiye gemileri.

-2'nci Tümen : Midilli, Hamidiye, Mecidiye, Berki Sarvet kruvazörleri.

-3'üncü Tümen : (Filatilla) Muhriplerden kurulu iki takım.

37 Mert BAYAT, Milli Güç ve Devlet, Sy: 306, Belge Yay, İstanbul, 1986.

-Gambot ve motor gambotlar, torpidobotlar, mayın dökücü (Nilüfer), onarım gemisi (trimüjgan), Mayın Tarama Tümeni (Karadeniz'de).

Mondros Mütarekesi'nin imzalanmasından sonra donanmanın işe yarayabilecek zırhlılarından Turgut Reis ve Hamidiye, Haliç'e çekilmişti. Yavuz, büyüklüğü nedeniyle Haliç'e giremediği için İzmit'e götürülerek bir İngiliz destroyeri nöbetçi bırakılmıştı. Aydın Reis adlı gambot Trabzon'da, Preveze adlı gambotun Sinop'ta demirlemesine, savaşacak gücü olmadığı için izin verilmiştir. Bunların topları da sökülmüştü. Donanma Cemiyeti de kapatılmıştı. [38] Birinci Dünya Savaşı'na oldukça zayıf bir donanmayla giren, Osmanlı Devleti denizlerde herhangi bir varlık gösterememiştir. Hatta bir iç deniz olan Marmara'dan bile Çanakkale cephesine personel ve lojistik destek sevk edilememiş, bunun yerine karayolu kullanılmıştır. [39]

3. Hava Kuvvetleri

Birinci Dünya Savaşı sonrasında 1918 yılında, 46 Türk Pilotu, 59 gözetleyici ve 92 uçak mevcuttu. Yeşilköy Havacılık Okulunda ise 13 pilot adayı, 22 gözetleyici adayı ve 21 uçak bulunmaktaydı. Mütareke sonrasında, ülkelerine dönen Alman subaylar ile birlikte başsız kalan Hava kuvvetlerindeki bazı uçak ve pilotlar Anadolu'ya kaçırılmış, bir kısmı ise arızalar nedeniyle götürülememiştir . [40]

Milli mücadele sonrasında hava kuvvetlerinin teşkili, Meclisin açılması sonrasında, Anadolu'da kalan uçaklarla kurulmuş ve geliştirilmiştir. 1919 yılında hava gücünün durumu şu şekildeydi: Irak cephesinden geri çekilen uçaklar Elazığ'da, Filistin ve Suriye cephelerindeki uçaklar ise Konya'da toplanmıştı. [41] Ancak tüm uçaklar arıza veya yedek parça eksikliği nedeniyle kullanılamayacak bir şekildeydi. Sadece, İzmir'de bulunan 8 uçak uçabilecek durumda olsada İzmir'in Yunanlılar tarafından işgal edilmesiyle bu uçaklarada el konulmuştu.

---

38 Kadir KASALAK, Mondros Mütarekesi Öncesi Osmanlı Devleti'nin Durumu (1918 Yılı), Gn Kur ATASE Yay, Sayı 44, Ankara, 1998.

39 Alptekin MÜDERRİSOĞLU, Kurtuluş Savaşı'nın Mali Kaynakları, Sy: 43, Maliye Bakanlığı Ellinci Yıl Yayınları, Ankara, 1974.

40 Hülya TOKER, Osmanlıdan Günümüze Türk Ordusu, Sy: 99, Harp Akademileri, SAE, İstanbul, 2005.

41 Erdal AKKAYA, Türk Ordusundaki Stratejik ve Doktriner Değişiklikler, Sy: 56, Yüksek Lisans Tezi, Ankara Üniversitesi, Ankara, 2006.

4. Ateşkes Günlerinde Türk Ordusunun Genel Durumu: Türk Ordusunun kuruluşunda bulunan yedi ordu komutanlığının, Birinci Dünya Savaşı'nı izleyen Mondros Ateşkesi sıralarındaki en son haliyle durumları şöyleydi;

-2'nci Ordu Komutanlığı Adana'da;

-3'üncü Ordu Komutanlığı İstanbul'da;

-5'inci Ordu Komutanlığı Gelibolu'da,

-6'ncı Ordu Komutanlığı Musul'da,

-7'nci Ordu Komutanlığı Raco (İslahiye Güneyi)'da,

-8'inci Ordu Komutanlığı İzmir'de,

-9'uncu Ordu Komutanlığı Kars'ta bulunuyor, bunlardan

-2'nci ve 7'nci Orduların teşkil ettiği Yıldırım Ordular Grup Komutanlığı Adana'da,

-Kafkas İslam Ordusu Komutanlığı Bakû'de

-Başkomutanlık Vekâleti'ne bağlı 7'nci Kolordu Yemen'de

-Bağımsız 21'inci Tümen Asir'de,

-Hicaz Kuvvei Seferiyesi Hicaz'da,

-Afrika Grupları Komutanlığı adı altında bazı birlikler de Kuzey Afrika'da bulunuyordu[42]. Mütareke hükümlerine göre, bu birliklerin, her ne kadar bulundukları yerlere en yakın İngiliz ve İtalyan garnizonlarına teslim olmaları gerekiyorduysa da, hemen teslim olmamışlar ve Mütareke'den daha bir süre sonra bulundukları yerlerde kalmışlardı. Mondros Ateşkesi'nden Yunanlıların İzmir'e çıkışına dek geçen süre içinde aşağıdaki değişiklikler olmuştur:

Suriye Cephesi'nde iken dağılan 8'inci Ordu, Ekim 1918'de ismen ve sadece bir karargâh olarak İzmir'e taşınmıştı. Çok geçmeden (13 Kasım 1918) lağvedilen bu ordu yerine, İzmir'de iki tümenli 17'nci Kolordu (56'ncı ve 57'nci Tümenler) bırakılmıştı. Adana'daki Yıldırım Ordular Grubundan, 7'nci ordu 7 Kasım 1918'de, 2'nci Ordu 10 Aralık 1918'de lağvedilmiş; 3'üncü Kolordu Sivas'a, 12'nci, 20'nci ve 15'inci Kolordular da karargâhlarıyla Konya, Ankara ve Erzurum'a taşınmışlardı. 10 Kasım 1918'de Musul'u bırakarak Nusaybin'e çeki-

42 Piyadenin Tarihi, Sy: 3-69, Piyade Okulu Yay, , İstanbul 2005,

len 6'ncı Ordu, 2 Şubat 1919'da lağvedilerek 13'üncü Kolordu adıyla Diyarbakır, Siirt ve Mardin bölgesinde yerleştirilmişti.

Ateşkesin imza tarihinde Bakü'deki İslam Ordusu'nun 15'inci Tümeni Petrovs'ta; 5'inci Kafkas Tümeni de Bakü'de, Kars'taki 9'uncu Ordu, 11'inci Kafkas Tümeni ile Hoy'da; 9'uncu Kafkas Tümeni ile Kamarlı (Erivan güneyi) da; 12'nci Tümen ile Serdarabat' ta; 36'ncı Tümen ile Gümrü' de; 3'üncü Kafkas Tümeni ile Ahıska'da ve 10'uncu Kafkas Tümeni ile de Batum'da bulunmaktaydı.

İngilizlerin Osmanlı hükümeti üzerindeki sürekli baskıları sonucu Kars'taki 9'uncu Ordu, 1877-1878 Osmanlı-Rus sınırına çekilerek Kars, Ardahan ve Batum boşaltılmış ve 9'uncu Ordu, önce Erzurum'a alınmış sonra da lağvedilmiştir. Bu ordunun yerine o sıralarda Tortum'da bulunan 15'inci Kolordu getirilmişti[43]. Mondros Ateşkesi'nin uygulanmasından sonra mevcut ordu komutanlıkları da kaldırılmış ve yerlerine ikisi Anadolu'da, birisi de İstanbul'da olmak üzere üç ordu müfettişliği kurulmuştu. Buna göre Mayıs 1919'da Türk Kara Kuvvetleri; [44]

-1'inci Ordu Müfettişliği,

-2'nci Ordu Müfettişliği,

-3'üncü Ordu Müfettişliği,

-Dokuz piyade kolordusu,

-Dört süvari alayından ibaret bir kuruluş düzeni içine girmiş oldu.

Bunlardan 1'inci Ordu Müfettişliği: 1'inci, 14'üncü, 17'nci ve 25'inci Kolordulardan; 2'nci Ordu Müfettişliği: 12'nci ve 20'nci Kolordulardan; 3'üncü Ordu Müfettişliği ise, 3'üncü ve 15'inci Kolordulardan kurulmuştu. Yalnız 13'üncü Kolordu, doğrudan İstanbul'daki Genel Karargâh'a bağlı bulunmaktaydı. 12'nci ve 13'üncü Kolordular kuruluşlarında da ayrıca ikişer süvari alayı bulunuyordu. Türk İstiklal Harbi'nin başlarında İstanbul'daki Genel Karargâh'a bağlı Türk ordusunun konuşu da şöyleydi: [45]

1'inci Ordu Müfettişliği : İstanbul'da,

---

43 Türk Silahlı Kuvvetleri Tarihi, Türkiye Büyük Millet Meclisi Hükümeti Dönemi, IV. Cilt I. Kısım, Sy: 83, Gnkur Yay, Ankara, 2001.

44 Piyadenin Tarihi, Sy: 3-71, Piyade Okulu Yay, , İstanbul 2005,

45 Piyadenin Tarihi, Sy: 3-71, Piyade Okulu Yay, , İstanbul 2005,

1'inci Kolordu : Edirne'de,
49'uncu Tümen : Kırklareli'nde,
60'ıncı Tümen : Keşan'da,
14'üncü Kolordu : Tekirdağ'da,
55'inci Tümen : Tekirdağ'da,
61'inci Tümen : Bandırma'da,
17'nci Kolordu : İzmir'de,
56'ncı Tümeni : İzmir'de,
57'nci Tümen : Aydın'da
25'inci Kolordu : İstanbul'da,
1'inci Tümen : İzmit'te,
10'uncu Kafkas Tümeni : İstanbul'da,
2'nci Ordu Müfettişliği : Konya'da
12'nci Kolordu : Ankara'da,
11'inci Tümen : Niğde'de
41'nci Tümen : Karaman'da
20'nci Kolordu : Ankara'da,
24'üncü Tümen : Ankara'da
23'üncü Tümen : Afyonkarahisar'da.
3'üncü Ordu Müfettişliği : Erzurum'da,
12'nci Tümen : Horasan'da,
9'uncu Kafkas Tümeni : Erzurum'da,
3'üncü Kafkas Tümeni : Tortum'da,
11'inci Kafkas Tümeni : Van'da,
3'üncü Kolordu : Sivas'ta
15'inci Tümen : Samsun'da
5'inci Kafkas Tümeni : Mardin'de,
2'nci Tümen : Silvan'da konuşlandırılmıştır.

Mondros Ateşkesi uyarınca yapılan terhislerle Türk kuvvetlerinin insan mevcudu toplam olarak 50. 000 civarındaydı. Bununla beraber, işgal kuvvetleri kontrolündeki depolarda bulunan top kamaları, ağır makineli tüfek kapak takımları ve diğer harp gereç ve araçları fedakâr ve cesur Türk çocukları tarafından gizlice alınarak yeniden örgütlenmekte olan ulusal kuvvetler emrine ve yurtiçine gönderilmeye başlanmıştı.

İstanbul'un işgalinden önce Türk Kara Kuvvetleri kuruluşunda birliklerin işgal güçlerine teslim edilme ihtimalleri göz önüne alınarak bazı değişiklikler yapılmış ve 1919 sonlarında Türk Kara Kuvvetleri birliklerinin konuş durumu aşağıdaki şekile getirilmiştir[46];

1'inci Kolordu : Edirne'de, (Personel mevcudu: 3. 993)

49'uncu Tümen : Kırklareli'nde,

60'ıncı Tümen : Keşan'da,

3'üncü Kolordu : Sivas'ta, (Personel mevcudu: 4. 398)

5'inci Kafkas Tümeni : Amasya'da,

15'inci Tümen : Samsun'da,

12'nci Kolordu : Konya'da, (Personel mevcudu: 5. 290)

11'inci Tümen : Niğde'de,

41'inci Tümen : Konya'da,

13'üncü Kolordu : Diyarbakır'da (Personel mevcudu: 4. 508)

2'nci Tümen : Siirt'te,

5'inci Tümen : Mardin'de

14'üncü Kolordu : Bandırma'da (Personel mevcudu: 2. 893)

55'inci Tümen : Tekirdağ'da

61'inci Tümen : Balıkesir'de

15'inci Kolordu : Erzurum'da (Personel mevcudu: 12. 701)

3'üncü Kafkas Tümeni: Trabzon'da

9'uncu Kafkas Tümeni: Erzurum'da

11'inci Kafkas Tümeni: Van'da,

12'nci Tümen : Horasan'da

20'nci Kolordu : Ankara'da, (Personel mevcudu: 3. 396)

---

46 Türk Silahlı Kuvvetleri Tarihi, Türkiye Büyük Millet Meclisi Hükümeti Dönemi C. IV, Ks, 1, Türk İstiklal Harekatı Özet Tarihi, Sy: 86-87, Genelkurmay Basımevi, Ankara, 2001.

23'üncü Tümen : Afyonkarahisar'da,

24'üncü Tümen : Ankara'da,

25'inci Kolordu : İstanbul'da. (Personel mevcudu: 5. 964)

1'inci Tümen : İzmit'te,

10'uncu Kafkas Tümeni: İstanbul'da.

Bağımsız 57'nci Tümen : Denizli'de

Bağımsız 56'ncı Tümen : Bursa'da.

5. Milli kuvvetler (Kuvay-i Milliye):

Milli kuvvetler, Milli Mücadelenin hemen başlangıcında, isyancılara karşı direniş için milli dava etrafında birleşerek oluşmuş ve çok geçmeden gelişerek yurt düzeyinde yaygınlaşmıştır. Milli mücadele genellikle askeri, sosyal, dini ve psikolojik alanda icra edilen çok cepheli bir harekât ve olaylar dizisidir. Bu harekât sırasında milli kuvvetler, yurdun hemen her köşesinde çarpışmıştır.

Özellikle İzmir'in işgali ve Anadolu'da düşmanın yayılma hareketlerinin başlaması üzerine, bunu onuruna yediremeyen yöredeki subaylar, iç bölgeler çekilip direnme kararı aldılar. Bunlara terhisler dolayısıyla İstanbul'da toplanıp ta işsiz kalan subaylarla, vatansever milliyetçi mülkiye memurlarının (kaymakam, vb) katılmasıyla, silahlı direnişin yönetici kadrosu ortaya çıkmıştı. Bununla birlikte; Anadolu halkının önce kendi bölgelerindeki vatansever yönetici kadroları etrafında, daha sonra da büyük önder Mustafa Kemal'in çevresinde kenetlenmeleri ile Kuvay-i Milliye tamamlanmıştır.

Milli kuvvetler batıda Yunan ileri harekâtını geciktirmek; güneyde Fransızları Ankara ile temas ve ilişki kurmak zorunda bırakmak; yurt genelinde yer yer baş gösteren ayaklanmaları bastırmak; yeniden düzenli bir milli ordunun oluşturulabilmesi için gerekli olan çok değerli zamanı ona kazandırmak suretiyle, hayati önemde görevler başarmıştır. Bu nedenledir ki, milli kuvvetlerin ilk evresi (1919-1920) "Kuvayi Milliye" dönemi olarak tanımlanır[47].

47 Türk Silahlı Kuvvetleri Tarihi, Türkiye Büyük Millet Meclisi Hükümeti Dönemi C. IV, Ks, 1, Türk İstiklal Harekatı Özet Tarihi, Sy: 86-87, Genelkurmay Basımevi, Ankara, 2001.

İşgaller sonrasında her geçen gün gelişen ve prestij kazanan bu örgüt, güneyde Fransız ve Ermenilere karşı başarılı ve caydırıcı etkinlikte bulunmuş, batıda yunan ordusuna karşı çok büyük direnç göstermiştir. Ancak Yunan Ordusunun büyük kuvvetlerle Haziran 1920'de başlattığı genel taarruz harekâtı karşısında, gücüyle düzenli ordu teşkilatında olmayan bu kuvvetlerin düşmana karşı etkinliği giderek azalmış ve Düzenli orduya geçiş kaçınılmaz bir hale gelmiştir. Milli Kuvvetler en önemli görevini, TBMM'ne kendi düzenli ordu teşkilatını kurmak için yeterli zamanı kazandırarak yerine getirmiştir[48].

6. TBMM Hükümeti'nce Yeniden Kurulan Milli Ordu Teşkilatı:

TBMM tarafından alınan kararlar sonrasında, Milli Ordunun kuruluş çalışmalarına ara vermeden devam ediliyordu. Başlangıçta Anadolu'da Kurtuluş Savaşına katılmak üzere çeşitli cephe ve diğer komutanlıklar kuruluşlarında yer alan İstanbul ve Trakya'dakiler dışında toplam tümen sayısı 17'den ibaretti. Bu tümenlerin Batı Cephesi kuruluşuna dahil bulunanlardan 57'nci, 23'üncü ve 61'inci Tümenler ile bunların emrindeki milli kuvvetler, 21 Haziran 1920'deki Yunan taarruzlarına karşı fiilen savaşmışlardı.

İstiklal Harbinin en kritik bölgesinde savaşmak zorunda kalacak Batı Cephesi Komutanlığının bütün birliklerinin Kasım 1920 itibarıyla gücü şöyleydi: 1. 728 subay, 27. 571 er, 16. 080 tüfek, 147 ağır makineli tüfek, 67 top, 7 uçak bulunmaktaydı. Bir tümenin; personel mevcudu 2. 020, piyade tüfeği 1. 500, ağır makineli tüfeği 12, top sayısı da 8 idi. ordunun subay kadro eksiği %50'nin üzerindeydi[49].

Öte yandan 15 tümene sahip Yunan ordusunda ise, her bir tümende 12. 000 personel, 54 hafif ve ağır makineli tüfek, 24 top bulunmaktaydı. İki kuvvet arasındaki büyük farkı gözler önüne sermek için yukarıdaki miktarlar yeterli bir kıstastı. Milli ordu üzerindeki çalışmalarını sürdüren Bakanlar Kurulu, 9 Kasım 1920'de aldığı yeni bir kararla Batı Cephesi Komutanlığını ikiye ayırmıştır. Bunlardan İzmit, Ertuğrul, Eskişehir, Kütahya sancaklarını kapsayan

48 Türk Silahlı Kuvvetleri Tarihi, Türkiye Büyük Millet Meclisi Hükümeti Dönemi C. IV, Ks, 1, Türk İstiklal Harekatı Özet Tarihi, Sy: 93-Genelkurmay Basımevi, Ankara, 2001

49 Piyadenin Tarihi, Sy: 3-75, Piyade Okulu Yay, , İstanbul 2005,

kuzey kesime, "Batı Cephesi Komutanlığı", Afyon, Isparta, Burdur, Denizli, Aydın, Menteşe, Antalya sancakları ile Konya ili, Silifke, Niğde, Adana Merkez sancaklarını kapsamakta olan güney kesimine de, "Güney Cephesi Komutanlığı" adı verilmiştir[50].

1921 yılında Batı Anadolu Harekât Alanında Güney Cephe Komutanlığı kaldırılarak bütün kuvvetler, Batı Cephesi Komutanlığı kuruluşuna dahil edilmiştir. Bu değişiklikten sonra iki ve daha fazla tümenlerden oluşturulan "Grup Komutanlıkları" (kolordu yetkisinde) teşkil edilmiş ve Milli Ordunun yeniden yapılandırılmasında, tümen ve aşağısındaki birliklerde üçlü teşkilatın uygulanmasının devamına karar verilmiştir. (Bu uygulama ile Türk Ordusu geleneksel "on"lu kuruluş anlayışını terk etmiştir.). Böylece bir piyade tümeninde üç piyade alayı, bir bağımsız hücum taburuyla birlikte 10 piyade taburu, 30 piyade bölüğü ve 10 ağır makineli tüfek bölüğü bulunuyordu[51].

Sakarya Meydan Muharebesi öncesinde Ağustos 1921 itibarıyla Kara Kuvvetlerinin personel ve silah durumu şu şekilde oluşmuştu:

Batı Cephesi Komutanlığı: 4. 502 subay, 76. 267 er, 40. 113 tüfek, 451 ağır makineli tüfek, 230 hafif makineli tüfek ve 150 top.

Kastamonu ve Dolayları Komutanlığı: 128 subay, 1. 840 er, 642 tüfek, 6 top.

Doğu Cephesi Komutanlığı: 1. 538 subay, 31. 193 er, 11. 959 tüfek, 179 ağır makineli tüfek, 55 hafif makineli tüfek, 85 top.

El cezire Cephesi Komutanlığı: 519 subay, 2. 852 er, 6. 211 tüfek, 31 ağır makineli tüfek, 19 hafif makineli tüfek, 13 top.

Merkez Ordusu Komutanlığı: 459 subay, 8. 637 er, 4. 470 tüfek, 15 ağır makineli tüfek, 6 hafif makineli tüfek, 18 top.

Adana Bölgesi Komutanlığı: 139 subay, 2. 400 er, 1. 977 tüfek, 7 hafif makineli tüfek, 1 top.

Gaziantep Bölgesi Komutanlığı: 117 subay, 2. 335 er, 1. 695 tüfek, 4 ağır makineli tüfek, 5 hafif makineli tüfek, 6 top.

---

50 Türk Silahlı Kuvvetleri Tarihi, Türkiye Büyük Millet Meclisi Hükümeti Dönemi C. IV, Ks, 1, Türk İstiklal Harekatı Özet Tarihi, Sy: 293, Genelkurmay Basımevi, Ankara, 2001

51 Piyadenin Tarihi, Sy: 3-76, Piyade Okulu Yay, , İstanbul 2005,

Ankara Komutanlığı: 214 subay, 4. 819 er, 1. 883 tüfek, 4 ağır makineli tüfek, 8 hafif makineli tüfek.

18'inci Tümen: 121 subay, 3. 609 er, 1. 976 tüfek, 5 ağır makineli tüfek, 3 hafif makineli tüfek, 4 top.

Konya'da bulunan Süvari Alayı: 4 subay, 300 er, 300 tüfek.

Mürettep Kolordu Komutanlığı: 287 subay, 3. 012 er, 5. 057 tüfek, 5 ağır makineli tüfek, 18 hafif makineli tüfek, 3 top.

Kara Kuvvetleri Genel Toplamı: 8. 462 subay, 153. 154 er, 81. 532 tüfek, 735 ağır makineli tüfek, 359 hafif makineli tüfek ve 311 top.

Yunan kuvvetlerinin taarruzlarının başladığı tarihlerde Batı Cephesi Komutanlığının mevcutları; 5. 401 subay, 96. 326 er, 54. 572 tüfek, 825 ağır makineli tüfek, 169 top seviyesine çıkartılmıştır. Yunan Küçük Asya Ordusunun gücü ise; 5. 500 subay, 178. 000 erden oluşmaktaydı. (12 piyade ve bir süvari tugayı ile üç bağımsız piyade alayı). [52]

1922 yılına gelindiğinde ise Batı Cephesi Komutanlığının kuruluşu; 1'inci Ordu Komutanlığı, 2'nci Ordu Komutanlıklığı, 3'üncü Kolordu Komutanlığı, Kocaeli Grubu Komutanlığı ve 5'inci Süvari Kolordu Komutanlığı şeklindedir. [53]

7. Düzenli Ordunun Kuruluş Aşamasında Eğitim Sistemi:

Temmuz 1920'de Ankara'da çeşitli sınıf subay adayları için açılan bir talimgahta, İstanbul ve diğer yerlerden gelen askeri lise ve harp okulu öğrencileri sıkı bir eğitime tabi tutularak, takım komutanı ihtiyacının karşılanmasına çalışılmıştır. Bu talimgâhın ilk öğrencilerini, kendi istekleriyle Anadolu'ya geçen Maçka Subay Okulu birinci sınıf öğrencileri, Kuleli Askeri Lisesi'nin çeşitli sınıflarındaki öğrencilerle, yedek subaylar teşkil etmiş ve bunların sayısı 250'yi bulmuştu.

Bunlardan, talimgâhın ilk dönemini oluşturan Kuleli Askeri Lisesi'ni başarıyla bitirerek Harp Okulu'na geçen 500 mevcutlu sınıfın 42 kişilik ilk kafilesi. Yüzbaşı Rüsuhi komutasında ve seçkin bir

52 Türk Silahlı Kuvvetleri Tarihi, Türkiye Büyük Millet Meclisi Hükümeti Dönemi C. IV, Ks, 1, Türk İstiklal Harekatı Özet Tarihi, Sy: 257-268, Genelkurmay Basımevi, Ankara, 2001

53 Türk Silahlı Kuvvetleri Tarihi, Türkiye Büyük Millet Meclisi Hükümeti Dönemi C. IV, Ks, 1, Türk İstiklal Harekatı Özet Tarihi, Sy: 309, Genelkurmay Basımevi, Ankara, 2001

eğitim ve öğretim kurulu yönetiminde olmak üzere dört aylık çetin eğitim süresini de başarıyla tamamlamıştır. Böylece bunlar, TBMM Hükümetinin düzenli Milli Ordusunun ilk genç subay kadrosunu oluşturmak şerefini kazanmış olarak, Türk İstiklal Harbi'nin bütün muharebelerine katılmıştır. Üç dönem halinde faaliyet gösteren Ankara Talimgâhı'nın mevcudu, İstanbul'dan kaçan diğer öğrenci ve sivil okullardan gelenlerle her gün biraz daha artmış, 10 Ekim 1920'de 175 mezun vermiştir. Bir sene sonra (Ekim 1921'de) verdiği mezunlarının sayısı 537'ye yükselmiş ve İstiklal Harbi sonuna kadar çalışmalarını sürdürmüştür.

Er eğitimine gelince; TBMM Hükümeti, Milli Ordunun subay kadrosunun yetiştirilmesinde olduğu gibi er eğitimine de eldeki imkanlar ölçüsünde önem veriyordu. Başlangıçta orduya alınan genç erler, kısa bir eğitimden sonra cepheye gönderiliyordu. Bu süre yeterli olmadığı için erlerin eğitim seviyesi orta derecede kabul ediliyordu. 1921 ilk aylarında silah altına alınanlardan, eski doğumlu yedek erlerin eğitimi, daha çok birliklerde yapılan 15 günlük tazeleme eğitimleriyle pekiştirilirken, acemi erlerin de çeşitli sınıflar için kurulmuş olan depo birliklerinde altı haftalık bir eğitim süresi içinde yetiştirilmesi esası kabul edilmişti.

Başlı başına bir eğitim merkezi olarak kabul edilen bu depo birlikleri, Kütahya Eskişehir Muharebelerinden sonra yeniden düzenlenerek yerleri değiştirildi. Birden yediye dek numaralanan bu depo alayları, Yozgat, Karaman, Kastamonu, Ankara, Çankırı ve Akşehir'de çalışmaya koyuldular. Böylece yeni düzenlemelerle askerlik şubelerine gelen erler, bu eğitim merkezlerine gönderilerek, yedek erlerin tazeleme, acemi erlerin de tazeleme eğitimlerinin sağlanması amaçlanmıştı.

Ortalama mevcutları 1. 200 olarak saptanan depo alaylarında, prensip itibarıyla piyade ve ağır makineli tüfek erleri için altı haftalık bir eğitim uygulaması yapılıyordu. Büyük Taarruza hazırlık döneminde (10 Ekim 1921 – Temmuz 1922) Batı Cephesi Komutanlığı birliklerinde eğitime özel bir titizlik ve duyarlılık gösterilmiştir. [54]

---

54 Türk Silahlı Kuvvetleri Tarihi, Türkiye Büyük Millet Meclisi Hükümeti Dönemi C. IV, Ks, 1, Türk İstiklal Harekatı Özet Tarihi, Sy: 280, Genelkurmay Basımevi, Ankara, 2001

Düzenlen eğitim programlarında, taarruz eğitimlerine birinci planda yer verilmiş, savunma plan ve düzenlerinin hazırlanmasında bile taarruz fikri daima egemen tutulmuştur. Gece eğitimi üzerinde de çok durulmuştur.

Piyade birliklerinin ağır makineli tüfek subayları için Akşehir'de 15'er günlük kurslar, tümenlerde de talimgahlar açılmıştır. Taburların ağır makineli tüfek bölükleriyle piyade ve süvari bölüklerindeki Fransız hafif makineli tüfekleri için, ağır makineli tüfek depo bölüğünde özel eğitim programları uygulanmış ve yetiştirilen erler bu birliklere dağıtılmıştır. Ayrıca piyadeler için muhabere ve istihkamcılık kursları açılırken, öte yandan ikmal teşkillerinde ve özellikle ağırlık, kol ve katarlarda görev alan subaylar için de, kendi konuları üzerinde bilgilerini artırma üzere kurslar düzenlenmiştir. [55]

---

55 Türk Silahlı Kuvvetleri Tarihi, Türkiye Büyük Millet Meclisi Hükümeti Dönemi C. IV, Ks, 1, Türk İstiklal Harekatı Özet Tarihi, Sy: 322, Genelkurmay Basımevi, Ankara, 2001

BEŞİNCİ BÖLÜM

TÜRKİYE CUMHURİYETİ VE YENİ TÜRK ORDUSU (1923-1939)

1. Cumhuriyetin ilk Yıllarında Türk Ordusu: Yeni Cumhuriyet ile birlikte uzun zamandan beri savaşan ve savaşçı bir ruha sahip olan Türk milleti, ılımlı ve barışçı bir çizgiye doğru yol almıştır. 1924-1930 yılları arasında Türkiye-Almanya siyasi ilişkileri, 12 Ocak 1927 tarihinde imzalanan Ticaret Antlaşması ile ekonomik boyuta taşınmıştır. Buna rağmen Versailles Antlaşmasıyla Alman ordusunun dağıtılmış olması nedeniyle, 1924-1933 yılları arasında iki ülke arasında resmi bir askeri ilişki tesis edilememiştir. Söz konusu askeri ilişki resmi boyutta olamamakla birlikte, Alman ordusundaki subayların bir kısmı 1926 yılından itibaren özel sözleşmelerle Harp Akademisi'nde öğretim görevlisi olarak çalışmışlardır[1].

Gerek dış çevreden tehdit gelmemesi, gerekse öncelikle rejim karşıtı iç sorunların ve isyanların halledilmesi nedenleriyle, 1930'lu yılların ortalarına kadar Türkiye dış politikası ikinci planda kalmıştır. Ancak 1930'lu yıllarla birlikte, Avrupa'daki ülkelerin tehditkâr tutumları, tehdit algılamasında öncelikli konuma gelmiş ve Türkiye için bir denge siyaseti çerçevesinde ittifak arayışları başlamıştır. Milli mücadele sonunda imzalanan Lozan Anlaşmasının etkisi altında gelişen Türkiye'nin dış politikası, 1923-1932 devresinde uluslar arası düzeyden çok, münferit devletlere karşı izledikleri tutum ve davranışlardan ibaret olmuştur. [2]

1 Yavuz ÖZGÜLDÜR, İki Savaş Arası Dönemde İngiltere ve Almanya'nın, Türkiye"deki Siyasi ve Askeri Yatırımları, Sy: 489. İstanbul, Genelkurmay Basımevi, 1996.

2 Mehmet GÖNLÜBOL, Olaylarla Türk Dış Politikası (1919-1973), Sy: 99, Sevinç Matbaası, Ankara, 1974.

Lozan Antlaşması sonrasında 29 Ekim 1923'te kurulan Türkiye Cumhuriyeti'nin ele aldığı önemli konulardan birisi de Türk Ordusu idi. Ordu Cumhuriyetin ilk yıllarında şöyle bir tablo çiziyordu: Silah ve teçhizatı tamamlanan ordunun elindeki teçhizat Birinci Dünya Savaşı dönemine aitti. Kendi dönemin en iyileri olan bu silâh ve teçhizatın, kısa zaman içerisinde teknolojik gelişmeler karşısında yetersiz kalacağı belli olmuştu. Ordunun tek hareketli unsuru at ve atlı birlikleri idi. [3]

Buna karşın, I. Dünya Savaşı sonrasında, dört yıl daha savaş içinde olan ordunun, diğer dünya ordularına nazaran tecrübe ve eğitim üstünlüğü vardı. On beş yılını muharebe alanlarında geçiren Türk komuta kadrosu, bütün rütbelerini muharebe meydanlarında almıştı. Aslında bu durum, bir ordu için çok önemli bir değerdi. Ordunun ve toplumun, Komuta kadrosuna büyük güveni vardı. Bu şartlar içindeki ordunun, silah ve teçhizatını yenilemesi, eğitim düzeyini ve disiplinini muhafaza etmesi en önemli hedefi olmalıydı. Bu görünümüyle bir süreklilik arz eden dinamik bir yapıda olduğunu gösteren ordu, Osmanlı İmparatorluğundan, Türkiye Cumhuriyetine kalan önemli bir mirastır. Örneğin, imparatorluk zamanında yetişen kurmay subayların % 93'ü Türkiye Cumhuriyetinde göreve devam etmiş, sadece %7'si bırakılan topraklarda kurulan devletlerde hizmetlerini sürdürmüştür. [4]

Ordunun vazifesi Kurtuluş Savaşı sonrasında bitmemiş, ordu bir yandan kendi teşkilât ve yapısını yenilerken, bir yandan da yurt içinde dış destekli güçler (isyanlar) ile mücadelesine devam etmiştir. Akdeniz'e ilk hedef olarak inen ordular, bu sefer de ikinci hedef olarak İstanbul ve Trakya'nın hazırlıklarına başlamıştır. Öyle ki Lozan Antlaşmasının başarısızlığa uğraması halinde yapılacak müdahaleler bile hazırlanmış ve Türk Ordusu Kurtuluş Savaşını devam ettirecek bir hazırlık süreci içine girmiştir.

Mudanya Mütarekesinin hemen ertesinde Trakya'da Türk askeri bulunmamaktaydı. Ancak Mütareke hükümlerine göre, TBMM

3 Suat İLHAN, Türk Askeri Kültürünün Tarihi Gelişmesi, Sy: 209, Ötüken Yay, İstanbul, 1999.

4 A. Rustow DANKWART Türkiye'de Ordu, Sy: 45, Harp Akademileri Komutanlığı Yayınları, İstanbul, 1970.

Hükümeti memurlarının Doğu Trakya'yı teslim almasına refakat edecek ve sayısı 8000'i geçmeyecek Türk Jandarma Kuvveti emniyet ve asayişin temininden sorumlu olacaklardı. Mudanya Mütarekesi ile Lozan Antlaşması arasında geçen süre içerisinde İstanbul ve Trakya Bölgesi ile ilgili gelişmelere karşı hazırlıklarını sürdüren Türk Ordusunun, anılan bölgeler için taarruza geçebilecek asker miktarı; Çanakkale'de 4. 000, İzmit yarım adasında 50. 000, İstanbul'da 20. 000, Trakya doğusunda 20. 000 ve ihtiyat olarak da 20. 000 civarında idi. Buna karşılık, İngilizler, Gelibolu ve Çanakkale'yi mutlaka elde bulundurmak, ancak çok ciddi bir taarruz karşısında İzmit yarımadası ile İstanbul'u tahliye etmek niyetinde idi. Bunun yanında edinilen istihbarat bilgilerine göre, Yunanlıların da Meriç nehrini geçerek Doğu Trakya'yı tekrar ele geçirme hazırlıklarında olduğu biliniyordu. [5]

Ordunun I. Dünya Savaşı'nda edindiği deney ve ortaya koyduğu sonuçlarla kalınmamış, tam ve üstün bir talim ve eğitim için gerek I. Dünya Savaşı sırasında gerek savaştan sonra askeri uzmanlar tarafından yayımlanan en faydalı dergi ve askeri yazılar getirtilerek tercüme edilmiş, basılmış ve çoğaltarak binlerce nüshası orduya dağıtılmıştır.

Ordunun sağlık işleri konusunda yaptığı çalışmaları da övgü ile anmak yerinde olacaktır. Bulaşıcı hastalıklarla savaş, sağlık araç ve gereçleri eksikliğinin ve doktor subay sayısının tamamlanması, sıhhi haber alma kurumunun kurulması üzerinde yoğunlaşan sağlık çalışmalarında da başarı sağlanmıştır.

Özellikle taşıma yolu üzerinde çok sayıda görülen sıtma ve lekeli humma kaynakları aranmış, bulunan köylerde genişletilmiş ve cepheye temiz er yollanması sağlanmıştır. Zamanında bütün deniz kuruluşlarının ve mühimmat depoları ile gemi inşa tezgâhlarımızın İstanbul'a toplanmasındaki sakınca, bu savaş sırasında tamamen açığa çıkmıştır.

Kurtuluş Savaşı sonrasında İzmir'de bulunan Erkan-ı Harbiye-i Umumiye Riyaseti ile Batı Cephesi Komutanlığı Karargâhları, Lozan Barış Antlaşmasının imzalanması sonrasında Ankara'ya gelerek, 29 Temmuz 1923 tarihinden itibaren görevlerine başlamıştır. Bunun hemen sonrasında, Türk Ordusu'nda, 5 Ağustos 1923'te barış kuruluş ve konuş

5 Erdal AKKAYA, Türk Ordusundaki Stratejik ve Doktriner Değişiklikler, Sy: 76, Yüksek Lisans Tezi, Ankara Üniversitesi, Ankara, 2006.

projesi uygulanmaya başlanmıştır. Bunu müteakiben, Fevzi Çakmak tarafından birlikte yürütülen Erkan-ı Harbiye-i Umumiye Riyaseti ile Batı Cephesi Komutanlığı görevlerinden, Batı Cephesi Komutanlığı Karargâhı 1 Eylül 1923'te lağvedilmiştir. 19 Eylül 1923 tarihinde ise meclis tarafından ilan edilmiş olan seferberlik kaldırılmıştır. [6]

Kurtuluş Savaşı'nda önemli bir rol üstlenen askerler, Cumhuriyetin ilk yıllarında da bu önemli ve etkili konumlarını sürdürmüşlerdir. Ancak şurası göz ardı edilmemelidir ki, bu durum hiçbir zaman askeri bir rejime veya diktatörlüğe dönüşmemiştir. Cumhuriyet ile birlikte Batı kültürüne yönelen Türkiye, Batı'nın önemli kurumlarını da bünyesine adapte etmiştir. Sadece eğitim, hukuk, ekonomi ve sosyal yaşamla sınırlı kalmayan bu değişim, kendisini siyasi alanda da göstermiştir. Gerçekleştirilen tüm devrimlerin arkasında ordunun desteği hissedilmiştir. Ancak temel hedef, Batılı parlamenter cumhuriyeti kurmak ve geliştirmek olmuştur.

Cumhuriyetin ilk yıllarında, rejimi tehdit eden ayaklanma ve isyanların bastırılmasında kullanılan ordu, rejimin oturtulması için bu işlevi yerine getirmesi gerekiyordu. Nitekim ülkenin bazı bölümlerinde devrim karşıtı ayaklanmaların bastırılmasında ordu devrede olmuştur. İstiklal savaşı sonrasında dış düşmanlara karşı mücadele, bu dönemde içerideki tehditlere karşı devam etmiştir. [7] Bu ayaklanmaların en önemli bölümünü Doğu ve Güneydoğu Anadolu'daki isyanlar oluşturmaktadır.

2. Hatay Sorunu Esnasında Türk Ordusu:

Uzun bir süredir Fransa mandasına karşı direnç gösteren Suriye, Mart 1936'da Almanya'nın Ren Irmağının batısını ele geçirmesi, İtalya'nın Habeşistan'ı işgal etmesi üzerine gerilen dünya ortamında Fransa ile 9 Eylül 1936 tarihinde dostluk ve bağlaşıklık anlaşmasına varmıştır. Bu anlaşma, 20 Ekim 1921'de Ankara'da imzalanmış olan ve Hatay'a ayrıca bir varlık tanıyan Türk-Fransız antlaşmasının uygulanmasını, Türkiye'nin izni alınmadan Suriye'ye devrini öngörüyordu. Bu duruma

6 Erdal AKKAYA, Türk Ordusundaki Stratejik ve Doktriner Değişiklikler, Sy: 76, Yüksek Lisans Tezi, Ankara Üniversitesi, Ankara, 2006.

7 Hikmet ÖZDEMİR, Türkiye Cumhuriyeti'nde Rejim ve Asker İlişkisi Üzerine Bir İnceleme, Sy: 28, İz Yayıncılık, İstanbul, 1995.

itiraz eden Türkiye, Fransa'nın Hatay Sancağı ile de Suriye ile yaptığı anlaşmaya paralel bir anlaşma yapmasını istemiştir.

Bu konuda Fransa ile Türkiye arasındaki fikir ayrılığı büyüyerek Hatay Sorununu ortaya çıkarmıştır. [8] 8 Aralık 1936'da Türkiye ve Fransa anlaşmaya vararak sorunu Milletler Cemiyeti Konseyine götürmüş ve konsey, Hatay için gözlemci seçerek iki ülke arasında görüşmelerin devam etmesi yönünde bir karar almıştır. Bu arada 22 Aralık 1936 tarihinde Fransa-Suriye arasındaki anlaşma imzalanmıştır. Bunun üzerine, Atatürk, beraberinde Erkan-ı Harbiye-i Umumiye Reisi Mareşal Fevzi Çakmak, Dışişleri Bakanı ve İçişleri Bakanı ile birlikte Konya'ya gelmiş, bu esnada yerel ve milli basında konuyla ilgili hararetli haberler yer almıştır. Bu psikolojik baskılar sonucunda, Fransa, Türkiye ile anlaşmaya varmış ve 29 Mayıs 1937 tarihinde anlaşma imzalanmıştır.

Ancak Hatay'da Türklere karşı baskılar ve şiddet artmıştır. Bunun neticesinde 1937 yılının sonlarında ordu güney hudutta önlem almaya başlamıştır. O bölgede bulunan 7 nci Tümen ve 39 uncu Dağ Tugayı birliklerinin mevcutları seferberlik kadrosuna çıkarılmıştır. Hatay'da 3 Mayıs 1938 tarihinde başlayan seçimleri etkilemeye çalışan Fransızlar, Suriye'deki Taşnak ve Hınçak Ermenilerini birleştirerek ve onları Hatay'a sokarak Türkler aleyhine propaganda yapmalarını sağlamışlar ve Türklere karşı baskı ve şiddet uygulamaları meydana gelmiştir. Bu olaylara karşı Türkiye'nin tepkisi oldukça sert olmuş ve Atatürk 20 Mayıs 1938'de Mersin'de, 24 Mayıs 1938'de Adana'da toplanan askeri birliklerin geçit törenlerini izleyerek Fransa'ya karşı siyasal baskı uygulamıştır. Bu arada Türkiye, 30. 000 kişilik askeri kuvveti sınıra yığmış ve dönemin Başbakanı Celal Bayar 31 Mayıs 1938'de, sınırdaki askeri birliklerin Hatay sınırı üzerinde harekete hazır hale getirilmesini istemiştir. [9] Hatay ile ilgili anlaşmazlıkları, Fransız Doğu Komutanı Orgeneral Hutzinger'in başkanlığı altındaki Fransız Askeri Heyetiyle, Antakya'da müzakere etmek ve çözmek üzere, Genelkurmay İkinci Başkanı Orgeneral Asım Gündüz başkanlığında Hariciye Vekaleti Birinci Daire Reisi Elçi Cevad Açıkalın,

---

8 Tayfur SÖKMEN, Hatay'ın Kurtuluşu İçin Harcanan Çabalar, Sy: 6, Türk Tarih Kurumu Yayınları, Ankara, 1978.

9 Tayfur SÖKMEN, Hatay'ın Kurtuluşu İçin Harcanan Çabalar, Sy: 13, Türk Tarih Kurumu Yayınları, Ankara, 1978.

Genelkurmay Harekat Şubesi Müdürü Albay Feyzi Mengüç ve harekat şubesinden Yüzbaşı Nureddin Alpkartal'dan oluşan heyet 11 Haziran 1938 günü demiryoluyla İskenderun'a hareket etmişlerdir.

Fransızlar ile yapılan görüşmeler sonucunda 3 Temmuz 1938 tarihinde Türk- Fransız Askeri Antlaşması imzalanmıştır. Bu antlaşma gereğince Hatay'ın toprak bütünlüğü 6. 000 kişilik bir kuvvet ile sağlanacaktır. Bu kuvvetin 5. 000 kişilik bölümünü, Fransa ve Türkiye yarı yarıya sağlayacaktır. Diğer 1. 000 kişilik kuvvet ise Sancak tarafından sağlanacaktı. [10] Anlaşma sonucunda Türk askerleri halkın sevinç gösterileri arasında 5 Temmuz 1938 tarihinde Hatay'a girmiş ve 9 Temmuz 1938 tarihinde fiilen göreve başlamıştır.

Milli mücadelede ulaştırma ve lojistik yönden önemi büyük olan Anadolu demiryollarına 6 Temmuz 1920 tarihinde resmen el konulmuş ve el konulan demiryollarında yeni bir idari düzen kurulmuştur. Ordunun koruması ve demiryollarının işletmesi için Hudut Askeriye Müfettişlikleri oluşturulmuştur. Yapılan idari düzenlemelerin yanı sıra hatların bir an önce tamir edilerek kullanılabilir hale getirilmesi için kurulan şimendifer taburu, aynı zamanda yeni demiryolu hatlarını da döşeyerek işletmeye açmıştır. [11] 1920 bütçe döneminin ilk yarısında gelir sayılabilecek her kaynağın değerlendirilmesine rağmen ordu için gerekli mali destek tam olarak sağlanamamıştır. Batı Cephesindeki birlikler için ayrılan 1. 200. 000 liranın üç ayda verilmesi öngörülmüşken, altı ay sonrasında dahi herhangi bir ödeme gerçekleşememiştir.

Bunun yanında, 1921 yılında Batı Cephesinin asıl ayakta tutan ve iç isyanları bastıran Kuvay-i Milliye birlikleri halkın verdiği mal ve para bağışları ile finanse edilmiştir. [12] 28 Şubat 1921 tarihinde 103 sayılı yasa ile kabul edilen ilk bütçe kanununa göre, mevcut şartlar göz önüne alınarak bütçenin % 62'si Milli Savunma Bakanlığına ayrılmıştı. Tüm bu planlamalara karşın, gerçekte bu kadar mali kaynak toplanım orduya tahsis edilemiyordu. Bu şartlar altında, yeni Türk Devleti'ni

10 Berna TÜRKDOĞAN, Atatürk Dönemi Türk Dış Politikası, Sy: 423, Makaleler-, Atatürk Araştırma Merkezi, Ankara, 2000.

11 Yavuz ÜNSAL Askeri Strateji Açısından Türkiye'deki Demiryolları (1856-1923), Sy: 186, Gnkur ATASE Yay, Ankara, 1983.

12 Hikmet ÖZDEMİR, Türkiye Cumhuriyeti'nde Rejim ve Asker İlişkisi Üzerine Bir İnceleme, Sy: 245, İz Yayıncılık, İstanbul, 1995.

siyasi yönden destekleyen bazı devletlerden yardım alınması yoluna gidilmesi normaldi. Nitekim İtalya, Fransa ve SSCB'den maddi ve mali bazı yardımlar alınmıştır. 124 Sovyet silah yardımı kapsamında; 37. 812 adet tüfek, 324 adet ağır ve hafif makineli tüfek ve 44. 587 sandık mermi yardımı yapılmıştır. 10. 089 tüfek ve 1. 505 sandık mermi de Fransız silah yardımı kapsamında sağlanmıştır. [13]

Merkez Bankası gibi mali anlamda temel ve gerekli bir kurumdan yoksun olarak başlanılan Kurtuluş Savaşı'ndaki bu boşluk, TBMM'deki memur milletvekillerinin ¼'ünü oluşturan maliye kökenli milletvekillerinin gayretleriyle aşılmaya çalışılmıştır. Zor şahsi kararlarla kullanılan bir güç olma durumundan TBMM'nce yasal zemine oturtulan milli mücadele, Alman savunma doktrininde şekillenmiş ve topyekûn savunma düşüncesinde Anadolu'da uygulamaya geçirilmiştir.

Doğu, Güney ve Batı cepheleri olmak üzere Kurtuluş Savaşı'nda üç cephe bulunmaktaydı. İç hat durumunda bulunan Türk kuvvetleri için asıl olarak yönelinmesi gereken kuvvet, Batı cephesinde yer alan ve dıştaki kuvvetlerin en güçlüsü olan Yunan kuvvetleri idi. Bulunulan bu üç cephede de askeri açıdan farklı stratejiler uygulanmıştır. Doğu Cephesi'nde stratejik taarruz, Güney Cephesi'nde gerilla harbine dayalı stratejik savunma uygulanırken, Batı Cephesi'nde Sakarya Muharebesi'nin sonuna kadar stratejik savunma, sonrasında ise stratejik taarruz uygulanmıştır. [14]

Tarihte hem ülke çapında ve hem de stratejik sahada iç hatlár stratejisini başarılı şekilde uygulayan Türk Ordusu, II. Viyana'dan itibaren çekilmesinin son hattı olan Sakarya Muharebesi'nde taktik sahada iç hatları tatbik ederek Yunan Ordusu'nu mağlup etmiştir. Kurtuluş Savaşı sonrasında, ordunun, güç ve yapısını bozmayacak, askeri eğitim ve öğretimi sürdürebilecek hatta daha ileriye götürebilecek ve aynı zamanda bütçeye yük olmamasını gözetecek bir kadroya indirilmesi kararlaştırılmıştır. Silah altında kalış süresi, harp sanatını öğrenmeye yetecek kadar kısaltılmıştır.

Askerlik müddeti kısaltılmış olmakla birlikte, barış zamanında askeri birliklerin konuşlanması, seferberlik ve bölgesel konuşlanma-

---

13 Serhan ADA, Kurtuluş Savaşı'nda Diplomasi ve Askeri Yardımı, Sy: 347-349, Gnkur ATASE Yay, Ankara, 1985.

14 Oğuz, TURAN, Türklerde Strateji ve Taktik, Sy: 234, Belge Yay, İstanbul, 1986.

larına göre düzenlendi. Böylece, hem seferde ordularının yığınak yerlerinde çabuk toplanması temin edilmiş, hem de askerin kendi doğduğu yere en yakın kıtalarda vatan hizmeti yapma imkânı elde edilerek hizmet vaziyetlerinde bir verimlilik meydana gelmiştir. Cumhuriyetin ilanı sonrasında da bugün olduğu gibi mecburi askerlik usulü mevcuttu. 21 yaşına gelen erkek her Türk vatandaşı mezhep ve etnik farklılığı gözetilmeksizin askere alınırdı. Son yaşanan harp tecrübelerine dayanarak, askerlik bilgilerini kısa zamanda vatan çocuklarına aktarabilecek eğitim öğretim metot ve programları geliştirilerek, ülkenin ekonomisine yardım, savaş yıllarının tahribatını telafi ve memleketi imar ve ıslahının teminine çalışılmıştır.

Bunun sonucu olarak, muvazzaf hizmet sınıfında 1, 5 yıl, fenni kıtaatta, süvaride ve hava kıtaatında 2 yıl, jandarmada 2, 5 yıl, denizde 3 yıl hizmet kabul edilmiştir. İhtiyatlık müddeti askerliğin son beş senesine kadar devam etmekte, son beş sene ise müstahfazlıktı. Bedel verenler muvazzaf olarak 6 ay talim görmekte, hükümetçe belirlenmiş okullardan mezun olanlar ise kısa hizmete tabi olmaktadır. Bunlar İhtiyat Zabiti Mektebinden (Yedek Subay Okulu) geçerek ihtiyat zabiti (yedek subay) olurlardı. [15]

Bunun yanında, 25 Aralık 1924 tarihinde, askeri rütbeye sahip personelin 15 sene fiili hizmetten sonra istifa edebileceği hakkında kanun tasarısı kabul edilmiştir. 1935 yılında Türk ordusundaki rütbe isimlerinin, yeni Türkçe karşılıklarının kullanılmasına başlanmasıyla Erkan-ı Harbiye-i Umumiye Riyaseti'nin adı da "Genelkurmay Başkanlığı" olarak değiştirilmiştir. [16]

a. Kara Kuvvetleri

Kurtuluş Savaşı süresince de değişikliklere uğrayan Türk Kara Kuvvetleri; Cumhuriyetin ilânını müteakip, mevcudu bütçeye yük olmayacak, fakat ordu yapısını ve gücünü sarsmayacak, askeri eğitim ve öğretimi temin edebilecek şekilde ele alınarak yeniden düzenlenmiştir. Bu amaçla bugünkü Kara Kuvvetlerinin temeli olan ikişer

---

15 Erdal AKKAYA, Türk Ordusundaki Stratejik ve Doktriner Değişiklikler, Sy: 97, Yüksek Lisans Tezi, Ankara Üniversitesi, Ankara, 2006.

16 Erdal AKKAYA, Türk Ordusundaki Stratejik ve Doktriner Değişiklikler, Sy: 98, Yüksek Lisans Tezi, Ankara Üniversitesi, Ankara, 2006.

tümenli dokuz kolordu ile üç süvari tümeni ve birkaç müstahkem mevkiden ibaret bu kuvvetler üç ordu halinde teşkilatlanmıştır. [17]

- 1 nci Ordu Müfettişliği: 2, 3, 4 üncü Kolordulardan oluşan bu ordunun merkezi Ankara idi.

- 2 nci Ordu Müfettişliği: Merkezi Konya olan bu ordu 1, 5 ve 6 ncı Kolordulardan kurulmuştu.

- 3 ncü Ordu Müfettişliği: Merkezi Erzincan olan bu ordu 7, 8 ve 9 ncu Kolordulardan kuruluydu.

- Müstahkem Mevki olan Erzurum, Kars ve İzmir'e, sonradan Çatalca, Çanakkale ve İstanbul Boğazları ile Kırklareli de eklenmiştir.

2 nci Kolordu: Merkezi Balıkesir'de olan bu kolordunun 4 üncü Tümeni Edremit'te, 11 inci Tümeni ise Bursa'da konuşluydu. 3 üncü Kolordu: Merkezi İstanbul'da olan bu Kolordunun birliklerinden olan 1 inci Tümeni İstanbul'da, 61 inci Tümeni ise Çorlu'daydı. 4 üncü Kolordu: 8 inci Tümeni Ankara'da ve 23 üncü Tümeni İzmit'te konuşlu olan bu Kolordunun merkezi Eskişehir'deydi. Bağımsız 2 nci Süvari Tümeninin merkezi ise Kırklareli'ndeydi.

1 inci Kolordu: Birliklerinden 16 ncı Tümen Manisa'da, 57 nci Tümen ise İzmir'deydi. Kolordunun merkezi Afyon'da konuşluydu. Muğla'da ise 1 inci Dağ Tugayı vardı. 5 inci Kolordu: Merkezi Konya olan bu kolordunun 5 inci Tümeni de Konya'da bulunuyordu. 6 ncı Tümeni ise Isparta'da yerleşikti. 6 ncı Kolordu: Adana'da konuşlu 7 nci Tümen, Niğde'de konuşlu 41 inci Tümen ve İslahiye'de konuşlu 39 uncu Dağ Tugayından oluşan Kolordunun merkezi Kayseri idi. 7 nci Kolordu: Birliklerinden 2 nci Tümeni Siirt'te, 17 nci Tümeni Elazığ'da olan kolordunun merkezi Diyarbakır'daydı. 8 inci Kolordu: Merkezi Tokat'ta, birliklerinden 12 nci Tümeni Sivas'ta, 15 inci Tümeni Samsun'daydı. 9 uncu Kolordu: Merkezi Erzurum'da, birliklerinden 3 üncü Tümeni Erzincan'da, 9 uncu Tümeni Sarıkamış'ta idi. Bağımsız olan 1 inci Süvari Tümeni Ağrı, 14 üncü Süvari Tümeni ise Urfa'da idi. "

Personel yönünden bakıldığında, 1928 yılında Türk Ordusunun 20. 000 subay ve 120. 000 küçük zabitle neferden oluştuğu görülmektedir. Ordudaki hayvan adedi ise 50. 000 idi. Bu yeni teşkilatlanmaya göre Türk Kara Kuvvetleri üç ordu müfettişliği halinde dokuz kolordu,

17 Said Arif TERZİOĞLU, Türk Ordusu, Sy: 71-73, İstanbul, 1965.

on sekiz piyade tümeni, üç süvari tümeni ile İzmir, Çatalca, Erzurum ve Kars müstahkem mevkilerinden oluşturulmuştu. [18]

Kolordunun Teşkilatı şu şekilde idi: Her kolordu, iki piyade fırkasından (tümeninden) ve diğer yardımcı kıtalardan oluşuyordu. Kolordunun yardımcı kıtaları ise şunlardı: süvari alayı, kolordu topçu alayı, istihkâm taburu, muhabere taburu, otomobilli ve arabalı nakliye taburu.

Tümenin Teşkilatı: Her tümen, her biri üç taburlu üç piyade alayından oluşmaktadır. Taburların biri makineli tüfek bölüğü olmak üzere iki bölüğü mevcuttur. Aynı zamanda her tümenin iki taburlu bir sahra topçu taburu vardır. Bunlardan başka dağ alayları ve bir de Riyaseticumhur Muhafız (Cumhurbaşkanlığı Muhafız Alayı) Alayı bulunmaktaydı.

Süvari Tümeninin Teşkilatı: 3 veya 4 süvari alayından kurulu olan süvari tümenlerinin iki veya üç bataryalı bir süvari topçu taburu vardı. Her süvari alayı ise üç süvari bölüğünden ve bir makineli tüfek taburundan oluşmaktaydı. 149 1928 yılında Fransızlardan, 1918 yılında üretilen 37 mm. Toplu bir Renault FT- 17 tankı satın alınmış ve tankçılık ve tank savunması eğitimi amacı ile Piyade Atış Okulu (Maltepe/İstanbul)'na tahsis edilmiştir.

Bu zırhlı birliklerin oluşumu için ilk adımdır. Sovyetler Birliği tarafından 1931 yılı üretimi 4 adet T-26 A, 6 adet T-27 Tanket (Bir kişilik tank), 1 adet T-35 yüzücü tankı ise, 1932 yılında Türkiye'yi "Piyade Silahları: 7. 65 milimetrelik mavzer tüfeği, Fransız modeli hafif makineli tüfek, Maksim ve Hoçkis modeli ağır makineli tüfek. Süvari Silahları: Tüfek, kasatura, kılıç (bazı alaylarda mızrak da vardır), Hafif makineli tüfek, Ağır makineli tüfek. Topçu Silahları: Seri ateşli sahra topu (1903 modeli 75 milimetrelik), Krupp topları, 75 milimetrelik Şnayder topları, 10, 5, 12 ve 15 santimetrelik uzun top, 21 santimetrelik havan

1927-1928 döneminde Kara Kuvvetleri envanterine giren Renault tankları, zırhlı birliklerin gelişimi yönünde önemli bir süreçtir. İlk tank birliği ise 1934 yılında Lüleburgaz'da kurulmuş ve böylece ordunun

18 Erdal AKKAYA, Türk Ordusundaki Stratejik ve Doktriner Değişiklikler, Sy: 102, Yüksek Lisans Tezi, Ankara Üniversitesi, Ankara, 2006.

zırhlı birliklerinin çekirdeği oluşturulmuştur. [19] Bir tank taburu halinde oluşturulan bu birlikte, Tabur Karargâhı, 2 adet Tank Bölüğü, 2 adet Zırhlı Oto Bölüğü ve depo halinde 1 adet Tank Bölüğü mevcuttu. 1937 yılında ise tank taburu, zırhlı tugay haline dönüştürülmüştür. 1940 yılı başlarında ise, zırhlı tugayın tank taburu yeni tanklarla tank alayı haline getirilmiştir. [20]

Dünya siyasi durumunda hassas bir döneme girildiği 1930 yılı sonrasında, savaş ihtimaline karşı Kara Kuvvetlerinin takviye edilmesi gündeme gelmiş ve yapılan çalışmalar sonucunda, 1934 yılı ortalarında 20, 33, 46 ve 52 nci piyade tümenleri teşkil edilmiş, bu tümenlerinin teşkilinden sonra da İstanbul Kumandanlığı oluşturulmuştur. [21]

b. Deniz Kuvvetleri ve Donanma

30 Ekim 1918 tarihinde imzalanan Mondros Mütarekesi'nin 1, 2 ve 6'ncı maddeleri gereğince, donanmanın eli kolu bağlanmıştı. Turgut Reis ve Hamidiye Haliç'te karaya çekilmiş, Yavuz ise İzmit'e götürülmüş ve silahları sökülmüştü. İşgal kuvvetlerince savaş yeteneği olmadığı görülen, Aydın Reis gambotunun Trabzon da, Preveze adlı gambotun ise Sinop'ta demirlemesine izin verilmişti. [22]

Milli mücadele döneminde, 23 Nisan 1920 tarihinde Büyük Millet Meclisi'nin açılması oluşturulan yeni yönetimin, donanma ile ilgili olarak yapmış olduğu çalışmalarından biri de 10 Temmuz 1920 tarihinde Umur-u Bahriye Müdürlüğü'nü kurmasıdır. Milli Savunma Bakanlığı'na bağlı olarak faaliyet gösteren Umur-u Bahriye Müdürlüğü'nün ismi 1 Mart 1921 tarihinde Bahriye Dairesi Reisliği olarak değiştirilmiştir. Deniz gücünün lojistik amaçlı taşıma görevi yanında, Karadeniz kıyılarında Rum Pontus çetelerine karşı da başarılı bir mücadele vermiştir. [23]

---

19 Cumhuriyetin 60 ncı Yıldönümünde Türk Silahlı Kuvvetleri, s. 7, Gnkur ATASE Yay, Ankara, 1983.

20 Serdar ŞEN, Silahlı Kuvvetler ve Modernizm, Nokta Kitap, İstanbul, 2005.

21 Said Arif TERZİOĞLU, Türk Ordusu, Sy: 73, Başnur Yay, İstanbul, 1965.

22 Alptekin MÜDERRİSOĞLU, Kurtuluş Savaşı'nın Mali Kaynakları, Sy: 45, Maliye Bakanlığı 50. Yıl Yayınları, Ankara, 1974.

23 İ. Sinan ŞAHİN, Kurtuluş Savaşı'nda Türk Bahriyesinin Deniz Harekat ve Faaliyetleri, Sy: 436, Gnkur ATASE Yay, Ankara, 1996.

O dönemde anılan bahriye dairesinin teşkilatlanması şöyledir: Deniz Müfrezesi Komutanlığı (Trabzon), Deniz Müfrezesi Komutanlığı (Samsun), Divan-ı Harbi Bahri Reisliği (Samsun), Deniz Müfrezesi Komutanlığı (Amasra), Bahri Tayyare İstasyonu (Amasra), Nakliyatı Bahriye Komutanlığı (Ereğli), İrkeb ve İhraç Komutanlığı (İnebolu), Kıdemli Deniz Zabitliği (Novrosiski), Esliha Komisyonu (Tuapsi), Bahriye Müfrezesi (Van Gölü), Bahriye Müfrezesi (Eğirdir Gölü), Bahriye İhtiyat Grup Komutanlığı (Fethiye), Bahriye Komutanlığı (İzmit), Deniz Tayyare İstasyon Komutanlığı (İzmit), Muhtelif Liman reislikleri, Marmara Muavenet-i Bahriye Grubu (İstanbul), Felah Grubu (İstanbul). [24]

Milli Mücadele ve Cumhuriyet'in ilanı sonrasında askeri denizcilik dört aşama geçirmiştir: Bahriye Dairesi Devri (1920-1925), Bahriye Vekaleti Devresi (1925- 1928), Müsteşarlık Devresi (1928-1949), Deniz Kuvvetleri Komutanlığı Devresi (1949 ve devamı) Kurtuluş Savaşı'nda, İstanbul'dan Anadolu'ya geçen denizcilerin kısıtlı imkânlarla oluşturduğu deniz kuvvetleri, özellikle Karadeniz ve Marmara'da, deniz ulaştırmasını tesis ve devam ettirerek, kendisine verilen görevleri başarı ile icra etmiştir. [25]

29 Ekim 1923 tarihinde Cumhuriyetin ilân edilmesiyle Donanma, Türkiye Büyük Millet Meclisi Hükümetinin emrine girerek "Cumhuriyet Donanması" adını almıştır. Kurtuluş Savaşı bitiminde, işlevi sona eren Trabzon Deniz Ulaştırma Komutanlığı ve buna bağlı Nakliye Filosu lağvedilmiştir. Bu tarihten itibaren Amasra Deniz Komutanlığı kurularak, Karadeniz'de tek deniz komutanlığı olarak uzun yıllar görev yapmıştır. 1923 yılında, İclaliye ve Necm-i Şevket korvetleri, Muavenet-i Milliye sınıfı iki muhrip, Sultanhisar tipi iki torpidobot, Akhisar tipi iki torpidobot, Malatya ve Zuhaf gambotları kadro dışı bırakılmıştır. Kadro dışı bırakılan ve harap halde bulunan bu gemilerin bir kısmının satılmasına 13 Ocak 1924 tarihinde alınan hükümet kararı ile izin verilmiştir. Osmanlı tarihinde asla görülmedik

---

24 Rasim ÜNLÜ, "Birinci Dünya Harbi'nden Önce Cumhuriyetin Kuruluşundan Sonra Türk Bahriyesinin Yeniden Organizasyonu ve Deniz Kuvvetleri Komutanlığının Oluşumu ve Askeri Sonuçları, Sy: 164, Gnkur ATASE Yay, Ankara, 1997.

25 Erdal AKKAYA, Türk Ordusundaki Stratejik ve Doktriner Değişiklikler, Sy: 104, Yüksek Lisans Tezi, Ankara Üniversitesi, Ankara, 2006.

şekilde zayıf, güçsüz bulunan Cumhuriyet donanması hurda halinde olan aşağıdaki gemilerden kurulu idi: [26]

- 10. 000 tonluk Turgut Reis zırhlısı ve 3. 250-3. 805 tonluk Hamidiye ve Mecidiye kruvazörleri, 775 tonluk Peykişevket ve Berkisatvet torpido kruvazörleri,

- 616 tonluk Muavenet ve Numune, 290 tonluk Taşoz, Samsun ve Basra muhripleri,

- 270 tonluk Berkefşan, 200 tonluk Yunus, 160 tonluk Akhisar, Draç, Musul torpidobotları, 97 tonluk daha genç Sultanhisar ve Sivrihisar torpidobotları,

- 530 tonluk Aydın Reis, Preveze, Sakız, Burak Reis, 420 tonluk Hızır Reis, İsa Reis, Kemal Reis gambotları ve 9 adet ufak motor gambot,

- 365 tonluk İntibah, 365 tonluk Nusret, 270 tonluk Selanik mayın dökme gemileri,

- 3 adet çok eski zırhlı korvet (İclaliye, Muinizafer, Necmişevket),

- 3 adet askeri nakliye gemisi (Giresun, Reşit Paşa, Tirimüjgan),

- 23. 000 tonluk Yavuz muharebe gemisi de Birinci Dünya Savaşında aldığı üç büyük yara ile Büyükada ile Tavşan adası arasında idi. 1923 yılındaki Cumhuriyet donanmasının bu görünümü bir eğitim filosunu andırıyordu. Donanma, esaslı onarıma muhtaç olan 11 ila 30 yaşlarındaki gemilerden ibaret bulunmakta idi. Bu dönemde, bütçesi 3. 163. 745 lira olan Bahriye bütçesinin 535. 122 lirası tamirve işletmeye ayrılmıştır. 1924 yılında, denizaltı gemisi alımı ve Yavuz'un onarımı için bütçeye iki milyon tahsisat konulmuştur.

Deniz Kuvvetlerinin kara tesisleri ise; İstanbul, İzmir, Amasra ve İzmit Deniz Komutanlıkları, Muhtelif şehirlerdeki liman reislikleri, Seyrisefain İdaresi, Bahriye Mektebi, Gedikli Çırak Okulları, Efradı Cedide Mektebi'nden alınan eğitim üniteleri, Deniz Fabrikaları, Havuzları, Deniz Hastanesi, Basımevi, Deniz Müzesi, Dikimhane ve muhtelif lojistik kuruluştan oluşuyordu. [27]

---

26 Erdal AKKAYA, Türk Ordusundaki Stratejik ve Doktriner Değişiklikler, Sy: 105, Yüksek Lisans Tezi, Ankara Üniversitesi, Ankara, 2006.

27 Ergün DEMİREL Cumhuriyetimizin 61 nci Yılında Deniz Kuvvetlerimiz, Sy. 8, Gnkur ATASE Yay, Ankara, 1984.

30 Aralık 1924 günü Türkiye Büyük Millet Meclisi'nde Bahriye Vekaleti yasası çıkarılmıştır. Bu yasaya göre, Bahriye Vekaleti'nin Milli Müdafaa Vekaleti'nden ayrı bir teşkilat olarak görev yapmasına karar kılınarak, söz konusu Vekalet doğrudan Erkan-ı Harbiye-i Umumiye Riyaseti'ne bağlanmıştır. Bahriye Vekaleti'nin en önemli vazifesi, ülkenin maddi imkânları doğrultusunda yeni bir Bakanlığına bağlı bir "Bahriye Dairesi" ile yönetilen deniz kuvvetleri, 31 Aralık 1924'ten itibaren "Bahriye Vekaleti" tarafından yönetilmeye başlamıştır. [28]

Görüldüğü üzere, Milli mücadelenin örgütlenmesinde olduğu gibi, ordunun kuruluşu ve görevlendirilmesi, iç ve dış politikanın yürütülmesi, Büyük Millet Meclisi ile ortak çalışmalar, yeni devletin giderek oluşturulması, çeşitli plan ve yöntemler hep Atatürk'ün direktifleri, gözetim ve yönetimi altında olmuştur. 1924 yılında Haliç Tersanesi tamamen faal durumdadır. Ancak, 24 Temmuz 1923 tarihinde imzalanan Lozan Anlaşmasına göre, İstanbul Boğazının doğu ve batısında 15'er kilometrelik kısımlarda istihkâm, daimi topçu tesisatı, sualtında çalışan aletler (denizaltılar hariç) ve askeri havaalanları ile hiçbir deniz üssü bulunmayacak, ancak Türk Donanması buraya demirleyebilecek, asker transit olarak geçirilebilecek ve İstanbul şehri ile şehrin civarı için 12. 000 kişilik bir kuvvet bulundurulabilecektir. [29]

Bunun sonucunda, 1926 yılında Gölcük'e taşınmaya başlayan Haliç Tersanesinin bir kısım tesisleri, o zamanki "Seyri Sefain İdaresi"ne (sonradan Denizcilik Bankası adını taşıyacak müessese) devredilmiştir. [30] 27 Aralık 1927 günü İsmet İnönü'nün Türkiye Büyük Millet Meclisi Başkanlığı'na verdiği bir önerge üzerine, üç yıla yakın bir süre devam eden Bahriye Vekaleti lağvedilerek, Milli Savunma Bakanlığı'nda sadece lojistik ve idari konulardan sorumlu olan bir Deniz Müsteşarlığı kurulmuş, şubeler (Donanma-zat işleri, Teçhizatı imalat, Sıhhiye, Le-

---

28 Alptekin MÜDERRİSOĞLU, Kurtuluş Savaşı'nın Mali Kaynakları, Sy: 85, Maliye Bakanlığı 50. Yıl Yayınları, Ankara, 1974.

29 Erdal AKKAYA, Türk Ordusundaki Stratejik ve Doktriner Değişiklikler, Sy: 110, Yüksek Lisans Tezi, Ankara Üniversitesi, Ankara, 2006.

30 Cihat AKÇAKAYALIOĞLU, "Mareşal Fevzi Çakmak'ın Hatıraları ve Atatürk", Sy: 85, Türk Tarih Kurumu Basımevi, Ankara, 1976,

vazım, Okullar) halinde teşkilatlanmış ve donanma harekât yönünden Erkan-ı Harbiye-i Umumiye Riyaseti'ne bağlanmıştır. [31]

Üstün bir donanma yapmaya karar veren Mustafa Kemal, bunu üç kademede gerçekleştirmeyi planlamıştır. İlk olarak Yavuz'un onarılması, 4 muhrip ve 4 denizaltı gemisi alınması vardı. Atatürk'ün Balkanlarda üstün bir donanma yapma gibi stratejik bir karara varması hükümet politikasının güçlenmesini de sağlayacaktır. Yavuz'un tamiri için gerekli olan yüzer havuzun yapılması amacıyla açılan ihaleyi 1, 200, 000 TL. ile Alman Flender Şirketi kazanmış ve 1924 yılında başladığı havuzu 1926 yılında tamamlamıştır. Bu proje ile Gölcük'de Bahriye'nin fiilen ilk nüvesini kuran şirket aşağıdaki inşaatları yapmıştır: [32]

a. Eski Fabrika Genel Müdürlük Binası,

b. Güverte Müdürlüğü Binası ve yanındaki barakalar,

c. Büyük kreyn (leylek kreyn),

d. Eski Mayın Fabrikası.

d. Yüzer havuz,

e. Eski vapur iskelesi, yollar ve civarındaki ambarlar,

f. İskele yanında, bilahare yelken atelyesi olarak kullanılan kantin ve gazino binası,

g. İskele yanında dizel kuvvet santralı (220 VDC, 1000 KW, 4 ana 1 yardımcı dizel).

h. Dizel santralı yanındaki su santralı. "

Bu aşamalardan sonra, 8 muhrip, 8 denizaltı gemisi, mayın gemileri, karakol gemileri, mayın tarama gemilerinin ısmarlanması, özel bir kanun çıkartılarak Gölcük'te bir tersane yaptırılması Atatürk'ün donanma için ikinci ve üçüncü kademe programlarını oluşturmuştur. Bu program çerçevesinde, Cumhuriyet Donanmasına ilk yeni gemiler Hollanda'da yaptırılan I. İnönü ve II. İnönü

---

31 Rasim ÜNLÜ, "Birinci Dünya Harbi'nden Önce Cumhuriyetin Kuruluşundan Sonra Türk Bahriyesinin Yeniden Organizasyonu ve Deniz Kuvvetleri Komutanlığının Oluşumu ve Askeri Sonuçları, Sy: 169-171, Gnkur ATASE Yay, Ankara, 1997.

32 Afif BÜYÜKTUĞRUL, Türk-Yunan İlişkileri, Sy: 10-12, Silahlı Kuvvetler Dergisi, S. 25, Ankara, 1974.

denizaltıları olmuştur. Bunun sonrasında İtalya'ya ısmarlanan 4 muhrip, 2 denizaltı, 3 hücum botu, İspanya'dan alınan Alman yapısı bir denizaltı ve onarımı bitmiş Yavuz Kruvazörü ile 1930 yılında küçük fakat modern bir filo oluşturulmuştur. 1931 yılına gelindiğinde, donanmaya katılan yeni gemilerle birlikte, donanma şu şekilde düzenlenmiştir: [33]

- Harp Filosu Komutanlığı (Yavuz ve yeni gemiler)
- İhtiyat Filosu (Eski gemiler),
- Denizaltı Filosu Komutanlığı (Denizaltılar). Böylelikle büyük bir ilerleme sonucunda, Cumhuriyetin kurulduğu yılda bir eğitim donanması hüviyetinde olan Cumhuriyet donanması, ilk kez 1933 yılında bir savaş donanması görünümünü alıyordu. Donanma bu değişikliler ile yeni baştan teşkilatlanmış oluyordu. Bu modern savaş donanması, eğitim donanmasının yerini alarak donanmanın hızı saatte 12 milden 35 mile, top çapı 15'likten 28'liğe, etkili top menzili 6 kilometreden 16 kilometreye çıkıyor, donanma elektrikli ölçme, hesap ve kontrol aletlerine kavuşuyordu.

Bu arada, deniz ulaştırması ve kontrolü, seferde katılacak gemilerin teçhiz ve idaresinden sorumlu Deniz Askeri Nakliye Komiserliği kurulmuş, aynı yıl Denizaltı Gemileri Komutanlığı teşkil edilerek, dalgıç ve benzeri sualtı üniteleri ile denizaltılar bu komutanlığa bağlanmıştır. 189 Bu teşkilat durumu 1949 yılına kadar devam etmiş ve 1949 yılında bugünkü Dz. K. K. lığı organizasyonuna geçilmiştir. Gemi alımlarının dış kaynaklardan sağlanmasından ziyade, bu ihtiyaçların kendi kaynaklarımızdan sağlanması amacını birinci öncelikle düşünen Atatürk 29 Mayıs 1934 tarihinde, 1. 255 tonluk bir akaryakıt gemisini Gölcük Tersanesi'nde kızağa koydurtarak gemi yapılması yolunda Cumhuriyet döneminde ilk adım atılmıştır. [34]

Batıdaki ideolojik farklılıkların ötesinde kutuplaşmalara doğru gidildiğini fark eden Türkiye, bu dönemde askeri yönden daha güçlü olmaya çalışmıştır. İtalya'dan 4 muhrip (Adatepe, Kocatepe, Tınaztepe, Zafer), 2 denizaltı (Sakarya, Dumlupınar), 3 avcı botu (Doğan,

---

33 Erdal AKKAYA, Türk Ordusundaki Stratejik ve Doktriner Değişiklikler, Sy: 112, Yüksek Lisans Tezi, Ankara Üniversitesi, Ankara, 2006.

34 Cumhuriyetin 60 ncı Yıldönümünde Türk Silahlı Kuvvetleri, s. 31, Gnkur ATASE Yay, Ankara, 1983.

Martı, Denizkuşu), 1936 yılında İspanya'dan alınan Gür Denizatlısı ile Atatürk Dönemi'nin donanması şu şekilde oluşmuştur: [35]

- Harp Filosu: Yavuz (Muharebe Kruvazörü), Adatepe, Kocatepe, Tınaztepe ve Zafer (İhtiyat Filosu), Hamidiye, Mecidiye, Peyk-i Şevket, Berk-i Satvet (Torpido Kruvazörleri),

- Denizaltı Filosu: I. ve II. İnönü, Dumlupınar, Sakarya ve Gür Denizatlıları ile Erkin Ana Gemisi,

- Mayın Tarama Filosu: Hızır reis, İsa reis ve Kemal Reis Gambotları, Bunlara ek olarak Gür denizaltı gemisi de satın alınmıştı: 750/960 ton, 1 tane 10. 2'lik top, 6 tane torpido kovanı ve 20 mil hız. "

- Hücumbot Filosu: Martı, Denizkuşu ve Doğan Avcıbotları. Bunların dışında, isimlerini bizzat Atatürk'ün verdiği (Saldıray, Batıray, Atılay, Yıldıray) dört adet daha denizaltı Almanya'dan sipariş edilmiştir. 191 Batıray dışındaki denizaltılar, Atatürk'ün vefatı sonrası donanmaya katılmıştır.

c. Hava Kuvvetleri

Kurtuluş Savaşında sayısı 40 kişiyi geçmeyen havacılar; 20 kadarı pilot, rasatçı ve teknisyen subaydan, 10 kadarı sivil ve astsubay pilottan, geriye kalanları ise makinist ve tamircilerden meydana gelmektedir. [36] Kurtuluş Savaşı sonrasında kalan uçaklardan oluşan hava kuvvetleri, Lozan Barış Antlaşmasından sonra İzmir'de toplanmıştır. O dönem için, Kuvayi Havaiye Müfettişliğinin emrinde Tayyare Mektebi, Tayyare İstasyonu ve her bölükte 2 ile 7 tayyare bulunan 1 inci, 2 nci, 3 üncü Tayyare Bölüğü gibi bir kuvvet bulunmaktaydı.

Cumhuriyetin ilk yılında düşmandan ele geçirilen 15 uçakla görevlerini sürdürmeye başlayan Türk Hava Kuvvetlerinde, Breguet-14, Rohrbach, Spad-XIII, Gotha, De Havilland ve Albatris-C XV tayyareleri bulunmaktaydı. 1923 yılında, Avrupa ülkelerindeki gelişmeleri inceleyip bünyemize uygulanmasını sağlamak için dışarıya bir kurul gönderilmesi, Türk Hava Kuvvetlerini geliştirmek ve güçlendirmek için girişilen ilk teşebbüs olmuştur. Anılan kurulun görevi; İtalya,

---

35 Erdal AKKAYA, Türk Ordusundaki Stratejik ve Doktriner Değişiklikler, Sy: 114, Yüksek Lisans Tezi, Ankara Üniversitesi, Ankara, 2006.

36 Bilal BAŞAR, Hava Kuvvetlerinin Dünü Bugünü Yarını, Sy: 50-52, Silahlı Kuvvetler Dergisi, Ankara, 1981.

Fransa, Almanya ve İngiltere'deki uçak sanayini incelemek, yeni tip uçaklar ile uçarak, bizim için uygun olan uçaklardan satın almaktı. [37]

Nitekim 1924 yılı içinde, hava kuvvetlerimizde Junkers A-20, Junkers A-21, Goudron-27 ve Goudron-59 yeni tip tayyareler hizmete girmiştir. Temeli ilk önce Yeşilköy'de 1911 yılında atılmış olan tarihi Tayyare Okulu, 1923 yılında "Pilot Kursu" adı ile yeniden bir uçuş okulu olarak İzmir-Gaziemir'de açılmıştır. Mustafa Kemal, 1 Kasım 1924 günü Meclis kürsüsünden yapmış olduğu konuşmada, hava kuvvetleri için meclisin özel ilgisini talep etmiştir. Vermiş olduğu direktifler sonucunda, dünyada yeni olan havacılık mesleğini memlekete tanıtarak gençliğe sevdirmek, yurtta gelişmesini teşvik etmek, milli hava sanayi kurmak ve hava kuvvetlerine eleman ve tayyare sağlamak amacıyla 1925 yılında Tayyare Cemiyeti (Türk Hava Kurumu) kurulmuştur. [38]

Tayyare Cemiyeti'nin 1926 yılından itibaren düzenlediği Tayyare Piyangosu ile 1933 yılına dek 43 milyon Türk Lirası para toplanmış ve bu paranın 33 milyon Türk Lirası ordu havacılığına yardım olmak üzere Milli Müdafaa Vekâletine verilmiştir. 16 Şubat 1925 tarihinde kurulan Tayyare Cemiyeti, milli vazifeyi ifa için memlekete 500 şube açmıştır. Öğrencilere tayyarecilik sevgisini aşılamak ve havacılık kafası taşıyan bir gençlik meydana getirmek için memlekette Tayyare Dernekleri kurulmuş, tayyare modelleri müsabakaları açılarak kazananlara hediyeler verilmiştir. [39]

Tayyare Cemiyeti tarafından Mart 1926 tarihinde açılan Yeşilköy Tayyare Makinist Mektebi 1930 yılında Mülki Müdafaa Vekâletine devredilmiştir. Bu zaman zarfında 172 tayyare makinisti yetiştirilmiş, bunlardan 10 kişi tahsil için Avrupa'ya gönderilmiştir. O ana kadar bu kurum için 150 tayyare alınmıştır. Yeşilköy Tayyare Mektebi'nden mezun olan ve eğitim için Avrupa'daki fabrikalara giden 9 öğrenci staj bitiminde memlekete dönmüştür. Alman mühendis mektebinde 2 öğrenci bulunmaktadır. Fransa Yüksek Tayyare Mühendis Mektebi'nde

---

37 Cumhuriyetin 60 ncı Yıldönümünde Türk Silahlı Kuvvetleri, Sy: 40, Gnkur ATASE Yay, Ankara, 1983.

38 Erdal AKKAYA, Türk Ordusundaki Stratejik ve Doktriner Değişiklikler, Sy: 115, Yüksek Lisans Tezi, Ankara Üniversitesi, Ankara, 2006.

39 Erdal AKKAYA, Türk Ordusundaki Stratejik ve Doktriner Değişiklikler, Sy: 116, Yüksek Lisans Tezi, Ankara Üniversitesi, Ankara, 2006.

6 öğrenci öğrenim görmektedir. 5 öğrenci ise Fransa liselerinde bu okul için hazırlık okumaktadır. Tüm bunlar göz önünde bulundurulduğunda, Tayyare Cemiyeti, bugünkü adıyla Türk Hava Kurumu'nun hava kuvvetlerine katkısının büyük olduğu anlaşılmaktadır.

Türkiye Hükümeti ile Alman Junkers Tayyare Şirketi arasında 1925 yılında yapılan bir anlaşma gereğince "Türk Motor ve Tayyare Anonim Şirketi" kurularak, Kayseri'de bir motor ve tayyare fabrikasının inşasına başlanmıştır. 6 Ekim 1926'da açılan bu fabrika, havacılıkta ulusal sanayi olarak atılan büyük bir adımdır. 1928 yılında, adı geçen fabrika bütün tesis ve malzemesiyle Türk Hükümeti tarafından satın alınmıştır. Bunun yanında, milli bir kuruluş olan Nuri Demirağ uçak tesislerinde de ND 36 tipi 12 uçak ve birçok planör imal edilmiştir. Bütün havacılık kursları, 1927 yılında Eskişehir'de toplanıp birleştirilmiştir. Uçak malzemelerinin muayeneleri için 1930 yılında Ankara'da bir "Hava Laboratuvarı" kurulmuştur. [40]

Eskişehir'de yapılan Türk tipi tayyarenin tecrübesi başarıyla neticelenmiştir. Tayyare Cemiyeti tarafından Fransa'da yetiştirilen talebelerden Selahattin Reşit Bey, "MMV 1" tipindeki ilk milli tayyareyi Eskişehir'de imali başarılı olmuştur. Hava Kuvvetleri teşkilatında yapılan değişiklikler ile tayyare grup ve istasyon komutanlıklarının lağvedilmesi 1930 yılının sonuna rastlar. Tayyare bölükleri birleştirilerek, 1 inci Tayyare Taburu Eskişehir'de, 2 nci Tayyare Taburu Diyarbakır'da ve 3 üncü Tayyare Taburu da İzmir'de olmak üzere önce üç tabur halinde teşkilatlanmıştır. [41]

Alınan yeni tayyarelerle 1932 yılında tayyare tabur teşkilatı alay teşkilatına dönüştürülerek Eskişehir'de 1 inci Tayyare Alayı, Diyarbakır'da 2 nci Tayyare Alayı ve İzmir'de 3 üncü Tayyare Alayı teşkil edilmiştir. Bunların dışında İzmir- Güzelyalı'da bir Deniz Tayyare Taburu ve İstanbul-Yeşilköy'de bir Hava İrtibat Bölüğü mevcuttur. [42]

1 Temmuz 1932 tarihli bir kanunla Havacı personel ayrı bir muharip sınıf olarak kabul edilmiş ve 1933 yılından itibaren Türk

40 Cumhuriyetin 50 nci Yıldönümünde Türk Silahlı Kuvvetleri, Sy: 74-75, Gnkur ATASE Yay, Ankara, 1980.

41 Cumhuriyetin 50 nci Yıldönümünde Türk Silahlı Kuvvetleri, Sy: 75, Gnkur ATASE Yay, Ankara, 1980.

42 Said Arif TERZİOĞLU, Türk Ordusu, Sy: 96, Başnur Yay, İstanbul, 1965.

Havacıları, havacılığın sembolü olan mavi renkli üniformalar giymeye başlamışlardır. Özellikle 1930'lu yıllar sonrasında hava gücünün stratejik önemini kavrayan Türkiye, Hava Kuvvetlerini güçlendirmek maksadıyla birçok uçak satın almıştır 1930-1939 yılları arasında Türk Hava Kuvvetlerinde kullanılan dönemin modern tayyareleri şunlardı: Curtis Hawk, P. Z. L. , Heinkel-III, Martin-139, Wultee, Walrus Amphibian, Supermarina (Southampton), Falcon, Fleshing, Fleet, Dragon Rapid, Monospar, Gotha-149 ve Magister Avrupa'daki yaklaşan savaş havası ve özellikle hava gücündeki büyük ilerlemeler, Türkiye için hava savunmasının önemini ülkenin gündemine oturtmuştur. Yapılan çalışmalar sonucunda, hava savunması ile ilgili olarak, 1938 yılında Hava Müdafaa Komutanlığı'nın vazifelerine dair yönetmelik yürürlüğe girmiştir. [43]

ç. Jandarma Kuvvetleri

1918 yılında kapatılan Jandarma Astsubay Okulu İzmit'te yeniden açılmıştır. Sabit Jandarma Bölge Müfettişlikleri ve İl Jandarma Alay Komutanlıkları yeniden teşkilatlandırılmıştır. İsyan ve çete hareketleri, organize ve dışarıdan yönlendirilen kimi etnik unsurların bağımsızlıkçı eylemleri ve Padişah taraftarları tarafından yönlendirilen isyanlar ile birlikte 1920 yılında ülkenin iç güvenliği oldukça bozulmuştu. Ülkenin içinde bulunduğu koşulları göz önüne alana Büyük Millet Meclisi, iç güvenliğin sağlanmasına yardımcı olmak amacıyla 1920'de çıkardığı kanunla "Seyyar Jandarma Müfrezeleri"ni oluşturmuştur. Alınan kararla, Seyyar Jandarma Müfrezeleri'nin başlangıçta Ankara ve Sivas'ta kurulması ve sayılarının 5. 000'er kişiden oluşması planlanmıştı. Kanun, ihtiyaç olması durumunda başka yerlerde de Seyyar Jandarma Müfrezelerinin oluşturulmasını öngörüyordu. [44]

Tüm yurtta Büyük Millet Meclisi'nin otoritesi geçerli kılınmasını müteakip Seyyar Jandarma Müfrezeleri 1921 yılında kaldırılmışlardır. Birinci Dünya Savaşı ve Kurtuluş Savaşı süresince, hem iç güvenlik görevlerini sürdüren hem de birçok cephede Silâhlı Kuvvetlerin ayrılmaz bir parçası olarak yurt savunmasına iştirak eden Jandar-

43 Erdal AKKAYA, Türk Ordusundaki Stratejik ve Doktriner Değişiklikler, Sy: 119, Yüksek Lisans Tezi, Ankara Üniversitesi, Ankara, 2006.

44 İhsan GÜNEŞ, 1920'de Seyyar Jandarma Müfrezelerinin Kurulması ve Bunların İç Güvenliğin Sağlanmasındaki Rolü, Sy: 207, Gnkur ATASE Yay, Ankara, 1983.

ma Birliklerinin, 29 Ekim 1923 tarihinde Cumhuriyetin ilânından sonra devletin birçok kuruluşunda olduğu gibi yenidenyapılanma çalışmaları bir plân çerçevesi içerisinde başlamıştır. 1923 yılında mevcut olan iki jandarma okuluna karşın, bu sayı 1933 yılında 12'ye yükseltilmiştir. 1924 yılı içinde İzmit'te yeniden açılan, 1918 yılında kapatılmış bulunan Jandarma Subay ve Astsubay Okulu, sonradan Konya'ya ve oradan da Ankara'ya taşınmıştır. [45]

1930 senesinde kabul edilen J1706 sayılı Jandarma Kanunu ile jandarmaya bugünkü hukuki statüsünü kazandırılmış, jandarma kuvvetlerinin denetimi Savunma Bakanlığı'ndan İçişleri Bakanlığına devredilmiştir. [46] 1933 yılı itibariyle Jandarma ve Hudut Taburlarının teşkili şu şekilde idi: Hudut muhafız birlikleri 17 tabur ile bir müstakil bölükten müteşekkildi. Bu taburlar, her hudutta ayrı bir komutanlığa bağlıydı. İçişleri Bakanlığına bağlı olarak memleketin asayişini sağlamakla görevli jandarma kuvvetleri alay ve taburlar halinde teşkilatlanmış olarak memleket sathında genel mevcudu 30 bin kişi civarında idi. Jandarma subaylarının, 1706 sayılı kanun uyarınca Kara Harp Okulundan karşılanması esasının kabulü, 1935 yılı içinde jandarma teşkilatında en önemli gelişme olmuştur. [47]

4. Askeri Okullar

Cumhuriyet yönetimi, askeri eğitim konusunda önemli bir devre açmıştır. Birinci Dünya Savaşı ve Kurtuluş Savaşı teşkilat ve muharebe tarzları üzerinde değişiklik ve bilimin süratli ilerlemesi, silâhlarının gelişmesi sonrasında muharebe sahası hakkındaki yeni düşünceler, talim ve terbiye, sevk idare ve teşkilat için birçok yeni esaslar ortaya koymuştur. Ordu, asrın bu yeni isteklerine uygun nazari bilgileri, uygulamalı eğitim ve tatbikatın yanında askeri neşriyatla elde etmiş ve subayların bilgi seviyesi yükseltilmiştir.

---

45 Cumhuriyetin 60 ncı Yıldönümünde Türk Silahlı Kuvvetleri, Sy: 65, Gnkur ATASE Yay, Ankara, 1983.

46 Mehmet KIRAL, Türk Jandarması, Sy: 13, Silahlı Kuvvetler Dergisi, Genelkurmay Başkanlığı Basımevi, Ankara, 1968.

47 Cumhuriyetin 60 ncı Yıldönümünde Türk Silahlı Kuvvetleri, Sy: 65, Gnkur ATASE Yay, Ankara, 1983.

Bu maksatla bu ana kadar ihmal edilmiş olan pek çok kıymetli tecrübeleri, sevk ve idare usullerini, tarihteki önemli Türk savaş ve seferleri, en son tecrübelere sahne olan yeni muharebeler ve Avrupa cephelerini esaslı tetkik etmek için harp tarihine ait eserler, ordunun talim ve terbiyesine esas olacak talimatnameler, sevk ve idare ve hizmetlerinin yürütülmesine ait talimatlar, yabancı orduların gelişmelerini gösteren eserler yayımlanmıştır.

a. Askeri Liseler

Cumhuriyetin ilk yıllarında Askeri İdadilerin ders programı şöyleydi: Edebiyat, Fransızca, Tarih, Coğrafya, Fizik, Cebir, Hendese, Resm-i Hattı, Felsefe, İçtimaiyat, Mekanik, Kozmografya, Kimya, Terbiye-i Bedeniye, Arziyat (Yeryüzü Bilgisi), Arapça, Farsça, Müsellesat, Hayvanat, Nebatat. 1926-1927 yılında ders programına Malumat-ı Askeriye ve Askerliğe hazırlıkdersleri konmuştur. 1928 yılında ise Arapça ve Farsça dersleri kaldırılarak bunların yerine jimnastik ve askerlik dersleri getirilmiştir.

Aynı yıl, Fizyoloji, Musiki, Atölye El İşleri yeni konan derslerdir. 1930'lu yıllardan sonra tarih derslerine önem verildiği, Atatürk'ün direktifi ve katkısıyla hazırlanan dört ciltlik "Genel Tarih" dersinin okutulduğu görülmektedir. 1936 yılında Felsefe ve İçtimaiyat dersleri yerine Psikoloji dersi konmuş, bunun dışında Tabii İlimler ve Jeoloji diğer ilâve edilen dersler olmuştur. 1938 yılında ise bütün sınıfların programına Geometri dersi eklenmiştir. [48]

b. Harp Okulları

Cumhuriyet Devrinden önce Harbiye Mektebi'nden sadece Piyade ve Süvari subayları yetişiyordu. Topçu ve İstihkâm subayları ise Halıcıoğlu'ndaki eski "Mühendishane-i Berri-i Hümayun"dan mezun oluyorlardı. Ancak Ankara'daki talimgâh açıldıktan sonra bütün hazırlık tedrisatı Harp Okulu'nda yapılmak üzere birleştirilmiştir. Okulun eğitim öğretim süresi iki yıl olarak düzenlenmiş ve her sınıf bir bölük olarak kabul edilmiştir. Okulda mevcut sınıflar ise Piyade, Süvari, Topçu, Sınıf-ı Fenniye, İstihkâm ve Muhabere idi. Savaş süresince eğitim ve öğretimine ara veren Harp Okulu ve Harp

48 Işıklar Askeri Lisesi Tarihi, Sy: 169, 2. Baskı, Işıklar Askeri Lisesi Matbaası, Bursa, 1999.

Akademisi, Kurtuluş Savaşı sonrasında savaş döneminin tecrübeleri ve yeni bilgilerle Ankara'da eğitim ve öğretimine başlamıştır. [49]

1926 yılında, Harp Okulu'nda okutulan dersler, "Fenni Dersler", "Umumi Dersler", "Ameli Talim ve Tatbikatlar" olmak üzere üç kategoriye ayrılmıştır. Birinci Dünya Savaşı ve İstiklal Savaşı nedeniyle, Harp Okulunda eğitim ve öğretimini yarıda bırakmak zorunda kalan subaylar, 1931 yılına kadar geri kalan eğitim ve öğretimlerini tamamlamışlardır. 1931 yılında tabur kuruluşunda olan Harp Okulu Alay kuruluşuna geçmiştir. 1936 yılına gelindiğinde okulda 12 sınıf ve mesleki branş bulanmaktadır (Süvari, Topçu, Tankçı, Havacı, İstihkam, Muhabere, Demiryolu, Nakliye, Levazım, Harita ve Jandarma). Mezun olan öğrenci, kendi sınıfı ile ilgili sınıf okuluna giderek, okulda edindiği bilgilerini pekiştiriyordu. [50] 1923-1939 yılları arasında Kara Harp Okulu'ndan 6. 352 subay mezun olmuştur. İstibdat zamanlarında Harp Okulu'nun mezun miktarı yıllık 250, Meşrutiyet döneminde ise 300 civarında iken 1923-1939 döneminde bu sayı 420 öğrenciye tekabül etmektedir. [51]

c. Deniz Askeri Okulları

Bahriye Mektebi'ne ilk olarak 1924 yılında Güverte, Makine ve Katip sınıflarındaokutulmak üzere öğrenci alınmıştır. Bu dönemde Güverte ve Makine sınıfları için öğretim süresi 1 yılı hazırlık sınıfı olmak üzere 4 yıldır. Mezun olanlar, okul gemisinde "Deniz Talebesi" olarak gördükleri bir yıllık eğitimi müteakip Mühendis (Teğmen) rütbesi ile donanmada göreve başlamaktadır. Genelkurmay'ın 27 Mayıs 1928 tarihinde yayımlamış olduğu emir, okullar ile ilgili bir takım düzenlemeler getirmiştir. Bu düzenleme ile Mekteb-i Bahriye'nin adı Deniz Lisesi ve Deniz Harp Mektebi olarak değişmiştir. [52]

---

49 Erdal AKKAYA, Türk Ordusundaki Stratejik ve Doktriner Değişiklikler, Sy: 129, Yüksek Lisans Tezi, Ankara Üniversitesi, Ankara, 2006.

50 İsrafil KURTCEPHE, Mustafa BALCIOĞLU, Kara Harp Okulu Tarihi, Sy: 82 , Ankara, 1981.

51 Erdal AKKAYA, Türk Ordusundaki Stratejik ve Doktriner Değişiklikler, Sy: 129, Yüksek Lisans Tezi, Ankara Üniversitesi, Ankara, 2006.

52 Rasim ÜNLÜ, "Birinci Dünya Harbi'nden Önce Cumhuriyetin Kuruluşundan Sonra Türk Bahriyesinin Yeniden Organizasyonu ve Deniz Kuvvetleri Komutanlığının Oluşumu ve Askeri Sonuçları, Sy: 169-171, Gnkur ATASE Yay, Ankara, 1997.

Deniz Lisesi Heybeliada'da konuşlanırken, Harbiye Kısmı (1928-1930) Kasımpaşa'da konuşlanmıştır. 1928'de başlanan bu yeni eğitim/öğretim biçimi sadece 2 yıl uygulanmış, Deniz Lisesi ve Deniz Çekirdek Okulu Heybeliada'daki esislerde tekrar birleştirilerek adı "Deniz Harp Okulu ve Lisesi" olmuştur. Bunların dışında "Deniz Telsiz ve Elektrik Fen Tatbikat Okulu", "Deniz Erbaş Hazırlama Okulu" adlarıyla yeniden düzenlenmiştir. [53]

ç. Gülhane Askeri Tıp Akademisi

İstiklâl Savaşı sonrasında Gülhane'nin eski binası iki yıllık bir onarım geçirmiş ve Gülhane 2 Ekim 1923 tarihinde Gümüşsuyu Askeri Hastanesi'nden tekrar eski yerine taşınmıştır. Sivil hekimlere askeri staj ve eğitim zorunluluğu getiren kanun 1924 yılında çıkarılmış ve tıbbiye'yi bitiren tüm öğrenciler Gülhane'ye devam etmiştir. 1923 yılında Ankara'da açılan diş müessesesi, 1928 yılında kadrolarıyla birlikte Gülhane'ye dahil olmuştur. [54]

d. Harp Akademileri

1923 yılında Erkan-ı Harbiye'nin adı "Mekteb-i Ali Askeri" olarak değiştirilmiştir. Yeni bir eğitim öğretim talimatı düzenlenerek dersler gruplaştırılmış, yabancı dil dersleri kaldırılmıştır. Bir yıl sonra okulun ismi tekrar Erkan-ı Harbiye Mektebi olarak düzenlenmiştir. Askeri Akademiler Talimatı 26 Mart 1927 tarihinde yayımlanarak, Akademinin yeni idare ve eğitim sistemi uygulanmaya başlanmıştır. Okulun adı "Harp Akademisi" olarak değişmiş, müdürlük ise komutanlık şekline dönüştürülmüştür. Böylece teşkilatı genişleyen okul, 1928 yılından itibaren "Harp Akademileri Komutanlığı" olarak anılmaya başlamıştır. 1937 yılında da Hava Akademisi açılarak Harp Akademilerine bağlanmıştır. [55]

---

53 Ergün DEMİREL, Cumhuriyetimizin 61 nci Yılında Deniz Kuvvetlerimiz, Sy: 9, Gnkur ATASE Yay, Ankara, 1984.

54 Gülhane Askeri Tıp Akademisi (GATA) ve Batıdaki Benzeri Askeri Tıp Eğitim Kuruluşları, Sy: 26, Gnkur ATASE Yay, Ankara, 1987.

55 Erdal AKKAYA, Türk Ordusundaki Stratejik ve Doktriner Değişiklikler, Sy: 133, Yüksek Lisans Tezi, Ankara Üniversitesi, Ankara, 2006.

II. DÜNYA SAVAŞI VE SONRASINDA TÜRK ORDUSU (1939-1950)

1. İkinci Dünya Savaşı Sırasında Genel Durum

İkinci Dünya Savaşı'nın başladığı 1939 yılında, Türkiye, 18 milyon (1940 nüfus sayımında 17. 820. 000) nüfusunun %75. 6'sı köylerde yaşayan, tarıma dayalı bir ekonomik yapıya sahipti. Türkiye bu yapıyla, savaşa yetersiz ve hazırlıksız bir durumdaydı. [56] Savaşın başlamasıyla birlikte, Türkiye seferberlik uygulamasına başlamış ve bir milyon insanın silâh altına alınması sağlanmıştır. Ülkenin gelirlerinin büyük bir bölümünün zorunlu olarak savunma harcamalarına ayrılması, buna bağlı olarak tarım ve sanayideki iş gücü sıkıntıları hayatı olumsuz yönde etkilemiştir.

Böylece savaşın en büyük etkisi ekonomik alanda görülmüştür. Savaşan taraflar, jeopolitik önemi nedeniyle Türkiye'yi kendi taraflarında savaşa sokmak üzere büyük çaba harcamış, ancak Türkiye'nin bu savaş süresince uygulamaya gayret gösterdiği dış politika esası, savaşın dışında kalmak ve ülkeyi bu savaşın etkilerinden mümkün olduğu kadar uzak tutmak esasına dayanmıştır. II. Dünya Savaşı'nda ise durumun gerçeğini anlayan Türkiye, savaşı ülkesinden uzak tutarak ve tarafsızlığını uygulayarak savaşın büyük tahribatından ülkesini koruyabilmiştir.

Nitekim Türkiye, özellikle ordusunun bu savaşa girmek için yeterli silâh ve donanıma sahip olmadığını ileri sürerek, askeri malzeme isteklerinde bulunarak ordusunun yenileştirilmesi gerektiğini öne sürmüş ve tarafsızlığını sürdürmüştür. Savaşa yönelik olarak müzakerelerde bulunan İngiltere ve Fransa ile Türkiye arasındaki müzakerelerde, en çok zorluk çıkaran konu askeri malzemeler olmuştur. Görüşmelerde Numan Menemencioğlu tarafından Türkiye'ye hemen teslim edilmesini istediği malzeme listesinin başında ise, uçaksavar ve tanksavar topları geliyordu. Bu da yaklaşan savaşta tank ve uçakların büyük bir rol oynayacağının işaretiydi. [57]

---

56 Roger OWEN, Şevket PAMUK, 20. Yüzyılda Ortadoğu Ekonomileri Tarihi, Sy: 39, Sabancı Üniversitesi Yayınları, İstanbul, 2002.

57 Kamuran GÜRÜN, Savaşın İlk Yılı ve Türkiye, Sy: 15, Gnkur ATASE Yay, Ankara, 1998.

Bu arada, Almanların Türk kromunu elde etmek için gösterdikleri çabalar sonuç vermiş ve 9 Ekim 1942'de 100 milyon liralık Türk-Alman ekonomik anlaşması sağlanmıştır. Bu anlaşmaya göre 1943 ve 1944 yıllarında Almanya'ya verilecek krom 90 bin tondur. Bunun karşılığında Türkiye Almanya'dan çelik ve savaş malzemesi alacaktır. Avrupa'daki müttefikler bu anlaşmada bir sakınca görmemişler, fakat ABD Almanya'ya krom satışına tepki göstermiştir. [58]

4-6 Aralık 1943 tarihindeki Kahire toplantısı sonrasında, İngiliz hükümet ve askeri yetkilileriyle devam eden görüşmeler sonunda, 3 Şubat 1944 tarihinde İngiliz Askeri Heyeti Ankara'yı terk etmiş ve İngiliz yardımı durmuştur. Bu tarihe kadar yapılan askeri yardımlar kapsamında, Türkiye'ye 1. 500 adet 37 mm. lik, 400 adet 55 mm. lik, 38 adet 7, 5 cm. lik uçaksavar topu ve diğer muhtelif silah ve teçhizat gönderilmiştir. Ancak gönderilen malzemelerde önemli noksanlıklar da yer almaktadır. İngilizlerin yardımı durdurma kararından sonra, 1 Nisan 1944 tarihinde ABD'nin "Ödünç Verme ve Kiralama Kanunu" çerçevesinde yaptığı yardımlar da durdurulmuştur. [59]

11 Mart 1941 tarihli "Ödünç Verme ve Kiralama Kanunu" çerçevesinde, ABD'nin savaş süresince Türkiye'ye verdiği harp silâh ve araçlarının parasal tutarı 95 milyon dolardır[60]. 1929 dünya ekonomik buhranı sonrasında, izlediği devletçilik politikası ile ekonomisini dengeli ve kararlı bir büyüme çizgisine oturtan Türkiye, yeterli olmayan üretimle birlikte ithalatının çarpıcı ölçüde kısıtlanması ve silahlı tarafsızlık politikasının sonucu büyük bir ordunun beslenmesi nedenleriyle zorunlu olarak yeni bir ekonomik sistem arayışına girmiştir. O dönemde yaşanan ithalattaki büyük düşüş ve ülkenin kaynaklarının, mevcudu bir milyonu aşan bir ordunun idame ve ikamesine ayrılması, hem sanayi hem de tarımda büyük sıkıntılara neden olmuştur.

2. İkinci Dünya Savaşı'nda Türk Ordusunun Teşkilat ve Yapısı

II. Dünya Savaşı öncesinde, savaşın gelmekte olduğunun farkına varan Cumhuriyet, ordusunu bu tehlikeye karşı hazırlamaktaydı.

---

58 Mehmet GÖNLÜBOL, Olaylarla Türk Dış Politikası (1919-1973), Sy: 172, Ankara Ünv. SBF Yayınları, Sevinç Matbaası, 1974.

59 Mehmet GÖNLÜBOL, Olaylarla Türk Dış Politikası (1919-1973), Sy: 194, Ankara Ünv. SBF Yayınları, Sevinç Matbaası, 1974

60 Mehmet GÖNLÜBOL, Olaylarla Türk Dış Politikası (1919-1973), Sy225, Ankara Ünv. SBF Yayınları, Sevinç Matbaası, 1974

Savaş öncesinde ülkenin emniyetle savunulması için Üçüncü İkmal Planında saptanan esasların tümü yerine getirilememiştir. Dünyadaki politik ve askeri durumun giderek kritikleşmesi ve harp ihtimalinin artması üzerine yarım kalan üçüncü plan terk edilerek, 1938 yılı sonunda 4'üncü ikmal planı hazırlanarak yürürlüğe konulmuştur. Bu dönem içinde, silâhlı kuvvetlerinin gelişmesi memleketin ekonomik gücüne ve devlet bütçesine bağlı olarak dördüncü ikmal planına uygun olarak düzenlenmiştir. Bu plana göre, 14 kolordu, 1 süvari kolordusu ve 1 zırhlı tugay öngörülmüştü. Türk Ordusu'nun savaş öncesindeki barış kadrosu ise 22 piyade tümeni, 3 süvari tümeni, 8 bağımsız tugay ile 1 zırhlı tugaydan ibaretti. [61]

31 Ağustos 1939 tarihinde alınan Bakanlar Kararı ile Trakya ve Ege Bölgelerindeki birliklerin sefer mevcutlarına ulaştırılması maksadıyla, yeterli sayıdayedek subay, erbaş ve er silah altına alınmıştır. Ekim 1939 ayında da, askeri iş yerlerinde günlük çalışma müddetleri 11 saate çıkarılmıştır. Savaşın meydana getirdiği şartlar göz önüne alınarak, 1939 yılında kabul edilen bir kanunla da, askeri fabrikalar için alınacak her türlü malzeme, eşya ve edevatın gizli pazarlıkla alınmasına karar verilmiştir. Savaşının başlamasıyla, askerlik hizmet sürelerinde değişikliklere gidilmiş, Bunun akabinde ise 6 Ocak 1941 tarihinde 1111 sayılı Askerlik Kanunu'nun bazı maddeleri değiştirilerek askerlik muvazzaflık hizmet süresi bir yıl uzatılmıştır. [62]

Savaş hazırlıkları kapsamında kara ordusunun 41 tümene çıkarılması planlanmıştı. Seferberlik ile birlikte piyade bölüklerinin bazılarında yaşlı 3 yedek subay ve 30-40 yaş arasında 40-50 yedek er bulunuyordu. Savaş öncesinde İstanbul ve Trakya'da bulunan 1 nci Ordu'ya rağmen İstanbul ve Çanakkale Boğazlarını savunacak kuvvet yok gibiydi. Almanya'nın Polonya'ya saldırması üzerine, Ankara'daki 32 nci Piyade Alayı İstanbul Boğazı'nın iki yanına sevk edilerek Boğazın savunması görevi bu alaya verilmiştir. [63]

---

61 Muzaffer ERENDİL, Türk Subaylarının İkinci Dünya Savaşı Hatıraları, Sy: 5, Gnkur ATASE Yay, Ankara, 1999.

62 Erdal AKKAYA, Türk Ordusundaki Stratejik ve Doktriner Değişiklikler, Sy: 148, Yüksek Lisans Tezi, Ankara Üniversitesi, Ankara, 2006.

63 Muzaffer ERENDİL, Türk Subaylarının İkinci Dünya Savaşı Hatıraları, Sy: 52, Gnkur ATASE Yay, Ankara, 1999.

II. Dünya Savaşı sırasından Türk Ordusu'nun elinde bulunan ateşli silahlar çok çeşitli ve müzede bulunması gereken özellikteydi, Tank, uçaksavar, tanksavar topu, zırhlı araç, kamyon ve otomobil yok denecek kadar azdı. Tüm lojistik kuruluşları tamamen hayvan ve tekerlekli tahta arabalara dayanıyordu. Türk ordusunun çoğunluğunu ve gerçek gücünü piyade birlikleri oluşturuyordu.

Alman subaylar ve Alman talimnamelerinin çevirileriyle planlanan eğitimlerin çoğu, tank ve motorize/mekanize birliklerin olmaması nedeniyle yaya olarak yapılıyordu. Kara ordusunun manevra kabiliyeti tamamen yaya yürüyüşlerine bağlı idi. Savaş başladığında, Türk Ordusu özellikle zırhlı ve motorlu birlikler ile tanksavar ve uçaksavar silâhları yönünden oldukça zayıftı. Donanma ise İtalya ile İngiltere'den sağlanan gemilerle modern fakat yetersiz bir donanma idi. Hava Kuvvetleri de olası bir savaşta karadan ve denizden yapılacak nakliyatı koruyamayacak bir seviyedeydi. [64] Seferberlik ile birlikte Türk Silâhlı Kuvvetlerinin durumu aşağıdaki şekilde oluşmuştur:

Kara Ordusu: Toplam 50 tümen (43 piyade, 4 süvari, 2 zırhlı, 1 dağ) ve 1, 5 milyon asker.

Deniz Kuvveti: 10 denizaltı, 3 hücumbot, 3 kruvazör, 2 torpido kruvozörü, 6 destroyer.

Hava Kuvveti: 1939 yılında toplam 432 uçak (175 adedi eğitim uçağı) mevcuttu.

1940-1944 yılları arasında ise 625 savaş, 28 nakliye ve 145 eğitim uçağı olmak üzere toplan 798 uçak satın alınmıştır. [65] Savaşın ilk yıllarında Almanya'nın Fransa'yı ve müteakiben Balkanlar'ı istilası tanksavar eğitimini ön plana çıkarmıştır. Almanların Girit Adası'nı havadan indirme birlikleriyle işgali, paraşütçü ve hava indirme birlikleri ile taarruz doktrinini ortaya çıkarmıştır.

30 Ocak 1943 tarihinde Adana'nın Yenice istasyonunda bir araya gelen Cumhurbaşkanı İsmet İnönü ile İngiltere Başbakanı Churchill durum değerlendirmesi yapmışlardır. Churchill, Türk Ordusu'nun

64 Güngör CEBECİOĞLU, İkinci Dünya Savaşı ve Türk Silahlı Kuvvetleri, Sy: 332, Gnkur ATASE Yay, Ankara, 1998.

65 Rıfat UÇAROL, İkinci Dünya Savaşı, Misak-ı Millî ve Türkiye'nin Savaşa Girmemek İçin Direnişi, Sy: 528, Gnkur ATASE Yay, Ankara, 1998.

piyade ve teçhizatı yönünden oldukça kuvvetli olduğunu ancak modern harbin gerektirdiği motorize araç ve gerekli silahlardan mahrum olduğunu biliyordu. Burada, Mareşal Fevzi Çakmak ile General Alan Brooke başkanlıklarındaki Türk-İngiliz askeri heyetlerin görüşmelerinde ana konuyu, Türkiye'ye yapılacak askeri yardımlar oluşturmuştur.

Mareşal Fevzi Çakmak, Türk Ordusu'nun ihtiyacı olarak; öncelikle ağır ve hafif tanklar, ağır toplar, hava savunma topları, 50 mm veya daha büyük hafif makineli tüfekler, el bombaları, tanksavar silahları öngörüyordu. Hava kuvvetleri için de 500 savaş uçağı ile lokomotif, maden kömürü ve benzin istekleri de yapılmıştır. Askeri ihtiyaçların karşılanmasına yönelik olarak bir plân oluşturulmuştur. Bu kapsamda, İngiliz ordusu, Türk askerini eğitim yönüyle desteklemeyi kabul etmiştir.

Yapılan bu yardımlar ile Türk Ordusu, özellikle zırhlı araçlar ile tanksavar ve uçaksavar silahları yönünden oldukça iyi seviyeye gelmiştir. Türkiye'yi askeri yönden desteklemenin dört aşamada gerçekleşmesi öngörülmüştü: Birinci aşamada havaalanlarının savunması için uçaksavar topları ile birlikte 25 hava filosu; ikinci aşamada uçaksavar topları ile 25 hava filosu daha; üçüncü aşamada, iki ağır, iki hafif uçaksavar bataryası ve tanksavar taburu; dördüncü aşamada ise, iki zırhlı alayın gelmesi planlanmıştı. [66]

Özellikle zırhlı birlikler yönünden büyük eksiklikler bulunan Türk Ordusu'ndan toplam 192 teknisyen, kurs ve eğitim görmesi için Mısır'a gönderilmiştir. Bunun yanında Tümgeneral Zekai Okan'ın başkanlığında 15 subay, bir ay süreyle Mısır, Suriye ve Filistin'de zırhlı birlikler ile bunlara ait tamirhane ve diğer ünitelerde kurs görmek üzere Genelkurmay Başkanlığı'nın 26 Mart 1943 tarihli yazısı ile görevlendirilmişlerdir. İngilizlerin bu sisteminden faydalanılarak o zaman için Türk Ordusu'nda bulunmayan ordu donatım teşkilatı için bir ön çalışma yapılmıştır. [67]

1943 yılında Amerika'nın da desteği ile İngilizler Türkiye'ye yaklaşık 80 milyon dolarlık askeri yardımda bulunmuştur. İkinci

---

66 İzzet ÖZTOPRAK, "İkinci Dünya Savaşı Döneminde Adana Görüşmelerinin Askeri Yönü", s. 614, TTK Yay, Ankara, 1999.

67 Muzaffer ERENDİL, Türk Subaylarının İkinci Dünya Savaşı Hatıraları, Sy: 91, Gnkur ATASE Yay, Ankara, 1999.

Kahire Konferansı esnasında 5 Aralık 1943 tarihinde General Wilson Türkiye'ye yapılan yardımları şu şekilde özetlemiştir: 350 tank, 48 otomatik silah, 300'e yakın uçaksavar topu, 300 sahra ve orta çaplı top, 200 havan topu, 500'e yakın tanksavar silahı, çok büyük çapta otomatik silah, 420 hafif havan topu ve Türkiye'nin savunması için gerekli bir milyona yakın tank mayını. Bu arada ordu personelinin teçhizat, malzeme ile donatılmasına devam edilmiş, ordunun kara, deniz ve hava kısımları ile jandarma teşekküllerinde görevli subaylardan, barışta takım ve bölüklerde ve sınıf okullarında bulunan asteğmen, teğmen, üsteğmen, yüzbaşıya; erata mahsus birer kat elbise, birer kaput, çizme veya potin verilmesine dair kanun 11 Ağustos 1941 tarihinde kabul olunmuştur. [68]

10 Temmuz 1945 tarihinde İç Hizmet Kanunu'nun ikinci maddesi değiştirilerek ordudaki rütbe sırası yeniden düzenlenmiştir:

- Erbaşlar : Onbaşı, Çavuş, Üstçavuş, Başçavuş, Başgedikli.
- Ast Subaylar: Asteğmen, Teğmen, Üsteğmen, Yüzbaşı.
- Üst Subaylar: Binbaşı, Yarbay, Albay.
- Generaller: Tuğgeneral (Tuğamiral), Tümgeneral (Tümamiral), Korgeneral (Koramiral), Orgeneral (Oramiral), Mareşal (Büyükamiral).

a. Kara Kuvvetleri

Türk Silahlı Kuvvetlerinin, özellikle Kara Kuvvetlerinin takviyesi için 1939 yılı önemli bir faaliyet yılıdır. Bunun için Milli Müdafaa Vekâletine ait 1938 ve 1939 bütçelerine ek ödenek konulmuştur. Çünkü savaş tehlikesinin Türkiye'nin kapılarını çalması, ihtiyaçların seferi kuruluşlar esas tutularak karşılanmasını gerektiriyordu. 28 Ağustos 1939 tarihinde Cumhurbaşkanının başkanlığında toplanan dönemin bakanlar kurulu, Trakya ve Batı Anadolu'da bulunan dört kolorduya mensup tümenlerin seferberlik ilân edilmeden takviyesine, terhis zamanı gelmiş olan Trakya'daki askerlerin terhislerinin durdurulmasına, bu kolordulara ait araçların tamamlanmasına, görülecek yeni durumlara göre genel seferberlik kararı verilmesi hususlarının safha safha takibine ve icrasına karar verilmiştir. [69]

---

68 Erdal AKKAYA, Türk Ordusundaki Stratejik ve Doktriner Değişiklikler, Sy: 153, Yüksek Lisans Tezi, Ankara Üniversitesi, Ankara, 2006.

69 Güngör CEBECİOĞLU, İkinci Dünya Savaşı ve Türk Silahlı Kuvvetleri, Sy: 335, Gnkur ATASE Yay, Ankara, 1998.

Yurdun herhangi bir saldırıya karşı korunması için olağanüstü tedbirler alınan bu dönemde, Kara Kuvvetleri tam mevcutlu 50 tümene kadar yükseltilmiştir. Ancak, bu mevcudu savaş şartlarına göre hazırlamanın ve idame ettirmenin zorluğu daha sonradan anlaşılmıştır. Bu yeni duruma göre Kara Kuvvetleri, 14 kolordu (üçer tümenli), 1 süvari kolordusu (üç tümenli) ve 1 zırhlı tugaydan oluşmakta idi.

Seferberlikle birlikte, barış durumundaki tümenler seferi duruma getirilmiş, sefer tümenleri teşkil edilmiştir. İstanbul Komutanlığını da içine alan Kara Kuvvetleri için yeniden teşkil edilen beş kolordu (10, 12, 17, 18, 20 nci Kolordular) ile birlikte, her biri üçer tümenli 15 kolordu meydana getirilmiş ve paraşüt birlikleri teşkil edilmiştir. [70] Böylece, 1939 ile 1943 yılları arasında, Türk Ordusu birlikleri ile ilgili olarak, 10 olan kolordu sayısı 15'e, 21 olan piyade tümeni 41'e yükselmiş, 1 zırhlı tümen, 2 zırhlı tugay ile 1 savunma tugayı kurulmuştur.

Böylece Haziran 1943 itibarıyla Kara Kuvvetleri, 3 ordu, 15 kolordu, 41 piyade tümeni, 3 savunma tümeni, 1 zırhlı tümen, 3 piyade tugayı, 1 savunma tugayı ile 2 zırhlı tugaydan oluşmaktaydı. Bahsedilen iki zırhlı tugay, biri Niğde'de, diğeri İstanbul'da olmak üzere İngilizler tarafından 1943 ilkbaharında yapılan askeri yardımlar ile sağlanan tanklar ile kurulmuştur. Böylece, kara kuvvetleri, 3 ordu, 15 kolordu, 35 piyade tümeni, 3 süvari tümeni, 1 zırhlı tümen, 1 dağ tugayı, 1 süvari tugayı, 2 zırhlı tugaydan oluşmuştur. [71]

b. Deniz Kuvvetleri

Kara kuvvetlerine olduğu gibi, deniz kuvvetleri ile hava kuvvetlerine de İngiliz askeri yardımları savaş öncesi ve süresince devam etmiştir. Savaş başlarında 1939 yılı sonlarına doğru, Orgeneral Kazım Orbay'ın İngiltere'ye bulunduğu resmi ziyarette, İngiliz Genelkurmayı ile yaptığı görüşmeler sonunda donanma için gerekli gemiler (dört muhrip, dört denizaltı, iki mayın gemisi, 8 mayın çıkarma botu,

70 Suat İLHAN, Türk Askeri Kültürünün Tarihi Gelişmesi, Sy: 212, Ötüken Yay, İstanbul, 1999.

71 Güngör CEBECİOĞLU, İkinci Dünya Savaşı ve Türk Silahlı Kuvvetleri, Sy: 397, Gnkur ATASE Yay, Ankara, 1998.

on iki araba vapuru, bir imla gemisi) için anlaşma sağlanarak Türk Donanmasını kuvvetlendirme yolunda önemli bir adım atılmıştır. [72]

Savaşın başlamasıyla, kıyılar bölgelere ayrılarak Deniz Bölge Komutanlıkları kurulmuş ve Donanma personeli seferi kadroya çıkarılmıştır. Savaş sırasında İngiltere'den yardım yoluyla alınan avcı botları, liman savunma botları, mayın arama-tarama gemileri, diğer bazı küçük gemiler, biri Almanya'da ikisi Taşkızak Tersanesinde Almanlarca yapılan 3 denizaltı gemisiyle Türk Donanması savaşa hazırlanmaya çalışmıştır. Tüm bu gelişmeler ve yenilikler ile birlikte, donanmaya 1939-1946 yılları arasında; 6 denizaltı gemisi, 4 muhrip, 27 mayın arama gemisi, 2 mayın gemisi, 3 ağ gemisi, 8 araba vapuru, 5 küçük hücum botu, 8 avcı botu, 8 liman savunma botu, 8 mayın çıkarma botu ve 7 yardımcı gemi katılmıştır. [73]

c. Hava Kuvvetleri

II. Dünya Savaşı başlarında, çeşitli tip ve cinste 298 harp ve 189 eğitim tayyaresinden oluşan Türk Hava Kuvvetlerinin vurucu silâh gücü, toplam olarak 487 tayyareden ibaretti. Savaşın başlamasıyla, 7 nci Alay Merzifon'a, 8 inci Alay Erzincan'da teşkil edilmiştir. Bu yıldan itibaren toprak pistler beton pist haline dönüştürülmeye başlanmış ve ilk olarak Eskişehir alanı beton pist olarak uçuşa hazırlanmıştır. [74]

1940 yılı başlarında harekât ve eğitim bakımından Genelkurmay Başkanlığına ve ikmal yönünden de Milli Savunma Bakanlığına bağlı bulunan hava kuvvetinin mevcudu, 1942 yılında, 6 Alay ve 5 Bağımsız Birliğe ulaşmıştır. 1941 yılından itibaren pilot subayların eğitimi için, pilotlar İngiltere ve Kanada'ya gönderilmiş, havacılık konusunda bu ülkelerdeki yönergelerin çevirilerinin ve uyarlamaları yapılmış ve görev ve sorumluluklar belirlenmiştir. Mayıs 1943 ayında İngiltere'den 10 adet Hurrican uçağı alınmıştır. Bu arada, 239 İngiliz teknisyenin çalışmalarda yer aldığı ülkenin çeşitli bölgelerinde hava

---

72 Cumhuriyetin 50 nci Yıldönümünde Türk Silahlı Kuvvetleri, Sy: 91, Gnkur ATASE Yay, Ankara, 1980.

73 Cumhuriyetin 60 ncıYıldönümünde Türk Silahlı Kuvvetleri, Sy: 32, Gnkur ATASE Yay, Ankara, 1983.

74 Cumhuriyetin 50 nci Yıldönümünde Türk Silahlı Kuvvetleri, Sy: 77, Gnkur ATASE Yay, Ankara, 1980.

meydanları hazırlanmaktaydı. 1943 yılında hava birlikleri, yeni alınan uçaklar ve çeşitli hava harp silâh ve gereçleriyle tugay yerine, tümen halinde teşkilatlandırılmış, seferi kuruluş ve konuşlar savaş bittikten sonra barış konuşları olarak yeniden düzenlenmiştir. [75]

1944 yılında hava birliklerinin tek bir komuta altında toplanmasına karar verilmiş ve bu amaçla 31 Ocak 1944 tarihinde Hava Kuvvetleri Komutanlığı Türk Silahlı Kuvvetleri bünyesinde ayrı bir komutanlık hüviyetine kavuşmuştur. Teşkilat yönünden görülen ihtiyaçlar sonunda Hava Kuvvetleri Komutanlığının kurulması, bu devreye rastlayan en önemli faaliyetlerden birisidir. 1942'de Etimesgut'ta kurulan Türk Hava Kurumu uçak fabrikasında Hava Kuvvetleri lisansı altında 150 Magister ve bilahare Türkiye'nin kendi tasarımı olan 60 adet iki kişilik "Uğur" tipi eğitim uçağı ile çeşitli maksatlarla kullanılmak üzere THK-1'den EHK-11'e kadar seri numarası olan tek ve çift motorlu uçaklar üretilmiştir. Bunun yanında, 1945 yılında Ankara Gazi Orman Çiftliği'nde bir uçak motor fabrikası da kurulmuştur. [76]

ç. Jandarma Kuvvetleri

1939 yılında jandarma Kuvvetleri teşkilatı üç bölüm halinde teşkilatlanmıştır: Sabit jandarma Birlikleri, Seyyar jandarma Birlikleri ve Okullar. Bu dönemde, seferi duruma geçen silahlı kuvvetlerin bir takım birliklerindeki personel noksanlıklarını gidermek maksadıyla, bazı bölgelerde kısmen seyyar jandarma birlikleri ile jandarma okullarından faydalanma yoluna gidilmiş, bir kısım jandarma birlikleri kara kuvvetleri emrine alınarak Edirne, Çanakkale gibi önemli mevkilerde görevlendirilmiştir.

Tabur ve alay kadrosu halinde olan Seyyar jandarma birlikleri, sabit jandarma birliklerinin ulaşamadığı bölgelerde, özellikle Doğu ve Güneydoğu bölgelerinde olayları bastırmada, çevre emniyet ve asayişini sağlamada ve takip işlerinde kullanılmışlardır. [77]

---

75 Cumhuriyetin 61 nci Yılında Hava Kuvvetlerimiz, Sy: 26, Gnkur ATASE Yay, Ankara, 1984.

76 Bilal BAŞAR, Hava Kuvvetlerinin Dünü Bugünü Yarını, Silahlı Kuvvetler Dergisi, Sy: 52, Ankara, 1981.

77 Cumhuriyetin 50 nci Yıldönümünde Türk Silahlı Kuvvetleri, Sy: 110, Gnkur ATASE Yay, Ankara, 1980.

3. İkinci Dünya Savaşı Sonrasındaki Gelişmeler

Sovyetler Birliğinin, 1945-1946 yıllarında Doğu Anadolu toprakları ile Boğazlar üzerindeki bilinen taleplerini resmen açıklaması, Türkiye'yi Ulusal Kurtuluş Savaşından sonra en kritik döneme sokmuştur. Bu olay, İkinci Dünya Savaşının başlangıcından beri fiili tarafsızlığını korumaya çalışan Türkiye'nin kısa bir süre içinde bu politikasını terk ederek, batı ile yakınlaşması, özellikle ABD ile ilişkileri güçlendirmesine yol açmıştır. Savaş sonrasında karşılaştığı SSCB tehdidine karşı tek başına karşı duramayacağını anlayan Türkiye, 1947 yılından itibaren "Truman Doktrini" ile sağlanan askeri nitelik taşıyan yardımların zaman içerisinde ekonomik boyuta taşınmasıyla ABD'nin stratejisinin bir oyuncusu olmaya başlamıştır.

Netice olarak, Truman Doktrini ile birlikte ulusal çıkarlarının ötesinde ABD'nin ulusal çıkarlarını ön plana alan Türkiye'nin tek kutuplu dış politika süreci de başlamış oluyordu. Truman Doktrini ve Marshall Planı çerçevesinde yardım almak biçiminde başlayacak olan bu ilişki, yakın bir gelecekte NATO gibi gerçekten bir denge unsuru olabilecek bir kuvvete dahil olmak zorunluluğu ortaya koyacak, Atlantik Paktı'na girme çabalarını artıracak, sonunda Türkiye'yi NATO üyeliğine kabule kadar götürecektir.

Türkiye'yi, Ortadoğu ülkelerini Sovyetler Birliğinin komünist yayılmacılığına karşı koruyabilecek bir sigorta olarak gören ABD, Türkiye'yi kaybettikleri takdirde Ortadoğu'yu savaşla savunma yeteneğini tümüyle kaybedeceklerini biliyordu. O dönemde Türk Ordusunun elinde bulunan 600. 000 kişilik bir kuvvet, 300 kadar uçak ve yetersiz bir donanma mevcuttu.

Truman Doktrini ile Marshall yardımı Sovyetlerin yayılmacı faaliyetlerine karşı alınmış önemli ve ilk tedbirlerdir. Ancak 1948 Berlin Buhranı Sovyet tehdidinin çok daha büyük ve devamlı olacağını göstermiştir. 1948 tarihinde İngiltere, Fransa, Belçika, Lüksemburg, Hollanda'nın kurmuş olduğu Batı Birliği Savunma Örgütü'nün, Amerika'nın katılımı olmadan Sovyetler için fazla bir caydırıcılığı olmayacağı anlaşılmıştır. Böylece Amerika, Sovyetleri durdurma yani "Containment" politikasını yürürlüğe koyarak 4 Nisan 1949 tarihinde NATO ittifakı kurulmuştur. Savaş sonrasındadünyada oluşan iki kutuplu düzende, Amerika stratejisi, Kuzey Avrupa'da İskandinav

Kıyılarından başlayarak Güneydoğu Avrupa, Yugoslavya, Yunanistan, Karadeniz, İran kuzeyine kadar uzanan bir hatta sıkışmıştı.

ABD'nin bu hattı savunmasının desteklenmesi ancak büyük bir deniz ve hava ulaştırma gücüne sahip olması ile mümkündü. Sovyetler Birliği için ise geniş bir cephe üzerinde büyük bir kara kuvvetine ihtiyaç duyulmaktaydı. Dış politikayı bir büyük güce dayandırarak yürütme geleneği Osmanlı İmparatorluğu'nun gerileme döneminden itibaren başlamıştı. Cumhuriyet döneminde, Batılı Devletlerle girişilen mücadelede Sovyetler Birliği'ne dayanmak şeklinde ortaya çıkan bu süreç, 1930'lu yıllarla birlikte meydana gelen değişikliklerle İngiltere ve Fransa'ya doğru yönelmiştir. Dünya Savaşı sonrası askeri ve ekonomik açıdan yıkıma uğrayan İngiltere ve Fransa'nın bunu sürdürmeleri imkânsızdı. Sovyet yayılmacılığı ve tehdidi ile birlikte, yaklaşık 150 yıldır izlenmekte olan bir büyük güce dayanma yönündeki dış politika stratejisinin ekseni Amerika Birleşik Devletleri'ne doğru kaymıştır.

4. Truman Doktrini ve Marshall Plânı

Savaş sonrasında sıkıntısı duyulan birçok maddenin ithal edilmeye başlanması ticaret dengesini bozmuştu. Aynı zamanda, II. Dünya Savaşı Türk Ordusunun modern bir savaşın gereklerini yerine getiremez durumda olduğunu açığa çıkarmıştı. Tüm bunlar Türkiye'yi dış yardıma iten sebepler idi. 11 Mart 1941 tarihli Ödünç Verme ve Kiralama Kanunu 1945 yılında ABD tarafından durdurulmuştu. Ancak, bu kanundan tekrar yararlanmak üzere Türkiye ile ABD arasında imzalanan 23 Şubat 1945 tarihli anlaşma maddeleri, henüz verilmesi belirlenmeyen savunma malzemelerinin, nasıl kullanılacağından geri verilmelerine, patent ve haklarından doğması muhtemel ödemelerin Amerikan Hükümeti'ne nasıl yapılacağına kadar Türkiye'nin uyması gereken şartları kapsıyordu. [78]

27 Şubat 1946 tarih ve 4882 sayılı kanunla kabul edilen, Türkiye ile ABD arasında 10 milyon dolarlık kredi anlaşması ile savaş sonrasında tasfiye edilen Amerikan malzemesini satın almak şartıyla açılmıştır. II. Dünya Savaşından kalan bu malzemelerin çoğundan tam olarak

---

78 Haydar TUNÇKANAT, İkili Anlaşmaların İçyüzü, Sy: 18, Kaynak Yayınları, İstanbul, 2006,

yararlanamayan Türkiye, yararlanabildiği küçük bir bölüm malzemenin yedek parçaları ile ilgili olarak da Amerika'ya yıllarca döviz ödemek zorunda kalmıştır. Katılmadığı bir savaşta milli kaynaklarının büyük bölümünü kaybeden Türkiye askeri yönden yapmak istediği modernleşme hamlelerini dış kaynak olmaksızın gerçekleştiremezdi.

ABD, dış siyasette 1945 yılından sonra izlemek istediği Avrupa'nın sorunlarından uzaklaşma çizgisini terk etmiştir. ABD Başkanı Truman, 12 Mart 1947 tarihinde Kongre'de, Senato ve Temsilciler Meclisi'nin ortak toplantısı önünde yaptığı konuşma ile Truman Doktrini denen yeni Amerikan politikasını açıklamıştır. [79]

1947 Haziran ayında Amerika Milli Savunma ve Dışişleri Bakanlıklarının yaptıkları müşterek bir tetkik şu sonucu vermiştir: "Türkiye'nin Silahlı Kuvvetlerinin tesir kudretini artırmak ve ordusunu modern bir hale sokmak için lüzumlu yardımlar ilk önce askeri olmalıdır ve ayrılan tahsisatın büyük bir kısmı da bu amaç göz önünde tutularak kullanılmalıdır." Bunun sonucunda, 22 Mayıs 1947 tarihinde Senato ve Temsilciler Meclisi'nin toplantısında yapılan müzakereler sonrasında Yunanistan'a 300 Milyon, Türkiye'ye ise 100 Milyon Dolarlık yardım yapılması kabul edilmiştir. [80]Aslında bu doktrin ile Türkiye ve Yunanistan'ın toprak bütünlüğü teminat altına alınıyordu. [81]

II. Dünya Savaşı sonrasında başlayan soğuk savaş döneminde, kendisine batının ileri karakolu olarak rol biçilen Türkiye'ye yapılan ABD'nin yardımı, 1945 yılına kadar 95 milyon dolar dolaylarındaydı. 1945 yılında durdurulan yardımlar, 1947 yılında Truman Doktrini kapsamında yeniden başlatılmış oluyordu. Esas itibariyle, Türkiye ve Yunanistan'a askeri yardımı gerektiren Truman Doktrini sonucunda "Türkiye ve Yunanistan'a Yardım Yapılmasına Dair Kanun" Türk ve Amerikan Hükümetleri arasında 12 Temmuz 1947 tarihinde imzalanmıştır. Türkiye ve Yunanistan'a askeri yardımı öngören ve 22

79 Fahir ARMAOĞLU, Belgelerle Türk-Amerikan Münasebetleri, Sy: 152, Türk Tarih Kurumu Basımevi, Ankara, 1991.

80 Fahir ARMAOĞLU, Belgelerle Türk-Amerikan Münasebetleri, Sy: 158, Türk Tarih Kurumu Basımevi, Ankara, 1991.

81 Kenan ERZURUMLU, 21. Yüzyılda Türk Cihan Hakimiyetinin Jeopolitiği, Sy: 97, Bilgeoğuz Yay, İstanbul, 2013.

Mayıs 1947 tarihinde yürürlüğe giren Truman Doktrini hakkındaki yasanın iki önemli maddesi bulunmaktaydı.

Bunlardan birincisi; yapılacak askeri yardım malzemesinin ABD'nin bilgisi dışında kullanılmaması, ikincisi ise; bu araç, gereç ve silâhların uygun şekilde kullanılıp kullanılmadığının ABD tarafından denetleneceğidir. Görüşmelerde, Türkiye'nin savunması, Ortadoğu ve Akdeniz'in savunması meselesi olarak ele alınmış, bu konulardaki ihtiyaçlar, önemi ve öncelikleri bakımından sıraya konarak tespit edilmiştir. Tespit edilen ihtiyaçların başında, birliklerin motorize hale gelmesi ve başlıca asker ve iktisadi yollarla limanların inşası konularıdır. [82]

Truman Doktrini'nin öngördüğü 100 Milyon ABD Dolarının kuvvetlere tahsisi ise şöyleydi: Kara Kuvvetleri 48, 5 Milyon Dolar, Hava Kuvvetleri 26, 75 Milyon Dolar, Deniz Kuvvetleri 14, 75 Milyon Dolar, mühimmat takviyesi 5 Milyon Dolar, yolların inşası 5 Milyon Dolar. Truman Doktrini'nin kabul edildiği 1947 yılının Eylül ayı sonlarına doğru, Türk Hükümeti ekonomik nedenlerden dolayı, Ankara'daki ABD büyükelçiliğine 485. 000 kişilik orduyu 350. 000'e indirmek istediğini bildirmiştir. Kuvvetlerin indirilmesine hem ABD, hem de İngiltere karşı çıkmamıştır. [83]

Amerikan askeri yardımı malzemelerini taşıyan ve 1948 yılı Mart ayında, İzmit-Derince limanına gelen gemiden indirilen malzemeler arasında; tank, kamyonlar, jeepler, 300'den fazla hiç kullanılmamış taşıt, çok miktarda telsiz bulunmaktaydı. Mart ayı sonunda Amerikan askeri yardım malzemelerini taşıyan iki gemi daha gelmiştir. C. Glopper isimli gemiden, tank, sahra topları, çeşitli muhabere vasıtaları, top taşıyan kamyonlar, jeepler, E. Drake isimli gemiden ise, gemi topları, gemi inşa malzemeleri, çok miktarda denizaltı ağı, şamandıralar, dalgıç malzemeleri, seyir aletleri ve yangın söndürme cihazları çokarılmıştır.

28 Nisan 1948 tarihinde gelen Rendova uçak gemisi de Amerikan askeri yardımı kapsamında, 100 adet AT-6 eğitim uçağı getirmiştir.

---

82 Erdal AKKAYA, Türk Ordusundaki Stratejik ve Doktriner Değişiklikler, Sy: 177, Yüksek Lisans Tezi, Ankara Üniversitesi, Ankara, 2006.

83 Erdal AKKAYA, Türk Ordusundaki Stratejik ve Doktriner Değişiklikler, Sy: 178, Yüksek Lisans Tezi, Ankara Üniversitesi, Ankara, 2006.

Bunun sonrasında Mayıs ayı içerisinde ise, Siboney uçak taşıt gemisi İstanbul'a gelmiş ve beraberinde 42 Amerikan uçak teknisyeni de gelmiştir. Rendova gemisi ile gelen 6 teknisyenile birlikte bu teknisyenler uçak bakım ve onarımlarına nezaret etmişlerdir. 25 Mayıs 1948 tarihinde İzmir Limanına gelen "Joe Man"isimli ABD gemisi de ikinci seferi olarak yine askeri malzeme getirmiştir.

Askeri yardım programında Haziran 1948 ayına gelindiğinde, Türk askeri okullarında, yardım kapsamında sağlanan yeni Amerikan silâhlarının kullanımı ile ilgili eğitime ağırlık verilmiştir. Kara kuvvetlerine mensup subaylarının eğitimi tamamlanmış, hava kuvvetlerine ait programda öngörülen uçaklarının % 75'i Türkiye'ye gelmiş bulunuyordu. Hava kuvvetleri ile ilgili olarak yardım malzemesine ilişkin 50'den fazla kursu mevcuttu. Deniz kuvvetleri için ise 4 denizaltı ve 11 küçük gemi teslim edilmişti. O döneme kadar da 215 km. lik yolun inşası da tamamlanmış idi. ABD Başkanı Truman, Türkiye'ye yapılan bir yıllık askeri yardımın bilânçosunu 1948 yılı Ekim ayında kongreye verdiği bir raporla bildirmiş ve bu rapora göre Türk Silahlı Kuvvetlerinin Kara Kuvvetlerine 62 milyon dolar, Deniz ve Hava Kuvvetlerinin her birine ise 13 milyon dolar yardım yapıldığı, verilen malzemenin toplamının ise 140. 000 ton tuttuğu belirtilmiştir. [84]

Kara kuvvetleri heyetinin asıl faaliyeti, Türk ordusunun tatbikat okullarında eğitim ve öğretim programlarının gelişmesine, özellikle atış eğitimlerine, teçhizat ve motorlu taşıtların bakımına ağırlık vermek olmuştur. Piyade Okulunda 90 mm. lik tanksavar toplarının kullanılması için açılan kurslarda, Türk ordusu subaylarına bu topun kullanılış teknik ve taktikleri öğretilmiş ve kendilerinin bu konuda öğretmenlik yapabilmeleri sağlanmıştır.

Aynı şekilde, Topçu Okulunda da öğrencilere kurslar verilmiş, Türk ordusuna mensup birçok subay Amerikan tatbikat okullarında kurs görmek üzere Amerika'ya gönderilmişlerdir. 19 Nisan'da Türk personeli ile Amerika'dan hareket eden Brill, Boarfish, Blueback ve Chubb (1 nci ve 2 nci İnönü ile Sakarya ve Dumlupınar) isimli

---

84 Erdal AKKAYA, Türk Ordusundaki Stratejik ve Doktriner Değişiklikler, Sy: 180, Yüksek Lisans Tezi, Ankara Üniversitesi, Ankara, 2006

Amerikan denizaltıları Amerikan yardımı heyeti tarafından İzmir'de 23 Mayıs tarihinde Türk denizcilerine devredilmiştir.

Bunun yanında, birçok Türk subay ve erbaşı New London Amerikan denizaltı okullarında 6 ay kurs gördükten sonra bu gemilerle ülkeye dönmüşlerdir. Tatbikat okullarında kurs gören daha birçok Türk deniz subayı bu dönemde halen Amerika'da bulunmaktadır. Norfolk deniz üssünde, 11 Haziran 1948 tarihinde Türkiye'ye 11 küçük gemi devredilmiştir. Bunlar 8 küçük mayın tarama gemisi, 1 ağ gemisi, 1 tanker, 1 de makinelerin tamiri için atölye gemisinden ibarettir.

Türk Hava Kuvvetlerine verilmesi göz önünde bulundurulan uçakların yüzde 75'i Haziran sonuna kadar gelmiş bulunuyordu. Türk Hava Kuvvetlerine mahsus 50'den fazla eğitim uçağı ile açılan kursların eksiklikleri tamamlanmış durumda idi. Birleşik Amerika Hava Kuvvetleri teşkilatını, talim ve terbiye ve muhabere, radar, muharebe ve hafif bombardıman birlikleri teçhizatı işlerini öğrenmek üzere 45 Türk subayı bu dönemde halen Birleşik Amerika'da kurs görmekteydi. Bundan başka Almanya'da Nuranau şehrinde 19 Türk öğrencisi Amerika ordusunun mühendis okulunun kurslarına devam etmekteydi.

1947-1948 yıllarında 100 milyon dolara ulaşan askeri yardımın, 5 milyon doları liman, 5 milyon doları tersane inşaatına, diğer kalan bölümü ise kara, deniz ve hava kuvvetleri arasında paylaştırılmıştır. Truman Doktrini kapsamındaki askeri yardımlar da dahil, 1947-1949 yılları arasında verilen yardımın tutarı 152, 5 milyon dolara ulaşmıştır. Bunun 147. 5 milyon dolarlık bölümü kara, deniz ve hava kuvvetlerinin modernizasyonu için kullanılmış, diğer 5 milyon dolarlık bölüm ise, olası bir Sovyet saldırısının durdurulabileceği Torosların güneyi ile İskenderun arasındaki ikmal yollarının tamamlanması için kullanılmıştır. Söz konusu yardımın miktarı 1947-1951 arasında 400 milyon dolara çıkmıştır. [85]1948 yılı sonunda ABD askeri yardım heyetinin mevcudu Türkiye'de 363 kişiydi. İlk tahminlerin ötesinde büyük bir askeri misyon gerektiği düşünülen Türkiye'de, bu sayı ileriki yıllarda 25. 000'i bulacaktır.

Bu sayının büyük bir bölümü, Türkiye'nin uygun konumu itibariyle telsiz dinleme personelini oluşturuyordu. Truman Doktrinin

---

85 Baskın ORAN, Türk Dış Politikası (1919-1980), C. I, Sy: 534, İletişim Yayınları, İstanbul, 2001.

uygulamaya konulmasıyla birlikte, Karadeniz sahillerinde radar istasyonları, roket üslerinin kurulmasında, askere hizmete alınanların okuma ve yazma öğrenmeleri için ders kitaplarının hazırlanmasına kadar geniş bir yelpazede Türk-Amerikan iş birliği gerçekleşmekteydi. 1947-1962 yılları arasında Türkiye'ye olan Amerikan askeri yardım miktarı 2. 228 milyon dolar olarak tahmin edilmektedir. [86]

ABD açısından, Türkiye'ye yapılan askeri yardımın iki amacı bulunmaktaydı. Bunlardan birincisi; Türk ordusunu modern silahlarla donatarak, bu silah ve teçhizatın kullanımı için orduyu eğiterek, savunma gücünü artırmak, daha küçük ve daha etkili, ateş gücü yüksek bir ordu yaratmak, ikincisi ise; bütçenin yaklaşık yarısını tutan savunma harcamalarının ekonomiye olan yükünü hafifletmek idi. Nitekim ABD yardımlarının başladığı dönemdeki mevcut 500. 000 asker sayısı, 1950 Martında 300. 000'e indirilmişti. Amerikan askeri yardımı ile birlikte, Türkiye bütçesindeki askeri harcamalarının payı da, 1947 yılında % 37. 2 iken, 1948 yılında %30. 3'e, müteakip yıllarda ise % 29 seviyelerine düşmüştür. [87]

Truman Doktrini kapsamında Türkiye'ye verilen malzemelerin çoğu, II. Dünya Savaşı artığı olarak değerlendirilebilecek araç gereç ve malzemeler olmakla birlikte, o dönemde Türk ordusunun elinde bulunanlardan çok daha modern idi. Hava kuvvetleri ile ilgili olarak Proje-500 olarak adlandırılan bir yardım programında, Amerikan Hava Kuvvetleri'nin envanterinden çıkarılarak Türkiye'ye verilen uçaklar arasında, 241 adet P-47 avcı uçağı, 32 adet A-26 saldırı ve hafif bombardıman uçağı, 100 adet AT-6 ileri eğitim uçağı, 67 adet AT-11 eğitim uçağı ve 50 adet C-47 nakliye uçağı bulunmaktadır. [88]

Savaş sonrasında ekonomik yönden kötü durumda bulunan Avrupa'yı Sovyet komünist yayılmacılığından korumak için bu devletlere 1945-1946 yılları arasında yaklaşık 15 Milyar Dolar ekonomik yardım yapan ABD, daha fazla yardım için bir plan geliştirmiştir. ABD Dışişleri Bakanı George Marshall tarafından 5 Haziran 1947

86 A. Rustow DANKWART Türkiye'de Ordu, Sy: 10, Harp Akademileri Komutanlığı Yayınları, İstanbul, 1970.

87 Mehmet GÖNLÜBOL, Olaylarla Türk Dış Politikası (1919-1973), Sy234, Ankara Ünv. SBF Yayınları, Sevinç Matbaası, 1974

88 Baskın ORAN, Türk Dış Politikası (1919-1980), C. I, Sy: 535, İletişim Yayınları, İstanbul, 2001.

tarihinde gündeme getirilen ve "Marshal Planı" olarak adlandırılan plan 27 Haziran 1947 tarihinde Paris'te görüşülmüştür. Başlangıçta, Marshall Planı'nın milli bir ekonominin finansmanı için olmadığını, savaşta yıkılan ve zarar gören Avrupa ülkelerinin kalkınması için olduğunu düşünen ABD yönetimi, savaşta zarar görmediği için Türkiye'yi başlangıçta plan dışında tutmuştur. [89]

Amerikan Kongresi tarafından, 3 Nisan 1948 ile 30 Haziran 1952 tarihine kadar geçen süre zarfında Türkiye'ye 221 milyon dolar kaynak tahsisi öngörülmüştür. En büyük kaynak tahsisi 3, 2 milyar dolar ile İngiltere'ye, en düşük kaynak tahsisi ise 29 milyon dolar ile İzlanda'ya planlanmıştır. Kaynak tahsisi büyüklüğü göz önüne alındığında, Türkiye, bu 16 ülke arasında 11 inci sıradaydı. Türkiye ile Marshall yardımı ile ilgili olarak 4 Temmuz 1948'de Ankara'da bir anlaşma imzalanmış ve bu plan çerçevesinde 1948-1952 yılları arasında Türkiye'ye yapılan yardımın tutarı 352 milyon dolar olarak gerçekleşmiştir. Bu gelen yardımların yüzde 60'lık gibi büyük bir bölümü tarım alanında kullanılmıştır. Böylece, Türkiye o dönemin dünyadaki önemli bir buğday üreticisi durumuna gelmiştir. Bunun yanında, ABD, Türkiye'nin bu yardımları karayolları yapımında kullanmasını da istemiş ve yönlendirmiştir. [90]

5. İkinci Dünya Savaşı Sonrasında Türk Silahlı Kuvvetleri:

Genelkurmay Başkanı Fevzi Çakmak'ın 12 Ocak 1944'te emekliye sevkini mütakiben 5 Haziran 1944 tarih ve 4580 sayılı "Genelkurmay Başkanlığının vazife ve salahiyetleri hakkında kanun" yürürlüğe girmiş, Genelkurmay Başkanlığı 13 Haziran 1944 tarihinde, Büyük Millet Meclisi'ne karşı sorumlu olan Başbakanlığa bağlanmıştır.

Savaş sırasında eksikliklerini gören ordu, yeniden yapılanmasını buna göre planlamıştır. Yeni teçhizat ve malzemelerin teminine çalışılmış, yabancı ülkelerden çeşitli uzmanlar getirtilerek birlik ve kurumlarda çalıştırılmışlardır. Bu uzmanlar artık Almanya'dan değil savaşın galibi olan ABD ve İngiltere gibi ülkelerden getirtilmiştir. ABD askeri yardımıyla birlikte, yapılan eğitim ve öğretim anlaşmaları

---

89 Fahir ARMAOĞLU, 20. Yüzyıl Siyasi Tarihi (1914-1980), s. 443-444, T. İş Bankası Yayınları, Ankara, 1992.

90 Baskın ORAN, Türk Dış Politikası (1919-1980), C. I, Sy: 542, İletişim Yayınları, İstanbul, 2001.

gereği, birçok sınıf okulunda danışman statüsünde ABD'li subaylar bulunmuştur.

1944 yılında, Başbakanlığa karşı sorumlu hale getirilen Genelkurmay Başkanlığı, 1949 yılında Savunma Bakanlığına karşı sorumlu hale getirilmiştir. Ayrıca, Genelkurmay Başkanı, Milli Savunma bakanı'nın önerisiyle Başbakan tarafından atanacaktır. Genelkurmay ile ilgili olarak 1944-1949 arasında uygulanan süreçte iki husus ortaya belirgin olarak çıkmıştır: uygulamalarda iki başlılık ve kuvvet komutanlıklarının yeterli yetki ile örgütlenememesi. Genelkurmay Başkanlığı'nın 1949 yılında Savunma Bakanlığına karşı sorumlu hale getirilmesiyle iki başlılık ortadan kalkmış, Kuvvet Komutanlıklarına dayalı Genelkurmay modeli oluşturularak Kuvvet Komutanlıklarının örgütlenmesi sağlanmıştır. [91]

Genelkurmay Başkanlığının Milli Savunma Bakanlığına bağlanması, kuvvet komutanlıklarının kurulması ve topyekun savunma işlerini koordine etmek üzere Milli Savunma Yüksek Kurulu oluşturulmasında (1949) ABD gerçeğini görmek gerekir. 1949 yılına kadar, ordu komutanlıkları ile teşkilleri; harekât ve eğitim yönünden Genelkurmay Başkanlığına, personel ve lojistik destek bakımından ise Milli Savunma Bakanlığı'na bağlı bulunan Kara Kuvvetleri, bu tarihten itibaren Kuvvet Komutanlığı haline dönüşmüştür. 1950 yılından itibaren ise bütün sınıf okulları ve eğitim merkezlerini bünyesine almıştır. Yine aynı şekilde, 1928 yılından 1949 yılına kadar Genelkurmay Başkanlığı karargâhında Deniz Müsteşarlığı olarak temsil edilen Deniz Kuvvetleri, Yüksek Askeri Şura'nın 15 Ağustos 1949 tarihinde almış olduğu bir kararla Kara ve Hava Kuvvetleri ile birlikte Deniz Kuvvetleri Komutanlığı olarak yeniden teşkil edilmiştir. [92]

Savaş ve öncesinde Alman ve İngiliz askeri doktrinleri ışığında düzenlenmiş kadro, kuruluş ve teşkilatı, eğitim sistemlerinin, talimnamelerin değiştirilmesi için geniş bir hazırlığa girişilmiştir. Bu döneme iyi bir savaşçı olan Alman Ordusu'nu ve onun savaş kurallarını örnek alan Türk Kara Ordusu artık ABD askeri doktrin ve teşkilatına göre

91 William HALE, Türkiye'de Ordu ve Siyaset, Sy: 262, Çev. Ahmet Fethi, Hil Yayınları, İstanbul, 1996,

92 Erdal AKKAYA, Türk Ordusundaki Stratejik ve Doktriner Değişiklikler, Sy: 190, Yüksek Lisans Tezi, Ankara Üniversitesi, Ankara, 2006.

düzenlenmekteydi. İkinci Dünya Savaşı'ndan önce, Fransız havacılığının etkisi altında kalan ve kara ordusu gibi teşkilatlandırılan (bölük, tabur, alay vb.) Hava Kuvvetleri, savaş esnasında İngiltere'de eğitim gören Türk subaylarının yurda dönüşleriyle birlikte İngiliz Hava Kuvvetlerini örnek alınarak teşkilatlanmıştır. Aynı şekilde Deniz Kuvvetleri'nde de İngiliz denizciliği örnek alınarak teşkilat ve eğitim ona göre düzenlenmiştir. [93]

Savunma sanayi bu dönemde ekonomik krizler ve II. Dünya Savaşı sırasında çok büyük bir gelişme gösterememiştir. Bu döneme ait savunma sanayi tesisleri şöyle sıralanabilir: 1941 Taşkızak Tersanesi, 1941 Türk Hava Kurumu tarafındanAnkara'da kurulan Etimesgut Uçak Fabrikası, 1943 Mamak Gaz Fabrikası (gaz maskesi üretimi), 1945 Türk Hava Kurumu Motor Fabrikası, 1950 Askeri Fabrikalar Genel Müdürlüğünün Makine ve Kimya Endüstrisi Kurumu Genel Müdürlüğü (MKEK)'ne dönüştürülmesi ve 1957 NATO standartlarına uygun mühimmat fabrikası. 1939 yılında kuruluş çalışmaları başlatılan ve 1941 yılında, Türk Tayyare Cemiyeti tarafından üretime açılan Etimesgut Uçak Fabrikası ile 1945 yılında kuruluşuna başlanan ve 1948 yılında üretime geçen Türk Tayyare Cemiyeti Uçak Motor Fabrikası o dönemde Türkiye'de havacılık sanayinin çekirdeğini oluşturuyordu. Uçakların tasarım ve test çalışmaları için gerekli rüzgâr tünelinin inşaatına 1947'de başlanmış ve 1950 yılında tamamlanmıştır. [94]

O günkü devlet bütçesinin üçte biri kadar bir harcama yapılan "Ankara Rüzgâr Tüneli" savunma sanayinde dış yardımın ön plana çıkarılmasıyla daha sonraki yıllar hiç kullanılmamıştır. 1928 yılında kurulan Kayseri Uçak Fabrikası'nda, kurulduğu günden itibaren 112 adet uçak üretilmiş ancak üretim II. Dünya Savaşı sonrası başlayan Amerikan yardımı sebebiyle tümüyle durdurulmuş, sadece bakım-onarıma yönelik hizmet vermeye başlamıştır. Bu bağışlar ve satın almalar ülkede silah yapım sanayi kapasitesini daraltmış, bu alanda araştırma ve geliştirme imkânlarını tamamen ortadan kaldırmıştır. Truman Doktrini sonrasında yapılan askeri yardımlar ile silahlarda belli bir standart yakalanmış olsa da bu durum uzun süre Türkiye'yi

---

93 Haydar TUNÇKANAT, İkili Anlaşmaların İçyüzü, Sy: 269, Kaynak Yayınları, İstanbul, 2006,

94 Ahmet AYHAN, Dünden Bugüne Türkiye'de Bilim-Teknoloji ve Geleceğin Teknolojileri, Sy: 140, Beta Basım Yayım, İstanbul, 2002.

silah yedek parça ve teknoloji bağımlısı haline getirmiş ve gelişme çağındaki savunma sanayinin duraklamasına neden olmuştur.

a. Kara Kuvvetleri

Bütçeye uygunluk veya dost devletler tarafından verilenleri alıp kullanmak zorunluluğunda kalındığı için, Türk zırhlı birlikleri, 1947 yılına kadar kuruluşunda belirli bir tank tipine sahip olamamıştır. O tarihlere kadar, zırhlı birliklerin kadrolarında T-26, Renault, Vickers, Valentine, Sherman, Stuart, T-3, T-4 gibi çeşitli tip ve nitelikte tanklar yer almıştır. Türk zırhlı birlikleri standart bir hale gelebilmesi ancak Amerikan yardımıyla birlikte, kuruluş, kadro, sevk idare ve eğitim sistemlerinin Amerika ordusuna göre plânlanması ve uygulanmasıyla sağlanabilmiştir. [95]

1948 yılına gelindiğinde zırhlı birliklerin mevcudu altı zırhlı tugaya yükseltilmişti: 1'inci Zırhlı Tugay (Kartal/Maltepe), 2'nci Zırhlı Tugay (Etimesgut/Ankara), 3'üncü Zırhlı Tugay (Davutpaşa/İstanbul), 4'üncü Zırhlı Tugay (Aşkale/Erzurum), 5'inci Zırhlı Tugay (Mamak/Ankara), 6'ncı Zırhlı Tugay (Kandilli/İstanbul). [96]Topçu teşkilatında hava gözetlemesi ile başlayan kara havacılığı da, bu devrede gelişmelerde büyük önem taşıyan bir örnektir. Türk Silahlı Kuvvetleri bünyesine, 1948 yılında topçu havacılığı adı altında giren kara havacılığı, gün geçtikçe köklü bir sınıf haline gelmiştir. Kore'de Türk Tugayı emrine, 1950 yılında verilen iki adet L- 18B uçağı ile Kara Kuvvetleri pilotları ilk defa muharebe görevi almışlardır. [97] Savaş sonrasında muhabere sistemlerinin öneminin ortaya çıkmasıyla, 1948 yılında Amerikan yardımının başlamasıyla muhabere birlikleri de Amerikalı uzmanların yardım programlarına uygun şekilde hazırladıkları kadrolara göre yeniden teşkilatlandırılmıştır.

1948 yılında istihkâm ve demiryolu personelinin eğitimleri İstanbul'da kurulan İstihkam Okuluna devredilmiş, Mamak'ta bulunan Fen Tatbikat Okulunun ismi Muhabere Okulu olarak değiştirilmiştir.

---

95 Cumhuriyetin 50 nci Yıldönümünde Türk Silahlı Kuvvetleri, Sy: 91, Gnkur ATASE Yay, Ankara, 1980.

96 Erdal AKKAYA, Türk Ordusundaki Stratejik ve Doktriner Değişiklikler, Sy: 194, Yüksek Lisans Tezi, Ankara Üniversitesi, Ankara, 2006

97 Cumhuriyetin 50 nci Yıldönümünde Türk Silahlı Kuvvetleri, Sy: 90, Gnkur ATASE Yay, Ankara, 1980.

Savaş sonrasında askeri fabrikaları yeniden teşkilatlandırmak ve yapılandırmak maksadıyla, 1948 yılında Türk heyeti ABD ordusuna ait beş tesis ve yedi sanayi merkezinde incelemelerde bulunmuşlardır. 1948 yılında ordudaki sınıflara ordu donatım sınıfı da eklenmiştir. Savaş sırasında hava savunmasının ne kadar önemli olduğunun görülmesi üzerine 1950 yılında İstanbul/Tuzla'da bir uçaksavar okulu açılmıştır.

b. Deniz Kuvvetleri

1948 yılında, ABD askeri yardımı kapsamında donanmaya 11 gemi daha katılmıştır. Bu gemilerin sekiz adedi, 207 tonluk arama tarama, diğerleri ise tamir ve onarım ile ağ ve yağ gemileridir. Bu dönem içerisinde, sadece subaylar değil, donanmaya mensup erbaş ve erler de ABD'de birçok kursa katılmıştır. Örneğin, 27 er ve çavuş, Şubat 1949 ayında ABD Illinois'de Elektronik Teknisyenler Kolejinden mezun olmuşlardır. Amerikan yardımından sağlanan G sınıfı 4 muhribin (Gelibolu, Giresun, Gemlik, Gaziantep) 1949 yılında donanmaya katılmasıyla, beraberinde Deniz Kuvvetlerine radar cihazlarının girmesi gerçekleşmiştir. [98]

28 Nisan 1949 tarihinde törenle devredilen Giresun ve Gelibolu muhriplerinden 12 Subay, 62 erbaş ABD'de staj görmüştür. Gaziantep ve Gemlik muhriplerine ise Amerika'nın Charleston limanında 10 Haziran 1949 tarihinde bayrak çekme töreni yapılarak Türk donanmasına devredilmiştir. 948 yılına kadar Harita Genel Müdürlüğünün 7 nci Şubesi olarak çalışmış olan Seyir ve Hidrografi Şubesi, Seyir ve Hidrografi Dairesi adıyla genişlemiş olarak Deniz Kuvvetleri Komutanlığının emrine girmiştir. [99] Amerikan Askeri Heyeti ile ana görüşme konularının içerisinde yer alan İskenderun Limanı'nın önem kazanması nedeniyle İskenderun'da bir deniz komutanlığı kurulmuştur. Temmuz 1950 ayında, yüzde yetmiş yerli üretimle gerçekleşen taşkızak gemisi denize indirilmiştir. Bu 1942 yılında itibaren denize indirilen on birinci savaş gemisi olacaktır.

c. Hava Kuvvetleri

---

98 Cumhuriyetin 50 nci Yıldönümünde Türk Silahlı Kuvvetleri, Sy: 99, Gnkur ATASE Yay, Ankara, 1980.

99 Cumhuriyetin 60 ncı Yıldönümünde Türk Silahlı Kuvvetleri, Sy: 32, Gnkur ATASE Yay, Ankara, 1983.

Genelkurmay Başkanlığı bünyesinde 31 Ocak 1944 tarihinde müstakil olarak teşkil edilen Hava Kuvvetleri 1947 yılında ordu seviyesine çıkartılmış, 1950 yılında ise Harp Akademisi dışındaki hava harekât, eğitim ve lojistik birliklerini emrinde toplamıştır. Yine bu dönemde, hava teknik eğitim birlik ve müesseseleri de yeniden organize edilerek Hava Okulu'nun bünyesinde Hava Makinist Astsubay Okulu açılmıştır. 1947 yılında her iki okulun bir araya gelmesi ile Hava Okullar Komutanlığı oluşmuştur. [100]

ç. Jandarma Kuvvetleri

1949 yılında, nüfusu fazla olan illerde, polis görevli Jandarma Birlikleri kurulmuştur. (Bu birlikler 1960 yılında tekrar kaldırılmıştır). 1 Şubat 1950 tarihinde ise Jandarma Teşkilat ve Vazife Nizamnamesinin bazı maddeleri değiştirilmiştir.

d. Askeri Okullar

Almanların Belgrad'ı bombardımanı sonrasında, İstanbul'a konuşlanmış okullar Anadolu'da çeşitli şehirlere dağıtılmıştır. Harp Akademileri Ankara'ya muhafız tümeni kışlasına; Topçu Okulu Halıcıoğlu'ndan Polatlı'ya; Süvari Okulu Ayazağa'dan Söke'ye; Fen ve Tatbikat Okulu (Muhabere-İstihkam Okulu) Maçka'dan Ankara'ya; Deniz Harp Okulu ve Lisesi Heybeliada'dan Mersin'e, Talim Alayı İskenderun'a gönderilmiştir. [101]

(1) Harp Akademisi

İkinci Dünya Savaşı başlangıçta, Harp Akademilerinin eğitim öğretimlerini etkilememişti. Fakat savaşın yayılması Türkiye'nin askeri tedbirler almasını gerektirmiş, neticede Genelkurmay Başkanlığının seyrekleştirme tedbirleri kapsamında, okul, İstanbul'dan, Ankara Muhafız Alayı 2 numaralı kışlasına intikal etmiştir. Harp Akademileri Ekim 1941 tarihinden İkinci Dünya Savaşı sonuna kadar Ankara'da eğitime devam etmiştir. Savaş sonrasında Harp Akademileri, tekrar İstanbul Yıldız Sarayı'na dönmüş ve 13 Kasım 1946 tarihinde eski

---

100 Cumhuriyetin 60 ncı Yıldönümünde Türk Silahlı Kuvvetleri, Sy: 41, Gnkur ATASE Yay, Ankara, 1983.

101 ERENDİL Muzaffer, Türk Subaylarının İkinci Dünya Savaşı Hatıraları, Sy: 62, Gnkur ATASE Yay, Ankara, 1999.

yerlerinde eğitim-öğretime başlamıştır. 1949 yılına kadar Alman teknik ve taktiğine göre yetişen kurmaylar, bu yıldan sonra ABD metotlarını kabul etmiştir. Amerika'dan uzman öğretmenler getirtilmiş ve aynı zamanda ABD'ne öğrenciler gönderilmiştir. [102]

(2) Harp Okulu

İkinci Dünya Savaşı'nın başlaması ile birlikte subaya olan ihtiyaç artmış, Birinci Dünya Savaşı'nda olduğu gibi öğrenciler altı aylık hızlandırılmış eğitime tabii tutularak sınıf okullarına gönderilmişlerdir. 1941 yılında, Savaşın Balkanlar'a sıçramasıyla Deniz Harp Okulu ve Lisesi ise Mersin'e (tadil edilen Piyade Kışlasına) taşınmış, Heybeliada'ya getirildiği 1946 yılının öğretim sonuna kadar orada kalmıştır. Savaş sonrasında ise, Amerikan askeri doktrini ile birlikte, Deniz Harp Okulunu başarı ile bitiren öğrenciler Amerika Birleşik Devletleri'ne mühendislik tahsiline gönderilmiştir. 1947 yılında Tümen kuruluşuna geçen Harp Okulu'ndaki tahsil müddeti, ikisi öğrenci ve biri de subay öğrenci olmak üzere üç seneye çıkarılmıştır. [103]

1949 yılında, Harp Okulu Talimatı yayımlanmış, savaş sonrası ABD ile artan askeri ilişkiler ile birlikte Harp Okulu, Amerika Harp Okulu "West Point" sistemi ile yeniden yapılandırılmış ve "askeri fakülte" haline getirilme yönünde çalışmalar başlatılmıştır. Bu dönemde temel bilimler ile sosyal derslerin oranı artırılmıştır. 1939-1950 yılları arasında, Kara Harp Okulundan mezun olan subay sayısı 9. 248'dir. Bu sayı, 1923-1960 dönemi mezun olan subayların % 47'si ve yıllık mezun ortalaması ise 840'tır. [104]

(3) Gülhane Askeri Tıp Akademisi

Askeri Tıp Akademisi, 21 Temmuz 1941 tarihinde, İstanbul/ Sirkeci'den Ankara'ya taşınmıştır. 1945 yılında çıkarılan 4761 sayılı kanun ile Ankara Tıp Fakültesi'nin kurulma çalışmalarını yürüten Gülhane, bu tarihten itibaren fakülte ile ortak çalışmalara başlamıştır.

---

102 Osmanlı Döneminde Askeri Okullarda Eğitim, Sy: 296, Milli Savunma Bakanlığı, Ankara, 2000.

103 KURTCEPHE, İsrafil, Mustafa Balcıoğlu, Kara Harp Okulu Tarihi, Sy: 220, Ankara, 1991.

104 Kara HarpOkulu Tarihçesi, Harp Okulu Basımevi, Ankara, 1973.

ÇOK PARTİLİ DÖNEMDEN GÜNÜMÜZE TÜRK ORDUSU (1950-1980)

1. 1950'li Yıllara Girerken Siyasi, Askeri Gelişmeler ve Kore Savaşı

1947 yılında "Truman Doktrini"ni ile başlayan soğuk savaş döneminde, iki kutup arasındaki ilk sıcak çatışma Kore Savaşı ile 1950 yılında başlamıştır. Birleşmiş Milletler Güvenlik Konseyi, 27 Haziran 1950 tarihinde yaptığı toplantısında ise, Amerikan delegesi W. Auistin'in önerisini bire karşı yedi oyla kabul etmiştir. Konsey bu kararla, "Kuzey Kore'yi barışı bozmakla suçlu" itham ederek, "Silahlı taarruzları püskürtmek ve barışı iade için de Kore Cumhuriyeti'ne yardım yapılmasını" bütün üye devletlerden istemiştir. [105] Konsey aynı zamanda bu kararla, Kore'de savaşan Birleşmiş Milletler Kore Silahlı Kuvvetler Komutanlığını alarak oraya bir komutan atamasını üye devletlerden istemişti. ABD bu sorumluluğu derhal kabul ederek bu göreve General Mac Arthur'u atamıştır. [106] Dışişleri Bakanı Fuat Köprülü, Birleşmiş Milletler Güvenlik Konseyi'nin yapmış olduğu bu çağrıya, Türkiye tarafından müspet cevap verildiğini 30 Haziran 1950 tarihinde açıklamıştır.

Konseyin aldığı bu karar sonrasında, Kore'ye askeri kuvvet göndereceklerini bildiren devletler şunlardır: Kara kuvveti; Avustralya, Belçika, ABD, Filipin, Fransa, Habeşistan, Hollanda, İngiltere, Kanada, Lüksemburg, Portoriko, Tayland, Türkiye, Yeni Zelanda ve Yunanistan. Hava kuvveti; Avustralya, Belçika, ABD, Güney Afrika Birliği, İngiltere, Kanada ve Yunanistan. [107]

Türkiye, savaşın başlamasından bir ay sonra 26 Temmuz 1950'de Kore'ye 4. 500 kişilik bir kara gücü gönderilmesi kararını alarak, BM ve ABD'nin attığı adımları fiili olarak da desteklemiştir. Soğuk Savaş'ın ilk sıcak çatışması olan Kore Harbi'ne, Türkiye 15 ülke içerisinde ABD'den sonra en büyük kuvvetle katılmıştır. NATO'nun kurulmasından 14-15 ay gibi kısa bir süre sonra ortaya çıkan Kore

---

105 Himmet GÜNDÜZ, Kore Savaşı'nın Başlamasının Türk Basınına Yansımaları, Sy. 53, Silahlı Kuvvetler Dergisi, Ankara, 2003,

106 Fahir ARMAOĞLU, 20. Yüzyıl Siyasi Tarihi (1914-1980), C. I, Sy: 455, Baskı 7, Türkiye İş Bankası Kültür Yayınları, Ankara, 1991.

107 Kore Harbinde Türk silahlı Kuvvetlerinin Muharebeleri (1950–1953), Sy: 52, Genelkurmay Basımevi Ankara, 1975.

Savaşı'na Türkiye'nin önemli bir kuvvetle katılması ve askeri yeteneğini orada ispat etmesi de, bir çok NATO üyesinin Türkiye'nin askeri değeri hakkındaki fikirlerini değiştirmiştir. [108]

1953 yılında harekâtın bitimine kadar ateş hattında kalan Türk birliği, toplam 717 şehit, 5. 247 yaralı, 229 sonradan geri alınan esir ve 167 kayıp vermiştir. Kore'de iki yıl içinde, 41 gümüş yıldız, 67 bronz yıldız ve beş liyakat madalyası alan Türk askerleri, Sovyetlerin dibindeki Türkiye'nin gösterdiği kahramanca çabalar olarak ABD Başkanı tarafından takdir edilecektir. [109]

2. Türkiye'nin NATO'ya Üye Olması ve Türk Silahlı Kuvvetleri

Türkiye'nin NATO'ya üyeliği ile ilgili süreçte önemli bir yere sahip olan Kore Savaşı devam ederken, Kuzey Atlantik Paktı Konseyi 19 Eylül 1951 tarihinde Ottowa'da yapmış olduğu NATO Konseyi toplantılarında, Türkiye ve Yunanistan'a NATO üyeliği için resmi davette bulunmuştur. 7 Ocak 1952 tarihinde Türkiye ile Amerika arasında ortak güvenlik anlaşması imzalanmış ve 15 Ocak 1952 tarihinde Türkiye'nin NATO'ya girişi ABD Senatosu tarafından onaylanmıştır.

10 Mart 1952 tarihinde TBMM tarafından onaylanan ortak güvenlik anlaşmasının ikinci maddesine göre Türkiye, ABD'nin askeri girişimlerini desteklemek ve gerekirse yardım etme taahhüdü altına da girmiştir. 1949 yılında kurulan NATO'ya, Türkiye'nin çeşitli diplomatik manevralar, uzun ve yorucu bekleyişlerinden sonra Yunanistan ile birlikte 1952 yılında isteksizce kabul edilmesi bile, gerek iktidar gerekse muhalefet çevrelerinde olumlu karşılanmışhatta bir dış politika zaferi olarak nitelendirilmiştir. [110]

3. NATO Öncesi Türk Silahlı Kuvvetlerin Teşkilât ve Yapısı

20 Mart 1950 tarihinde subayların terfi kanununda yapılan bazı değişiklikler neticesinde ordudaki yardımcı sınıflar Nakliye, Sıhhiye, Veteriner, Levazım, Harita, Mühendis, Harp Sanayi ve Ordu Donatım olarak yeniden belirlenmiştir: Bu düzenlemeye göre Demiryol

108 Fahir ARMAOĞLU, Belgelerle Türk-Amerikan Münasebetleri, SY: 181, Türk Tarih Kurumu Basımevi, Ankara, 1991.

109 Ali GEVGİLİLİ, Yükseliş ve Düşüş, Sy: 82, Altın Kitaplar Yayınevi, Ankara, 1987.

110 Erdal AKKAYA, Türk Ordusundaki Stratejik ve Doktriner Değişiklikler, Sy: 213, Yüksek Lisans Tezi, Ankara Üniversitesi, Ankara, 2006

ve Otomobil sınıfları kaldırılmıştır. Nakliye sınıfının ismi de 1952 sonrasında "Ulaştırma" olarak değiştirilmiştir.

1954 yılında, ordu komuta heyetindeki gençleştirme hareketleri kapsamında genç rütbelere çeşitli komuta kademelerinde görevler tahsis edilmiştir. Özellikle emekliye ayrılan Albayların yerine genç ve daha küçük rütbede subaylar Alay Komutanlığına getirilmiş, böylece orduda dinamizm yaratılmaya çalışılmıştır. Bu arada albaylar tugay, tuğgeneraller tümen komutanlıklarına atanmıştır.

1949 yılında Savunma Bakanlığına karşı sorumlu hale getirilen Genelkurmay Başkanlığı, tekrar 1944-1949 döneminde olduğu gibi doğrudan Başbakanlığa karşı sorumlu hale getirilmiştir. [111]

1950'li yıllara baktığımızda, 1950 yılındaki savunma harcamaları 479 Milyon Dolar iken, bu rakam 1955 yılında 1. 219 milyon dolara, 1960 yılında ise 1. 913 milyon dolara yükselmiştir. Savunma harcamalarının genel bütçe içindeki payı ise, 1950 yılında % 32, 7, 1955 yılında % 36, 8, 1960 yılında ise % 26, 1 olarak gerçekleşmiştir. 1950 ile 1960 yılları arasında ABD'den sağlanan askeri yardım ise hibe olarak 1. 579, 5 milyon dolardır. 1950 ile 1960 yılları arasındaki savunma harcamalarına bakıldığında, savunma harcamalarının toplam harcama içindeki oranının ortalama olarak % 30 civarında olduğu görülmektedir. II. Dünya Savaşı dönemindeki savunma harcamaları ile karşılaştırıldığında, harcama oranının o dönemin yarısına düştüğü görülmektedir. [112]

1950-1960 dönemi içerisinde savunma sanayi ile ilgili gelişmelere baktığımızda, Askeri Fabrikalar Genel Müdürlüğü'nün 1950 yılında çıkarılan özel bir kanunla "Makine ve Kimya Endüstrisi Kurumu" adıyla iktisadi devlet teşekkülleri arasına alındığını görmekteyiz. 1952 yılında Türk Hava Kurumu'nun uçak ve motor fabrikaları M. K. E. K. tarafından devren alınmış, 1957 yılında Gazi Orman Çiftliği'nde modern bir Fişek Fabrikası kurulmuştur. M. K. E. K. tesisleri 1954 ve 1958 yıllarında iki defa modernize edilmiştir. 12 Haziran 1959

---

111 William HALE, Türkiye'de Ordu ve Siyaset, Sy: 125, Hil Yayınları, İstanbul, 1996.

112 Hikmet ÖZDEMİR Türkiye Cumhuriyeti'nde Rejim ve Asker İlişkisi Üzerine Bir İnceleme, Sy: 250, İz Yayıncılık, İstanbul, 1995.

tarihinde ise, Kara, Deniz ve Hava Kuvvetlerine bağlı fabrikalara mütevadil sermaye tahsisine dair kanun kabul edilmiştir. [113]

Avrupa'da dönemin sayılı modern tesislerinden biri olarak gösterilen Etimesgut Uçak Fabrikası'nda uçak ve planör gövdesi imal edilmiş ve bunların bir kısmı Hollanda'ya satılmıştır. 1950'li yıllarda jet motorların üretimi ile büyük bir teknolojik değişimin yaşanmıştır. Araştırma ve geliştirme yapılmamasının yanında, II. Dünya Savaşı ile Kore Savaşı'nda kullanılan eski uçakların hibe veya kredili olarak alınması bu fabrika ile Rüzgâr Tüneli'nin kısa süre içinde kapanmasına neden olmuştur. 1952 yılında Makine Kimya Endüstrisi Kurumu'na devredilen "Uçak Motor Fabrikası", bugünkü adı ile "Türk Traktör Fabrikası" olan traktör ve tarım aletleri üreten bir fabrikaya dönüştürülmüş, fabrika 1962 yılında uçakla ilgili tüm faaliyetlerini durdurmuştur. [114]

Ancak ileride soğuk savaşın önemini kaybederek yumuşama dönemine girilmesi ile birlikte ülkelerin tutumları değişecek, özellikle Kıbrıs sorunu ve devamındaki 1974 Harekâtı Türkiye'ye milli savunma sanayinin önemini kavratacaktır. "Etimesgut Tayyare Fabrikasının 1000'in üzerinde olan personel sayısı 1944 yılında 400-500'e düşmüştür. Fabrika'da çalışan yetkililer dönemin General Zeki Doğan'a giderek, fabrikadaki tezgâhların boş durduğunu, fabrikaya silahlı kuvvetlerin sipariş vermesini istemişlerdir. Bunun üzerine General Zeki Doğan, uçak motorunun maliyetini sormuş, fabrika yetkilileri 1949-1950 yıllarında bu maliyetin 5. 000-6. 000 lira olduğunu belirmişlerdir. General Zeki Doğan ise bu motorların ABD'den bedavaya alındığını belirterek, fabrikaya sipariş vermeyeceklerini belirmiştir.

1951-1962 yılları arasında ABD'nin Türkiye'ye askeri yardım programları ile tahsis ettiği para 1967 fiyatlarıyla 3 milyar liraya ulaşmıştır. İleriki dönemde, örneği Kıbrıs Harekâtı esnasında ciddi bir ihtilaf meydana gelmiş ve orduda bunun sıkıntısı hissedilmiştir. Bu durumda, süratle yeni kaynaklar bulmak ve silah bağımlılığından kurtulmak çok zordur. Türkiye'de savunma sanayinin varlığı çok

---

113 Erdal AKKAYA, Türk Ordusundaki Stratejik ve Doktriner Değişiklikler, Sy: 245, Yüksek Lisans Tezi, Ankara Üniversitesi, Ankara, 2006

114 Ahmet AYHAN, Dünden Bugüne Türkiye'de Bilim-Teknoloji ve Geleceğin Teknolojileri, Sy: 140, Beta Basım Yayım, İstanbul, 2002.

önceleri dayanmakla birlikte, bu alanda özellikle 1960'lı yıllar ile birlikte başlayan gelişmeler, 1975 yılında ABD'nin uygulamış olduğu silah ambargosu ile birlikte hızlanacaktır. [115]

a. Kara Kuvvetleri

Bu dönemde, ordu karargâhlarının kadro ve teşkilatları yeniden düzenlenerek, personel ve lojistik desteğini yeterince sağlayacak bir seviyeye getirilerek hareket kabiliyeti artırılmış, sevk ve idare ile lojistik hizmetlerini yürütecek yeni bir düzenlemeye geçilmiştir. Bazı tümenler ile kadro ve teşkilatları eski ve yeterli görülmeyen birlikler ise lağvedilmiştir. [116] 1952 yılında NATO'ya üye olunmasından sonra, Kara Kuvvetleri, NATO standartlarına göre daha modern olan silâh ve teçhizatlar ile donatılmıştır. Bu önemli gelişmeleri şu başlıklar halinde sıralayabiliriz;

Nike Hava Savunma Topçu Birliklerinin kurulması, Uçaksavar Topçu Tümen Komutanlığının teşkil edilmesi, Kara Ordusu Havacılık Okulunun açılması, Zırhlı birliklerin silah gücünün artırılması ve huduttakiler hariç atlı birliklerin azaltılmasıdır. 27 Eylül 1952 tarihinde Türkiye'nin NATO emrine 16 tümenlik bir kuvvet vermesi kararlaştırılmış ve NATO'ya tahsis olunan tümenler teşkilât değişikliğine uğrayarak, her zaman tam mevcutla savaşa hazır bulundurulmaları sağlanmıştır. 1955 yılında ise, Kara Kuvvetleri bünyesinde paraşütçü birlikleri kurulmuştur. 16 Ocak 1959 tarihinde ise ordu müfettişliği unvanı da, Ordu Kumandanlığı olarak değiştirilmiştir.

b. Deniz Kuvvetleri

NATO'ya üye olunması sonrasındaki dönemde donanmaya 1949 yılında başlayan Amerikan yardımları ile Amerikan yapımı gemiler ve denizaltılar girmeye başlamış, bunun üzerine ömrünü tamamlamış deniz unsurları da hizmetten çıkarılmaya başlanmıştır. Türkiye ve Yunanistan'ın NATO'ya alınması sonrasında, yapılacak olan Amerikan yardımı politikasında Türk-Yunan bölgesi için hedef, bu iki devlete eşit askeri yardım yapmaktı. Ege adalarına sahip olması nedeniyle

115 Erol MANİSALI, Savunma Sanayi ve Türkiye'de Savunma Sanayinin Gelişimi, Sy: 113, Tisa Matbaacılık, Ankara, 1987.

116 Cumhuriyetin 50 nci Yıldönümünde Türk Silahlı Kuvvetleri, Sy: 114, Gnkur ATASE Yay, Ankara, 1980.

büyük bir çıkarma gemisi filosuna sahip olan Yunanistan'a karşılık, Türkiye daha fazla denizaltıya sahipti.

1930 yılından beri donanmanın amiral gemisi ve en önemli silahı olan Yavuz muharebe kruvazörü, 1957 yılında faal kadrodan çıkarılmış, B sınıfı refakat gemileri 1957-1958 Amerikan yardımı kapsamında donanmaya katılmıştır. 1958 yılı içerisinde donanmaya katılan deniz unsurları şunlardır: Amerikan yardımından sağlanan, 1 denizaltı gemisi, 1 mayın gemisi, 4 mayın arama gemisi ve ikinci parti B sınıfı refakat gemileri ile Gölcük tersanesinde yapılmış olan bir su gemisi. İngiltere'den satın alınan Kılıç Ali Paşa sınıfı dört muhrip 29 Haziran 1959 tarihinde, Amerika yardımından sağlanan 2 liman savunma botu ise aynı yılın Ekim ayında donanmaya katılmıştır. Aynı zamanda S sınıfı mayın arama gemilerinden bir kısmı da bu yıl donanmada göreve başlamıştır. Bu dönemde yapılan askeri yardımlar sadece ABD tarafından değil, diğer NATO ülkelerinden de yapılmıştır. Kanada tarafından bu dönem içerisinde 10 adet refakat gemisi verilmiştir. [117]

Gölcük ve Taşkızak harp tersanelerinin, asli hizmetlerinde artacak zamanlarda, deniz ticaret filosu için bakım onarım ve gemi inşası gibi hizmetleri yerine getirebilmesi için, 1959 yılında kabul edilen 7356 sayılı Döner Sermaye Kanunu ile Deniz Kuvvetleri Komutanlığına yetki sağlanmıştır. 27 Mayıs 1960 sonrasında, 9 adet jandarma botu Almanya'dan alınarak, personeli Deniz kuvvetlerinden sağlanan, Jandarma Genel Komutanlığı'na bağlı bir kıyı koruma örgütü kurulmuştur. Bu kuruluş bugünkü Sahil Güvenlik Komutanlığı'nın çekirdeğini oluşturmaktadır. [118]

1961 yılında, Boğazlar ve Marmara Kolordu Komutanlığı "Kuzey Deniz Saha Komutanlığı", İzmir Deniz Komutanlığı ise "Güney Deniz Saha Komutanlığı" olarak yeniden teşkilatlandırılarak bugünkü Deniz Kuvvetleri Komutanlığının güncel teşkilât yapısı ortaya çıkmıştır.

---

117 Cumhuriyetin 60 ncı Yıldönümünde Türk Silahlı Kuvvetleri, Sy: 32, Gnkur ATASE Yay, Ankara, 1983.

118 Ergün DEMİREL, Cumhuriyetimizin 61 nci Yılında Deniz Kuvvetlerimiz, Sy: 15, Gnkur ATASE Yay, Ankara, 1984.

c. Hava Kuvvetleri

II. Dünya savaşının sonunda Hava Kuvvetleri, 1949 yılında Komutanlık yapılanması içine girmiştir. Askeri yardım kapsamında Amerika'nın verdiği ilk jet uçaklar 22 Kasım 1951 tarihinde Yeşilköy havaalanına gelmiş ve bu uçaklardan önemli bir kısmı Eskişehir'de açılan Hava Harp Okulu'na gönderilmiştir. Yapılan eğitim ve tecrübe uçuşları sonrasında 7 Aralık 1951 tarihinde jet uçakları Yeşilköy'de yapılan bir törenle Türk Hava Kuvvetlerine teslim edilmiştir.

Hava Kuvvetleri için stratejik seviyede değerlendirilebilecek bu değişiklikle envantere jet uçakları girmeye başlamış ve Balıkesir'de konuşlu 9 uncu Ana Jet Üs Komutanlığı ve onun emir komutası altındaki 191, 192 ve 193 üncü filolar, Türk Hava Kuvvetleri'nin ilk olarak jet uçakları ile teçhiz edilen jet filoları olmuştur. [119] Bu yenilikten sonra, Hava Kuvvetleri tümen, alay, tabur, bölük gibi kuruluşları bırakarak, bunların yerine hava kuvveti, hava üssü, hava grubu, filo gibi modern hava teşkilâtlarını oluşturmuştur.

Yeni teşkil edilen bu yapılanmada, T-33, F 84-G, F-84-F, F-86 Sabre ve nihayet F-100 gibi o dönemin en modern jet uçakları yer almaya başlamıştır. [120] Jet devriyle birlikte, İkinci Dünya Savaşı'ndaki sürat mefhumu iki misline çıkmış, bu durum hava savunmaları üzerinde çok büyük tesirler yaratmıştır. Böylece, savunma unsurları için düşmanı tespit etmek, tanımak ve tahrip etmek, zaman kavramı açısından yarı yarıya kısalmıştır.

ç. Jandarma Kuvvetleri

1956 yılına kadar, Gümrük Tekel Bakanlığına bağlı tümen seviyesinde askeri bir kuruluş olan Gümrük Umum Kumandanlığı tarafından yürütülen, sınır, kıyı ve karasularımızın emniyet ve korunması ile gümrük bölgelerinde kaçakçılığı men, takip ve tahkik görev ve sorumluluğu, 1956 yılında yürürlüğe konan 6815 Sayılı Kanunla Jandarma Genel Komutanlığı'na devredilmiştir. 1957 yılında

---

119 Dünden Bugüne Türk Hava Kuvvetleri, Sy. 76, Ulusal Strateji, Savunma ve Sivil Havacılık Dergisi, Ankara, 2003.

120 Cumhuriyetin 50 nci Yıldönümünde Türk Silahlı Kuvvetleri, Sy: 136, Gnkur ATASE Yay, Ankara, 1980.

Jandarma Eğitim Tugayları kurulmuş ve Jandarma Sınır Birlikleri tugaylar haline dönüştürülmüştür. [121]

d. Askeri Okullar

Türkiye'nin NATO'ya üye olmasıyla birlikte, Amerikan askeri yardımı artmış, savaştan alınan tecrübelere dayanılarak Amerikan eğitim ve öğretim sistemi Türk Silahlı Kuvvetlerine tamamen yerleşmiş, savaş öncesindeki yüz yıllık Alman doktrininin yerini yeni Amerikan doktrini almıştır. Amerikan ordusundaki talimnameler, teknik tarifnameler çok kısabir zamanda tercüme edilerek Silahlı Kuvvetlerde kullanılmaya başalanmıştır.

Aynı zamanda, Silahlı Kuvvetler için Amerika'dan uzmanlar gelmiş, subaylar ve astsubaylar, gerek yurt içinde ve gerekse ABD, Fransa ve Batı Almanya'da açılan kurslara devamlı olarak gönderilerek yetiştirilmişlerdir. Ancak günümüze yakın dönemlerde ABD talimnamelerini ve dokümanlarını alıp tercüme etmek ve bunları Türk Silahlı Kuvvetlerinin bünyesine uyarlamaya çalışmak akılcı bir yöntem olma vasfını kaybedecektir. [122]

Amerikan askeri yardımların en önemli bölümünü personel eğitimi oluşturmaktaydı. 1950 sonrasında askere alınan erlerin birçoğu, okuma-yazma, sosyal bilimler ve teknik konularda eğitime tâbi tutulmuşlardır. Orduya giren asker, köyündeki tarım kültüründen, bir anda jip, otomatik tüfek ve zırhlı araç gibi dönemin yüksek teknolojisini öğrenme durumunda kalmıştır. İkinci Dünya Savaşı'ndan sonra kurulan uluslar arası ilişkiler; gelişen ekonomik, politik ve kültürel bağların yabancı dil öğrenimini zorunlu kıldığının farkına varan Türk Silahlı Kuvvetleri, bu işi kendi bünyesinde organize maksadıyla, 1956 yılında Silahlı Kuvvetler Dil Okulunu açmıştır. [123]

1957 Ağustos ayında, ilk defa olarak Kara Kuvvetlerinde 2 (muhabere sınıfı), Deniz Kuvvetlerinde 1, Hava Kuvvetlerinde da 6 bayan asteğmen orduya katılmıştır. Harp Akademisi öğretim dal-

---

121 Said Arif TERZİOĞLU, Türk Ordusu, Sy: 75, Başnur Yay, İstanbul, 1965

122 Erdal AKKAYA, Türk Ordusundaki Stratejik ve Doktriner Değişiklikler, Sy: 254, Yüksek Lisans Tezi, Ankara Üniversitesi, Ankara, 2006

123 Cumhuriyetin 60 ncı Yıldönümünde Türk Silahlı Kuvvetleri, Sy: 9, Gnkur ATASE Yay, Ankara, 1983.

ları genişletilerek Milli Güvenlik Akademisi ile Müşterek Akademi kurulmuştur. [124]

(1). Harp Akademisi

1952-1953 eğitim ve öğretim yılında sivil asker işbirliği sağlamayı hedef tutan "Milli Savunma Akademisi" açılmış ve bu akademide kurmay subaylar, generaller ve bakanlıkların personeli gelerek eğitim görmeye başlamışlardır. 1953 yılında Kara, Deniz ve Hava Akademileri ikişer sınıflı olarak yeniden düzenlenmiştir. 1954 yılından beri Hava Kuvvetleri bünyesinde Ankara'da bulunan "Kara-Deniz- Hava işbirliği" kursu, 1958-1959 öğretim yılından itibaren İstanbul'a (Yıldız Sarayı'na) taşınarak faaliyetine Hava Harp Akademisi Komutanlığı bünyesinde devam etmiştir. [125]

(2). Harp Okulu

1953 yılında, dönemin okul komutanı ve öğretim başkanı ABD'ne giderek "West Point"te bir ay sürecek incelemelerde bulunmuştur. 1955 yılında ise Harp Okulu'nun askeri fakülte haline getirilmesi yönünde bir kanun tasarısı hazırlanmış olmasına rağmen kanunlaşamamıştır. 1957 yılından itibaren yıl içi eğitim ve öğretim sonrasında atış ve eğitim maksatlı olarak yaz dönemlerinde kampa gidilmeye başlanmıştır. [126]

(3). Deniz Okulları

1951 yılına kadar, Cumhurbaşkanlığı Yatı olarak kullanılan "Savarona", o yıl okul gemisi olarak Deniz Kuvvetleri Komutanlığına verilmiş, gemi müteakip yıllarda çeşitli yabancı limanları ziyaret etmiştir. 1952 yılına kadar Deniz Harp Okulu'nun eğitim/öğretim süresi, 1 yılı teorik öğretimle okulda ve 1 yılı pratik eğitimle donanmada değerlendirilmek şeklinde 2 yıldır. Deniz Harp Okulu, 1952 yılından itibaren öğretim süresini dört yıla çıkararak, Amerika

---

124 Cumhuriyetin 50 nci Yıldönümünde Türk Silahlı Kuvvetleri, Sy: 112, Gnkur ATASE Yay, Ankara, 1980.

125 Turgut YURDABAK, Harp Akademilerinin 127 Yılı, Gnkur ATASE Yay, Ankara, 1975.

126 İsrafil KURTCEPHE ve Mustafa BALCIOĞLU, Sy: 84, Kara Harp Okulu Tarihi, Ankara, 1991.

Birleşik Devletlerinin Deniz Harp Okulunun (Annapolis) teşkilât ile eğitim ve öğretim müfredatını esas olarak almıştır. [127]

(4). Hava Okulları

Hava Kuvvetlerinin teknik branşlarını karşılamak amacıyla açılan okullar, 1950 yılında Makinist Okulu ile birlikte Hava Teknik Okullar Komutanlığı bünyesinde birleştirilmiştir. 1 Ekim 1951 tarihinde Eskişehir'de bulunan hava okulları Hava Harp Okulu'na dönüştürülerek, Hava Kuvvetlerinin ihtiyacı olan muvazzaf subaylar böylece kendi bünyesinden sağlanmaya başlanmıştır. Hava Harp Okulundaki bir yıllık eğitimi müteakip, pilot adayları bir yıl ilk uçuş birliklerine pilot olarak alınırken, yer personeli de bir yıllık sınıf okullarını müteakip görevlerine başlıyordu. 30 Ağustos 1953'te ilk mezunlarını veren Hava Harp Okulu, 1954 yılında İzmir'e taşınmıştır. [128]

Bu arada, Hava Harp Okulu'na kaydedilen ilk kız öğrenci 30 Ağustos 1955 tarihinde düzenlenen diploma törenine Harp Okulu kıyafetiyle katılmıştır. 24 Aralık 1955 tarihine gelindiğinde ise İzmir Hava Harp Okulu'ndaki kız öğrenci sayısı kaydedilen iki kız öğrenci ile birlikte 9'a yükselmiştir. Hava personeli yetiştiren tüm okul ve birlikler, 1956 yılında kurulan Hava Eğitim Komutanlığı çatısı altında toplanmıştır. Bu arada, 1957 yılında Hava Harp Okuluna öğrenci yetiştirmek için Hava Lisesi kurulmuş ancak söz konusu lise 1974 yılında kapatılmıştır. 1974 yılında Kıbrıs Barış Harekâtı icra edilmiş ve Kıbrıs'ta kolordu seviyesinde Türk Barış Kuvvetleri Komutanlığı kurulmuştur. 1975 yılında İzmir'de Ege Ordu Komutanlığı kurulmuştur.

DÜNDEN BUGÜNE TÜRK SAVUNMA SANAYİİ

1. Genel

Türkiye'nin milli varlığı ve bütünlüğünü korumak adına önemli bir şart olan savunma sanayi; "Askeri anlamda her türlü stratejik ve taktik, saldırı ve savunmaya yönelik silah sistemleri ve askeri donanımları geliştiren ve üreten, özellikle yatırım malları üreten sanayi

127 Hayati TEZEL, Deniz Harp Okulumuz, Sy: 107, Silahlı Kuvvetler Dergisi, Ankara, 1973.

128 Cumhuriyetin 61 nci Yılında Hava Kuvvetlerimiz, Sy: 26, Gnkur ATASE Yay, Ankara, 1984.

kolları başta olmak üzere, diğer bütün ekonomik faaliyet alanları ile çok yakın bir işbirliği içerisinde olan, özel ve kamu kuruluşlarının mülkiyetindeki firmalar topluluğu" olarak tanımlandığı gibi;[129] "harp ihtiyaçlarının tümünün üretimini amaçlayan; başta sanayi olmak üzere, ülkenin tüm sanayi kollarının imkan ve kabiliyetlerini kullanan top yekun bir sanayi organizasyonu" şeklinde de ifade edilmektedir. [130]

2. Kurtuluş Savaşı Döneminde Savunma Sanayii

Kurtuluş Savaşı döneminde Osmanlı toprakları, Birinci Dünya Savaşı'ndan sonra imzalanan Mondros Mütarekesi doğrultusunda İtilaf Devletleri tarafından işgal edilmiş ve işgal sonucu Anadolu'nun çeşitli yerlerinde bölgesel olarak başlayan direnişler bir süre sonra Mustafa Kemal (ATATÜRK)'in önderliğinde organize bir yapıya kavuşmuştur. Türk milletinin varolması adına verilen savaşta başarılı olmak için düzenli orduya geçiş sürecinde savunma sanayiine de zorunlu olarak büyük önem verilmiştir. Esasen o yıllarda Türkiye'de yeterli miktarda sivil sanayi kuruluşu ve gerekli sermaye birikimi olmadığından Milli Savunma Bakanlığı, silahlı kuvvetler için gerekli malzemeleri kendisi yapmak zorunda kalmıştır. Osmanlı Ordusu elindeki silahlar Mondros Mütarekesi esaslarına göre silah ya da kama ve süngü kolu alınmış olarak İtilaf devletlerine teslim edilmişti. Bu durum karşısında ülkesi işgal altında olan Türk milleti, kendi imkanları ile vatanını savunmak için kılıç ve kasaturaları evlerin pencere demirlerini sökerek, top kamaları ve tüfek mekanizmalarını küçük basit atölyelerde insan gücüyle çalışan tornalarda yapmaya başlamıştı.

Kurtuluş Savaşı başlarında bu şartlarda orduya yetiştirilmeye çalışılan silah ve mühimmatın üretim ve tamiri Doğu Cephesinde Erzurum Silah Tamirhanesi, Batı Cephesinde Eskişehir Silah Tamirhanesi, Keskin Fişek Fabrikası ve Ankara Silah Tamirhanesi'nde yapılmıştır.

Doğu Cephesi'nde yapılan onarım işleri 1920 yılında Gümrü ve Kars civarında toplanan bir miktar tezgahın Erzurum'a getirilmesi ile Firdevsoğlu kışlasının bir köşesinde kurulan küçük bir onarım atölyesinde gerçekleştirilmiştir. Doğu cephesi birliklerindeki kamacı

129 Hülya TOKER, Dünden Bugüne Savunma Sanayii, Sy: 1, Gnkur ATASE Yay, Ankara, 2010.

130 Mustafa TAŞAN, Savunma Sanayii, MKEK Dergisi, Sy: 7, Ankara, 1983.

ve tüfekçilerle, sanatkâr erler burada toplanarak silah onarım işlerine başlamış ve İngiliz fişeklerinin Türk tüfeklerine uyacak şekilde değiştirilmesini sağlamışlardır. [131]

Batı Cephesinin silah ve mühimmat üretim, onarım işleri ise Eskişehir, Ankara ve Keskin olmak üzere üç yerde yapılmıştır. Bu cephede top onarım işlerine ilk kez Temmuz 1920'de İstanbul'dan gelen ustalarla Eskişehir demiryolu atölyesinde başlanmıştı. Burada birçok topun onarımı yapılmış ve bazılarının da elde mevcut mermilere göre mermi yatakları değiştirilmiş, mermi sevk çemberi onarımı ve hartuç bağlanması gibi topçu mühimmat işleri de yapılmıştır. [132] Atölyenin işlerinin zamanla artması ve mevcut tesislerin yetersiz kalması sonucu Adapazarı fabrikasından söktürülen tezgahların kullanılmaya başlanmasıyla burası kapsamlı bir silah tamirhanesi haline getirilmiştir.

Keskin Fişek Fabrikası'nda da gece gündüz çalışılarak günde 50. 000 kadar piyade fişeği onarılmak ve değiştirilmek suretiyle ordunun cephane ihtiyacının bir kısmı karşılanmaya çalışılmıştır. Bu dönemde faaliyet gösteren bir diğer tamirhane de Ankara Tamirhanesi olup, Temmuz 1920'de istasyon civarında Ankara-Yahşihan dekovil hattına ait birkaç tezgah ve küçük motor yardımıyla tüfek onarımı yapılmak üzere kurulmuştu. [133]

Bütün bu gayretlere rağmen tüfekler üzerinde yapılacak değişiklik, makineli tüfek onarımlarının yapılması ve kasatura ihtiyacı karşısında mevcut gereçler ve bu işleri yapacak uzman kişilerin çok yetersiz oluşu ve Anadolu'da kurulan bu fabrikaların bir süre sonra ordunun ihtiyacını karşılayamaz hale gelmesi sonucu TBMM hükümeti tedbir alma gereği duymuştur. TBMM bu görevlerin doğrudan doğruya ve bağımsız bir şekilde yerine getirilmesi amacıyla bundan sonra Harbiye Dairesi yerine Milli Savunma Bakanlığına bağlı İmalatı Harbiye Genel Müdürlüğü aracılığı ile üretim ve onarım işlerinin yürütülmesine karar vermiştir. Bu karar doğrultusunda 10 Ocak

---

131 Türk İstiklal Harbi İdari Faaliyetler, C-VII, Sy: 117, Gnkur ATASE Yay, Ankara, 1975.

132 Türk İstiklal Harbi İdari Faaliyetler, C-VII, Sy: 118, Gnkur ATASE Yay, Ankara, 1975.

133 Hülya TOKER, Dünden Bugüne Savunma Sanayii, Sy: 7, Gnkur ATASE Yay, Ankara, 2010.

1921 günü merkezi Ankara'da olmak üzere İmalatı Harbiye Genel Müdürlüğü kurulmuş ve genel müdürlüğe Topçu Albay Asım tayin edilmiştir. Alınan son kararla cepheler, yapım ve onarım bakımından meydana gelen ihtiyaçlarını eskiden olduğu gibi Milli Savunma Bakanlığına bildirecek ve Bakanlık da bu ihtiyaçları İmalatı Harbiye Genel Müdürlüğü aracılığıyla sağlayacaktı. [134]

Milli Savunma Bakanlığı yeni kurulan İmalatı Harbiye Genel Müdürlüğü için gerekli personel ve malzeme ihtiyacını karşılamak amacıyla İnebolu İrtibat Subaylığına gönderdiği çeşitli emirlerle; İstanbul'da bulunan bazı imalatı harbiye uzmanlarına Ankara'da bulunun İmalatı Harbiye Genel Müdürlüğü tarafından ihtiyaç duyulduğu, bu kişilere Anadolu'ya geçişte kolaylık sağlanması, gerektiğinde vapurlardan aldırılması ve para yardımında bulunması istenmiştir. Anadolu'ya gelecek kişi ve malzemeler için Milli Savunma Bakanlığı tarafından İnebolu'ya para gönderilmiş ve gönderilen paranın İnebolu Askerlik Şubesi kasasında muhafaza edilmesi istenmiştir. Fevzi Paşanın 7 Mart 1921'de verdiği emirde İnebolu Askerlik Şubesi kasasında mevcut olan 10. 000 liranın Genelkurmay Başkanlığı adına bankaya yatırılması ve Ankara'dan gelen emir doğrultusunda harcanması istenmiştir. [135]

Anadolu'dan gelen emirler genel olarak para karşılığında bu işlerin yapılması doğrultusunda idi. Ancak Anadolu'dan gönderilen kişilerin zaman zaman yanlış hareket ettiği görülmüştür. Bu durumu tespit eden İnebolu İrtibat Subaylığı, Genelkurmay Başkanlığını bilgilendirme ihtiyacı duymuş ve Anadolu'dan gelen kişilerin kendileriyle temas kurmaları, şahsi hareket etmemeleri gerektiğini belirtmiştir. Zira Anadolu'dan gelen bazı kişiler aldıkları para, çek ve şifre anahtarlarını göstererek bazı depoların kapısını kırıp cephane kaçırmaya çalışmış zaman zaman başarılı da olmuşlardır. [136]

Bu dönemde hava savunma sanayiinde de büyük sıkıntılar yaşanmıştır. Kurtuluş Savaşı'nın başında Hava Kuvvetlerinin ilk

134 Türk İstiklal Harbi İdari Faaliyetler, C-VII, Sy: 115, Gnkur ATASE Yay, Ankara, 1975.

135 Hülya TOKER, Dünden Bugüne Savunma Sanayii, Sy: 8, Gnkur ATASE Yay, Ankara, 2010.

136 Hülya TOKER, Dünden Bugüne Savunma Sanayii, Sy: 8, Gnkur ATASE Yay, Ankara, 2010.

çekirdeğini Anadolu'da toplanan pilot, rasıt, makinistlerle, Konya, Erzurum, Elazığ ve Diyarbakır'daki uçaklar teşkil etmiştir. Ancak İstanbul'dan kaçıp gelen havacı personelin sayıca fazla olmasına rağmen uzun süre eğitim yapmamaları nedeniyle uçuştan uzaklaşmış olmaları Anadolu'da bulunan uçakların kullanımında güçlükler yaratmıştı. [137] Anadolu'da bulunan kırık dökük uçaklar ise türlerine göre ayrılarak kullanılabilir parçalar bir uçaktan diğerine takılmak suretiyle birkaç uçak kullanılır duruma getirilmişti. Esasen bozulan uçakların onarımı için gerekli yedek parça olmadığı gibi, uçakların onarımı için uçak mühendisi ve uzman bakımcı konusunda da büyük sıkıntılar yaşanmakta idi. Bununla birlikte, kırık uçaklar bütün imkanlar kullanılarak uçurulmaya çalışılmıştı. Kanat ve gövdeler kaput beziyle kapatılmış, tutkal ve çivilerle berkitilmişti. Kanat ve gövde bezlerini gerginleştirmede kullanılan emayit denen çok gerekli bir madde bulanamadığı için Konya'daki havacılar tarafından özel bir karışım yapılmıştı. [138]

Konya'da bulunan bu uçaklardan üç uçaklı bir filo hazırlanarak gösteri ve propaganda uçuşları yapmak üzere Konya'dan trenle Ankara'ya getirilmiş ancak istenen uçuşları yapamayan bu filo, Haziran ayında Eskişehir'e gönderilmiştir. Anadolu'da Yunanlılara karşı verilen savaş düzenli ve disiplinli orduların kurulmasıyla yeni bir döneme geçtiği zaman, TBMM Hükümeti Anadolu'ya kaçıp gelen havacı personelden ve eldeki kırık-dökük uçaklardan yararlanma düşüncesiyle Milli Savunma Bakanlığının 13 Haziran 1920 tarihli emri ile Harbiye Dairesine bağlı bir Kuvayı Havaiye Şubesi kurmuştur. Şube personel, araç ve gereçlerin sağlanmasıyla uğraşacak, eğitim ve harekâtı, Genelkurmay Başkanlığı yönetecekti. Daha sonra teknik gereç sağlama işi de Genelkurmay Başkanlığı'na verilmiştir. [139]

Bu dönemde Hava Kuvvetleri Şubesi iki uçak istasyonundan oluşmakta idi. 1 nci sınıf uçak istasyonu Eskişehir'de, 2 nci sınıf uçak istasyonu Erzincan'da üslenecekti. Eskişehir'deki Batı Cephesi Komutanlığı emrinde iki av ve iki keşif uçağından oluşacak bir bölük

---

137 Hulusi KAYMAKLI, Havacılık Tarihinde Türkler, C-2, Sy: 42, 1997.

138 Atatürk'ün Doğumunun Yüzüncü Yılında Türk Silahlı Kuvvetleri, Sy: 228, Ankara, 1981.

139 Hülya TOKER, Dünden Bugüne Savunma Sanayii, Sy: 9, Gnkur ATASE Yay, Ankara, 2010.

kurulacaktı. Önceleri Kartal Uçak Müfrezesi ismini alan bu birlik daha sonra 2 nci Bölük adını almıştır. Bu sekiz uçaklı, iki bölük TBMM ordularının ilk hava kuvvetlerini teşkil etmiştir. [140]

Kurtuluş Savaşı'nda kullanılan uçaklar uzun mesafeli uçuşlarda daima motor arızası gösterdiğinden meydanların cepheye yakın olmasına özen gösterilmiş ve cephenin durumuna göre uçak birlikleri yeri değiştirilmiştir. Uçakların yeni olmaması ve tamirlerinin de malzemesizlikten dolayı tam olarak yapılamamasından dolayı uzun mesafeli uçuşlarda kullanılamamıştır. [141]

Uçakların eski ve yetersiz olması, benzin yokluğu, tamirlerinin ilkel şartlar altında yapılmış olmasına rağmen Birinci ve İkinci İnönü savaşlarında faal olan 5 uçakla (bunlardan 2 tanesi muharebelerin başlarında gayrı faal duruma geçmiştir.) keşif faaliyetleri yapılmıştır. Bütün bu keşif bilgileri pilotlar tarafından uçuş dönüşünde telefonla Batı Cephesi karargahına bildirilmiştir.

Sakarya Meydan Savaşı'nda ise Yzb. Fazıl'ın komutasındaki bölükte 2 adedi keşif ve 2 adedi av uçağı olmak üzere toplam 4 uçak bulunmakta idi. Ancak savaş başlamadan önce bir av uçağı ve iki keşif uçağının faal olmaması nedeniyle Sakarya Meydan Savaşı'nda bir av uçağı ve Muğla yönünden gelerek mecburi iniş yapan bir Yunan uçağı kullanılmış ve 35 keşif uçuşu yapılmıştır. Bu keşif uçuşları sonucunda Yunan birliklerinin çekilmekte olduğu tespit edilmiştir. 1922 yılında Fransa'dan dört adet Bregjet, İtalya'dan 20 adet Spad av uçağı alınmış, bunlar da Konya'ya getirilerek gerekli olan silahlar monte edilmiştir. Buna ilave olarak maddi gücü yerinde olan bazı vatandaşların da kendi imkanları ile alıp orduya hediye ettikleri uçaklarla Büyük Taarruzdan önce Batı Cephesindeki uçak mevcudu ileri bir seviyeye getirilmiş ve uçak sayısı 17'ye çıkarılmıştır. [142]

Taarruzun başladığı gün olan 26 Ağustos'ta av uçaklarının gün boyu sürdürdüğü uçuşlar sırasında dört defa Yunan uçaklarıyla karşı karşıya gelinmiş, girişilen hava muharebelerinde üç Yunan

140 Hulusi KAYMAKLI, Havacılık Tarihinde Türkler, C-2, Sy: 43, 1997.

141 Hülya ŞAHİN, Kuruluş Savaşında Türk Havacılığı, Sy: 82, Silahlı Kuvvetler Dergisi, Ankara, 2000.

142 Hülya TOKER, Dünden Bugüne Savunma Sanayii, Sy: 10, Gnkur ATASE Yay, Ankara, 2010.

keşif uçağı hemen kendi hatları gerisine indirilmiş, bir Yunan uçağı da Yzb. Fazıl tarafından yere inmeye zorlanmıştır. 28 Ağustos günü, 1 nci sortide dört keşif uçağı ile Yunan topçuları bombalanmış, 29-30 Ağustos günü yedi sorti uçuş yapılırken 31 Ağustos'ta beş sorti uçuş yapılmıştır. [143]

Sonuç olarak denilebilir ki, Kurtuluş Savaşının başlangıcında sadece bir kadro halinde bulunan hava teşkilatı bu süre zarfında tüm maddi imkansızlıklara rağmen yeniden teşkil edilmiş ve adeta baştan yaratılmıştır. Bütün imkansızlıklara rağmen uçakların yerinde ve zamanında yaptığı keşifler sayesinde Yunan birlikleri hakkında ayrıntılı bilgi edinildiği gibi uçaklar tarafından atılan beyannamelerle Yunan birlikleri üzerinde psikolojik bir baskı da yaratılmıştır.

3. Cumhuriyet Döneminde Savunma Sanayii

a. Amerikan Yardımına Kadar Olan Dönem

1). Kara Kuvvetleri

Cumhuriyetin ilanından sonra Türkiye için tamamen yeni bir dönem başlamış ve her alanda yenilikler yapıldığı gibi savunma sanayiinde de yeni atılımlar yapılmıştır. Öncelikle savaş sonrası ülkenin çeşitli bölgelerinde kalan kırık dökük savaş araç ve gereçleri toplanmış, kullanılabilir halde bulunanlardan faydalanma yoluna gidilmiştir.

1923 yılında Tophane'deki tesislerde kalan tüfek fabrikası tezgahlarının nakline başlanmış, önceden getirilip kurulmamış olan tezgahlar elden geçirilmiş, tamire muhtaç olanları tamir edilerek diğer eksiklikleri giderilmiştir. Böylece tüfek kundak imalatı eski tezgahlarla sürdürülmeye çalışılmıştır. Ancak Türk ordusunun ihtiyaçlarının yalnız bu malzemelerle sağlanamayacağının anlaşılması üzerine yeni fabrikalar kurulmaya başlanmıştır. Bu amaçla 1924 yılında Mustafa Kemal ATATÜRK tarafından bugün milyonlarca top ve tüfek mermisi, ateşli silahlar ve teçhizatın üretildiği Kırıkkale Silah Fabrikalarının temeli atılmıştır. [144]

---

143 Hülya ŞAHİN, Kuruluş Savaşında Türk Havacılığı, Sy: 86, Silahlı Kuvvetler Dergisi, Ankara, 2000.

144 Atatürk'ün Doğumunun Yüzüncü Yılında Türk Silahlı Kuvvetleri, Sy: 125, Ankara, 1981.

Yine 1924 yılında Ankara'da hafif silah ve top tamir atölyeleriyle fişek ve marangoz fabrikaları, 1927 yılında yeni Mühimmat Fabrikası, 1928 yılında Pirinç Fabrikası, 1930 yılında Kayaş Kapsül Fabrikası, 1931 yılında Kırıkkale Elektrik Santrali ve Çelik Fabrikası, 1936 yılında Barut, Tüfek ve Top fabrikaları, 1943 yılında Mamak Gaz Fabrikası (gaz maskesi üretimi için) kurulmuştur. [145]

Bu fabrikalar Cumhuriyet hükümetinin ciddi gayreti sonucu modern bir şekle sokularak uzun sürecek bir savaş durumunda bile orduya yetecek silah ve cephane ihtiyacını karşılayabilecek harp endüstri merkezleri haline getirilmiştir. Patlayıcı maddeler için barut fabrikaları, trotil fabrikası, fülmenat ve kapsül imalathanesi gaz maskesi fabrikası, hafif silahlar için tüfek fabrikası, fişek fabrikası, bomba imalathanesi ile bunlar için gereken malzeme ve maddeleri hazırlayacak çelik dökümhanesi, pirinç dökümhanesi, kereste ve marangoz imalathanesi, ağır silahlar için top fabrikası, mermi fabrikası, kovan ve tapa fabrikası tesis edilmiş, fabrika niteliğinde dikimevleri yurdun güvenli bölgelerinde faaliyete geçirilmiştir. [146]

1938 yılına kadar tamamlanan projelerle Silahlı Kuvvetlerin topçu ve piyade silahlarına ve bunların mühimmatına olan ihtiyacı yerli üretimle giderilebilir hale getirilmiştir. Diğer yandan o güne kadar dışardan sağlanan bakır ve pirinç malzemeler, çelik hadde ve dövme mamuller dinamit, fitil, kapsül, av fişeği, av tüfeği gibi sınai mamuller de savunma sanayii tesislerinde üretilerek ülke ihtiyacını karşılar hale getirilmiştir. [147]

Cumhuriyet hükümetinin üzerinde durduğu konulardan biri de ordunun teknik donanımı olmuştur. Dünyada durmadan ilerleyen ve gelişen silah ve malzeme tekniğini takip, tetkik, tecrübe ve bakım işlerini yapmak amacıyla Fen ve Sanat Dairesi kurulmuştur. Burada fizik, kimya, gaz, maske, barut ve patlayıcı maddeler laboratuarları çalıştırılmaya başlanmış ve bu amaçla modern poligonlar yapılmıştır. Böylece Cumhuriyetin ilanından sonra 16 yıl içinde ordunun tüm giyecek ve

145 Hülya TOKER, Dünden Bugüne Savunma Sanayii, Sy: 11, Gnkur ATASE Yay, Ankara, 2010.

146 Atatürk'ün Doğumunun Yüzüncü Yılında Türk Silahlı Kuvvetleri, Sy: 125, Ankara, 1981.

147 Günay GÜNGEN, Türk Savunma Sanayinde MKEK Deneyimi, Sy: 4, Ankara, 1987.

diğer levazım ihtiyaçları ve Silahlı Kuvvetler donatım malzemesi yerli malı olmuş ve hepsi milli fabrikalarda yapılacak hale getirilmiştir.

Ordunun ihtiyaçlarının yerli üretimle karşılanması girişimlerine bir süre sonra özel sektör de katılmıştır. 1930'lu yıllarda İstanbul Haliç bölgesinde kurulmuş olan Nuri Killigil tesisleri, dönemin silah üreten iki özel firmasından birisi olmuştur. Bu firma, tabanca, 81mm havan ve mühimmatı, çeşitli tahrip kalıpları, patlayıcı ve yanıcı maddelerle, proteknik maddelerin üretimini gerçekleştirmiştir. [148]

Çelik Fabrikasında da yeterli denecek bir gelişmeye gidildiği görülmektedir. Topçu mühimmatı ve diğer fabrikaların ihtiyacını karşılayabilecek çeliği temin etme seviyesine gelinmiştir. Çelik fabrikasında yapılmakta olan bomba imalatı günde 2000 adede yükselmiştir. Küçük Yozgat (Elmadağ) Barut Fabrikası, kısa zamanda üretimini arttırmış, piyade ve topçu mühimmat fabrikalarının ihtiyacı olan barutu karşılar duruma gelmiştir. 1940 yılında 3. 7/50 cm. lik tanksavar topları ve 47 mm. lik topların üretimine geçilmiştir. Bu sırada Kara Kuvvetlerinin harp silah, araç ve malzemesinin süratle yapımı, ikmal işlerinin bir elden ve daha iyi yürütülmesi kontrol ve koordinenin sağlanması, endüstriyel ve ekonomik bakımdan maksada uygun olarak cereyanı için Ocak 1942'de, Harbiye Dairesi, Motor Dairesi Fen, Sanat ve Askeri Fabrikalar bir müfettişlik emrinde toplanmıştır. [149]

2). Hava Kuvvetleri

Cumhuriyet sonrası savunma sanayiinde yaşanan önemli gelişmelerden biri de havacılık alanında olmuştur. 1925 yılında Milli Savunma Bakanlığı'nın girişimleriyle Eskişehir Uçak Fabrikası kurulmuş, alay seviyesinde bir statüye sahip olan fabrikada, Junkers bombasalan ve silah sistemleri monte edilmeye başlanmıştır. [150] Bu dönemde Türkiye Cumhuriyeti'nin mali kaynaklarının yetersizliğin dolayı silah alımı kısıtlı olmuş ve bu nedenle yurt çapında çeşitli yerlerden hava kuvvetlerine uçak alınarak yardım etmek üzere para toplamaya yönelik kampanyalar açılmak zorunda kalınmıştı. Bağışların çoğalması bu faaliyetlerin koordine ve tek elden idaresini

---

148 Savunma Sanayinin Dünü, Bugünü, Yarını, Sy. 33, Ankara, 2001.

149 Hülya TOKER, Dünden Bugüne Savunma Sanayii, Sy: 13, Gnkur ATASE Yay, Ankara, 2010.

150 Stuart KLINE, Türk Havacılık Kronolojisi, Sy: 142, Dönence Yay, İstanbul, 2002.

gerektirmişti. İşte bu nedenlerle 16 Şubat 1925'te Gazi Mustafa Kemal ATATÜRK'ün direktifleri doğrultusunda Türk Tayyare Cemiyeti kurulmuştur. Aynı yıl Ankara Akköprü'de Türk Tayyare Cemiyeti'nin planör ve motorlu uçaklarının onarım ve revizyonu amacıyla bir marangoz atölyesi kurulmuştur. 25 Haziran 1926'da Vecihi Hürkuş Yunanlılardan kalan ve mevcut eski uçak aksamını bir araya getirerek ilk milli tip uçağı ortaya koymuştur. Vecihi K VI işaretli bu prototipiyle yurtiçi seyahatler yapmıştır. Ancak Vecihi Hürkuş'un[151] faaliyetleri amatörce bir çalışma olarak kalmıştır. [152]

6 Ekim 1926'da Kayseri'de Tayyare, Otomobil ve Motor Türk Anonim Şirketi (TOMTAŞ)'nin büyük bir törenle açılması hava sanayii alanında önemli bir atılım olmuştur. TOMTAŞ Türk Tayyare Cemiyet ile Almanya'da Junkers uçak imalat firması arasında yapılan anlaşma gereği Kayseri'de uçak ve motor fabrikası, Eskişehir'de bir tamirhane ve bazı tesislerin kurulması şeklinde planlanmıştı. 7 Eylül 1925 tarihinde Milli Savunma Bakanlığı ile Alman Junkers Flugzeugwerke Aktein Gesellschaft (Junkers Uçak Fabrikası Anonim Şirketi) arasında bir anlaşma imzalanmış[153] ve Tayyare Otomobil Türk Anonim Şirketi (TOMTAŞ) kurulmuştur.

Junkers firması ile yapılan anlaşmada, sermaye tutarı yaklaşık 3, 5 milyon YTL (7. 000. 000 Mark) olacak ve taraflar arasında eşit katılım sağlanacaktır. Fabrika tam anlamıyla faaliyete geçinceye kadar Türkiye, tüm uçaklarını Almanya'dan alacaktır. [154] Kayseri Tayyare Fabrikası ve tesisatının yeni tayyare ve motor imal edecek hâle getirilmesi için bir ihale açılmış ve Amerikan The Curtiss Aeroplane and Motor Company Inc. Firması ile sözleşme yapılmıştır. Bu firma

---

151 Vecihi Hürkuş, 6 Ocak 1896 yılında İstanbul'da doğmuştur. 1912 yılında "Gedikli" olarak orduya katılmıştır. Havacılığa ilgi duymuş ve 1916 yılında pilot olmuştur. Hayatının 53 yılını fiilen uçarak geçirmiştir. Uluslararası Havacılık Federasyonunun ilk ve tek ödüllü Türk pilotudur. Türkiye Cumhuriyeti tarihinde ilk uçağı imal eden, imal ettiği uçağı ile yıllarca uçan pilot ve Türk mühendisidir. Birinci Dünya Harbi'nde Irak ve Kafkas cephelerinde pilot olarak görev yapmıştır.

152 Hulusi KAYMAKLI, Havacılık Tarihinde Türkler, C-2, Sy: 353, İstanbul, 1997.

153 Hülya TOKER, Dünden Bugüne Savunma Sanayii, Sy: 14, Gnkur ATASE Yay, Ankara, 2010.

154 Osman YALÇIN, 1911-1945 Yılları Arasında Türk Hava Harp Sanayii, Sy: 180, Gnkur ATASE Yay, Ankara, 2010

ile yapılan sözleşme 21 Ekim1931 tarih ve 724 numaralı Tezkere ile bir seneye mahsus olmak üzere imzalanmıştır.

Kayseri'de elektriğin dahi bulunmadığı bir dönemde 500 kilawat jeneratör, Almanya'dan getirilen 5 mühendis, 120 Alman ve 240 Türk işçisiyle faaliyete geçen bu fabrikada 30 adet A-20 uçağının üretim, bakım ve onarımı yapılmıştır. 3 Mayıs 1928'de Junkers ile Türk Tayyare Cemiyeti arasında bir protokol ile Junkers tüm hisseleri ile bilumum haklarından feragat ederek alacağı olan 520. 000 TL ödenmek üzere Türk Tayyare Cemiyetine devretmiştir. Junkers firması ile olan anlaşmazlık çözümlenmiş ve hisselerin alınmasına müteakip 1930 yılında fabrikada revizyon faaliyeti yeniden başlamıştır. [155] Kayseri'de kurulan bu tesisler 1939 yılında Kayseri Hava İkmal ve Bakım Merkezi haline dönüştürülmüştür. Kayseri Uçak Fabrikasında 6 Ekim 1926 tarihinden itibaren; 30 adet A-20 L, 24 adet Hawk 11, 3 adet F-13, 8 adet Fledgling 2C1, 43 adet Gotha 145 A, 4 adet P. Z. L. -24 A (Seri Nu. : 2015-2118), 21 adet P-24 G ve 27 adet planör üretilmiştir. Bu fabrikada üretilen son uçaklar, İngiliz Miles Magister uçaklarıdır. 1939 yılından sonra uçak üretimini durdurmakla birlikte Hava Kuvvetleri Komutanlığı'na ait uçakların bakım ve onarımı yapılmaya devam edilmiştir.

Bu dönemde hava gücünü kuvvetlendirme kampanyası devam ettirilmiş ve 1925-1935 yılları arasında halktan toplanan 50 milyon Türk Lirası ile 250 uçak satın alınmıştır. Satın alınan uçaklara kampanyaya katılan il ve köylerin adları verilmiştir. Büyük Zaferin 10 ncu yıl dönümü olan 1932 yılı zafer bayramında 40 adet uçak orduya armağan edilmiştir. En fazla uçağı İzmir (24), daha sonra İstanbul (15) ili satın almıştır. İlçeler arasında rekor ise 8 uçakla Edremit olmuştur. 30 Ağustos 1932'de Türk halkının satın aldığı 40 uçak "Ordunun Hava Gücünü Kuvvetlendirme" kampanyasına armağan edilmiştir. Kampanyanın en büyük destekçilerinden olan İzmir halkı 5 uçak hediye etmiştir. [156]

Yine aynı yıl Fransa'da mühendislik eğitimi alan Selahattin Alan motor ve pervanesi Amerika'dan getirilen diğer bütün parçaları Eski-

---

155 Perihan KİLİMCİ, Atatürk Döneminde Türk Askeri Havacılığı, Sy: 123, HvHO Yay, İstanbul, 2004.

156 Stuart KLINE, Türk Havacılık Kronolojisi, Sy: 229, Dönence Yay, İstanbul, 2002.

şehir ve Kayseri'de yapılan ilk Türk yapımı uçağı meydana getirmiştir. 10 Şubat 1937'de havacılık alanında özel girişimler devam etmiş ve Nuri Demirağ, Selahattin Alan ile birlikte Beşiktaş'ta Barbàros Hayrettin İskelesi karşısında ilk Türk sivil özel uçak fabrikasını hizmete açmıştır. Fabrikada montaj atölyesi, dökümhane, motor ve pervane imalathanesi, malzeme muayene ve tetkik laboratuarı bulunmakta idi. İlk parti imalat 12 adet 'Nu. 36' uçağıdır. [157]

Türk Hava Kuvvetleri iki dünya savaşı arasında Nasturi (12-28 Eylül 1924), Şeyh Sait (13 Şubat-31 Mayıs 1925), Ağrı (1926-1927), Dersim (Tunceli) 1937-1938) ayaklanmaları gibi bazı iç güvenlik olaylarında önemli görevler almış ve asilerin yenilgiye uğratılmasında büyük rol oynamıştır.

1938 yılında Vecihi Hürkuş tek kanatlı bir uçak yapmıştır. Uçağın adı Vecihi K-XVII adını taşımakta idi. Uçak üretimi sonraki yıllarda daha da artmış, uçak ihracı dahi yapılmıştır. Nitekim 1941 yılında Ankara-Etimesgut'ta kurulan Etimesgut Uçak Fabrikası'nda Miles Magister M. 14, THK. 1, THK. 3, THK. 4, THK. 7, THK. 9, THK. 13 planörleriyle THK. 2, THK. 5, THK. 10 tiplerinde eğitim sağlık ve nakliye uçakları üretilmiş, bu uçaklardan THK. 5 Danimarka'ya ihraç edilmiştir. Uçak üretiminin yanı sıra mevcut uçakların bakım ve onarımı da yapılmak istenmiş bu nedenle öncelikle İkinci Dünya Savaşı yıllarında İngiltere'den satın alınan uçakların bakım ve onarımını yapmak için 1942-43 yıllarında Malatya'da uçak onarım atölyeleri kurulmuştur. [158]

1944 yılında Türkiye'de gerçek anlamda ilk uçak motoru fabrikası Türk Hava Kurumu tarafından Ankara'da Orman Çiftliği'nde kurulmaya başlanmıştır. 1944-1947 yılları arasında Etimesgut Uçak Fabrikasında pek çok farklı tip ve tasarımda uçak ve planör üretimi gerçekleştirilmiş ve projeleri hazırlanmıştır. Bunlar; THK-1'den başlayıp THK-14'e kadar numaralanan muhtelif uçak ve planörlerdir. THK-5 Miles (Magister) uçağı ve Tek Gibsy (Major) motorlu iki kişilik okul başlangıç uçağından çok sayıda üretilmiştir. Ambulans uçağı olarak da kullanılmış ve Danimarka'ya bir adeti satılmıştır. Danimarka Hükûmeti, 1953 yılında yirmi altı uçak siparişi daha vermiş; ama

157 Hulusi KAYMAKLI, Havacılık Tarihinde Türkler, C-2, Sy: 221, İstanbul, 1997.
158 Savunma Sanayinin Dünü, Bugünü, Yarını, Sy. 33, Ankara, 2001.

anlaşılmayan nedenlerle bu gerçekleşmemiştir. [159] 15 Aralık 1951'de Türk Hava Kuvvetlerinin ilk jet uçakları olan iki T-33A uçağı bir gemiyle Yeşilköy'e getirilmiştir.

1952 yılında Türk Hava Kurumu'nun uçak ve planör üretim tesisleri, Makine ve Kimya Endüstri Kurumu (MKEK)'na devredilmiştir. MKEK havacılık alanına yabancı olması nedeniyle Türk Hava Kuvvetleriyle birlikte çalışmış, 60 adet THK. 15 eğitim uçağı MKEK-4 UĞUR adıyla ve MKEK-7 eğitim uçakları üretilmiş ve Türk Hava Kuvvetleri MKEK-4 UĞUR uçaklarından 100 adet sipariş vermiştir. MKEK-6 model temel eğitim planörü de imal edilmiştir. Motor fabrikası ise 1954'te bir Amerikan firması ile Ziraat Bankası ortaklığınca satın alınarak 1955'te traktör imalatına geçmiş ve bugünkü Türk Traktör Fabrikası hâline getirilmiştir. Uçak fabrikasında ise 1959'da üretim durdurulmuş, 1963'den sonra traktör üretimine başlanmıştır. 1968 yılında fabrika, MKEK Tekstil Makineleri Fabrikasına dönüştürülmüş; ancak işletme daha sonra kapatılmıştır.

3). Deniz Kuvvetleri

Cumhuriyetin ilanından sonra deniz kuvvetlerinde de savunma sanayiinde önemli gelişmeler yaşanmıştır. Lozan Antlaşması Boğazlar bölgesini özel bir komisyon tarafından idare edilecek tarafsız bir bölge yaptığından, Marmara'da Donanmaya üs olacak bir liman yapılması ihtiyacı doğmuş ve elverişli olması dolayısıyla bu husus için İzmit Körfezi seçilerek üs haline getirilmesi ve bu üssün korunması için de Darıca Dil İskelesi, Topçular, Hersek bölgesinde bir müstahkem mevki kurulması planlandığından Marmara Üssü Bahri ve Kocaeli Müstahkem Mevki Komutanlığı teşkil edilmiştir. İstanbul'dan İzmit'e nakledilen tesislerin ilki torpido fabrikası ve deposu olmuştur. Fabrika tezgah ve teçhizatı 1924 yılında İzmit'e getirilmiştir. Çulhane'de "Kocaeli Bahriye Fabrikası" adıyla torpido fabrikası kurulmuş, aynı yerde bir de torpido deposu tesis edilmiştir. Bir süre sonra fabrikanın adı Kocaeli Deniz Fabrikası olarak değiştirilmiştir. [160]

---

159 İhsan TAYHANİ, Atatürk'ün Bağımsızlık Politikası ve Uçak Sanayii, Sy: 253, THK Yay, Ankara, 2001.

160 Atatürk'ün Doğumunun Yüzüncü Yılında Türk Silahlı Kuvvetleri, Sy: 172, Ankara, 1981.

1924 yılı Deniz Kuvvetleri için oldukça hareketli bir yıl olmuştur. Hummalı bir gemi onarım faaliyetine girişilmiş, iki kruvazör, iki torpido kruvazörü, üç torpidobot, yedi gambot ve bazı yardımcı gemiler dışında kalan ve görev yapamaz durumda olan eski gemiler hizmet dışına çıkarılmıştır. Bu çerçevede öncelikle Yavuz'un tamiri için bir Fransız şirketi ile anlaşma yapılmıştır. Daha önce bir Alman şirketi Gölcük sahasında Yavuz'u kaldırmaya elverişli bir yüzer havuz yapacak sonra Fransız şirketi gemiyi tamir edecekti. Havuzu yapan Alman şirketinin kurduğu tamir atölyeleri ve barınma barakaları Gölcük'ün ilk askeri tesisleri olmuştur. Bu şirket Gölcük'te bir mayın, akümülatör ve torpido fabrikası ve bir de subay oteli inşa edip Deniz Kuvvetlerine hediye etmiştir. [161]

1925 yılı sonunda Hollanda'ya iki denizaltı gemisi sipariş verilmiş, Birinci İnönü ve İkinci İnönü adı verilen teknelerin yapımına 28 Ocak 1926'da başlanmıştır. Bu konuda Mustafa Kemal ATATÜRK'ün 20 Eylül 1927'de Hamidiye Kruvazörü ile yaptığı seyahat sırasında, geminin hatıra defterine yazdığı şu direktifleri Deniz Kuvvetlerinin temel hedefi olmuştur; "... Hudutlarının mühim ve büyük aksamı deniz olan Türk Devletinin donanması da mühim ve büyük olmak gerekir. O zaman, Türk Cumhuriyeti daha müsterih ve emin olacaktır. Mükemmel ve kadir bir Türk donanmasına malik olmak gayedir. Bunun ilk azimet noktası harp gemileri tedarikinden evvel onları muvaffakiyetle sevk ve idareye muktedir kumandanlara, zabitlere, mütehassıslara malikiyettir. ..." [162]

Donanmanın kullanılması için eldeki gemilerin tamirinin yanı sıra yeni gemiler de alınmaya başlanmıştır. İlk olarak 1928 yılında iki adet İnönü sınıfı denizaltı gemileri donanmaya katılmıştır. Daha sonra 1931 yılında İtalya'dan üç adet hücumbotu ve 1932 yılında da dört adet Zafer ve Adatepe sınıfı muhripler donanmaya katılmıştır. 1934 yılında TCG Gölcük akaryakıt gemisi kızağa konulmuş aynı yıl denize indirilmiştir. 1935 yılında TCG Gür'ün de katılması ile denizaltı sayısı beşe ulaşmıştır. 1937 yılında Almanya'da Deniz Kuvvetleri için

---

161 Hülya TOKER, Dünden Bugüne Savunma Sanayii, Sy: 16, Gnkur ATASE Yay, Ankara, 2010.

162 Cumhuriyetin 75 nci Yılında Türk Silahlı Kuvvetleri, Sy: 141, Gnkur ATASE Yay, Ankara, 1998.

2 denizaltı gemisi yapımına başlanmıştır. Aynı tip iki denizaltı da Türk tezgahlarında kızağa konulmuştur. [163]

1923-1938 yılları arasında Deniz Kuvvetleri gelişme göstermiş ve kendini yenilemiştir. Türkiye artık Akdeniz ve Karadeniz'de önemli bir deniz gücü haline gelmiştir. 1939 yılında askeri yardım nedeniyle İngiltere'ye dört muhrip, dört denizaltı, iki mayın gemisi, bir imla gemisi, on iki arabalı gemi, sekiz mayın tarama gemisi sipariş verilmiş dört muhrip teslim edilmiştir. Dört denizaltıdan ikisi 1941-1942 yıllarında, biri ise 1946 yılında teslim alınabilmiştir.

1939 yılında Almanya'da yapılan Saldıray Denizaltısı donanmaya katılmıştır. Tersanede yaptırılan Atılay ve Yıldıray denize indirilmiştir. 1941 yılında daha önce İngiltere'ye sipariş verilen iki mayın tarama, bir imla gemisi ile bir denizaltı Deniz Kuvvetlerine katılmıştır. Bu sırada ilk ağ gemisi Ağ-1 İngiliz askeri yardımından donanmaya katılmıştır. Nitekim 27 Kasım 1938'de İngiltere ile Silahlanma Kredisi Anlaşması imzalamış ve yapılan anlaşma ile 6 milyon sterlin silahlanma kredisi almıştır. 16 Ocak 1939'da imzalanan Türk-Alman Kredi Anlaşması ile 150 milyon marklık kredinin 50 milyonu savaş malzemesi temini için kullanılmıştır. 1942 yılında İngiltere'de inşa edilen Murat Reis Denizaltısı, Demirhisar Muhribi ve üç arabalı gemi donanmaya katılmıştır. [164] Aynı yıl içinde hurdaya çıkartılan deniz karakol uçaklarının motorlarından yararlanılarak Gölcük Tersanesi'nde hücumbot inşasına başlanmış ve Yıldırım ile Bora hücumbotları inşa edilmiştir. 1944 yılında Bekirdere Cephane Gemisi, 1945 yılında 2500 tonluk yüzer havuz ve bir denizaltı savunma gemisi denize indirilmiştir.

1946 yılında İngiltere'ye sipariş edilmiş olan TCG Gayret, TCG Muavenet muhripleri TCG Burak Reis Denizaltısı, iki ağ gemisi, beş mayın tarama gemisi daha donanmaya katılmıştır. Aynı yıl savaş sonrası donanmaya ilk kez eğitim için açık denizlere açılmıştır. [165] Görüldüğü üzere bu dönemde gemiler daha çok yurt dışında yapılmakla birlikte Türkiye'de bulunan tersanelerde de üretim yapılmakta idi.

---

163 Hülya TOKER, Dünden Bugüne Savunma Sanayii, Sy: 17, Gnkur ATASE Yay, Ankara, 2010.

164 Cumhuriyetin 75 nci Yılında Türk Silahlı Kuvvetleri, Sy: 141, Gnkur ATASE Yay, Ankara, 1998.

165 Erdoğan KARAKUŞ, İngiliz Belgelerinde II. Dünya Savaşı Öncesi Türk İngiliz İlişkileri, Sy: 145, Gnkur ATASE Yay, Ankara, 2004.

b. Amerikan Ambargosuna Kadar Olan Dönem

İkinci Dünya Savaşı dönemi ve sonrasında Amerika tarafından gerçekleştirilen Truman Doktrini ve Marşal Yardımı çerçevesinde bir çok silah araç ve gereçleri alınarak ordunun modernleştirilmesine önem verilmiştir. Ancak Amerika'dan gelen bu yardımlar dış desteğe olan ihtiyacı daha da arttırmıştır. Nitekim Truman Doktrini çerçevesinde Türkiye'ye bedelsiz olarak verilen askeri araç ve gereçlerin bakımı için yılda yaklaşık 400 milyon Türk lirasına ihtiyaç duyulduğu gibi, söz konusu araç ve gereçlerin yedek parçalarının ancak Amerika'dan sağlanabilmesi, bu ülke ile olan ilişkilerin geliştirilmesini ve fazla yardım alınmasını gerekli kılmıştır. Ancak yurt dışından alınan bu destek, yurt içinde gelişmekte olan savunma sanayiinde önemli sıkıntılar yaşanmasına neden olmuştur. [166]

Nitekim İkinci Dünya Savaşının sona ermesi üzerine, askeri fabrikalar Milli Savunma Bakanlığından yeterli sipariş alamamaya bu nedenle de devlet bütçesine yük olmaya başlamıştır. Askeri fabrikaları bu durumdan kurtarmak ve sürekli gelişen bir kuruluş haline getirmek amacıyla yeniden teşkilatlanmaya gidilmiş ve Askeri Fabrikalar Genel Müdürlüğü 8 Mart 1950'de çıkarılan bir kanunla Makine ve Kimya Endüstrisi Kurumu (MKEK) adıyla sermayesi devlete ait sivil bir iktisadi devlet teşekkülü halene getirilmiştir. [167]

Diğer taraftan gerek Amerika'dan gelen yardımlar gerekse Türkiye'nin güvenliğinin devamını sağlamak amacıyla ortak bir savunma sistemi olan NATO'ya 18 Şubat 1952'de girilmesiyle savunma sanayiinde önemli değişiklikler yaşanmaya başlanmıştı. Bu dönemde piyade sınıfının silahları standart hale getirilmiş, kadrolarına daha fazla hafif ve ağır makineli tüfekler konulmuştur. 89 mm. lik roketatarlar, 60 ve 81 mm. lik havanlar, 57, 75 ve 106 mm. lik geri tepmesiz toplar ile tanksavar desteği modern zırhlı birliklere büyük tahribat yapıcı düzeye getirilmiştir. Ayrıca piyade sınıfının kendi içinde düzenli ve güvenli biçimde haberleşmesini sağlayacak telli ve telsiz cihazlarla donatımı sağlanmıştır. Nükleer silahların zorunlu kıldığı

---

166 Faruk SÖNMEZOĞLU, Türk Dış Politikasının Analizi, Sy: 94, Der Yay, İstanbul, 1994.

167 Hülya TOKER, Dünden Bugüne Savunma Sanayii, Sy: 18, Gnkur ATASE Yay, Ankara, 2010.

stratejik ve teknik nedenlerle dağılma, yayılma, sürat ve gömülme büyük önem kazandığından piyade sınıfı zırhlandırılarak her biri 11 kişi alabilecek M-113 serisi zırhlı personel taşıyıcıları (ZPT, APC) ile donatılmış ve tanksavar gücü arttırılmıştır. [168]Türkiye'nin NATO standartlarına erişmesiyle topçu sınıfına, kundağı motorlu topların girmesi ve nükleer mühimmat kullanma kabiliyetine sahip topların alınması ile daha modern bir görünüm kazandırılmıştır.

Hava Kuvvetleri Komutanlığı'nda ise önemli bir değişiklik meydana gelmiş ve Hava Kuvvetleri, jet uçaklarıyla modernize edilmiş ve pervaneli uçaklar da servisten kaldırılmaya başlanmıştır. [169]

Bu dönemde Deniz Kuvvetlerinde de önemli değişiklikler yaşanmış ve pek çok gemi Deniz Kuvvetleri kadrosunda yer almıştır. Örneğin 1948 yılından itibaren başlayan Amerikan yardımı üzerine ilk olarak dört denizaltı donanmaya katılmıştır. Bu gemilerle aynı adı taşıyan dört eski denizaltı hizmet dışına çıkarılmıştır. Bu gemileri bir ağ gemisi ile sekiz adet "K" sınıfı mayın arama tarama gemisi takip etmiştir. 1949 yılında yine Amerikan yardımından dört adet G sınıfı muhrip, iki denizaltı, bir tanker Deniz Kuvvetlerine katılmış ve Taşkızak Tersanesi'nde yapılan Yüzbaşı Tolunay hizmete girmiştir. [170]

Bu sırada bir taraftan Başbakan Adnan Menderes'in özellikle üstünde durduğu Amerikan yardımları alınırken diğer taraftan da 1957 yılında NATO çerçevesi içinde Batı Almanya ile 750 milyon DM'lık mühimmat satış anlaşması yapılmıştır. Bu amaçla yapılacak satışlardan karşılanmak üzere Topçu Mühimmatı Fabrikası ile bu fabrikaya girdi veren çelik, bakır ve pirinç sevk barutu ve patlayıcı maddeler fabrikalarına 400 milyon DM tutarında yatırım yapılmıştır. Mühimmat teslimatı 10 yılda tamamlanmıştır. [171]

Alınan bu yardımlarla Türk Silahlı Kuvvetlerine yeni gemiler alınmaya devam edilmiştir. Örneğin 1957 ve 1958 yıllarında Amerikan yardımından sağlanan Bangor sınıfı refakat gemileri iki parti

---

168 Atatürk'ün Doğumunun Yüzüncü Yılında Türk Silahlı Kuvvetleri, Sy: 104, Ankara, 1981.

169 Stuart KLINE, Türk Havacılık Kronolojisi, Sy: 319, Dönence Yay, İstanbul, 2002.

170 Hülya TOKER, Dünden Bugüne Savunma Sanayii, Sy: 19, Gnkur ATASE Yay, Ankara, 2010.

171 Günay GÜNGEN, Türk Savunma Sanayinde MKEK Deneyimi, Sy: 5, MKEK Yay, Ankara, 1987.

halinde Deniz Kuvvetlerine katılmıştır. 1959 yılında İngiltere'den satın alınan dört paşa sınıfı gemi ile Amerika'dan sağlanan "S" sınıfı mayın arama tarama gemileri Deniz Kuvvetlerinde hizmete başlamıştır. 1960 yılında Amerika'dan alınan Piri Reis denizaltısı, 1962 yılında, Amerikan yardımından sağlanmış olan iki büyük açık deniz römorkörü Deniz Kuvvetlerine katılmıştır. 1961-64 yılları arasında bir ağ gemisi, Amerika menşeli beş karakol gemisi, üç arama gemisi, bir modern mayın gemisi, Norveç yapısı iki hücumbot Deniz Kuvvetlerine katılmıştır. [172]

Görüldüğü gibi bu dönem, savunma sanayiinin geliştirilmesi ve millileştirilmesi yerine, dış yardım ve dışalım siyasetinin baskın şekilde uygulandığı bir dönem olmuştur. İkinci Dünya Savaşı sonrasında başlayan soğuk savaş döneminde oluşan askeri ve siyasi gruplaşmalar bu siyasetin belirlenmesinde önemli bir etken olmuştur. Zira İkinci Dünya Savaşı sonrası Amerika, komünizm tehlikesi karşısında geleneksel inziva siyasetinden vazgeçmiş ve komünizm tehlikesi karşısında dışa açılmaya karar vermiştir. Truman Doktirini olarak bilinen bu doktrin çerçevesinde kabul edilen Marshal Yardımı ile Türkiye'ye de önemli ölçüde yardım edilmiş ve alınan bu yardımla tamamen dışa bağımlı bir sanayii kurma yoluna gidilmiştir. Ancak 1960'lı yıllarda Türkiye'nin yaşadığı bölgesel sorunları, 1963 ve 1967 Kıbrıs bunalımları ve sonrasında yapılan Kıbrıs Barış Harekâtı ve söz konusu harekât sonrasında Türkiye'ye uygulanan silah ambargosu, milli kaynaklara dayalı bir savunma sanayiinin gerekliliğini ortaya koymuştur.

c. Amerikan Ambargosu ve Ambargo Sonrası Dönem

Amerika Türkiye'ye verilen silahların amaçları dışında kullanıldığı gerekçesiyle, 18 Aralık 1974'te Temsilciler Meclisinin kabul ettiği 93-559 sayılı kanunla 5 Şubat 1975'ten itibaren Türkiye'ye silah ambargosu uygulanmasına karar vermiştir. Bu kanuna göre, 5 Şubat 1975 tarihine kadar Türkiye ateşkese uyar ve Kıbrıs'a yeni asker ve Amerikan silahı sevk etmez ise, ambargo uygulanmayacaktı. An-

---

172 Cumhuriyetin 75 nci Yılında Türk Silahlı Kuvvetleri, Sy: 147, Gnkur ATASE Yay, Ankara, 1998.

cak Türkiye buna uymamış ve ambargo belirtilen tarihten itibaren yürürlüğe girmiştir. [173]

1974 Kıbrıs Barış Harekâtı, Türk ordusunun silah donanımının modernizasyonu açısından bir dönüm noktası olmuştur. Türkiye'nin bu alanda kendine yeterli olması gerekliliği gündeme gelmiştir. Nitekim 1974 yılındaki Barış Harekatı, Türk ordusunun Kore savaşından sonra giriştiği ilk sıcak savaş olmuş ve bu harekât ile Türk ordusunun elindeki olanaklar da bir anlamda denenmiş ve aksaklıklar somutlaşmıştır. Bu nedenle dış askeri yardımın beraberinde getirdiği kısıtlamalardan kurtulmak ve eski teknoloji ile üretilmiş silahları hızla yenileyebilmek için silah üretiminde kendine yeterlilik zorunlu görülmüştür. Zira silah edinmede ve kullanmada ithalata bağımlılığın olması, hem ambargo riskini hem de döviz kıtlığından kaynaklanan sorunları beraberinde getirmiştir. [174]

Türkiye artık NATO'da Amerika'dan sonra ikinci en büyük orduya sahip olma övüncüyle yetinmemeye ve modern bir milli silah sanayiine sahip olmakla, sağlanacak ihracat gelirini savunma bütçesini ferahlatacak bir çözüm olarak görmeye başlamıştır. Bu düşünceden hareketle bağımsız bir milli silah sanayii kurmak amacıyla gerekli sermaye birikimini oluşturma yönünde ilk adımlar atılmıştır. Bu konuda kamunun desteğini yansıtan bağışlar, Türk ordusunun modernizasyonu için gerekli yatırımların başlangıç kaynağını oluşturmuştur. [175] Türk kara, deniz ve hava kuvvetlerini geliştirmeye yönelik olarak kurulan vakıflar 17. 6. 1987'de kabul edilen 3388 sayılı kanunun Türk Silahlı Kuvvetlerini Güçlendirme Vakfı çatısı altında bir araya getirilmiştir.

Esasen daha ambargo başlamadan dışa bağımlı savunma sanayii düşüncesinden vazgeçilmeye başlanmış ve yeni girişimlere başlanmıştır. Bu amaçla 31 Mayıs 1973'de 3238 sayılı kanun çerçevesinde, milli güvenlik ve sivil ihtiyaçlara yönelmiş, dış piyasa ile rekabet edebilir bir uçak endüstrisini işletmek amacıyla "Kendi Uçağını Kendin Yap" sloganı altında Türk Uçak Sanayii Anonim Şirketi (TUSAŞ)

---

173 Olaylarla Türk Dış Politikası, Sy: 589, Siyasal Yay, Ankara, 1996.
174 Savunma Sanayinin Dünü, Bugünü, Yarını, Sy. 53, Ankara, 2001.
175 Olaylarla Türk Dış Politikası, Sy: 589, Siyasal Yay, Ankara, 1996.

kurulmuştur. [176] Askeri ve sivil havacılıkta kullanılan her çeşit uçak, helikopter ve benzeri motorlu, motorsuz vasıtaların imal ve montajını yapmak, teknolojik gelişmeleri yakından takip ederek havacılık ve uzay endüstrisi ile ilgili alanlarda araştırma ve geliştirme çabasını yönlendirmek TUSAŞ'ın başlıca faaliyet konularını oluşturmuştur. [177]

Bir diğer önemli girişim de 1975 yılı sonunda çalışmalara başlanarak yatırım faaliyetlerini kısa sürede tamamlayan ve 1979 yılı başlarında Ankara Macunköy tesislerinde üretime geçen ASELSAN'ın kuruluşu olmuştur ASELSAN kuruluş yıllarından bu yana ileri teknolojiye dayalı olarak, programlı bir şekilde müşteri ve ürün yelpazesini genişletmiş olup, bugün modern elektronik cihaz ve sistemler geliştiren, üreten, tesis eden, pazarlayan ve satış sonrası hizmetlerini yürüten entegre bir elektronik sanayii kuruluşu haline gelmiştir. [178]

1978 yılında açılan Macunköy Tesisleri 110. 000 m^2'si kapalı alan olmak üzere toplam 186. 000 m^2'lik alan üzerine kurulmuştur. Macunköy tesislerinde faaliyetlerini sürdüren, Haberleşme Cihazları Grubunun ana faaliyet alanı askeri ve profesyonel haberleşme sistemleri, Mikrodalga ve Sistem Teknolojileri Grubunun ana faaliyet alanı ise radar, elektronik harp ve komuta kontrol sistemleridir. Geniş makina-teçhizat parkı ve üstün teknolojik yapıya sahip Macunköy tesislerinde "AR-GE bölümleri", "Elektronik Üretim Bölümleri" ile "Baskı Devre Üretim", "Mekanik Üretim" ve "Kalıp Üretimi" bölümleri bulunmaktadır. Elektronik üretim ünitelerinde askeri standartta ve ağır çevre koşullarını içeren üretim yöntemleri kullanılmakta ve çağdaş teknolojik gelişmeler yakından izlenmektedir. Üretim hatlarında; çok katlı ve esnek baskı devreler yüzey monte teknolojisi, bilgisayar destekli tasarım-üretim teknolojileri başarıyla kullanılmaktadır.

Akyurt Tesisleri 54. 500 m^2'si kapalı alan olmak üzere toplam 231. 000 m^2'lik alan üzerine kurulmuştur. Akyurt tesislerinde faaliyetlerini sürdüren Mikroelektronik, Güdüm ve Elektro-Optik Grubu ise hibrid mikroelektronik devreler, gece görüş cihazları, laser işaretleyici ve ataletsel seyrüsefer cihazları ana başlıkları altında, otomasyona dayalı en modern üretim araçlarıyla donatılmış olarak, 2000'li yılların en

---

176 Stuart KLINE, Türk Havacılık Kronolojisi, Sy: 365, Dönence Yay, İstanbul, 2002.
177 Stuart KLINE, Türk Havacılık Kronolojisi, Sy: 365, Dönence Yay, İstanbul, 2002.
178 Hülya TOKER, Dünden Bugüne Savunma Sanayii, Sy: 22, Gnkur ATASE Yay, Ankara, 2010.

kritik teknolojileri arasında yer alan mikroelektronik teknolojili üretim ile elektro-optik alanında üretim gerçekleştirilmektedir.

Ankara Gölbaşı mevkiinde kurulmakta olan tesiste; kara, hava, deniz, uzay ve insansız platformlar için radar ve elektronik harp sistemlerine yönelik faaliyetler yürütülecektir. Tesis 75. 000 m^2 kapalı olmak üzere toplam 350. 000 m^2 alan üzerine kurulmuştur. [179]

Savunma sanayiinde meydana gelen bu yeni anlayış 1978 yılından itibaren işbaşında olan hükümet döneminde de "milli savunma konsepti" adı altında ele alınmıştır. Ancak yerli savunma sanayiinin gelişimi için faaliyette bulunan Türkiye, Amerikan ambargosuna daha fazla dayanamayarak Temmuz 1978'de "Kıbrıs'ın Maraş bölgesine 35. 000 Rum göçmeninin kabul edilebileceğini ve buranın belirli bir kısmında geçici yönetim kurulabileceği" şeklinde önemli bir tavizde bulunmuştur. Bu gelişme üzerine Amerika Birleşik Devletleri Senatosu da 26 Temmuz 1978 tarihinde aldığı kararla ambargoyu kaldırmıştır. [180]

1923 yılından 1980'lı yıllara kadar mevcut kaynaklar ve uygulanmakta olan tedarik siyasetiyle Türk Silahlı Kuvvetleri'nin giderek büyüyen savunma teçhizatı açığının kapatılmasının mümkün olmayacağının anlaşılması üzerine 1983 yılı sonlarında Kamu İktisadi Teşebbüsü (KİT) niteliğinde Savunma Donatım İşletmeleri Genel Müdürlüğü kurulmuştur. Ancak bu kuruluş KİT olmanın getirdiği sınırlamalar nedeniyle kendinden beklenen çalışmaları gösterememiş ve bütün mal varlığı ile birlikte, 3238 sayılı kanunla 1985 yılında kurulan Savunma Sanayii Müsteşarlığı (SSM)'na devredilmiştir. [181]

3238 sayılı kanunun amacı; "Modern bir savunma sanayiinin geliştirilmesi ve Türk Silahlı Kuvvetleri'nin modernizasyonunun sağlanması" şeklinde ifade edilmiştir. [182] Kanun çerçevesinde uygulanan temel siyaset; yerli sanayi altyapısından azami ölçüde yararlanmak, ileri teknolojili yeni yatırımları yönlendirmek ve teşvik etmek, yabancı teknoloji ile işbirliği ve sermaye katkısını sağlamak, araştırma-geliştirme faaliyetlerini teşvik etmek suretiyle gerekli her türlü silah, araç ve gerecin mümkün olduğunca Türkiye'de üretimini

179 http: //www. aselsan. com. tr/tr-tr/hakkimizda/Sayfalar/Yerleskelerimiz. aspx.
180 Olaylarla Türk Dış Politikası, Sy: 592, Siyasal Yay, Ankara, 1996.
181 http: //www. ssm. gov. tr/anasayfa/savunmaSanayiimiz/Sayfalar/tarihce2. aspx
182 13/11/1985 tarihli Resmi Gazete, Sayı : 18927 Tertip : 5 Cilt : 25 Sayfa : 19

sağlamaktır. Yeni siyaset ile, eski uygulamalardan farklı olarak; yerli ve yabancı özel sektöre açık, dinamik bir yapıya kavuşmuş, ihracat potansiyeline sahip, yeni teknolojilere uymada güçlük çekmeyen, teknolojik gelişmeler karşısında kendini yenileme kabiliyeti bulunan Türkiye'yi başta NATO ülkeleri olmak üzere, diğer pek çok ülke karşısında sürekli alıcı durumundan kurtarıp dengeli işbirliğini mümkün kılan, bir savunma sanayii kurulması öngörülmüştür. [183]

Savunma Sanayii Müsteşarlığı ile eş zamanlı olarak, 3238 sayılı kanun kapsamında "silah üretimi alanlarına yapılacak yatırımlara sürekli ve istikrarlı kaynak sağlanması" amacıyla Savunma Sanayii Destekleme Fonu (SSDF) kurulmuştur. Savunma Sanayii Destekleme Fonu'nun gelir kaynakları arasında; Silahlı Kuvvetleri Güçlendirme Vakıflarınca sağlanan kaynakların yanı sıra, gelir vergisi, akaryakıt vergisi, içki ve tütün üzerinden sağlanan vergilerden belli paylar, milli piyango ve bahis gelirleri, bedelli askerlik ödemeleri, banka faiz gelirleri, MSB bütçe ve genel bütçeden ayrılan paylar sayılabilir. [184]

Yine bu dönemde Kayseri halkının Türk Silahlı Kuvvetlerini Güçlendirme Vakfı'na yaptıkları bağışlarla 1981 yılında kurulmuş olan ASPİLSAN A. Ş., Kayseri Organize Sanayi Bölgesinde 26 Mayıs 1984'de işletmeye açılmıştır. APİLSAN A. Ş. başlangıçta Türk Silahlı Kuvvetlerinin ihtiyacı için yalnız dört tip şarj edilebilir Ni-Cd pil üretirken geçen sürede ürün çeşidini 100'ün üzerine çıkarmış ve bugün sahip olduğu bilgi birikimi ile ülkemiz Savunma Sanayiine her türlü pil ve batarya bloğu ile akü üretebilecek düzeye ulaşmıştır. [185]

1982 yılında Hava Kuvvetleri Güçlendirme Vakfı ve Amerika'da yerleşik Aydın Investment Inc. tarafından HAVELSAN, HAVELSAN-AYDIN Hava Elektronik Sanayi ve Ticaret A. Ş. olarak kurulmuştur. Şirket, Kara ve Hava Kuvvetleri'nce kurulan vakıfların Türk Silahlı Kuvvetlerini Güçlendirme Vakfı (TSKGV) adı altında birleşmesi ve yabancı ortak olan Aydın Investment Inc. 'ın ortaklıktan ayrılması ile; HAVELSAN Hava Elektronik Sanayi A. Ş. olarak isim değiştirmiştir. [186]

---

183 http: //www. ssm. gov. tr/anasayfa/savunmaSanayiimiz/Sayfalar/tarihce2. aspx
184 Faruk SÖNMEZOĞLU, Türk Dış Politikasının Analizi, Sy: 196, Der Yay, İstanbul, 1994.
185 http: //www. aspilsan. com/index. php/tr/ueruenler
186 http: //www. havelsan. com. tr/SirketProfili/Tarihce. aspx

Diğer taraftan Türk Silahlı Kuvvetleri'nin modern mühimmat tapaları konusunda dışa bağımlılığını azaltmak amacıyla (TAPASAN,) kurulmuştur. TAPASAN; her türlü mühimmat için ihtiyaç duyulan tapaları yerli katkı ile üretmek, modern tapa teknolojisini ve test olanaklarını Türkiye'ye kazandırmak ve Ar-Ge faaliyetleri ile özgün tasarımlar yaparak tapa ihtiyacının tümüyle yurt içinden karşılamayı hedeflemiştir.

Uluslar arası düzeyde en gelişmiş teknolojileri sürekli kullanmak durumunda olan uçak ve uzay sanayiinde Türkiye'nin yerli üretimi gerçekleştirme yolundaki girişiminin en somut göstergesi 1984 yılının Mayıs ayında TUSAŞ-TAI'nın kurulması olmuştur. TAI aynı zamanda yerli ve yabancı firmaları Türkiye'de silah üretimine çeken bir örnek firma niteliği taşımaktadır. [187]

1988 yılında kurulan ROKETSAN ise, Tükiye'de milli roket ve füze teknolojisinin kazanılmasını sağlamak ve ürünleri Türk Silahlı Kuvvetlerinin kullanıma sunmak amacıyla ilk olarak Avrupa Stinger ortak üretim programında, bu füzenin fırlatma ve uçuş motorlarının üretim sorumluluğunu üstlenmiştir. Tamamen ROKETSAN tarafından, Türk mühendis ve teknisyenlerince tasarımlanan, geliştirilen ve üretilen T-122 Sakarya Silah Sistemi, TR-122 artırılmış menzilli topçu roketi mızrak ve TR-107 artırılmış Menzilli Topçu Roketi Anadolu, 1996 yılında Türk Silahlı Kuvvetleri'nin envanterine giren milli silah sistemi olmuştur. [188]

1990 yılında Türk savuna sanayii için önemli bir atılım olan Havelsan Teknoloji Radar Sanayi ve Ticaret A. Ş (HTR) kurulmuştur. olan Havelsan Teknoloji Radar Sanayi ve Ticaret A. Ş Türk Hava Kuvvetlerinin "Erken Uyarı ve Kontrol Sistemi Projesi" kapsamında kullanılan 14 adet üç Boyutlu Uzun Menzilli TRS 22XX Mobil Radarının üretimini yaparak sahip olduğu yüksek teknoloji birikimini Türk savunma sanayiinin geliştirilmesi amacıyla Türk Silahlı Kuvvetlerinin hizmetine sunmuştur. HTR, Havelsan A. Ş nin bir iştiraki

187 Faruk SÖNMEZOĞLU, Türk Dış Politikasının Analizi, Sy: 201, Der Yay, İstanbul, 1994.

188 http: //www. tskgv. org. tr/tskgv/?page_id=26

olup faaliyetlerine Ankara Akyurt tesisleri ile İstanbul'da bulunan Yazılım Geliştirme Merkezinde devam etmektedir. [189]

Türkiye 1980'li yıllar boyunca NATO üyeleri arasında silahlanmaya oransal olarak en çok kaynak ayıran ülkelerden biri olmuş, silah alımı konusunda dünyadaki ilk beş ülke arasına girmiştir. Aynı dönemde Türkiye'nin savunma harcamaları, GSMH'sinin ortalama yüzde 5'i civarında olmuş ve NATO içinde Amerika ve Yunanistan'dan sonra üçüncü sırayı almıştır. Bunun temelinde Türkiye'nin Güneydoğuda zaman zaman Kuzey Irak'ta askeri operasyonlar ve Yunanistan'la girmiş olduğu silahlanma yarışı yattığı söylenebilir. [190]

Bu dönemde Türkiye'nin savunma sanayii oluşturma çabaları içinde üç önemli gelişme dikkat çekmektedir. Bunlardan birincisi 1980'lerin başında bazı Orta Doğu ülkelerinin de mali desteği ve Amerika'nın teknolojik katkısıyla ortak üretim faaliyetlerine girişilmesi ve bu alanda yeni ihraç imkanlarının elde edilmesi, ikincisi, bu alanda geliştirilen en dikkate değer proje olan F-16 savaş uçaklarının üretimine geçilmesi, üçüncüsü Türkiye'deki savunma sanayiinde, ekonomik alandaki gelişmelere paralel olarak özel sektörün daha fazla yer almaya başlamasıdır. [191]

Öncelikle Amerika'nın da etkisiyle Suudi Arabistan, Kuveyt, Birleşik Arap Emirlikleri, Katar gibi petrol zengini ülkelere silah ihracı ve askeri işbirliği ile Türkiye'nin milli savunma sanayiine katkıları sağlanmak istenmiştir. İkinci olarak 1983 yılında hazırlık çalışmaları başlayan ve 8 milyar dolarlık F-16 projesi, Türk milli savunma sanayiinin en önemli adımını oluşturmuştur. Projenin amacı, Türk Hava Kuvvetlerini yeni F-16 uçaklarıyla donatmak ve Türkiye'de havacılık sanayiinin kurulmasını sağlamaktı. [192]

TAI tarafından lisanslı üretilen ilk F-16 Savaşan Şahin Uçağı 1987 yılı sonunda tamamlanmıştır. 1985 yılında yine bir ortak üretim projesi olarak TUSAŞ ve General Electric (%49hisse ile) tarafından kurulan TEI (Turkish Engine Industries)'de ise F-16'lara yerleştirilen

---

189 http: //www. tskgv. org. tr/tskgv/?page_id=25

190 Baskın ORAN, Türk Dış Politikası (1980-2001), C. II, Sy: 78, İletişim Yayınları, İstanbul, 2001.

191 Hülya TOKER, Dünden Bugüne Savunma Sanayii, Sy: 25, Gnkur ATASE Yay, Ankara, 2010.

192 Faruk SÖNMEZOĞLU, Türk Dış Politikasının Analizi, Sy: 195, Der Yay, İstanbul, 1994.

F110-GE-100 jet motorları üretilmekte ve testleri yapılmaktadır. TAI, daha önce Sonaca Firması'nca sağlanan arka gövdeyi 1988'de Fokker Firması'nca sağlanan orta gövdeyi de 1989'da üretmeye başlamıştır. Ön gövde ile diğer bazı parçalar halen bu firmalardan gelmekte pilot kabini ve omurga ise General Dynamics tarafından sağlanmaktadır. 1992 ortalarına gelindiğinde her F-16 uçağının gövdesinin %70'i yurtiçinde üretilebilir hale gelmiştir. [193]

Türkiye 1980'lerde başlattığı silahlanma ve askeri modernizasyon programına 1990'larda büyük bir hız vermiştir. Bunun sebebinin 1980'lerden itibaren devam eden Yunanistan'la silahlanma yarışı, PKK'ya karşı yürütülen mücadele ve Türkiye'nin çevresinde meydana gelen istikrarsızlığın olduğu söylenebilir. Türkiye'nin 1990 yılından itibaren silah aldığı veya ortaklaşa silah üretimi projelerine girdiği ülkeler arasında İsrail, İtalya, Fransa, Rusya gibi ülkelerde yer almaya başlamıştır. [194]

1990'lı yıllardan günümüze kadar savunma sanayii konusunda gerçekleştirilen ve halen devam eden projeler şu şekilde sıralanabilir;[195]

Kara Kuvvetleri Komutanlığı, çok namlulu roket sistemi (MLRS) ve roketleri, Uzun Menzilli Tanksavar Silah Sistemleri (UMTAS, TAM-LR), Orta Menzilli Tanksavar Silah Sistemleri (OMTAS, TAM-MR), Milli Piyade Tüfeği (MPT-1), Zırhlı Tanksavar Silah Sistemi Taşıyıcı Aracı(ZTSA), HF/SSB telsizleri, I. ve II. paket hücum helikopterleri, mobil radar kompleksleri, hafif nakliye uçağı, taktik tekerlekli zırhlı araç(TTZA), insansız hava aracı (İHA) tekerlekli zırhlı araç, ALTAY ana muharebe tankı, M60 tank modernizasyonu, leopard 1 A1/A4 iyileştirmesi, taktik keşif/taarruz helikopteri (ATAK), Modüler Geçici Üs Bölgesi, Alçak İrtifa Hava Savunma Füze Sistemi (AİHSFS), Orta İrtifa Hava Savunma Füze Sistemi (OİHSFS), Portatif Hava Savunma Füze Sistemi(PHSFS), Kaideye Monteli Stınger(KMS), 2, 75"Lazer Güdümlü Füze(CİRİT), Uzun Menzilli Topçu Roketi (MIZRAK), Topçu Roket Sistemi(SAKARYA), CH 47 Chinook Ağır Yük Helikopteri

---

193 https: //www. tai. com. tr/tr/hakkimizda/sirket-profili

194 Baskın ORAN, Türk Dış Politikası (1980-2001), C. II, Sy: 319, İletişim Yayınları, İstanbul, 2001.

195 Savunma Sanayinin Dünü, Bugünü, Yarını, Ankara, 2001.

Deniz Kuvvetleri Komutanlığı, havadan erken ihbar ve kontrol (HİK) uçağı, , deniz savunma harbi ve keşif- karakol gemisi (MilGem), Havuzlu Çıkarma Gemisi(LDP), denizde ikmal muharebe destek gemisi, seadoo botu, şişirilebilir rijit bot, deniz helikopteri, yüksek süratli ani müdahale botu, liman kıyı römorkörü, sahil güvenlik helikopteri, C 130B/E modüler havadan yangın söndürme sistemi kiti, 90 tonluk sahil güvenlik botu, deniz karakol ve deniz gözetleme uçağı (meltem), mayın avlama gemisi, deniz eğitim uçağı, Sahil Gözetleme Radar Sistemi(SGRS),

Hava Kuvvetleri Komutanlığı, geleceğin büyük uçağı (FLA), müşterek taarruz uçağı (JSF, F-35), C-130E aviyonik modernizasyonu, Temel Eğitim Uçağı (HÜRKUŞ), EDT/EKT sistemleri tedariği, pal balans standı (PBS), transmisyon test standı (TTS), F-16 elektronik harp sistemleri, ileri teknoloji endüstri parkı (İTEP) ve havaalanı, I. paket F-16 elektronik harp sistemi, A 400M Nakliye Uçağı, Hassas Güdümlü Mühimmat(SOM),

Ortak Yürütülen Projeler, komuta kontrol bilgi sistemi (KKBS), Black Hawk genel maksat helikopteri, Cougar genel maksat helikopteri, x band uydu haberleşme sistemi, helikopter elektronik harp sistemleri (HEWS), Uydu Fırlatma Sistemi, Hafif Sınıf Helikopter (4-5 ton), Göktürk Uydu Projeleri,

Bütün bu gelişmelere bakıldığında Türk savunma sanayii stratejisinin; "ülke güvenliğinin sağlanması amacıyla TSK ihtiyaçlarının güvenilir ve istikrarlı bir şekilde karşılanması, bu amaçla yüksek teknoloji gerektiren sistemlerin dahi (uçak, helikopter, tank, füze, vb.) uzun dönemde de olsa yurt içinde üretilmesi, bunun için gerekli teknolojik alt yapının oluşturulması, gerekli görüldüğünde yeni üretim tesislerinin kurulması ve kurulmuş bulunan tesislerin teşvik edilmesi ve desteklenmesi" temeli hedeflendiği görülmektedir. Nitekim Türkiye'nin stratejik konumu nedeniyle maruz kaldığı tehditler, ileri teknoloji gerektiren silah ve savunma sistemlerine sahip olmayı gerektirmektedir. Ancak bütün gayretlere rağmen Türk Silahlı Kuvvetlerinin ihtiyaçlarının %65'i yurt dışından temin edilmektedir.

Türk milli savunma sanayiinde son yıllarda önemli gelişmeler kaydedilmiş ancak son dönemde dünyada yaşanan politik, ekonomik ve askeri gelişmeler çerçevesinde yeniden yapılanmaya ihtiyaç duyulmuştur. Bu düşünceden hareketle 20 Haziran 1998'de 98/11173 sayılı Başbakanlık Kararnamesi ile "Savunma Sanayii Politikası ve Stratejisi" dokumanı hazırlanmıştır. Bu dokümanla, tüm savunma sanayii ve tedarik faaliyetlerinin buna uygun olarak yürütülmesi öngörülmüştür. [196]

Yeni savunma sanayii siyaseti ile; yerli sektör yanında yabancı sektöre de açık, dinamik bir yapıya kavuşmuş, ihracat potansiyeline ve uluslararası rekabet imkânına sahip, yeni teknolojilere adapte olmakta güçlük çekmeyen ve teknoloji üretebilen, Türkiye ile dost veya müttefik ülkeler arasında dengeli bir savunma sanayii iş birliğini mümkün kılan ve değişen siyasi durumlardan asgari düzeyde etkilenen, mevcut imkânları azami ölçüde kullanan, entegre olmuş ve yatırım tekrarlarından arınmış, sivil amaçlarla da üretim yapabilen, alternatif uğraşı alanları bulunan bir savunma sanayii alt yapısının oluşturulması hedeflenmiştir. Yeni stratejiye göre Türk Silâhlı Kuvvetleri ihtiyaçlarının çok özel kalemler dışında kalan büyük bir kısmının, yurt içi-yurt dışı ayırımı yapılmadan, uluslar arası rekabete dayalı olarak en ekonomik kaynaktan tedarik edilmesi öngörülmektedir. [197]

Sonuç olarak denilebilir ki, vatan sevgisini her şeyin üstünde tutan Türkler, ülkesini korumak için harp silah, araç ve gereçlerinin üretimine öncelik vermişlerdir. Nitekim tarih sahnesine çıktıkları andan itibaren bu konuda son derece hassas davranmışlardır. İlk zamanlar savaş araç ve gereçleri daha çok savaş meydanlarında imal edilirken sonraları çağın teknik gelişmelerine ayak uydurularak askeri tesisler kurulmaya başlanmıştır. Bu dönemde doğal olarak yerli üretim yapılmakta, dışardan herhangi bir malzeme alınmamaktadır.

1980'li yılların başından itibaren savunma sanayiini geliştirme faaliyetlerinin hız kazandığı görülmektedir. Özellikle silah, mühimmat ve roket, zırhlı araç, gemi inşası, uçak, elektronik, otomotiv sanayilerinde Türk Silahlı Kuvvetlerinin ihtiyaçlarının karşılanması yönünde önemli ölçüde alt yapı oluşturulmuştur. HAVELSAN, TUSAŞ-TAI ve ROKETSAN, ASPİLSAN A. Ş. 'nin kurulması bunun en

---

196 Hülya TOKER, Dünden Bugüne Savunma Sanayii, Sy: 26, Gnkur ATASE Yay, Ankara, 2010.

197 Hülya TOKER, Dünden Bugüne Savunma Sanayii, Sy: 26, Gnkur ATASE Yay, Ankara, 2010.

güzel örneklerindendir. Özellikle 2000'li yılların başında da savunma sanayiinde önemli gelişmeler yaşanmış bu anlamda planlanan pek çok proje gerçekleştirilmiştir.

Bu dönemde dünyada meydana gelen gelişmeler sonucu Türkiye'nin jeopolitik konumu da değişmeye başlamıştır. Zira bu dönemde Varşova Paktı dağılmış, Sovyetler Birliği parçalanmış, Doğu ve Batı Almanya birleşmiş, pek çok yeni bağımsız devlet ortaya çıkmıştır. Nitekim Sovyetler Birliği'nin dağılması ile; Estonya, Letonya, Litvanya, Beyaz Rusya, Ukrayna, Moldova, Gürcistan, Azerbaycan, Ermenistan, Türkmenistan, Özbekistan, Tacikistan, Kırgızistan ve Kazakistan, Eski Yugoslavya'nın parçalanması ile; Slovenya, Hırvatistan, Bosna-Hersek ve Makedonya, Çekoslavakya'nın bölünmesi ile, Çek Cumhuriyeti ve Slovakya ortaya çıkmıştır. Böylece Türkiye, stratejik konum olarak Balkanlar, Kafkasya ve Ortadoğu üçgeni içinde yer almıştır. Bu durum Türkiye'nin birçok tehditle karşı karşıya kalma riskini de beraberinde getirmiştir. [198]

Yine bu dönemde Türkiye'nin çeşitli terör örgütleri ile de mücadelesi dikkati çekmektedir. Örneğin 1973-1985 yılları arasında Ermeni-Asala Terör Örgütü ve aşırı sol örgütlerle mücadelenin yanı sıra 1984 yılından itibarenve halen devam eden PKK terör örgütü ile mücadele etmek zorunda kalınmıştır. Böylece Türkiye'nin gerek yurt dışı gerekse yurt içinde yaşanan bu gelişmeler karşısında, "Yurtta barış dünyada barış" ilkesine dayalı savunma siyasetini devam ettirebilmesinin ancak her türlü teknolojik donanıma sahip modern, güçlü ve milli bir orduyla sürdürebileceği gerçeği bir kez daha doğrulanmıştır.

---

198 Hülya TOKER, Dünden Bugüne Savunma Sanayii, Sy: 28, Gnkur ATASE Yay, Ankara, 2010.

ALTINCI BÖLÜM

GÜNÜMÜZDE TÜRK ORDUSU (1980-2015)

1. Genel

Günümüzde dünyanın, belirli bloklara ayrılmış devlet kaynaklı düşman ve tehditlerden ziyade; ekonomik faaliyetlerin, teknolojinin, bilginin ve insan hareketliliğinin küreselleşmesi sonucu ortaya çıkan, çok boyutlu, çok fonksiyonlu, asimetrik ve karmaşık tehditlerle karşı karşıya kaldığı görülmektedir. Bununla bağlantılı olarak; konvansiyonel savunmaya dayalı Soğuk Savaş eksenli tehdit anlayışı yerine, güvenliğe dayalı yeni bir tehdit anlayışı ön plana çıkmıştır. Buradaki güvenlik; ülke topraklarının savunulması kadar, ekonomik menfaatlerin ve refahın güvenliği, ülke istikrarının korunması ve vatandaşların güvenliğinin sağlanması gibi geniş kapsamlı bir anlayışı ifade etmektedir.

Küresel merkezin doğuya doğru kaymasıyla, Türkiye yeni güvenlik algılamalarının merkezine oturmuş; risk ve tehditler, simetrikten asimetriğe doğru uzanan geniş bir yelpazeye yayılmıştır. Bu geniş yelpaze, bölücü ve irticai faaliyetler, terörizm, uyuşturucu ticareti, kitle imha silahlarının yayılması, inan kaçakçılığı ve yasa dışı göç ile teknolojik tehditler gibi asimetrik unsurların yanı sıra; komşu ülkelerden kaynaklanabilecek istikrarsızlıklar ve Irak'ın kuzeyinde ortaya çıkabilecek oluşumların Türkiye'nin güvenliğine doğrudan etkileri gibi risk ve tehditleri de içermektedir. Bugün Türkiye Avrasya'da, batısında AB, doğusunda Rusya, Çin, Hindistan, Japonya, öte yandan Avrasya dışından tek başına dünyayı kontrol etmeye çalışan ABD gibi güçlü devletlerle süren küresel üstünlük mücadelesinin tam ortasında bulunmaktadır.

Dünyayı hem kendi öncelikli çıkarları ve jeostratejik gerekleri doğrultusunda şekillendirmeye çalışan büyük güçlerin oyun alanı hep

Avrasya olmuştur. Jeopolitik konumu ile Balkanlar, Kafkaslar ve Orta Doğu üçgeninin merkezinde belirsizlik ve istikrarsızlıkların dünya üzerinde en yoğun olarak yaşandığı bölgenin tam ortasında yer alan Türkiye "coğrafyaları kontrol eden coğrafya" olmasından ötürü bölgesi hem etkileme hem de etkilenmeye en fazla maruz kalan ülkelerin başındadır. Günümüzde büyük siyasi güçlerin siyasi, ekonomik ve askeri alanlarda çıkar çatışmalarının yaşandığı bir bölgede yer alan Türkiye, mevcut konumu ile üç kıta arasında kara ve deniz ulaşım yollarının kesiştiği Cebelitarık Boğazı'ndan başlayıp, Orta Doğu ve Orta Asya'ya uzanan stratejik halkanın odak noktasını oluşturmaktadır.

Türk Boğazları ve bölgedeki askeri gücü ile Türkiye Süveyş'i ve bölgedeki deniz ulaştırmasını kontrol edebilecek bir mevkide bulunmaktadır. Kafkasya ve Orta Doğu'daki enerji kaynakları gerekçesiyle bölgede köklü değişikliklerin yaşandığı bir süreç yaşanmakta ve beraberinde birçok sarsıntılar meydana gelmektedir. Değişimin kapsam ve süresinin belirsizliği, Türkiye ve Türk ordusuna bir istikrar unsuru olarak bölgede dimdik ayakta durma misyonu yüklemektedir. İçinde bulunduğumuz coğrafi bölgede aşırı milliyetçilik, etnik uyuşmazlıklar, ırkçılık, yabancı düşmanlığı ve özellikle terörizm ve kökten dincilik gibi karanlık ve çağ dışı eğilimler endişe verici boyuttadır.

Türkiye'nin karşılaşması muhtemel güvenlik tehditlerini dört grup altında toplayabiliriz. Öncelikle, Türkiye'nin güvenlik ve dış politikasına yönelik tehdit "çok yönlü"dür. Soğuk Savaş süresince tehdit sadece Doğu Bloku ve Sovyetler Birliği'nden kaynaklanmaktayken, bugün Türkiye'yi çevreleyen bütün bölgelerden kaynaklanmaktadır. İkinci olarak, Türkiye'nin güvenlik gündemi "çok fonksiyonlu"dur. Soğuk Savaş süresince hem "sert güvenlik" hem de "yumuşak güvenlik" tehditleri ile uğraşma zorunluluğu ile karşı karşıyadır. Üçüncü olarak, Türkiye'nin güvenlik gündemi "çok seviyeli"dir. Türkiye güvenliği bugün değişik seviyelerde tehditlerle ilgilidir: Uluslararası sistem seviyesi, devletler arası seviye ve yerel/ulusal seviye. Uluslararası seviyede Türkiye, ABD ve Rusya gibi büyük güçleri ve bunlar arasındaki ilişkileri göz önüne almak durumundadır.

Uluslararası seviyede Türkiye'nin bölgedeki devletlerle birtakım sorunları mevcuttur. Yerel/ulusal seviyede Türkiye irtica ve terörle mücadele etmek durumundadır. Son olarak, Türkiye'ni güvenliği Avrupa'daki "çok kurumlu" güvenlik yapılanmasından kaynaklanan karışıklıktan etkilenmektedir. Soğuk Savaş süresince NATO tek güvenlik kurumu olarak rakipsiz işlevini yerine getirirken, Soğuk Savaş sonrası AGİT, AB güvenlik oyuncuları olarak Avrupa'da yerini almış ve Avrupa güvenliğinden sorumlu birçok kurum ortaya çıkmıştır. Bu bağlamda NATO ve AGİT'e tam üye olan Türkiye AGSP kapsamında tam olarak dilediği seviyede temsil imkânı bulamamıştır. Modern zamanlarda savaşlarda meydana gelen değişikliklerin başta gelen özelliği hiç tartışmasız karmaşıklaşmış olmasıdır. Burada karmaşıklaşma ile kastedilen savaşların daha büyük hâle gelmesidir. Bunun en büyük ispatı savaşların isimlerinde yatmaktadır.

Özellikle Balkanlar, Irak ve Afganistan'a bakıldığında askeri gücün etkin rol oynadığı açıktır. Bugün ABD, Afganistan'daki sorunu çözmek için NATO ülkelerinden daha fazla asker istemekte, Irak'ta da askeri gücün politik ve ekonomik gücün çalışabilmesi için gerekli ortamı sağladığına inanıldığından bir kısım güçlerini çekmektedir. Amerika dünya güvenlik ortamını şekillendirmek için başta Avrupa olmak üzere dünyanın çeşitli yerlerine askeri güç yerleştirme çabasında, Rusya Gürcistan ve Çeçenistan'da olduğu gibi ekonomik ve siyasi güvenliği için askeri güç kullanmaktadır. Bilgi ve teknolojinin sunduğu olanaklar harbin doğasını değiştirmekten ziyade harbin araçlarına yeni girdiler sağlamaktadır.

Bugün kriz ve çatışma bölgelerine baktığımızda hem eski ve hem de yeni harp araç ve yöntemlerinin değişmediğini her ikisinin de birlikte kullanıldığını görmek mümkündür. Klasik harp araç ve yöntemleri olan ateş ve manevranın önemli araçlarından olan ölümcül silahların yanına bilgi harplerinin araçları olan ölümcül olmayan silahlar katılmış, terörizm hem bir silah hem de bir savaş türü olarak daha yaygın kullanılmaya başlanmış ve kitle imha silahları da büyük bir tehdit olarak kullanılmaya devam etmektedir. Harp politik amacı gerçekleştirmek için askeri kuvvetlerin zor ve şiddet kullanmaya elindeki araçları çoğaltarak kesintisiz devam etmektedir.

Burada bir konuyu daha belirtmede fayda var. Bu da artık toprak işgalinin, buna bağlı olarak kara parçası için savaş olmayacağıdır ki bu doğru değildir. Çünkü bir devletin bekası, bağımsızlığı, doğal kaynakları işletmesi ve kullanması ve ekonomik faaliyetlerini devam ettirmesi ancak elindeki toprak parçasını kontrol altında tutmasına ve güvenliğini sağlamasına bağlı olacağı açıktır. Bunun içinde silahlı kuvvetler bu işlevleri yapacak güçte ve durumda olması gerekir.

Küreselleşen dünyada bir ulusun uluslararası arenada etkili ve söz sahibi olmasının başta gelen unsuru yine modernize, caydırıcı ve vurucu gücü yüksek güçlü bir orduya sahip olmasıdır. Silahlı kuvvetleri güçlü olmayan ülkelerin dünya siyasetinde ciddi bir biçimde söz sahibi olmaları beklenemez. Bununla birlikte, küreselleşme ile olaylar siyasi ve hukuki boyuta kaymakta, uluslar üstü kuruluşlar ve sivil toplum örgütleri işin içine daha fazla girmekte, sorunların masada çözümü yoluna da gidilebilmektedir.

2. Türk Silahlı Kuvvetleri Teşkilat Yapısının Yenilenmesi

1990 yılında Varşova Paktı'nın çöküşü ve SSCB'nin dağılmasıyla dünyada güç dengeleri altüst olmuş ve belirsizlikler ortamına girilmiş, soğuk savaş dönemi sona ermiştir. Bu kapsamda; büyük birçok devlet ordularını küçültüp sayıca daha az, fakat daha etkin ordular oluşturmaya başlamışlardır.

Bu dönemde; Türkiye'ye yönelik tehditler, Avrupa Konvensiyonel Kuvvetler Antlaşması (AKKA)'nın getirdiği sınırlamalar, Kara Kuvvetlerinin zafiyet sahaları dikkate alınarak;

Geleceğin muharebe ortamına uyum sağlayabilecek,

Hareket kabiliyeti ve ateş gücü yüksek,

Düşmanı derinlikten itibaren tespit, teşhis ve tanıma imkânı olan,

Gece muharebe etme yeteneğine sahip,

Beka kabiliyeti yüksek,

Elastiki ve çok maksatlı kullanıma imkân veren,

Yeterli büyüklükte,

Sevk ve idaresi kolay,

Personel tasarrufuna imkân sağlayan ve etkili bir seferberlik sistemine dayanan,

Tabur, tugay, kolordu ve ordu kuruluşlarını esas alan bir kuvvet yapısı hedeflenmiştir.

Bu kapsamda tümen teşkilatı yerine , birlikler tugay şeklinde teşkilatlandırılmış ve kolordulara bağlanmıştır. Ayrıca, hareket kabiliyeti ve ateş gücünü artırmak maksadıyla; tugaylar ağırlıklı olarak zırhlı ve mekanize birlikler hâlinde teşkil edilmiştir.

Keşif, gözetleme ve hedef tespit imkânlarının artırılması maksadıyla, 2007 yılından itibaren; Ordu Komutanlıkları kuruluşuna Taktik ve Mini İnsansız Hava Aracı Sistemleri (İHAS)nin yer aldığı İnsansız Hava Aracı Tabur, Bölük ve Takımları, Tugay ve Alay Komutanlıklarının kuruluşuna Mini İnsansız Hava Aracı Sistemleri Timleri ilave edilmiştir.

Merkezi yetenek havuzlarının oluşturulması kapsamında Muhabere Elektronik Bilgi Sistemleri Birlikleri yeniden yapılandırılmış Ordu Komutanlıklarında Muhabere Elektronik Bilgi Sistemleri Alay Komutanlıkları teşkil edilmiş ve Elektronik Harp Birlikleri Muhabere Elektronik Bilgi Sistemleri Alay Komutanlıkları kuruluşlarına dâhil edilmiştir.

Lojistik Yönetim Sistemi (LYS) projesi ile ikili ikmal ve üçlü bakım sistemine geçilmiştir. Bu kapsamda Kara Kuvvetlerinin lojistik teşkilatı; Kara Kuvvetleri Karargâhından, Tabur/Müstakil Bölük seviyesine kadar her kademede yeniden yapılandırılmıştır.

Kimyasal Biyolojik Radyolojik Nükleer (KBRN) birlikleri 1997 yılında yeniden teşkilatlandırılmıştır. [199]

Hava savunma sınıfının, topçu sınıfından ayrılarak ayrı bir sınıf hâline getirilmesi 4185 sayılı Yasa ile kabul edilmiştir. Buna paralel olarak hava savunma birlikleri yeniden teşkilatlandırılmış, Topçu ve Füze Okulu bünyesinde kurulan Hava Savunma Okulu, 1998 yılında Çekmeköy Kışlası'na taşınmıştır. 2008 yılında Konya'ya konuş değiştirmiştir.

1999 yılında, Ankara'da faaliyete başlayan Kara Kuvvetleri İstihbarat Okulu, 2003 yılında lağvedilerek TSK İstihbarat Okulu ile birleştirilmiştir. 2010 yılına kadar K. K. K. lığına bağlı olarak faaliyetlerine devam eden TSK İstihbarat Okulu bu tarihten itibaren Genelkurmay Başkanlığına bağlanmıştır. Eğitim ve öğretim faaliyetlerini hâlen, Ankara'da sürdürmektedir. [200]

Kara havacılık birliklerinde tek elden emir komuta tesis etmek ve seferde uygulanacak komuta yapısına barıştan itibaren geçmek maksadıyla; 15 Ağustos 2003 tarihinde, Kara Havacılık Komutanlığı

---

199 http: //www. kkk. tsk. tr/KKKHakkinda/KKKFotoGecmistenGunumuze. aspx
200 http: //www. kkk. tsk. tr/KKKHakkinda/KKKFotoGecmistenGunumuze. aspx

kurularak K. K. K. lığına bağlanmıştır. [201]2007 yılında Sınıf Okulu ve Eğitim Merkezi Komutanlıkları ile Eğitim Tugay Komutanlıkları Kara Kuvvetleri Eğitim ve Doktrin Komutanlığına bağlanmıştır.

3. Türk Silahlı Kuvvetleri:

a. Tanımı

Türk Silahlı Kuvvetleri (TSK); Kara (Jandarma dâhil), Deniz ve Hava Kuvvetleri subay, astsubay, erbaş ve erleri ile askeri öğrencilerden teşekkül eden ve seferde ihtiyatlarla ikmal edilen, kadro ve kuruluşlarla teşkilatı gösterilen silahlı devlet kuvvetidir.

b. Teşkilatı

Türkiye Cumhuriyeti Anayasası'na göre, Başkomutanlık Türkiye Büyük Millet Meclisi (TBMM)nin manevi varlığında temsil edilmektedir. Bakanlar Kurulu, Milli Güvenlik ve Silahlı Kuvvetlerin ülke savunması için hazırlanmasından TBMM'ye karşı: cumhurbaşkanı tarafından Silahlı Kuvvetler komutanı olarak atanan Genelkurmay başkanı ise görevlerinden dolayı başbakana karşı sorumlu kılınmıştır. Kara, Deniz ve Hava Kuvvetleri komutanları, emir komuta zinciri içerisinde doğrudan Genelkurmay başkanına bağlıdır.

c. Görevleri

211 sayılı Türk Silahlı Kuvvetleri İç Hizmet Kanunu'nun 35'inci maddesi ile belirlenmiş olan vazifesi, ***Yurt dışından***[202] gelecek tehdit ve tehlikelere karşı Türk vatanını savunmak, caydırıcılık sağlayacak şekilde askeri gücün muhafazasını ve güçlendirilmesini sağlamak, Türkiye Büyük Millet Meclisi kararıyla yurt dışında verilen görevleri yapmak ve uluslar arası barışın sağlanmsına yardımcı olmaktır. [203]

ç. Sorumluluklar Türkiye Cumhuriyeti'ni kollamak ve korumaktır. Aynı Kanunun 36'ncı maddesi gereğince ise, Silahlı Kuvvetler, harp

---

201 http: //www. kkk. tsk. tr/KKKHakkinda/KKKFotoGecmistenGunumuze. aspx

202 13 Temmuz 2013 tarihinde, Türk Silahlı Kuvvetleri İç Hizmet Kanunu'nun 35. maddesindeki "Silahlı Kuvvetlerin vazifesi; Türk yurdunu ve Anayasa ile tayin edilmiş olan Türkiye Cumhuriyetini kollamak ve korumaktır"ifadesi, "Silahlı Kuvvetlerin vazifesi; yurt dışından gelecek tehdit ve tehlikelere karşı Türk vatanını savunmak, , , şeklinde değiştirilmiştir.

203 http: //www. tsk. tr/1_tsk_hakkinda/gorevi. html

sanatını öğrenmek ve öğretmekle vazifelidir. Bu vazifenin ifası için lazım gelen tesisler ve teşkiller kurulur ve tedbirler alınır.

Anayasa'nın 117'nci maddesi gereğince; Başkomutanlık, Türkiye Büyük Millet Meclisinin manevi varlığından ayrılamaz ve cumhurbaşkanı tarafından temsil olunur. Milli güvenliğin sağlanmasından ve Silahlı Kuvvetlerin yurt savunmasına hazırlanmasından, Türkiye Büyük Millet Meclisine karşı Bakanlar Kurulu sorumludur. Genelkurmay başkanı, Silahlı Kuvvetlerin komutanı olup, savaşta başkomutanlık görevlerini Cumhurbaşkanlığı namına yerine getirir. Genelkurmay başkanı, Bakanlar Kurulunun teklifi üzerine, cumhurbaşkanınca atanır, görev ve yetkileri kanunla düzenlenir. Genelkurmay başkanı, bu görev ve yetkilerinden dolayı başbakana karşı sorumludur. Milli Savunma Bakanlığının Genelkurmay Başkanlığı ve Kuvvet Komutanlıkları ile görev ve ilişkileri ve yetki alanı kanunla düzenlenir.

d. TSK Askeri Strateji Konsepti

Dünya güvenlik ortamında meydana gelen gelişmeler karşısında TSK Türkiye'yi çevreleyen potansiyel risk ve tehditleri yeniden değerlendirerek Anayasa ve yasalarla belirlenmiş vazifesini yerine getirmek için milli askeri stratejisini yeniden düzenlemiştir. Bu kapsam da TSK aşağıdaki faaliyetleri icra etmek durumundadır:

- Caydırıcılık
- Sınır güvenliğinin sağlanması,
- Güvenlik/harekât ortamının şekillendirilmesi,
- Savaş dışı harekât (Barışı destekleme harekâtı, doğal afet yardım harekâtı ve iç güvenlik harekâtı),
- Kriz yönetimi,
- Kesin sonuçlu konvansiyonel harekât.

e. TSK'nin temel hedefleri

- Barıştan itibaren, ülkenin güvenlik çıkarlarını ve milli menfaatlerini korumaya ve toprak bütünlüğünü muhafaza etmeye yönelik tehditlere karşı caydırıcı bir askeri gücü tesis ve idame etmek,
- İstikrarsızlığın ve belirsizliğin hâkim olduğu bir coğrafyada yer alan Türkiye'nin gerek kendi iç istikrarına ve gerekse dış istikrara ve dolasıyla ülke güvenliğine katkıda bulunmak amacıyla çevresindeki güvenlik ortamını şekillendirmek, bu kapsamda Türkiye'ye yönelik

tehditleri azaltmak ve muhtemel bir çatışma öncesinde siyasi ve askeri bir durum üstünlüğü sağlamak,

- Yıkıcı ve bölücü faaliyetler ile dini esaslara dayalı laiklik karşıtı rejimi yerleştirmeye karşı, ülke ve milletin bölünmez bütünlüğünü; mevcut anayasal, demokrasi ve laik cumhuriyet düzeni içerisinde yasaların verdiği görev ve yetkiler çerçevesinde korumak ve kollamak, bu konuda kolluk kuvvetlerine her türlü desteği sağlamak, yıkıcı ve bölücü akımlara yönelik iç ve dış desteğe engel olmak için gerekli askeri tedbirleri almak,

- Deprem, sel, toprak kayması, çığ, büyük yangın v. b. doğal afetler sonrası daha fazla can ve mal kaybını önlemek amacıyla afetzedelere yardım etmek, afet bölgesinde devlet otoritesini devam ettirmek ve devletin diğer kuruluşlarına ve bu amaçlar için çalışan sivil toplum örgütlerine yardım etmek,

- Uluslararası barış ve güvenliğin korunması, çatışmaların ortaya çıkmadan önlenmesi, veya durdurulması, barışın yeniden tesis edilmesi, bir ülkenin iç istikrarının sağlanması ve insani yardım maksatlarıyla, BM, NATO veya Avrupa Güvenlik İş Birliği Teşkilatı tarafından doğrudan veya verecekleri yetkiyle icra edilecek barışı destekleme harekâtına katılmak olarak belirlenmiştir.

Türk Silahlı Kuvvetleri yukarıda sayılan görevleri yapmak; teşkilat malzeme ve kadro bakımından yeteri kadar küçülmüş, buna karşılık, beka, hareket/intikal kabiliyeti ve ateş gücü artmış, momentumu yüksek ve eğitilmiş vurucu unsurlara, süratle mobil hâle gelen karargâhlara sahip olmayı, her ortamda, her türlü hava şartlarında gece ve gündüz kesintisiz harekât icra edebilen modern, yüksek seviyede eğitimli ve her an harbe hazır bir güç hâline gelmeyi hedeflemektedir. Bu hedefi gerçekleştirmek için modern çağın gerektirdiği silah sistemlerine sahip olurken diğer yandan da modern eğitim ve bilgi sistemlerini kullanmaktadır.

4. Türk Silahlı Kuvvetleri Teşkilatı:

a. Genel:

TSK; Genelkurmay Başkanlığına bağlı, Kara Kuvvetleri Komutanlığı, Deniz Kuvvetleri Komutanlığı, Hava Kuvvetleri Komutanlığı, Jandarma Genel Komutanlığı ve Sahil Güvenlik Komutanlığından oluşmaktadır.

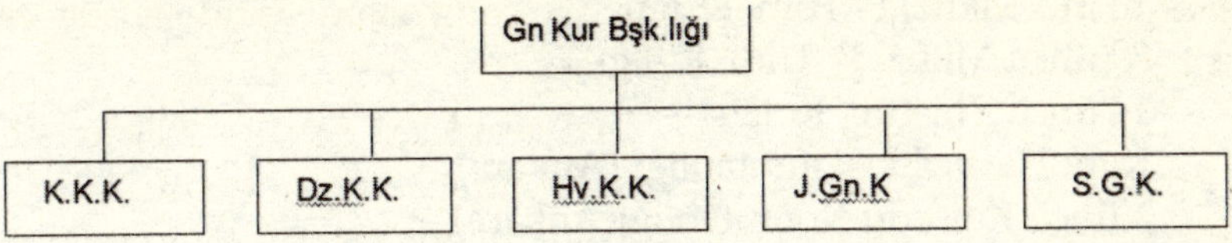

b. Kara Kuvvetleri Komutanlığı: [204]

TSK'nin bir unsuru olarak, Türk yurdunun ve Anayasa ile tayin edilmiş olan Türkiye Cumhuriyeti'nin korunması ve kollanması ile ilgili kendisine verilen dış askeri tehditlerin önlenmesine, uluslararası ve iç istikrarın sağlanmasına, yönelik görevleri yerine getirmekten sorumlu kılınmıştır. Kara Kuvvetleri Komutanlığı;

1'inci Ordu Komutanlığı (İstanbul)
2'nci Kolordu Komutanlığı(Gelibolu),
3'üncü Kolordu Komutanlığı (İstanbul)
5'inci Kolordu Komutanlığı (Çorlu)
2'nci Ordu Komutanlığı (Malatya),
7'nci Kolordu Komutanlığı (Diyarbakır),
6'ncı Taktik Tümen Komutanlığı (Adana), (önceden 6'ncı Kolordu Komutanlığı),
3'üncü Ordu Komutanlığı (Erzincan),
8'inci Kolordu Komutanlığı (Elazığ),
9'uncu Kolordu Komutanlığı (Erzurum),
Ege Ordusu Komutanlığı (İzmir),
1'inci Mot. P. Tug. K. lığı,
11'inci Mot. P. Tug. K. lığı,
19'uncu Mot. P. Tug. K. lığı,
57'nci Top. Tug. K. lığı,
Eğitim Doktrin Komutanlığı(Ankara),
Muh. ve Muh. Des. Eğt. Komutanlığı,
Muh. Hiz. Des. Eğt. Komutanlığı,
Okullar Komutanlığı,
Eğitim Tümen Komutanlığı
Lojistik Komutanlığı (Ankara),
Kıbrıs Türk Barış Kuvvetleri Komutanlığı (Girne),

---

204 http: //www. kkk. tsk. tr/TeskilatSemasi/TeskilatSemasi. aspx

28'inci Mknz. P. Tüm. K. lığı,
39'uncu Mknz. P. Tüm. K. lığı,
14'üncü Zh. Tug. K. lığı
Kara Havacılık Komutanlığı (Ankara),
4'üncü Kolordu Komutanlığı(Ankara),
1'inci Komando Tug. K. lığı,
2'nci Komando Tug. K. lığı,
28'inci Mknz. P. Tug. K. lığı,
58'inci Top. Füze Tug. K. lığı,
Kara Harp Okulu Komutanlığı(Ankara)ndan teşekkül etmektedir.

c. Deniz Kuvvetleri Komutanlığı: [205]

Ülkenin denizden gelecek tehditlere karşı savunulması ile deniz alaka ve menfaatlerinin korunması ve kollanmasından sorumlu olup; barış, kriz dönemi ve savaşta verilen muhtelif görevleri yapmaktadır. Bu çerçevede; denizlerde varlık göstermek, barışı destekleme, insani yardım, arama kurtarma harekâtı icra edilmesi, muhtelif terör ve kaçakçılık faaliyetlerinde ilgili makamlarla ve Sahil Güvenlik Komutanlığı ile iş birliği, caydırıcılık, kriz dönemi tedbirleri ve deniz kontrolü, deniz ulaştırma hatlarının emniyeti ve diğer harekâttan sorumludur.

Deniz Kuvvetleri Komutanlığı;[206]
Donanma Komutanlığı,
Kuzey Deniz Saha Komutanlığı,
Güney Deniz Saha Komutanlığı,
Deniz Eğitim Öğretim Komutanlığından teşekkül etmektedir.

ç. Hava Kuvvetleri Komutanlığı: [207]

Türkiye'ye hava ve uzaydan gelebilecek herhangi bir tehdidi/riski tespit, teşhis, kontrol ve elimine edebilecek kabiliyette bir kuvvet yapısına sahip olarak, caydırıcı, bölgesel ve uluslararası denge sağlamakta, gerektiğinde Türkiye'ye yönelik her türlü satıh, hava ve uzay tehdidini tahrip etmekte veya tesirsiz hâle getirmektedir.

Hava Kuvvetleri;[208]

---

205 http: //www. dzkk. tsk. tr/icerik. php?icerik_id=4&dil=1
206 http: //www. dzkk. tsk. tr/icerik. php?icerik_id=200&dil=1
207 http: //www. hvkk. tsk. tr/TR/IcerikDetay. aspx?ID=6
208 http: //www. hvkk. tsk. tr/TR/IcerikDetay. aspx?ID=8

Muharip Hava Kuvveti ve Hava Füze Savunma Komutanlığı,

Hava Eğitim Komutanlığı,

Hava Lojistik Komutanlığından teşekkül etmektedir.

d. Jandarma Genel Komutanlığı[209]

Silahlı askeri bir güvenlik ve kolluk kuvveti olarak, emniyet ve asayiş ile kamu düzeninin korunmasını sağlamakta, mülki, adli ve askeri görevler ile diğer kanun ve nizamnamelerin verdiği görevleri ifa etmektedir. Jandarma Genel Komutanlığı;

Jandarma Asayiş Kolordu Komutanlığı,

Jandarma Eğitim Komutanlığı,

Jandarma Lojistik Komutanlığı,

Jandarma Bölge Komutanlıklarından (14 adet) teşekkül etmektedir.

e. Sahil Güvenlik Komutanlığı: [210]

Türkiye kara suları, münhasır ekonomik bölge ve arama kurtarma sahalarında ilgili kanun, kararname ve tüzükler uyarınca, denetim ve kontrol faaliyetleri icra etmektedir. Bu kapsamda, Türk sularında güvenliği sağlamak, deniz yolu ile yapılan her türlü kaçakçılığı önlemek ve suçlular hakkında yasal işlemleri yapmak, arama kurtarma görevleri icra etmek ve verilen diğer görevleri yapmaktan sorumludur. Sahil Güvenlik Komutanlığı;[211]

Sahil Güvenlik Karadeniz Bölge Komutanlığı,

Sahil Güvenlik Marmara ve Boğazlar Bölge Komutanlığı,

Sahil Güvenlik Ege Deniz Bölge Komutanlığı,

Sahil Güvenlik Hava Komutanlığı,

Sahil Güvenlik Eğitim ve Öğretim Komutanlığı,

Sahil Güvenlik İkmal Merkez Komutanlığından teşekkül etmektedir.

f. Özel Kuvvetler Komutanlığı

---

209 http: //www. jandarma. gov. tr/

210 http: //www. sgk. tsk. tr/baskanliklar/plan_prensipler/gorevler/gorevler. asp

211 http: //www. sgk. tsk. tr/baskanliklar/harekat/organizasyon/organizasyon. asp

TSK bünyesi içinde Özel Kuvvetler Komutanlığı, 27 Eylül 1952 tarihinde "Milli Savunma Yüksek Kurulu" (Milli Güvenlik Kurulu) kararı ile "Hususi ve Yardımcı Muharip Birlikleri" şubesi adı altında kurulmuştur. 29 Mart 1962 tarihinde Özel Harp Dairesi adı ile faaliyetlerine devam etmiş ve 1992 yılında da Özel Kuvvetler Komutanlığı adını almıştır. Günümüzde Kolordu seviyesinde yeniden yapılandırılmış olarak dünya orduları özel kuvvetleri arasındaki seçkin ve saygın konumunu muhafaza etmektedir. Ana karargahı Ankara'dadır.

Özel Kuvvetler Komutanlığının düşman derinliklerindeki faaliyetler hakkında bilgi toplamak, düşman derinliklerindeki hedeflerin atış altına alınması için hedef tarifi yapmak ve atışları tanzim etmek, bölücü terör örgütü ile mücadele etmek, düşman derinliklerindeki hayati önemi haiz hedefleri tahrip etmek, ülke işgale uğradığında halkın düşmana karşı direnişini planlamak ve organize etmek, düşman derinliklerinde faaliyette iken uçağını terk etmek zorunda kalan pilotu arayıp bulmak ve kurtarmak, düşman kontrolü altındaki bölgede bulunan veya bu bölgede kalan önemli şahsiyetleri kurtarmak ve kaçırmak, barışı destekleme harekâtı icra etmek, yurt içinde ve dışında meydana gelebilecek doğal afetlere kuruluşunda bulunan mevcut imkanları kullanmak suretiyle müdahale etmek, başlıca görevlerini oluşturmaktadır.

g. Askeri Okullar: [212]

Türk Silahlı Kuvvetleri bir yandan mevcut teknolojik gelişmeleri takip etmekte ve bünyesine katmakta iken diğer yandan da sahip olduğu Askeri Liseler, Harp Okulları, Sınıf Okulları, Harp Akademileri, Enstitüler ve Astsubay Meslek Yüksek Okulları ve Kuvvet Eğitim/Doktrin Komutanlıkları ile XXI. yüzyılın ihtiyaçlarına cevap verecek tarzda muvazzaf personel yetiştirmeye ve çağdaş eğitim ihtiyaçlarını karşılamaya devam etmektedir. Eğitimde, çağdaş eğitim ve öğretim kapsamında; öğrenciyi merkeze alan öğrenme felsefesine uygun, Türk Silahlı Kuvvetlerinin mevcut ve gelecekteki ihtiyaçlarına cevap verecek nitelikte, bir üst eğitim öğretim kurumlarındaki eğitim ve öğretimi izleyebilecek bilimsel alt yapı ile donanmış, temel askeri bilgi ve davranışları kazanmış, üstün bedeni yeteneğe sahip, iletişim becerisi gelişmiş, vatan, vazife, şeref ve dürüstlük kavramlarını

---

212 http: //www. kkk. tsk. tr/EgitimOgretim/AskeriOkullar. aspx

kendisine ilke edinmesinin yanı sıra, Atatürkçü Düşünce Sistemi'ni özümsemiş ve bunu bir yaşam tarzı olarak benimseyerek kendine rehber edinmiş askeri personel yetiştirmek hedef olarak belirlenmiştir.

ğ. Harp Akademileri: [213]

Türk Silahlı Kuvvetlerinin en üst düzey eğitim kurumu olan Harp Akademileri de "Genelkurmay Başkanlığı kuruluşunda, yüksek lisans düzeyinde akademik eğitim öğretim yapan, Silahlı Kuvvetlere komutanlık ve karargâh subayı niteliklerine sahip kurmay subay yetiştiren, kurmay subaylara müşterek ve birleşik karargâh ve birliklerin faaliyetlerini yönetecek tarzda öğrenim yaptıran, Silahlı Kuvvetlerde, kamu yönetiminde ve gerektiğinde özel kesimde üst kademe yöneticilerine milli güvenlik konularında bilgi ve yetenek kazandıran, özellikle stratejik konularda araştırma ve geliştirme yapan bilim ve ihtisas kuruluşu" olarak görev ve sorumluluklarını yerine getirmektedir.

h. TSK Sağlık Komutanlığı; Türk Silahlı Kuvvetlerindeki sağlık hizmetlerinin tek elden yönetiminin sağlanması, sağlık politikaları ve stratejilerinin merkezi olarak belirlenmesi, TSK sağlık sisteminin ulusal sağlık sistemi ile entegre edilerek etik kurallara uygun, bilimsel kriter ve yöntemlerle etkin ve ekonomik olarak yürütülmesi, personel, malzeme ve mali kaynakların daha verimli kullanılabilmesi maksadıyla Genelkurmay Başkanlığına bağlı olarak 30 Temmuz 2001 tarihinde kurulmuştur.

ı. Harita Genel Komutanlığı; 1895 yılından itibaren Türk haritacığına büyük hizmetler vermiş, ülkemizin savunma amaçlı haritalarının yanında kalkınma amaçlı kamu kurum ve kuruluşlarının her türlü harita ve harita bilgisi ihtiyacına cevap vermektedir.

i. Bunun yanında Deniz Kuvvetleri Komutanlığına bağlı Seyir Hidrografi ve Oşinografi Dairesi Başkanlığı da Deniz Kuvvetlerinin ve sivil kuruluşların gereksinim duyduğu seyir, hidrografi ve oşinografi hizmetlerini yürütmektedir.

5. Türk Ordusunun Yurt ve Dünya Barışına Katkıları;[214]

---

213 http: //www. harpak. edu. tr/pageContainer. aspx?PID=165

214 http: //www. tsk. tr/6_uluslararasi_iliskiler/ turkiyeninbarisidesteklemeharekatinakatkilari. html

1984 yılından 2002 yılına kadar fiilen yürütülen İç Güvenlik Harekâtı (Terörle mücadele) görevleri ile Türk Silahlı Kuvvetleri bugün gelinen noktada;

a. Gündüz ve gece intikal, sızma, pusu ve diğer ve harekâtları icra edebilme,

b. Özellikle istihbarata dayalı büyük çaplı ve hava destekli operasyonlar ile terör örgütü yuvalarının etkisiz hâle getirilmesi ve terör örgütünün barındığı değerlendirilen bölgelere silahlı helikopter ve/veya Hava Kuvvetleri unsurları ile hava keşif harekâtı düzenlenmesi,

c. Mümkün olan yerlerde hava harekâtı icrasını müteakip uçar birlik harekâtı ile bölgeye indirilecek timlerle arzu edilen bölgelerin temizlenmesi, yolların ve meskün mahallerin kontrolünün sağlanması,

d. Terör örgütü ile iş birlikçi ve yatakçılarının irtibatının kesilerek faaliyet alanlarının daraltılması, istihbarata dayalı büyük çaplı ve hava destekli operasyonların icrası,

e. Yerleşim birimlerinde alınacak tedbirlerle iş birlikçilerle ve dağdan inen terör örgütünün barınma, saklanma ve eylem yapmalarının engellenmesi,

f. Sürekli nokta operasyonları icrası ve sürek avı ile baskının sürdürülme, Meşru müdafaa hakkı kapsamında sınır ötesi bölgelerin fiilen kontrol altına alınması, keşif ve istihbarat, Hava Kuvvetleri ve silahlı helikopterlerle baskı altına alma, karadan ve havadan nakledilecek birliklerle imha operasyonları,

g. Nokta istihbaratına dayalı, asgari riskle ve görevi yerine getirecek azami muharebe güçlü, daha küçük unsurlarla aktif, zinde operasyonlar planlanması,

h. Bölgeye sevk edilen elektronik dinleme ve kestirme timleriyle örgütün kullandığı ana tesis istasyonlarının yerinin kestirilmesi, yeterli büyüklükte teşkil edilecek özel görev unsurları ile örgütün kullandığı istasyonlara yönelik fiili operasyonlar icra edilmesi,

i. Kış teçhizatlı, eğitimli yeterli büyüklükte ve zinde birlikler ile kış mevsimi süresince operasyonel birlik görevlendirilmesi,

j. İç güvenlik harekâtının başladığı 1984 yılında TSK Kara Havacılık ana unsuru olarak UH-1 helikopterlerine ilave olarak başta Skorsky helikopterleri olmak üzere Mİ-17, Cougar, Kobra, Süper Kobra ve ATAK helikopterlerinin TSK envanterine dâhil edilmesi ve kara havacılık unsurlarının imkân ve kabiliyetlerinin komuta-kontrol, ikmal (ağır silah ve cihazların taşınması), hasta ve yaralı tahliyesi ve ateş destek faaliyetlerinde kullanılmaları, Kara Havacılık unsurları pilotlarının başlangıçta sadece gündüz şartlarındaki uçma imkân ve kabiliyetlerinin 1992 yılından sonra gece gündüz ve her türlü iklim şartlarında uçma yetenekleri olarak geliştirilmesi,

k. Her türlü hava koşullarında tanker uçakları da kullanılmak suretiyle yeterli stratejik derinliğe gündüz gece hava harekâtını yönlendirebilme kabiliyeti kazanmıştır. TSK'nin Şubat 2008'de icra etmiş olduğu sınır ötesi harekât bölücü terör örgütü ile mücadele tarihine emsalsiz bir örnek olarak geçmiştir. Bunların yanında İç güvenlik harekât bölgesinde halkla bütünleşme kapsamında, toplumsal gelişime destek faaliyetlerine ağırlık verilmekte bölge halkının eğitim ve sağlık başta olmak üzere her türlü ihtiyacı karşılanmaya çalışılmaktadır.

l. Somut değerler açısından Türk ordusunun dünya orduları arasındaki yerini rakamlarla ortaya koymadan önce Türkiye'nin rakamsal değerlerine bakarsak Türkiye 192 dünya ülkesi içinde nüfus itibarıyla 16'ncı, toprak büyüklüğü itibarıyla 32'nci ve ekonomik gücü itibarıyla 17'nci sırada gelmektedir. Türkiye'nin rakamsal değerleri ülkenin bölgesel bir güç olmaya aday olduğunu göstermektedir.

m. Türk Silahlı Kuvvetlerini dünya orduları ile aktif personel mevcutları açısından mukayese edildiğinde 9'uncu (Çin: 2. 255. 000, ABD: 1. 385. 000, Hindistan: 1. 325. 000, Rusya: 1. 245. 000, Kuzey Kore: 1. 170. 000, Güney Kore: 687. 000, Pakistan: 650. 000, İran: 545. 000, Türkiye: 514. 000) sırada yer almaktadır. İhtiyat (yedekler) personel mevcutları açısından ise 14'üncü sırada gelmektedir. Askeri güç açısından mukayese yapıldığında Türk Silahlı Kuvvetleri diğer modern ordular arasında 8'inci sırada (ABD, Rusya, Çin, Hindistan, Almanya, Fransa, Japonya) yer almaktadır.

6. Türk Silahlı Kuvvetlerinin Diğer Görevleri:

Türk Silahlı Kuvvetlerinin barış zamanındaki en önemli görevlerinden birisi Türkiye'nin milli çıkarlarının korunmasına katkıda bulunmak amacıyla diğer milli güç unsurları ile birlikte caydırıcılık sağlamaktır. Türkiye çevresinde barış ve güvenlik ortamı sağlamak amacıyla;

a. Askeri eğitim iş birliği yapmakta, askeri yardım faaliyetlerinde bulunmakta,

b. Komşularımız ve bölge ülkeleri ile ikili ve/veya çok taraflı güven artırıcı önlemler ve uluslararası silahların kontrolü rejimlerine taraf olmaktadır.

c. Türk Silahlı kuvvetleri hem dünya barışına katkıda bulunmak ve hem de bölgesel ve uluslararası güvenliği sağlamak amacıyla barışı destekleme harekâtlarına katılmaktadır.

d. Askeri Eğitim İş Birliği ve Askeri Yardım Faaliyetleri

e. Askeri tarih ve müzecilik alanında iş birliği ve eğitimi yapmaktadır.

Türk Silahlı Kuvvetleri; hâlen 43 ülke Silahlı Kuvvetleri ile imzalanan Askeri Eğitim İş Birliği Anlaşmaları gereği karşılıklı eğitim faaliyetlerini ve programları devam ettirmektedir. Dost ve müttefik ülkelere Türk Silahlı Kuvvetlerinin muhtelif eğitim kurumlarında veya yurt dışında personel veya mobil eğitim timlerimiz vasıtasıyla eğitim ve kısa süreli kurslar verilmektedir. Bugüne kadar Türk Silahlı Kuvvetlerinin çeşitli eğitim kurumlarında 50 ülkeden toplam 21. 500 misafir ülke personele eğitim verilmiştir.

2008-2009 eğitim yılında 26 ülkeden 1084 misafir askeri personele eğitim verilmesi planlanmaktadır. Dost ve Müttefik ülkelere verilen eğitimlerin maliyet ve kapsamlarına dair bilgileri içeren TSK Eğitim ve Öğretim Kataloğunda, 327 adedi Türkçe, 186 adedi İngilizce olmak üzere toplam 513 adet kurs bulunmaktadır. Türk Silahlı Kuvvetleri tarafından dost ve müttefik 15 ülkede dil eğitimine katkı sağlamak maksadıyla, 19 Türkçe dil dershanesi kurularak bugüne kadar 1872 personelin Türkçe dilini öğrenmesi sağlanmıştır. Yurt dışında da personel veya mobil eğitim timlerimiz vasıtasıyla eğitim ve kısa süreli kurslara verilmektedir.

Bu maksatla değişik ülkelerde 139 personel görevlendirilmiştir. TSK eğitim kurumlarında eğitim görerek ülkesine dönen Misafir Askeri Personel ile mezuniyet sonrası ülkesinde de irtibat devam ettirilmektedir. TSK'de eğitim görerek ülkesine dönen ve ülkesinde önemli görevlerde bulunan personel, mezun olduğu eğitim kurumunun kuruluş günlerine çağırılmakta, konferans/seminer vermeye davet edilmektedir. Bunun yanı sıra, TSK'den eğitim öğretim çerçevesinde ülkeler arasında iş birliğini geliştirmek, karşılıklı bilgi alışverişini sağlamak amacıyla, askeri eğitim iş birliği antlaşmaları veya NATO/

SOFA kapsamında 35 dost ve müttefik ülkeye toplam 450 kurs için yılda 1000 civarında personel gönderilmektedir.

Askeri yardımlar kapsamında TSK 23 dost ülke ve kuruluşa hibe, kredi veya proje başlıklarında lojistik yardım yapmıştır. TSK'ce yürütülen bu faaliyetler, Türk dış politikasının hem bir parçasını hem de bir aracını oluşturmaktadır. Ayrıca ülkemizde eğitim gören veya yurt dışında eğitim verilen personelin ülkelerimiz arasında dostluk ve iş birliğinin geliştirilmesinde de önemli rol oynadıkları değerlendirilmektedir.

7. Barışı Destekleme Harekâtı ve Türk Ordusu:

Barışı Destekleme Harekâtı, Birleşmiş Milletler veya diğer uluslar arası güvenlik örgütleri tarafından, doğrudan veya verecekleri yetkiyle bir veya birden fazla teşkilat marifeti ile önceden belirlenmiş şartlar ve esaslar çerçevesinde, belirlenen bir sürede, açıkça belirlenmiş amaçların gerçekleştirilmesi için icra edilmekte, uluslararası barış ve güvenliğin sağlanması için Türk Silahlı Kuvvetleri bu faaliyetlere de aktif katkı sağlamaktadır. Türk Silahlı Kuvvetlerinin barışı destekleme harekâtında görevlendirilebilmesi için Birleşmiş Milletler Güvenlik Konseyinin yetki vermesi ve öncelikle buna ilişkin siyasal bir kararın oluşması gereklidir. T. C. Anayasası'na göre, Milli Güvenlik Kurulunun bu konuda hükümete bildireceği tavsiye niteliğindeki karar çerçevesinde, Bakanlar Kurulunca durum incelenir ve bir hükümet tasarısı ile TBMM'ye sunulur.

TSK'nin Barışı Destekleme Harekâtı'na katılımının hukuki dayanağını Türkiye Cumhuriyeti Anayasası'nın 92'inci maddesi oluşturur. Bu maddede; "Türkiye'nin taraf olduğu uluslar arası antlaşmaların veya uluslar arası nezaketin gerektirdiği durumlar hariç, Türk Silahlı Kuvvetleri'nin yabancı ülkelere veya yabancı silahlı kuvvetlerin Türkiye'de bulunmasına izin verme yetkisinin, Türkiye Büyük Millet Meclisi'ne ait olduğu" belirtilmektedir.

8. Türk Ordusunun Barışı Destekleme Harekâtlarına Sağladığı Katkılar[215]

a. NATO Kosova Gücü (KFOR)

---

215 http: //www. tsk. tr/6_uluslararasi_iliskiler/ turkiyeninbarisidesteklemeharekatinakatkilari. html

b. NATO Uluslararası Güvenlik Yardım Kuvveti (ISAF)
c. NATO Etkin Çaba (OAE)
d. NATO'nun Irak'a Eğitim Desteği (NTM-I)
e. Balkan Danışma Timleri
f. NATO Mukabele Kuvveti (NRF-11)
g. Lübnan Geçici Kuvveti (UNIFIL)
h. Bosna-Hersek (EUFOR-Althea)
i. Güneydoğu Avrupa Tugayı (SEEBRIG)
j. Karadeniz İş Birliği Görev Grubu (BLACKSEAFOR)
k. Sudan (UNMIS-UNAMID)
l. Somali Birleşik Görev Kuvveti (CTF-15)
m. BM Gürcistan Gözlem Misyonu
n. AGİT Gürcistan Gözlem Misyonu

Barışı destekleme harekâtına katılımın Türkiye'ye sağladığı katkılar pek çok açıdan değerlendirilebilir. Türkiye'nin uluslararası hukuk ve normlara uygun olarak barışı destekleme harekâtına katılması, uluslararası ortamda saygınlığını arttırmakta ve barışsever ülke imajını pekiştirmekte, dış politikadaki etkinliğini arttırmaktadır. Ayrıca, barış gücü faaliyetlerine katılarak, Türk Silahlı Kuvvetlerinin eğitim durumu, disiplini, etkinliği ve başarıları uluslararası kamuoyunda tanıtılmaktadır.

Türk Silahlı Kuvvetleri değişik arazi ve iklim koşullarında harekâtta bulunarak her türlü iklim ve arazide muharebe edebilme, kara, deniz, ve hava yolu ile uzak mesafelere intikal edebilme yeteneklerini geliştirmekte, bunların yanı sıra, barış gücü diğer ülke insanlarını ve silahlı kuvvetlerini tanımakta ve etkileşim içine girmektedir.

9. NATO'ya Türk Ordusu Tarafından Sağlanan Katkılar

Türkiye, 1949 yılında kurulan bu ittifaka 1952 yılında üye olmuştur. İttifakın kurulduğu günden beri Avrupa tarihin en uzun barış dönemini yaşamıştır. Topyekün nükleer mukabele stratejisi ile başlayan gerginlik, 1990'lı yıllara kadar tedrici olarak azaltılarak fiili bir çatışma olmaksızın Soğuk Savaş'a son verilmiştir. Türkiye, bu süreç içerisinde, ittifak içerisinde yapıcı tutumuyla, caydırıcı Silahlı

Kuvvetleriyle, güvenilir bir müttefik olarak güney kanattaki sorumluluğunu yerine getirmiş, NATO'nun saygın bir üyesi olmuştur.

Soğuk Savaş'ın sona ermesiyle birlikte, merkezi Avrupa'daki tehdit ortadan kalkmış, tehdit değerlendirme anlayışı değişmiş ve Türkiye'de kendisini istikrarsız bir bölgenin içinde bulmuştur. Klasik anlamdaki tehditin değişmesiyle birlikte NATO'da 1999 Vaşington Zirvesi'nde yeni bir stratejik konsept geliştirmiştir. Bu kapsamda kolektif savunma, stratejik bütünlük, güvenliğin bölünmezliği gibi anlayışlarla ittifak ilgi alanını genişletmiştir. Bu arada üye sayısını da artırmıştır. Kasım 2002 Prag Zirvesi NATO için bir dönüm noktası olmuş, bu zirvede alınan kararlar doğrultusunda NATO bir transformasyon sürecine girerek komuta ve kontrol yapısında yeni bir yapılanmaya girmiştir.

NATO'nun transformasyon sürecinin önemli diğer bir kısmını, NATO Mukabele Kuvveti oluşturmaktadır. NATO Mukabele Kuvvetinin Rotasyon Planı'na göre 8'inci dönem Kara Unsur Liderliği (Ocak-Temmuz 2007) Türkiye tarafından yürütülmüştür. 15'inci-16'ncı Dönem Özel Kuvvetler Unsur Liderliği (Temmuz 2010-Temmuz 2011 tarihleri arasında) ve NMK 17 (Temmuz 2011-Ocak 2012) Kara Unsur Liderliği ile Türkiye tarafından üstlenilecektir. Türkiye, NATO Mukabele Kuvvetinin her dönemine görünür katkıda bulunmuştur.

Bu kapsamda Kara, Deniz, Hava ve Özel Kuvvetler olarak; NRF-7'ye: 485, NRF-8'e: 2469 personelle iştirak edilmiştir. Yeni komuta yapısında İzmir'de bulunan Güneydoğu Avrupa Müşterek Alt Bölge Komutanlığı 2004 yılında lağvedilmiş; Napoli'de bulunan Airsouth Karargâhı ise Hava Unsur Komutanlığı (CC Air HQ İzmir) adıyla Türkiye'ye taşınmıştır. Türkiye söz konusu karargâhın operasyonel olarak faaliyetlerini yürütebilmesine yönelik en yüksek oranda katkıyı sağlamış ve sağlamaya devam etmektedir. 3'üncü Kolordu Komutanlığının HRF statüsü NATO Rapid Deployable Corps-NRDC TU olarak NATO tarafından onaylanmıştır. Türkiye bu karargâh komutasında Şubat-Ağustos 2005 döneminde Afganistan'da ISAF-7 liderliğini üstlenmiştir. NATO transformasyonun getirdiği bir diğer kavram mükemmeliyet merkezleridir. NATO komuta yapısının bir parçası olmamasına karşın, bu merkezlerin; NATO ve Barış İçin Ortaklık (BİO) komutanlık ve birliklerinin birlikte çalışılabilirliğinin ve yeteneklerinin geliştirilmesi, doktrin geliştirilmesi ve denenmesi yönünde NATO'ya hizmet vermesi amaçlanmaktadır. Türkiye NATO'ya üç adet mükemmeliyet merkezi önermiştir. Bu kapsamda;

a. Terörizmle Mücadele Mükemmeliyet Merkezi: 28 Haziran 2005 itibarı ile Mutabakat Muhtırası imzalanmış ve açılışı yapılarak faaliyete başlamıştır. [216]

b. Taktik Hava Eğitim Mükemmeliyet Merkezi: Konsept çalışmaları devam etmekte olup değerlendirme aşamasında bulunmaktadır.

c. Barış için Ortaklık Mükemmeliyet Merkezi: SACT, Değerlendirme aşaması devam etmektedir. Türkiye 28-29 Haziran 2004 tarihinde NATO Zirvesi'ne ev sahipliği yapmıştır.

NATO'nun 1994 yılı Ocak ayında icra edilen Brüksel Zirvesi'nde başlatılan Barış İçin Ortaklık Programı kapsamında Türkiye, TSK BİOEM Komutanlığının teşkiline karar vermiş ve 29 Haziran 1998 tarihinde TSK BİOEM Komutanlığı uluslararası bir törenle açılmış ve açılışından 9 ay sonra NATO tarafından tanınmıştır. BİOEM Komutanlığının vazifesi; Genelkurmay Başkanlığı tarafından belirlenen öncelikler esas olmak üzere, NATO, BİO, Akdeniz Diyaloğu ve İstanbul İş Birliği Girişimi ülkeleri ile gerektiğinde diğer ülkelerin personelinin müşterek çalışabilirlik hedeflerine ulaşmalarını sağlamak, Türkiye Cumhuriyeti ve Türk Silahlı Kuvvetlerinin bu ülkelerdeki etkinliğinin artırılmasına yardımcı olmak maksadıyla; kurs, konferans, seminer, mobil eğitim timi vb. faaliyetleri icra etmektir.

Bugüne kadar BİOEM eğitim ve öğretim faaliyetlerine 79 farklı ülkeden (NATO, BİO, AD, İİG, Temas Ülkeleri ve diğer BM ülkeleri) toplam 8825 personel iştirak etmiştir. 2008 2009 eğitim ve öğretim yılında 17 konuda 23 kurs, 1 seminer ve 3 ülkede mobil eğitim timi icra edilmesi planlanmıştır. Türkiye BİO kapsamındaki tatbikatlara da aktif olarak iştirak etmekte ve bölge güvenliği ile ilgili birçok girişimi desteklemekte ve hatta öncülük etmektedir. [217] Balkanlar'da barış ve istikrarın tesis ve idamesi amacıyla,

a. Güven ve Güvenlik Artırıcı Önlemler (GGAÖ) Faaliyetler

b. AGİT çatısı altında sürdürülen faaliyetler,

c. Karadeniz'de GGAÖ Rejimi (Türkiye, Ukrayna, Rusya, Bulgaristan, Gürcistan, Romanya).

---

216 http: //www. tmmm. tsk. tr/about. html

217 http: //www. bioem. tsk. tr/tr/tarihce. htm

d. Silahsızlanma ve Silahların Kontrolü Faaliyetleri

e. Avrupa Konvansiyonel Silahlı Kuvvetler Antlaşması (AKKA) kapsamında sürdürülen faaliyetler,

f. Açık Semalar Antlaşması (ASA),

g. Kitle İmha Silahlarının Önlenmesi Faaliyetleri,

h. Dayton Barış Antlaşması,

i. Türkiye'nin komşuları ile imzaladığı ortak sınırların Anti-Personel Kara Mayınlarından Arındırılması Antlaşmaları,

j. İnsani Amaçlı Küresel Mayın ve Patlamamış Mühimmat Temizleme Faaliyetleri,

k. Küçük ve Hafif Silahların Yasa Dışı Ticaretinin Önlenmesi,

ı. Güneydoğu Avrupa Bölgesel Silahların Kontrolü, Doğrulama ve Uygulamaya Yardım Merkezi faaliyetleri yürütülmektedir.

10. Türk Ordusu ve Güneydoğu Avrupa Tugayı (SEEBRIG):

Türkiye'nin girişimleri sonucu 31 Ağustos 1999 tarihinde Filibe/Bulgaristan'da kurulan Güneydoğu Avrupa Tugayı (SEEBRIG) kurulmuştur. Güneydoğu Avrupa Tugayına, Arnavutluk, Bulgaristan, Yunanistan, İtalya, Makedonya, Romanya ve Türkiye üye olarak; ABD, Hırvatistan, Slovenya ve Ukrayna ise gözlemci statüsünde katkıda bulunmaktadır. SEEBRIG Anlaşması gereği, SEEBRIG Tugay Karargâhının her dört yılda bir yer değiştirmesi öngörülmüştür. 1999-2003 yılları arasında Filibe/Bulgaristan'da bulunan Tugay Karargâhı, 24 Haziran 2003-30 Haziran 2007 tarihleri arasında Köstence/Romanya'da konuşlanmıştır. Söz konusu karargâh, 2007-2011 döneminde İstanbul'da 3'üncü Kolordu Komutanlığı ile aynı kışlada görev yapacaktır.

Bu kapsamda SEEBRIG Karargâhı 11-30 Haziran 2007 tarihlerinde Türkiye'ye intikal etmiştir. Türkiye'nin aktif rol oynadığı Güneydoğu Avrupa Tugayı (SEEBRIG), Kabil Çok Uluslu Tugayı görevini 6 Şubat-6 Ağustos 2006 tarihleri arasında yürütmüştür. Türkiye'nin öncülüğünde başlatılan çalışmalar sonucunda Güneydoğu Avrupa Tugayı (SEEBRIG) 1998 yılında kurulmuştur.

11. Sonuç:

Türk ordusu kurduğu yeni Türkiye Cumhuriyeti'nin milli birliğine önemli katkı sağlarken çağdaşlaşma yönünde de modern Türkiye'nin lokomotifi olmuştur. Türk ordusu tarihi bir süreklilik ve çağdaşlaşma gücünü temsil eder. Türkiye'de bütün devrimler ordu aracılığıyla yapılmıştır. Toplumsal gelişmeleri Batı'ya göre geri kalırken ordu ve çevresindeki bürokrat katmanlar toplum üzerinde etki yapabilecek güç ve örgütlülük gösterebilmişlerdir. Bu da çağdaşlaşma yönünde olmuştur. Türk milleti içinde asker arkadaşlığı çok kutsal ve birinci derecede dostluk ve sadakat çağrıştıran bir deyimdir.

Türkiye, Avrupa'nın güvenlik ve savunmasıyla doğrudan ve dolaylı olarak ilgili çok uluslu operasyonlar; BM, AGİT ve NATO çerçevesinde icra edilen operasyonlar olduğu gibi, AB'nin NATO imkân ve kabiliyetlerini kullanarak tek başına icra ettiği askeri harekâtı da içermektedir. TSK'nin bugün gelmiş olduğu noktada; terörle mücadele ve sınır ötesi harekât kabiliyeti, her türlü hava koşullarında tanker uçakları da kullanılmak suretiyle yeterli stratejik derinliğe gündüz gece hava harekâtını yönlendirebilme özelliği, Gürcistan-Azerbaycan hattından Orta Asya'ya uzanan en stratejik enerji kaynaklarının korunmasında görev alacak orduların eğitimine katkıda bulunma, dünyanın en sıcak noktalarında NATO bayrağı altında olağanüstü bir disiplin ve güçle görev yapma yeteneği ve teknolojik kabiliyetlere sahip olma vizyonu ile diğer dünya orduları arasında haklı ve mümtaz yerini de pekiştirmektedir.

15 TEMMUZ 2016 SONRASI TÜRK ORDUSU'NDA YENİ DÖNEM:

1.T.S.K.'na Sızma Girişimi ve Gelinen Nokta:

"Fethullah Gülen" projesi Türkiye için ne yeni ne de bir sürpriz hamledir. FETÖ TSK'ya 1980'li yılların başında, maddi sıkıntısı olan dini/ideolojik eğitime tabi tuttuğu öğrencileri kendi okul ve dershanelerinde askeri okul sınavlarına hazırlayarak sızmaya başlamıştır.[218] TSK cumhuriyet değerlerine bağlı bir nesil yetiştirmeye ve sivil liselerden öğrenci almayı azaltmaya yönelik dördüncü askeri liseyi (Maltepe Askeri Lisesi) açınca bu okullar söz konusu girişimlerin öncelikli

218 Meclis Araştırması Komisyon Raporu, Türkiye Büyük Millet Meclisi, (Ocak 2017); "I●şte FETÖ I●lgili MI●T Raporunun Tamamı", Hürriyet, 26 Mayıs 2017.

hedefi olmuştur. FETÖ'den ziyade "Nur Cemaati" ya da "hizmet hareketi" olarak ön planda olduğu dönemde, örgüte ait okul ve dershanelerde askeri okul ve polis kolejine girmeleri için bilinçli olarak yüzlerce öğrenci askeri lise ve Harp Okullarına yerleştirilmişlerdir.

Kendilerini saklamayı başaran öğrenciler ise askeri okullardan mezun olmuş ve FETÖ mensubu akıl hocalarının rehberliği altında TSK kadrolarında aktif görevler üstlenmişlerdir. Kritik kadroları işgal ettikçe TSK'nın tüm yapısını şekillendirebilecek bir kabiliyete kavuşan "öğrenci" askeri personel ağı zamanla FETÖ imamlarının sıkı kontrolü altına girmiştir. Hücre yapılanmasının gereği olarak diğer hücrelerden de habersiz tutulan TSK personeli marifetiyle geri planda kalan FETÖ, karar makamlarını yönlendirebilecek personel işleri, istihbarata karşı koyma ve kritik karargah görevlerini ele geçirmiştir.[219]

Söz konusu yapılanma sivil yöneticiler tarafından idare edilen hücrelerin fonksiyonel ağ şeklinde örgütlenmesinin kusursuz örneğidir. FETÖ, TSK'nın geleneklerini ayrıntılı olarak analiz etmiş ve bunları bir zafiyet alanı haline dönüştürmüştür. Önemli ve ayrıcalıklı "kurmay subay" sistemi 2000'li yıllardan sonra TSK'nın komuta ve kontrolünü ele geçirmek adına FETÖ'nün asli hedefi olmuştur. Harp akademilerinin ele geçirilmesini müteakip "diğer" subaylar ve potansiyel komutanların kumpas yoluyla baskı altına alınması sağlanmış ve FETÖ imamları TSK'nın kritik merkezlerini ele geçirmiştir.

FETÖ'ye bağlı emniyet, ordu ve yargı mensupları 2008 yılından sonra Ergenekon, Balyoz ve casusluk davalarıyla potansiyel tehdit olarak gördükleri TSK'nın diğer unsurlarını tasfiye etmek istemiştir. Böylece 15 Temmuz darbe girişimini başlatan askerler devletin asli ve kurucu değerlerini yok etmek üzere sistematik bir şekilde TSK'nın kritik kadrolarına yerleştirilmiştir. FETÖ'nün genel stratejisi TSK personeli üzerinde bir kontrol mekanizması yaratmak, onları yabancı istihbarat servislerinin iş birliği ve etkisi altındaki örgüt ajandasına göre yönetmek olmuştur[220].

219 Yavuz Selim DEMİRAĞ, İmamların Öcü, Kırmızı Kedi Yayınevi, I@stanbul, 2015,

220 Murat YEŞİLTAŞ, Murat ASLAN, TSK'nın 15 Temmuz'a Yolculuğu ve Sonrasında Muharebe Etkinliği, SETA,Sy:210, Ankara,2017

2. Komuta Kademesinin Ele Geçirilmesi :

Silahlı Kuvvetler içerisinde tüm seviyedeki komutanlar kendi birliklerini kontrol edebilecek, harekat ortamındaki değişikliklerin tespitini yapabilecek ve sonradan oluşan gelişmelere uyum gösterebilecek bir komuta sistemi kurar. Bu çerçevede karargah ve harekat merkezleri komutanların faaliyetler üzerindeki etkisini hissettirecek araçlardır. Birlikler doğrudan komutandan emir alsa da karargah ve harekat merkezleri ast komutanlarla "komutan namına" ve "komutanın emri" ile daima koordine içinde olurlar. Komuta kontrol faaliyetlerini gözeten kritik karargah personeli de harp akademisi mezunu olan birliğin kurmay başkanı ve harekat şube müdürüdür. Bu nedenle komuta sisteminin kritik kadroları diğer subaylar üzerinde hegemonya kurarak günlük faaliyetleri ve harekatı şekillendirebilen kurmay subaylarınca deruhte edilmektedir.

Gelenekselleşmiş uygulamalar kapsamında seçkin tabur ve (hava/deniz) filolarının komutanlığı, geleceğin lider kadrosunu hazırlamak için harekat planlama ve icrası alanında "daha iyi" eğitim almış harp akademisi mezunlarına verilmektedir. Dikkate değer sayıda alay ve eşiti birliğin komutanlığı da general rütbesine aday olabilmeleri için kurmay subaylara tevdi edilmektedir. Diğer bir deyişle tuğgeneral olmak için tabur ve alay komutanlığı yapılması gerekmektedir. Bu nedenle FETÖ 2000'li yıllardan sonra harp akademileri ve kurmay subay kadrolarını öncelik olarak seçmiştir[221].

Bahse konu önemi ve tüm TSK'yı şekillendirme fırsatı sunması nedeniyle FETÖ kurmay subay sistemini ele geçirmiştir. TSK'nın yüksek kademelerindeki karar mekanizmalarını da yönlendiren FETÖ

221 Örneğin 1994 yılında Kara Harp Okulu'ndan mezun olan 89 subay Kara Harp Akademisi'ni kazanmış ve bu kurmay subayların 66'sı (yüzde 74'ü) 15 Temmuz darbe girişiminde aktif olarak yer almıştır. Kara Kuvvetleri personelinin kurmay niteliği ihraç listelerinde belirtilmediği için kurmay subaylara ait net rakamlara ulaşılamamaktadır. "TSK'ya Adım Adım Sızmışlar! Meğer Planları...", Vatan, 6 Mart 2017; Ayrıca mülakat yapılan emekli personel 1994 yılı mezunlarının harp akademilerine kabulü ve maaş avantajı olan Türkiye dışındaki görevlere atanmada ayrıcalık gördüğünü ifade etmektedir. Kara Harp Okulu'nun 1990 yılı mezunlarının kurmay olanları da 2014 yılı Yüksek Askeri Şurası'nda çoğunlukla general yapılmıştır. Bu kişiler 15 Temmuz darbe girişimine katılmaları nedeniyle tutuklanmış ve ihraç edilmiştir.

Genelkurmay ve ona bağlı kuvvet komutanlıklarının karargahlarında ele geçirdiği kritik kadrolar ile personel, harekat, lojistik ve genel plan prensiplere yönelik faaliyetlerini kendi çıkarları doğrultusunda ve büyük olasılıkla da yabancı aktörlerin önceliklerine göre yürütmüştür. Öte yandan 2000'li yılların başlarında harp akademilerine giren kurmay subayların birlik idaresindeki başarısı tartışmalıdır. Yetenekli subaylar örgüt eliyle harp akademileri sınavının dışına itilmiştir. Bu nedenle TSK'nın komuta kademesi tedrici olarak niteliksiz kurmay subaylarca FETÖ'nün güç ve ağını geliştirmek saikiyle işgal edilmiştir.

Komuta sisteminin FETÖ tarafından istismar edilebilecek iki zayıf noktası bulunmaktadır: I@lk olarak komutanlar kurmay subaylarla direkt muhatap olmaktadır. Dolayısıyla komutanlar FETÖ ideolojisiyle yetişmiş subayların bilgilendirme ve yönlendirmesine açık hale gelmektedir. Örnek olarak kısıtlı tazminat karşılığında 1986,1987ve 1988 mezunları gibi bu hain yapının sızmakta başarılı olamadığı veya asgari sayıda elemen bulundurduğu albayların tasfiyesi olarak bilinen düzenleme[222] Genelkurmay Başkanlığı Stratejik Dönüşüm Dairesince hazırlanmıştır. Dairenin başkanı halen darbe girişiminin ana çatı davasında yargılanmaktadır. Albayların "tırpanlanması"nın ana hedefi ordunun etkinliğini artırmak değil karargahlarda kritik noktaları ele geçirmek isteyen FETÖ'nün örgüte mensup olmayan adayları tasfiye etmesidir[223].

Komuta kontrol ile ilgili ikinci husus ise FETÖ üyelerinin elektronik ortamda hazırlanan yazılarla 15 Temmuz darbe girişiminde olduğu gibi birlikleri hareketlendirebilecek kabiliyete kavuşmasıdır. Bir yazılı emri gizlenmiş bir amaca yönelik yazma yetkisinin amacı FETÖ önceliklerine uygun şartların yaratılması olabilir. Örneğin daha sonra ismi Kurumsal Dönüşüm Şube Müdürlüğü olarak değiştirilen Kara Kuvvetleri Kuvvet Geliştirme Dairesinin, bir komutanı yeterince bilgilendirmeden "komutan adına" veya "komutan emri" ile yazı kaleme alması mümkündür. Aynı şekilde bu şubenin müdürü de İstanbul ve Akıncı merkezli darbe girişimi nedeniyle tutuklanmış ve TSK'dan ihraç edilmiştir.

---

222 Mehmet Tezkan, "İşte FETÖ'nün Siyasi Ayağı", Milliyet, 9 Mart 2017.
223 Murat YEŞİLTAŞ, Murat ASLAN, TSK'nın 15 Temmuz'a Yolculuğu ve Sonrasında Muharebe Etkınlığı, SETA,Sy:210, Ankara,2017

3. GenelKurmay Başkanlığı ve Kuvvet Personel Başkanlıklarındaki İllegal Yapılanma :

Genel Kurmay ve Kuvvet Komutanlıkları Personel Başkanlıklarında[224] FETÖ, TSK'nın diğer başkanlıklarına oranla daha fazla yoğunlaşmıştır. Personel departmanları terfi, atama, askere alma, personel seçimi, sicil ve personel temini gibi önemli faaliyetlerin planlandığı ve icra edildiği birimlerdir. Bir dereceye kadar söz konusu departmanlar komutanların dahi erişim sağlayamayacağı dijital şekilde yürütülen değerlendirme parametrelerine önerilerde bulunma inisiyatifine sahiptir. Böylece tekliflerinin kabul edilebilmesi için mevcut parametrelerin bir kısmını gizleme, diğerlerini ise öne çıkarma imkanları olabilir. Bu nedenle hassas olan personel prosedürleri TSK'nın muharebe etkinliğini doğrudan etkileyecek şekilde manipüle edilebilir.

TSK'nın harekat kabiliyeti son dönemlerde FETÖ mensubu kurmay subaylar tarafından kontrol edilmiştir. FETÖ üyelerinin terörizmle mücadeleye engel olmaları veya Türkiye'nin çıkarlarına aykırı girişimlerde bulunmalarına dair yanıtlar halen belirsizliğini korumaktadır. Öte yandan Manisa'da FETÖ üyesini evinde saklayan iki PKK'lının tutuklanması, PKK-FETÖ bağlantısını ortaya koyabilecek ve TSK'nın muharebe etkinliğini olumsuz yönde etkileyecek emareler olarak algılanabilir[225]. Ayrıca 15 Temmuz darbe girişimi esnasında iki terör örgütünün iş birliğinin en büyük göstergesi ise üzerinde anlaşılan pazarlıklar çerçevesinde PKK'nın eylemsizliğidir.[226] Diğer bir önemli husus da 15 Temmuz darbe girişiminde FETÖ üyelerinin seçkin birlikleri işgal ettiğinin ortaya çıkmasıdır. Bu çerçevede özel kuvvetler, hava kuvvetleri ve kara havacılığın pilot kadrolarının önemli bir kısmının FETÖ üyesi olduğu ihraç listelerinden anlaşılmaktadır. Ayrıca deniz ve deniz piyade personelinin bir kısmı darbeye iştirak etmiştir[227].

---

224 FETÖ TSK'yı Nasıl Ele Geçirdi?", Yeniçağ, 29 Temmuz 2016.

225 "FETÖ-PKK I●şbirliği Böyle Deşifre Oldu", Sabah, 22 Şubat 2017.

226 Mehmet TEZKAN, "Darbeyi PKK Bile Biliyormuş", Milliyet, 8 Eylül 2016.

227 Mesut Hasan BENLİ, "Askeri Gemilerin Yüzde Yetmişi Darbeye Katıldı", Hürriyet, 15 Ocak 2017.

FETÖ'nün TSK'nın muharebe etkinliği üzerine belirgin etkisi gerekli kabiliyetten uzak ve niteliği düşük üyelerini muhtelif kadrolara yerleştirerek askeri planlama ve icraları olumsuz etkilemesinde görülmüştür. General ve kurmay subayların sadakat, çalışkanlık ve dürüstlüklerine yönelik pozitif ön yargıları sonucu FETÖ, komutanlara yakın ve terfisi kolay kadrolara sızmayı başarmıştır. Aynı zamanda örgüt generallerin özel karargah personeli olarak kendi üyelerinin atanmasını sağlamış, böylece hem gelişmeleri takip etmiş hem de generalleri kontrol altında tutmuştur. Bu nedenle FETÖ'nün sıkı markajı altında TSK'nın kabiliyetlerinin –gelişmeler ve muhtemel angajmanlar gibi hususlarda– bilgi manipülasyonuna maruz kalması mümkün hale gelmiştir. TSK'nın personel, istihbarat ve harekat fonksiyonlarına yönelik bulgular muharebe etkinliğine FETÖ'nün olumsuz etkilerinin olabileceğini göstermektedir[228].

4. Yasadışı Yapılanmanın Türk Ordusu Harekat Kabilyeti ve Muharebe Etkinliğine Etkileri:

27 Temmuz 2016 tarihinde başlayan toplu tasfiyeleriyle Kara Kuvvetleri Komutanlığı'na mensup generallerin yaklaşık yüzde 44'ü, Hava Kuvvetleri Komutanlığı'na mensup generallerin yüzde 42'si, denizci amirallerinin ise yüzde 58'i ihraç edilmiştir.

Yine, Genelkurmay Başkanlığı karargahı ve kuvvet komutanlıkları gibi kritik karargahlarda konsept geliştirme ve planlamadan sorumlu kurmay subayların yaklaşık yüzde 30'u ihraç edilmiştir.[229] Genelkurmay Başkanlığı'nın resmi internet sitesinde 2 Şubat 2017 gününde TSK'deki personel değişikliklerinin listesi yayımlanmıştır. Verilen sayılara göre bugün Türk Kara, Deniz ve Hava Kuvvet Komutanlıkları'nın toplam personel mevcudu 359.273'dür. Bu mevcutta, 203 general, 26.768 subay, 67.999 astsubay, 47.570 uzman erbaş, 16.149 sözleşmeli asker ve 204.074 erbaş/er bulunmaktadır.[230] Buna göre, TSK'nin yüzde 43'ünü

---

228 Murat YEŞİLTAŞ, Murat ASLAN, Tsk'nın 15 Temmuz'a Yolculuğu ve Sonrasında Muharebe Etkınlığı, SETA,Sy:210, Ankara,2017

229 Infographics: Turkey's coup attempt in numbers," Hurriyet Daily News, 29 Temmuz 2016,

230 http://www.milscint.com/tr/tsknin-subat-2017personel-mevcutlari/.

profesyonel askerler, yüzde 57'sini de zorunlu askerlik hizmetini yerine getiren 'yurttaş-asker' oluşturmaktadır.

Bu sayılar 2016 yılı Mart ayında verilen sayılarla karşılaştırılınca, önceden her üç kuvvet komutanlığında toplam 325 olan general sayısında yüzde 38'lik ve 32.451 olan görevli subay sayısında da yüzde 8'lik bir azalma olduğu görülmektedir. Diğer rütbelerde büyük değişiklik olmamıştır. 2017 yılı Mart ayına gelindiğinde görevden alınan toplam asker sayısı 3.939'u bulurken, çoğu askere çağrılan erler olmak üzere çeşitli rütbelerden tutuklanan asker sayısı da yaklaşık 8.000'e ulaşmıştı.

Personelin azaltılması, TSK'nın muharebe gücünü olumsuz yönde etkilemiştir ancak kalan personelin yüksek motivasyonuyla sayısal azalmanın telafi edileceği düşünülmektedir. Bugün tutuklu olan TSK personeli arasında da darbe girişiminde yer almamış çok sayıda ismin olduğunu belirtmek gerekir. Bu isimlerin soruşturmaları tamamlanınca görev yapabilecek subay sayısı da artabilir. TSK görevden alınmaların etkileriyle baş ediyor gibi görünse de pilot mevcutlarının, Özel Kuvvetler Komutanlığı personeli, Deniz Kuvvetlerinin SAT ve SAS Grup Komutanlıkları, Hava Kuvvetlerinin Arama ve Kurtarma timlerinin personel sayılarını 15 Temmuz öncesindeki seviyelere gelmesi için en az iki yıla ihtiyaç bulunduğunu söylemek mümkündür.

5. 15 Temmuz 2016 Sonrası Türk Ordusunun Psikolojisi ve Durumu:

15 Temmuz kalkışması ve sonrasında subay teşkilatlarının, özellikle de ordunun üst düzey kadrolarının, Gülencilerden arındırılmasını amaçlayan tasfiyelerin[231] ordu içinde iç kaynaklı bir şoka sebep olduğuna ve askeri elitlerin değişim karşısındaki tavrı ve dünya görüşleri açısından, ordunun Genelkurmay Başkanlığının ihtiva ve temsil ettiği tek parçalı kimliğinin (monolitik) giderek çok parçalı (polilitik), yani çok sayıda ve nispeten birbirinden farklı bir yapıya dönüştüğüne dikkat etmek gerekir.

---

231 Kadri Gürsel, "Has Turkey's Gülenist witch hunt spiraled out of control?" Al-Monitor, 29 Ağustos 2016,

Geleneksel olarak TSK'nın klasik-Alman ekolü bir kara gücü ordusu gerçeğinden hareketle yeni dönemde Kara Kuvvetleri personeli geçmişte TSK içindeki bu ağırlığını muhafaza etmeye çalışan 'korumacı' ve değişim karşıtı bir tavır içindedir. Kara kuvvetleri personeline göre karacılar TSK'nın asıl yükünü çeken ana kütlesidir. Terörle mücadele ve yurt dışı görevlerden dolayı işi hep zor ve yıpratıcıdır. Karacılara göre Kara Kuvvetleri Komutanlığı personeli kışla ve lojman altyapısındaki yetersizlik ömrünü tüketir, özlük hakları görevin gerektirdiği kadardır, bitmeyen mesailerden ve denetlemelerden aile yaşantısı yoktur. Bu kadar yükün bir sonucu olarak TSK'da söz sahibi Kara Kuvvetleri Komutanlığı olmalıdır.

Hava Kuvvetleri Komutanlığı: TSK personelinin yaklaşık %20 'ni oluşturan Hava Kuvvetleri Komutanlığı'na TSK içinde teknoloji odaklı dönüşümün lokomotifi dense abartılı olmaz. Hava Kuvvetleri Komutanlığı başta F-35, yüksek irtifa hava ve füze savunma sistemleri, silahlı İHA gibi sofistike projelerle havacılık ve uzay alanında büyük atılımlar yapma ve yeni dönemde TSK'nın esas kuvvet komutanlığı olma çabası içindedir. Hava Kuvvetleri Komutanlığı'na göre TSK'da değişim kendi üzerinden gerçekleşmelidir. (Hava kuvvetleri personeline göre; Hava kuvvetleri Komutanlığı TSK'nın teknolojik ve elit gücüdür. Sahadaki yıpranmadan etkilenmez, sıkı protokol ve kontrol formları ile hayatı geçer. Hava Kuvvetleri personelinin işi temizdir, füze tehdidi hariç çatışmanın şiddetini kokpitte ve hava harekât merkezlerinde pek hissetmez. Kışladan önce lojmanını yapar, personele değer önceliklidir. Silahının gücü ve mühimmatın maliyeti, işini bir kerede bitirmesine ve sahadakilerin takdirini kazanmasına yeter. İş fazla yıpratmaz ve işinin devamı sivil sektörde daha da caziptir. Hava kuvvetlerinin pilot ihtiyacı, istifasında çok belirleyici değildir. Özlük hakları tam alınır ve aile ile birlikte yaşanır. Diğer kuvvetlerle çok fazla karışmadan, müşterekliği aramadan işini yapmak ister.

Deniz Kuvvetleri Komutanlığı: TSK personelinin %17'ni oluşturan Deniz Kuvvet Komutanlığı küresel deniz ticaret yollarının artan önemi ve Türkiye'nin önce bölgesel sonra da küresel bir deniz gücü olması gerektiği tezi ile gelecekte TSK'nın esas kuvvetinin kendisinin olması ve değişimin kendi üzerinden gerçeklemesi gerektiği iddiasındadır. Deniz kuvvetleri personeline göre; Deniz Kuvvetleri Komutanlığı TSK'nın ikinci planında kalmıştır. Türkiye için, Akdeniz sorun alanı, Ege hassas kriz alanı, Karadeniz ise potansiyel harp alanıdır ama Türkiye'de kimse bunu anlamamaktadır. Denizcilere göre bir gün Türkiye denizde savaşmak kaldığında o zaman Türkiye denizciliğin gerçek değerlerini geç de olsa anlayacaktır. Yine denizcilere göre; denizdeki görevin zorluğunu ve gemiden kaçacak yerinin olmadığını kimse anlamaz. Denizcilerin görevler aylar sürer, kışla dediğin sınırsız su içindeki demir yığınıdır. O demir yığını içindeki katı sevk ve idare sinirleri çelik gibi yapar ve bozar yıllar içinde. Denizcilerin her limanda bir bekleyeni var denir ama ailesini bile göremez. Uluslararası tecrübesi iyidir ve beyaz kıyafetleri içinde bir aristokrat olması üzerine eğitilir ve yaşar.

Özellikle TSK'nın yeniden teşkilatlanması, askeri eğitim sistemi, mevcut ve gelecekteki tehdit algılamaları ve Türkiye'nin bölgesel/küresel vizyonu ışığında kuvvet yapılanması, kara-deniz-hava işbirliğini esas alan 'müştereklğin' sağlanmasına bağlıdır. Ancak ne yazık ki 15 Temmuz sonrasındaki askeri reform tartışmalarında her bir kuvvet komutanlığının 'müştereklik' kavramından farklı şeyler anladığı, Kara Kuvvetleri Komutanlığı'nın TSK içindeki mevcut ayrıcalıklarını muhafaza etmeye çalışırken, Deniz ve Hava Kuvvetleri Komutanlıkları'nın bu ayrıcalıkları sona erdirip gelecekte TSK'nın esas kuvveti haline gelme çabasında içinde oldukları gözlenmektedir. Bu da hali ile TSK içinde yönetilmesi gereken bir çatışma alanıdır.

Kara Kuvvetleri mensubu subayları TSK içindeki kurumsal dönüşümde 'nitelikli komuta kademesine' vurgu yaparken denizci subaylar 'nitelikli icracı personele' havacı subayların ise 'teknolojiye' öncelikli vurgu yapması dikkat çekicidir. Bu bulgular ışığında her bir kuvvetin TSK'nın dönüşümünden farklı şeyler anladığını söylemek mümkündür. Bu farklılaşma da Milli Savunma Bakanlığı için kuvvetler arası bir 'uyumlulaştırma' sorunun varlığına işaret etmektedir. Bugün TSK'nda general, albay ve yarbayların oluşturduğu 'üst subay' kitlesi ile binbaşı, yüzbaşı, üsteğmen ve teğmenlerin oluşturduğu 'genç subay' kitlesi arasında subaylık mesleğinin değerleri, askerlik ve TSK'nın kurumsal yapısı hakkındaki düşünce farklılıklarıdır[232].

232 Metin GÜRCAN, 15 Temmuz Sonrası Türkıye'de Devlet Ve Ordu,S:9-14, Sabancı Ünv.Yay,İstanbul,2017

Kısaca, TSK'nın 'üst subaylarının' kafalarındaki işletim sistemi 'genç subayların' kafalarındaki işletim sistemi farklı çalışmaktadır. Üst subaylar (General, albay, yarbay): TSK'daki üst subaylar genelde 'İdealist subay' tipinde olup, laiklik hassasiyeti nispeten yüksek, 'devre ruhu' gibi kolektif değerleri önemseyen, elitist, mutlak itaate önem veren, şahsi kariyerinden ziyade TSK'nın kurumsal kişiliğini önemseyen, subaylık tercihleri nispeten ailelerinin kararı neticesinde şekillenmiş, merkez-sol perspektiften dünyaya bakan subaylardır.

Genç subaylar (Binbaşı, yüzbaşı, Üsteğmen ve Teğmen): TSK'daki genç subaylar (özellikle üniversite mezunu sözleşmeli subaylar) genelde 'memur subay' tipinde olup, laiklik hassasiyeti nispeten düşük, kolektif değerlerden ziyade bireysel kariyerini önemseyen, ailevi geçim ve uzun dönemli yatırım kaygısı taşıyan, kendi gelişimini TSK'nın kurumsal kişiliğinin önüne koyan, subaylık tercihleri nispeten kendi bilinçli tercihleri olan, merkez-sağ perspektiften dünyaya bakmaktadır. 15 Temmuz sonrasındaki süreçte TSK'nın kurumsal dönüşümü tartışmalarında 'üst subaylar' ile 'genç subaylar' arasındaki kuşak çatışmasının var olduğu gerçeği önem kazanmaktadır. Özellikle 2000 ve sonrasında doğan genç neslin de teğmen rütbesini takmasından sonra önümüzdeki yıllarda TSK içinde askerliğe ve subaylık mesleğine bakışları farklı, TSK ile kurduğu Teknolojiyi çok önemseyen, internet sayesinde sosyalleşebilen, çabuk tüketen, çabuk sıkılan, ne istemediğini çok iyi bilen ne istediği konusunda kafası karışık, çoklu-fonksiyon (multi-tasking) yeteneği olan Z neslinden gelen subay adayları TSK içindeki subaylık mesleğinin karakteristiklerini kökünden değiştirecektir.

Ayrıca sözleşmeli subayların da kurumsal aidiyete yönelik ciddi problemleri olduğu ve genç subaylar arasında bu problemlerden kaynaklanan bölünmenin üst subay-genç subay ayrımı kadar önemli olduğunu hatırlamak gerekir. TSK içindeki rütbe, imtiyaz ve statü çatışmalarına göre; 15 Temmuz sonrası dönemde zaten toplu tasfiyelerle azalmış rütbeli personel kadroları ile ilgili politika değişiklikleri TSK'da görev yapan rütbeli personelin moral ve motivasyonu ile personel temin politikaları açısından önem arz etmektedir.

Subaylar arasında kurmay subay-sınıf subayı ayırımı, yine subaylar arasında harp okulu mezunu subay-sivil üniversite mezunu sözleşmeli subay ayırımı, astsubayların özlük hakları ve TSK içindeki statülerine yönelik hak talepleri, sözleşmeli uzmanlık sistemi ile sözleşmeli er sisteminin arasında yaşanan uyum problemi, profesyonelleşme yolundaki en önemli adımlardan olan sözleşmeli er kadrolarının bir türlü istenen seviyeye çıkartılamamış olması TSK içindeki rütbe, imtiyaz ve statü çatışmalarına örneklerdir. Bu çatışmalar doğru personel temin ve yönetimi politikaları ile hassas şekilde yönetilebilmelidir.

6. Türk Ordusunun Yeniden Yapılandırılmasına Dair Yasal Süreç ve Orduya Etkileri:

Onarım süreci olarak adlandırılabilecek 15 Temmuz sonrasında ilk olarak 1980'lerden bu yana TSK'ya sızarak darbeye kalkışanlarla birlikte FETÖ'nün uyuyan hücrelerini de tasfiye etmek üzere yasal süreç başlatılmıştır. Bu süreç TSK ve diğer devlet kurumlarından tüm FETÖ üyelerinin ihracına yansımıştır[233]. TSK'ya sızan ve farklı kademeleri işgal eden FETÖ üyelerinin ihracın yanında terör suçundan yargılanmasının da önü açılmıştır. Öte yandan darbe girişiminin hemen sonrasında ilan edilen olağanüstü hal (OHAL), onarım sürecinin Anayasa ve kanunlara uygun yapılmasını gerekli kılmaktadır. Hükümetin bu kapsamda ilk tepkisi 16 Temmuz 2016 tarihinde 2 bin 839 askerin yakalanması ve yargı mercilerine çıkarılması olmuştur. Bu dönemin en belirgin özelliği TSK'nın içinden geçtiği kırılgan süreçtir.

Ayrıca Ergenekon ve Balyoz yargılamalarından sonra 15 Temmuz'da da tecrübe edilen olaylar kurumsal hassasiyeti daha da artırmaktadır. Toplum nezdinde güven kaybı yaşanmış ve darbe girişiminin yaşattığı terörün TSK'nın haletiruhiyesine olumsuz yansımaları olmuştur. Bu nedenle TSK kendisini rehabilite edebileceği bir döneme girecektir. Bu çerçevede ordu toplumun güvenini yeniden kazanırken yeniden kurumsal yapılanmasına öncelik verecektir. Ancak her şeyden önce TSK hükümetin himayesinde muharebe etkinliğini artırma ve bu doğrultuda gerekli tedbirleri alma ihtiyacı duyacaktır.

---

233 Burhanettin Duran, "FETÖ Tasfiyesinde I●ki Kritik Husus", Sabah, 23 Temmuz 2016.

7. Kuvvet Komutanlıklarının Durumu ve Fonksiyonu:

Hükümet TSK'nın ve Türkiye'nin savunmasının yeniden yapılandırılmasını demokratik sivil kontrol çerçevesinde 15 Temmuz'un hemen ardından başlatmıştır. Bu bağlamda 15 Temmuz sonrası yayımlanan kanun hükmünde kararnameler (KHK) komuta yapısı ve askeri yapıda büyük değişiklikler getirmiştir. 668 numaralı KHK (27 Temmuz 2017) Jandarma Genel Komutanlığı ve Sahil Güvenlik Komutanlığını –Emniyet Genel Müdürlüğü gibi– I®çişleri Bakanlığına bağlamış, kriz ve savaşlarda her iki unsurun alabileceği askeri görevleri istisna olarak göstermiştir. Bu düzenleme askeri vesayetin zayıflatılması istikametinde devrimsel niteliktedir.

669 numaralı KHK (31 Temmuz 2016) ise kuvvet komutanlıklarının Milli Savunma Bakanlığına (MSB) bağlanmasını ayrıntılı olarak düzenlemiş ve personel politikaları üzerinde devrimsel değişiklikler yapmıştır. Esasen[234] Temmuz sonrası yaşanan değişim Batı ordularının sivil kontrol ve etkinlik bağlamında askeri düzenlemeleri ve gelenekleri ile paralellikler göstermektedir. MSB süratle üst düzey kadrolarının bir kısmını askerden arındırarak sivilleştirmiş ve karargahını yeniden yapılandırmıştır. Uzun yıllardır tartışılan ancak askeri karar vericilerin olumsuz yaklaşabileceği TSK'nın dönüşümü konusu alınan kararlarla önemli aşamalar kaydetmiştir.

Ancak bu dönüşümün devrimsel bir şekilde sürdürülmesi de gerekmektedir. Anayasa değişikliklerinin komuta kontrol üzerindeki etkisi dikkate alınması gereken bir diğer husustur. Askeri yargı hariç tutulduğundadeğişiklikler TSK ile ilgili doğrudan bir yapısal değişiklik getirmese de genelkurmay başkanı ülke savunmasının sağlanmasında cumhurbaşkanına karşı sorumlu anayasal bir otorite olarak tanımlanmıştır. Ancak 15 Temmuz sonrası yayımlanan KHK'lar milli savunma bakanını tüm kuvvetlerin amiri haline getirmiştir.

Bu düzenleme sonucu kuvvet komutanlıklarının sevk ve idaresinde çift başlılık söz konusudur. Genelkurmay Başkanlığı istihbarat ve harekat planlama alanlarıyla sınırlanırken MSB'ye tam sorumluluk yüklenmesi bir çatışma alanı olmaya adaydır. Bu nedenle stratejik

234 668 no.lu Kanun Hükmünde Kararname, 27 Temmuz 2017.

seviyede komuta kontrolünün düzenlenmesi bir ihtiyaç olarak ortaya çıkmaktadır. Merkezi bir karargah ve entegre edilmiş kuvvet yapısı devrimsel bir savunma reformu kapsamında ele alınmalıdır. Aynı reform süreci orta ve alt seviyedeki askeri yapı için de dikkate alınmalı, TSK'nın askeri angajmanlarda esnek ve akıllı düşünmekten muharebe etkinliğine yönelik kapasite sahibi olmaya kadar farklı alanların göz önünde bulundurulduğu bir süreç yönetimi bağlamında reforma tabi tutulması gerekmektedir.

Personel Fonksiyonu 15 Temmuz sonrası 27 Temmuz, 30 Temmuz, 2 Eylül, 7 Eylül, 29 Ekim, 22 Kasım, 6 Ocak, 7 Şubat ve 29 Nisan olmak üzere dokuz dalga halinde tedbir alınmıştır. Bu KHK'ların her birinde darbe girişiminde rolü olan subay ve astsubayların TSK'dan ihracı yapılmıştır. 667 sayılı KHK (23 Temmuz 2016) Jandarma ve Sahil Güvenlik ile ilgili alınacak kararları I◉çişleri Bakanlığına devrederken MSB'ye personel ihracı konusunda yetki vermiştir.

668 sayılı KHK (27 Temmuz 2016) 149 general, 1.099 subay ve 436 astsubayın TSK'dan ihracına yönelik ilk listeyi duyurmuştur. I◉hraçların başlaması sonrası ilk olarak 8 Eylül'de Genelkurmay Başkanlığı, TSK personelinin mevcuduna yönelik rakamları resmi sitesinde açıklamıştır. Verilen rakamlara göre TSK'da karahava ve deniz kuvvetlerinde 351 bin personel hizmet vermektedir. TSK personelinin 206'sı general, 29 bin 949'u subay, 67 bin 476'sı astsubay, 48 bin 879'u uzman erbaş, 15 bin 888'i sözleşmeli personel ve 188 bin 611'i de yükümlü askerden oluşmaktadır.

Ayrıca TSK'nın yüzde 46'sının profesyonel, yüzde 54'ünün ise yükümlü olduğu açıklanmıştır. Bu rakamlar 2016 yılı Mart ayı rakamlarıyla karşılaştırıldığında daha önce 325 olan general sayısında yüzde 38 ve 32 bin 451 olan subay sayısında yüzde 8 eksilme olduğu görülmektedir. Diğer rütbelerde büyük bir değişim yoktur. Elde edilen son rakamlara göre muhtelif rütbede 7 binden fazla asker tutuklanmış, 2017 yılı Mart ayı ra kamlarına göre 6 bin 511 asker ihraç edilmiştir. Personel temin sistemi ve eğitimi FETÖ'nün tesis ettiği etkinlik nedeniyle darbe girişimi sonrası reforma tabi tutulan diğer bir alandır.

8. Askeri Liselerin Kapatılması ve Harp Okullarının Geleceği:

MSB tüm kategorilerdeki (öğrenci, subay, astsubay, uzman erbaş, sözleşmeli memur ve diğer) personel temininin sorumluluğu ve yetkisini bütün kuvvetlere hitap edecek Personel Temin Dairesi kurarak üstlenmiştir.[235] Emekli askerler arasından istihbarat teşkilatı ve güvenlik kuvvetlerinin teyidi ile güvenilir olanlar tespit edilmiş ve mülakat komisyonlarında görevlendirilmiştir. Temin süreci fiziksel yeterlilik, sağlık durumu, akademik başarı ve güvenilirlik kapsamında objektif kriterler üzerine inşa edilmiştir. Güvenilirlik terör örgütleriyle iltisak, suç kaydı, ahlak, dürüstlük ve sadakat gibi hususlar ön plana çıkarılarak geniş spektrumda kriterler üzerinden yapılan istihbari araştırmaya dayandırılmıştır.

FETÖ'nün TSK'ya tekrar sızma girişimlerinde bulunabileceği değerlendirilmiş ve personel temininde hassas davranılmıştır. Zorluklar ve yoğun temin faaliyetlerine rağmen MSB personel ihtiyacına yönelik sürecibaşarıyla işletmiş ve personel alımlarına başlamıştır. Ayrıca başka grupların TSK'ya sızma girişiminde bulunabileceği de bir risk olarak ortaya çıkmıştır. Bu nedenle Anayasa'ya ve devlete sadakatin personel temini için esas olması hususu ön plana çıkmaktadır.

15 Temmuz sonrasında eğitim MSB için diğer sorun alanlarından biri olmuştur. FETÖ, askeri okullarda kendi üyeleri lehine ayrımcılık yaparken devlete sadık öğrenciler üzerinde de baskı kurmuştur. Birçok öğrenci okuldan ayrılmaya zorlanmış ya da disiplin yaptırımlarıyla okullarından ilişiği kesilmiştir.

Ayrıca 15 Temmuz öncesi kuvvet komutanlıklarının personel eğitim ve öğretimine doğrudan angaje olduğu; bu kapsamda askeri liseler, astsubay meslek yüksekokulları ve harp okullarının kuvvetlere bağlı olduğu görülmektedir. Öte yandan harp akademileri Genelkurmay Başkanlığı çatısı altında faaliyet yürütmüş, kara, hava ve deniz harp akademilerinden teşkil edilmiştir. Bu nedenle genel olarak eğitim programları ve personel eğitim politikalarının kuvvet komutanlıkları seviyesinde dağıtılmış olduğu görülmektedir.

---

235 Personel temini 15 Temmuz öncesi kuvvet komutanlıklarının yetkisindeyken 668 sayılı KHK yetkiyi MSB'ye vermiştir.

669 sayılı KHK ile Milli Savunma Üniversitesi (MSÜ) kurulmuş, rektörlüğüne sivil bir akademisyen atanmış, dağınık sistemin önüne geçilmeye çalışılmış ve askeri liseler kapatılırken personel temini üzerinde merkezi kontrol oluşturulmuştur. Bu analizin hazırlanması esnasında kendileriyle mülakat yapılan emekli askerler, MSÜ fikrinin subaylar arasında uzun yıllardan bu yana arzulandığını ve harp okullarının müfredatının sorunlu bir alan olduğunu dile getirmişlerdir. Bir zamanlar harp okullarında "sistem mühendisi" olarak eğitim görmüş subaylar birlik yönetiminin gereklerini karşılayamamıştır.

Söz konusu sistem mühendisleri askeri görevleri yerine kişisel kariyerlerine odaklanmıştır. Bu nedenle yeniden düzenlenecek müfredatın subay ve astsubayların birlik komutanlığı gibi kendi alanlarının gerektirdiği mesleki eğitime öncelik vermeleri gerekmektedir. 15 Temmuz darbe girişimi –üzerinde farklı görüşler olan– bir riski daha gündeme taşımıştır. Darbe esnasında öğrenci olan TSK personelinin FETÖ ile muhtemel irtibatı nedeniyle hükümet tarafından okullarıyla ilişiği kesilmiş ve üniversite sınavlarında aldıkları notlara göre farklı sivil okullara kayıt yaptırmaları sağlanmıştır.

Askeri liseler 1980'lerden bu yana hassas bir konu olarak değerlendirilmiştir. Sorun askeri liselerin kapatılmasının muharebe etkinliğine etkisinin ne olacağının ortaya konmasıdır. Ancak bu adımın muharebe etkinliğine bir etkisinin olmadığı hususunda kendisiyle mülakat yapılan personel fikir birliği içerisindedir. Askeri liseler kendini adamış, jargon ve nosyon kazanmış bir nesil yetiştirmek için uygun olsa da muharip personel ihtiyacının karşılanmasına etkisinin olmadığı bir gerçektir.[236]

Okullarıyla ilişiği kesilen tüm harp okulu öğrencileri dikkate alındığında, öğrencilerin temini ve eğitimini müteakip en az dört yıllık bir sürecin beklenmesi gerekmektedir. Ayrıca öğrenciler mezuniyet sonrası düşük rütbeli personel olarak kıtalara atanacaktır. Dolayısıyla orta ve üst kademe nitelikli askeri personelin miktarında eksiklikler olabilecektir. Eğer Türkiye bir güvenlik sorunuyla karşılaşmazsa mevcut personel rakamları yeterli görünmektedir. Ancak ülkenin konvansiyonel olan/olmayan ciddi tehditlerle karşılaşması yüksek

---

236 Murat YEŞİLTAŞ, Murat ASLAN, Tsk'nın 15 Temmuz'a Yolculuğu ve Sonrasında Muharebe Etkınlığı, SETA, Sy:210, Ankara,2017

ihtimal olup personel temini ve yetiştirilmesinde yaşanabilecek aksaklıkların muharebe etkinliğine olumsuz sonuçları olabilecektir. Eğitim süresinin optimum derecede kısaltılmasının yanı sıra yetenekli ve güvenilir emekli personele tekrar TSK'da görev alma imkanı tanınması da kısa vadede alınabilecek tedbirler olabilir.

9. M.S.B'nın Terfi ve Atamalardaki Yetkileri ve Muhtemel Sonuçları:

Eğitim yanında MSB terfi ve atamalarda son sözü söyleme ile de yetkilendirilmiştir. General seçimi stratejik bir tercih olarak karşımıza çıkmaktadır. Ancak vazgeçilmez olan husus liyakati olan personelin seçilmesidir. Mülakatta bulunulan emekli personel 15 Temmuz öncesi general terfilerinin isabeti ile ilgili şüphelerini dile getirmiştir. Ancak genel kaygı 15 Temmuz psikolojisi ile belirgin ideolojik ve dini toplumlardan alınan referanslara itibar edilmesidir.

Nitekim bir generalin dış topluluklara minnet ve sadakat hissiyle bağlanmasının tehlikeleri görülmüştür. Terfi süreci MSB kontrolünde olması nedeniyle adil, şeffaf ve liyakate dayalı tercihlerin gelecekte gücü elinde tutacak generallerin seçiminde öne çıkması gerekmektedir. MSB'nin onay bağlamında uhdesine aldığı atamalar her askerin ailesine etkisi oranında moralini etkileyebilecek bir husustur.

669 sayılı KHK'nın 35. maddesi gereğince MSB bünyesine aldığı tüm kuvvetlerin atamalarının nihai onay makamıdır. Ayrıca bakan inisiyatifiyle doğrudan atamalar da yapılabilmektedir. Esasen demokratik normlar atamalar üzerinde böyle bir sivil kontrolü gerekli kılmaktadır. Ancak 15 Temmuz sonrası geçiş süreci nihayete ermekte ise de ilgili kadrolara uygun personelin bulunması ve atanması zorlu bir süreç haline gelmiştir. Müteakip yıllarda personel temini ve yetiştirilmesine paralel olarak azalan bir grafikle personel atamalarının personel-kadro uyumu kapsamında iyi istikamete evrilmesi beklenmelidir. Öte yandan atamaların zamanlaması ve yönteminin tekrar düzenlenmesinde muharebe etkinliği bakımından fayda görülmektedir.

Atamaların kış aylarında hazırlanması, Nisan veya Mayıs aylarında ilanı, Haziran ve Temmuz aylarında uygulanması hususunun fayda ve mahsurunun incelenmesi gerekmektedir. Aynı şekilde general terfilerinin de Ağustos ayının ilk haftası karar altına alınarak okulların yaz tatiline ve askeri personel eşlerinin atama dönemlerine denk getirilmesi aile düzeni açısından doğru bir uygulamadır. Ancak terörle mücadele gibi Türkiye için hayati risklerin yoğun olarak tecrübe edildiği yaz aylarında personelin atama nedeniyle dolanımının fazla olması bir risk olarak karşımıza çıkmaktadır. Bu nedenle atama ve terfilerin topluca, aynı anda ve yaz döneminde yapılması hususu analiz edilebilir.

10. Türk Ordusunun Son Durumu:

Geleneklerine Bağlılığı ve Köklü tarihi ile Mustafa Kemal ATATÜRK'ün manevi Başkomutanlığı ile ayakta kalan Türk Ordusunun harekat yeteneği Kamuoyundaki genel kanının aksine 15 Temmuz sonrası yok olmamış bilakis darbeye katılanların tasfiyesi ile artmıştır. Türkiye'nin arınma döneminde PKK ve DEAŞ'la mücadelede askeri kapasitesi insan gücü, subay durumu ve caydırıcılık kapsamında azalmamıştır. Fırat Kalkanı ve Zeytin Dalı Harekatları'ndaki performansı ile PKK'ya yönelik gerçekleştirdiği operasyonlar Türkiye'nin tehditlere karşı kabiliyeti ile ilgili güçlü işaretler vermektedir. Ayrıca icra edilen söz konusu operasyonlar darbe girişimi sonrası TSK'nın moral ve motivasyonunun artırılması için fırsat sunmaktadır.

Terörle mücadele ile Fırat Kalkanı ve Zeytin Dalı Harekatı'nın başarı hikayelerine rağmen özel kuvvetler, hava ve kara havacılık pilotları gibi belirgin alanlarda FETÖ üyesi personelin tasfiyesi nedeniyle nicelik bakımından zafiyetler mevcuttur. Bu alanda ilave düzenlemelerle gerekli tedbirler alınmalıdır. Örnek olarak emekli askerler ve belirli uzmanlık alanına sahip sivillerden faydalanmayı ön plana çıkaran bir kısmi seferberlik sistemi düzenlenmesi faydalı olabilecektir. Özel firmalar özellikle jojistik alanda silahlı kuvvetlere rekabet koşulları altında hizmet sağlayabilir. Askeri personel muharebe ve muharebe destek görevlerine yönlendirilirken uygun kadroların sivilleştirilmesi dikkate alınabilir. Devam eden davaların seyrine göre terör örgütü ile bağlantısı olmayan, emir komuta zinciri içerisinde bu kalkışmaya katılan,katılmak zorunda bırakılan özellikle genç subay ve astsubayların durumunun değerlendirilerek tekrar Türk Ordusu saflarına katılmaları sağlanabilir. Ancak her halükarda nitelikli personelin eğitimi ve operasyonel hale getirilmesi zaman alacaktır.

MUSTAFA KEMAL ATATÜRK'ÜN AFYON KARAHİSAR KOLORDU DAİRESİNDE SUBAYLARA HİTABEN YAPTIĞI KONUŞMA (31TEMMUZ 1920)

"Efendiler!

Eski silâh arkadaşlarımla böyle yakından ve samimi temasta bulunmaktan büyük vicdanî zevk hissediyorum. Sizinle oturup uzun hasbıhal etmek isterdim. Fakat çoksunuz: müsait yer de yoktur. Bu sebeple hissiyatımı birkaç cümle ile mülâhaza etmekle yetineceğim.

Arkadaşlar! İngilizler ve yardımcıları milletimizin bağımsızlığını imhaya karar vermişlerdir. Milletler bağımsızlıklarını hiç kimsenin lütuf ve atıfetine borçlu değildir. Hiç kimse kimseye, hiçbir millet diğer millete hürriyet ve bağımsızlık vermez. Milletlerde tabiaten ve yaratılıştan mevcut olan bu hak, milletlerce kuvvetle, mücadele ile mahfuz bulundurulur. Kuvveti olmayan, dolayısıyla mücadele edemeyen bir millet, mahkûm ve esir vaziyettedir. Böyle bir milletin bağımsızlığı gasp olunur. Dünyada hayat için, insanca yaşamak için bağımsızlık lazımdır. Bağımsızlık sahibi olmak için kuvvet sahibi olmak ve bunun için mevcudiyetini ispat etmek icap eder.

Kuvvet ordudur. Ordunun hayat ve saadet kaynağı, bağımsızlığı takdir eden milletin, kuvvetin lüzumuna olan vicdanî imanıdır. İngilizler, milletimizi bağımsızlıktan mahrum etmek için, pek tabii olarak evvelâ onu ordudan mahrum etmek çarelerine giriştiler. Mütareke şartlarının tatbikatı ile silâhlarımızı, cephanelerimizi, bütün müdafaa vasıtalarımızı elimizden almaya çalıştılar. Sonra kumandanlarımıza ve subaylarımıza tecavüze ve taarruza başladılar. Askerlik izzetinefsini yok etmeye gayret ettiler. Ordumuzu tamamen lağvederek, milleti, bağımsızlığını muhafaza için muhtaç olduğu dayanak noktasından mahrum etmeye teşebbüs ettiler.

Bir taraftan da müdafaasız, ordusuz bıraktıklarını zannettikleri milletin de izzetinefsine, her türlü haklarına ve mukaddesatına taarruzla milleti alçaklığa, boyun eğmeye alıştırmak plânını takip ettiler ve ediyorlar. Herhalde ordu, düşmanlarımızın birinci taarruz hedefi oldu. Orduyu imha etmek için mutlaka subayı mahvetmek, aşağılamak lâzımdır. Buna da teşebbüs ettiler. Bundan sonra milleti koyun sürüsü gibi boğazlamakta engeller ve müşkülat kalmaz. Bu hakikat karşısında ve içinde bulunduğumuz vaziyete göre subaylar heyetimize düşen vazifenin mahiyeti, ehemmiyeti ve kıymeti kendiliğinden meydana çıkar.

Milletimiz hür ve bağımsız yaşamak huzuruna tam bir iman ile kani olmuş ve buna kati azim ile karar vermiştir. Zaman zaman şurada burada üzüntü verici karaktersizliklerin görülmüş olması hiçbir vakit milletimizin genel kanaatine, hakiki imanına sekte vurmamıştır ve vuramayacaktır. Dolayısıyla kuvvetin, ordunun vücudu için lâzım olduğunu söylediğim kaynak ki milletin vicdanî imanıdır,- mevcuttur. Ordu ise, arkadaşlar, ancak subaylar heyeti sayesinde vücut bulunur. Malûm bir askeri hakikat, felsefi hakikattir; "ordunun ruhu subaylardadır. O halde subaylarımız, düşmanlarımız tarafından yıkılmak istenilen ordumuzu tamir edecek ve canlandıracak ve ordu ve milletimizin bağımsızlığını muhafaza edecektir.

Millet, bağımsızlığının muhafazasından ibaret olan hayati gayesinin teminini ordudan, ordunun ruhunu teşkil eden subaylardan bekler. İşte subayların, subayların yüce olan vazifesi budur. Allah göstermesin milletin bağımsızlığı ihlâl edilirse bunun vebali subaylara ait olacaktır. Subaylar, izah ettiğim yüce, mukaddes ve bütün açılardan üzerlerine düşen vazife itibariyle, bütün mevcudiyetleriyle ve bütün dikkat ve felsefeleriyle, giriştiğimiz bağımsızlık mücadelesinde birinci derecede faal ve fedakâr olmak mecburiyetindedirler. Şahsi ve hususi itibariyle de subaylar, fedakârlar sınıflarının en önünde bulunmak mecburiyetindedirler.

Çünkü düşmanlarımız herkesten önce onları öldürürler. Onları aşağılar ve hor görürler. Hayatında bir an olsa bile subaylık yapmış, subaylık izzeti nefsini, şerefini duymuş, ölümü küçümsemiş bir insan, hayatta iken, düşmanın tasarladığı ve reva gördüğü bu muamelelere katlanamaz. Onun yaşamak için bir çaresi vardır; şerefini korumak! Halbuki düşmanlarımızın da kastettiği, o şerefi ayaklar altına almaktır.

Dolayısıyla subay için "ya istiklâl, ya ölüm" vardır. Fakat arkadaşlar ölmeyeceğiz, bağımsızlığımızı muhafaza ederek yaşayacağız ve milletimizi daima bağımsız görmekle bahtiyar olacağız. "[237]

Mustafa Kemal

---

237 Atatürk'ün Bütün Eserleri, Sy: 112-113, Kaynak Yayınları, İstanbul, 2002.

KAYNAKÇA

ABBASLI Nazile, Ufukların Efendisi Cengiz Han, Bilge Karınca, İstanbul, 2007.

ADA Serhan, Kurtuluş Savaşı'nda Diplomasi ve Askeri…, Gnkur ATASE Yay, Ankara, 1985.

AFYONCU E.Osmanlı İmparatorluğunda Askeri İsyan ve Darbeler, Yeditepe Yay. 2010.

AGACANOV Sergey Grigoreviç, Oğuzlar, Selenge Yay, İstanbul, 2013.

AGACANOV Sergey Grigoreviç, Selçuklular, Ötüken Yay, İstanbul, 2006.

AKA İsmail, Timur Devleti, TTK Yay, Ankara, 1991.

AKAD Mehmet Tanju, Savaş Tarihinin Dönüm Noktaları, Kastaş Yay, İstanbul, 2005.

AKAD Mehmet Tanju, 20. Yüzyıl Savaşları, Kastaş Yayınevi, İstanbul, 2011.

AKAD Mehmet Tanju, Askeri Tarihte Stratejik Düşünce, T. İş Bankası Yay, İstanbul, 2013.

AKÇAKAYALIOĞLU Cihat, "Mareşal Fevzi Çakmak'ın Hatıraları ve Atatürk", Türk Tarih Kurumu Basımevi, Ankara, 1976.

AKKAYA Erdal, "Türk Ordusundaki Stratejik ve Doktriner Değişiklikler (1923-1960)", Yüksek Lisans Tezi, Ankara Üniversitesi Türk İnkılâp Tarihi Enstitüsü Ankara, 2006.

AKAD M.Tanju, 20. Yüzyıl Savaşları, Kastaş Yayınevi, İstanbul 2011.

AKDAĞ Mustafa, Türkiye'nin İktisadi ve İçtimai Tarihi, Cem Yay, İstanbul, 1974.

AKSAN V. 18. Yüzyıl Sonlarında Osmanlı'da Zorunlu Askerlik Stratejileri, Londra, 1999.

AKTEN Mustafa Uğur, Askeri Bandonun Kuruluşu ve Mehter, ATASE Yayınları, 2009.

AKPINAR T. Türk Tarihinde İslamiyet, İletişim Yay, İstanbul, 1999.

AKYAZ Doğan Askeri Müdahalelerin Orduya Etkisi, İletişim Yayınları, İstanbul, 2002.

ANADOL Cemal, Tarihe Hükmeden Millet Türkler, Bilge Karınca Yay, İstanbul, 2006.

ANAT Yakup, Karahanlılar Tarihi, Oku Yayınları, İstanbul, 2003.

ARI Bülent, Acemi Ocağından Yeniçeri Ordusuna ve Tımarlı Sipahiler, Kuruluşundan Günümüze Türk Ordusu Genelkurmay Basımevi, Ankara 2009.

ARSAL S.Maksudi. Orta Asya Türk Tarihinin Ana Hatları, TTK, Ankara 1940.

AKSOY M. Türklerde At Kültürü ve Kımız, Türk Dünyası Tarih Dergisi, İstanbul, 1998.

ARMAOĞLU, Fahir, Yirminci Yüzyıl Siyasi Tarihi, İş Bankası Kültür Yay, Ankara, 1992.

ARMAOĞLU, Fahir, Belgelerle Türk-Amerikan Münasebetleri, TTK Yay, Ankara, 1991.

ARSLANOĞLU C KAYABALI İ, Türk Ordusu Tarihi, Dede Korkut Yay, İstanbul 1976.

ARTAMONOV M. Levi, Türkler, Yahudiler, Ruslar, Selenge Yay, İstanbul, 2004.

Askerlik Kanunu.14 Ocak 2012.

Askeri Tarih Bülteni, Sayı 21, Genelkurmay Basımevi, Ankara, 1986.

Askeri Tarih Bülteni, Sayı 26, Genelkurmay Basımevi, Ankara, 1989.

Askeri Tarih Bülteni, Sayı 29, Genelkurmay Basımevi, Ankara, 1990.

Askeri Tarih Bülteni, Sayı 36, Genelkurmay Basımevi, Ankara, 1994,

ATATÜRK M. Kemal, Zabit ve Kumandan ile Hasbıhal, Harp Akd.Yay, İstanbul.1994.

ATATÜRK'ün Söylev ve Demeçleri; ATATÜRK Araştırma Merkezi, Ankara, 1997.

ATATÜRK'ün Bütün Eserleri, Kaynak Yayınları, İstanbul, 2002.

ATEŞ Toktamış, Osmanlı Toplumunun Siyasi Yapısı, Ümit Yayıncılık, Ankara, 1981.

ATIN, Faruk, Tanzimat'tan Sonra Asker Alma Kanunları, ATESE Yay, Ankara, 1994.

ATSIZ Nihal.Aşıkpaşaoğlu Tarihi, MEB Yay, İstanbul, 1970.

AVCI Alaaettin, Türkiye'de Askeri Yüksek Okullar Tarihçesi Genelkurmay, Ankara, 1963.

AVCI Alaettin, Osmanlı Döneminde Askeri Okullarda Eğitim, Ankara, 2000.

AVCIOĞLU Doğan, Türklerin Tarihi, Tekin Yayınları, İstanbul, 1995.
AYANÜ Y. Selçuklu Bizans İlişkileri, Yeni Türkiye Yay, Ankara , 2001
AYDA Adile, Etrüskler Türk mü idi? Ankara, 1974.
AYDA Adile, Etrüsklerle İskitler Arasında Benzerlikler TTK Yay. Ankara 1979.
AYDEMİR Şevket Süreyya, Tek Adam, Remzi Kitabevi, İstanbul, 1987.
AYDEMİR Adem, Ötüken ve Ötüken Adı Üzerine, TDA Dergisi, Sayı: 187, Ankara, 2010.
AYDOĞAN Metin, Yönetim Gelenekleri ve Türkler, Umay Yayınları, İzmir, 2004.
AYHAN Ahmet, Dünden Bugüne Türkiye'de Bilim Teknoloji ve Geleceğin Teknolojileri, Beta Basım Yayım, İstanbul, 2002.
AZİZ M.Ahmet, Siyasi Tarihi ve Müesseseleriyle Dalhi Türk İmparatorluğu, 1001 Temel Eser.İstanbul, 1986.
BAINBRIDGE Margaret, Dünyada Türkler, Say Yay, İstanbul, 1995.
BALIVET M.Ortaçağda Türkler, Alkım Yay, İstanbul, 2004.
BARKAN Ömer Lütfi, Timar, İslam Ansiklopedisi, Millî Eğitim Yay, İstanbul, 1974.
BARTHOLD Wilhelm. Türkistan, Çev:H.Dursun YILDIZ, Ankara, 1987.
BAŞOL Serkan, Hitit Askeri Teşkilatı ve Sefer Organizasyonu, Yüksek Lisans Tezi, 2006.
BAŞER Sait Medeniyetin Ordusu veya Ordunun Medeniyeti, SAE Yay, İstanbul, 2005.
BAŞTAV Şerif, Atilla ve Hunları, Berikan Yayınları, Ankara, 2005.
BAUMAN Z. Küreselleşme, Ayrıntı Yay, İstanbul, 1999.
BAHADIR HAN Ebu'l Gazi Secere'i Terakime, Simorg Yay, İstanbul, 1996.
BAŞAR Bilal, Hava Kuvvetlerinin Dünü Bugünü Yarını, Silahlı Kuvvetler Dergisi, Ankara, 1981.
BAYAR M. Hikmet, Türk Silahlı Kuvvetlerinin Tarihçesi, İstanbul, 2009.
BAYAT Mert, Milli Güç ve Devlet, Belge Yay, İstanbul, 1986.
BAYAT Fuzuli , Türk Mitolojik Sistemi II, İstanbul, 2007.
BAYKARA T. Türk Kültürü, Kültür Sanat Yay, İstanbul, 2003.
BAYKARA T.Türk Adını Anlama, Ankara, 1998.
BAYRAKDAR Mehmet, Kürtler Türklerin Nesi Oluyor?, Kelam Yay, İstanbul, 2011.
BECKWITH Christopher I.İpek Yolu İmparatorlukarı, ODTÜ Yayıncılık. Ankara, 2011.

BLACK Jeremy, Yeniçağda Savaş Sanatı 1453-1815, Kitap Yayınevi, İstanbul, 2010.
BORAY Ferit Erden, Bilinmeyen Türkler, Kumsaati Yay, İstanbul, 2005.
BOSWORTH Clifford E., The Ghaznavids Their Empire in Afghanistan and Eastren Iran, University Press, Edinburgh, 1963.
BOZDEMİR Mevlüt; Türk Ordusunun Tarihsel Kaynakları, AÜSBF Yayını, Ankara, 1982.
BOZKURT Nebi, Kılıç, Diyanet İslam Ansiklopedisi, Ankara, 2002.
BULUT Arslan, Güneş Ülkesi, Bilgeoğuz, İstanbul, 2006.
BURGU Yavuz Selim, Anadolu Selçukluları, Selenge, İstanbul, 2011.
BÜYÜKTUĞRUL Afif, Türk-Yunan İlişkileri, Silahlı Kuvvetler Dergisi, S. 25, Ankara, 1974.
CAHEN Claude. Türklerin Anadolu'ya İlk Girişi, TTK Yay, Ankara, 1992.İstanbul, 2008.
CAHEN Claude, Osmanlılardan Önce Anadoluda Türkler, İstanbul, 1979.
CAROL Thomas G, Alexander the Great in His World, Blackwell Publishing, Oxford, 2007.
CEBECİ Dilaver, Farklı Yönleriyle Türkler, Bilgeoğuz Yay, İstanbul, 2009.
CHASE Kenneth. Ateşli Silahlar Tarihi, İş Bankası Yay, İstanbul, 2008.
CHAMBERS I.Göç, Kültür, Kişilik, Ayrıntı Yay, İstanbul, 2005.
CAHUN L. Asya Tarihine Giriş, Seç Yay, İstanbul, 2006.
CLAUSEWİTZ Carl Von, Harp Üzerine, Çev.H.Fahri Çeliker, Gnkur Yay, Ankara, 1991.
CEBECİOĞLU Güngör, İkinci Dünya Savaşı ve Türk Silahlı Kuvvetleri, Gnkur ATASE Yay, Ankara, 1998.
CEVİZOĞLU Hulki, İşgal ve Direniş, Ceviz Kabuğu Yay, Ankara, 2007.
CHAVANNES Edouard, Batı Türkleri, Selenge Yayınları, İstanbul, 2013.
Cumhuriyetin 61'nci Yılında Hava Kuvvetlerimiz, Gnkur ATASE Yay, Ankara, 1984.
Cumhuriyetin 50 nci Yıldönümünde Türk Silahlı Kuvvetleri, Gnkur ATASE Yay, Ankara,
Cumhuriyetin 60 ncı Yıldönümünde Türk Silahlı Kuvvetleri, Gnkur ATASE Yay, Ankara, 1983.
ÇADIRCI Musa, "Anadolu'da Redif Askeri Teşkilatının Kuruluşu", Ankara, 1985.
ÇADIRCI Musa, "Osmanlı Ordusunda Yeni Düzenlemeler, Ankara, 1983.
ÇAKMAK Haydar, Uluslararası Krizler ve TSK, Platin Yay, Ankara, 2004.

ÇAKAN, V. Orhun Uygur Devleti Ordusu'nun Silahlanması, İstanbul, 2006.
ÇAM, Yusuf, Atatürk'ün Okuduğu Dönemde Askeri Okullar, Gnkur Yay, Ankara, 1991.
ÇANKAYA Necati, Çağlar Öncesinden Günümüze Doğu Anadolu, ABO, İstanbul, 2000.
ÇATALTEPE Sipahi, 19.Yüzyıl Nizam-ı Cedid Ordusu Göçebe Yayınları, İstanbul 1997.
ÇAY Abdulhaluk M. Kürt Dosyası, İlgi Kültür Sanat, İstanbul, 2010.
ÇAYCI A. Selçuklularda Egemenlik Sembolleri, İz Yay, İstanbul, 2008.
ÇELİK Bülent, Orducular, Gnkur ATASE Yayınları, Ankara, 2003.
ÇİYAN Hakkı Yılmaz, Osmanlı Askere Alma Sistemi Gnkur ATASE Yay, Ankara 2009.
ÇORUHLU Y. Türk Mitolojisinin Anahatları, Kabalcı, İstanbul, 2002.
DANİŞMEND İsmail Hami, Türkler Niçin Müslüman Oldu, Timaş, İstanbul, 2008.
DANİŞMEND İsmail Hami, İzahlı Osmanlı Tarihi Kronolojisi, C:4, İstanbul, 1972.
DANKWART A. Rustow, Türkiye'de Ordu, Harp Akademileri Yayınları, İstanbul, 1970.
DEDEOĞLU Beril, Uluslararası Güvenlik ve Strateji, Yeni Yüzyıl Yay, İstanbul, 2008.
DEMİR N. Danişmend Name, Akçağ Yay, Ankara, 2004.
DEMİREL Ergün, Cumhuriyetimizin 61 nci Yılında Deniz Kuvvetlerimiz, Gnkur ATASE Yay, Ankara, 1984.
DEMİRKENT Işın, Türkiye Selçuklu HükümdarıSultan I.Kılıç Arslan, TTK Yay, Ankara, 1996.
DEVELLİOĞLU Ferit, Osmanlıca-Türkçe Ansiklopedik Lûgat, Aydın Yay, Ankara, 1999.
DOĞRU Halime, Osmanlı İmparatorluğunda Yaya-Müsellem Teşkilatı, İstanbul, 1990.
DONUK Abdulkadir, Eski Türk Devletlerinde İdari, Askeri Unvan veTerimler, İstanbul, 1988.
DİOMAND J, Tüfek, Mikrop ve Çelik, Çeviren Ü. İnce, Ankara, 2004.
DUNLOP D.M, Hazar Yahudi Tarihi, Selenge Yayınları, İstanbul, 2008.
DURMUŞ İhami, İskitler (Sakalar), Gnkur ATASE Bşk.lığı Yayınları Ankara, 2008.

DİVİTÇİOĞLU Sencer, Köktürkler, Ada Yayınları İstanbul, 1987.
DJEVAD A.H.Yabancılara Göre Türkler, Yağmur Yay, İstanbul, 1978.
Dünden Bugüne Türk Hava Kuvvetleri, Ulusal Strateji, Savunma ve Sivil Havacılık Dergisi, Ankara, 2003.
EARLE Edward Mead, Modern Stratejinin Ustaları, Doruk Yayımcılık, İstanbul, 2007.
EBERHARD Wolfram, Çin Tarihi, TTK Yay, Ankara, 1995.
EBERHARD Wolfram, Çin'in Şimal Komşuları, TTK Yayınları, Ankara, 1996.
EKE Semih, Birinci Dünya Savaşı Öncesinde Osmanlı Devleti'nin Askeri Durumu, Gnkur ATASE Yay, Ankara, 1997.
ERCİLASUN A.B.Türk Dünyası Üzerine İncelemeler, Akçağ Yay, Ankara, 1992.
ERDEMİR H.P, Türklerde Savaş ve Taktik, C:3, Türkler Ans, Türkiye Yay, Ankara 2002.
ERENDİL Muzaffer, Türk Subaylarının İkinci Dünya Savaşı Hatıraları, Gnkur ATASE Yay, Ankara, 1999.
ERGİN Muharrem, Orhun Abideleri, Boğaziçi Yay, İstanbul, 2005.
ERGİN Osman Nuri, Türk Maarif Tarihi, C. III-IV, s.1400, 1401, İstanbul, 1977.
ERZURUMLU Kenan, 21.Yüzyılda Türk Cihan Hakimiyetinin Jeopolitiği, Bilgeoğuz Yay, İstanbul, 2013.
EİSOL Bili, An American Gebneral Staff: D Pres, Washington, 1953.
EMECEN Feridun M., Eski Çağdan Modern Çağa Ordular, Kitabevi, İstanbul, 2008.
EMECEN Feridun M., Osmanlı Klasik Çağında Savaş, Kitabevi Yayınları, İstanbul 2010.
EREN Hasan Türklerin Ana Yurdu Sorunu, Türk Dili, Ankara, 2001.
ERENDİL Ilhami, "Hatıralar", Türk Subaylarının İkinci Dünya Savaşı Hatıraları.
ERENDİL, Muzaffer, Tarihte Strateji, Gnkur. ATASE Yay, Ankara, 1998.
ERKAL Şükrü, Türk Silahlı Kuvvetleri Tarihi Ankara: Genelkurmay Basımevi, 1984.
ERGİN Osman Nuri, Türkiye Maarif Tarihi, C.1, İstanbul, 1977.
ERGUN Recep, Harp Akademileri Diploma Töreni Konuşması, 1985.
ERÖZ Mehmet; Türk Milleti ve Türk Milliyetçiliği, HAK Yayınları, 1984.

ERZURUMLU Kenan, 21.Yüzyılda Türk Cihan Hakimiyetinin Jeopolitiği, Bilgeoğuz, 2013.

ESENYEL Ömer, Günümüzde Türk Ordusu ve Dünya Orduları Arasındaki Yeri, Genelkurmay ATAŞE Başkanlığı Yayınları, Ankara, 2009.

ESİN E, İslâmiyetten Önceki Türk Kültür Tarihi ve İslâm, İstanbul. 1978.

ESLEN, Nejat, Tarih Boyu Savaş ve Strateji, Truva Yayınları, İstanbul, 2005.

John FRANCE, Western Warfare in the Age of Crusades, Cornell Unıversıty Press, 1999.

GABAIN A.Von, Köktürklerin Tarihine Kısa Bir Bakış, DTCF Yay, Ankara, 1944.

GALBRAITH J.K.Kuşku Çağı, Altın Kitaplar, İstanbul, 1989.

Geçmişten Günümüze Türk Ordusu, Harp Akademileri Yay, İstanbul, 2012.

Genelkurmay Başkanlığı Müşterek Askeri Terimler Sözlüğü Ankara 2010

GENCER Ali İ., ÖZEL, Sabahattin, Türk İnkılâp Tarihi, Der Yayınları, İstanbul, 2010.

GENÇ Reşat, Karahanlı Devlet Teşkilatı, TTK Yay, Ankara, 2002.

GENÇ Reşat, Kaşgarlı Mahmud'a Göre XI.y.y.da Türk Dünyası, TKAE Yay, Ankara, 1994.

GENÇ Reşat, Süngü, Türk Ansiklopedisi, Ankara, 1981.

GEVGİLİLİ Ali, Yükseliş ve Düşüş, Altın Kitaplar Yayınevi, Ankara, 1987.

GÜL Mehmet, Kürt Dosyası, Bilgeoğuz Yay, İstanbul, 2010.

GIBBON Edward.Roma İmparatorluğunun Gerileyiş ve Çöküş Tarihi, BFS Yay, 2000.

GİLBERT Felix, Machiavelli: Savaş Sanatında Rönesans, ASAM Yay, Ankara, 2003.

GÖKA Erol Türk Grup Davranışı, Aşina Kitaplar, Ankara, 2006.

GÖKALP Ziya, Türk Medeniyeti Tarihi, Kültür Bakanlığı Yay:8 İstanbul, 1978.

GÖKÇE Fırat.Türk Ordusunun Tasfiyesi, İleri Yay, İstanbul, 2011.

GÖKSU Erkan, Türkiye Selçuklularında Ordu, TTK Yay, Ankara, 2010.

GÖKSU Erkan, Okla Yükselen Millet, Kömen Yay, İstanbul, 2013.

GÖMEÇ Saadettin, Eski Türk Ordusunun Genel Mahiyeti, ATASE Yay, Ankara, 2009.

GÖMEÇ Saadettin, Kök Türk Tarihi, Berikan Yay, Ankara, 2011.

GÖMEÇ Saadettin, Uygur Türkleri Tarihi, Berikan Yay, Ankara, 2011.

GÖMEÇ Saadettin, İskitler ve İskitler Hakkında, Gnkur ATASE Yay, Ankara, 2013.
GÖMEÇ Saadettin, "Ergenekon", Orkun Dergisi, sayı 79, İstanbul, 2004.
GÖNLÜBOL Mehmet, Olaylarla Türk Dış Politikası (1919-1973), Ankara Üniversitesi Siyasal Bilgiler Fakültesi Yayınları, Sevinç Matbaası, Ankara, 1974.
GÖNÜLLÜ Ali Rıza, Eski Türklerde Kengeş Meclisi, Türk Kültürü, Sayı 396, Ankara.
GÖRGÜLÜ İsmet, On Yıllık Harbin Kadrosu (1912-1922), TTK Basımevi Ankara, 1993.
GRAKOV Boris Nikolayeviç, Selenge, İstanbul, 2008.
GROUSSET Rene, Bozkır İmparatorluğu, Ötüken Yayınları, İstanbul, 1980.
GROOT J.M. de, Hunlar ve Türkistan, Çev:G.A.ASENA, Pan Yayınları, İstanbul, 2010.
GUMILEV Lev Nikolayeviç.Eski Türkler, Selenge Yayınları, İstanbul, 2002
GUMILEV Lev Nikolayeviç, Hazar Çevresinde Bin Yıl, Selenge Yay, İstanbul, 2013.
GÜLTEPE Necati, Kızıl Elmanın İzinde, Ötüken Yay, İstanbul, 2014.
GÜNDÜZ Himmet, Kore Savaşı'nın Başlamasının Türk BasınınaYansımaları, Silahlı Kuvvetler Dergisi, Ankara, 2003.
GÜNEŞ İhsan, 1920'de Seyyar Jandarma Müfrezelerinin Kurulması ve Bunların İç Güvenliğin Sağlanmasındaki Rolü, Gnkur ATASE Yay, Ankara, 1983.
GÜNEY A, Türk Siyasal Kültüründe Devlet Anlayışı, S. Demirel Ünv., Isparta, 2002.
GÜNGEN Günay, Türk Savunma Sanayinde MKEK Deneyimi, MKEK Yay, Ankara, 1987.
GÜNGÖR Erol, Tarihte Türkler, Ötüken Yay, İstanbul, 2009.
GÜRBÜZ Macit, Kürtleşen Türkler, B Yay, İstanbul, 2009.
GÜRÜN Kamuran Ermeni Davası, Remzi Kitabevi, İstanbul, 2005.
GÜRÜN Kamuran, Savaşın İlk Yılı ve Türkiye, Gnkur ATASE Yay, Ankara, 1998.
GÜVENÇ Bozkurt, Türk Kimliği, Remzi Kitabevi, İstanbul, 1997.
HACİP Yusuf Has, Kutadgu Bilig, Alkım Yay, İstanbul, 2006.
HALE, William, Türkiye'de Ordu ve Siyaset, Hil Yayınları, İstanbul, 1996.
HAMMER J.Von, Osmanlı Tarihi, Kamer Yay, İstanbul.1982

HALAÇOĞLU Y. Anadolu'da Aşiretler, Cemaatler, Oymaklar, TTK Yay, 2009.

HANDEL Michael L, Savaşın Ustaları, Klasik Stratejiler, İstanbul, 2004.

HAŞİMOĞLU Kazım, Türkiye Selçuklularında Ordu, Gazi Ünv Yay, Ankara 2004.

HEALY Mark, The Warrior Pharaoh Ramses II and.., Osprey Publishing, 1993.

HEİNZELMANN T. Osmanlı İmparatorluğunda Genel Askerlik Kitap Yay, İstanbul, 2009.

HEREDOT Tarihi, Çev.M.ÖKMEN, İstanbul, 1991.

HOBSBAWM Eric, Kısa 20.yy. Tarihi, Sarmal Yay, İstanbul, 1996.

HOCAOĞLU Durmuş, Devletçilik Bumerangı, Ufuk Kitaplar, İstanbul, 2002.

HUDYAKOV Y.S, Eski Türklerde Silah, Türkler Ansiklopedisi, Yeni-Türkiye, Ankara, 2002.

HUNTİNGTON Samuel P., Asker ve Devlet, Salyangoz Yay, İstanbul, 2006.

ILGAR, İhsan, Tarih Boyunca Türk Ordusu, Maarif Basımevi, İstanbul, 1957.

IŞIK, Hüseyin, Yabancı Gözüyle Türkler ve Türk Ordusu, Gnkur. Yay, Ankara, 1995.

Işıklar Askeri Lisesi Tarihi, 2. Baskı, Işıklar Askeri Lisesi Matbaası, Bursa, 1999.

İbn BİBİ, Tarih-i Al-i Selçuk, "Selçukname", Kültür Bakanlığı Yay, Ankara, 1996.

İbn HALDUN, Mukaddime, MEB Yayınları, İstanbul, 1997.

2000'li Yıllara Girerken Türk Ordusu; Kültür Bakanlığı Yayını, 1999

İLHAN, Suat, Türk Askeri Kültürünün Gelişmesi, Ötüken, İstanbul, 1999.

İNALCIK Halil.Osmanlı Devletinin Kuruluş Problemi, Doğu Batı Yay, Ankara, 2005.

İNALCIK Halil.Osmanlı Devrinde Türk Ordusu, TKD, Ankara, 1972.

İNALCIK Halil.Devlet-i Aliyye, T.İş Bankası Yay, İstanbul, 2009.

İNALCIK Halil, Osmanlı Tarihi Timar Rejimi ve Sipahi Ordusu, T.K.D.Ankara, 1972.

İSKORA Mazlum, Türk Ordusunda Kurmaylık, Harp Akademileri Yayınevi, 1944.

JORGA Nicolae, Osmanlı İmparatorluğu Tarihi, İstanbul 2005.

KAFESOĞLU, İbrahim, Türk Milli Kültürü, Ötüken Yayınları, İstanbul 2011.
KAFESOĞLU İ, S. Melikşah Devrinde Büyük Selçuklu İmp, O. Yalçın Yay, İstanbul 1953.
KAFKASYALI Ali, İran Coğrafyasında Türkler, Bilgeoğuz, İstanbul, 2011.
KAGAN, Donald, On The Origins Of War, Published By Doubleday, USA, 1995.
KARAKUŞ Erdoğan, İngiliz Belgelerinde II.Dünya Savaşı Öncesi Türk İngiliz İlişkileri, Gnkur ATASE Yay, Ankara, 2004.
KARATAMU Selahattin, Türk Silahlı Kuvvetleri Tarihi (1908-1920), Ankara, 1971.
Kara Harp Okulu Tarihçesi, Harp Okulu Basımevi, Ankara, 1973.
KARAL E. Z, Büyük Osmanlı Tarihi, Türk Tarih Kurumu Yayınları, Ankara, 1995.
KASALAK Kadir, Mondros Mütarekesi Öncesi Osmanlı Devleti'nin Durumu, Gnkur ATASE Yay, Sayı 44, Ankara, 1998.
KAYA E.Türk Ordu Geleneğinde Askeri Müzik Olgusu, İdil Sanat Yay, İstanbul, 2012.
KAYABALI İ, ARSLANOĞLU C, Türk Ordusu Tarihi, Dede Korkut Yay, İstanbul 1976.
KAYMAKLI Hulusi, Havacılık Tarihinde Türkler, C-2, Ankara, 1997.
KAZICI Ziya, İslam Türk Medeniyeti Tarihi, Çağrı Yayınları, İstanbul, 1981.
KENNEDY Paul, Büyük Güçlerin Yükseliş ve Çöküşleri, İş Bankası Yay, İstanbul, 2001.
KILIÇBAY M.Ali, Feodalite ve Klasik Dönem Osmanlı Üretim Tarzı, Elif Yay, Ankara, 2011.
KIRAL Mehmet, Türk Jandarması, Silahlı Kuvvetler Dergisi, Gnkur Basımevi, Ankara, 1968.
KİLİMCİ Perihan, Atatürk Döneminde Türk Askeri Havacılığı, HvHO Yay, İstanbul, 2004.
KLINE Stuart, Türk Havacılık Kronolojisi, Dönence Yay, İstanbul, 2002.
KOCA Salim, Türkiye Selçuklularında Ordu ve Askeri Kültür, Berikan Yayınları, 2010.
KOCA Salim, "X. Yüzyılda Türkistan"da Bir İslam Seyyahı Gözüyle Türkler", 1981.

KOCA Salim, "Eski Türklerde Devlet Geleneği ve Teşkilatı" , Türkler; Ankara 2002.

KOCA Salim, Türk Kültürünün Temelleri, Türkiye Yay.Trabzon, 2000.

KOÇ Yusuf, KOÇ Ali, Mustafa Kemal ATATÜRK, Kamu Birlik Hareketi Yay, Ankara, 2005.

KOSTLER Arthur, On Üçüncü Kabile, Say Yayınları, İstanbul, 2000.

KÖKSOY Mümin. Nuh Tufanı ve Sümerlerin Kökeni, Berikan Yay, Ankara, 2011.

KÖPRÜLÜ M.Fuat, Osmanlı Devletinin Kuruluşu, TTK Yay, Ankara, 1988.

KÖPRÜLÜ M.Fuat, Bizans Müesseselerinin Osmanlı Mües.Alfa Yay, İstanbul, 2014.

KÖPRÜLÜ M.Fuat, Harezmşahlar, İstanbul, 1992.

KÖYMEN Mehmet Altay, Selçuklu Devri Türk Tarihi, TTK Yay, Ankara 2004.

KÖYMEN Mehmet Altay, Büyük Selçuklu İmparatorluğu, TTK Yay, Ankara, 2000.

KÖYMEN Mehmet Altay, Alp Arslan ve Zamanı, TTK Yay, Ankara, 2011.

KÖYMEN Mehmet Altay, Nizamü'l Mülk, Siyasetname, TTK Yay, Ankara, 1982.

K.K.K., Türk Kara Kuvvetleri Tarihi, K.K.K. Basımevi, Ankara, 1996.

KURAN Ercüment, Türkiye'nin Batılılaşması ve Milli Meseleler, TDV Yay, Ankara, 1994.

KURAT A. N, Türk Moğol İmparatorluğu Devrinde Sosyal ve Askeri Teşkilat, Ankara , 1974.

KURTCEPHE, İsrafil, Mustafa Balcıoğlu, Kara Harp Okulu Tarihi, Ankara, 1991.

Kuruluşundan Günümüze Türk Ordusu, Gnkur. ATESE Yayınları, Ankara, 2009.

Osmanlı Ordusunda Kullanılan Ateşli Silahlar", TTK Basımevi, Ankara 1999.

KUŞÇU Ayşe, Eyyubiler Döneminde Ordu ve Askeri Teşkilat, ATASE Yay, Ankara, 2008.

KUŞÇU Ayşe, Türkiye Selçuklularında Ordu ve Donanma, Y.Türkiye, Ankara, 2002.

KUZGUN S., Hazar ve Karay Türkleri, Ankara 1985.

KUZMİN Yakov, Hazarlar, 2.Cilt, Türkler Ansiklopedisi, Yeni Türkiye Yay, Ankara, 2002.

Kültür Bakanlığı, 2000"li Yıllara Girerken Türk Ordusu, Kültür Bakanlığı Yayını, 1999.

KÜLEBİ Ali. Askeri Doktrinler ve Stratejik Yaklaşımlar, Berikan Yay, Ankara, 2010.

LAMARTINE Alphonse De, Osmanlı Tarihi, Sabah Yay, İstanbul, 1991.

LEWIS Bernard, Ortadoğu, Arkadaş Yay, Ankara, 2003.

LIDDELHART B.H.Strateji, ASAM Yay, Ankara, 2002.

LIGETI L. Bilinmeyen İç Asya, Çev:S. KARATAY, Pulhan Matbaası, İstanbul, 1946.

LUECKE Richard, Strateji, T.İş Bankası Yay, İstanbul, 2008.

MACHİAVELLİ, Nikolai, Prens, Anahtar Kitaplar Yayınevi, İstanbul, 1993.

MAHMUT Kaşgarlı, Divanu Lügat üt Türk, Kabalcı Yay, İstanbul, 2010.

MANİSALI Erol, Savunma Sanayi ve Türkiye'de Savunma Sanayinin Gelişimi, Tisa Matbaacılık, Ankara, 1987.

MANGO Andrew, Türkiye ve Türkler, Remzi Kitabevi, İstanbul, 2005.

MANTRAN Robert, Osmanlı İmparatorluğu Tarihi, T.İş Bankası Yay, İstanbul, 2010.

MANZ Beatrice F.The Rise and Rule of Tamerlane, Cambridge Unv Press, 1989

MARSHALL Robert, Doğudan Yükselen Güç Moğollar, Sabah Yay, İstanbul, 1996,

MEMİŞ Ekrem, İskitlerin Tarihi, Altınpost Yay, İstanbul, 2012.

MERÇİL Erdoğan, Türkiye Selçukluları, Yeni Türkiye Yay, Ankara, 2002.

MERÇİL Erdoğan, Gazneliler Devleti Tarihi, TTK Yay, Ankara, 2007.

MERÇİL Erdoğan, Türkiye Selçuklularında Meslekler, TTK Yay, Ankara, 2000.

METE Ömer Lütfi, Milliyetçilik, Milliyetsizlik, Timaş Yay, İstanbul, 2007.

MURFPHEY Rhoads, Osmanlıda Ordu ve Savaş, Homer Kitabevi, İstanbul, 2007.

MUTLU Şamil, Yeniçeri Ocağının Kaldırılışı ve II. Mahmud'un Edirne Sey, İstanbul 1994.

MÜDERRİSOĞLU Alptekin, Kurtuluş Savaşı Mali Kaynakları, Yapı ve Kredi Bankası, 1981
MÜTERCİMLER Erol, Aynadaki Tarih, Alfa Yay, İstanbul, 2010
NEAGOE Manole, Üç Bozkırlı, Bilgeoğuz Yay, İstanbul, 2010.
NECEF E.N.Hazar Ötesi Türkmenler, Kaknüs Yay, İstanbul, 2003.
NEMETH Gyula, Hunlar ve Türkler, Kömen Yayınları, İstanbul, 2015.
NTV Tarih Dergisi, Sayı 1, İstanbul, 2009,
NUHOĞLU Güller Gaznelilerde Devlet Teşkilâtı, Türkler Ansiklopedisi, Ankara, 2002.
Olaylarla Türk Dış Politikası, Siyasal Yay, Ankara, 1996.
OLCAYTU, Tuncay, Türk Tarihi Silahlı Kuvvetleri ve Atatürkçülük, Ankara, 1973.
OPPENHEIMER Franz, The State, Little Brown and Company, New York, 1975.
ORAN Baskın, Türk Dış Politikası (1919-1980), C. I, İletişim Yayınları, İstanbul, 2001.
ORKUN Hüseyin Namık, Eski Türk Yazıtları, TDK Yay, Ankara, 2011.
ORKUN Hüseyin Namık, Attila ve Oğulları, Bilge Karınca Yay, İstanbul, 2013.
ORTAYLI İlber, Tarihimiz ve Biz, Timaş Yayınları, İstanbul, 2008
Osmanlı Döneminde Askeri Okullarda Eğitim, Milli Savunma Bakanlığı, Ankara, 2000.
Osmanlı Askeri Teşkilâtı ve Kıyafetleri (1876-1908), Anadolu Matbaa, İstanbul, 1986.
OSTROGORSKY Georg.Bizans Devleti Tarihi, TTK Yay, Ankara, 1985.
Roger OWEN, Şevket PAMUK, 20.Yüzyılda Ortadoğu Ekonomileri Tarihi, Sabancı Üniversitesi Yayınları, İstanbul, 2002.
ÖGEL Bahaeddin, Büyük Hun İmparatorluğu Tarihi, Kültür Bakanlığı Yayınları, Ankara 1981.
ÖGEL Bahaeddin, Türk Kültür Tarihine Giriş, TTK Yayınları, Ankara, 1984.
ÖGEL Bahaeddin, Türk Kültürünün Gelişme Çağları, TDAV Yayınları, İstanbul 2001.
ÖGEL Bahaeddin, Türk Tarihinde Millet ve Ordu Bütünleşmesinin Nedenleri, Ankara, 1983.
ÖGEL Bahaeddin, Türk Mitolojisi, TDAV Yayınları, İstanbul 2001.
ÖGEL Bahaeddin, Türk Kılıcının Menşe ve Tekamülü, DTCF Yayınları, Ankara, 1948.

ÖGEL Bahaeddin, İslamiyetten Önce Türk Kültür Tarihi, TTK Yay, Ankara, 1984.
ÖKE Mim Kemal, Derviş ve Komutan, Alfa Yay, İstanbul, 2004.
ÖNGÜL Ali, Selçuklular Tarihi, Çamlıca Yay, İstanbul, 2014.
ÖNDER Ali Tayyar, Türkiye'nin Etnik Yapısı, Pozitif Yay, İstanbul, 2005.
ÖZ Muzaffer, Yeniçeri Ocağının Lağvından Sonra Osmanlı Ordusundaki Gelişmeler, Genelkurmay ATESE Yayınları, Ankara, 1990.
ÖZDAĞ Muzaffer, Türklük ve İslamiyet, Avrasya-Bir Yay, Ankara, 2003.
ÖZDAĞ Ümit, Ordu Siyaset İlişkileri, Bilgeoğuz Yay, İstanbul, 2006.
ÖZDAĞ Ümit, Türk Sorunu, Kripto Yay, Ankara, 2009.
ÖZDAĞ Ümit, Kendi Ülkesinde Kuşatılan Ordu, Kripto Yay, Ankara, 2013.
ÖZDEMİR, Hikmet, Türkiye Cumhuriyeti'nde Rejim ve Asker İlişkisi Üzerine Bir İnceleme, İz Yayıncılık, İstanbul, 1995.
ÖZDEN Gani, Osmanlı İmparatorluğu Silahlı Kuvvetlerinde Lojistiğin Gelişimi ve Personel Rejimi , Gnkur ATASE Yay, Sayı:15, Ankara, 1983.
ÖZGÜLDÜR Yavuz, İki Savaş Arası Dönemde İngiltere ve Almanya"nın, Türkiye"deki Siyasi ve Askeri Yatırımları, İstanbul, Genelkurmay Basımevi, 1996.
ÖZKAN Metin, Türk Devletleri, Kalipso Yayınları, İstanbul.2010.
ÖZTOPRAK Süleyman, Memluk Sistemi, Türkler Ans.Yeni Türkiye Yay.Ankara, 2002.
ÖZTOPRAK İzzet, İkinci Dünya Savaşı Döneminde Adana Görüşmelerinin Askeri Yönü, TTK Yay, Ankara, 1999.
ÖZTUNA T.Yılmaz, Osmanlı Devleti Tarihi Medeniyet Tarihi, Ötüken, İstanbul, 2004.
ÖZTUNA T.Yılmaz, Türkiye Tarihi, Hayat Yay, İstanbul, 1963.
ÖZTÜRK O.Metin, Ordu ve Politika, Gündoğan Yayınları, Ankara, 1993.
ÖZVERİ Murat, Türk Geleneksel Okçuluğu, İstanbul, 2011.
PAKALIN M.Zeki, Osmanlı Tarih Deyimleri ve Terimleri Sözlüğü, MEB Yay, İstanbul, 1993.
PARKER Geoffrey, Batfnın Yükselişinde Askeri Yenilikler Küre Yay, İstanbul 2006
PARLAR Suat, Ortadoğu, Vaat Edilmiş Topraklar, Bibliotek Yay, İstanbul, 1997.
PEÇEVİ Tarihi, Kültür ve Turizm Bakanlığı Yay, Ankara, 1982.
PREİSS Reuven Amitai, Mongols and Mamluks, Cambridge University Press, 1995.
PRICE M.Philips, Türkiye Tarihi, T.İş Bankası Yay, İstanbul, 1977.

PİYADENİN TARİHİ, Piyade Okulu Yay, İstanbul 2005,
POLAT M.Said, Selçuklu Göçerlerin Dünyası, Kitabevi, İstanbul, 2004.
POLAT M.Said, Türkiye Selçuklularında Askeri Teşkilat, Türklük Araş Dergisi, 2005.
RADLOFF Wilhelm.Sibiryadan, Maarif Basımevi, İstanbul, 1956.
RASONY Laszlo, Türk Devletinin Batıdaki Varisleri, TKAE Yayınları, Ankara, 1983.
RASONY Laszlo, Tarihte Türklük, Örgün Yayınları, İstanbul, 2007.
ROUX Jean Paul; Türklerin Tarihi, Kabalcı Yayınevi, İstanbul, 2007.
ROUX Jean Paul; Büyük Moğolların Tarihi, Kabalcı Yayınevi, İstanbul, 2008.
ROUX Jean Paul, Orta Asya, Kabalcı Yayınevi, İstanbul, 2001.
RUSTOW, Dankwart A., Türkiye'de Ordu, Harp Akademileri Yayınları, İstanbul, 1970.
SANDER Oral, Siyasi Tarih, 1998.
Savunma Sanayinin Dünü, Bugünü, Yarını, Ankara, 2001.
SEVİNÇ Necdet, İstiklal Harbinde Etnik İhanet, Bilgeoğuz Yay, İstanbul, 2011.
SEVİNÇ Necdet, Osmanlının Yükselişi ve Çöküşü, Bilgeoğuz Yay, İstanbul, 2010.
SELEK Sabahattin Anadolu İhtilali, Kastaş Yay, İstanbul, 1987.
SERTOĞLU Mithat; Resimli Tarih Ansiklopedisi, İstanbul Basımevi, İstanbul, 1958.
SHAW Bernard, Osmanlı İmparatorluğu ve Modern Türkiye, E Yay, İstanbul, 2000.
SINGER, Peter W, Kiralık Ordular, Çev. Gözde Aral, Timaş Yayınları, İstanbul, 2009.
SÖKMEN Tayfur, Hatay'ın Kurtuluşu İçin Harcanan Çabalar, TTK Yayınları, Ankara, 1978.
SÖNMEZOĞLU Faruk, Türk Dış Politikasının Analizi, Der Yay, İstanbul, 1994
SÖYLEMEZ F.Osmanlı Devletinde Aşiret Yönetimi, Kitabevi, İstanbul, 2007.
SÜMER Faruk, Türk Cumhuriyetlerini Meydana Getiren Eller, DK Yay, İstanbul, 1997.
SÜMER Faruk, Oğuzlar, TDAV Yay, İstanbul, 1999.

SÜMER Faruk, Türklerde Atçılık ve Binicilik, TDAV Yayınları, İstanbul, 1983.
ŞAHİN İ.Sinan, Kurtuluş Savaşı'nda Türk Bahriyesinin Deniz Harekat ve Faaliyetleri, Gnkur ATASE Yay, Ankara, 1996.
ŞAHİN Hülya, Kuruluş Savaşında Türk Havacılığı, Silahlı Kuvvetler Dergisi, Ankara, 2000.
ŞEN Serdar, Silahlı Kuvvetler ve Modernizm, Nokta Kitap, İstanbul, 2005.
ŞEN, Serdar, Geçmişten Geleceğe Ordu, Alan Yayıncılık, İstanbul, 2000.
ŞENCAN Y.C. İslamiyet Öncesi Türk Devlet Geleneği, Yük.LisansTezi. İnönü Ünv.2007.
ŞENEL Alaaddin, İlkel Topluluktan Uygar Topluma, Bilim ve Sanat Yay, Ankara, 2001.
TANERİ Aydın, Osmanlı Kara ve Deniz Kuvvetleri, Kültür Bakanlığı Yay, Ankara 1981.
TANERİ Aydın, Harezmşahlar, Türk Diyanet Vakfı Yay, Ankara, 1993.
Askeri Tarih Bülteni, Genelkurmay ATASE Yayınları, Ankara, 1990.
TAŞAN Mustafa, Savunma Sanayii, MKEK Dergisi, Ankara, 1983.
TAŞAĞIL Ahmet, Kök Tengrinin Çocukları, Bilge Kültür Sanat, İstanbul, 2013.
TAYHANİ İhsan, Atatürk'ün Bağımsızlık Politikası ve Uçak Sanayii, THK Yay, Ankara, 2001.
TEKİN Emrullah, Timur ve Devlet Yönetim Stratejisi, Burak Yay, İstanbul, 1994.
TEKİN Talat, Orhon Yazıtları, TDK Yayınları, Ankara, 2010.
TEKİNDAĞ Şehabeddin Memlük Sultanlığı, İ.Ü.Edb.Fak.Yay, İstanbul, 1961.
TERZİOĞLU Said Arif, Türk Ordusu, Başnur Yayınları, İstanbul, 1965.
TEZEL Hayati, Deniz Harp Okulumuz, Silahlı Kuvvetler Dergisi, Ankara, 1973.
TOGAN Zeki Velidi, Umumi Türk Tarihine Giriş, Enderun Yay, İstanbul, 1981.
TOGAN Zeki Velidi, Tarihte Usul, Enderun Yay, İstanbul, 1969.
TOKER Hülya, Dünden Bugüne Savunma Sanayii, Gnkur ATASE Yay, Ankara, 2010.
TOPBAŞ Ergüder, 21'Yüzyılda Savaş, Kripto Yay, Ankara, 2009.
TSAI Liu Mau, Çin Kay, Die Chinesischen Nachrich zur Geschıche der Ost Türken-I

TUNÇKANAT Haydar, İkili Anlaşmaların İçyüzü, Kaynak Yayınları, İstanbul, 2006,

TURAN Oğuz, Türklerde Strateji ve Taktik, Belge Yay, İstanbul, 1986.

TURAN Osman, Türk Cihan Hakimiyeti Mefkuresi Tarihi, Ötüken, İstanbul, 2003.

TURAN Osman, Selçuklular Zamanında Türkiye, Ötüken, İstanbul, 2011.

TURAN Osman, Selçuklular Tarihi ve Türk İslam Medeniyeti, Ötüken, İstanbul, 1993.

TURAN Osman, İkta, İslam Ansiklopedisi, İstanbul, 1992.

TURGUT G. Türk Kültürü ve Uluslararası Savaş Hukuku, Yük.Lisans-Tezi, Ankara, 2008.

TÜRKDOĞAN, Berna, Atatürk Dönemi Türk Dış Politikası, Ankara, 2000.

TÜRKDOĞAN O.Türk Tarihinin Sosyolojisi, IQ Yay, İstanbul, 2003.

Türk Silahlı Kuvvetleri Tarihi, Gnkur Harp Tarihi Yay, III.Cilt.I.Ks, Ankara, 1964.

Türk Silahlı Kuvvetleri Tarihi, Gnkur Harp Tarihi Yay, III.Cilt, II.Ks, Ankara, 1977.

Türkiye Cumhuriyetini Kuran Türk Milletinin Tarihi, TTK Basımevi, Ankara 1988.

Türk Kültürü Dergisi, Sayı:22, 47, 118, 130, 131, 132, 246, Ayyıldız Matbaası, Ankara

TÜRKKAN Reha Oğuz, Atlantisliler, Sümerler, Etrüskler, Nokta, İstanbul, 2012.

ÇELEN Orhan, TSK İç Hizmet Kanunu, Minpa Matbaası, Ankara, 2001.

TZU, Sun, Savaş Sanatı, Kastaş Yayınları, İstanbul 2008.

ÜNAL Uğur, Abdülaziz Devri Osmanlı Kara Ordusu, Gnkur ATESE Yay, Ankara, 2008.

ÜNLÜ Rasim, Birinci Dünya Harbi'nden Önce Cumhuriyetin Kuruluşundan Sonra Türk Bahriyesinin Yeniden Organizasyonu ve Deniz Kuvvetleri Komutanlığının Oluşumu ve Askeri Sonuçları, Gnkur ATASE Yay, Ankara, 1997.

UZUNÇARŞILI İ.Hakkı, Osmanlı Tarihi, Türk Tarih Kurumu Yayınları, Ankara 1982.

UZUNÇARŞILI İ.Hakkı, Osmanlı Devlet Teşkilatında Kapıkulu Ocakları, Ankara, 1984.

UZUNÇARŞILI İ.Hakkı, C:3, İslam Ansiklopedisi, İstanbul, 1977.

UZUNÇARŞILI İ. Hakkı, Anadolu Beylikleri Tarihi, Ankara 1988.

UÇAROL Rıfat, İkinci Dünya Savaşı, Misak-ı Millî ve Türkiye'nin Savaşa Girmemek İçin Direnişi, Gnkur ATASE Yay, Ankara, 1998.
ÜNALP Rezzan, "Tarihten Günümüze Türk Ordusu", Genkur Yay, Ankara 2009.
ÜNSAL Yavuz, Askeri Strateji Açısından Türkiye'deki Demiryolları, Gnkur ATASE Yay, Ankara, 1983.
VASARY Istvan, Eski İç Asyanın Tarihi, Ötüken Yay, İstanbul, 2007.
YALÇIN Osman, 1911-1945 Yılları Arasında Türk Hava Harp Sanayii, Gnkur ATASE Yay, Ankara, 2010.
YAZICI Nuri, Tarihte Türkler, İlgi Kültür Sanat Yay, İstanbul, 2011.
YAZICIOĞLU Ali, Tevarih-i Al-i Selçuk, Çamlıca Yay, İstanbul, 2004.
YÜCEL Yaşar, Ali Sevim, Türkiye Tarihi, Türk Tarih Kurumu Yayınları, Ankara, 1995.
YÜCEL Ünsal, Türk Okçuluğu, Atatürk Kültür Merkezi Yay, Ankara, 1999.
YURDABAK, Turgut, Harp Akademilerinin 127 Yılı, K.K.K.Yay, Ankara, 1975.
YURDABAK Turgut , Osmanlı Devrinde Haberleşme Hizmetleri, Gnkur ATASE Yay, Ankara, 1987.
YILMAZ Sait, Kıpçak Türkleri ve Yerleştikleri Sahalar, TDAV Yay, İstanbul, 2002.
YILMAZ Sait, 21'Yüzyılda Güvenlik ve İstihbarat, Milenyum Yay, İstanbul, 2007.
YILMAZ Sait, Ulusal Savunma, Kum Saati Yay, İstanbul, 2009.
ZEKİYEV M.Z.Türklerin ve Tatarların Kökeni, Selenge Yay, İstanbul, 2006.
ZELYUT R. Türk Kimliği, Kripto Yay, Ankara, 2011.
ZÜRCHER Eric J, Savaş, Devrim ve Uluslaşma, İstanbul Bilgi Ünv. Yay, İstanbul, 2005.
http://www.bioem.tsk.tr/tr/tarihce.htm.
http://www.tmmm.tsk.tr/about.html.
http://www.tsk.tr/6_uluslararasi_iliskiler/turkiyeninbarisidestekleme-harekatinakatkilari.html
http://www.harpak.edu.tr/pageContainer.aspx?PID=165
http://www.kkk.tsk.tr/EgitimOgretim/AskeriOkullar.aspx
http://www.dzkk.tsk.tr/icerik.php?icerik_id=4&dil=1
http://www.dzkk.tsk.tr/icerik.php?icerik_id=200&dil=1
http://www.hvkk.tsk.tr/TR/IcerikDetay.aspx?ID=6

http://www.hvkk.tsk.tr/TR/IcerikDetay.aspx?ID=8
http://www.jandarma.gov.tr/
http://www.sgk.tsk.tr/baskanliklar/plan_prensipler/gorevler/gorevler.asp
http://www.sgk.tsk.tr/baskanliklar/harekat/organizasyon/organizasyon.asp
http://www.kkk.tsk.tr/TeskilatSemasi/TeskilatSemasi.aspx
http://www.tsk.tr/1_tsk_hakkinda/gorevi.html
https://www.tai.com.tr/tr/hakkimizda/sirket-profili
http://www.tskgv.org.tr/tskgv/?page_id=25
http://www.havelsan.com.tr/SirketProfili/Tarihce.aspx
http://www.aspilsan.com/index.php/tr/ueruenler
http://www.ssm.gov.tr/anasayfa/savunmaSanayiimiz/Sayfalar/tarihce2.aspx
http://www.ssm.gov.tr/anasayfa/savunmaSanayiimiz/Sayfalar/tarihce2.aspx
http://www.aselsan.com.tr/tr-tr/hakkimizda/Sayfalar/Yerleskelerimiz.aspx.